Schweiggert · Elisabeth und ihr Gott

Allitera Verlag

ALFONS SCHWEIGGERT veröffentlichte vielbeachtete Bücher über König Ludwig II., unter anderem: »Ludwig II. und die Frauen« (2016), »Bayerns unglücklichster König. Otto I., der Bruder Ludwigs II.« (2015), »Der Mann, der mit Ludwig II. starb. Dr. Bernhard von Gudden, Gutachter des bayerischen Königs« (2014) mit zwei erfolgreichen Ausstellungen in Benediktbeuern, »Ludwig II. Die letzten Tage des Königs von Bayern« (2014), »Edgar Allan Poe und Ludwig II. Anatomie einer Geistesfreundschaft« (2008). Von 1993 bis 2010 war Schweiggert am Staatsinstitut ISB, München, als Institutsrektor tätig. Er erhielt zahlreiche Auszeichnungen, etwa 1995 den Bayerischen Poetentaler. Schweiggert ist außerdem Präsidiumsmitglied der Autorenvereinigung »Münchner Turmschreiber«.

ALFONS SCHWEIGGERT

Elisabeth und ihr Gott

Glaube und Aberglaube im Leben der Kaiserin von Österreich

Allitera Verlag

Juni 2021
Allitera Verlag
Ein Verlag der Buch&media GmbH München

Layout, Satz & Umschlaggestaltung: Johanna Conrad
Gesetzt aus der Stempel Garamond

Printed in Europe · ISBN 978-3-96233-264-8

Allitera Verlag
Merianstraße 24 · 80637 München
Fon 089 13 92 90 46 · Fax 089 13 92 90 65

Weitere Publikationen aus unserem Programm finden Sie auf www.allitera.de
Kontakt und Bestellungen unter info@allitera.de

Inhalt

Sisis Gottesbild und Glaube 9
Prolog 9
Kaiserin Elisabeth – Glaube und Kirche in ihrer Zeit 12
Bayerische Frömmigkeit 12
Religiosität in Österreich 14
Zunahme der Religionskritik 16
Sisis Glaube und Gottesbild in der Kindheit und Jugend 18
Die Frömmigkeit der Eltern 19
Herzogs Max' Glücksgefühl am Heiligen Grab 21
Herzogin Ludovikas stille Frömmigkeit 23
Sisis Kinderglaube 24
Die Sakramente Taufe, Beichte, Kommunion und Firmung 26
Der fehlende Vater und andere Enttäuschungen 30
Erwachen von Sisis Liebe zu Ungarn 33
Erzherzogin Sophie von Österreich – tiefreligiös oder bigott? 35
Pflichten Elisabeths als Kaiserin 37
Pflichten als Ehefrau 39
Pflichten als Mutter 41
Sorge für ein harmonisches Familienleben 43
Repräsentationsverpflichtungen 44
Pflichten als Landesmutter 46
Religiöse Pflichten 47
Elisabeths politische Einflussnahme 49
Franz Joseph, der Pflichtbewusste? – Elisabeth, die Pflichtvergessene? 54
Franz Joseph, der Katholik! – Elisabeth, der Freigeist! 58
Kaiserin Elisabeths öffentlich gelebte Frömmigkeit 62
Festgottesdienste zu öffentlichen Anlässen 64
Der öffentliche Kniefall vor Gott 67
Das Weihnachtsfest, zugleich Elisabeths Geburtstag 68
Die Liturgie der Karwoche und des Osterfestes 70
Teilnahme an der Fronleichnamsprozession 72
Kaiserin Elisabeths privat gelebte Frömmigkeit 75
Helenes frommes Leben – ein Vorbild für Elisabeth? 76
Private Kirchen- und Messbesuche der Kaiserin 77
Elisabeths Beichtvater 80
Das Gebetsleben 81
Lektüre der Bibel 84
Christliche Glücks- und Segensbringer 86
Vertrauen zu Schutzengeln 87
Affinität zu Einsamkeit und Interesse für Einsiedeleien 89

Elisabeths Heiligenverehrung **92**
Gottesmutter Maria 93
Österreichs Landesheilige Leopold, Josef und Franziskus 98
Die Heilige Elisabeth von Thüringen 99
Die Heiligen Stephan, Georg und Antonius 100
Heidnische und weltliche Göttinnen und Götter **102**
Die Götter Apollon, Zeus, Hermes und Neptun 104
Die Göttinnen Artemis und Venus 105
Die Lichtfee Peri 106
Vergötterung der Helden Achilles und Odysseus 107
Die Idole Heinrich Heine, William Shakespeare und Lord Byron 110
Die griechische Dichterin Sappho 116
Der »Erlöser« Richard Wagner 119
Vergötterung von Natur und Tieren **125**
Religiöses Naturerleben 126
Wald und Bäume – Kraftspender 127
Das Meer – Tor zum Paradies 128
Die Berge – Himmelsnähe 129
Edle Pferde – vergötterte Freunde 132
Treue Hunde – göttliche Wächter 136
Heilige Kühe – himmlische Milch 137
Delfine – lachende Philosophen 139
Schicksalsvögel – Möwen, Schwalben, Raben 140
Sisis Aberglaube **144**
Abergläubische Rituale 145
Wahrsagen und Kartenlegen 146
Gegenstände, Amulette und Glücksbringer 147
Menschliche Attribute 149
Naturerscheinungen und Tiere 149
Glaube an Flüche 150
Glaube an Geister 154
Elisabeths Visionen 155
Warum war Elisabeth abergläubisch? 157
Elisabeths materialistische Weltsicht **159**
Der Götze »Mammon« 161
Die Götzen »Eitelkeit« und »Schönheit« 165
Der Götze »Ichsucht« 167
»Den Gott, den man Freiheit nennt ...« 170
Elisabeths unerfülltes Liebesleben **174**
Doppelmoral im 19. Jahrhundert 175
Das verflixte siebte Jahr 175
Sisis Eheleben und Franz Josephs Seitensprünge 177
Elisabeths »Vier-Stufen-Plan« 179
Das Scheitern der Ehe 182
Kontakte zu anderen Männern 184
Nächsten- und Gottesliebe der Kaiserin **194**
Offizielle karitative Aktivitäten 194
Nächstenliebe im Verborgenen 199

Elisabeths Menschenflucht und Misanthropie 200
Misstrauen gegenüber Gott 202
Elisabeths Sehnsucht nach Kontakt mit Menschen 203
Beziehungskiller Spott, Ironie, Sarkasmus und Zynismus 204
Elisabeth und die Gebote Gottes 207
Lässliche Sünden und tägliches »Confiteor« 219
Todsünden 220
Fegefeuer und Hölle 222
Verweigerung von Vergebung und Verdrängung eigener Schuld . . . 224
Elisabeths Reisesucht – Flucht vor Gott und zu Gott 229
Der Gott am Wiener Hof 229
Lebens- und Glaubenselixier – Reisen 231
Elisabeths »Alter Ego« – ihre Tochter Marie Valerie 233
Marie Valeries kindliche Gottesverehrung 235
Valeries Liebesheirat, der Todesstoß für ihre Mutter 237
Kinder – Fluch oder Geschenk Gottes? 238
»Der Engel von Wallsee« 239
Religiöse Einflüsse auf Elisabeth 241
Des Vaters Einstellung zu Religion und Glaube 242
William Shakespeares religiöse Ansichten 245
Heinrich Heines »Theologie« – Richtschnur für die Kaiserin 246
Die Vorbilder Jehuda ben Halevy, Carmen Sylva
und Ludwig Salvator 250
Einflüsse durch Gyula Andrássy, Ferenc Deák
und König Ludwig II. 253
Nietzsche, Schopenhauer und die modernen Philosophen 255
Elisabeth – religiöses Vorbild für andere? 259
Einflüsse auf Kaiser Franz Joseph und den Hofstaat 260
Wurde Rudolf von seiner Mutter beeinflusst? 261
Religiöses Vorbild für ihre Töchter und ihr Enkelkind? 265
Elisabeths Kritik an der Kirche 268
Die Kaiserin und die Päpste in Rom 269
Ablehnung der Vormachtstellung der Kirche 274
Kritik an »Gottes Bodenpersonal« 277
Die »Affäre Ubryk« 279
Streit um das Dekolleté der Kaiserin 281
Elisabeths Frauenbild konträr zur Kirche 282
Das Gottesbild der Kaiserin 287
Elisabeths Glaube an Jehova 288
Neurotischer Gottesglaube 290
Ein Gott der Willkür und der Rache 292
War die Kaiserin deistisch eingestellt? 294
Eigener Wille contra Gottes Willen 295
Elisabeths Glaubenszweifel 296
Die Ursachen 296
Prädestination und Fatalismus 297
Der Sinn des Lebens 300
Elisabeths Reue über ihre Glaubenszweifel 301

Das Religionsverständnis der Kaiserin 304
Einsatz für Religionsfreiheit 305
Freimaurer in der Habsburgermonarchie 308
Elisabeths individuelle Patchwork-Religiosität 310
Nur eine Religion – Garantie für den Weltfrieden? 312
Der Tod als ständiger Begleiter 315
Drei gravierende Ereignisse – zwei Todesfälle und eine Hochzeit 317
Elisabeths Ängste, geistig zu erkranken 321
Kontakt mit Toten in spiritistischen Sitzungen 328
Todessehnsucht – Sehnsucht nach einer besseren Welt 330
Elisabeth – dreizehnmal vom Tod geküsst 331
Suizidale Gedanken 340
Philosophie des Sterbens 343
Elisabeths Illusion vom »schönen Sterben« 345
Elisabeths Vorstellung von der Seele 347
Glaube an ein Fortleben nach dem Tod und an Seelenwanderung 351
Vom Vergessenwerden nach dem Tod 354
»Staub bist du und kehrst wieder zum Staub zurück!« 356
Die Auslöschung der Kaiserin 359
Elisabeths Tod 360
Das Sterbesakrament 361
Das letzte Gesicht der Kaiserin 362
Die letzte Ruhestätte 364
Hätte Elisabeths Ermordung verhindert werden können? 366
Die »wahren Schuldigen« am Tod der Kaiserin? 369
Auferstehung und Erhöhung in eine religiöse Aura 373
Idealisierung während des Lebens 374
Kaiserin-Elisabeth-Reliquien 376
Literarische Lobeshymnen 378
Kultbilder für die Nachwelt 379
Vergötterung in Gedenkmonumenten 380
Verehrung in Kirchen und Kapellen 381
Elisabeths Aufstieg zur Heiligen 382
Kaiserin Elisabeth – fromm, kritisch, distanziert 384
Ein Resümee 384
Elisabeths Kirchen-Distanz 385
Die »Patchwork-Religiosität« der Kaiserin 386
Eine »Bricolage« des Glaubens 387
Elisabeths Gottes-Kaleidoskop 388
Wichtig ist Menschlichkeit, nicht Religion 391
War die Kaiserin in religiöser Hinsicht ihrer Zeit voraus? 393
Anhang 395
Anmerkungen 395
Literatur 411
Bildnachweis 416

Sisis Gottesbild und Glaube

Prolog

Kaiserin Elisabeth von Österreich zählt zu den weltweit bekanntesten historischen Legenden. Es gibt kaum einen Aspekt ihres Lebens, zu dem nicht schon eine Veröffentlichung erschienen wäre. Neben der Darstellung ihrer tragischen Lebensgeschichte und ihres exzessiven Selbstverwirklichungstrips stehen dabei insbesondere Themen im Mittelpunkt wie die Ehe mit Kaiser Franz Joseph I. und die Beziehung zu ihren Kindern, dazu ihre politischen Aktivitäten, ihre Krankheiten, Leiden und zahllosen Reisen, ihr rebellischer Geist und die Verweigerung ihrer kaiserlichen Verpflichtungen, ihre sagenhafte Schönheit und deren exzessive Pflege, ihre diversen Fitness- und Diätprogramme, ihre Leidenschaft für Pferde, ihre zahlreichen Ticks und Auffälligkeiten ihres außergewöhnlichen, von Egozentrik und Exaltiertheit geprägten Lebens, wodurch sie zu einer idealen Identifikationsfigur und Projektionsfläche von Fantasien und Sehnsüchten aller Art sowie einer Kult- und Kunstfigur für nachfolgende Generationen wurde.

Zu einem Thema findet man in der Literatur seltsamerweise keine ausführliche Publikation: zu Elisabeths Einstellung zu Religion und Kirche sowie zu ihrem Gottesbild und ihrem Glauben. Fast scheint es, als ob diese Thematik bislang für nicht sonderlich wichtig erachtet wurde, obwohl doch gerade dieser Aspekt die Biografie der Kaiserin von Beginn ihres Lebens bis zum Tod maßgeblich bestimmte. Die Monarchie in Österreich orientierte sich an geistlichen und weltlichen Zuständigkeiten und Elisabeth erlebte in ihrem Lebensumfeld fortwährend die Unterscheidung in religiöse und säkulare Bereiche. Auch in ihrer privaten Existenz war sie sowohl auf die irdische diesseitige Welt als auch auf die kommende jenseitige Welt hin orientiert und dabei zwischen den beiden Polen »weltzugewandt« und »weltabgewandt« ständig hin- und hergerissen.

Kirche und Religion hatten im 19. Jahrhundert für sämtliche gesellschaftspolitischen Bereiche noch eine erheblich größere Bedeutung, als dies heute der Fall ist. Der Glaube an die Existenz Gottes war nicht von anderen Bereichen zu trennen, alles war von einer religiösen Komponente durchdrungen und Religion Grundlage und Ziel des Lebens. Es gab sozusagen kein Außerhalb der Religion. Das Verhältnis des Menschen zu Gott kam im persönlichen Glauben zum Ausdruck. Die göttlichen Gebote regelten das menschliche Zusammenleben und bestimmten die Gottesverehrung und Frömmigkeit. Die Kirche vermittelte als Hüterin der Glaubensinhalte die Regeln zu einem gottgefälligen, rechten Leben in der irdischen Welt als Grundlage für den Übergang in die jenseitige Welt. Während bis ins 19. Jahrhundert Religion und Gesellschaft in ihren Grundlagen kaum voneinander zu unterscheiden waren, auch wenn nicht jedes Handeln religiös bestimmt war, wird Religion in der funktional differenzierten Gesellschaft des 20. und 21. Jahrhunderts hingegen vielfach als nur ein und oftmals nicht einmal wesentlicher Bereich neben vielen anderen gewertet, wodurch auch ein Leben ohne Religion möglich ist.

Zur Zeit Elisabeths waren religiöse Anschauungen, Traditionen, Symbole und Praktiken zudem alles andere als geschlechtsneutral. Auch in der Kirche stand der Mann über der Frau, was zur Diskriminierung, Unterordnung und Marginalisierung von Frauen führte, die in jeder Lebensphase männlich kontrolliert wurden: durch Vater, Ehemann, aber auch durch Sohn oder Bruder. Frauen wurden zum Gehorsam und zur Treue gegenüber dem Ehemann angehalten. Davon wurden auch die männliche Vormacht und Verfügungsgewalt über die weibliche Sexualität abgeleitet und mit verschiedenen Argumenten wie dem Mythos von der Erst-Erschaffung des Mannes, dem Stereotyp der sündigen Eva oder der angeblich stärkeren weiblichen Triebhaftigkeit begründet. Betont wurden der hohe Stellenwert der Jungfräulichkeit und die Verurteilung des Ehebruchs vor allem, wenn dieser von der Ehefrau begangen wurde. Ehebruch vonseiten des Mannes mit einer unverheirateten Frau oder einer Prostituierten wurde hingegen meist milder geahndet oder sogar toleriert. Frauenfeindliche Stereotype stellten die Frau mit charakterlichen Defiziten wie Wankelmütigkeit, Leichtsinn, Untreue oder Genusssucht dar und rechtfertigten den Ausschluss von Frauen von religiösem Wissen und religiösen Ämtern. Weibliche Sexualität und weiblicher Körper seien der Welt des Geistes entgegengesetzt. Hingegen wurden traditionell weiblich konnotierte Eigenschaften wie Hilfs- und Opferbereitschaft, Selbsthingabe, Fürsorglichkeit und die Bedeutung der Mutterrolle hervorgehoben.

Elisabeth lebte aber auch in einer Zeit, in der die Naturwissenschaften, die rasch voranschreitende Industrialisierung sowie die großen Freiheitsbewegungen, dies vor allem als Folge der Aufklärung und der Französischen Revolution, immer mehr das Denken der Menschen bestimmten. Dabei ging auch ein Großteil der Arbeiterschaft an die marxistische und damit kirchenfeindliche Bewegung verloren. Gleichwohl hatten die Volksfrömmigkeit und das kirchliche Leben durchaus noch Bestand. Aber die Kirche nutzte die Chance, sich engagiert für Freiheit, die Achtung der Menschenwürde und die brennenden sozialen Fragen einzusetzen, zu wenig und verhielt sich eher zurückhaltend und oft auch ratlos.

Wurde Elisabeths kindlicher Gottesglaube noch durch die Frömmigkeit der Eltern und die rituellen Gepflogenheiten im Kirchenjahr beeinflusst, so prägten in späteren Lebensjahren verschiedene Vorbilder, insbesondere der von ihr verehrte Schriftsteller Heinrich Heine – anfänglich selbst ein heftiger Religionskritiker – maßgeblich ihre religiösen Ansichten und ihren Glauben an »Jehova«, diesen strengen und unbegreiflichen Gott, der sie in lebenslange, zunehmend heftigere Glaubenszweifel stürzte. Ihre von der Kirche geforderte öffentlich demonstrierte Frömmigkeit grenzte sie von ihrer privat gelebten Frömmigkeit streng ab und entwickelte mit den Jahren eine eigene materialistische Weltsicht. Sie scheute sich nicht, an der Kirche und ihren geistlichen Vertretern teils heftige Kritik zu üben. Neben der Beschäftigung mit dem christlich-jüdischen Gott und einer subjektiv gestalteten Heiligenverehrung fand sie auch Zugang zu heidnischen und weltlichen Göttern. Vor allem vergötterte sie die Natur, befasste sich mit pantheistischen Ideen, widmete sich aber auch recht ungeniert dem Aberglauben. Ihre diversen karitativen Aktivitäten standen in der Tradition christlicher Nächstenliebe. Besonders beschäftigten sie zeitlebens die Themen »Sterben« und »Tod«, womit sie durch die zahlreichen und oft tragischen Todesfälle in ihrer Umgebung ständig konfrontiert wurde. In der Folge entwickelten sich auch ihr Interesse an spiritistischen Sitzungen und ihr Glaube an die Seelenwanderung. In späteren Lebensjahren wurde sie zunehmend von Depressionen und suizidalen Gedanken gequält. Sie hatte Angst vor dem Sterben, zugleich aber Sehnsucht nach dem Tot-Sein.

Alle diese Aspekte von Elisabeths Stellung zu Religion und Kirche und zu ihrem zum Teil recht widersprüchlichen Gottesglauben verdienen es, einmal differenziert dargestellt und diskutiert zu werden, um auf diese Weise aufzuzeigen, wie sie das Leben der Kaiserin maßgeblich beeinflussten und alle ihre Entscheidungen, die sie traf, grundlegend mitbestimmten. Quellen zu ihren religiösen Einstellungen und Praktiken sind neben wichtigen Biografien über sie vor allem ihre zahlreichen Gedichte, die sie in ihrem »Poetischen Tagebuch« hinterließ, ebenso die diversen Korrespondenzen mit ihrem Mann, den Kindern und anderen Personen sowie die Tagebücher ihrer Tochter Marie Valerie und die Erinnerungen ihrer Hofdamen Marie Festetics und Irma Sztáray, auch die Memoiren ihrer Nichte Marie Louise Wallersee-Larisch und die Aufzeichnungen ihrer Griechischlehrer, Vorleser und Reisebegleiter sowie verschiedene Dokumente aus staatlichen oder privaten Archiven in Wien und München.

Alfons Schweiggert
München, Frühjahr 2021

Kaiserin Elisabeth – Glaube und Kirche in ihrer Zeit

Glaube und Kirche des 19. Jahrhunderts«, so Georg Schwaiger, Prof. für Kirchengeschichte, »sind zunächst wesentlich, wenn auch nicht allen Zeitgenossen klar bewusst, von den zwei wichtigsten, obwohl durchaus unterschiedlichen Tatsachen der abendländischen Neuzeit geprägt: von der Reformation, der Glaubens- und Kirchenspaltung des 16. Jahrhunderts mit den bekannten tiefgreifenden Folgen, und von der Aufklärung des 17./18. Jahrhunderts. Dazu kommen die beiden großen Tatsachen des 19. Jahrhunderts: Revolution und Maschine.« Und, so fragt Schwaiger: »Hat die katholische Kirche, haben die christlichen Kirchen überhaupt erkannt, rechtzeitig erkannt, was hier sich ereignet und unaufhaltsam Bahn gebrochen hat?«[1]

Bayerische Frömmigkeit

Als Kind in Schloss Possenhofen und bei ihren Aufenthalten im Palais ihres Vaters in München erlebte Sisi noch traditionelle bayerische Frömmigkeit. Im 19. Jahrhundert empfanden sich alle Könige Bayerns als christkatholische Herrscher. Ausdruck fand diese Einstellung in der regelmäßigen Teilnahme an den

Gottesdiensten an allen Sonn- und Feiertagen sowie in der Akzeptanz der kirchlichen Zeremonien von der Taufe über die Kommunions- und Firmungsfeier bis hin zur Totenliturgie. Selbstverständlich bestimmte das Leben der Menschen auch das Kirchenjahr, dessen Feier- und Festtage mit größter Prachtentfaltung begangen wurden. Dazu gehörte die Teilnahme an der Christmette an Weihnachten ebenso wie an den Liturgien der Karwoche, vor allem an der Fußwaschung am Gründonnerstag in der Residenz und an der Auferstehungsfeier am Ostersonntag. Ein Pflichttermin war ebenso die Mitwirkung an der Fronleichnamsprozession, bei der die katholische Repräsentation des Königtums dem Volk aus nächster Nähe und am deutlichsten sichtbar wurde und woran sich alle Stände beteiligten. Bei dieser öffentlichen Glaubensdemonstration nahm die gesamte Bevölkerung teil. In der Haupt- und Residenzstadt München schritten unmittelbar hinter dem Allerheiligsten der König und seine Gemahlin, in der Hand die brennende Kerze. Ihnen folgten Herzöge, Fürsten bis hin zum festlich gekleideten Hofstaat. Sisis Kindheit und frühe Jugend waren also eingebunden in eine vom Volk und seinen Herrschern gelebte bayerische Frömmigkeit.

Das 19. Jahrhundert war infolge der Französischen Revolution aber auch von revolutionären Ideen, von Freiheitsbewegungen und der zunehmenden Industrialisierung geprägt. Auch die Kirche wäre deshalb zu einer Neuordnung ihrer inneren Verhältnisse aufgerufen gewesen, versäumte es aber, sich mit den berechtigten Forderungen der Menschen nach Freiheit, Verbesserung der Lebensbedingungen und gesundem Fortschritt konstruktiv auseinanderzusetzen. Die Päpste Gregor XVI. (1831–1846), Pius IX. (1846–1878) bis hin zu Papst Leo XIII. (1878–1903) verurteilten die wirklichen und vermeintlichen Irrtümer der Zeit, ohne darauf zu reagieren, dass sie von den Menschen als Fortschritt gefeiert wurden. Statt Perspektiven aufzuzeigen, versuchten Papst, Bischöfe und Priester, die Gläubigen immer enger um sich zu scharen, ja sie von sich abhängig zu machen, indem sie als Stellvertreter Gottes auf Erden signalisierten, einzig allein über die Wahrheit zu verfügen und alles über Gott, das Diesseits und Jenseits zu wissen. Sie verkündeten, dass auch an der Spitze des Staates ein Fürst von Gottes Gnaden steht und Staat und Kirche zur Erfüllung der von Gott bestimmten Aufgaben Hand in Hand arbeiten. Wer dagegen aufbegehrte, galt als ungehorsam und verstieß gegen Gottes Willen, weshalb jede Revolution auf die Abschaffung des Staates zielte und damit eine Verneinung Gottes darstellte. Die Kirche forderte von den Gläubigen bedingungslosen Glauben an den von ihr vorgestellten Gott, die von ihr propagierte Weltordnung und ihre aus der Bibel abgeleiteten Lehren, ohne jedoch die Grundfragen des menschlichen Daseins tatsächlich schlüssig beantworten zu können. Obwohl die verkündeten Dogmen zahlreiche Widersprüche enthielten, wurde jede noch so nachvollziehbare Kritik als dumm und die Abkehr vom Glauben als schwere Sünde scharf verurteilt. Als Reaktion darauf stellten die Kritiker die Kompetenz der Priesterschaft ebenso infrage wie die von ihr interpretierte Allmacht und Vollkommenheit Gottes.

Vereinzelt unternommene Versuche aus kirchlichen Kreisen, die »soziale Frage« zu lösen, führten nicht dazu, den immer stärker aufkeimenden Wunsch nach Freiheit in allen Lebensbereichen überzeugend in eine christlich-soziale Gesellschaftsordnung einzubinden. Vielmehr fürchteten sich Päpste, Kaiser und Könige im 19. Jahrhundert vor der Freiheit des Christenmenschen und der Bürger und versagten gemeinsam gegenüber den brennenden sozialen Problemen, die sich angesichts der rasch voranschreitenden Industrialisierung nicht mehr beiseiteschieben ließen. In der Folge kam es zu »Kulturkämpfen«, also heftigen Auseinandersetzungen zwischen Staat und Kirche. Die 1891 veröffentlichte Sozial-Enzyklika »Rerum novarum« Leos XIII., in der er sich gegen die Ausbeutung der Arbeiterschaft und gegen den Sozialismus wandte, kam zu spät und konnte nicht verhindern, dass sich ein Großteil der Arbeiterschaft der marxistischen und damit kirchenfeindlichen Bewegung zuwandte. Die von Kirche und Staat im Stich Gelassenen kehrten nicht nur den Kirchen immer mehr den Rücken, sondern begehrten zunehmend auch gegen die Machtwillkür des Staates auf.

Religiosität in Österreich

Seit jeher war die Residenzstadt Wien eine Stadt der Kirchen und Kapellen sowie ein Zentrum der Verehrung von Reliquien und Heiligen. In der kaiserlichen Schatzkammer befand sich als Kleinod ein Reliquiar mit einem Nagel vom Kreuz Christi. Der heiliggesprochene Markgraf Leopold III. wurde als Habsburger Hofheiliger in Klosterneuburg verehrt. Besonders populär war die Marienverehrung mit Gebeten zur Gottesmutter, die in jeder Not und selbst bei Kriegen um Sieg angerufen wurde. So wie sie den Kopf der Teufelsschlange zertritt, so sollte sie auch die Feinde Österreichs zertreten.

Die katholische Religion in Österreich war immer auch eine Religion der Habsburger Herrschaft. Die Kaiser verstanden sich als Herrscher von Gottes Gnaden und wurden von der Kirche in diesem Herrschaftsanspruch unterstützt, weshalb sie ihrerseits wiederum die Kirche unter ihre Fittiche nahmen. Das enge Verhältnis Gott – Kaiser – Kirche beruhte also auf Gegenseitigkeit. Der Kaiser wusste: Fromme Untertanen waren stets auch gehorsame Untertanen.

Die Zeremonien der Gottes- und Kaiserverehrung glichen sich zum Verwechseln. Die Hierarchie im Himmel, angefangen bei den Heiligen über die Chöre der Engel hinauf zur Gottesmutter Maria bis hin zur göttlichen Dreifaltigkeit, spiegelte sich auch in der Hierarchie der Kirche wider: von den einfachen Gläubigen über die Priester und Ordensleute, Äbte, Bischöfe und Kardinäle bis hinauf zum Papst, dem Stellvertreter Gottes auf Erden. Und ebenso gestaltete sich die hierarchische Ordnung am Kaiserhof, beginnend bei den einfachen Hofbediensteten und Lakaien über die Kämmerer und Geheimen Räte, das Obersthofmarschallamt und Obersthofmeisteramt hinauf zu den persönlichen Adjutanten des Kaisers und der Kaiserin, die nur auserwählten Persönlichkeiten Audienz erteilten.

Das Glaubensleben in der Residenzstadt Wien war im 18. Jahrhundert von

Kaiserin Maria Theresias (1717–1780) ambivalenter Einstellung zu Religion und Glaube geprägt. 1740 hatte sie im Alter von 23 Jahren die Regentschaft übernommen. In religiöser Hinsicht zeigte sie zum einen übergroßen Glaubenseifer und hielt auch an den traditionellen religiösen Bräuchen fest, zum anderen wandte sie sich zunehmend einer Reinigung und Vergeistigung des Glaubens zu mit der Folge einer klaren Trennung von Diesseits und Jenseits. Zunehmend war sie aufgeschlossen für eine Religion, die sich auf das Wesentliche des Glaubens bezog: auf Christus, das Evangelium, auf Buße und Gnade. Mit Interesse verfolgte sie deshalb die religiöse Erneuerungsbewegung des Jansenismus, die auf Cornelius Jansen (1585–1638), den Bischof von Ypern, zurückgeht und dessen Schrift »Augustinus oder die Lehre Augustins von der Gesundheit, Krankheit und Heilung der menschlichen Natur«. Mit Bezug auf Augustinus behauptet Jansen darin, dass der sündige Mensch seine Erlösung selbst in keiner Weise beeinflussen könne. Vielmehr sei er allein der göttlichen Gnade ausgeliefert, die er völlig unverdient erhält oder auch nicht erhält. Die Jansenisten verurteilten demzufolge die jesuitische Lehre, nach der göttliche Gnade und die menschliche Willensfreiheit bei der Erlangung des Seelenheils stets zusammenwirken müssen, weshalb der Mensch die göttlichen Gebote und die von der Kirche verordneten Rituale möglichst optimal zu beachten habe.

Die Jansenisten waren hingegen der Ansicht, es genüge, wenn der Mensch fromm und asketisch lebt und hofft, dass ihm ohne die Möglichkeit eigenen Zutuns die göttliche Gnade und nach seinem Tod die ewige Seligkeit zuteilwerden. Eine pompös praktizierte Frömmigkeit mit all den überladen barocken Bräuchen lehnten die Jansenisten ebenso ab wie den Reichtum der Kirchen. Der Streit zwischen Jansenisten und Jesuiten führte dazu, dass der Jansenismus 1713 vom Papst in Rom zur Irrlehre erklärt wurde. Maria Theresia hatte Jansenisten und Jesuiten zu Beichtvätern, fühlte sich also zu den einen hingezogen, ohne die anderen völlig abzulehnen. Zu ihren Lieblingsbüchern zählten die »Klassiker der jansenistischen Frömmigkeitsliteratur, [...] darunter auch Werke, die von der päpstlichen Zensurbehörde auf den Index ›Librorum Prohibitorum‹ [Index der von der Kirche verbotenen Bücher] gesetzt worden waren und die sie vor ihren jesuitischen Beichtvätern hinter einem Vorhang versteckt gehalten haben soll«[2].

Gleich nach ihrem Regierungsantritt reduzierte sie die Zahl der öffentlichen Kirchgänge des Hofes und erlaubte sich, in religiöses Leben und die Organisation von Kirche und Orden behutsam einzugreifen. So regelte sie die Ausbildung der Kleriker neu und begann das Ordenswesen zu reglementieren. Davon überzeugt, dass die römisch-katholische die »allein seligmachende Religion« sei und dass eine überzogene Toleranz gegen Nichtkatholiken den Staat zugrunde richten und die Gläubigen ins Verderben führen würde, scheute sie sich auch nicht vor Zwangsumsiedlungen von Protestanten in entfernte und dünn besiedelte Gebiete wie Siebenbürgen, den Banat oder die Batschka. Auch die Vertreibung der großen jüdischen Gemeinde aus Prag wurde von ihr angeordnet.

Viel radikaler war Maria Theresias Sohn und seit 1865 auch Mitregent Joseph II. (1765–1790). Er führte als aufgeklärt-absolutistischer Monarch in den

Jahren 1781 bis 1790 für die Länder der Habsburger Monarchie ein System des Staatskirchentums ein und wies der Kirche eine dem Staat gegenüber untergeordnete und dienende Rolle zu, was unter dem nach ihm benannten Schlagwort »Josephinismus« bekannt wurde. Unter seiner Regierung wurden erste Toleranzpatente beschlossen, wodurch zunächst den griechisch-orthodoxen Gläubigen und den Protestanten die freie Religionsausübung und die Bürgerrechte zugestanden wurden und später auch den Juden. Joseph II. setzte sich »für Säkularisierung von Kirchengut ein, die Umformung der Priester zu Staatsbeamten, radikale Bilder- und Ritualfeindlichkeit, massive Zurückdrängung aller barocken Pracht und Verschwendung, rigorose Nüchternheit und Sparsamkeit, konsequente soziale Egalisierung, Alleinherrschaft eines staatswirtschaftlichen Kosten-Nutzung-Kalküls«[3] und demonstrierte damit die Vormacht des Staates vor der Kirche, was die katholische Kirche entsetzte. Nach dem Tod Josephs II. bemühte sich die Kirche, das einst so enge Bündnis von Thron und Altar wiederzubeleben und ein Konkordat mit dem »Heiligen Stuhl« abzuschließen, das die dominante Rolle der Kirche gegenüber dem Staat wieder bestätigen sollte.

Diese Ambivalenz der österreichischen Herrscher zwischen Gehorsam gegenüber dem Episkopat, den kirchlichen Geboten und Lehren und durchaus massiven Eingriffen in kirchliche Belange begleitete das Verhältnis Kaiser und Kirche in Österreich in den folgenden Jahrzehnten immer mehr. Gleichwohl stand unter Franz Joseph, so als hätte es den Josephinismus nie gegeben, über Kaiser und Staat wieder die Kirche mit dem Papst und den Kardinälen. In Wien war Fürsterzbischof Rauscher, der einstige Lehrer Franz Josephs, ein entschiedener Gegner des Josephinismus. Er wurde dabei von der klerikalen Partei am Hof, angeführt von Erzherzogin Sophie, Franz Josephs Mutter, tatkräftig unterstützt. Von ihr war die Katholizität ihres Sohnes in der Jugend geformt worden, von der er zeitlebens geprägt blieb und die keinen Raum für religiöse Zweifel ließ.

Zunahme der Religionskritik

Elisabeth lebte in einem Jahrhundert, in dem die Frage nach dem Wahrheitsgehalt der Religionen und der Stellung der Kirche gestellt und heftig diskutiert wurde. Die Liberalen, zu denen sie sich zugehörig fühlte, plädierten für individuelle Rechte, für Freizügigkeit und die Aufhebung der Zensur sowie für eine freie Entfaltung von Handel, Gewerbe und Industrie. Ihnen war außerdem die dominante Rolle der Kirche, besonders der katholischen, in Schule und öffentlichem Leben ein Dorn im Auge, weshalb sie vom Staat forderten, die strenge kirchliche Beaufsichtigung, etwa in den Schulen, endlich zurückzudrängen. Die Liberalen befürchteten nämlich, dass das Papsttum im Lauf des 19. Jahrhunderts auf weitere Freiheiten für die katholische Kirche drängen werde. Deshalb wollten sie den Einfluss Roms unterbinden und kirchliche Organe verschärft durch den Staat kontrollieren lassen.

Den Liberalen standen die Patrioten und Ultramontanen gegenüber, wozu der katholische Klerus, der Hochadel und das katholisch-konservative Kleinbürgertum gehörten. Da die Landesfürsten vor allem auf die Ruhe in ihrem Herrschaftsbereich und die Erhaltung ihrer Macht pochten, waren sie an einer Ehe von Thron und Altar und damit an einer staatskonformen und obrigkeitshörigen Theologie der Ordnung interessiert. Diese Gruppe war auch gegen die fortschreitende Industrialisierung und für die Bewahrung der Agrargesellschaft. Sie schränkten Kontrollen der Kirche durch den Staat ein und plädierten für mehr Autonomie der Geistlichkeit. Aus streng monarchistischer Überzeugung waren sie gegen jeden Republikanismus eingestellt. Auch die römische Kurie verurteilte die zeitgenössischen Weltanschauungen wie Liberalismus, Rationalismus, Nationalismus und Kommunismus als Irrlehren. Sie lehnte die nationalen Bewegungen und die Entwicklung der Industriegesellschaft ebenso ab wie die Unterordnung der Kirche unter die Hoheit des Staates. Jene, die dem Papst vorhielten, er missbrauche sein Amt, indem er weltliche Herrschaft anstrebe, wurden von Rom mit Exkommunikation, also mit Kirchenausschluss, bedroht. Rom und die katholisch konservativen Gruppierungen sagten damit der modernen Zivilisation den Kampf an.

Der Aufschwung der Naturwissenschaften, der ein vernünftiges Weltbild propagierte, erschütterte zunehmend das Vertrauen in die mythologischen Weltanschauungen. 1841 wandte sich Ludwig Feuerbach (1804–1872) kritisch gegen die Religion. Nicht Gott schuf den Menschen nach seinem Bilde, wie es in der Bibel steht, sondern der Mensch schuf Gott nach seinem Bilde. Für Karl Marx (1818–1883) war Religion »Opium für das Volk«. Friedrich Nietzsche (1844–1900) erblickte im Christentum, das eine lebensfeindliche Sklavenmoral predige, eine barbarische Schwächung aller edlen Eigenschaften des Menschen. Und Sigmund Freud (1856–1939) war der Ansicht, der religiöse Mensch sehe Gott als Vaterfigur, die er brauche, um die Verantwortung für ein selbstbestimmtes Leben abzugeben. Gottesglaube sei demnach eine illusionäre Befriedigung des regressiven kindlichen Wunsches nach Geborgenheit, Sicherheit und Autorität. Mehr und mehr wurde im 19. Jahrhundert der Gottesglaube durch den Glauben an Fortschritt und Erforschbarkeit der Welt ersetzt.

Dem entgegen fand Mitte des 19. Jahrhundert ab Dezember 1869 in Rom das Erste Vatikanische Konzil statt, bei dem das umstrittene »Unfehlbarkeits-Dogma« beschlossen wurde, wonach der Papst unfehlbar ist, wenn er Entscheidungen bezüglich Glauben und Sitte verkündet. Das erste Vatikanische Konzil wollte als Gegengewicht zur zunehmenden Religionskritik vor allem neue Sicherheit in Glaubensaussagen schaffen.

Als Kind des 19. Jahrhunderts wurde auch Kaiserin Elisabeth mit all diesen Entwicklungen, Problemen und Verwerfungen in Kirche und Staat mehr oder weniger bewusst konfrontiert und setzte sich auf ihre ganz persönliche Art damit auseinander.

Sisis Glaube und Gottesbild in der Kindheit und Jugend

Nach Aussage des Theologen Friedrich Schweitzer[1] bilden in der frühen Kindheit zunächst die Erfahrungen mit den Eltern die Grundlage des kindlichen Gottesbildes, wobei die Gestalt Gottes noch unausgesprochen bleibt und ein »inneres Gottesbild« entsteht, in das die Züge beider Eltern einfließen. Dieses Gottesbild ist sowohl von den Gefühlen der Geborgenheit als auch der Angst vor dem Verlassenwerden geprägt. In der mittleren Kindheit nimmt die Unterscheidung von Elternbild und Gottesbild zu. In dem sich nunmehr entwickelnden mythischen Denken herrschen Himmel und Hölle als Pole des religiösen Weltbildes vor. Die Gottesvorstellung weist eine anthropomorphe, also menschenähnliche Ausprägung mit doppeltem Charakter auf: einerseits beschützend – freundlich, andrerseits bedrohlich – strafend. In der späten Kindheit und im Jugendalter verblassen die menschenähnlichen Gottesbilder und abstrakte, symbolische Gottesvorstellungen treten in den Vordergrund, bei denen Gott als Geist begriffen wird, der als unsichtbare Kraft im Menschen und in der Natur wirkt. Dabei kommt es nicht selten zu ersten religiösen Zweifeln an dem, was oder wer Gott ist. Das Gottesbild des Erwachsenen, beeinflusst von den bisher gemachten religiösen Erfahrungen und zunehmend geprägt von eigenen komplexen Reflexionen, zeigt schließlich eine individuelle Prägung, in die auch neue religiöse Erfahrungen einfließen und bei der die Beziehung zwischen Gott und Mensch als partnerschaftlich empfunden wird.

Die Frömmigkeit der Eltern

Wenn die elterliche Frömmigkeit und das Glaubensleben der Eltern für die Kinder so prägend sind, wie sah dies dann bei Herzog Max und seiner Frau Ludovika aus und wie wurden die beiden diesbezüglich selbst von ihren Eltern beeinflusst? Da beide im römisch-katholischen Glauben erzogen worden waren, waren für sie die Beachtung der religiösen Vorschriften, Gottvertrauen und Gottesfurcht durchaus Bestandteile ihres Lebens und daher für die Entwicklung der Persönlichkeit auch bestimmend.

Ludovika und ihre Geschwister wurden in ihrem Wesen und ihren Ansichten von klein auf von ihren Eltern geprägt, von König Max I. Joseph und seiner zweiten Ehefrau Karoline. Beide führten eine liebevolle Ehe und waren zu ihren acht Kindern sehr fürsorglich. Die beiden Söhne starben früh. Unter den sechs Töchtern waren zwei Zwillingspaare – Elisabeth und Amalie sowie Maria und Sophie, die später Sisis Schwiegermutter wurde. Ludovika kam als vorletztes Kind 1808 zur Welt. Das Königspaar zeichnete sich durch große Volksnähe aus. Ihre Natur- und Tierliebe übertrug sich auf ihre Sprösslinge. Die Bevölkerung verehrte die Königin zudem als große Wohltäterin: »Geht dir die Not bis obenhin, gehst du zur Karolin«, lautete ein weit verbreiteter Spruch.

Doch in Ludovikas Kindheit und Jugend gab es eine Besonderheit. Ihre Mutter war nämlich Protestantin, während ihr Vater, König Max I. Joseph, Katholik war. Da für ihn das Religiöse keine so große Rolle spielte, auch wenn er nicht irreligiös war, kam er kirchlichen Pflichten nur spärlich nach. Der evangelische Glaube seiner zweiten Ehefrau, Prinzessin Karoline von Baden, stellte für ihn daher kein Problem dar. Bei der Heirat 1797 sicherte er ihr auch die Ausübung ihrer protestantischen Religion und den Besuch evangelischer Gottesdienste zu, was in katholischen Kreisen jedoch höchst unliebsames Aufsehen erregte. Nicht nur ein protestantischer Prediger stand Karoline zur Verfügung, sondern auch eine protestantische Dienerschaft. 1803 erließ Max I. Joseph auch noch ein Edikt über die Religionsfreiheit, durch das Katholiken, Lutheraner und Reformierte das Recht freier Religionsausübung und gleiche bürgerliche Rechte erhielten. Mitunter pilgerten evangelische Tiroler aus dem Zillertal ins Schloss Tegernsee, das Königin Karoline gehörte, da Tirolern in ihrer Heimat die öffentliche Ausübung des protestantischen Glaubens verwehrt war, während sie in Schloss Tegernsee am protestantischen Gottesdienst teilnehmen konnten. Ludovika und ihre Geschwister, die katholisch waren, wuchsen also in einer religiös-liberalen Umgebung heran und wurden vom katholischen Vater und der evangelischen Mutter zu weltoffenen, toleranten und liberal eingestellten Persönlichkeiten erzogen.

Dazu trug sicher auch der protestantische Philologe Friedrich Thiersch bei, der vor allen Ludovikas ältere Schwestern, aber später auch sie in den Fächern Literatur, Geografie und Geschichte unterrichtete. Es ist daher anzunehmen, dass sich die liberale Gesinnung von Ludovikas Eltern und Friedrich Thierschs auch auf sie auswirkte. Dass sich der katholische Klerus im Königreich Bayern mit den Zugeständnissen an die Protestanten unendlich schwer tat, zeigte sich besonders bei Karolines Beisetzung Ende 1841 in der katholischen Münchner Theatinerkirche. Nicht nur Ludovika fand den von Erzbischof Lothar Anselm von Gebsattel angeordneten Ablauf der Bestattung höchst entwürdigend. Brennende Kerzen waren untersagt, weil es sich bei der Toten um eine »Häretikerin«, also »Ketzerin«, handle. Den 16 evangelischen Pfarrern, die den Trauerzug anführten, wurde das Betreten der katholischen Kirche verboten. Der katholische Klerus erschien in Straßenkleidung. Der Sarg der Königin musste vor dem Kirchenportal abgestellt werden und wurde dann ohne Gebet in die Gruft getragen. Nicht nur Ludovika erkannte, dass sich ein derartiges Gebaren mit der von der katholischen Kirche gepredigten Nächstenliebe nicht vereinbaren ließ. War es nicht Heuchelei, wenn sich das Volk am Sonntag in der Kirche frömmlerisch zum Gottesdienst versammelte und alle katholischen Feste des Kirchenjahres Gott lobend feierte? Man faselte von Nächstenliebe und rühmte Gottes Liebe für alle Menschen, aber zur Toleranz gegen Andersgläubige war man nicht fähig. Ob Sisi, die bei Karolines Beisetzung erst vier Jahre alt war, später davon hörte, ist nicht überliefert. Aber intolerantes Verhalten der katholischen Kirche gegenüber anderen Religionen akzeptierte sie später nicht.

Wie aber gestalteten sich die Kindheits- und Jugendjahre von Sisis Vater Herzog Max? Welche Rolle spielte dabei sein Vater Herzog Pius, dessen Kindheit höchst unruhig verlaufen war, da er seinen Vater ständig auf Reisen begleiten musste? Die fortwährenden Ortswechsel und neuen Lehrer machten Pius völlig konfus und führten später zu aggressiven Verhaltensauffälligkeiten. Dass seine Ehe mit Herzogin Amalie von Arenberg nicht glücklich wurde, verwundert nicht. Amalie, die von ihrem Wesen her das völlige Gegenteil ihres Mannes war, war zurückhaltend, freundlich und Pius ergeben. Der neigte hingegen immer häufiger zu Aggressionsausbrüchen und Tätlichkeiten selbst gegen friedliche Bürger. Auch sein Sohn Max, der erst ab dem sechsten Lebensjahr einen Erzieher bekam, litt unter ihm. Die drakonische Strenge setzte sich bei dem ungeeigneten Kammerrat Otto aus Erfurt fort und dessen militärischer Drill führte dazu, dass Max sich mehr und mehr in sich zurückzog. Gerade noch rechtzeitig wurde der Neunjährige aus diesem problematischen Erziehungsumfeld herausgenommen und Großvater Wilhelm brachte seinen Enkel mit Erlaubnis König Max' I. Joseph, der dem Jungen sehr zugetan war, nach München, wo er im »Königlichen Erziehungsinstitut für Studierende« endlich eine menschenfreundliche Zuwendung und ordentliche Ausbildung erhielt. Leiter des Instituts war Benedikt von Holland, ein verständnisvoller Benediktiner, unter dem Max förmlich aufblühte. Als er sich einmal unangemessen verhalten hatte und aus Angst vor Schlägen, wie er sie wohl von seinem Vater und seinem früheren Zuchtmeister Otto gewohnt war, vor Holland auf die Knie fiel und um

Verzeihung bat, richtete ihn Holland mit den freundlichen Worten auf: »Prinz, Sie dürfen vor keinem Menschen knien, nur vor Gott!«

Dies wurde für Max zum Lebensmotto und Holland gewann die Zuneigung seines Schützlings, die lebenslang erhalten blieb. Der Benediktiner erkannte und förderte Max' Begabung für Musik und sein Interesse an Literatur und weckte auch seine Liebe zum Schreiben und Komödie-Spielen sowie seine Leidenschaft für den Zirkus. Auch seine positive Einstellung zu Religion und Glaube wurde von Holland beeinflusst.

Nach dem frühen Tod der von Max geliebten Mutter wurde Hauptmann Freiherr von Freyberg der nächste Erzieher des 16-Jährigen, der ihm höfische Sitten beizubringen hatte und ihn in der Kunst des Reitens förderte. Außerdem hörte Max Vorlesungen an den Universitäten Landshut und München in den Fächern Geschichte, Kirchengeschichte, deutsches Bundesrecht, Länder- und Völkerkunde, Deutsche Literatur, Geografie, Chemie, Physik und Malerei. Nachdem sich der Vater, Herzog Pius, in eine Einsiedelei zurückzog – man munkelte von einer geistigen Erkrankung –, setzte Großvater Herzog Wilhelm seinen Enkel Max im Alter von erst 26 Jahren als Oberhaupt der Familie der Herzöge in Bayern ein und vertraute ihm ein stattliches Vermögen und umfangreiche Besitzungen an. Max konnte sich nun ein sorgenfreies Leben leisten. Seine Interessen waren breit gefächert. Er komponierte und dichtete, spielte Zither und Theater, liebte den Zirkus und die Kunst des Reitens. Er schätzte Geselligkeit, Reisen und widmete sich als Jäger der Wild- und Waldpflege. Er förderte die Volksmusik und die Volkskultur. Aufgrund seiner Aufgeschlossenheit und Toleranz gelang es ihm, zwischen städtischer und ländlicher Kultur ebenso eine enge Verbindung zu schaffen wie zwischen Adel und bürgerlicher Bevölkerung. Doch prägend für sein ganzes Leben blieben auch die Erfahrungen mit seinem cholerischen Vater Pius, der die von Max geliebte Mutter unterdrückte, mit dem überstrengen Erzieher Otto und dem dominanten Großvater Herzog Wilhelm, mit dem freundlichen König Max I. Joseph und dem einfühlsamen Pädagogen Benedikt von Holland, der auch seine religiösen Ansichten beeinflusste, sowie mit dem Hauptmann Freiherr von Freyberg, der ihm höfischen Schliff beibrachte und ihn in seiner Liebe zum Reiten unterstützte.

Herzogs Max' Glücksgefühl am Heiligen Grab

Einen Beweis seiner Frömmigkeit zeigte Herzog Max drei Jahre nach seiner Hochzeit, als er Ende Oktober 1831 wegen der Cholera-Epidemie in München in Begleitung seiner Ehefrau Ludovika und seines erstgeborenen Sohnes Ludwig eine Reise in die Schweiz unternahm und von dort über Mailand, Genua und Florenz nach Rom kam, »wo er von Papst Gregor XVI. in Audienz empfangen wurde« und den Aufenthalt nutzte, »um die Kunstschätze der ewigen Stadt eingehend zu betrachten und auch die geselligen Vergnügungen derselben, insbesondere die Freuden des römischen Karnevals zu genießen«.[2] Auch wenn Max mit Gregor XVI.

einen Papst kennenlernte, der den Vorrang der geistlichen Autorität der Kirche gegenüber dem Staat betonte und Vorbehalte gegen die liberalen Entwicklungen der Zeit hatte, fühlte sich der Herzog doch geehrt, vom Heiligen Vater mit seiner Familie empfangen zu werden und den päpstlichen Segen zu erhalten. Hatte Max schon vor seiner Hochzeit 1828 in Begleitung seines Hofmeisters Freiherr von Freyberg eine Reise nach Frankreich, England und Belgien unternommen, so verstärkte sich nun seine Sehnsucht, fremde Länder zu sehen, mehr und mehr, und es verwundert nicht, dass er 1838 im Frühjahr, wenige Tage nach Sisis Geburt, ohne seine Frau zu einer einjährigen Reise in den Orient aufbrach.

»Der Höhepunkt der Orientreise und die erhabenste Stunde meines Daseins«[3] war es, wie er gesteht, als er endlich in Jerusalem ankam, wo er die heiligen Stätten der Christenheit besuchen konnte, die ihn zu Tränen rührten.

> »Am 10. [Mai] betrat ich zum erstenmale die Stätte des heiligen Grabes. Bei meinem Eintritt ertönte der feierliche Klang der Orgel, deren erhebenden Ton ich so lange schon vermißt. Doch wie soll ich Worte finden, die tiefe Rührung, die in solch' hohem Grade erhabene Empfindung und geheiligte Stimmung zu beschreiben, die sich meiner Seele bemächtigte, als ich den majestätischen Tempel betrat, als ich am heiligen Grabe selbst im stillen Gebete niedersank! – Die Geister meiner entschlafenen Eltern schienen mich liebend zu umschweben. Es war mir, als hörte ich deutlich den Ausruf ihrer Wonne, ihren Sohn hier an der heiligsten Stelle des weiten Erdenkreises zu erblicken und Thränen der Inbrunst füllten mein Auge, das mit höchstem Entzücken auf dem Grabe des Heilandes ruhte. Ich dankte meinem Schöpfer für die Gnade, mich unversehrt an das Ziel meiner Wanderung geleitet zu haben, ich pries Ihn für das lang entbehrte fromme Gefühl, das sich meiner bemächtigte, welches ich in den Zerstreuungen eines vergnügungsreichen Lebens nicht so mächtig empfunden hatte, wie es bei einem Mann meines Standes umso eher der Fall seyn konnte, da ihm alle Mittel und jede Gelegenheit zu denselben zu Gebote stehen. Doch niemals wird die Erinnerung an diese erhabenste Stunde meines Daseins aus meinem Gedächnisse schwinden.
>
> Am folgenden Tage wohnte ich der Messe bei, welche mir vom Kurator am heiligen Grabe gelesen wurde. Ich ließ sie für das Wohl Seiner Majestät des Königs von Bayern, meines gnädigsten Herren und Schwagers und der gesamten Königlichen Familie abhalten. Nie in meinem ganzen Leben habe ich dem heiligen Opfer mit größerer Aufmerksamkeit beigewohnt.«[4]

Diese Schilderungen des Herzogs weisen auf eine tiefe Frömmigkeit hin, von der auch seine Tochter Elisabeth Kenntnis hatte.

Ein weiteres unvergessliches Ereignis war für Herzog Max jener Tag, als er in Jerusalem den Ritterschlag empfing, durch den er die Würde eines »Ritters vom Heiligen Grabe« erhielt. Auch Bethlehem, das galiläische Meer, der Jordan und Nazareth brannten in die Seele des Herzogs unauslöschliche Erinnerungen ein.

Von seiner Reise brachte er verschiedene Reiseandenken mit. Während die mitgebrachten Reliquien wie Holzspäne der Krippe Jesu, Erde vom Ölberg, Dornenzweige von Golgatha und ähnliche fromme Andenken in die Schlosskapelle nach Unterwittelsbach wanderten, wurden die weltlichen Reisesouvenirs ins oberfränkische Schloss Banz gebracht. Die wohl eigenartigsten Reiseandenken, die der Herzog mitbrachte, waren vier arme »Mohrenknaben«[5] im Alter zwischen zwölf und 16 Jahren. Im damaligen noch kleinen München erregten die schwarzhäutigen Knaben erhebliches Aufsehen. Max bestand darauf, dass die vier »Heidenkinder« im Münchner Liebfrauendom sofort zwangsgetauft wurden und christliche Namen erhielten. Besondere Zuneigung hatte Max zu Ordensleuten wie Benediktinern und Franziskanern. Nach seiner Rückkehr von seiner Orientreise sandte er »den Franziskanern in Jerusalem, die ihm Gutes erwiesen hatten, als Geschenk 4000 fl. [Gulden] sowie einen nach Gärtners Entwürfen ausgeführten Prachtaltar mit einem Gemälde von Joseph Kranzberger«[6]. Am 15. April 1857 teilte Ludovika ihrer Schwester Königin Marie von Sachsen mit, dass Max in den Ostertagen 1857 »allem Anschein nach recht andächtig [war], während der Charwoche war er viel bei den Franziskanern, die er besonders gern hat, und ich glaube, sie haben einen guten Einfluss auf ihn, es sind sehr einfache und brave Männer«[7].

Herzogin Ludovikas stille Frömmigkeit

In der Kindheit hatte Prinzessin Ludovika zu dem ein Vierteljahr jüngeren Herzog Max – beide kamen 1808 zur Welt – eine durchaus freundschaftliche Beziehung. Max kam im Alter von neun Jahren nach München und begegnete seiner gleichaltrigen Cousine Ludovika in der Residenz und in Schloss Nymphenburg. Sie nennt ihn scherzhaft »Schawawi«. Beide sind sich sympathisch, schreiben sich artige Briefe und überraschen sich gegenseitig mit kleinen Geschenken. Doch daran, sich deshalb zu heiraten, denken beide nie, aber genau das haben Ludovikas Vater, König Max I. Joseph, und Max' Großvater Herzog Wilhelm längst beschlossen. Ludovika schwärmt jedoch bald von Dom Miguel von Braganza und Max verliebt sich in die Tochter des Kommandeurs seines Regiments in Bamberg. Die Briefe klingen nun nüchterner und die Kontakte werden seltener. Doch mit wachsendem Abstand zwischen beiden rückt die erzwungene Hochzeit immer näher, gegen die es keinen Einspruch gibt.

Nach der Zwangsheirat mit Herzog Max musste Ludovika infolge der häufigen Abwesenheit ihres Gemahls als alleinerziehende Mutter von acht Kindern, die sie liebevoll »Mimi« nennen, zurechtkommen. Lieber als im herzoglichen Palais in München, dem Winterquartier, hielt sie sich zur Sommerzeit im ländlichen Possenhofen auf, wo sich ihr Wirkungskreis auf das Haus und die Kinder beschränkte. Sie kümmerte sich um die verschiedenen Lehrer, die aus München nach Possenhofen geholt wurden. Auch die religiöse Unterweisung oblag vor allem ihr und den von ihr dazu beauftragten Geistlichen, von denen Sisi und ihre

Geschwister »im christlichen Geist erzogen wurden. Von dem damals herrschenden Ideal der strengen Frömmigkeit waren sie jedoch weit entfernt. Einzig Helene betete gerne stundenlang Rosenkränze und verbrachte viel Zeit in der Kirche«[8], obwohl ihre Mutter Ludovika, wie erwähnt, keine so engagierte Katholikin war. Von ihrer protestantischen Mutter Karoline war Ludovika, wie sie sagte, vielmehr »angeprotestantelt«[9] und hatte eine durchaus liberale Einstellung zur eigenen Religion und zu anderen Konfessionen. Dennoch machte sie die Kinder mit dem katholischen Glauben und den wichtigsten Lehren der Kirche bekannt und ließ sich von ihnen auch zur heiligen Messe in die Schlosskapelle in Possenhofen begleiten. Vor allem aber vermittelte sie den Sprösslingen bei oft stundenlangen Wanderungen eine tiefe Liebe zu Gottes schöner Natur und unternahm mit ihnen immer wieder Ausflüge ins Gebirge. Sisi durfte mit der Mutter, ihrer Schwester Nene und den beiden älteren Brüdern sogar das Passionsspiel in Oberammergau besuchen und war von der Darstellung des Leidens Christi tief beeindruckt und überzeugt, dass Gott alles stets zum Guten wendet und liebevoll über die Menschen wacht. 1852 nahm Ludovika ihre ältesten Kinder Karl Theodor, Helene und die 14-jährige Sisi auf eine Reise über Bozen, den Gardasee bis nach Venedig mit, wovon Sisi nach der Rückkehr ihrer ehemaligen Erzieherin Luise von Wulffen begeistert berichtete. Während der Abwesenheit ihres Mannes ging Ludovica voll in ihrer Mutterrolle auf. Wenn sie nicht gerade die Kinder oder ihre geliebten Hunde umhegte, widmete sie sich ihren Pflanzen, strickte Strümpfe, las in Missionskalendern Wissenswertes über fremde Länder oder befasste sich mit Sternenkunde und mit ihrer geliebten Uhrensammlung.

Sisis Kinderglaube

Im 19. Jahrhundert bestimmten die Eltern, vorrangig der Vater, von Geburt an vollumfänglich das Leben ihrer Kinder, so auch über deren Religionszugehörigkeit. Nach dem Vorbild des eigenen Glaubens legten sie die religiöse Erziehung fest, die von klein auf begann. Auf diese Weise stand jeder Mensch von Geburt auch unter kirchlicher Obhut.

Elisabeths Geburt am 24. Dezember 1837 um 22.43 Uhr im Palais ihres Vaters in der Ludwigstraße 13 in München stand unter einem dreifachen Glücksstern. Zum einen fiel das Ereignis auf einen Sonntag. Sonntagskindern wird laut Volksmund Schönheit und Reichtum prophezeit. Später schrieb Elisabeth ins Poesiealbum:

> »Ich bin ein Sonntagskind, ein Kind der Sonne; / Die goldnen Strahlen wand sie mir zum Throne, / Mit ihrem Glanze flocht sie meine Krone, / In ihrem Lichte ist es, daß ich wohne, / Doch wenn sie mir je schwindet, muß ich sterben.«[10]

Zum Zweiten wurde sie bereits mit einem Zahn im Mund geboren. Ein sogenannter »dens connatus« kommt sehr selten vor und verspricht ein glückliches

Leben. Zum Dritten fiel ihre Geburt auf den Heiligen Abend, an dem das Jesuskind zur Welt kam, was ebenfalls Glück im Leben verhieß. Manche erblickten darin jedoch eine unheilvolle Vorbedeutung und »eine Erklärung für den Zwiespalt in Elisabeths Leben [...], das zwischen Glück und Tragik, äußerem Glanz und innerem Elend so seltsam wechselte«[11]. Den Glückszeichen stand jedoch ein ominöser mütterlicher, heute oft angezweifelter Fluch entgegen, den Ludovika am Tag ihrer Hochzeit aus Wut angeblich ausgestoßen haben soll, weil sie zur Heirat mit Max gezwungen wurde, obwohl sie einen anderen liebte. »Dieser Ehe und allem, was daraus hervorgeht, soll der Segen Gottes fehlen bis ans Ende!«[12], so der Wortlaut der furchtbaren Verwünschung, die so gar nicht mit dem christlichen Glauben vereinbar war und tatsächlich in Erfüllung gehen sollte, denn weder Elisabeth noch mehreren Geschwistern war ein glückliches Leben beschieden.

Doch zunächst vertraute Sisi wie alle Herzogskinder einem gütigen Gott, dem Schöpfer der Welt, der jeden Menschen von der Geburt bis zum Tod mit seinem Segen begleitet. Da ihre Eltern als Herzog und Herzogin in Bayern nicht so sehr im Licht der Öffentlichkeit standen, wie dies an Königs- oder Kaiserhöfen der Fall war, verlief die religiöse Erziehung ihrer Sprösslinge wie auch deren sonstiger Unterricht sehr viel liberaler und war vor allem durch die Zuwendung der Mutter von Geborgenheit und Freiheit bestimmt. Sie war es auch, die Sisi von klein auf den lieben Gott nahebrachte. Von ihr lernte sie die täglichen Gebete, von ihr wurde sie auch regelmäßig in Gottesdienste mitgenommen. In der Schlosskapelle in Possenhofen hing das barocke Altargemälde »Die Geburt Christi mit anbetenden Engeln umgeben«, gemalt vom Münchner Hofmaler Andreas Wolff. Elisabeth kniete als Kind des Öfteren vor diesem Altarbild. Es entging ihr aber nicht, dass ihre Eltern nicht miteinander, sondern nebeneinander her lebten. Dies prägte zweifellos ihre spätere problematische Einstellung zu ihrem eigenen Liebesleben und zu Männern, zu Ehe und Kindern.

Religionsunterricht erhielt Sisi wie auch ihre Geschwister Louis und Helene und ihr Cousin Ludwig II. von dem Benediktiner und angesehenen Theologieprofessor Daniel von Haneberg, während die jüngeren Herzogskinder vom Hauskaplan Leonhard Enzler unterwiesen wurden. Mit Haneberg bekam Sisi einen weltoffenen und menschenfreundlichen Lehrer, der mit dem liberalen Kirchenhistoriker Ignaz Döllinger, dem Publizisten Johann Joseph Görres und dem Dichter Clemens Brentano befreundet war. Haneberg lud alle Menschen, auch die Nicht-Katholiken, zum Meinungsaustausch ein. Er kritisierte das 1870 ausgerufene Dogma der päpstlichen Unfehlbarkeit, auch wenn er die Konzilsentscheidung letztlich doch akzeptierte. 1872 setzte die bayerische Regierung unter König Ludwig II. gegen römischen Widerstand Hanebergs Ernennung zum Bischof von Speyer durch. Am 7. Oktober 1874 nahm er in Schloss Hohenschwangau den Wunsch der Mutter Ludwigs II., Königin Marie – sie war evangelisch – entgegen, zum katholischen Glauben überzutreten. 1876 starb Haneberg. Am 28. April 1883 besuchte die 55-jährige Elisabeth in Begleitung ihrer Tochter Marie Valerie, ihrer Schwester Sophie und deren Ehemann im Speyerer

Dom das Grab des von ihr geschätzten, einstigen Lehrers und kniete davor zum Gebet nieder.

Nach verschiedenen Erzieherinnen, darunter die Engländerin Mary Newbold und Luise Freifräulein von Wulffen, war die von der Mutter eingesetzte blutjunge Erzieherin und Hofdame Camilla Gräfin von Otting und Fünfstetten für Sisi von Bedeutung. »Mit Camilla Otting geht es bis jetzt recht gut«, teilte Ludovika Ende Juni 1852 ihrer Nichte Auguste Ferdinande Prinzessin Luitpold von Bayern mit.

> »Sisi gewinnt sie lieb, sie [Camilla Otting] ist auch ein recht liebes, sehr wohlerzogenes gebildetes Mädchen; sie ist lebendig [...], hat eine angenehme Conversation, und eben aus ihren Gesprächen sieht man, daß sie viel liest und sich für alles interessiert; [...] ihre guten, auch sehr religiösen Grundsätze sollen hoffentlich gut auf die Kinder, besonders auf Sisi, bei der sie ist, wirken [...]«[13]

Dieser mütterliche Wunsch scheint auch in Erfüllung gegangen zu seien. Sisi, so äußerte Ludovica »sei ein besonders gutes Kind gewesen; oft sparte sie sich ein Stück Kuchen vom Munde ab, um es ihrer Kammerfrau zu geben«[14].

Einmal habe sie eine Bettlerin beschenkt und meinte auf den Vorwurf einer Hofdame: »Wenn mir ein Königreich gehörte, so dürfte in demselben niemand arm bleiben.«[15] Auch gegenüber ihren Geschwistern und Freunden zeigte sie sich stets aufgeschlossen und war durch ihr aufgewecktes, freundliches Wesen allseits beliebt.

Die Sakramente Taufe, Beichte, Kommunion und Firmung

Die katholische Kirche kennt sieben Sakramente, womit heilige Zeichen gemeint sind, die verdeutlichen, dass Gott von der Geburt bis zum Tod mit dem Menschen verbunden ist. Der Empfang eines jeden Sakraments wird besonders festlich begangen. Auch Sisi empfing in ihrer Kindheit und Jugend im Abstand von wenigen Jahren die ersten vier Sakramente der Taufe, Beichte, Kommunion und Firmung.

Am Beginn des Lebens wurde ihr wie jedem Christen unmittelbar nach der Geburt das Sakrament der Taufe gespendet, wodurch sie zu einem »Kind Gottes« wurde. Während der Kindheit folgten dann die Sakramente der Beichte und der Heiligen Kommunion. In der Beichte bekennt man Gott seine Verfehlungen, die man begangen hat. Bei der Kommunion empfängt man Leib und Blut Christi, um mit Gott eins zu werden. In der Jugend folgte dann das Sakrament der Firmung, bei der die Kraft des Heiligen Geistes dem Gläubigen helfen soll, seine Verbindung mit der Kirche zu stärken und in Wort und Tat Zeugnis für den christlichen Glauben abzulegen. Die Verbindung mit einem Menschen wird durch das Sakrament der Ehe geheiligt, bei der sich die Partner vor Gottes Angesicht Treue bis zum Tod geloben. Bei schwerer Krankheit und am

Ende des Lebens wird das Sakrament der Krankensalbung gespendet. Es soll bei der Salbung mit heiligem Öl – daher auch der Name »Letzte Ölung« – in schwerer Krankheit und beim Sterben im Kranken Vertrauen auf die göttliche Barmherzigkeit wecken und den Übergang in das ewige Leben bei Gott einleiten. Das siebte Sakrament, das der Priesterweihe, ist Männern vorbehalten, die sich zum Priester weihen lassen.

Das Sakrament der Taufe empfing Sisi zwei Tage nach ihrer Geburt, am 26. Dezember 1837, um 12 Uhr mittags in der Kapelle des Herzog-Max-Palais in der Ludwigstraße in München. Getauft wurde sie auf die Namen »Elisabeth Amalia Eugenie«, so benannt nach ihren beiden Tanten, den Zwillingsschwestern Elisabeth, Kronprinzessin von Preußen, und Amalie, Kronprinzessin von Sachsen, sowie ihrer Cousine Eugenie von Hohenzollern-Hechingen, die das Neugeborene über das Taufbecken hielt. Als Taufpatin fungierte ihre Tante Auguste Amalie Herzogin von Leuchtenberg, eine Stiefschwester Ludovikas. Taufpatinnen oder Taufpaten haben sich nach katholischer Lehre gemeinsam mit den Eltern um die christliche Erziehung des Kindes zu kümmern und es auf dem Weg zu einem christlichen Leben zu begleiten.

Bei der Taufe goss Dompfarrer Johann Andreas Baader über Sisis Köpfchen dreimal Wasser und sprach die Taufformel: »Elisabeth Amalie Eugenie, ich taufe dich im Namen des Vaters, des Sohnes und des Heiligen Geistes.« Anschließend salbte er mit geweihtem Chrisamöl Sisis Stirn. Das Taufkleid wurde ihr mit den Worten aufgelegt: »Dieses weiße Kleid soll dir ein Zeichen dafür sein, dass du in der Taufe neu geschaffen worden bist und, wie in der Schrift steht, Christus angezogen hast. Bewahre diese Würde für das ewige Leben.« Das Taufkleid samt Spitzenhaube aus Seide ist heute im Sisi-Museum in der Hofburg Wien zu sehen.

Dann wurde die Taufkerze entzündet. Die Tauffeier endete mit dem sogenannten Effata-Ritus, bei dem Dompfarrer Baader Sisis Ohren und Mund berührte und dazu die Worte sprach: »Elisabeth Amalia Eugenia, der Herr lasse dich heranwachsen, und wie er mit dem Ruf ›Effata‹ dem Taubstummen die Ohren und den Mund geöffnet hat, öffne er auch dir Ohren und Mund, dass du sein Wort vernimmst und den Glauben bekennst zum Heil der Menschen und zum Lobe Gottes.«

Zum Abschluss der Tauffeier wurde Sisi vom Priester, von ihren Eltern, der Taufpatin und allen anwesenden Gästen gesegnet. Als Kaiserin war Elisabeth übrigens selbst Taufpatin von rund einem Dutzend kaiserlicher, königlicher und fürstlicher Prinzessinnen, so von der Tochter »Erzsi« ihrer Schwiegertochter Stephanie und den Kindern ihrer Tochter Marie Valerie.

Von seiner Reise zur Eröffnung des Suezkanals im November 1869 ließ sich Kaiser Franz Joseph vom Fluss Jordan »zahlreiche Flaschen mit Wasser füllen, um es nach Hause zu bringen, denn von jeher wurden die Mitglieder des Kaiserhauses mit Jordanwasser getauft«[16], von dem man sich Wunder erhoffte. Auch an Elisabeth sandte er »von dieser Reise alle möglichen Erinnerungen an die heilige Stätte. Eine Blechflasche mit Jordanwasser, der Stelle entnommen, wo Christus von Johannes getauft wurde, eine Schachtel aus dem Steine, von welchem das

Grab Christi gemacht wurde, und dergleichen mehr.«[17] Dies zeigt, dass sich der Kaiser und seine Frau von derartigen Dingen große Segenskraft versprachen. 1876 bekam Elisabeth vom ägyptischen Vizekönig einen »Mohren-Knaben« namens Rustimo geschenkt, den sie sofort katholisch taufen ließ, und zwar auf den Namen ihres Sohnes Rudolf.

»Heut war Rustimos Taufe in Valeries Salon«, schrieb sie an ihre Mutter. »Rudolf war Pathe. Es war feierlich und lächerlich, es wurde geweint und gelacht. Er selbst war sehr ergriffen und weinte.«[18]

Sicher erinnerte sie sich daran, dass auch ihr Vater Herzog Max die vier von seiner Orientreise mitgebrachten »Negerknaben«, wie oben erwähnt, in der Münchner Frauenkirche feierlich hatte taufen lassen.

Ab einem Alter von etwa neun oder zehn Jahren wurde Sisi dann mit dem Sakrament der Beichte vertraut gemacht. Voraussetzung dafür war, dass sie begriff, was dabei geschah. In der römisch-katholischen Kirche versteht man unter der Beichte das Sündenbekenntnis vor einem Priester, der in Stellvertretung Gottes das Amt des Beichtvaters übernimmt und den Sünder im Namen Gottes von seiner Schuld freisprechen kann.

Für eine gültige Beichte müssen fünf Voraussetzungen gegeben sein: Auf die Gewissenserforschung, bei der man sich seine Sünden bewusst machen soll, folgt die Reue, bei der man seine Verfehlungen von Herzen bedauert. Ohne Reue ist eine Vergebung der Sünden nicht möglich. Auf den Vorsatz, künftig möglichst alle Sünden zu meiden, folgt das Sündenbekenntnis vor dem Priester mit dem Versprechen, begangenes Unrecht wiedergutzumachen, also etwa Gestohlenes zurückzugeben. Daraufhin spricht der Priester den Sünder im Namen Gottes von seiner Schuld los und legt ihm eine Buße auf, so etwa die Verrichtung bestimmter Gebete. Jedes Kind kannte also die fünf »B« für den Empfang der Beichte: Besinnen (Gewissen prüfen und erforschen), Bereuen (Reue erwecken), Bessern (Vorsatz fassen), Bekennen (dem Priester die Sünden bekennen), Buße (Verrichtung auferlegter Gebete zur Wiederherstellung einer guten Beziehung zu Gott).

1846 beschrieb Ludovika ihre neunjährige Tochter Sisi als ein braves Kind, »freigebig, sanft und von sehr skrupelvoller Natur«[19], womit sie wohl zum Ausdruck bringen wollte, dass sie große Scheu hatte, Unrecht zu tun. Wie belastend das Prozedere bei der Beichte sein konnte, schilderte Rudolfs zweiter Erzieher Oberst Latour von Thurmburg in einem Brief vom 15. Dezember 1868 an Kaiser Franz Joseph: »Tränen in den Augen wegen der Gewissenerforschung vor der Beichte bat der Prinz [gemeint ist der zehnjährige Kronprinz Rudolf], ihm behilflich zu sein, da er die Sorge hatte, eine Sünde zu übergehen.« Hierauf habe er in seiner Gegenwart laut das im Gebetbuch enthaltene Gebet über die Reue aufgesagt. Da kämen folgende Stellen vor: »O mein Gott, ich habe Deine Rache gegen mich herausgefordert – ich bin nicht mehr wert, Dein Kind zu heißen – ich habe verdient, auf immer von Dir verstoßen zu werden usw.« Der Kronprinz sei dabei in Tränen ausgebrochen. »Seine Sünden und diese Worte, wie er sie nimmt, stehen in keinem richtigen Verhältnis«, so Latour weiter. »Mir war schwer ums

Herz, aber ich glaubte doch keine den Sinn dieser Worte verändernde Bemerkung machen zu dürfen, da bei seinen wenngleich bedeutenden Verstandes- und edlen Herzensanlagen doch eine gewisse Flüchtigkeit des Denkens und Empfindens nicht in Abrede gestellt werden kann und ich besorgt habe, daß er dann die Sache wieder zu leicht genommen hätte.«[20] Auch Elisabeths Sohn lernte also bereits im Alter von zehn Jahren den »Gott der Rache und der Strafe« kennen, von dem sich auch seine Mutter ihr Leben lang verfolgt fühlte.

Als drittes Sakrament empfing Sisi an einem festlichen Tag das Sakrament der Kommunion. Als Höhepunkt der Eucharistiefeier reichte ihr der Priester erstmals Leib und Blut Christi in den Gestalten von Brot und Wein. Beides hatte Jesus beim letzten Abendmahl gegenüber seinen Jüngern als seinen Leib und sein Blut bezeichnet. Daran glaubte auch Kaiserin Elisabeth und ließ sich bei ihren Messebesuchen vom Priester immer wieder die Kommunion reichen. In Elisabeths Nachlass wurde ein kleines »Kommunionsbüchlein« mit eigenhändigen Eintragungen der 14-Jährigen entdeckt, in dem sie 1851 sehr persönliche Gedanken zum Glauben niederschrieb:

> »Gott macht es mit den Menschen wie ein weiser Erzieher, er giebt ihnen auf einmal nur so viel zu erkennen, als sie fassen können; später wird mit der höheren Fähigkeit gewiss auch die höhere Erkenntniß kommen.«[21]

Die Eintragungen zeugen von einem vertrauensvollen Glauben an Gott.

Das Sakrament der Firmung wurde ihr dann im Alter von 15 Jahren, ein Jahr vor ihrer Hochzeit, gespendet. »Bei meiner Firmung war Mama Stellvertreter [Firmpatin] und bei Gackel [Sisis Bruder Karl Theodor] Luitpold [gemeint ist Prinz Luitpold von Bayern]«[22], schrieb Sisi im April 1853. Ihre Schwester Marie wurde 1854 im Alter von 13 Jahren gefirmt und Elisabeths Tochter Marie Valerie am 4. Juni 1882 im Alter von 14 Jahren. Das lateinische Wort »firmare« bedeutet »bestärken, festigen, ermutigen«. Bei der Firmung soll der junge Mensch in seinem Christsein bestärkt werden. Gespendet wird dieses Sakrament während eines feierlichen Gottesdienstes vom Bischof. Er legt dem Firmling die Hände auf den Kopf, salbt ihn dann mit Chrisam, einem heiligen Öl, indem er ihm ein Kreuzzeichen auf die Stirn macht. Dazu spricht er die Worte: »Sei besiegelt durch die Gabe Gottes, den Heiligen Geist.« Hinter dem Firmling, der mit »Amen« antwortet, steht der Firmpate – meist ist dies der Taufpate –, der ihm während der Zeremonie als Zeichen der Unterstützung seine rechte Hand auf die rechte Schulter legt. Die Kraft des Heiligen Geistes soll den jungen Menschen ermutigen, Verantwortung für sich und die Gemeinschaft zu übernehmen. So vertieft das Sakrament der Firmung den Übergang vom Kindsein zum Erwachsenwerden.

Sisis Firmtag, sollte, »wie es üblich ist, mit lustigen Fahrten, Theater und Spiel gefeiert werden, aber ein Schatten fällt in die Festesfreude. David Paumgartten, der kleine Bruder ihrer liebsten Spielgefährtin und Freundin Irene, ist schwer an Lungenentzündung erkrankt und schwebt zwischen Leben und Tod. Zum erstenmal spürt Sisi den Ernst des Daseins. Sie ist unendlich erschüttert, als die traurige Nachricht kommt, daß ihr fünfzehnjähriger Spielgefährte seiner Erkrankung erlegen ist.«[23] Dass sie sich in dieser Zeit besonders für Religion interessierte, belegt die Tatsache, dass sie mit ihrem Lieblingsbruder Gackel – Karl Theodor – Gespräche über Religion und Poesie führte[24] und wohl auch über den Sinn von Leid und Tod nachdachte.

Nach den Sakramenten der Taufe, Beichte, Kommunion und Firmung stand Elisabeth nun das Sakrament der Ehe bevor, das ihr schon kurze Zeit später im kindlichen Alter von erst 16 Jahren gespendet werden sollte.

Der fehlende Vater und andere Enttäuschungen

Elisabeth war zweifellos ein Vaterkind. Für eine gesunde psychische Entwicklung hätte ihr Vater jedoch eine viel wichtigere Rolle spielen müssen, als dies wirklich der Fall war. Stattdessen enttäuschte er seine Frau und die Kinder, allen voran Sisi, in mehrfacher Hinsicht:

Seine Heirat mit Ludovika war keine Liebesheirat, sondern eine arrangierte Vernunftehe. Beide liebten sich also nicht. Sisi litt unter der offenkundigen Distanz der Eltern zueinander.

Bei der Zeugung der zehn Herzogkinder – acht Kinder überlebten – spielte Liebe wohl keine Rolle. Motivation war allein die Produktion von Nachkommen zur Sicherung der herzoglichen Linie.

Max hatte Affären mit anderen Frauen, betrog also seine Ehefrau; ein Verhalten, das er auch vor seinen Kindern nicht verbarg.

Ungeniert bevorzugte er bisweilen die illegitimen Töchter sogar vor seinen leiblichen Kindern.

Mit seinem provokant lieblosen Verhalten vertiefte Herzog Max die Melancholie und depressiven Stimmungen seiner sensiblen Frau, was auch von den Kindern wahrgenommen wurde.

Der Vater zeigte nicht nur Desinteresse an seiner Frau, sondern auch an seiner Familie und der Erziehung der acht Kinder, die er Ludovika überließ.

Elisabeth verbachte wie alle Herzogskinder wesentlich mehr Zeit mit der Mutter als mit dem Vater. Wenn in der Kindheit der Vater fehlt, kann es zur Entwicklung von Neurosen, Beziehungsstörungen und mangelnder Empathie kommen. Während die Mutter die nährende und schützende Rolle übernahm, erlebte Sisi den Vater als übermächtige, aber meist abwesende Person, die ständig unterwegs und auf Reisen war. Immer wieder suchte sie seine Nähe, entdeckte zufällig auch seine Anwesenheit im Schloss Possenhofen – »Gesehen habe ich ihn noch nicht, aber pfeifen habe ich ihn schon gehört!«[25], äußerte sie einmal. Schöne Augenblicke mit ihm erlebte sie beispielsweise bei gelegentlichem Herumtoben und Ausritten, dann war er wieder für Wochen und Monate verschwunden. Kontakte gab es viel zu selten. Ob er nach langer Abwesenheit zur Verzweiflung der Lehrkräfte, wie es heißt, tatsächlich des Öfteren den Unterricht spontan unterbrach, um mit den Kindern im Freien herumzutoben, wird heute eher ins Reich der Legende verwiesen, obwohl die Sprösslinge dem Vater zweifellos gerne nach draußen gefolgt wären, da das Naturerleben mit Spielen im Park, mit Reiten und Baden im Starnberger See großen Spaß bereitete.

Die Äußerung der Zehnjährigen 1847: »Bei meinen Eltern und im Freien bin ich am glücklichsten«[26], drückt vor allem Sisis Sehnsucht nach regelmäßigen Kontakten zu beiden Elternteilen aus, zu Mutter und Vater. In der Pubertät zeigten sich auch bei ihr erste schwermütige Stimmungen und melancholische Anwandlungen. Es verwundert nicht, dass Elisabeths Einstellung zu ihrem Vater in späteren Jahren zunehmend von Kritik und Distanz geprägt war, da sie sich mehr und mehr mit der unter der Ehe leidenden Mutter identifizierte. Sogar ihr Lieblingskind Marie Valerie wurde davon beeinflusst. Zwei Tage vor dem Tod Herzog Max' findet sich in Valeries Tagebuch folgender vielsagende Eintrag: »13. November [1888]. Sehr schlechte Nachricht von Grosspapa [Herzog Max]. Telegramm von Mama an Papa: ›Reise direkt nach München‹.«

Statt sich darüber zu grämen, dass ihr Großvater im Sterben liegt, freut sich Valerie auf ein Wiedersehen mit ihrer Mutter in München. Selbst ihr Vater Franz Joseph findet dies unangemessen: »Dir ist das Ganze ein Jux«, äußert er.

Darauf Valerie: »Aber es wäre ja Komödie, so zu tun, als betrübe mich Grosspapas Tod. Da Gisela [Elisabeths Tochter] nach Ischl kam, wurde Mama unschlüssig und sie fragte um Papas Rat, ob sie [zu ihrem sterbenden Vater in dessen Palais nach München] kommen solle. In Anbetracht der Verkühlungsgefahr bei der jetzigen Kälte riet Papa [Kaiser Franz Joseph] ab.«[27]

Weder beim Tod ihres Vaters am 15. November noch beim Trauergottesdienst am 18. November in der Münchner Hofkirche St. Kajetan und auch nicht bei der eigentlichen Bestattung ihres Vaters in der Gruft der Tegernseer Schlosskirche am 20. November war Elisabeth also zugegen. Sie ließ sich wegen ihrer angegriffenen Gesundheit entschuldigen. Während Ludovikas Tod 1892 in der Herzogsfamilie tiefe Trauer auslöste und eine große Lücke hinterließ, war dies beim Tod Herzog Max' nicht der Fall.

Auffallend bei Sisi war schon in der Kindheit ihre Überaktivität. Sie konnte kaum ruhig sitzen und ihre Aufmerksamkeit nur kurze Zeit auf eine Sache konzentrieren. »Zu manchen Zeiten, klagt Baronin Wulffen, habe man sie buchstäblich an den Stuhl binden müssen. Ruhig sitzen kann sie nur beim Zeichnen, wenn sie mit ihrem Mal- und Zeichenlehrer Johann Hueber zusammenhockt. Und später beim Schreiben von Gedichten.«[28]

Wie man heute weiß, zählt zu den Ursachen des ADHS-Syndroms – so der heutige Begriff die für Aufmerksamkeitsdefizit-/Hyperaktivitätsstörung – eine erbliche Vorbelastung, also wenn die Eltern Betroffener selbst psychische Probleme aufweisen, wobei angeblich besonders eine antisoziale Persönlichkeitsstörung des Vaters mit eingeschränkter emotionaler Zuwendung eine Rolle spielt. Auch durch Stoffwechsel- und Funktionsstörungen im Gehirn, eine familiäre Instabilität, wenn Kinder also etwa mit nur einem alleinerziehenden

Elternteil aufwachsen und Inkonsequenz in der Erziehung herrscht, kann ADHS begünstigt werden, oder wenn es ständig Konflikte zwischen den Eltern gibt. Viele dieser Ursachen lassen sich auch in Sisis Kindheit feststellen, die also nicht nur eine heile Welt war, wie immer wieder beschrieben wird.

Mit den Jahren erlebte sie auch noch etliche andere Enttäuschungen, so das erste Liebesleid und bitteren Todesschmerz. Gerne spielte sie mit der zwei Jahre jüngeren Irene, der Tochter des Grafen Paumgartten, der in der Nähe von Schloss Possenhofen lebte. Mit ihr verband sie ein freundschaftlicher Kontakt, ebenso mit Irenes Bruder David. Deshalb war sie, wie erwähnt, sehr betroffen, als David im Frühjahr 1853 an einer Lungenentzündung erkrankte und kurz darauf starb. Unter Tränen notierte sie in ihr Tagebuch:

> »Du bist so jung gestorben / und gingst so rein zur Ruh'; / ach, wär', mit dir gestorben, / im Himmel ich wie du!«[29]

Lange trauerte sie von Todessehnsucht befallen. Sie konnte den Tod ihres jungen Spielgefährten nicht begreifen.

Als 15-Jährige lernte Sisi einen jungen Offizier am herzoglichen Hof, den Grafen Richard S., kennen, in den sie sich verliebte. Doch die Mutter entdeckte die unschuldige Schwärmerei und unterband sofort den Kontakt. Ein einfacher Offizier als Freund der Herzogstochter war völlig indiskutabel. Der junge Mann wurde aus dem Hofdienst entlassen und in die Ferne geschickt. Ihren Schmerz vertraute Sisi wieder dem Tagebuch an:

> »Du frische junge Liebe, / so blühend wie der Mai, / nun ist der Herbst gekommen / und alles ist vorbei.
>
> Und nun ist er mir so ferne, / und ich sehe ihn gar nie. / Ach, ich wollt zu ihm wohl gerne, / wüßt' ich nur, wohin und wie.«[30]

Schwerkrank kehrte der junge Mann schließlich heim und starb kurze Zeit später. Zum zweiten Mal entriss der Tod Sisi einen ihr nahestehenden Menschen. Sie verfiel in Melancholie und zog sich zurück. Da trat ein weiterer Mann in ihr Leben: ein junger Graf F. R., der oft an den herzoglichen Hof kam. Doch der machte sich nicht viel aus dem 15-jährigen Teenager. Da ihr Gefühl nicht erwidert wurde, endete auch dieses Erlebnis schmerzlich und Sisi erlebte, dass auch die Liebe sterben kann und Gebete von Gott häufig nicht erhört werden.

Da machte sie im August 1853 überraschend mit dem jungen Kaiser Franz Joseph von Österreich Bekanntschaft, der sich Hals über Kopf in das 15-jährige Mädchen verliebte und sich mit ihr verlobte. Sisi wusste, »einem Kaiser gibt man keinen Korb«. Nun musste sie auf die Schnelle ein umfangreiches Lernprogramm absolvieren.

Erwachen von Sisis Liebe zu Ungarn

Nur einen Winter lang, von September 1853 bis Frühjahr 1854, hatte Sisi Kontakt zu einem Mann, der wie sonst keiner ihre Liebe zu Ungarn zu wecken verstand und auch ihre politischen Anschauungen maßgeblich prägte: dem in Wien geborenen ungarischen Historiker Graf Johann Mailáth von Székhely (1786–1855). Er erteilte der 15-Jährigen nach ihrer Rückkehr nach Possenhofen in nur etwa sieben Monaten dreimal pro Woche Unterricht in österreichischer und ungarischer Geschichte, der neben dem Sprachunterricht in Französisch und Italienisch besondere Bedeutung hatte. Berufen wurde der 67-Jährige von Sisis Vater, für den kein anderer geeigneter war als dieser Mann, der künftigen Kaiserin einen Crashkurs in Geschichte zu erteilen. Ihm verdankte sie ihre historischen Kenntnisse und ihre Sympathie für die ungarische Historie. Er vermittelte ihr zudem liberale Ansichten und verdeutlichte ihr die Vorteile einer republikanischen Staatsform.

1848 war Graf Mailáth mit seiner unverheirateten Tochter Henriette nach München gekommen, wo er seither in allerdings recht ärmlichen Verhältnissen als historischer Schriftsteller sein Leben fristete. Deshalb war ihm das Honorar für die Unterrichtung der künftigen Kaiserin durchaus willkommen. Kontakt hatte er zum literarischen Kreis um Elisabeths Vater Herzog Max, der ihn wegen seiner literarischen Produktivität sehr schätzte. Schon 1824 war Mailáth mit »Magyarischen Gedichten« hervorgetreten. 1825 gab er zwei Bände »Magyarische Sagen und Märchen« heraus, erregte aber erst mit seiner fünfbändigen »Geschichte der Magyaren« Aufsehen, die in den Jahren 1828 bis 1831 in Wien erschien. 1832 folgte seine »Geschichte der Stadt Wien von der Gründung derselben bis 1830« und 1834 bis 1850 veröffentlichte er in Hamburg die fünfbändige »Geschichte des österreichischen Kaiserstaates«. 1845 publizierte er zwei Bände zum Thema »Die Religionswirren in Ungarn«. Weitere Publikationen waren: 1830 »Über die Krönung der Könige von Ungarn«, 1831 »Der ungarische Reichstag im Jahre 1830« und 1831 seine »Praktische ungarische Sprachlehre für Deutsche«. Auf Grundlage seiner umfassenden historischen Kenntnisse war Mailáth prädestiniert, der jungen Elisabeth wichtige politische Grundkenntnisse in österreichischer und ungarischer Geschichte zu vermitteln, sie darüber hinaus aber auch mit ungarischer Literatur und der Sagen- und Märchenwelt vertraut zu machen und so ihre Sympathie für Ungarn zu wecken. Trotz seiner Loyalität gegenüber dem österreichischen Kaiserreich war Mailáth ein leidenschaftlicher Ungar.

Was ihn als Lehrer so besonders machte, war seine Fähigkeit, seiner Schülerin wichtige Lerntechniken beizubringen, die es ihr ermöglichten, den doch recht umfangreichen Lernstoff nachhaltig zu speichern. Mailáth hatte schon 1842 ein Lehrbuch verfasst mit dem Titel »Mnemotechnik, oder Kunst, das Gedächtnis nach Regeln zu stärken und dessen Kraft außerordentlich zu erhöhen«. Mailáth verfügte über ein phänomenales Gedächtnis, konnte ganze Bücher auswendig zitieren und beherrschte mehrere Sprachen. Es verwundert nicht, dass sich auch Elisabeth später mühelos mehrere Sprachen aneignete, sich den Inhalt gelesener Bücher leicht merken und sogar auswendig lernen konnte. 1851 hatte Mailáth als Anhänger von Naturheilverfahren zudem das Buch »Der Animalische Magnetismus als Heilkraft« verfasst, das auch Elisabeth interessierte, die sich später gerne an ihren ausgezeichneten Lehrer erinnerte.

Graf Mailáth war ein trauriges Ende beschieden, das Hyazinth Holland, der einstige Lehrer von Sisis Vater, in seinen Erinnerungen so beschrieb:

> »Völlig verarmt, suchte er [Graf Mailath] nach außen hin, solange es nur ging, den Schein der Wohlhabenheit zu wahren. Als Kaiser Franz Joseph von Österreich um die Tochter des Herzogs Max in Bayern freite, zog er mit festlichem Gepränge in München ein. Als österreichischer Untertan wollte Graf Mailáth dabei nicht fehlen. Er begrüßte seinen Landesherrn in einer ungarischen Uniform, die von Silber und Edelsteinen schimmerte. Hintennach ward offenbar, daß er sie aus dem Leihhause genommen und dann wieder hineingetan hatte. Mit seiner Tochter Henriette wohnte er im Gasthof zum Schwarzen Adler und bezahlte hier seine Rechnung alljährlich. Das erstemal gab ihm König Ludwig I. das Geld, das zweitemal Graf Lippe. Im dritten Jahre fand sich kein Gönner. Nun fuhr er mit seiner Tochter Anfang Januar [1855] an den Starnbergersee und ließ sich auf einem Kahn nach Ammerland übersetzen. Den Schiffer entlohnte die Tochter mit einem Silberstück und sagte: ›Das ist mehr wert, als droben steht.‹ Auch ihr schönes, feingesticktes Taschentuch schenkte sie ihm. Als der Schiffer wieder zurückruderte, füllten Vater und Tochter ihre Taschen mit Steinen, banden sich beide mit Stricken fest zusammen und stürzten sich dann in den See ...«[31]

Sein Grab fanden der Graf und seine Tochter in Ammerland, schräg gegenüber von Schloss Possenhofen auf der anderen Seeseite, wo er Sisi vor etwas mehr als einem Jahr den für sie so wichtigen Unterricht erteilt hatte.

Warum aber gingen die beiden am 3. Januar 1855 in den Tod? Hatte Sisis reicher Vater den Grafen für die Unterrichtung seiner Tochter womöglich nicht stattlich entlohnt?

> »Im Haus-, Hof- und Staatsarchiv in Wien befindet sich unter den sogenannten Konfidentenberichten, das sind Berichte, die für das Informationsbüro der österreichischen Staatskanzlei angefertigt wurden, eine Notiz aus dem Jahr 1869, die zwischen dem Doppelselbstmord und einer möglicherweise ausgebliebenen Entlohnung Majláths durch den Kaiser beziehungsweise durch dessen Schwiegereltern eine Verbindung zieht. Dort heißt es: ›Als Motiv des Selbstmordes wird angegeben, es sei Verzweiflung darüber gewesen, daß Majláth weder von S[einer] M[ajestät] noch von ihren durchlauchtigsten Eltern für die gehabte Mühe im Unterrichte der ungar. Sprache entlohnt wurde.‹«[32]

Es ist anzunehmen, dass Elisabeth von dem spektakulären Selbstmord des Grafen und seiner Tochter hörte. Ob sie aber auch den Grund erfuhr, also die womöglich unterlassene Bezahlung des von ihr geschätzten Grafen für den ihr erteilten Unterricht, ist ungewiss, da diesbezüglich keine Dokumente überliefert sind. Als junge Kaiserin war sie völlig mit der neuen Situation beschäftigt. Ihr schien nun ein glückliches Leben bevorzustehen, doch es sollte anders kommen, denn in Wien wartete auf sie ihre Schwiegermutter, Erzherzogin Sophie. Hatte sie schon Sisis künftigen Ehemann Franz Joseph erzogen und auch in religiöser Hinsicht stark geprägt, so wollte sie das von der ersten Stunde an auch mit der jungen Gemahlin ihres Sohnes absolvieren und ihr dabei verdeutlichen, wie katholisches Glaubensleben am Kaiserhof in Wien praktiziert wird.

Erzherzogin Sophie von Österreich – tiefreligiös oder bigott?

Religion spielte im Leben Franz Josephs privat wie politisch eine bedeutende Rolle. Die wichtigste Person in seinem Leben war seine Mutter, Erzherzogin Sophie, eine äußerst fromme Frau. Sie war am Münchner Hof aufgewachsen und dort von protestantischen Lehrern durchaus liberal erzogen worden, hielt zeitlebens aber dem streng katholischen Glauben unbedingte Treue.

1824 war sie aus politischen und dynastischen Gründen mit Erzherzog Franz Karl von Österreich verheiratet worden. Gottergeben fügte sie sich in diese Verbindung mit dem geistig und körperlich schwachen und regierungsunfähigen Mann und nahm das Zusammenleben mit ihm als ihr Schicksal hin, das ihr von ihrem Vater, König Maximilian I. Joseph von Bayern, und von Gott bestimmt sei. Nach sechs Ehejahren und elf Fehlgeburten unternahm sie eine Kur in Bad Ischl, worauf 1830 endlich der ersehnte Thronfolger Franz Joseph zur Welt kam. Damals entstand das Gerücht, nicht die Kur in Bad Ischl hätte zum Erfolg geführt, sondern eine Affäre zu Gustav von Holstein-Gottorp, Prinz von Schweden – ab 1829 Prinz von Wasa –, der im Exil in Wien lebte und bei Hofe ein- und ausging. Franz Joseph wurde deshalb hinter vorgehaltener Hand auch »Wasa-Bub« genannt. Doch bis heute bestehen Zweifel, da Sophie als tiefreligiöse Frau sicher zu keinem Ehebruch fähig gewesen wäre. Nach Franz Josephs Geburt kamen sechs weitere Kinder zur Welt, von denen aber die Tochter Maria Anna im Alter von fünf Jahren starb und ein danach geborener Sohn eine Totgeburt war. Sophie litt sehr darunter und suchte nach weiteren Fehlgeburten im Gebet und beim täglichen Besuch der heiligen Messe Kraft.

Alle ihre Kinder erzog sie streng religiös. Dazu gehörten das Morgen- und Abendgebet ebenso zum Alltag wie regelmäßige Gottesdienstbesuche und die im Hause Habsburg obligatorische Marienverehrung. Auf einem Gemälde von Peter Fendi aus dem Jahr 1839 mit dem Titel »Das Abendgebet« ist Erzherzogin Sophie mit ihren Kindern Franz Joseph, Ferdinand Maximilian, Karl Ludwig, Maria Anna und Ludwig Viktor zu sehen. Die Kinder knien vor einem Kreuz und einem Bild »Madonna mit dem Jesuskind« und verrichten mit zum Gebet gefalteten Händen gemeinsam mit ihrer Mutter das Abendgebet.

Auf ihren Sohn Franz Joseph, dem sie auf den Kaiserthron verholfen hatte, nahm Erzherzogin Sophie auch politischen Einfluss, weshalb sie schon bald als »der einzige Mann bei Hofe« galt. Nach Franz Josephs Heirat mit Sisi suchte Sophie auch die junge Kaiserin für ihr Amt zu erziehen. Neben der Einführung in das höfische Protokoll machte sie ihre Schwiegertochter auch mit den religiösen Gepflogenheiten am Hof vertraut und beanspruchte bald die Zuständigkeit für die Erziehung von Elisabeths Nachwuchs. Erst mit den Jahren setzte sich die junge Kaiserin gegen sie durch und ging ihre eigenen Wege.

Als Sophie 1867 von der Ermordung ihres geliebten Sohnes, Kaiser Maximilian von Mexiko, erfuhr, brach sie zusammen. Doch trotz der zahlreichen Schicksalsschläge in ihrem Leben ließ sie sich in ihrem Glauben an Gott nie beirren. Nunmehr nahm sie sogar mehrmals am Tag an Gottesdiensten teil und bestickte bis ins hohe Alter zur Ehre Gottes Messgewänder. Seltsamerweise interessierte sie aber trotz ihres Glaubens auch die Teilnahme an Geisterseancen, um Verbindung zu den Verstorbenen aufzunehmen. Auch ihre Schwiegertochter Elisabeth suchte später bei spiritistischen Sitzungen mehrfach den Kontakt zu Toten.

Was aber war Erzherzogin Sophie nun eigentlich, eine tief religiöse oder eine bigotte Frau? Diesbezüglich gehen die Meinungen bis heute auseinander. Lebte sie wirklich nach Gottes Wort und hörte sie auf die Stimme ihres Gewissens oder richtete sie sich vorrangig nach den Vorstellungen und Forderungen ihr nahestehender Vertreter der Kirche? Pflegte sie neben der Gottesliebe auch die geforderte Nächstenliebe, indem sie mit Andersdenkenden nachsichtig umging, sie zu verstehen suchte und ihnen ihre Hilfe anbot? Oder übte sie eine kleinliche, engherzige Frömmigkeit und zeigte dabei einen übertriebenen Glaubenseifer gepaart mit intolerantem Verhalten gegenüber Andersdenkenden? War sie von einer ängstlichen und übertriebenen Gewissenhaftigkeit in der Ausübung religiöser Pflichten bestimmt und stellte sie an sich selbst weniger hohe Ansprüche als an andere?

Über Erzherzogin Sophies Charakter und auch über ihre Religiosität gibt es bis heute keine einhellige Meinung. Bescheinigen ihr etliche eine tiefreligiöse Einstellung und fromme Lebensweise, so erlebte Elisabeth sie anders, wie sie bei einem Gespräch im Juni 1873 ihrer Hofdame Marie Festetics anvertraute. Dabei nannte die 36-jährige Kaiserin ihre Schwiegermutter eine »wahrhaft böse Frau«, die »sich über jeden, der mir lieb war, abfällig [äußerte]. Sie bekam alles heraus, weil sie mir immer nachspionirte, und das ganze Haus hatte so eine Angst vor ihr, daß jeder zitterte.«[33] Ein nachahmenswertes religiöses Vorbild konnte Elisabeth in dieser Frau jedenfalls nicht sehen. Von ihrer Mutter Ludovika war sie eine andere, von Liberalität geprägte Frömmigkeit gewohnt.

Pflichten Elisabeths als Kaiserin

Nach der Hochzeit 1854 sollte die 16-jährige Elisabeth, noch ein halbes Kind, die Pflichten einer Kaiserin erfüllen, womit sie jedoch völlig überfordert war. Zum Aufgabenbereich einer Kaiserin gehörten, und das auch nach dem Urteil der römisch-katholischen Kirche, folgende Verpflichtungen: Als höchste Dame des Reiches habe sie ihrem Vorbildcharakter gerecht zu werden, und zwar in ihrem Leben als Ehefrau des Kaisers und als Mutter der ihr von Gott geschenkten Kinder sowie als Mittelpunkt der Familie. Als Landesmutter habe sie vorrangig karitatives Engagement zu zeigen und in der Bevölkerung als wohltätige Herrscherin zu wirken. Als Kaiserin müsse sie ihrem Gemahl, dem Kaiser, eine zuverlässige Stütze bei allen seinen Aufgaben sein und den ihr aufgetragenen Repräsentationsverpflichtungen gerecht werden. Vor allem aber habe sie auch den von Gott und der Kirche geforderten religiösen Verpflichtungen zu entsprechen und dadurch ihren Kindern und dem Volk ein nachahmenswertes Beispiel zu geben. Dies geschehe durch ein gottgefälliges Leben, den Empfang der Sakramente, die Teilnahme an allen Festen des Kirchenjahres und den regelmäßigen Besuch der heiligen Messe. Nach ihrem Tod habe sie sich im Hinblick auf die von ihr als Kaiserin geforderten Aufgaben vor Gott besonders zu verantworten.

Was eine Kaiserin leisten kann, dafür standen mehrere nachahmenswerte Vorbilder zur Verfügung. Weibliche Herrschaft war im Europa des 17. und vor allem des 18. Jahrhunderts nämlich gar nicht so selten. Zwischen 1730 und 1796 wurde beispielsweise Russland – mit zwei kurzen männlichen Unterbrechungen – von drei Zarinnen regiert: von Anna Iwanowa, Elisabeth und Katharina der Großen. Auch England kannte mit den Königinnen Mary II. und Anne Frauen an der Spitze des Reiches. Allerdings wurde weibliche Herrschaft in den genannten Fällen nur als Übergangslösung akzeptiert und damit nur so lange, bis die Normalität – das heißt, die männliche Thronfolge – wieder garantiert war. Die eben erwähnten Regentinnen waren bei Regierungsantritt alle jedoch immerhin zwischen 30 und 40 Jahre alt.

Ein besonders herausragendes Beispiel war die Habsburger Kaiserin Maria Theresia, die bis heute als Gründerin, Reformerin und Landesmutter Österreichs geachtet ist. Als Tochter von Kaiser Karl VI. und seiner Gemahlin Elisabeth Christine von Braunschweig-Wolfenbüttel übernahm die 23-Jährige nach dem Tod ihres Vaters 1740 die Regierungsgeschäfte der Habsburgermonarchie, nachdem kein männlicher Erbe vorhanden war. Ihr Vater hatte deshalb die einzig mögliche Konsequenz gezogen und eine Ausnahmeregelung erlassen, die sogenannte »Pragmatische Sanktion«. Sie ermöglichte seiner ältesten Tochter Maria Theresia seine Nachfolge anzutreten. Dies bedeutete für sie, das von Böhmen bis nach Norditalien reichende Riesenimperium der Habsburger zu regieren und sich gegen ihre feindlich eingestellten Nachbarn durchzusetzen. Als sie 1780 nach 40-jähriger Regierungszeit im Alter von 63 Jahren starb, rühmte man als ihre wesentlichen Charaktereigenschaften:

> »Ihre Standhaftigkeit im Unglück, das Genie und die Tatkraft, mit der sie es gemeistert hat, die Weisheit ihrer Regierung, die kluge Wahl ihrer Minister, ihre Mäßigung, ihre Liebe zu den Untertanen, all das ist auf der ganzen Welt bekannt. [...] Die Liebe zu ihren Kindern, die besondere Sorgfalt, mit der sie sich selbst um ihre Erziehung gekümmert hat, ihre Frömmigkeit, ihre Freigiebigkeit gegenüber allen, die sich ihr näherten, ihre zuverlässige Freundschaft gegenüber denen, die sie dessen würdig befunden hatte, und die Art des Umgangs mit ihnen – alles das dient zum Lob ihres Herzens und ihres Geistes.«[1]

Auch Elisabeths Schwiegermutter Erzherzogin Sophie wurde von 1848 – sie war damals schon 43 Jahre alt – bis zu ihrem Tod 1872 am Wiener Hof und in der Bevölkerung als »wahre österreichische Kaiserin« angesehen. Nachdem ihr Gatte Franz Karl auf den Thron verzichtet hatte, wurde sie offiziell zwar nicht Kaiserin, erreichte aber entsprechenden politischen Einfluss, da ihr Sohn, der junge

Kaiser Franz Joseph, politisch noch unerfahren war. Er hörte deshalb auf den Rat seiner energischen Mutter, sodass sie bald als »heimliche Kaiserin« galt, die ihrem Sohn einflüsterte, was er politisch durchzusetzen hatte. Auf diese Weise wurde sie zur einflussreichsten Person am Wiener Hof. Zwar war ab 1854 Elisabeth die eigentliche Kaiserin, doch in Wahrheit erfüllte Sophie alle jene Verpflichtungen, die von Elisabeth als erster Frau des Reiches nicht wahrgenommen wurden. Sophie hielt auch die Familie zusammen und galt als deren Mittelpunkt. Und auch für ihre Enkelkinder Gisela und Rudolf wurde sie buchstäblich zum Muttterersatz.

Welche Verpflichtungen als Kaiserin, die ihr nicht nur Franz Joseph, der Wiener Hof und die Bevölkerung, sondern auch die Kirche abverlangten, kamen 1854 nun auf die erst 16-jährige Kindkaiserin im Einzelnen zu?

Pflichten als Ehefrau

Was von der Ehefrau einer Kaiserin gefordert wird, signalisierten von Anfang an unmissverständlich Kaiser Franz Joseph und seine Mutter, die Erzherzogin Sophie. Franz Joseph entschied sich für die blutjunge 15-jährige Sisi, ein »süßes« Mädchen, »frisch wie eine aufspringende Mandel mit Lippen wie Erdbeeren«[2], wie er schwärmt. »Diesem Liebreiz, dieser kleinmädchenhaften und doch so süßen Ausgelassenheit«[3] kann er, wie er betont, einfach nicht widerstehen. Es sind also allein die körperlichen Merkmale eines minderjährigen Mädchens, die ihn anziehen und ihn so entscheiden lassen, ohne daran zu denken, dass ein halbes Kind als Kaiserin die ihr zugedachten Pflichten allenfalls erst in einigen Jahren erfüllen kann. Eine reife junge Frau wie Sisis 18-jährige Schwester Helene wäre als Kaiserin zwar geeigneter gewesen, er aber besteht auf Sisi, auch wenn er damit höchst unverantwortlich handelt. Und seine Mutter, Erzherzogin Sophie, stimmt dem auch noch zu und formuliert, was Sisis vorrangige Aufgabe als Ehefrau ist. Die Kindfrau könne ihm ja »durch Anmut und Heiterkeit seine Lage erleichtern«[4], meint sie. Für alles andere würde schon sie sorgen. Selbst ihre Mutter Ludovika ist der Ansicht: »Eine Prinzessin muss lernen, sich mit Anmut zu langweilen.« Doch für Sisi gab es da schon noch eine andere Verpflichtung.

Im April 1857, nach der Rückkehr von ihrer Italienreise, die Elisabeth gemeinsam mit Franz Joseph nach Venedig und Mailand unternommen hatte, entdeckte sie eines Tages auf ihrem Schreibtisch eine über 80 Jahre alte vergilbte Broschüre. Wie sich herausstellte, handelte es sich dabei um eine historische Schmähschrift von 1774 gegen Marie-Antoinette, die Gemahlin des französischen Königs Ludwigs XVI. In diesem Pamphlet waren einige Stellen mit Rotstift markiert, darunter die folgende:

> »Die natürliche Bestimmung einer Königin ist es, der Krone Nachfolger zu geben, und jener König, der seiner Gattin antwortete: ›Madame, wir haben Sie genommen, damit Sie uns Söhne und nicht, damit Sie uns Ratschläge

geben‹, hat allen Königen der Welt eine Lehre gegeben. Die Bestimmung und der natürliche Beruf einer Königin ist es also, der Krone Erben zu schenken. Sobald Königinnen davon abweichen, werden sie zur Quelle der größten Übel. [...] Wenn die Königin keine Söhne gebiert, ist sie nur eine Fremde im Staate. Und eine höchst gefährliche Fremde dazu: Da sie nicht hoffen kann, hier jemals gern gesehen zu werden, und immer darauf gefaßt sein muß, dorthin zurückgeschickt zu werden, woher sie kam, so wird sie stets versuchen, den König durch andre als die natürlichen Mittel zu gewinnen, sie wird Ansehen und Macht durch Intrigen- und Zwietrachtsäen zu erringen trachten, zum Unheil des Königs, der Nation, des Reiches.«[5]

Elisabeth erkannte sofort: Wer auch immer diese Stelle rot markiert hatte, der oder die wollte sie darauf hinweisen, dass sie dem Kaiser gefälligst Kinder gebären sollte. Wer die Kennzeichnung jedoch vornahm, blieb ihr verborgen. Vielleicht war es ihre Schwiegermutter oder jemand aus der gegen sie opponierenden Hofkamarilla.

Elisabeth war entrüstet, hatte sie dem Kaiser doch bereits zwei Kinder geboren, vor zwei Jahren Sophie (1855) und vor einem Jahr Gisela (1856). Aber es waren eben nur Mädchen, obwohl während jeder Schwangerschaft auf Geheiß des Fürsterzbischofs in allen Kirchen Gebetsstunden für die Geburt eines Thronfolgers abgehalten wurden und der Kaiserin aus der Bevölkerung etliche Wundermittel empfohlen und Ratschläge erteilt worden waren. Nach Giselas Geburt sagte Franz Joseph zu seiner Frau, dies sei vielleicht deshalb geschehen, »weil du dem Rat jenes Rabbiners [J. Alexandersohn] aus Pest nicht gefolgt bist, während der Geburt sein hebräisches Gedicht an deiner Tür anzuschlagen«[6].

Und so hatte Elisabeth die wichtigste Aufgabe, dem Reich einen männlichen Thronfolger zu schenken, noch nicht erfüllt. Gemäß der geltenden Thronfolgerordnung konnte nämlich nur der jeweils älteste Sohn dem Kaiser nach dessen Tod auf den Thron folgen. Deshalb war die Geburt eines Kronprinzen von so zentraler Bedeutung.

»Glaubst du«, fragte Elisabeth ihre Mutter Ludovika in einem Brief voller Besorgnis, »daß Franz Napoleons Beispiel folgen und unsere Ehe trennen lassen wird, wenn ich keinen Sohn bekomme!«[7] Elisabeth befürchtete also allen Ernstes, Franz Joseph würde womöglich dem Beispiel Napoleons folgen, der Josephine Beauharnais verstieß, weil sie ihm keinen Erben gebären konnte. Ludovika tröstete ihre Tochter. Die Geburt von bereits zwei Kindern beweise doch, dass sie in der Lage sei, Kinder zur Welt zu bringen. Um seine Ehe aufzulösen, dazu hätte Franz Joseph beim Papst in Rom die Annullierung der Ehe beantragen müssen.

Vier Jahre nach der Hochzeit kam 1858 endlich der ersehnte Thronfolger, Kronprinz Rudolf, zur Welt. Dies löste nicht nur bei Franz Joseph und seiner Mutter Sophie, sondern auch am Wiener Hof und in der Bevölkerung höchste Erleichterung und Begeisterung aus. Nach Erfüllung dieser wichtigsten Aufgabe einer kaiserlichen Gattin verabschiedete sich Elisabeth nach und nach aus dem Eheleben. Der Konflikt mit ihrer Schwiegermutter setzte ihr ebenso zu wie das sie erstickende Hofzeremoniell, vor allem aber Gerüchte über die Untreue ihres Mannes. 1860, im sechsten Ehejahr, floh sie aus Wien. Seither traf auf ihre Ehe Honoré de Balzacs Äußerung zu, nach der sich die Gatten am besten verstehen, wenn sie sich aus dem Weg gehen. Zwar schien der Kaiser »in sie vernarrt zu sein«, wie die preußische Kronprinzessin Victoria beobachtete, »aber ich habe nicht den Eindruck, dass sie es in ihn wäre«[8]. Mehr als von gelegentlichen Versuchen der Annäherung wurde die Beziehung von Elisabeths egozentrischem Verhalten bestimmt und bald war für sie die Ehe eine »widersinnige Einrichtung«, mit der sie fortan möglichst wenig zu tun haben wollte, sodass auch die anderen Pflichten der Ehefrau eines Kaisers eine Überforderung für sie darstellten.

Pflichten als Mutter

Die Erziehung und Versorgung eines Kindes war bei gekrönten Häuptern bis etwa zum sechsten Lebensjahr zwar der Mutter anvertraut, die dabei jedoch maßgeblich von der Kindskammer unterstützt wurde, die aus der Aja, einer Kindsfrau, einem Kindermädchen, einer Kammerzofe, zwei Leiblakaien und einer Köchin bestand. Die Aja als Erzieherin musste nicht nur einen untadeligen Ruf, sondern auch pädagogische Qualitäten aufweisen. Erzherzogin Sophie bestand darauf, dass die Kindskammer, deren Pflegepersonal sie aussuchte, in ihrer Wohnung eingerichtet wurde. Damit wurde Sophie zur prägenden Bezugsperson für das Kind. Erst später übernahmen dann andere Erzieher und Lehrer die Verantwortung.

Die beiden erstgeborenen Kinder Elisabeths – Sophie und Gisela – wurden ihr zwar nicht gleich nach der Geburt entzogen, wie es immer wieder heißt, aber doch nach einigen Wochen und dann der Obhut ihrer Schwiegermutter übergeben. Wollte Elisabeth ihre Kinder kontaktieren, musste sie sich dazu erst bei Erzherzogin Sophie anmelden, die überzeugt war, dass ihre erst 18-jährige Schwiegertochter zu jung und unreif für die Erziehung ihrer Kinder sei. Sie seien besser bei ihrer Großmutter und den Mitarbeiterinnen der Kindskammer aufgehoben. Franz Joseph war mit der Entscheidung seiner Mutter einverstanden. Anstatt ihre Zeit mit Kindererziehung zu vergeuden, sollte Elisabeth besser ihren Repräsentationsverpflichtungen als Kaiserin nachkommen.

Am frühen Tod ihrer erst zweijährigen Tochter Sophie 1857 gab sich Elisabeth selbst die Schuld, da sie das Kind entgegen der Mahnung ihrer Schwiegermutter auf Reisen nach Ungarn mitgenommen hatte. Nach diesem Unglück kam der 1858 geborene Kronprinz Rudolf deshalb ebenfalls unter Sophies Fittiche. Erst als Elisabeth von den drakonischen Maßnahmen erfuhr, die der sensible Rudolf durch seinen sadistischen Erzieher Graf Leopold Gondrecourt zu erleiden hatte, setzte sie sich energisch für eine humanere Ausbildung des Kronprinzen ein und bestand darauf, ihre Kinder künftig nach ihren Vorstellungen zu erziehen. Doch anstatt sich nun intensiv um die beiden zu kümmern, befand sie sich ständig auf Reisen und wurde ihrer Erziehungsverantwortung für Gisela und Rudolf nicht gerecht. Rudolf verehrte seine schöne Mama und bemühte sich immer wieder um ihre Liebe, doch sie hielt ihn zu sich auf Distanz.

Erst ihr viertes und letztes Kind, Marie Valerie, das 1868 in Ungarn zur Welt kam – Elisabeth war damals bereits 31 Jahre alt –, erzog sie wirklich allein. Kritiker warfen ihr jedoch vor, sie habe Valerie »verzogen«, da sie im Gegensatz zu ihren beiden anderen Kindern mit ihrer Lieblingstochter Marie Valerie zeitlebens eine übermäßig innige und verwöhnende Beziehung verband. Es schien, als wolle sie nachholen, was sie an ihren anderen Kindern versäumt hatte.

Die Kirche forderte von den Eltern, insbesondere von der Mutter, dass die Kinder streng gläubig erzogen werden. Schon Kaiserin Maria Theresia gab ihren Kindern ausführliche Anweisungen für ein religiöses Leben.

> »Mehrmals täglich stilles Gebet und rückhaltlose Gewissenserforschung, täglich ein bis zwei Messen und eine Andacht, monatliche Beichte und Buße machte sie ihnen zur Pflicht.«[9]

Außerdem empfahl sie ihnen auch die Lektüre christlicher Erbauungsbücher.

Bei Elisabeths Kindern Gisela und Rudolf kümmerte sich die erzkatholische Schwiegermutter Sophie mit den Erzieherinnen und Erziehern darum. Eine besonders wichtige Rolle kam auch den Hofbeichtvätern »als ›Seelenführer‹ zu, die traditionell in der Kaiserfamilie seit Jahrhunderten ausschließlich Jesuitenpatres waren«[10]. Welchen Einfluss dieser Personenkreis zunächst auch auf Rudolf nahm, zeigt ein Gebet des achtjährigen Kronprinzen mit Bitte um Gottes Segen auf die österreichischen Waffen und die Vernichtung der Feinde, das er seinem Vater am 18. Juli 1866, einen Monat nach Ausbruch des preußisch-österreichischen Krieges, sandte und das er jeden Morgen für ihn betete, wie er betonte. Das Gebet »Zum Heil des Feldzuges von 1866«, bei dessen Formulierung ihn sicher seine Erzieher unterstützt hatten, lautete:

> »Allmächtiger, ewiger Gott! Höchster Herr des Himmels und der Erde! Ich bitte Dich demütig, entziehe in dieser Zeit der Gefahr unserem Vaterland Österreich Deine Hilfe nicht; segne die Waffen seiner Krieger, damit sie im Kampf für Recht und Ehre nicht unterliegen, sondern mit Deiner Gnade den Sieg erlangen! Laß – o gütiger Vater im Himmel – besonders jetzt meinen lieben Papa Deiner Allmacht und Liebe empfohlen sein. Bewahre ihn von allen Gefahren, wende jedes Leid von ihm und schenke seinem Herzen Trost und Freude durch einen glücklichen Ausgang des Krieges. Heilige Jungfrau, bitte für uns und, Herr Jesus Christus, erhöre uns! Amen.«[11]

Während Gisela zeitlebens alle christlichen Regeln fromm befolgte, wandelte sich Rudolf in späteren Jahren durch den Einfluss liberaler Erzieher, aber auch durch das Vorbild seiner kirchenkritischen Mutter, zu einem scharfen Kritiker der Kirche und ihrer Vertreter. Marie Valerie, als Elisabeths Lieblingstochter ständig in der Nähe der Mutter, wurde zeitlebens mit deren kritischer Einstellung zur Kirche und Gott und den diversen Glaubenszweifeln konfrontiert. Dies führte bei ihr erstaunlicherweise jedoch zu einer besonders tiefgläubigen Einstellung und provozierte außerdem ihren fortwährenden Versuch, die Mutter auf den rechten Weg des Glaubens zurückzuführen.

Sorge für ein harmonisches Familienleben

Warum gelang es Kaiserin Elisabeth nicht, Harmonie ins kaiserliche Familienleben zu bringen? Lag es daran, dass sie häufig auf Reisen war und höchst ungern an Familientreffen teilnahm? Selbst das Weihnachtsfest und Franz Josephs Geburtstag waren für sie in späteren Jahren lediglich Pflichttermine. Dabei zeigte sie ihr Unbehagen und es herrschte rasch »eine peinliche Ungemütlichkeit«[12], wie Marie Valerie bestätigte. Was aber waren die eigentlichen Gründe, weswegen sich die Fremdheit bei solchen Anlässen mit den Jahren zunehmend verstärkte?

Zum einen empfand Elisabeth von Anfang ihrer Ehe an das Verhältnis zu ihrer Schwiegermutter Erzherzogin Sophie als zutiefst gestört. Sie fühlte sich von ihr unterdrückt und verzieh ihr nie, dass sie ihr die Kinder Gisela und Kronprinz Rudolf entzogen hatte. Die Folge war eine lebenslang anhaltende Distanz der Mutter zu Gisela und Rudolf, die ihrerseits aufgrund der gemeinsamen Kinderjahre jedoch ihr Leben lang aufs Engste verbunden blieben. Elisabeth aber verhielt sich zu ihnen gleichgültig, auch wenn sie ihnen von ihren Reisen freundliche Briefe zukommen ließ, auf die ihre Kinder allerdings oft wochenlang warten mussten. Gisela wurde schon als 16-Jährige nach München verheiratet, ohne dass ihre Mutter, die selbst zu jung verheiratet worden war, Einspruch dagegen erhob. Vielmehr war es ihr recht, dass Gisela damit nach München und aus ihrem Blickfeld verschwand.

Rudolf, der seine schöne Mutter abgöttisch verehrte, hätte sich von ihr eine herzlichere Zuwendung gewünscht und war durch ihr gleichgültiges Verhalten zutiefst gekränkt. In der Folge begegnete er Elisabeths Lieblingskind Marie Valerie mit offen gezeigter Eifersucht. Die Kaiserin schien die Zusammenhänge nicht erkannt zu haben. Für den Vater war Rudolf mit den Jahren sogar zur Unperson geworden, ein Schwächling, ein »Krepiererl«, ein Schwätzer, dem er die Mitwirkung an politischen Aktivitäten strikt verweigerte und den er sogar überwachen ließ. Leider setzte sich Elisabeth für die so dringende Verständigung zwischen Vater und Sohn nie nachdrücklich ein. Längst war ihre Beziehung zu ihrem Mann empfindlich abgekühlt. Mehr als in seiner Nähe fühlte sie sich auf ihren diversen Reisen wohl.

Auf Druck des Kaisers musste Rudolf 1881 Prinzessin Stephanie, die Tochter des belgischen Königs Leopold II., heiraten. Diese Ehe begann unter negativsten Vorzeichen. Stephanie wurde von der Kaiserin abgelehnt und nach der

Geburt ihrer Tochter Elisabeth, »Erzsi« genannt, auch von Rudolf. Warum bemühte sich die Kaiserin nicht, zwischen beiden zu vermitteln? Stattdessen schob sie Stephanie die Schuld für alles zu. Diese reagierte mit Trotz und kritisierte den Umgang und die Aktivitäten ihres Mannes, womit sie ihn in die Arme anderer Frauen trieb. Er fing sich eine Geschlechtskrankheit ein, mit der er seine Frau ansteckte, sodass sie keine Kinder mehr bekommen konnte. Da sie nun nicht mehr in der Lage war, einen Thronfolger zu gebären, war sie überflüssig geworden. Wie es heißt, habe Rudolf seinen Vater gebeten, beim Papst die Erlaubnis zur Scheidung der Ehe zu erwirken, was der Kaiser empört ablehnte, da ein solches Ansinnen für einen katholischen Herrscher unvorstellbar sei. Elisabeth schien das alles nicht zu bekümmern. Erst Rudolfs Selbstmord öffnete ihr den Blick in die familiären Abgründe.

Man kann sich gut vorstellen, welch eisige Stimmung zwischen den genannten Personen herrschte, wenn sich die kaiserliche Familie zu festlichen Anlässen, etwa am Heiligen Abend, traf. Fragte sich die Kaiserin wirklich niemals, wer an der häufigen Disharmonie in der Familie schuld sein könnte? Wer sonst als sie hätte die Initiative ergreifen müssen, für eine Wohlfühlatmosphäre im Familienkreis zu sorgen? Das meinte auch ihre Tochter Marie Valerie Ende Oktober 1889:

> »Wie oft frage ich mich, ob das Verhältnis zwischen meinen Eltern nicht doch hätte anders werden können, wenn Mama in ihrer Jugend ernsten, mutigen Willen dazu gehabt. – Ich meine, eine Frau kann alles. – Und doch mag sie recht haben, dass es unter diesen Verhältnissen unmöglich war, inniger eins zu werden.«[13]

Und an Weihnachtstagen 1889 seufzte Valerie:

> »O lieber Gott wie traurig ist unser für Uneingeweihte so schön scheinendes Familienleben. [...] Das Zusammensein mit den Eltern ist fortwährend aus kleinen, sehr kleinen, aber unglaublich aufreibenden Peinlichkeiten zusammengesetzt.«[14]

War Elisabeth hingegen auf Reisen, suchte Erzherzogin Sophie für ein harmonisches Zusammensein mit ihrem Sohn Franz Joseph und den Kindern Gisela und Rudolf zu sorgen, von denen sie geliebt wurde.

Repräsentationsverpflichtungen

In Begleitung des Kaisers hatte eine Kaiserin üblicherweise an allen staatlichen Festen und Feiern teilzunehmen und sich dabei in der Öffentlichkeit zu zeigen. Auch auf mehreren Reisen erschien das Kaiserpaar gemeinsam. Doch Elisabeth lehnte diese Repräsentationspflichten von Jahr zu Jahr immer mehr ab und ließ sich zunehmend weniger »ins Geschirr spannen«, wie sie das ausdrückte.

Bei öffentlichen Empfängen und Diners schob sie mehrfach Unwohlsein vor. Es gelang ihr durch Angabe unterschiedlicher Gründe – Krankheiten, Kuraufenthalte – sich diesen Aufgaben zu entziehen. Seitens des Wiener Hofes und der Presse war sie deshalb häufig heftiger Kritik ausgesetzt. Man warf ihr vor, sie vernachlässige ihre repräsentativen Pflichten innerhalb des höfischen Zeremoniells und als Landesfürstin.

Wie wichtig Elisabeths regelmäßiges Erscheinen in der Öffentlichkeit gewesen wäre, zeigt die Tatsache, dass sie überall dort, wo sie sich zeigte, vor allem ihrer Schönheit wegen sofort die Herzen der Menschen gewann. Allein durch ihr öffentliches Auftreten hatte sie es sogar in der Hand, drohende politische Konflikte im Keim zu ersticken. Dies bewies sie etwa bei ihren Aufenthalten im von Unruhen geschüttelten Venedig und in Mailand, ebenso in Ungarn. Nicht Franz Joseph öffnete dort die Herzen der Menschen, es war seine Frau, bei deren Anblick die Bevölkerung förmlich dahinschmolz. Allein aufgrund ihrer faszinierenden Ausstrahlung wären ihr deshalb auch andere Völker der Monarchie zu Füßen gelegen. Selbst in England oder Frankreich hätte ihr Erscheinen so manche politische Mission erfolgreich werden lassen.

Die Kaiserin wollte sich jedoch nicht einem Reglement unterwerfen, das nach ihrer Ansicht vorrangig der Befriedigung von Eitelkeiten und Sicherung ungerechtfertigter Privilegien diente. Hinzu kam, dass sie die Wiener Hofaristokratie als überheblich empfand und ihr im Laufe der Zeit mit immer mehr Spott und Verachtung begegnete. Sie verkraftete es nicht, sich vor Tausenden neugieriger Augen zur Schau zu stellen und ständig darauf bedacht sein zu müssen, welche Wirkung ihre eigene Person hatte. »Diese Sklaverei, diese Marter, wie sie die Pflichten ihrer Stellung nannte, sei ihr verhaßt«[15], erinnerte sich ihre Schwiegertochter Erzherzogin Stephanie, der sie nach deren Heirat mit Kronprinz Rudolf die Repräsentationsverpflichtungen aufbürdete, auch wenn diese bei Weitem nicht so erfolgreich agierte wie Elisabeth.

Soweit sich dies an den Briefen des Kaisers an seine Gemahlin nachvollziehen lässt, warf ihr der Kaiser kaum mangelnden Eifer in der Erfüllung repräsentativer Aufgaben vor, zumal er selbst diesen Pflichten nur ungern nachkam. Aber er unterwarf sich allen geforderten zeremoniellen Aufgaben diszipliniert, da sie für ihn Ausdruck seiner Macht und Zeichen der jahrhundertealten Herrschaft der Habsburger darstellten. Das diesbezügliche Potenzial seiner Frau nutzte er hingegen nicht aus. Vermutlich erkannte er nicht, welche große politische Bedeutung ihre regelmäßige Präsenz in der Öffentlichkeit hatte, sonst hätte er sie sicher mit mehr Nachdruck zu überzeugen und in die Pflicht zu nehmen versucht. Stattdessen gestattete er ihr den regelmäßigen Rückzug ins Privatleben, das er sich teils selbst versagte und ihm zum Teil auch von der Kaiserin aufgrund ihrer immer häufigeren Abwesenheit vorenthalten wurde.

Pflichten als Landesmutter

Von einer Kaiserin wünschte man sich, dass sie sich als Landesmutter vor allem für das Wohl des von Not und Armut heimgesuchten Volkes einsetzte und das Verhältnis zwischen dem Kaiser und seinen Untertanen verbesserte. Schon in alter Zeit gab es zahlreiche mildtätige Königinnen und Kaiserinnen, so etwa Königin Radegunde von Thüringen, die voll in ihren karitativen Diensten aufging. Sie gab reichlich Almosen, kleidete und versorgte Arme und Kranke und gab ihnen Nahrung. Ebenso waren auch Kaiserin Adelheid von Burgund und Königin Editha, Gemahlin Ottos I., des Großen, im Volk »Königin der Herzen« genannt, äußerst wohltätig. Auch Elisabeths Großmutter, Königin Karoline von Bayern, zeigte sich, wie bereits erwähnt, gegenüber der Bevölkerung äußerst freigebig und beschenkte die Armen. Kein Notleidender wurde von ihr abgewiesen.

Bereits zu Sisis Hochzeit kam in diversen Festschriften die Sehnsucht nach einer wohltätigen Herrscherin zur Sprache:

> »Dir ist's vom Himmel bestimmt, zu krönen die Versöhnung zwischen Fürst und Volk und die entzweiten Liebenden für immer aneinander zu ketten.«[16]

Oder:

> »In einer zerfahrenen, stürmischen Zeit sollst Du und Dein Haus der Leuchtturm werden, der den Schiffbrüchigen vor Verzweiflung rettet, der Altar, an dem wir knien, von dem wir Hilfe hoffen.«[17]

Und:

> »Wir glauben, dass Du die Vermittlerin werden wirst zwischen ihm und uns, was wir scheu nicht zu gestehen wagen, für uns ihm sagen wirst, dass Manches durch Deine zarte Hand zum Guten gelenkt werden wird.«[18]

Diese Erwartung war jedoch in den ersten fünf bis acht Jahren nicht zu erfüllen. Wie sollte eine 16-jährige Kindkaiserin dem gerecht werden, die erst ihre Rolle als Gebärerin kaiserlichen Nachwuchses, vor allem eines männlichen Thronfolgers, erfüllen und nach und nach in die Rolle der Landesmutter hineinwachsen musste?

Zudem wurde sie als Kaiserin vom Volk geradezu isoliert. Dafür sorgten schon Schwiegermutter Sophie und der Hofstaat, die ihr klarmachten, dass es ihr aufgrund der überragenden Stellung als Kaiserin untersagt sei, ungezwungen auf das einfache Volk zuzugehen. Nur die höchsten Angehörigen der Aristokratie hatten Zugang zu ihr. Auch wenn man von Elisabeth erwartete, dass sie sich für die Errichtung sozialer Einrichtungen engagieren und diese mit gelegentlichen Besuchen beehren sollte, so war jeder ihrer Auftritte in der Öffentlichkeit geplant und stets war sie dabei von der Obersthofmeisterin und von Hofdamen umgeben. Unangemeldete Besuche von Waisen-, Kranken- und Armenhäusern, nur von einer Hofdame begleitet, setzte sie erst in späteren Jahren durch. Dabei wandte sie sich teilnahmsvoll dem einen oder anderen Insassen zu, erkundigte sich nach der Betreuung und Pflege und kostete sogar von den Speisen. Doch diesen sporadischen Aktionen fehlte es an Regelmäßigkeit und Nachhaltigkeit.

Weitere Aufgaben, für die sie sich hätte einsetzen können, waren u. a.: die Bekämpfung der Armut und Förderung der Armenfürsorge, die Einrichtung sozialer Vereine und Sorge um das Gesundheitswesen, die Förderung von Bildung und Erziehung sowie Pflege der Kultur. Auch wenn sie während der österreichisch-ungarischen Besetzung Bosniens und der Herzegowina 1878 für die Invaliden und die in die Heimat zurückkehrenden Soldaten einen Hilfsfonds einrichten ließ und sich für die Gründung des patriotischen Frauenvereins vom »Roten Kreuz« zur Unterstützung der Kriegsgeschädigten engagierte, so waren dies doch nur Einzelmaßnahmen.

Von einer wohltätigen Kaiserin hätte man sich weitaus mehr Hilfsaktionen gewünscht. Freilich kamen von ihr immer wieder Spenden für die eine oder andere Einrichtung, aber viele vermissten auch hier ein durchgängiges überzeugendes Konzept. Da sie sich schon bald vor allem auf Reisen befand oder sich zu Kuraufenthalten andernorts aufhielt, infolgedessen also nicht regelmäßig in Wien war, kam die Erfüllung dieser Verpflichtungen viel zu kurz. Besonders provozierte sie mit ihren oft sündteuren Reisen und Aufenthalten in Luxushotels massive Kritik. Die Investition zumindest eines beträchtlichen Teils der von ihr vergeudeten Summen in soziale und karitative Zwecke hätte man von ihr in ihrer Funktion als Landesmutter schon erwartet.

Religiöse Pflichten

68 Jahre lang regierte Franz Joseph das Habsburgerreich – von 1848, dem Revolutionsjahr, bis zu seinem Tod 1916. Sein Anspruch leitete sich aus der katholisch geprägten Tradition des »Hauses Habsburg« ab – als »Kaiser von Gottes Gnaden« zu regieren. Dies bedeutete: Der Kaiser leitet das Habsburgerreich vermöge seines eigenen Monarchenrechts, das sich die Dynastie mit Willenserklärungen wie der Pragmatischen Sanktion von 1713 und der Pragmatikal-Verordnung von 1804 selbst verliehen hatte. Durch das Monarchenrecht »von Gottes Gnaden« reduzierte sich das Staatsgebilde auf zwei politische Exponenten: auf den Herrscher und die Beherrschten. Das Staatsgrundgesetz, dem Franz Joseph 1867 zustimmte, sagte im Artikel 1: »Der Kaiser ist geheiligt, unverletzlich und unverantwortlich.« Was bedeuteten diese drei Begriffe im Einzelnen?

Der Kaiser ist »geheiligt«: Damit war Franz Joseph sakrosankt, konnte also von niemandem und durch nichts zur Rechenschaft gezogen werden. Er glaubte selbst fest daran, als Herrscher »von Gottes Gnaden« in allen seinen Entscheidungen unantastbar zu sein.

Der Kaiser ist »unverletzlich«: Als Inhaber aller Hoheitsrechte der Staatsgewalt stand Franz Joseph unter besonderem Schutz des Gesetzes. Jede Gefährdung seiner Person wurde als Verbrechen des Hochverrats geahndet und mit dem Tod bestraft. Wer die ihm schuldige Ehrfurcht vorsätzlich verletzte, machte sich der Majestätsbeleidigung schuldig (§63 StG., Höchststrafe fünf Jahre schwerer Kerker). Eine »Aufreizung zum Hass« wider den Monarchen kostete ebenso fünf Jahre Höchststrafe. Dieser »Unverletzlichkeit-Paragraph« galt übrigens für sämtliche Mitglieder des kaiserlichen Hauses, also auch für die Kaiserin und selbst für Erzherzöge, auch wenn sich diese bisweilen skandalös verhielten. Die Bestimmung fand pikanterweise sogar auf längst verstorbene Habsburger Anwendung.

Der Kaiser ist »unverantwortlich«: Ein Forum, vor dem der Kaiser wegen seiner Regierungshandlungen zur Verantwortung hätte gezogen werden können, gab es nicht. Der Kaiser konnte verfassungsrechtlich also kein Unrecht begehen. Dafür hatten ausschließlich die Minister einzustehen: Entweder hatten sie den Monarchen nicht rechtmäßig beraten oder sie hatten ihm nicht die Wahrheit gesagt oder ihm von der erforderlichen Gegenzeichnung nicht abgeraten.

Als »Herrscher von Gottes Gnaden« mussten der Kaiser und mit ihm seine Gemahlin der von Gott verliehenen Gnade und allen davon abgeleiteten Privilegien nun aber auch gerecht werden. So hatten beide eine wesentliche Vorbildfunktion im christlichen Glauben zu erfüllen. Dies bedeutete die Teilnahme an allen Hochfesten des Kirchenjahres, eine christliche Lebensführung nach Gottes Geboten und einen regelmäßigen Sakramenten-Empfang, also der Beichte und der Kommunion. Man erwartete auch einen hochherzigen Einsatz des Kaiserhauses zum Wohl des Volkes, vor allem im Hinblick auf die Beseitigung von Not und Armut. Dementgegen standen die Vernachlässigung der genannten Verpflichtungen ebenso wie eine kritische Einstellung zur Kirche, die vor allem Elisabeth mehr oder weniger offen praktizierte. Sie schien sich nicht mehr wie ihre Vorgängerin Maria Theresia 100 Jahre zuvor für das Seelenheil ihrer Untertanen verantwortlich zu fühlen und ein religiöses Vorbild sein zu wollen, wozu Maria Theresia bereits in der Kindheit von zwei Jesuitenpatres streng erzogen worden war.

> »Dies bedeutete mehrere Gebete täglich, die immer kniend verrichtet werden mussten, regelmäßige Andachten, Beichte und Kommunion. Darüber hinaus wurde die Erzherzogin natürlich in den kirchlichen Jahresablauf einbezogen, nahm an den zahlreichen Kirchenfesten, Namenstagsfeiern und religiösen Prozessionen teil. Von den Jesuiten lernte Maria Theresia auch die Marienverehrung, die für Jesuiten ›die reine und unverfälschte Grundlage der Frömmigkeit‹ war.«[19]

Das regelmäßige Rosenkranzgebet, die Teilnahme an Marienandachten und an Wallfahrten nach Mariazell waren daher üblich. Ihrer Tochter Maria Karolina, die 1768 Königin von Neapel wurde, legte Maria Theresia »nachdrücklich ans Herz, die religiösen Pflichten präzise zu erfüllen«, und »zwar im Privaten und in der Öffentlichkeit«, und ermahnte sie:

> »Da der liebe Gott Euch bestimmt hat zu herrschen, müsst Ihr ein Vorbild abgeben, gerade in dieser perversen Zeit, wo unsere heilige Religion so wenig praktiziert und geliebt wird. Es scheint, als ob die Großen sich schämten, sich dazu zu bekennen, während das Volk meist im Aberglauben [...] versunken ist, den man aber nicht frontal mit der Wahrheit aufeinanderprallen lassen kann. Man muss vielmehr versuchen, die Geister nach und nach heimzuführen, indem man eifrige Pfarrer und gute Schulmeister bestellt. Es ist eine wesentliche Pflicht eines jeden Souveräns, sich ohne Unterlass damit zu befassen. Das Vorbild des Souveräns macht alles aus.«[20]

Doch diese religiösen Pflichten einer Kaiserin übernahm an Elisabeths Stelle ihre Schwiegermutter, Erzherzogin Sophie, die sich bis zu ihrem Tod 1872 an der Seite ihres Sohnes Franz Joseph gemeinsam mit Fürsterzbischof Rauscher und der klerikalen Hofpartei bemühte, dem Volk ein religiöses Vorbild zu sein. Elisabeth war danach aber nicht bereit, diese ihr auferlegte Verpflichtung, dem Volk ein Glaubensvorbild zu sein, von ihrer Schwiegermutter nach deren Tod 1872 zu übernehmen und engagiert fortzuführen.

Elisabeths politische Einflussnahme

War es Elisabeth erlaubt, politisch aktiv zu werden, und hätte sie beim Tod Franz Josephs die politische Verantwortung in Österreich übernehmen können? Beide Möglichkeiten bestanden für Elisabeth nicht. Sie hatte mit Rudolf ja einen männlichen Thronfolger geboren. Doch was wäre nach Rudolfs Tod gewesen, wenn auch Franz Joseph gestorben wäre? Hätte sie dann die Thron- und politische Nachfolge antreten können? Das wäre nicht möglich gewesen, denn dagegen sprach das »salische Erbrecht«, wonach Frauen beim Tod ihres Mannes oder bei Minderjährigkeit ihrer Kinder von der Regentschaft und Erbfolge ausgeschlossen sind. Die weibliche Thronfolge Kaiserin Maria Theresias 1740 war nur eine Ausnahme, die durch die »pragmatische Sanktion« von 1724, ermöglicht wurde. Dabei handelte es sich um einen Sondererlass, der bestimmte, dass auch die Töchter des Hauses Habsburg die Thronfolge antreten konnten, wenn es keine männlichen Nachfolger gab. Doch dieser Erlass galt nicht für Elisabeth.

In der oben erwähnten Schmähschrift von 1774, die Elisabeth 1857 entdeckte, war auch folgende Stelle rot markiert:

> »Wenn die Königin so glücklich ist, dem Staate Prinzen zu schenken, sollte sie darauf ihren ganzen Ehrgeiz beschränken und sich auf keine Weise in die Regierung eines Reiches einmengen, deren Besorgung nicht den Frauen anver-

traut ist. Das salische Gesetz schließt sie wegen der Torheit ihres Geschlechts für immer vom Herrscherberufe aus.«[21]

Als bodenlose Frechheit empfand Elisabeth diesen Hinweis. Sie sei zu dumm, so wurde zum Ausdruck gebracht, um sich politisch zu betätigen. Franz Joseph lehnte eine offizielle Einflussnahme seiner Frau in die Politik tatsächlich ab, aber eine indirekte Beeinflussung wollte sich Elisabeth dann doch nicht nehmen lassen. In den ersten 20 Jahren als Kaiserin – 1853 bis 1872 – lässt sich eine politische Einflussnahme von ihr in folgenden Fällen durchaus registrieren.

1854 begleitete sie Franz Joseph auf der Reise nach Böhmen und Mähren, nahm dort am Empfang von Delegationen und Hilfesuchenden teil und sorgte durch ihre Schönheit für eine positive Stimmung in der dortigen Bevölkerung. Doch dem böhmischen Adel stand sie reserviert gegenüber und begleitete den Kaiser auch nie mehr nach Prag.

1856 wurde das Kaiserpaar bei seiner Reise nach Italien in Venedig und Mailand recht unfreundlich aufgenommen. Die Abneigung gegen die österreichische Herrschaft war zu groß. Doch Elisabeth punktete erneut mit ihrer eindrucksvollen Erscheinung und entschärfte während des Aufenthalts die Situation mit ihrer »Politik des Liebreizes«[22].

Während des Sardinischen Krieges 1859, in dem Österreich gegen Sardinien-Piemont und Frankreich kämpfte, war Elisabeth die Vertreterin des Kaisers in Wien. Franz Joseph informierte sie über alle Kriegsereignisse und bat sie inständig, ihn in Wien würdig zu vertreten. Elisabeth drängte ihren Mann nach der Niederlage in der Schlacht von Solferino dringend zu Friedensverhandlungen mit Frankreich.

Die Hauptschuld am Bruderkrieg zwischen Österreich und Preußen 1866 schob Elisabeth dem preußischen König und dessen Ministerpräsidenten Bismarck in die Schuhe und wünschte dem Preußenkönig den Tod, »da würde viel Unglück erspart werden«[23], wie sie notierte. Sie zeigte sich in dieser Zeit als Antimilitaristin und Pazifistin, auch wenn sie die Auseinandersetzung mit dieser Einstellung nicht verhindern konnte. Sie besuchte die Verwundeten in den Lazaretten und sprach ihnen Trost zu. In der Schlacht bei Königgrätz erlitt Österreich die entscheidende Niederlage, worauf sich Elisabeth mit ihren Kindern nach Pest in Ungarn zurückzog.

Als Folge des Krieges von 1866 wurde der Ausgleich mit Ungarn unvermeidlich, bei dem Elisabeth 1866/67 deutlich mitwirkte und sich intensiv für Frieden zwischen Österreich-Ungarn und die Freiheit des ungarischen Volkes einsetzte. Schon seit Anfang 1866 versuchte sie ihren Ehemann dazu zu bewegen, die seit der gewaltsamen Niederschlagung der Revolution in Ungarn 1848/49 offenen Forderungen der Ungarn zur Wiederherstellung ihrer Autonomie zu erfüllen. Über ihre Vertraute und Vorleserin, Ida Ferenczy von Vecseszék, kam Elisabeth in Kontakt mit den ungarischen Liberalen, insbesondere mit Gyula Graf Andrássy, als dessen Sprachrohr am Wiener Hof sie fungierte. Bald rühmte man sie als beste Diplomatin Österreichs, als Retterin der Monarchie und als »irdischer

Schutzgeist Ungarns«, da sie sich gegen die Einwände Franz Josephs, seiner Mutter, Erzherzogin Sophie, sowie der ungarnfeindlichen Minister und Berater des Kaisers durchsetzen konnte. Da Franz Joseph noch zögerte, den Ausgleich mit Ungarn zu wagen, beschwor sie ihn im Juli 1866, doch endlich Andrássy zu vertrauen. Sie habe, versichert sie ihrem Mann, »die Überzeugung gewonnen, daß, wenn Du ihm vertraust, aber ganz, so sind wir, und nicht Ungarn allein, sondern die Monarchie, noch zu retten. [...] Zum letztenmal bitte ich Dich im Namen Rudolfs, versäume den letzten Moment nicht [...] Sagst Du ›nein‹, willst Du in der letzten Stunde nicht einmal mehr einen uneigennützigen Rat hören, dann handelst Du wirklich un[...]lich[24] an uns allen. Meiner ferneren B[itten?] und S[ekkaturen?] bist Du dann für immer enthoben, dann bleibt mir nichts mehr übrig, als mich mit dem Bewußtsein zu beruhigen, daß ich, was immer auch geschehe, Rudolf einmal ehrlich sagen kann: ›Ich habe alles getan, was in meinen Kräften stand, Dein Unglück habe nicht ich am Gewissen.‹«[25]

Am 18. Februar 1867 wurde mit geringen Modifikationen die ungarische Verfassung von 1848 wiederhergestellt, nachdem Andrássy tags zuvor zum ungarischen Ministerpräsidenten gewählt worden war. Die Krönung Kaiser Franz Josephs zum König von Ungarn und Elisabeths zur ungarischen Königin am 8. Juni 1867 besiegelte die Versöhnung der Ungarn mit den Habsburgern. 1868 setzte Elisabeth mit der Geburt Marie Valeries ein deutliches Zeichen der Freundschaft zwischen Österreich und Ungarn. Das »ungarische Kind« wurde dafür gleichsam zum Symbol.

Manche fragen sich, ob Elisabeths ausgeprägte Liebe zu Ungarn und ihr persönlicher Einsatz beim Ausgleich mit Ungarn vielleicht gar in Kenntnis der Ereignisse geschah, die sich mit ihrer Vorgängerin, Kaiserin Maria Theresia, mehr als 100 Jahre zuvor ereignet hatten. Als Maria Theresia 1740 mit Sondererlaubnis den Thron bestieg, übernahm sie ein geschwächtes, schlecht regiertes Reich, das den Nachbarn als leichte Beute galt. Preußen, Frankreich, Bayern, Sachsen – sie alle wollten sich ihren Anteil sichern. Von ihrem Vater hatte sie nur korrupte Berater und marode Staatsfinanzen geerbt, außerdem war das Militär schlecht ausgebildet und unfähig, dem Ansturm der Feinde Paroli zu bieten. In den ersten Jahren des österreichischen Erbfolgekriegs musste Maria Theresia bittere Niederlagen einstecken und große Territorien preisgeben. Der Preußenkönig Friedrich II. eroberte mit seinen Truppen das wohlhabende Schlesien und der bayerische Kurfürst marschierte in die Habsburger Lande ein. Schon schienen die Feinde zu triumphieren, da zog Maria Theresia im Sommer 1741 hilfesuchend nach Ungarn und ließ sich in Pressburg (heute: Bratislava) zum »König der Ungarn« und nicht, wie erwartet, zur »Königin« krönen. Dann richtete sie einen flammenden Appell an alle Ungarn, ihr im Kampf gegen die Feinde beizustehen, was auch geschah. Zwei Jahre später setzte sie sich auch noch die böhmische Königskrone auf. Bald stellten sich militärische Erfolge ein und 1748 war der Kampf um das Erbe der Habsburger überstanden. Maria Theresia hatte ihre Macht gefestigt. Preußenkönig Friedrich II. nannte sie »eine Frau, die man für einen großen Mann halten kann«[26]. War Maria Theresias Verbindung zu Ungarn

Kaiserin Elisabeth womöglich bekannt? Allgemein wird behauptet, ihr Engagement für den Ausgleich mit Ungarn sei ihre einzige politisch bedeutsame Aktivität gewesen.

1870/71, als der Deutsch-Französische Krieg drohte, äußerte sich Elisabeth besorgt: »Wenn es nur nicht wieder zum Krieg kommt.«[27] Doch es kam dazu. Wegen ihrer Abneigung gegen Preußen schien sie auf einen schnellen Sieg Frankreichs zu hoffen. Auf Preußens Sieg über Frankreich reagierte sie mit Angst. »Wir werden«, schrieb sie an Franz Joseph, »vielleicht doch noch ein paar Jahre vegetieren, bis die Reihe an uns kommt«[28] und Preußen womöglich auch Österreich den Krieg erklärt und unterjocht. Die Gründung des Deutschen Reiches erkannte sie notgedrungen an, war aber über Franz Josephs demütige Haltung gegenüber dem Deutschen Reich und später auch gegenüber Russland empört, was sie in einem Gedicht so ausdrückte:

> »That schön den Russen, Preussen, / Galt's meines Landes Wohl; / Ja, auf den Kopf sie sch...n / Liess ich [gemeint ist Franz Joseph] mir demutsvoll.«[29]

Erfreut reagierte sie deshalb, als nach der Amtsenthebung Friedrich Ferdinand von Beusts am 14. November 1871 Andrássy zum Minister des Äußeren und des kaiserlichen Hauses ernannt wurde. Er war ihrer Ansicht nach genau der Mann, der gegenüber Bismarck seine Meinung zu vertreten wagte. Zum allgemeinen Erstaunen nahm sie »klare politische Stellung, als sie zum ersten und einzigen Male in ihrem Leben bei der Thronrede zur Einführung der neuen Regierung erschien und sich damit demonstrativ auf die Seite der Liberalen stellte«[30].

1872 starb Elisabeths Schwiegermutter. Die Bevölkerung betrauerte ihren Tod, war Erzherzogin Sophie in ihren Augen doch die »wahre Kaiserin«[31] gewesen. Nun hätte Elisabeth im Alter von mittlerweile 35 Jahren die Möglichkeit gehabt, endlich das Amt der Kaiserin allein auszuüben, also alle jenen Verpflichtungen gerecht zu werden, die von einer Kaiserin gefordert wurden. Das erkannte auch ihre Hofdame Marie Festetics: »Ohne Zweifel ein ernster Zeit-Abschnitt!«, notierte sie in ihr Tagebuch. »Das feste Band zwischen dem ›Heute‹ und der Vergangenheit ist gelöst! Wird die Kaiserin wollen, was sie könnte? Sich zeigen nun, oder hat sie es aufgegeben in dem ewigen Kampfe? Ist sie zu träge geworden oder hat sie alle Freude an dem Handwerk verloren?«[32]

Zwar kam Elisabeth 1873 ihren Repräsentationspflichten noch umfassend nach. Doch dann erfolgte ihr sukzessiver Rückzug aus der Politik. Mit der Verheiratung ihrer Töchter Gisela (1873) und Marie Valerie (1890), deren Männer weder eine politisch wichtige Rolle spielten noch besonders begütert waren, sorgte Elisabeth insgeheim für eine Entpolitisierung der Dynastie der Habsburger, an deren Bestand sie ohnehin nicht mehr glaubte.

In den 25 Jahren, von 1873 bis 1898, verblasste das Bild, das man sich am Hof und im Volk von einer verantwortungsbewussten Kaiserin machte, immer mehr. Schuld daran waren sicher auch die Vorwürfe, die man ihr von verschiedenen Seiten machte und die Marie Festetics im Frühjahr 1874 so beschrieb:

»Da gibt es eine böhmische Parthei, die denkt, Sie [die Kaiserin] ist schuld, daß der Kaiser sich nicht krönen läßt, denn sie haßt Böhmen, weil Sie Ungarn liebt! Da sind die Ultramontanen, die sagen, Sie ist nicht fromm genug. Sie hält den Kaiser zurück, sonst wäre längst wieder der Staat der Kirche untergeordnet. Da sind die Centralisten, die sagen wieder, Sie ist gegen den Absolutismus. Könnte man Ihren Einfluß brechen, wäre es leicht, zur alten Regierungsform zurückzukehren! Der Dualismus sei Ihr Werk! Das ist das Einzige, wo Sie die Hand im Spiele hatte. Das laße ich gelten. Aber es war sicherlich nicht zum Nachteil Österreichs; wenn Alles einmal wankt – König von Ungarn wird Er bleiben!«[33]

Dazu kam schließlich auch noch die Aversion des Wiener Hofes gegen sie. Man verzieh es ihr nie, dass sie die höfische Etikette, die protokollarischen Regeln und ihre Repräsentationspflichten ablehnte.

Am 29. Mai 1876 beschloss Elisabeth jedenfalls: »[I]n Politik mische ich mich nicht mehr.«[34] Was sie von der Politik hielt, gestand sie ihrem griechischen Vorleser Marinaky:

»Ich verabscheue [...] die moderne Politik und denke, dass sie voller Betrug ist. Sie ist nur ein Wettkampf, in dem der Listigste das beste Teil erhält zum Nachteil dessen, der zögert, gegen sein Gewissen zu handeln. Heutzutage kommen Nationen und Privatleute nur vorwärts, wenn sie skrupellos sind.«[35]

Und zu Constantin Christomanos sagte sie: »Ich habe auch zu wenig Respekt vor der Politik und erachte sie eines Interesses nicht wert.«

Und die Minister?

»Ah, die sind nur dazu da, um zu fallen; dann kommen wieder andere. [...] Überhaupt ist das Ganze ein solcher Selbstbetrug! Die Politiker glauben, die Ereignisse zu führen und werden immer davon überrascht. Jedes Ministerium hat seinen Fall in sich, gleich vom ersten Augenblick an. Die Diplomatie ist nur dazu da, um von den Nachbarn irgendeine Beute zu ergattern. Aber alles, was auch geschieht, geschieht von selbst aus innerer Notwendigkeit und Reife, und die Diplomaten konstatieren nur die Tatsachen.«[36]

Ihre Ansichten über Politik wurden auch durch ihren festen Glauben an den Untergang der Monarchie bestimmt. Enttäuscht reagierte sie 1879 auf Andrássys plötzliche Entlassung als Außenminister und dass ihr Mann nun dem ihr verhassten Ministerpräsidenten Graf Erduard Taaffe und dem neuen Außenminister Graf Kálnoky vertraute. Graf Taaffe, ein Jugendfreund des Kaisers, war erzreaktionär eingestellt und nach ihrer Ansicht ein ebenso schädlicher Berater ihres Mannes wie Graf Kálnoky mit seiner völlig verfehlten Außenpolitik. Elisabeth wurde zu einer überzeugten Republikanerin, aber nur in ihren Gedanken und Gedichten. Damit beeinflusste sie ihren Sohn Rudolf und ihre Tochter Marie

Valerie, die beide ebenfalls das Ende der Monarchie heraufziehen sahen. Ihre Befürchtungen bezüglich des drohenden Untergangs des Habsburgerreiches wurden noch durch familiäre und politische Ereignisse verstärkt. Besonders sah sie das Reich von Russland bedroht. Rudolf bedauerte den politischen Rückzug seiner Mutter, wie er 1881 seinem ehemaligen Erzieher Latour mitteilte:

> »Es hat eine Zeit gegeben, wo die Kaiserin oft, ob mit Glück das will ich dahingestellt sein lassen, sich um die Politik gekümmert hat und mit dem Kaiser über ernste Dinge, geleitet von Ansichten, die den seinen diametral entgegengesetzt waren, gesprochen hat. Diese Zeiten sind vorüber. Die hohe Frau kümmert sich nur mehr um den Sport; so ist jetzt auch dieser Einlaß fremder und im großen Ganzen eher liberal angehauchter Meinungen verschlossen.«[37]

Erschüttert durch den Tod Ludwigs II. (1886), den Suizid ihres Sohnes Rudolf (1889) und die Heirat ihrer Lieblingstochter Marie Valerie (1890), nahm Elisabeth politische Gestaltungsmöglichkeiten nicht mehr wahr und zog sich nach und nach gänzlich aus der Verantwortung als Kaiserin zurück.

Doch eines sollte nicht übersehen werden: Selbst ihre späteren Reisen durch Europa hatten in gewisser Weise noch politische Bedeutung. Sie zeigte »bei ihren Aufenthalten in England, Frankreich und in der Schweiz, den Hochburgen der Demokratie, ihre europaweite Unvoreingenommenheit, was die Wahl des Aufenthaltsortes betraf.«[38] Vielleicht sah Franz Joseph insgeheim sogar »einen Vorteil darin, daß man seine Frau als liberalen und republikanischen Geist bewunderte und verdächtige. [...] Er schmückte sich sozusagen mit seiner Frau, die nicht nur äußerlich Aufsehen erregte, sondern die auch durch ihr Verhalten für Gesprächsstoff sorgte«[39] und der Welt dadurch von Österreichs Monarchie ein anderes, moderneres Bild vermittelte.

Franz Joseph, der Pflichtbewusste? – Elisabeth, die Pflichtvergessene?

Franz Joseph trat Ende 1848 im Alter von erst 18 Jahren, protegiert von seiner Mutter, Erzherzogin Sophie, die Nachfolge als Kaiser von Österreich an. Nach der Revolution von 1848 war er zunächst unpopulär und verhasst. Er galt als erzkonservativ, autoritär, bigott, reformunfähig und als ein Feind der Moderne, auch wenn er pflichtbewusst, arbeitsam und höflich war. Rückwärtsgewandt sehnte er sich nach einer absolutistisch-zentralistisch gesteuerten Herrschaft, die er nach seiner Thronbesteigung wieder einführen wollte. Wie einen Gutshof leitete er sein Riesenreich, das ein Fünftel Europas umspannte. Unter den 50 Millionen Einwohnern gab es unterschiedlichste Nationalitäten und Religionen. In den Reichsgrenzen lebten Deutsche, Ungarn, Tschechen und Polen, Ruthenen (Ukrainer), Slowenen, Serbokroaten, Italiener, Bosnier und Rumänen. Die Beziehungen untereinander waren angespannt, auch in religiöser Hinsicht. Es gab im Kaiserreich Katholiken, Orthodoxe, Protestanten, Muslime und Juden.

Doch Franz Josephs Innen- und Außenpolitik war glücklos. Er verlor alle wichtigen Kriege, in die er mit einer schlecht und unmodern ausgerüsteten Armee unter Führung ahnungsloser Generäle verwickelt wurde. Die blutigen Schlachten, u. a. 1859 in Norditalien, forderten zahllose Opfer. Die liberalen Reformen nach 1859 geschahen gegen seine innere Überzeugung. 1866 folgte das nächste Debakel. Im Deutsch-Österreichischen Bruderkrieg unterlag Österreich in der Schlacht von Königgrätz. 1867 musste er zum Ausgleich mit Ungarn gedrängt werden. Erst nach langen, zähen Verhandlungen und auf nachhaltiges Insistieren seiner Gemahlin entstand die Österreichisch-Ungarische Monarchie. Die Visionen seines intelligenten Sohnes von einem geeinten Europa ignorierte der Kaiser völlig. Rudolf erkannte und befürwortete die Notwendigkeit von Veränderungen und Neuerungen für die Donaumonarchie an der Schwelle zum 20. Jahrhundert. Sein Vater und dessen Berater hielten sie jedoch für gefährliche, liberale Hirngespinste, weshalb Rudolf von allen wichtigen politischen Entscheidungen ausgegrenzt wurde.

Ebenso gingen die gesellschaftlichen und geistigen Entwicklungen der zweiten Hälfte des 19. Jahrhunderts am Kaiser vorbei. Künste und Wissenschaften ließ er gewähren, ohne wirklich Anteil daran zu nehmen. Franz Joseph war kein großer Denker oder Grübler, sondern ein trockener Pragmatiker, der nüchtern und fantasielos sein Amt erfüllte. Geistige Interessen waren bei ihm kaum vorhanden. Poesie, Kunst und Musik spielten in seinem Leben eine nachgeordnete Rolle. Die literarischen Ambitionen seiner Frau, ihre Begeisterung für Heinrich Heine und das Verfassen von Gedichten waren für ihn nichts anderes als »Wolkenkraxeleien«. Er stand zuletzt nur noch für das, was man eine Politik des »Fortwurstelns« nannte. Am Ende seiner Regierungszeit standen der Ausbruch des Ersten Weltkriegs und der Zerfall des Vielvölkerstaates Österreich-Ungarn. Vier Jahre nach Franz Josephs Tod widmete ihm der Satiriker Karl Kraus das folgende boshafte, aber durchaus zutreffende Gedicht:

> »Wie war er? War er dumm? War er gescheit? / Wie fühlt' er? Hat es wirklich ihn gefreut? / War er ein Körper? War er nur ein Kleid? / War eine Seele in dem Staatsgewand? / Formte das Land ihn? Formte er das Land? / Wer, der ihn kannte, hat ihn auch gekannt? / Trug ein Gesicht er oder einen Bart? / Von wannen kam er und von welcher Art? / Blieb nichts ihm, nur das Wesen selbst, erspart? / War die Figur er oder nur das Bild? / War er so grausam wie er altersmild? / Zählt' er Gefallne wie erlegtes Wild? / Hat er's erwogen oder frisch gewagt? / Hat er auch sich, nicht nur die Welt geplagt? / Wollt' er die Handlung oder bloß den Akt? / Wollt' er den Krieg? Wollt' eigentlich er nur / Soldaten und von diesen die Montur, / von der den Knopf nur? Hatt' er eine Spur / von Tod und Liebe und vom Menschenleid? / Nie prägte mächtiger in ihre Zeit / jemals ihr Bild die Unpersönlichkeit.«[40]

Trotz allem galt Kaiser Franz Joseph als volksnah, als ein um das Reich bemühter, pflichtbewusster Herrscher. Im Volk zeigte er sich leutselig und begegnete den

Untertanen charmant und höflich. Als »Kaiser von Gottes Gnaden« wollte er dieser ihm von Gott verliehenen Gnade auf seine Weise gerecht werden, indem er sich täglich seinen Pflichten widmete, von früh morgens bis in die Nacht hinein über Akten brütete, sie mit nichtssagenden Bemerkungen versah und ein anspruchsloses bescheidenes Leben führte. Selbst Kleinigkeiten delegierte der pedantische Ordnungs- und Pünktlichkeitsfanatiker nie. Als »Aktenmensch«, ironisch »Hofrat Prohaska« genannt, verbrachte er sein Leben am Schreibtisch. Die Armee galt ihm als wichtigste Stütze der Monarchie. Am Exerzieren und an Paraden hatte er Freude.

In der Familie galt er als autoritärer Patriarch und unbestrittenes Oberhaupt des Hauses Habsburg-Lothringen, dem sich alle zu fügen hatten. Während er hinsichtlich seiner persönlichen Ausgaben anspruchslos und sparsam war, zeigte er sich gegenüber Menschen, die ihm etwas bedeuteten, großzügig, so gegenüber seiner Gattin Elisabeth und später auch gegenüber der ihm zugeführten Mätresse Katharina Schratt, aber auch seinen diversen Liebschaften. Erholung boten ihm Sommeraufenthalte im Salzkammergut und die Teilnahme an Jagden.

Die Bevölkerung Wiens und die Völker Österreichs hatten für ihn durchaus Sympathie. Über die Kriege, in die er schlitterte, waren sie zwar nicht glücklich, doch in Friedenszeiten habe er sich doch redlich um das Wohl der Untertanen gesorgt, so glaubten sie wenigstens. Seit 1848, dem Beginn seiner Regierungszeit, musste die Haupt- und Residenzstadt Wien bedingt durch die Zunahme der Bevölkerung erweitert werden. Dazu wurden die alten Stadtmauern abgebrochen und die neue Ringstraße gebaut. Es entstanden das Künstlerhaus, das Musikvereinsgebäude, die neue Hofoper, das Stadttheater und die Volksoper. Die Einrichtung einer neuen Hochquellwasserleitung verbesserte die hygienischen Verhältnisse in Wien. Wegen der immer wiederkehrenden Überschwemmungen musste die Donau reguliert werden. Es wurden nicht nur elf neue Brücken errichtet, sondern mit den Jahren auch neue Spitäler und Schulen gebaut, dazu die neue Universität am Schottentor. Auch der Bau von Kirchen wurde forciert. Franz Joseph ließ bei alledem den Architekten und Bauherren freie Hand, ohne innerliche Beteiligung seinerseits.

In den letzten Jahren seiner Herrschaft präsentierte er sich als statische, leidgeprüfte Gestalt. Mehr und mehr wurde er als gütiger älterer Herr gesehen und erstarrte zu einer mythischen Gestalt. In Schulen, Dienstzimmern und Privatwohnungen hing das Porträt des backenbärtigen Kaisers. »Sein Bild«, so der Historiker Ernst Hanisch, »stand Wache in jeder Amtsstube der Monarchie. Sein Auge, wie das Auge Gottes, sah alles. Er, der Überbürokrat, voll asketischer Pflichtgesinnung, er, der stets in Uniform auftrat, elastischen Schritts, scheinbar unsterblich, er, der Kaiser, repräsentierte alle österreichischen politischen Tugenden. Und diese Tugenden waren gewiss nicht besonders demokratisch. Der Kaiser gehörte zur sakralen Ordnung, um ihn wehte der Glanz Gottes. Konsequenterweise stand der Festgottesdienst im Zentrum des Kaiserkultes. Nicht der selbstbewusste Staatsbürger, der ›frei geborene Österreicher‹ trat seinem Kaiser gegenüber, sondern der ehrfurchtsvolle Untertan.«[41]

In späteren Jahren wurde Franz Joseph zunehmend wortkarg und verschlossen. Er starb, wie er gelebt hatte – unweit seines Schreibtisches. Trotz einer fiebrigen Lungenentzündung widmete er sich den Akten, bis er entkräftet zusammenbrach. Seine letzten Worte lauteten: »Bitte, mich morgen um halb vier wecken, ich bin mit meiner Arbeit noch nicht fertig geworden.« Bei seinem Tod war er 86 Jahre alt. 68 Jahre lang hatte er als Kaiser sein Riesenreich regiert. Noch heute verbinden viele mit ihm die »gute alte Zeit«. Franz Joseph verfügte über viele Masken, war Kaiser von Gottes Gnaden, gläubiger Katholik, Kriegsherr und Friedensfürst und langweiliger Buchhalter und begeisterter Jäger, biederer Bürger und Ehemann und Ehebrecher. In jeder Maske wirkte er überzeugend. Doch nimmt man sie ihm alle ab, dann bleibt kein Gesicht.

***

Eigentlich sollte Elisabeth an der Seite ihres Gemahls die ihr aufgetragenen Verpflichtungen erfüllen. Über das Talent dazu hätte sie durchaus verfügt, aber ihr fehlten der Wille und Franz Joseph die Kraft, von ihr die ihr obliegenden Aufgaben konsequent abzuverlangen. Er fügte sich vielmehr als ihr »Kleiner« all ihren Wünschen und Launen und Elisabeth nutzte diese Schwäche ausgiebig aus.

Sie widmete sich vermehrt vorrangig ihren Vorlieben: der Schönheitspflege, der Begeisterung für den Reitsport und ihrer ausgeprägten Reiselust. Bald galt sie im Volk als die Pflichtvergessene. Ihre politischen Aktivitäten, so auch ihren erfolgreichen Einsatz um den Ausgleich mit Ungarn, blendete man in Österreich völlig aus. Ihre Liebe zu Ungarn verurteilte man sogar als Verrat. Als ihre Leidenschaften – bedingt durch Alter und Krankheit – nicht mehr zu realisieren waren, fand sie keinen Sinn mehr im Leben. Marie Festetics urteilte:

> »Schade, daß sie die ganze Zeit eigentlich mit Grübeleien vertändelt und gar nichts thun muß. Sie hat Hand zur geistigen Trägheit u. überhaupt einen Freiheitstrieb, dem jede Beschränkung schrecklich ist.«[42]

Und nachdem sich die Kaiserin weiter in die Einsamkeit zurückzog, kritisierte die Hofdame »ihren Hang zur Trägheit« erneut und prognostizierte:

> »Was heute schmerzlich ist, wird in einer Weile bequem sein, und Sie wird weniger und weniger thun und die Menschen werden mehr und mehr gegen sie zu Felde ziehen und Sie wird mit allen ihren Reichthümern ärmer und ärmer werden und Niemand wird sich daran erinnern, daß man sie in die Einsamkeit getrieben hat.«[43]

»Wann wird endlich die Zeit kommen«, seufzte ihre Tochter Marie Valerie zwölf Jahre später, »da Mama einsehen wird, daß sie anders leben sollte, um dem lieben Gott einst Rechenschaft zu geben über ihre Talente?«[44]

Bei diesen Worten stand Elisabeths Lieblingstochter das biblische Gleichnis von den dem Menschen von Gott anvertrauten Talenten vor Augen. In dieser Geschichte übergibt ein verreisender Herr seinen Knechten Teile seines Vermögens, dem einen fünf Talente Silber, dem andern zwei, dem dritten ein Talent, jedem entsprechend seiner Tüchtigkeit. Die ersten beiden handeln mit ihren Talenten und gewinnen weitere hinzu, nur der Letzte vergräbt sein Talent und gewinnt nichts. Als der Herr zurückkommt, lobt er die beiden Fleißigen, zum Letzten aber, der nichts dazugewann, sagt er: »Du böser und fauler Knecht!« Und er befiehlt den Dienern: »Werft ihn in die Finsternis hinaus; da wird sein Heulen und Zähneklappern.«[45] Die gläubige Marie Valerie ist sich sicher, dass jedem Menschen, der nicht entsprechend dem ihm von Gott gegebenen Talent aktiv wird, womöglich sogar die ewige Verdammnis droht. Und es bereitete ihr große Sorge, wie nachlässig ihre Mutter mit den ihr von Gott gegebenen Talenten umging.

Bei dieser Beurteilung übersahen Marie Valerie wie alle anderen Kritiker allerdings völlig die Willensstärke bei den alltäglichen kräftezehrenden Kämpfen, die ihre Mutter zu bestehen hatte, seit sie Kaiserin geworden war. Kämpfe gegen ihre Schwiegermutter Sophie, die als »einziger Mann am Wiener Hof« galt, gegen ihren Mann Franz Joseph, den folgsamen Sohn seiner Mutter, und gegen die sie ständig kritisierende Hofkamarilla. Unerbittlich arbeitete Elisabeth deshalb am Zerfall der herrschaftlichen Zeremonien und des höfischen Protokolls, suchte tagtäglich sich gegen ihre Widersacher zu behaupten, benutzte kalkuliert ihre Schönheit, die sie durch aufwendige Pflege und durch Fastenkuren inszenierte, als Waffe gegen ihre Feinde, setzte schließlich mittels eines Manifests ihre Unabhängigkeit durch, kultivierte mit den Jahren ihre liberale und republikanische Einstellung und baute systematisch ihre Mobilität in verschiedenen Bereichen aus, so durch Realisierung intellektueller Ansprüche und das Erlernen mehrerer Sprachen, durch sportliche Betätigung, Gewaltmärsche und Reitexzesse, die ihr große Anerkennung eintrugen, sowie durch endlose Reisen, bei denen sie auch ihren geistigen Horizont erweiterte. Auf diese Weise suchte sie ihre Selbstbestimmung und ihre Macht Schritt für Schritt auszubauen und zu festigen. Untätig war sie also keinesfalls, doch was ihre Pflichten waren, um ihre angestrebten Ziele zu erreichen, ließ sie sich nicht vorschreiben. Das bestimmte allein sie selbst.

Franz Joseph, der Katholik! – Elisabeth, der Freigeist!

Franz Joseph wurde von Kindheit an streng katholisch erzogen. Dabei formten vor allem vier Personen seine Katholizität. Dies waren zum einen die bigotte Erzherzogin Sophie, dann der strenggläubige Erzieher Heinrich Graf Bombelles und der reaktionäre Kardinal Othmar Ritter von Rauscher (1797–1875) sowie der k.u.k. Hofkaplan Joseph Columbus, der ihm Religionsunterricht erteilte. Er war auch der Beichtvater Franz Josephs und äußerst konservativ. Von der streng religiösen Erziehung blieb Franz Joseph lebenslang geprägt. Im Schloss

Schönbrunn kann man heute noch seinen abgewetzten Betstuhl sehen und seinen persönlichen Rosenkranz, den er regelmäßig betete.

In seinen religiösen Ansichten war Franz Joseph erzkonservativ, fühlte sich innerlich den barocken Frömmigkeitsvorstellungen verbunden und verrichtete die täglichen Gebete. Er besuchte regelmäßig die heilige Messe, ging zur Beichte und empfing bei der Kommunion den Leib des Herrn. Klaglos kam er an allen kirchlichen Feiertagen auch seinen religiösen Verpflichtungen nach. Er beachtete die von der Kirche vorgeschriebenen Fastentage und nahm an den kirchlichen Hochfesten teil. Höhepunkte waren jedes Jahr am Gründonnerstag seine Teilnahmen an der Zeremonie der Fußwaschung von zwölf alten Männern und an der Fronleichnamsprozession durch Wien. Kirchenkritikern wie Liberalen, Schönerianern[46] und Sozialdemokraten stand er reserviert gegenüber.

Zeitlebens hielt er es »mit der Religion wie wohl jeder altösterreichische adelige Gentleman. Diesem erscheint das katholische Glaubensbekenntnis auch heute noch als ebenso naturhaft und selbstverständlich wie die Berge, die sein Land bilden, als eine der gegebenen großen Tatsachen seines Lebens. Man spricht darüber nicht viel, man liebt seit jeher [...] nichts weniger als populäre oder gar ›wissenschaftliche‹ Gespräche über den Glauben. [...] Nicht was der Einzelne zu den Dogmen des Glaubens sagt, ist wichtig, im Gegenteil, nur auf das, was die Kirche den Einzelnen lehrt, kommt es an.«[47] So das auch auf Franz Joseph zutreffende Urteil des österreichischen Politikers und Historikers Josef Redlich.

Franz Joseph fühlte sich als Monarch von Gottes Gnaden und als solcher geborgen in Gottes Hand. Er war durchdrungen vom Gedanken seines göttlichen Auftrags als Kaiser und hatte zum Allmächtigen absolutes Urvertrauen. Als Großmeister des mehr als 400 Jahre alten »Ordens vom Goldenen Vlies«, des wichtigsten Ordens des Hauses Habsburg, war er Verteidiger und Förderer des christkatholischen Glaubens und wehrhafter Beschützer der Kirche. Elemente des Ordens sind das an einer prunkvollen Ordenskette hängende goldene Widderfell – Hinweis auf Jasons siegreichen Kampf um das Goldene Vlies, aber auch Symbol für das »Lamm Gottes« – und ein stahlblau emaillierter Feuerstein als Zeichen absoluter Macht. Kronprinz Rudolf hatte den »Orden vom Goldenen Vlies« bereits als neugeborenes Baby verliehen bekommen. Glaubenszweifel in seinem von Regeln und Konventionen dominierten Leben befielen Franz Joseph offensichtlich nie. In seinen Briefen an den Papst bezeichnete er sich als »Eurer Heiligkeit gehorsamster Sohn« und gestand im Konkordat vom 18. August 1855 der Kirche erhebliche Rechte zu, so das Eherecht, das Ehegerichtswesen, einen umfassenden Einfluss auf das Schulwesen und die Zensur über Geschriebenes, was allenthalben Kopfschütteln erzeugte und als Rückfall ins Mittelalter kritisiert wurde. Als Franz Josef jedoch merkte, wie die Kirche mit ihren Forderungen seine Politik immer mehr zu beschneiden suchte, reagierte er mit der ihm eigenen kühlen Konsequenz. Zwischen seinem persönlichem Glauben und der Kirchenpolitik machte er durchaus einen Unterschied, wodurch es zu einem nicht spannungsfreien Wechselspiel zwischen Thron und Altar kam.

1861 gewährte er mit dem »Protestantenpatent« den evangelischen Christen zumindest die volle staatliche Gleichberechtigung. Den zunehmenden liberalen Strömungen beugte er sich 1867 mit seiner Zustimmung zum »Staatsgrundgesetz« und 1868 zu den »Maigesetzen«, auch wenn Papst Pius IX. beide als verabscheuungswürdig empfand. 1870 rang er sich nach Verkündigung des »päpstlichen Unfehlbarkeitsdogmas« schließlich zur Aufkündigung des Konkordats durch, nachdem ihm Ministerpräsident Beust klargemacht hatte, dass dieser Schritt eine Vertragsverletzung vonseiten der Kirche sei. Trotz dieser Maßnahmen blieb der Kaiser aber weiterhin ein treuer Sohn und Schutzherr der katholischen Kirche.

Die vielen politischen und militärischen Niederlagen empfand er als persönliche Rückschläge, die er mit stoischer Ruhe und Gottvertrauen ertrug. Auch andere Schicksalsschläge meisterte er mit seinem Vertrauen auf Gott. In seinem Arbeitszimmer in der Kaiservilla in Ischl hatte er täglich sein Lebensmotto vor Augen, das folgenden Wortlaut hatte:

> *Stark sein im Schmerz; nicht wünschen, was unerreichbar oder wertlos ist, zufrieden sein mit dem Tag, wie er kommt; in Allem das Gute suchen, und Freude an der Natur und an den Menschen haben, wie sie nun einmal sind; für tausend bittere Stunden sich mit einer einzigen trösten, welche schön ist, und aus Herz und Können immer sein Bestes geben, auch wenn es keinen Dank erfährt. Wer das lernt und kann, ist ein Glücklicher, Freier und Stolzer und immer schön wird sein Leben sein. Wer mißtrauisch ist, begeht ein Unrecht gegen Andere und schädigt sich selbst: Wir haben die Pflicht, jeden Menschen für gut zu halten, solange er uns nicht das Gegenteil beweist. Die Welt ist so groß und wir Menschen sind so klein: da kann sich doch nicht alles um uns allein drehen. Wenn uns was schadet, was weh tut, wer kann wissen, ob es nicht notwendig ist zum Nutzen der ganzen Schöpfung? In jedem Ding der Welt, ob es tot ist oder atmet, lebt der große, weise Wille des Allmächtigen und Allwissenden Schöpfers; uns kleinen Menschen fehlt nur der Verstand, um ihn zu begreifen. Wie alles ist, so muß es sein in der Welt, und wie es auch sein mag: immer ist es gut im Sinne des Schöpfers.*[48]

Bei Karl Ludwig, dem drittältesten Bruder Franz Josephs, führte die religiöse Erziehung zu bedenklichen Auswüchsen. So segnete er die Menschen von der Kutsche aus und litt mit der Zeit an religiösen Wahnvorstellungen. Bei einer Reise nach Ägypten und Palästina trank er verseuchtes Wasser aus dem Fluss Jordan, in dem Jesus getauft wurde und das er für heilkräftig hielt. Daraufhin erkrankte er und starb. Von einem solchen Schicksal blieb Franz Joseph verschont.

***

Konträr zu Franz Josephs Einstellung zum Gottesglauben und zu den Lehren der Kirche verhielt sich seine Gemahlin Elisabeth. Mit den Jahren entwickelten sich in ihr zunehmend Gottes- und Kirchenkritik, antiklerikale und liberale Einstellungen und damit verbunden auch die Ablehnung der Monarchie und die Sehnsucht nach einem Verfassungsstaat, in dem Gottesgnadentum und Absolutismus, an denen Franz Joseph nach wie vor eisern festhielt, keine Rolle mehr spielen sollten. Franz Joseph und Elisabeth entwickelten sich mit den Jahren in allen ihren Ansichten, so auch in Glaubens- und Kirchenfragen, in immer gegensätzlichere Richtungen. Gleichwohl übte der Kaiser an den religiösen Ansichten seiner Frau, die ihm entweder nicht bekannt waren oder ihn nicht interessierten, keine Kritik.

Kaiserin Elisabeths öffentlich gelebte Frömmigkeit

Nach der Hochzeit mit Kaiser Franz Joseph hatte sich Elisabeth nicht nur dem strengen Hofzeremoniell zu fügen, was sie seelisch sehr belastete, auch die Kirche forderte von ihr, an allen Zeremonien, Gebräuchen und Festen regen Anteil zu nehmen, die sich während des Kirchenjahres in rascher Folge ereigneten. Während Franz Joseph und Erzherzogin Sophie die Teilnahme daran ein Herzensanliegen war, sträubte sich Elisabeth mehrfach dagegen. Sie verstand es, sich diesen von ihr ungeliebten Ritualen immer wieder erfolgreich zu entziehen. Sie, die sonst stolz auf ihr Erscheinungsbild war, hasste es, sich bei kirchlichen Zeremonien und Ritualen Tausenden von neugierigen Blicken auszusetzen und sich stundenlang der Öffentlichkeit zur Schau stellen zu müssen. Die Wiener Bevölkerung glaubte jedoch einen Anspruch darauf zu haben, die Kaiserin bei öffentlichen Anlässen, also auch bei kirchlichen Festen zu sehen. Wenn dies nicht geschah, übten die Leute teils heftige Kritik daran, dass sich ihre Kaiserin so vehement ihren Blicken entzog.

Den österreichischen Kaiser und seine Mutter bedrückte Elisabeths häufige Verweigerungshaltung. Immer erinnerten sie die junge Kaiserin an ihre Repräsentationspflichten und appellierten an ihr Majestätsgefühl, doch oftmals vergebens. Selbst wenn Elisabeth einmal ihre Teilnahme schon zugesagt hatte, erfolgte im letzten Augenblick wieder eine Absage mit der Begründung, sie sei plötzlich erkrankt oder die Abreise zu einer Kur sei unaufschiebbar. Dies löste bei ihrer Schwiegermutter, bei Kardinal Rauscher, aber auch in der Bevölkerung heftige Verstimmungen aus und erhärtete zudem den Verdacht, sie verweigere ihre Teilnahme an den kirchlichen Festen des Jahres nicht nur aus Abneigung gegen Kirchenbesuche, sondern womöglich sogar aus einer grundlegenden antikirchlichen Einstellung. Elisabeth aber fühlte sich in der »dumpfen Kirche« schlichtweg unwohl. Gottesdienstbesuche absolvierte sie lieber in freier Natur, wie sie dies in dem folgenden Gedicht auch ganz offen zum Ausdruck brachte:

»Es schwingt sich meine Seele jubelnd auf / Und preist im hohen Äther laut den Herrn; / Er, der bestimmt von jeher ihren Lauf, / Hiess folgen sie dem lichten Morgenstern.

Oft sinkt sie auch vernichtet in den Staub, / Jehova's Werke sind zu mächtig schön! / In ihrem Nichts wird sie der Zweifel Raub / Und wagt nicht mehr zu ihm hinauf zu seh'n.

Dann wieder kniet die Seele im Gebet / Auf wilden Wogen weit im hohen Meer; / Im Sturmesbrausen, das sie rings umweht, / Ist ihr, als zöge nah' vorbei der Herr.

Doch in der dumpfen Kirche ist sie kaum, / Stösst, gleich der Schwalbe, sie schon oben an, / Bewusstlos und verdummt im engen Raum, / Stürzt sie herab, die frei nur atmen kann.«[1]

Kirchliche Zwänge lehnte die Kaiserin entschieden ab. Sie unterdrücken das Bewusstsein und verdummen. Besonders heftig kritisierten sie ihrer Einstellung wegen die Rom- und papsttreuen Ultramontanen, die behaupteten, sie sei »nicht fromm genug«[2] und unterstütze die Kirche zu wenig. Das bestätigte auch der liberale Parlamentarier Johann von Chlumecky, als er dem Historiker Heinrich Friedjung mitteilte, Elisabeth habe insofern politischen Einfluss genommen, »daß sie die klerikalen Einflüsse bei Hofe eindämmte und sie vom Kaiser nach Möglichkeit fernhielt. Darin war sie doch eine wichtige Bundesgenossin«[3] der Liberalen.

Festgottesdienste zu öffentlichen Anlässen

Am Sonntag, den 18. August 1853, besuchte die 15-jährige Sisi als angehende Braut Franz Josephs erstmals mit der kaiserlichen Familie um elf Uhr das Hochamt in der kleinen Pfarrkirche Ischl, bei der sich Sensationelles ereignete. Erzherzogin Sophie trat beim Eingang zur Kirche völlig unerwartet einen Schritt zurück und ließ mit einer tiefen Verbeugung die kindliche Sisi als Erste in die Kirche eintreten. Allen blieb der Mund offen stehen, dass die höchste Dame am Kaiserhof einem Kind den Vortritt ließ. Diese Geste konnte nur eines bedeuten: dass das minderjährige Mädel aus Bayern die auserwählte Braut des Kaisers war. Die Bestätigung folgte auf den Fuß. Nach der Messfeier nahm Franz Joseph Sisi bei der Hand, ging vor zum Altar und sagte zum Pfarrer: »Ich bitte Sie, Hochwürden, segnen Sie uns, das ist meine Braut.«[4]

Vor der Kirche jubelte die Bevölkerung dem jungen Brautpaar zu und überschüttete es mit Glück- und Segenswünschen. Auf diesen ersten gemeinsamen Gottesdienstbesuch im Kreis der kaiserlichen Familie sollten für Elisabeth viele weitere folgen, unter anderem regelmäßig an den Sonntagen in der Hofkapelle, sofern sie nicht gerade unterwegs war.

Doch auch auf gemeinsamen Reisen des Kaiserpaares waren Gottesdienstbesuche eingeplant, so etwa im September 1856 auf der Reise durch die Steiermark und Kärnten. »In Heiligenblut, einem der höchstgelegenen Orte der Welt mit seiner entzückenden gotischen Wallfahrtskirche, wird Station gemacht.«[5]

Am 7. September las der Pfarrer Franz Kornke dort »eine Segenmesse, nach welcher die Majestäten frühstückten und um 5 Uhr den Weg in die Pasterze antraten. […] Die Majestäten kamen mit Ihrer Begleitung um 12 ¾ Uhr in Heiligenblut wieder an, nahmen Erfrischungen und gingen zur Besichtigung in die Kirche, wo ich am Portale Höchstdieselben den Aspergil [Wedel mit Weihwasser] reichte. Nachdem ich in der Kirche Alles gezeigt und erklärt hatte, küßte zuerst die Kaiserin, dann der Kaiser das hl. Blut.«[6] Gemeint ist die Monstranz, in der sich hinter einem Sichtglas eine Ampulle, angeblich mit einem Tropfen vom Blut Christi, befindet, das aus einem Bildnis des Gekreuzigten in der Sophienkirche von Konstantinopel geflossen sein soll.

Es gab aber auch viele andere kirchliche Anlässe, an denen die Öffentlichkeit regen Anteil nehmen wollte und bei denen die Kaiserin ihre Teilnahme nicht verweigern konnte. An solchen Tagen gehörten natürlich stets Festgottesdienste dazu. Doch diese Glaubensdemonstrationen in aller Öffentlichkeit machten Elisabeth nervös. Vor allem die Pracht und den Pomp an den Fest- und Feiertagen des Kirchenjahres, bei denen die Kaiserfamilie, die Kirchenfürsten und die hohen Militärs dem Volk ihre Macht und politische Einigkeit demonstrieren wollten, verabscheute sie zutiefst.

Warum mussten beispielsweise bei ihrer Hochzeit 70 Bischöfe und 100 Geistliche anwesend sein? Ging es diesen Gottesdienern wirklich um wahren Gottesdienst oder vielmehr lediglich um die Repräsentation von Würde und die Demonstration von Macht? Elisabeth lehnte diese Prunksucht und das klerikale Pathos ab. Für sie waren der Glaube an Gott, der Besuch der heiligen Messe und das Gebet höchst private Angelegenheiten, die sie nicht öffentlich zur Schau stellen wollte. Wie könne man, so fragte sie sich, wirklich andächtig zu Gott beten, wenn einen Tausende Augen anstarren und jede Geste und Bewegung kontrollieren? Ihr gelinge das jedenfalls nicht, sie sei bei derartigen Auftritten ständig abgelenkt und würde Gott durch ihr andachtsloses Verhalten geradezu beleidigen. Doch der kaiserliche Hof bestand bei kirchlichen Festen auch weiterhin unerbittlich auf den Zeremonien und der Prachtentfaltung, so auch bei den Gottesdiensten anlässlich der zahlreichen Taufen, Hochzeiten und Trauerfälle.

Als Elisabeths Tochter Gisela am 20. April 1873 Prinz Leopold von Bayern heiratete, den sie für Gisela ausgesucht hatte, nahm sie an der Trauung in der Augustinerkirche in Wien durch Kardinal-Fürstbischof Rauscher mit sichtlichem Missvergnügen teil. Erstaunlich war, dass sie, die selbst als 16-Jährige verheiratet worden war und das später immer wieder beklagte, Gisela ausgerechnet im selben Alter verheiratete. Nach altem Hofzeremoniell hätte das neuvermählte Paar die Brautnacht in der Hofburg verbringen und am nächsten Morgen in Gegenwart der gesamten kaiserlichen Familie an der sogenannten Einsegnungsmesse teilnehmen sollen. Doch Elisabeth fiel ein Ausweg ein, um dem Paar wenigstens die Prozedur der Einsegnungsmesse zu ersparen. Das Brautpaar verbrachte die Hochzeitsnacht einfach in der Residenz in Salzburg.

Kurz war auch die kirchliche Hochzeit von Elisabeths Nichte Marie Louise mit dem Grafen Georg Larisch, den sie auf Druck ihrer Tante am 20. Oktober 1877 heiraten musste. »Der Bischof hielt eine kurze Ansprache«, notierte Marie in ihren Erinnerungen, »dann wurde eine gesungene, kurze Messe zelebriert, und anschließend fand die Trauung statt. […] Die Trauung war rasch vorüber. Ehe sich der Zug wieder formte, hatte Kaiserin Elisabeth mich schnell in die Arme geschlossen.«[7]

Im April 1879 wurde mit großem Prunk die Silberhochzeit des Kaiserpaares gefeiert. Elisabeth regte an, das Fest abzusagen und das Geld, welches das ganze Brimborium kostet, besser für wohltätige Zwecke zu spenden. Doch eine Absage der Feierlichkeiten kam natürlich nicht infrage. Anlässlich dieses Ereignisses wurde auf der ehemaligen Schottenbastion die Votivkirche geweiht, deren Bau mit Spendengeldern finanziert worden war. In diesem neugotischen Dom trat das Kaiserpaar dann am 24. April vor den Altar und der Wiener Männergesang-Verein führte während des Gottesdienstes eine festliche Haydn-Messe zu Ehren des Jubelpaares auf.

Gräfin Marie Festetics fand die Feier so »schön, daß sie das Herz ergriff. […] Der Kaiser führte Sie, die reizend wie eine junge Braut, in Grau gekleidet, anmuthig neben Ihm schritt. Beide sahen so jung aus und tief ergriffen standen sie am Altare, erst jetzt wirklich eng verbunden! Die Liebe knüpft das Band, ungenießbar macht es dann das Leben!«[8]

Doch der Kaiserin war schon die Fahrt zur Kirche mitten durch das jubelnde Volk, das sich in den Straßen drängte, höchst zuwider, ebenso die Prachtentfaltung beim feierlichen Hochamt, während der sie an ihre Hochzeit vor

25 Jahren denken musste, an alle Probleme mit ihrem Mann, der Schwiegermutter und dem Wiener Hof, wodurch sie in die Flucht getrieben worden war. Dafür sollte sie nun Jehova danken? Und sie fragte sich, was es denn da zu feiern gäbe. Ihr grauste vor der Gratulationscour und dem geplanten Festzug, der infolge einsetzenden Regens auf den 27. April verschoben werden musste. 40 000 Mitwirkende und 250 000 Zuschauer nahmen daran teil.

»Die Kaiserin«, erinnerte sich Marie Wallersee, »machte beim Fest meist eine Miene wie eine indische Witwe, die verbrannt werden soll; und als ich ihr dies in einem unbelauschten Augenblick sagte, lachte sie zwar, meinte aber, es sei schon genug, 25 Jahre verheiratet zu sein, aber deshalb Feste zu feiern, wäre unnötig.«[9] Nach einem zusätzlichen Festakt mit Gottesdienst in Ischl reichte es der Kaiserin bis obenhin.

Ein Jahr später lernte Elisabeths Sohn Rudolf 1880 Prinzessin Stephanie von Belgien kennen. Die 15-Jährige war, wie es heißt, noch nicht einmal geschlechtsreif und von ihrer Bildung her in keiner Weise auf die Stellung einer künftigen Kaiserin vorbereitet. Elisabeth hielt von dieser Ehe, die unglücklich wurde, nichts und lehnte ihre künftige Schwiegertochter ab. Sie fand sie zu hausbacken und in der Konversation ohne Charme und Witz. Am 10. Mai 1881 fand in der Kapelle der Hofburg Wien die prunkvolle Hochzeit statt, bei der Elisabeth in krampfhaftes Weinen ausbrach. Marie Wallersee-Larisch notierte:

> »Ich konnte mir sehr gut vorstellen, was Tante Sissi über Stephanie dachte; ein Blick in ihr Gesicht genügte. Rudolf sah aus wie ein Mann, der eine ruhmvolle Vergangenheit für eine fragwürdige Zukunft hingegeben hat.«[10]

Die Kaiserin empfand die Trauungszeremonie als Farce. Auch Stephanie fühlte sich höchst unwohl.

Anlässlich der Enthüllung des Denkmals für Maria Theresia an deren 171. Geburtstag am 13. Mai 1888 fand ein großer Festakt statt. Auch dieses Ereignis lief nicht ohne den Segen der Kirche ab. Der Wiener Erzbischof Kardinal Cölestin Josef Ganglbauer zelebrierte mit 20 anderen Bischöfen ein feierliches »Tedeum« und alle schmetterten aus voller Brust das Kirchenlied »Großer Gott, wir loben Dich«. Bei der Denkmalsenthüllung läuteten sämtliche Kirchenglocken Wiens. Natürlich musste auch die 51-jährige Kaiserin an diesem Festakt teilnehmen, obwohl ihr das widerstrebte und worüber sie in einem Gedicht spottete: »Welch' grosse Ehren kann man doch / Durch Ahnen sich verdienen?« Und höhnisch fragt sie: »Bei Gott, was soll aus dem Gewühl / Aus Habsburgsprossen werden? Aus diesem teuren Ornament / Das jedes Land belastet, ...«[11]

Bei Elisabeths Aufenthalt 1897 im »Grandhotel Karersee« am Karerpass fand am 18. August zum 67. Geburtstag Franz Josephs ein Festgottesdienst in der Kapelle St. Josef statt, an dem natürlich auch sie teilnehmen musste. Doch alle diese mit kirchlichen Gottesdiensten verbundenen Feste waren für sie höchst unerfreuliche Ereignisse, denen sie möglichst zu entkommen suchte, auch wenn ihr das viel zu selten gelang.

Der öffentliche Kniefall vor Gott

Ein Jahr nach der Hochzeit Kaiser Franz Josephs I. mit Elisabeth betonte der Prior des Jesuitenordens in Wien in seiner Predigt am 25. März 1855, der Staat und damit auch der Kaiser stünden unter der Hoheit der Kirche, weshalb jeder Einspruch gegen ihre Rechte Sünde sei. Als Polizeiminister Kempen dem Kaiser die von einem Polizeiagenten gefertigte Mitschrift vorlegte, »zeichnete sie Franz Joseph mit F. J. als völlig korrekt ab«[12]. Er wusste, dass sich die römisch-katholische Kirche bezüglich ihrer Gründung auf Jesus Christus beruft, dessen sogenanntes »Felsenwort« an den Apostel Petrus lautete: »Ich aber sage Dir: Du bist Petrus der Fels und auf diesen Felsen werde ich meine Kirche bauen und die Pforten der Unterwelt werden sie nicht überwältigen.«[13]

Die Urkirche entstand etwa in den Jahren 30 bis 33 und Petrus war als Stellvertreter Christi auf Erden der erste Papst. Die Bemerkung, der Staat stehe unter der Hoheit der Kirche, bedeutete zugleich, dass auch der Lenker des Staates unter der Hoheit des Papstes steht. Dies galt im österreichischen Kaiserhaus als Gesetz und duldete keinen Wiederspruch.

Als äußerliches Zeichen, dass der Kaiser, die Kaiserin und der gesamte Hof die Vormachtstellung der Kirche anerkannten, galt der öffentliche Kniefall vor Gott und dem Papst. Er ist eine Geste der Demut, des Respekts, der Verehrung, ja der Unterwerfung. Alljährlich erlebte das Volk diese Ehrbezeugung besonders eindrucksvoll in den Riten am Gründonnerstag und an Fronleichnam, womit das Kaiserpaar zum Ausdruck brachte: »Wer vor Gott kniet, der kann vor der Welt gerade stehen.« Jeder Mensch, sei es ein Bettler oder Kaiser, muss vor Gott knien, denn nur im Kleinen und Niedrigen kann der Mensch Gott begegnen.

Schon als Kind hatte Sisi gelernt, wer die Knie beugt, macht sich kleiner, als er ist, und wer sich klein macht, zeigt Größe. Sie kannte auch die biblische Aussage, dass Gott die Niedrigen erhöht und die Mächtigen vom Thron stößt. Der Hochmütige, der sich in seiner Machtfülle nicht vor Gott beugt, wird erniedrigt. Gott, der sich selbst für die Menschen klein gemacht hat, wendet sich nur den Demütigen zu. Kniend kann der Mensch zu Gott aufschauen und erkennen, wie klein, fehlbar und zerbrechlich er ist. Das Gebet auf den Knien hat etwas Erhöhendes und richtet auf. Etliche Abbildungen zeigen das Kaiserpaar kniend auf Betstühlen, so bei der Hochzeit, beim Akt der Königskrönung in Ungarn und bei öffentlichen Gottesdienstbesuchen. Auch bei Bestattungsfeierlichkeiten für enge Angehörige knieten beide vor Gott im Gebet an den Sarkophagen der Verstorbenen. Dass das Knien zum Alltag am Kaiserhof gehörte, zeigen ebenso die diversen Betstühle in den kaiserlichen Schlössern wie beispielsweise jener bereits erwähnte abgewetzte Betstuhl Franz Josephs auf Schloss Schönbrunn. Sogar in der Hofburg in Innsbruck stand neben Elisabeths Bett ein Betstuhl, auf dem sie kniend ihr Nachtgebet verrichten konnte.

Das Ritual der »Deditio« – der Unterwerfung – stammt aus dem Mittalter. Wer gegenüber Gott, dem Papst, dem Kaiser oder König Schuld auf sich geladen hatte, der flehte öffentlich um Verzeihung. Dabei erschien der Sünder mitunter barfuß und im Büßergewand. Er fiel auf die Knie oder warf sich auf den Boden, bekannte seine Schuld und bat um Gnade. Beim Tod König Ludwigs II. betete Marie Valerie am Abend gemeinsam mit ihrer Mutter, als sich »Mama allerlängst auf den Boden warf«. Der erschrockenen Valerie erklärte Elisabeth, sie habe das getan, »um Gott in Reue und Demut für ihre rebellischen Gedanken um Vergebung zu bitten«[14]. Wie bei vielen anderen Schicksalsschlägen hatte sie sich darüber empört, dass Gott den Tod ihres königlichen Cousins hatten zulassen können.

Dass die Gläubigen auch vor dem Papst in Rom in seiner Funktion als Gottes Stellvertreter auf Erden das Knie beugten, erlebte die Kaiserin bei ihrem Rom-Aufenthalt im Dezember 1869. Anlässlich einer Audienz bei Pius IX. kam ihr »das viele Auf-den-Knien-Herumrutschen« aller Personen, die sich dem Heiligen Vater näherten, allerdings »recht spaßig«[15] vor. Als Pius IX. ihren Besuch im Palazzo Farnese erwiderte, war dies »wieder mit schrecklichen Zeremonien verbunden«, wie sie an Franz Joseph schrieb. »Das ganze Haus war versammelt und wir erwarteten ihn [den Papst] kniend am Fuße der Treppe.«[16]

Es gab eine Hierarchie des Kniens. Vor Gott und seinem Stellvertreter auf Erden, dem Papst, beugten alle Menschen das Knie, auch Kaiser und Könige, vor denen wiederum die Untertanen das Knie beugten. So hatten sich bei Empfängen Elisabeths Hof- und Palastdamen vor ihr zu verbeugen, ihr ehrfürchtig die Hand zu küssen und einen tiefen Hofknicks zu machen. Die Fürstin Kinsky, die sich dazu einmal ganz besonders tief hinabbeugte, »trat hinten auf ihr Kleid und sass da. Der Kaiser wollte ihr helfen [...] es war etwas lächerlich. Die Kaiserin sagte ihr: ›Tiefer ging es wohl nicht!‹«[17]

Bei Elisabeths Irland-Aufenthalt 1879 brachte ein irischer Lord seine Ehrfurcht vor ihr ebenfalls durch einen Kniefall zum Ausdruck, wie Marie Festetics beobachtete. Als sie dem Lord die Hand reichte, »da ließ er sich auf die Knie nieder und küßte in sichtlicher Rührung und tiefer Ehrfurcht die Hand. Der Lord war katholisch und er begrüßte sie nicht als Kaiserin nur, sondern als katholisches Oberhaupt. [...] Überhaupt kommt das hier in Irland sehr zu Geltung. Das elendste Dorf legt feine Kleider an, decorirt mit Liebe und macht kleine Triumphbogen. Die Leute knien auf den Straßen und küßen den Boden, wo Sie geht. Es ist so arg, daß wir sehr vorsichtig sein müßen und Sie alle Ovationen sehr sorgsam vermeidet.«[18]

Das Weihnachtsfest, zugleich Elisabeths Geburtstag

Das Fest der Geburt des Herrn, also Weihnachten, gehört in der katholischen Kirche zu den Hochfesten des Jahres. Für Elisabeth war der 24. Dezember zunächst ein doppelter Feiertag, da sie 1837 an diesem Tag das Licht der Welt erblickt hatte. In der katholischen Kirche stand die Christmette im Mittelpunkt des Festes, während der Christbaum zunächst vehement als heidnisches Symbol und evangelischer Brauch strikt abgelehnt wurde.

Der erste bayerische Christbaum ist Sisis Großmutter, der protestantischen

Königin Karoline und zweiten Ehefrau von König Max I., zu verdanken. Sie nahm den Christbaum als schöne Jugenderinnerung aus Baden mit nach Bayern und schmückte an Weihnachten 1799 insgeheim ihre Zimmer auf Schloss Nymphenburg mit Christbäumen. Im Dezember 1809 ließ sie dann im Hof der Residenz erstmals einen Baum aufstellen – ein Schock für die katholische Kirche. Doch König Max I. erlaubte es, wollte er mit seiner protestantischen Frau im katholischen Bayern doch die Toleranz einführen. Sisis Mutter Ludovica – geboren 1808 – war damals gerade ein Jahr und vier Monate alt. Der erste Christbaum in Wien geht auf die Initiative der Gattin Erzherzog Carls, der helvetisch-protestantischen Prinzessin Henriette von Nassau-Weilburg, zurück, die – vielleicht angeregt durch das bayerische Vorbild – 1816 im Stadtpalais einen Christbaum aufstellen ließ. Zu Sisis Geburt 1837 hatte sich der Christbaum endgültig in München und auch in Wien etabliert. Sie und ihre Geschwister liebten Christbäume und freuten sich, dass an Weihnachten jedes Familienmitglied seine Geschenke unter einem eigenen Baum fand. Nachdem sie Kaiserin geworden war, standen, wie verschiedene Abbildungen zeigen, ebenfalls mehrere Christbäume auf dem Gabentisch. Doch die Anwesenheit der von ihr abgelehnten Schwiegermutter vergällte ihr die Freude an diesem Fest mehr und mehr und sie begann die aufgezwungene Rührseligkeit und Harmonie zu hassen. Mit zunehmendem Alter gestaltete sich der Heilige Abend fortwährend bedrückender. Über das Weihnachtsfest 1886 notierte Valerie:

> »Oft denke ich mir, wie anderswo das heilige Christfest die Familien vereint in Liebe und Einverständnis – wie selig muss solch ein Kreis doch sein! Mir kommt die Zeit, da es auch bei uns noch so war, wie ein Traum vor – jetzt steht Stephanie [die Frau des Kronprinzen Rudolf] zwischen uns und jeder wahren Weihnachtsfreude – auch Rudolf ist anders, so kalt und höhnisch geworden [...] Um ½ 6 Uhr Diner zu fünft und nachher gingen wir bald auseinander.«[19]

Über Elisabeths 50. Geburtstagsfest am 24. Dezember 1887 schreibt Marie Valerie:

> »Mamas 50. Geburtstag, eher traurig. [...] Steif und kühl geht man von Tisch zu Tisch, speist dann in peinlicher Ungemütlichkeit und ist froh, wenn man sich um ½ 7 Uhr von Rudolf [Elisabeths Sohn] und Stephanie [seiner Ehefrau] trennen und den heiligen Christabend wie jeden anderen beschließen kann.«[20]

Nur das Weihnachtsfest 1888 – Marie Valerie feierte damals ihre Verlobung – war noch einmal ungewöhnlich harmonisch. Doch es sollte das letzte gemeinsame Weihnachtsfest werden, denn Rudolf nahm sich einen Monat später das Leben. Nach seinem Tod war Elisabeth eine gebrochene Frau. Im Oktober 1889 erhielten die österreichischen Vertretungen im Ausland die Nachricht, die Kaiserin wünsche von nun an keine Glückwünsche mehr an ihren Geburts- und Namenstagen. Der Heilige Abend 1889 fand dann »zum ersten Mal ohne

Christbaum«[21] statt. Schließlich lehnte sie es gänzlich ab, den Heiligen Abend im Kreis der kaiserlichen Familie zu feiern. Ihre Geburtstage sowie das Weihnachtsfest selbst verbrachte sie in den folgenden Jahren fern von ihrer Familie und kam immer seltener nach Wien. Stattdessen reiste sie von einem Kurort zum nächsten oder kreuzte mit dem Schiff durch das Mittelmeer.

Weihnachten 1890 lud Marie Valerie ihre Mutter ein, das Fest doch gemeinsam mit ihr und ihrer Familie zu feiern, aber die Kaiserin lehnte ab.

> »Mama bestand immer darauf, daß wir Weihnachten in unserem Heim feiern, da sie ja nie mehr einen Christbaum sehen und ein Freudenfest daraus machen will. Doch schrieb ich ihr, wir möchten zu ihr kommen. [...] Wie ich gedacht, wollte sie nichts davon hören, daß wir den Heiligen Abend in Wien verbringen.«[22]

Und so feierte Marie Valerie ohne die Mutter den Heiligen Abend in froher Gemeinschaft mit ihrer Familie und dem Dienstpersonal. »Welch ein Kontrast«, notierte sie, »gegen die Christbescherungen in der Burg, wo alles so steif und peinlich war!«[23]

Den 55. Geburtstag im Jahr 1892 feierte Elisabeth ohne ihren Mann auf Mallorca, allein mit dem eigenwilligen Erzherzog Ludwig Salvator. Ihre Abwesenheit in Wien erregte Aufsehen und Franz Joseph telegrafierte besorgt an seine Frau: »Ich hoffe, dass der dicke Luigi für Dein Wohlergehen sorgt.«[24]

Elisabeths spätere rigide Ablehnung des Weihnachtsfestes und ihres Geburtstags waren unmissverständliche Zeichen dafür, dass sie nicht nur ihrer eigenen Geburt, sondern ebenso der Geburt des Erlösers gleichgültig, vielleicht sogar ablehnend gegenüberstand. Durch Gottes Menschwerdung sei die Menschheit in Wahrheit ja gar nicht von Leid, Not und allem Bösen erlöst worden. Der Gesang der Engel »Ehre sei Gott in der Höhe und Frieden auf Erden und den Menschen ein Wohlgefallen«[25], der über dem Stall von Bethlehem erklang, sei nur ein frommer Wusch geblieben, der nie Realität wurde.

Die Liturgie der Karwoche und des Osterfestes

Für Christen beginnt die Karwoche, also die Woche vor dem Osterfest, mit dem Palmsonntag. An diesen Tagen wird von den Gläubigen der Kreuzweg wie auch schon in der Fastenzeit gebetet. Bei der Kreuzwegandacht werden in der Kirche die 14 Stationen des Leidensweges Christi anhand von typischen Bildern im Gebet betrachtet. Auch Elisabeth kannte den Kreuzweg. Als die Schwester ihrer alten Obersthofmeistern Gräfin Goëß gestorben war, wollte sie diese vom Dienst in der Hofburg beurlauben. Doch die Gräfin lehnte dies ab. Da meinte die Kaiserin: »Die Burg ist an Schmerz gewöhnt, und heute abend werden wir beide den Kreuzweg beten.«[26]

Am Gründonnerstag feiern die Katholiken die Einsetzung des Sakraments der

Eucharistie. Beim Abendmahl, so die Lehre der Kirche, verwandelte Jesus im Kreis seiner Jünger Brot und Wein in seinen Leib und in sein Blut und gab diese seinen Jüngern zu essen und zu trinken. An diesem Abend findet während des Gottesdienstes in den Kirchen auch die sogenannte »Fußwaschung« statt, bei der zwölf Männern vom knienden Priester die Füße mit Wasser übergossen und danach mit einem Leinentuch abgetrocknet werden. Diese symbolische Handlung erinnert daran, dass Jesus am Vorabend seines Todes auch seinen Jüngern die Füße gewaschen hat, die sich zunächst weigerten, von ihrem Meister diese für ihn demütigende Handlung an sich verrichten zu lassen. Doch Jesus bestand darauf, um seinen Jüngern zu zeigen, dass auch ein Meister sich nicht zu schade sein darf, auf diese Weise den Untergebenen zu dienen. Beides – die Füße zu waschen und sie waschen zu lassen – gilt bis heute als Zeichen der Demut und symbolisiert die Liebe Jesu für seine Jünger.

Die Zeremonie der Fußwaschung am Gründonnerstag war auch am Wiener Hof Tradition. Um neun Uhr morgens, so verlangte es der Brauch, begaben sich der Kaiser und die Kaiserin gemeinsam mit allen Mitgliedern des Kaiserhauses in die Pfarrkirche der Hofburg. Im Zeremoniensaal erwarteten an zwei langen Tafeln zwölf Greise den Kaiser und zwölf Greisinnen die Kaiserin. Zunächst trugen Lakaien unter der Leitung des Obersttafelmeisters Speisen auf und die 24 alten Leute wurden bewirtet. Nach dem Abtragen der Speisen zogen Hofbedienstete den alten Männern und Frauen Schuhe und Strümpfe aus. Nach dem Vortrag des Evangeliums, in dem erzählt wird, dass auch Jeus seinen Jüngern die Füße gewaschen hat, begann der Akt der Fußwaschung. Der Kaiser und die Kaiserin knieten als irdische Statthalter Christi nieder, um den Ärmsten ihrer Untertanen die Füße zu waschen. Elisabeth »seufzt wohl ein wenig, aber macht alles so vollendet schön, daß es eine Freude ist zuzusehen. Sie ist die Verkörperung der Anmut, wenn sie sich im langen, schwarzen Kleid niederbeugt zu den Füßen der Greisinnen und sie mit Wasser netzt.«[27]

Natürlich erfolgte die Handlung nur symbolisch, indem Franz Joseph und Elisabeth kniend von einer Person zu nächsten weiterrückten. Einer der Priester goss nun etwas Wasser über die Füße, das ein anderer in einem silbernen Becken auffing. Der Kaiser und die Kaiserin trockneten mit einem Leintuch die Füße.

> »Es ist ein Akt freiwilliger Selbsterniedrigung, der mit einer unnachahmlichen Würde vollzogen wird. Das Gesicht Elisabeth ist dabei von marmorner Ungerührtheit, die nicht erkennen läßt, was in ihr vorgeht.«[28]

Die vergoldeten Schüsseln und Kannen für diese Zeremonie kann man heute noch in der Hofsilberkammer sehen. In späteren Jahren konnte sich Elisabeth infolge ihrer häufigen Abwesenheit diesem für sie höchst unangenehmen Brauch entziehen, was bei Kardinal Rauscher, ihrer Schwiegermutter, aber auch in der Bevölkerung wiederum heftige Kritik auslöste. Am Gründonnerstag 1869 monierte Graf Crenneville spöttisch: »Kirchendienst und Fusswaschung S. M. [gemeint ist Franz Joseph] allein, da die Königin!! [Elisabeth] in Ofen residiert.«[29]

Nach der Hochzeit ihres Sohnes Rudolf mit Prinzessin Stephanie im Mai 1881 schob Elisabeth die Repräsentationspflichten so gut es ging ihrer ungeliebten Schwiegertochter zu, so auch die Fußwaschungszeremonie am Gründonnerstag. Stephanie ließ sich dazu widerspruchslos instrumentalisieren, organisierte zunehmend auch Wohltätigkeitsbasare und besuchte Krankenhäuser und Kinderheime.

Auch die Karfreitag-Liturgie war für den Hof ein Pflichttermin. An diesem Tag wurde in der Hofburgkapelle die Passion vorgetragen, die mit der Grablegung Christi endet. Danach wurde das Allerheiligste in die Josephskapelle gebracht, in der das Heilige Grab errichtet worden war, vor dem man sich zum stillen Gebet einfand. Am Karfreitag und Karsamstagvormittag konnten hier auch Besucher die Anbetung des Allerheiligsten zelebrieren. Berührend war es, wenn die Kaiserin »am Karfreitag am Heiligen Grab niederkniete, unnachahmlich in feenhafter Lieblichkeit und doch mit Hoheit in jeder Bewegung«[30].

Zu Ostern 1871 hielten sich Elisabeth und Franz Joseph gemeinsam mit ihren Kindern Gisela und Rudolf in Meran auf und nahmen in der Karwoche fast täglich in der Meraner Pfarrkirche an »den ganzen, langdauernden kirchlichen Funktionen Vor- und Nachmittags mit einer beispiellosen, wirklich ergreifenden Andacht«[31] teil, wie die Meraner Zeitung vom 8. April 1871 berichtet. Von Schloss Trauttmansdorff, wo sie wohnten, fuhr die kaiserliche Familie im offenen Hofwagen unter dem Jubel der Bevölkerung zur Kirche.

Am Nachmittag des Karsamstages wurde das Allerheiligste in feierlicher Prozession in die Hofburgkapelle zurückgebracht. Bei der nächtlichen Auferstehungsfeier zog auch das Kaiserpaar mit brennenden Kerzen in den Händen in die Kirche ein. Das letzte Mal nahm Elisabeth 1877 im Alter von 39 Jahren daran teil. Auf einem Holzstich sind die Kaiserin und der Kaiser beim Umzug von der alten gotischen Kapelle über die Prachtstiege zum großen inneren Burgplatz der k. u. k. Hofburg in Wien abgebildet. Elisabeth trägt dabei »eine Courschleppe aus fliederfarbenem Atlas, also in einer ihrer Lieblingsfarben«[32].

Am Ostersonntag wurde die Auferstehung Christi mit festlichen Hochämtern gefeiert. Beim obligatorischen Osterspaziergang am Nachmittag begrüßten die Menschen dann die wiedererwachende Natur.

Teilnahme an der Fronleichnamsprozession

Das Fronleichnamsfest, auch als »Fest des heiligsten Leibes und Blutes Christi« bezeichnet, ist ebenfalls ein Hochfest im Kirchenjahr der katholischen Kirche. An das Hochamt schließt sich die feierliche Prozession an, bei der alle Gläubigen mit Gebeten und Gesängen teilnehmen. Die vom Priester getragene Monstranz mit dem Allerheiligsten – einer in der Wandlung der heiligen Messe konsekrierten Hostie – wird in einem Festzug durch die Straßen der Stadt getragen. Durch die leibliche Gegenwart Jesu Christi soll Gottes Segen auf alle Bewohner der Stadt ausstrahlen.

Doch in Wien stand nicht Gottes Segen im Mittelpunkt der Fronleichnamsprozession, die mit großartigem Gepränge stattfand. Was das Volk sehen wollte, waren vorrangig der herausgeputzte Hofstaat und die kirchlichen Würdenträger in prunkvollen Roben. Statt Gott galt die gesamte Aufmerksamkeit vor allem dem Kaiser und noch mehr der Kaiserin, wie sie zu Fuß dem Allerheiligsten folgten und sich bestaunen ließen, begleitet von allen Würdenträgern des Reiches und der Kirche und eskortiert von der Armee. Elisabeth folgte Franz Joseph, der hinter dem Baldachin einherschritt. Die lange Schleppe ihres Kleides wurde von zwei Pagen getragen. Für die Kaiserin bedeutete die Teilnahme an der Prozession jeweils, dass sie gegen drei Uhr morgens aufstehen musste, um sich festlich anzukleiden und anschließend von Schönbrunn in dem mit acht Schimmeln bespannten Hofgalawagen in die Stadt zu kutschieren, denn schon um sieben Uhr musste sie »in vollem Staat – malvenfarbiges, silbergesticktes und mit Diamanten besetztes Schleppkleid und mit komplizierter Frisur bei St. Stephan bereitstehen«[33].

Diese kirchlichen Hochfeste waren für sie ein Gräuel, bei dem sich die kirchlichen Würdenträger und der kaiserliche Hof in all seiner Pracht produzieren und dem Volk etwas zum Gaffen bieten wollten. Gott die Ehre zu geben, dessen war sie sich sicher, stand dabei völlig im Hintergrund. »Wenn die Menschen wirklich glaubten«, sagte sie einmal, »dass der grosse Jehova in der Kirche vor ihnen gegenwärtig ist, könnten sie doch nicht so lau da knien und sitzen – nur im Staub auf ihrem Angesicht würden sie ihn anbeten.«[34] Und auch der ganze Prunk und Aufwand wäre dann ganz sicher von nebensächlicher Bedeutung.

Als Elisabeth erstmals bei der Fronleichnamsprozession teilnehmen sollte, wollte sie dem eitlen Schaulaufen von Herrscherhaus, Kirche und Armee entgehen und meinte:

> »Aber würde es nicht genügen, wenn ich nur in der Kirche erscheinen würde. Ich glaube, ich bin noch zu jung und zu unerfahren, um mit voller Würde den Platz einer Kaiserin bei einer derartigen öffentlichen Feier einnehmen zu können; umso mehr, als man mir geschildert hat, welch imposanten majestätischen Eindruck die frühere Kaiserin [Maria Anna, die Gemahlin Ferdinands] bei diesem Anlasse gemacht hat. Vielleicht gelingt es mir in ein paar Jahren, mich zu dieser Höhe emporzuschwingen.«[35]

Nein, es genügte nicht, dass sie Gott die Ehre ganz bescheiden in der Kirche erwies, sie musste sich der Bevölkerung »in großer Staatstoilette, langem Schleppkleid, ein Brillantendiadem auf dem Kopf«[36] präsentieren. Es ist schon »eindrucksvoll«, hieß es, »wenn sie mit der brennenden Kerze in der Hand im Zug so königlich einherschreitet und über den offenen Hofplatz geht, während die Glocken mit feierlichem Ton einsetzen, die Trommeln der Wachen einschlagen und die ganze Pracht des altehrwürdigen Hauses Habsburg ehrfurchtsgebietend entfaltet wird«.[37]

Elisabeth aber hasste dieses frömmlerische Theater immer mehr. Von 1862 an nahm sie sieben Jahre lang infolge ihrer Abwesenheiten von Wien nicht an der Fronleichnamsprozession teil. Das Murren in der Bevölkerung wurde Jahr für Jahr lauter. 1869 war es dann höchste Zeit, dass sie wieder einmal in der Fronleichnamsprozession mitging. Die Gattin des belgischen Gesandten de Jonghe schrieb:

»Man war wütend. Wenn sie heute morgen nicht mitgemacht hätte, wäre wohl eine Revolution ausgebrochen. Die Unglückliche war dekolletiert und es wehte ein leichter, aber ziemlich kalter Wind. Zwölf Prinzessinnen folgten, alle mit langen Schleppen und dekolletiert. Wenn sie heute Abend nicht alle krank sind, haben sie Glück. [...] Der Gang der Kaiserin glich dem Dahingleiten eines schönen Schwanes auf dem Wasser. Bis zum letzten Moment hatte man geglaubt, sie würde nicht erscheinen, denn diese Schönheit liebt weder die Sonne noch die Öffentlichkeit.«[38]

Das letzte Mal erfüllte die Kaiserin 1873 ihre Repräsentationspflichten umfassend.

»Man sieht sie überall, im Waisenhaus und in Irrenanstalten ebenso wie bei den großartigen Feierlichkeiten der Karwoche, der Fronleichnamsprozession und der Fußwaschung, bei welcher Gelegenheit der kaiserliche Hof von jeher den größten Pomp entfaltet. [...] Was man aber nicht sieht, ist die Selbstüberwindung Elisabeths bei solchen Gelegenheiten, denn ihre Natur sträubt sich gegen all das. Wie furchtbar zuwider ist ihr das Angegafftwerden, und solche Festlichkeiten bedeuten nichts anders als stundelanges Spießrutenlaufen unter den Augen der Menge.«[39]

Kaiserin Elisabeths privat gelebte Frömmigkeit

Wie gestaltete sich Elisabeths religiöses Leben im privaten Bereich? Was bedeuteten ihr der private Gottesdienstbesuch, das Gebet in aller Stille und der Empfang der Sakramente? Wurde ihr Glaubensleben durch das Vorbild ihrer überaus frommen Schwester Helene beeinflusst? Wie war ihr Verhältnis zu Gott, den sie »Jehova« nannte? Befasste sie sich mit der Bibel, wie dies ihr Idol Heinrich Heine seit 1848 mit Beginn seiner tödlichen Erkrankung tat, und plagten sie wie auch ihn Glaubenszweifel? Orientierte sich ihre Frömmigkeit lediglich am eigenen Seelenheil? Verstand sie ihren Gottesglauben nur als individuelle Trostsuche bei auftretenden Problemen und war ihre Frömmigkeit vorrangig von Weltflucht und Introvertiertheit geprägt?

Helenes frommes Leben – ein Vorbild für Elisabeth?

Unter den Kindern Herzog Max' fiel besonders Helene, »Nené« genannt, durch ein ausgeprägtes frommes Verhalten auf. Fast täglich ging sie zur heiligen Messe und häufig betete sie den Rosenkranz. Sie beachtete streng alle Gebote Gottes und kümmerte sich um arme und kranke Menschen. Nachdem Kaiser Franz Joseph sich nicht mit ihr, sondern mit Sisi verlobt hatte, war Nené zwar deprimiert, aber Neid oder Hass auf ihre Schwester waren ihr aufgrund ihrer Frömmigkeit völlig fremd. Die beiden blieben zeitlebens einander herzlich verbunden.

Helene dachte nach Franz Josephs Entscheidung für Sisi allerdings daran, in ein Kloster einzutreten. Kloster Beuerberg, südöstlich des Starnberger Sees gelegen, war von Possenhofen nur etwa 37 km entfernt. Dorthin zog sich Helene zurück. Hier wollte sie sich vom Leben in der Öffentlichkeit abwenden und dachte allen Ernstes daran, eine »Braut Christi« zu werden. In diesem Frauenkloster herrschte ein Alltag in strenger Klausur. Der Schweigeorden der Salesianerinnen lebte hier völlig zurückgezogen. Besucher konnten mit den Schwestern nur hinter einer von einem Gitter durchbrochenen Zwischenwand kommunizieren. Die Nonnen führten ein Leben zwischen Gebet und Arbeit. Nach ihrem Eintritt verließen sie die Anlage bis zu ihrem Tod üblicherweise nicht mehr und fanden auch die letzte Ruhestätte auf dem Friedhof an der Ostseite des Klosters. Während der Säkularisation 1803 war Kloster Beuerberg aufgelöst worden, doch 1846 zogen die Salesianerinnen ins Kloster ein. Berühmt war der von ihnen aus Löwenzahn hergestellte heilkräftige Likör. Die Kräuter dazu bauten sie in einem eigenen Nutz- und Heilkräutergarten des Klosters an.

In Beuerberg wollte auch Herzogin Helene zur Ruhe kommen. Doch ihre Mutter Ludovika verhinderte ihren Eintritt als Novizin. Sie wollte Nené wie alle ihre Töchter gut verheiratet wissen. Deshalb suchte sie für sie einen Mann und fädelte nach vier Jahren für die bald 22-Jährige, die in diesem Alter immer weniger Heiratsaussichten hatte, endlich die Ehe mit dem steinreichen Erbprinzen Maximilian Anton von Thurn und Taxis ein. Bei ihrer Hochzeit 1858 malte Helene eigenhändig ein Porträt von sich in der Tracht der Salesianerinnen, das sie dem Kloster vermachte und das noch heute in Beuerberg zu sehen ist. Vier Kinder schenkte Nené ihrem Mann. Die Ehe verlief glücklich, war aber von mehreren Schicksalsschlägen geprägt. 1867 starb ihr Mann im Alter von erst 35 Jahren, 1881 ihre Tochter Elisabeth und 1885 ihr Sohn Erbprinz Maximilian. Nené zog sich mehr und mehr in ihren Glauben zurück und lenkte sich von ihrer tiefen Trauer mit karitativen Tätigkeiten ab. Zeitlebens blieb sie dem Kloster Beuerberg herzlich verbunden, dem sie mehrfach Mobiliar, liturgische Geräte und Geld stiftete. Auch Elisabeth hatte dem Haus während Helenes Aufenthalt im Kloster Möbel zukommen lassen.

Als sich Elisabeth 1860, enttäuscht vom strengen Leben am Wiener Hof und den Repressalien ihrer Schwiegermutter, auf die Insel Madeira flüchtete, kam Nené zu Besuch und tröstete ihre schwermütige Schwester. Beide erinnerten sich an die unbeschwerte Zeit ihrer Kindheit in Possenhofen und sicher empfahl

Helene ihrer Schwester, ihr Kreuz mit dem Hofleben demütig im Gebet und im Vertrauen auf Gottes Hilfe auf sich zu nehmen. Nené freute sich, als in ihrer Sterbestunde Sisi bei ihr war und ihr die Hand hielt. Wie üblich unterhielten sich die beiden in Englisch. »We two have had hard puffs in our lives«, sagte Elisabeth, worauf ihr Nené entgegnete: »Yes, but we had hearts.«[1] 1890 starb Helene im Alter von 56 Jahren. Zu ihrer Tochter Marie Valerie sagte Elisabeth nach Helenes Tod, »sie begreife, daß man aus bloßer Angst vor einem so siechen Ende Selbstmord begehen könne«.[2] Ein Gedanke, den die religiöse Helene jedoch entsetzt von sich gewiesen hätte.

Sich bei auftretenden psychischen Problemen in ein Kloster zurückzuziehen, war nicht nur bei Elisabeths Schwester Nené zu beobachten, sondern auch bei ihrer Schwester Marie, die sich zur Geburt ihrer unehelichen Tochter, um einen Skandal zu vermeiden, ins Kloster St. Ursula in Augsburg zurückzog. Auch Elisabeth selbst sehnte sich in schwierigen Zeiten mehrfach nach Aufenthalten in abgelegenen Einsiedeleien.

Private Kirchen- und Messbesuche der Kaiserin

Statt in den großen Gotteshäusern in aller Öffentlichkeit und unter den Blicken von Hunderten neugieriger Kirchenbesucher nahm Elisabeth lieber in der Abgeschiedenheit kleiner Kirchen und Kapellen in den Schlössern an der Messfeier teil, so etwa in der Kapelle der Wiener Hofburg oder im Betraum der Kaiservilla in Bad Ischl. In der Hermesvilla folgte unmittelbar auf den Salon Elisabeths, auch als ihr Schreibzimmer bekannt, der sogenannte »Kirchensaal«. Dort hatte sie »eine Nische anbringen lassen, die den Altar enthält, auf welchem jeden Morgen von einem Hofkaplane die heilige Messe gelesen wurde. Ein riesiger Spiegel, der durch eine verborgene Feder bewegt werden kann, reicht von einer Wand zur andern und verdeckt die Nische gewöhnlich, so dass kein Altar zu sehen ist.«[3] Elisabeths Vorgängerin, Kaiserin Maria Theresia, nahm übrigens auch, je älter sie wurde, »desto öfter an Gottesdiensten inkognito teil, entweder unsichtbar für die anderen vom Oratorium aus oder ›mit einem Fleck oder Visir vorm Gesicht‹, einem Halbschleier, der eine ›symbolische Trennung zwischen Herrscher und christlichem Predigthörer‹ herstellte. [...] Am Gottesdienst wollte sie offenbar nicht als Herrscherin, sondern als einfache Christin, als Verehrende, nicht als Verehrte teilnehmen.«[4] Dies schien auch bei Elisabeth so gewesen zu sein. Heimelig fühlte sie sich auch in der bei ihrem Kindheitsschloss Possenhofen gelegenen kleinen Kapelle oder in der im väterlichen Palais in der Münchener Ludwigstraße eingerichteten Hauskapelle. Im März 1865 schrieb sie ihrem sechsjährigen Sohn Rudolf, sie gehe »täglich mit der Großmama [Herzogin Ludovika] in die [Possenhofener] Hauskapelle, wo ein Franziskaner viel schneller die Messe liest wie unsere Sonntags-Messe ist«.[5] Dies deutet darauf hin, dass sie lang andauernde Messfeiern nicht schätzte.

Bei ihrem Aufenthalt im September 1867 in Schaffhausen am Rheinfall, wohin sich Elisabeth aus Zürich wegen der dort herrschenden Cholera-Epidemie zurückgezogen hatte, zeigte sie sich in der Öffentlichkeit durchaus aufgeschlossen und sprach in den Gassen Schaffhausens sogar mit einigen Bürgern. Zum sonntäglichen Gottesdienst in der Kirche wollte sie jedoch nicht gehen. Stattdessen wünschte sie eine private Messe. Da in Schaffhausen aber kein katholischer Geistlicher zur Verfügung stand, sah man sich auswärts um. Am Sonntag, den 8. September 1867, traf schließlich der Abt des Klosters Rheinau, Leodegar Ineichen, im Hotel Schweizerhof ein, wo die Kaiserin nun gemeinsam mit ihrer Schwester, Königin Marie von Neapel-Sizilien, sowie Graf und Gräfin Trani am Privatgottesdienst teilnehmen konnte.

Bei ihrem Jagdaufenthalt Anfang März 1879 in Irland, bei dem sie im Hof des katholischen Priesterseminars in Maynooth beinahe den Leiter des Seminars niedergeritten hätte, nahm sie – gleichsam zur Buße – sechs Tage später in Anwesenheit des Bischofs von Gadara und Domvikars von Dublin, Dr. McCabe, am Sonntagsgottesdienst teil. »Ein roter Teppich war ausgelegt, um Ihre Majestät unbeschmutzten Fußes in die Kapelle gelangen zu lassen. Vor dem Altar stand ein Betpult und ein Stuhl für sie bereit. [...] Nach der Messe wurden die Kaiserin und ihr Gefolge durch das Seminar geführt. Sie entfaltete ihren ganzen bezaubernden Charme und hatte für jeden ein Kopfnicken und ein Lächeln. Die Seminaristen ließen sie dreimal hochleben und erhielten dafür einen freien Tag.«[6]

Am 25. Mai 1887 melden die »Münchner Neuesten Nachrichten: Gestern [24. Mai] früh 8 Uhr begab sich die Kaiserin in Begleitung einer Hofdame in die St. Michaelshofkirche, beichtete daselbst, wohnte einer Messe bei und empfing sodann die Kommunion. Hierauf besuchte sie die königliche Gruft und legte am Sarge weiland König Ludwigs II. einen prächtigen Blumenkranz nieder.«[7]

In den Jahren 1888 bis 1893 kam Elisabeth viermal zu einer mehrwöchigen Kur nach Bad Gastein und logierte in der »Villa Helenenburg«, einer von Fürstin Helene Czetwertinsky und ihrem Mann Fürst Ludwig Czetwertinsky erbauten Sommerresidenz. In dieser Villa, die sie komplett für sich mietete, fühlte sich die Kaiserin so wohl, dass sie darin einen Raum als Kapelle einrichten ließ, um hier am Sonntag ungestört die Messfeier zu erleben. Bei ihren Besuchen der Insel Korfu besuchte sie am Eingang zur Lagune »Chalikiopoulou« auf der Ulysses-Insel, wegen ihrer Kleinheit auch »Mäuseinsel« genannt, die dort gelegene kleine Kirche.

Auch bei der Hochzeit ihrer Tochter Marie Valerie mit Erzherzog Franz Salvator, die am 31. Juli 1890 in der Ischler Pfarrkirche stattfand, lehnte sie ebenso wie Valerie die üblichen aufwendigen höfischen Zeremonien ab. Statt einer festlichen Brautmesse, die der Kaiserin zu lange gedauert hätte, wurde lediglich eine stille Messe im kleinsten Kreis gefeiert, wobei auf Wunsch der Braut kein geringerer als Anton Bruckner die Orgel spielte. Gelegentlich ließ sie sogar Messen an Bord einer ihrer Yachten lesen, so im Oktober 1885 auf ihrer Reise in den Orient, wo sie auf der griechischen Insel Rhodos zwei Mönche bat, die heiligen Messe an Bord ihrer Yacht Miramar zu zelebrieren.[8] Bisweilen besuchte sie auch inkognito Gottesdienste, wie bei einer Überquerung des Toten Gebirges am Sonntag, den 24. Juni 1888, als sie fast unerkannt die Hl. Messe in Aussee mitfeierte. Bei ihrem Besuch in Meran 1870/71 nahm sie, unbehelligt von der Bevölkerung, mehrfach am morgendlichen Gottesdienst in der Pfarrkirche St. Georgen in Obermais teil. Überhaupt besuchte sie bei ihren Aufenthalten an verschiedenen Orten gerne die dort gelegenen kleinen Kirchen. »Man sagt«, so äußerte sie einmal, »wenn man zum ersten mal in eine Kirche kommt, in der man noch nie war, geht das, um was man bittet, in Erfüllung [...]«[9]

Zum ersten Jahrestag von Rudolfs Tod, am 30. Januar 1890, fuhr Elisabeth nur in Begleitung ihres Mannes und ihrer Tochter Marie Valerie nach Mayerling. Auf der ganzen Fahrt sprach sie kein Wort. Der Burgpfarrer las die Messe und das Kaiserpaar betete still am Schauplatz der Tragödie. Wie in einem schweren Traum, versteinert, tränenlos, ließ Elisabeth die private Zeremonie über sich ergehen und zeigte keine Regung. Nach der Messe fuhren die drei schweigend zurück nach Wien.

Mit ihrer Liebe zu Ungarn provozierte Elisabeth die Wiener immer wieder, einmal sogar mit der Bestellung einer heiligen Messe, die sie zum Namenstag des heiligen Stephan, des ungarischen Nationalheiligen, ausgerechnet in der Pfarrkirche Ischl zelebrieren ließ. »Dieser kleinen Demonstration«, spöttelte die Hofdame Landgräfin Therese Fürstenberg, »wohnte niemand sonst von der Familie bei, elle seule et ses fideles [nur sie und ihre Treuen]«. Die Ischler schüttelten den Kopf, »besonders weil es keinen Sonn- und Feiertag gibt, wo sie in die Pfarrkirche geht«[10].

Des Öfteren nahm die Kaiserin an Bittgottesdiensten teil, um von Gott die Erfüllung besonderer Wünsche zu erbitten, aber auch an Dankgottesdiensten, wenn es galt, Gott für eine unerwartete Hilfe oder erwiesene Gnade zu danken. Am 19. Juli 1869 schreibt sie von ihrem Aufenthalt am Starnberger See an Ida Ferenczy: »Ich bitte Dich, bestelle 6 Messen bei unserem Marien-Altar als Dank für die glückliche Reise meiner Kleinen [ihrer erst 15 Monate alten Tochter Marie Valerie].«[11] Im Mai 1890 entgleiste der Hofzug in der Nähe des Frankfurter Lagerhauses, wobei mehrere Wagen umstürzten. Elisabeths Salonwagen blieb jedoch unbeschädigt. Die Kaiserin erkundigte sich sofort, ob jemand zu Schaden gekommen sei, und beruhigte sich erst, nachdem ihr versichert wurde, dass alle mit dem Schrecken davongekommen seien. »Nach Ankunft im Lainzer Schlosse wurde in der Kapelle sofort ein Dankgottesdienst abgehalten; Ihre Majestät verharrte während der ganzen heiligen Handlung knieend, in tiefste Andacht versunken.«[12]

Die Kaiserin stiftete auch Gedenkmessen für Verstorbene. So ließ sie am 21. Juni 1886 »in der Dorfkirche von Feldafing zum Gedenken an den König [Ludwig II.] ein feierliches Requiem lesen und fuhr nach München, um in der Gruft der Wittelsbacher einen Kranz auf das Grab des Königs zu legen.«[13] Am 11. Juli 1889 bestellte sie in der Klosterkirche Andechs[14] drei heilige Messen für ihren im Januar gestorbenen Sohn Rudolf, für Ludwig II. und dessen Mutter Königin Marie von Bayern, die im Mai 1889 gestorben war. Nach kirchlicher

Lehre helfen den Verstorbenen nicht nur Gebete aus der Phase der »Läuterung« in die Schau Gottes einzutreten, sondern auch heilige Messen, die für sie zelebriert werden.

Elisabeths Nichte Marie Wallersee-Larisch berichtet in ihren Erinnerungen, ihr sei bei einem Aufenthalt in Schloss Schönstein in Österreich-Schlesien nahe Troppau eines Nachts die erste Schlossfrau, die schöne Gräfin Orlik, als Geist erschienen. Diese Gräfin stand einer alten Sage nach einst »in maßloser Eitelkeit vor dem Spiegel, als sie zur Kirche gehen sollte. Ihr Gemahl schalt und mahnte zur Eile. Als es in diesem Augenblick oben in der Kapelle zur Wandlung läutete, hätte sie die Messe verflucht und wäre vor dem Spiegel tot umgefallen.«[15] Seither habe dieser Spiegel einen Sprung. Marie wurde eines Nachts in diesem Schloss von einem sich hin und her bewegenden Lichtschein angelockt. Sie sah, wie sich auf einem Porträt der Gräfin Orlik deren Lippen bewegten. Als sie später davon der Kaiserin Elisabeth berichtete, meinte diese: »Du mußt ihr [...] eine Messe lesen lassen, dann findet sie Ruhe.«[16] Marie folgte dem Rat ihrer Tante.

Elisabeths Beichtvater

Kaum war Sisi Kaiserin geworden, wollte ihre Schwiegermutter Erzherzogin Sophie für sie den Beichtvater bestimmen. Diese Aufgabe sollte, wie für eine österreichische Kaiserin üblich, ein Mitglied der Gesellschaft Jesu, also ein Jesuit, übernehmen. Doch Elisabeth weigerte sich und wünschte sich entweder einen weltlichen Priester oder einen Benediktiner als Beichtvater und setzte sich mit dieser Forderung auch durch. Warum lehnte sie aber einen Jesuiten ab? Eventuell befürchtete sie, dass dieser als Vertrauter ihrer Schwiegermutter womöglich etwas, was sie ihm in der Beichte anvertraute, an Sophie weitergeben würde. Doch das sogenannte »Beichtgeheimnis« verpflichtet den Beichtvater nach kirchlichem Recht zur absoluten Verschwiegenheit in Bezug auf alles, was ihm in der Beichte anvertraut wird. Bricht ein Priester das Beichtgeheimnis, begeht er eine schwere Sünde und kann mit Exkommunikation bestraft werden. Vielleicht meinte Elisabeth auch, dass Jesuiten besonders strenge Geistliche seien, die demnach gebeichtete Sünden auch mit einer strengeren Buße belegen. Jesuiten galten als extrem gläubig und äußerst konservativ, waren treue Anhänger des Papstes und befürworteten auch dessen Unfehlbarkeitserklärung, die 1871 auf dem Ersten Vatikanischen Konzil beschlossen wurde. Wie dem auch sei, jedenfalls war die Wahl des Beichtvaters eine der ersten Entscheidungen Elisabeths, womit sie sich gegen ihre Schwiegermutter durchsetzte.

Des Öfteren ging sie auch zur Beichte, wenn sie sich auf Reisen befand, so etwa bei ihrem Besuch der Stadt Passau im September 1862, bei dem sie von Bischof Heinrich von Hofstätter begrüßt wurde. Von der Passauer Innenstadt stieg sie auf der Wallfahrtstiege, der sogenannten »Himmelsleiter«, zu der auf einem Berg liegenden »Wallfahrtskirche Mariahilf« hinauf, in der sich auch Statuen der von ihr verehrten Heiligen Franz von Assisi und Antonius von Padua befinden. Ob sie das wie die Pilger üblicherweise betend tat, ist nicht überliefert, aber in der Kirche ging sie dann zur Beichte. 1869 wurde in Passau im Zuge der Errichtung der Bahnstrecke vom oberösterreichischen Wels nach Passau übrigens eine mit vier stattlichen Türmen geschmückte Brücke über den Inn gebaut, die ihr zu Ehren »Kaiserin-Elisabeth-Brücke« genannt wurde.

Beichte und Kommunion gehörten im 19. Jahrhundert aufs Engste zusammen, da man besorgt war, die heiligen Kommunion ohne vorausgehende Bekenntnis der Sünden und der priesterlichen Absolution unwürdig zu empfangen. Wer also regelmäßig zur Kommunion ging, sollte jeweils vorher auch beichten. Wie oft die Kaiserin allerdings zur Beichte ging, ist nicht überliefert. Sie kannte aber die Ansichten ihres Lieblingsdichters Heinrich Heine, der dem Christentum vorwarf, es habe dem Menschen eingebläut, dass er ein sündhaftes Wesen und jede Sinnenfreude und alles Schöne teuflisch sei. Wie ihrem Meister ging es auch der Kaiserin um Erkenntnis, Freiheit und Glück, einschließlich der Sinnenfreude in all ihren Variationen. Wie Heine plädierte sie für eine Religion der Freude. Als Beichtvater wählte sie in späteren Jahren lieber die Natur und insbesondere das Meer, wie sie einmal erklärte: »Das Meer ist mein Beichtvater, den ich täglich aufsuchen muß. Es macht mich wieder jung, weil es alles Fremde von mir nimmt und mir seine Gedanken gibt, welche die einzige unsterbliche Jugend sind. Es kann selbst nicht sterben und deswegen verjüngt es alles um sich. Von ihm kommt meine ganze Weisheit her.«[17]

Das Gebetsleben

In den Privatgemächern Elisabeths in der Wiener Hofburg befand sich ein Hausalter aus Carraramarmor und vergoldeter Bronze – er existiert noch heute –, vor dem die Kaiserin ihre privaten Andachten verrichten konnte. Der Altar wurde kurz nach der Hochzeit des Kaiserpaares 1855 von dem Bildhauer Vincenz Pilz geschaffen, dem Elisabeth ein eigenhändiges Dankesschreiben und einen Brillantring übersandte. Vor diesem Altar konnte sie ihre täglichen Gebete zu Jehova verrichten. Neben Bittgebeten und Gotteslob handelte es sich um Dankgebete, aber ebenso führte sie mit Gott auch Klagereden, wenn ihre Gebete von ihm nicht erhört wurden. Sie erwartete nämlich, dass Bitten, die sie vertrauensvoll an Gott richtete, auch erfüllt würden, so wie dies den Gläubigen in der Bibel zugesagt ist. Im Neuen Testament verspricht Jesus seinen Jüngern: »Wenn ihr den Vater um etwas bitten werdet in meinem Namen, dann wird er es euch geben.«[18] Und im Matthäus-Evangelium heißt es: »In jener Zeit sprach Jesus zu seinen Jüngern: ›Bittet, dann wird euch gegeben; sucht, dann werdet ihr finden; klopft an, dann wird euch geöffnet. Denn wer bittet, der empfängt; wer sucht, der findet; und wer anklopft, dem wird geöffnet. Oder ist einer unter euch, der seinem Sohn einen Stein gibt, wenn er um Brot bittet, oder eine Schlange, wenn er um einen Fisch bittet? Wenn nun schon ihr, die ihr böse seid, euren Kindern gebt, was gut ist, wieviel mehr wird euer Vater im Himmel denen Gutes geben, die ihn bitten.‹«[19] Ende Mai 1859, als Franz Joseph im Sardinischen Krieg ins Hauptquartier nach Verona reiste, fürchtete sie um sein Leben. Verzweifelt »erscheint sie am 31. Mai in der Gnadenkirche Maria-Lanzendorf bei Wien, um Gott um die Erhaltung des Lebens ihres Gatten zu bitten«[20]. In diesem Fall erhörte Gott ihr Gebet. Doch mehrfach erlebte sie, dass Gott ihre Bitten nicht erfüllte und sie statt Brot einen Stein und statt Fisch eine Schlange von ihm erhielt. Im Juni 1866 anlässlich des bevorstehenden Bruderkrieges Preußen-Österreich äußerte sie die höchst unfromme Bitte: »Es wäre wirklich eine Gnade Gottes, wenn der König von Preussen auf einmal stürbe, da würde viel Unglück erspart werden.«[21] Dieser Wunsch wurde ihr ebenso wenig erfüllt wie die Bitte um einen erfolgreichen Kriegsausgang für Österreich. Nach Österreichs Niederlage am 3. Juli 1866 in der Schlacht bei Königgrätz klagte sie zwei Tage später ihrer Mutter: »Wir sind noch wie im Traum, ein Schlag nach dem anderen [...] und da soll man noch Gottvertrauen haben!«[22] Das Vertrauen auf Gott war für die Kaiserin abhängig von der Erfüllung ihrer Bitten an ihn.

Auch in mehreren ihrer Gedichte ist von Gebeten die Rede wie in dem folgenden Gedicht mit dem Titel »Gebet«:

> »Es steigt meine Seele zum Boote heraus / Und kniet auf den schwellenden Wogen, / Die haben wie dröhnendes Orgelgebraus / Sie unwiderstehlich gezogen.
>
> Jehova! der mächtig Du Meere erschufst / Und dieses Atom, meine Seele, / Von Bergen zu Meeren, bis du sie nicht rufst, / Irrt rastlos vom Fels sie zur Welle.
>
> Jehova! Du schufst diese Erde zu schön! / Drum hat meine Seele kein Bleiben; / Sie dürstet noch schönere Welten zu seh'n, / Die ferne im Äthermeer treiben.
>
> Jehova! o lass meine Seele bald knien / Auf goldenem, lichten Planeten; / Wenn unten die Meere vorüber dann zieh'n, / Wird jauchzend sie auf zu Dir beten.«[23]

Am 28. April 1887 verfasste die Kaiserin ein kleines Gedicht mit dem Titel »Gott ist alles«:

> »Ich wandle hin in Gottes Licht / Und in Jehovas Schatten, / Ich werf' mich auf mein Angesicht / An Seines Meers Gestaden,
>
> Ich bet' Ihn an im grossen All, / Ich atme Ihn im Äther, / Ich hör' Ihn in der Wogen Fall; / Und durch den Sturmwind geht Er.«[24]

Zu ihrem 35. Geburtstag 1872 bekam Elisabeth ein kleines Gebetbuch geschenkt mit einem Einband aus Schildplatt, mit Silberintarsien und einen Samtrücken. Darin enthalten war auch ein Andachtsbildchen aus Spitze und Stoff. Mehr als die Texte in diesem Buch vertraute sie beim Beten auf ihre eigenen Worte. Wie bedeutsam Beten für sie war, notierte Gräfin Sztáray 1898: »Wir lasen dieser Tage ein Buch von Maria Corelli, über das ich mir eine Bemerkung der Kaiserin aufzeichnete. ›Diese Schriftstellerin‹, erzählte sie, ›die sich für überaus religiös hält, sagt an einer Stelle, daß sie niemals bete, weil sie alles besitze, was zum Glücke notwendig sei, sie daher nicht wüßte, was sie sich von Gott erflehen sollte. Entweder ist diese Schriftstellerin eine ganz egoistische Seele oder eine Person, die eines ungewohnten, bizarren Ausspruches wegen sich nicht scheut, mit sich in Widerspruch zu geraten. Wenn ich nur so viel besäße, was das Unglück ausschlöße, würde ich jeden Tag, jede Stunde beten und mir nichts weiter erbitten, sondern nur Dankgebete zum Himmel senden!‹«[25]

Nachdem es 1882 bei der Fahrt auf einer kleinen Barke zu einem Lloyddampfer in stürmischer See fast zu einem Unfall gekommen wäre, war sich Elisabeth sicher: »Nur dem lieben Gott hat man es zu danken, daß alles gut abgelaufen ist.«[26] Die Kaiserin war keine eifrige Kirchengängerin, doch konnte sie, wie sie sagte, »voll Inbrunst beten, wo die Menschen sie nicht störten, im Walde und am Meere«.[27] Und auch in den Bergen:

> »Der Berg ist mein Altar; / Auf Felsen, grauen, schroffen, / Dem großen Philosophen / Bring' ich mein Opfer dar. / Sein Schatten ist mir nah', / Es liegt mein Geist im Staube, / Doch felsgleich ist mein Glaube. / An Dich, o Jehova!«[28]

In ihre Gebete schloss Elisabeth auch Personen ein, die ihr nahe standen, vor allem natürlich ihr Lieblingskind Marie Valerie, der sie am 22. April 1891 schrieb: »Ich bete für Dich zum großen Jehova. Nehme der Allmächtige mein kleines Täubchen und den, den es liebt, in seinen Schutz und gebe ihnen auch zur rechten Zeit kleine Täubchen. Jetzt werde ich in der Messe noch eigens darum beten. Heute scheint die Sonne, das Meer ist blau und die Insel prangt wie ein Smaragd nach dem vielen warmen Regen in Frühlingsfrische.«[29] Auch einige Briefe an ihre Hofdame Ida Ferenczy enden mit den Worten: »Gott gebe ein glückliches Wiedersehen ...« oder »Gott mit Dir ...« oder »wenn nur der liebe Gott gebe, daß ...«[30]

Zum 80. Geburtstag ihrer Mutter Ludovika Ende August 1888 verfasste Elisabeth für sie das folgende liebevolle Gebet:

> »Ich bitte Gott, Er möge gnädig senden / Dir manchen Sommer noch, wie Du ihn liebst, / Wo Frische Dir die Sonnenstrahlen spenden / Und Stunden Du im Buchenhain verbliebst. / Nachts aber soll der Mond sein Antlitz wenden / Dir zu, wie Du entzückt mir jüngst beschriebst. / Wem die Natur so lieblich weiss zu blühen, / vor dem wird lange noch das Alter fliehen!«[31]

Segenswünsche sandte die Kaiserin auch ihrem Sohn Rudolf zum Geburtstag in einem in ungarischer Sprache verfassten Brief: »Lieber Rudolf! Von ganzem Herzen wünsche ich Dir alles Gute zum Geburtstag. Gott sei mit Dir und er möge Dich auch in Zukunft begleiten wie bisher. [...] Ich wünsche Dir nochmals alles Gute und umarme Dich mit Küssen. Deine Mama.«[32] Ebenso machte sie ihren Kindern gelegentlich das Kreuzeichen auf die Stirn, so Rudolf zu Weihnachten 1888. Da bat ihn Elisabeth, »immer gut« zu seiner Schwester Marie Valerie und zu allen in der Familie »zu sein, wenn wir einmal von ihm abhängig sind, und er schwur und beteuerte es einfach und warm. Da machte sie ihm das Kreuz auf die Stirn und sagte, der liebe Gott werde ihn dafür segnen und werde ihm Glück bringen.«[33] Doch das geschah nicht, einen Monat später nahm sich Rudolf am 30. Januar 1889 das Leben. Für ihn zu beten erbat sich die Kaiserin nach dessen Freitod auch von anderen Personen. Als sie am 16. Oktober 1889 in Lana bei Meran das Franziskanerinnenkloster besuchte, sagte sie, wie Marie Valerie in ihrem Tagebuch vermerkte, zu den Ordensschwestern: »›Beten sie für meinen Sohn‹ und brach in Tränen aus. Alle Schwestern weinten und eine Alte tröstete sie.«[34]

Christen wandten sich seit jeher zur Unterstützung ihrer Bitten an Gott oft auch an Verstorbene. Auf einem bekannten Bild ist Franz Joseph kniend dargestellt, demütig versunken im Gebet zu den verstorbenen Familienmitgliedern Maximilian, Rudolf, Elisabeth, Sophie und Franz Ferdinand, die über ihm in Wolken schweben, von denen er sich Unterstützung seiner Bitten an Gott erhoffte. Auch Elisabeth glaubte daran, dass Verstorbene Fürsprecher bei Gott sein können. Als ihr erstes Kind Sophie im Mai 1857 starb, schrieb sie an ihre Schwägerin Margarethe, die erste Frau ihres Bruders Erzherzog Karl Ludwig: »Unsere Kleine freilich ist jetzt glücklich, und wird im Himmel gewiß für uns bethen, daß uns Gott Kraft giebt, dieses Unglück zu ertragen, und dies kann auch unser einziger Trost sein.«[35]

Lektüre der Bibel

Elisabeth wusste, dass der sonst so religionskritische Heinrich Heine die Bibel in seinen letzten Lebensjahren immer mehr zu schätzen begann, wie er dies auch selbst notierte: »[...] weder eine Vision noch eine seraphitische Verzückung noch eine Stimme vom Himmel, auch kein merkwürdiger Traum oder sonst ein Wunderspuk brachte mich auf den Weg des Heils, und ich verdanke meine Erleuchtung ganz einfach der Lektüre eines Buches – Eines Buches? Ja, und es ist ein altes, schlichtes Buch, bescheiden wie die Natur, auch natürlich wie diese; ein Buch, das werkeltätig und anspruchslos aussieht, wie die Sonne, die uns wärmt, wie das Brot, das uns nährt; ein Buch, das so traulich, so segnend gütig uns anblickt wie eine alte Großmutter, die auch täglich in dem Buche liest, mit den lieben, bebenden Lippen und mit der Brille auf der Nase – und dieses Buch heißt auch ganz kurzweg das Buch, die Bibel. Mit Fug nennt man diese auch die Heilige Schrift; wer seinen Gott verloren hat, der kann ihn in diesem Buche wiederfinden, und wer ihn nie gekannt, dem weht hier entgegen der Odem des göttlichen Wortes.« [36]

In 19. Jahrhundert war es auch üblich, zu besonderen Anlässen Bibeln zu verschenken. So überreichte etwa Elisabeths Patentante, Prinzessin Elisabeth Ludovika von Bayern, ab 1840 Königin von Preußen, einem betagten Ehepaar 1872 zur goldenen Hochzeit »Die Bibel oder die ganze Heilige Schrift ... 47. Auflage, Verlag der Königlichen Geheimen Ober-Hofbuchdruckerei (r. V. Decker), Berlin o. J.«. Sicher besaß auch Kaiserin Elisabeth eine Bibel. Ob sie regelmäßig in der Heiligen Schrift las, ist zwar nicht überliefert, aber die zentralen Botschaften dieses Buches waren ihr durchaus bekannt, unter anderem auch die Erzählung von der Entstehung der Erbsünde. Danach seien, wie es heißt, die ersten Menschen Adam und Eva aus dem Paradies verstoßen worden, nachdem sie ein Gebot Gottes übertreten hatten. Die Schuld aufgrund dieses Sündenfalls der beiden habe sich, so die Lehre, auf ihre Nachfahren, also auf alle Menschen vererbt. Elisabeth konnte jedoch nicht begreifen, dass jemand für das, was ein anderer getan hat, zur Verantwortung gezogen wird und dessen Sünde erbt.

Hinsichtlich ihres Aufbegehrens gegen Gottes unbegreifliche Entscheidungen verwies die Bibel auf Hiob, eine Gestalt im Alten Testament. Im »Buch Hiob« verliert der reiche, aber stets mildtätige Hiob ohne nachvollziehbares Verschulden plötzlich Hab, Gut und Familie und erkrankt auch noch schwer. Warum lässt Gott derartiges Leid zu, obwohl Hiob doch ein frommer, gottesfürchtiger Mann ist? Üblicherweise empfängt doch der, der gerecht lebt, Gottes Lohn. Doch Hiobs Logik wird durch eine Wette auf den Kopf gestellt, auf die sich Gott mit Satan einlässt. Der Teufel provoziert Gott nämlich mit der Behauptung, dass Hiob, so wie alle Menschen, nur deshalb ein gottesfürchtiges Leben führe, weil er reich und gesund sei. Der Teufel ist sich sicher, dass Hiob Gott hassen wird, wenn er ihn leiden lässt. Gott lässt sich durch den Teufel herausfordern und liefert seinen Musterschüler dem Satan aus. Das Leid, das Hiob daraufhin ereilt, ist also eine Prüfung Gottes, die der Teufel provoziert.

Hiobs Freunde stellen Vermutungen über die Gründe für Hiobs Schicksal an und versuchen ihn zu trösten. Doch auch sie können nicht erklären, warum Hiob als gottesfürchtiger Mensch leiden muss, während Gottlose oft in Saus und Braus leben. Hiob ist verzweifelt und beginnt den Tag seiner Geburt zu verfluchen, Gott anzuklagen und über ihn zu lästern. Von Krankheit gezeichnet, sitzt er auf der Asche seines Besitzes. Da spricht Gott mit ihm. Doch statt einer Begründung für sein Leid weist Gott ihn nur darauf hin, dass er der Schöpfer von allem sei und Gut und Böse ausschließlich in seinen Händen liegen. Eine Erklärung für Ungerechtigkeit und Leid in einer von Gott gelenkten Welt erhält Hiob nicht. Gott bleibt ein Geheimnis und das Leid unerklärlich. Schließlich fragt sich Hiob: Warum nehmen wir, wenn wir das Gute von Gott annehmen, nicht auch geduldig das Leid auf uns? Und er fügt sich in Gottes Willen. Damit hat er die Prüfung bestanden und den Satan Lügen gestraft. Er wird rehabilitiert, sein Besitz wird wiederhergestellt, er wird auch wieder gesund und stirbt »alt und lebenssatt«.

Eine derartige Erklärung, das Leid demütig hinzunehmen, weil man von Gott ja auch das Gute annimmt, befriedigte Kaiserin Elisabeth jedoch ebenso wenig wie die Tatsache, dass sich der allmächtige Gott von Satan zu einer derart fragwürdigen Wette überreden lässt. Auch viele andere eindrucksvolle Geschichten finden sich in der Bibel, in denen neben heftigen Glaubenszweifeln das gleichzeitige Festhalten-Wollen am Glauben thematisiert wird, beides Situationen, mit denen auch Elisabeth mehrfach konfrontiert wurde.

Christliche Glücks- und Segensbringer

Elisabeth besaß verschiedene christliche Glücks- und Segensbringer, so etwa eine Dornenkrone aus Jerusalem. An einem Goldkettchen um den Hals trug sie gelegentlich ein kleines Goldkreuz und bei sich hatte sie u. a. Marienmedaillen, byzantinische Goldmünzen und eine Medaille mit dem Drachen- oder Teufelstöter St. Georg. Die Schulschwestern aus Döllach im Möllthale verehrten ihr im September 1856 eine kleine silberne Kapsel mit einer Reliquie der Heiligen Elisabeth, Königin von Portugal, die eine Großnichte der Heiligen Elisabeth von Thüringen war.[37]

Ein ganz besonderer Schatz war für die Kaiserin ein Medaillon mit dem 91. Psalm der Bibel[38] – ein Beleg für ihre Bibelkenntnis –, der folgendermaßen lautet: »Wer unter dem Schirm des Höchsten sitzt und unter dem Schatten des Allmächtigen bleibt, der spricht zu dem HERRN: Meine Zuversicht und meine Burg, mein Gott, auf den ich hoffe. Denn er errettet dich vom Strick des Jägers und von der schädlichen Pestilenz. Er wird dich mit seinen Fittichen decken, und deine Zuversicht wird sein unter seinen Flügeln. Seine Wahrheit ist Schirm und Schild, daß du nicht erschrecken müssest vor dem Grauen der Nacht, vor den Pfeilen, die des Tages fliegen, vor der Pestilenz, die im Finstern schleicht, vor der Seuche, die im Mittage verderbt. Ob tausend fallen zu deiner Seite und zehntausend zu deiner Rechten, so wird es doch dich nicht treffen. Ja du wirst mit deinen Augen deine Lust sehen und schauen, wie den Gottlosen vergolten wird. Denn der HERR ist deine Zuversicht; der Höchste ist deine Zuflucht. Es wird dir kein Übel begegnen, und keine Plage wird zu deiner Hütte sich nahen. Denn er hat seinen Engeln befohlen über dir, daß sie dich behüten auf allen deinen Wegen, daß sie dich auf Händen tragen und du deinen Fuß nicht an einen Stein stoßest. Auf Löwen und Ottern wirst du gehen, und treten auf junge Löwen und Drachen. Er begehrt mein, so will ich ihm aushelfen; er kennt meinen Namen, darum will ich ihn schützen. Er ruft mich an, so will ich ihn erhören; ich bin bei ihm in der Not; ich will ihn herausreißen und zu Ehren bringen. Ich will ihn sättigen mit langem Leben und will ihm zeigen mein Heil.«[39]

Der 91. Psalm, nach griechischer Zählung übrigens der 90. Psalm, wurde vermutlich im Kriegslager der Israeliten vom Propheten Mose oder von König David angesichts drohender Kämpfe und Seuchen verfasst und beschreibt Engel als Behüter der Gottesfürchtigen. Er ruft zum Vertrauen auf Gott auf und will den Notleidenden Trost spenden. Elisabeth zog sich am 11. September 1875 während eines Reittrainings im Schlosspark von Sassetôt in der Normandie bei einem schweren Sturz eine Gehirnerschütterung zu, worauf ihr »der ebenfalls in Sassetôt anwesende ungarische Bischof Hyazinth Rónay, der Erzieher Valeries, auf ein haudünnes Papier«[40] diesen Psalm schrieb. Das Blatt mit dem Psalm trug die Kaiserin bis zu ihrem Tod in einem in Ungarn geweihten Medaillon bei sich und erhoffte sich davon den Schutz Gottes und seiner Engel vor Krankheiten, Unfällen und Schicksalsschlägen aller Art. Doch ihre Ermordung wurde dadurch nicht verhindert. Am 30. Juli 1890, dem Vorabend ihrer Hochzeit, so notierte Elisabeths Tochter Marie Valerie in ihr Tagebuch, »knieten wir [Mama und ich] uns auf die Betschemel meiner lieben heiligen Kommunion in meinem Schlafzimmer und beteten zusammen das Abendgebet und den 90. Psalm mit so tröstenden Verheißungen.«[41]

Auch ihr nahe stehenden Personen schenkte die Kaiserin gelegentlich christliche Segensbringer, so etwa einen Rosenkranz mit 59 Perlen aus Rosenholz geschnitzt oder ein kleines perlenbesetztes Goldkreuz. Auch ihre Nichte Marie Larisch bekam einen derartigen Glücksbringer, wie diese berichtet: »›Ich werde dir etwas schenken, ein ›Keep sake‹ [ein Andenken]‹, sagte sie und hieß mich setzen. Sie öffnete eine Schublade eines schreibtischartigen kleinen Möbels und nahm ein kleines viereckiges Kästchen heraus. […] Auch hierzu hatte die Kaiserin ein Schlüsselchen. Sie suchte und nahm ein feines Goldkettchen heraus, woran eine kleine Silbermünze hing. ›Das mußt du immer tragen.‹ Als ich's in der Hand hielt, war ich sehr erstaunt, es war eine kleine Muttergottesmedaille von Maria Eck bei Traunstein an einem schönen Goldkettchen. Ich wollte danken, obwohl ich nicht recht wußte, wie, denn solche Münze hatte ich selbst zu Hause. Die Kaiserin aber sagte nochmals: ›Trage es!‹ Dann legte ich das Kettchen um den Hals und verbarg die Medaille im Kleid.«[42]

War der Kaiserin aber auch bekannt, was die Kirche von christlichen Glücks- und Segensbringer hält, die man bei sich trägt? Sie erachtet sie für überflüssig, da allein das Vertrauen zu Gott genügt, der den Menschen verspricht: »Fürchte dich nicht, denn ich bin mit dir; hab keine Angst, denn ich bin dein Gott! Ich mache dich stark, ich helfe dir, mit meiner hilfreichen Hand beschütze ich dich!«[43] Glücksbringer welcher Art auch immer sind nach Ansicht der Kirche also Ausdruck von heidnischem Denken. Selbst ein Kreuz an einer Kette um den Hals ist nur gestattet, um sich dadurch zu Gott zu bekennen, aber nicht, wenn man sich von diesem Talisman aus Blech oder Silber Glück und Schutz verspricht.

Vertrauen zu Schutzengeln

Schon als Kind verehrte Sisi ihren Schutzengel, der sie vor allen Gefahren bewahrt. Auch als Kaiserin vertraute sie auf diese himmlischen Geister, die ihr mehr bedeuteten als die ihr ständig folgenden Leibwächter, die sie vor Attentaten beschützen sollten und deren Begleitung sie immer wieder ablehnte. Auf mehreren Gedenkblättern zur Verlobung, Hochzeit und zur Geburt der Kinder schweben über den Kaiserpaar und ihren Nachkommen Engel, die ihre Hände schützend und segnend ausbreiten.

Schutzengel wurden in der katholischen Kirche schon seit dem 15. Jahrhundert verehrt. Am 29. September wurde sogar ein Schutzengel-Fest gefeiert, das Anfang des 20. Jahrhunderts durch Papst Pius X. dann auf den 2. Oktober verlegt wurde. Mit diesem Feiertag soll daran erinnert werden, dass Gott die Menschen durch seine Engel beschützen lässt. Eine offizielle kirchliche Lehre von den Schutzengeln gibt es zwar nicht, auch wenn in der Bibel durchaus Aussagen über Schutzengel existieren. So heißt es im Psalm 91 – Vers 11 des Alten Testaments: »Denn Gott befiehlt seinen Engeln, dich zu behüten auf all deinen Wegen. Sie tragen dich auf ihren Händen, damit dein Fuß nicht an einen Stein stößt.« Diesen Psalm trug die Kaiserin, wie oben erwähnt, seit ihrem schweren Reitunfall am 11. September 1875 in einem Medaillon bei sich. Auch im Matthäus-Evangelium (18, 10) findet sich die Aussage Jesu: »Hütet euch davor, eines von diesen Kindern zu verachten! Denn ich sage euch: Ihre Engel im Himmel sehen stets das Angesicht meines himmlischen Vaters.« Im Katechismus wird außerdem der Kirchenlehrer Basilius mit der Aussage zitiert: »Jedem Gläubigen steht ein Engel als Beschützer und Hirte zur Seite, um ihn zum Leben zu führen.« Nach Ansicht des Kirchenlehrers Thomas von Aquin hat jeder Mensch einen Engel, ganz gleich, welcher Religion er angehört. Bald entstanden auch beliebte Bildmotive. Auf einem geleitet ein Schutzengel zwei Kinder sicher über eine defekte Holzbrücke, unter der ein reißender Bach tobt.

Im Mai 1883 kam die Kaiserin mit ihrer Hofdame Marie Festetics in die Nähe von Laxenburg, wo sie unmittelbar nach ihrer Hochzeit eine recht unerfreuliche Zeit verbrachte, in der sie sich von ihrer Schwiegermutter übermäßig bevormundet fühlte. »Die Menschen«, so sagte sie zu ihrer Hofdame, »haben das Möglichste getan, um den Kaiser und mich auseinander zu bringen. Und daß ich nicht von Grunde auf schlecht und böse geworden bin, das verdanke ich meinem Schutzengel.«[44]

Von den Ungarn wurde Elisabeth selbst als Schutzengel des Landes verehrt, wie Irma Sztáray 1897 bestätigt: »Wie sehr die ungarische Nation der Kaiserin ans Herz gewachsen war und welch großen Anteil sie an dessen guten und bösen Schicksalen nahm, das wußte ich von jeher und jetzt, durch diese bis zur Rührung gesteigerte Freude, mit der sie jene Nachricht empfing, wurde ich aufs neue darin bestärkt, daß die Nation sie mit Recht ihren Schutzengel nenne. Wie gerne wäre ich damals vor sie hingesunken, um ihre Hände zu küssen, die sie so oft schützend und segnend über meine Nation gehalten.«[45]

Schutzengel sind nach altem Volksglauben auch zugegen, wenn ein Mensch stirbt. Sie geleiten seine Seele ins Jenseits. Dies bringt auch das Denkmal im Garten des Achilleion zum Ausdruck, das Elisabeth für ihren Sohn Rudolf errichten ließ und das sie 1895 Irma Sztáray zeigte. »Der mächtige graue Granitsockel«, so notierte die Hofdame, »hat auf glatter Fläche ein medaillonförmiges Relief mit dem Brustbilde des Kronprinzen Rudolf. Über dem Relief, auf dem Rande des Blockes, sitzt, auf eine gebrochene Säule gelehnt, der Engel des Todes. Seine Fittiche sind ausgebreitet, sein Blick ernst und unerbittlich, und während er mit der Linken auf Rudolf weist, hat sich in seiner Rechten die Lebensfackel bereits erdwärts geneigt. Hoch aufgerichtet, die Blicke in die Ferne verloren, stand die Kaiserin da und ihr Schatten fiel auf das Denkmal. Als wollte sie ihren Sohn umarmen; und mir war's, als hörte ich durch die Stille das qualvolle Schluchzen ihrer Seele.«[46]

In ihrem Gedicht »Ich habe verzweifelt«[47] klagt die Kaiserin Jehova in Erinnerung an das Ende ihres Vetters Ludwigs II. an, er sei »unbarmherzig« und »spiele nur mit ihrem Weh«. Doch da »stieg ein Engel hervor / Aus weinenden Wasserfluten« und verkündet ihr, dass sich die Seele des Königs »von Fall zu Fall« mit der ihren »mengen darf«, was die Kaiserin auch mehrfach in spiritistischen Sitzungen zu erreichen versuchte.

Elisabeths Vertrauen zu Schutzengeln stand jedoch in deutlichen Widerspruch zu ihrer Überzeugung, dass alles, was geschieht, letztlich dann doch vom Schicksal vorherbestimmt sei.

Affinität zu Einsamkeit und Interesse für Einsiedeleien

Schon in jungen Jahren schätzte Elisabeth die Einsamkeit. Sie duldete nur die Nähe von Menschen, die ihr angenehm waren, und mied, so gut es ging, Volksaufläufe, da sie es hasste, von Menschen angeglotzt zu werden. Ganz besonders war ihr das heuchlerische Getue und intrigante Verhalten am Hof zuwider. »Man muß sich«, sagte sie einmal zu ihrem Griechischlehrer Christomanos, »um mit dem Leben auszukommen, zu einer Insel machen«[48], also abkapseln vor der Welt. »Die zivilisierten Menschen ziehen mir nicht nach in die Einöden – da haben sie wohl Besseres zu tun. Das sind meine langen Einsamkeiten, aus welchen ich erkenne, daß man die Schwere seiner Existenz am meisten fühlt, wenn man in Kontakt mit den Menschen ist.«[49]

1872 fragte sie Marie Festetics: »Wundern Sie sich nicht, daß ich wie eine Einsiedlerin lebe?« – »Ja, Majestät, Sie sind noch zu jung dafür«, entgegnet ihr die Hofdame. Die Kaiserin erklärte ihr den Grund: »Na ja, aber mir blieb nichts anderes übrig, als mich für dieses Leben zu entscheiden. In der großen Welt wurde ich so gejagt, über mich schlecht geredet, diffamiert, so sehr verletzt, beleidigt und – Gott sieht meine Seele – ich habe nie jemandem Schlechtes angetan. So dachte ich mir, ich suche mir eine Gesellschaft, die meine Ruhe nicht stört und mir genussreich ist. Ich zog mich in mich zurück und wandte mich der Natur zu. Der Wald tut mir nicht weh. Freilich war die Einsamkeit am Anfang ziemlich schwer, aber man gewöhnt sich an alles und ich habe mich daran inzwischen gewöhnt. Ich genieße es, die Natur ist viel dankbarer als die Menschen.«[50]

Während eines Ausflugs in Meran zum sogenannten »Eremiten«, einer abgeschiedenen, aber romantischen Promenade, fragte die Kaiserin Marie Festetics: »Möchten Sie ein Eremit sein?« Die Hofdame verneinte dies energisch. »Aber der Friede«, so Elisabeth, »ist doch so viel wert, und den kann man doch nur fern von der Welt, fern von den Menschen, erringen. Freilich führt das zu Grübeln und Sinnen.«[51] Auf einer kleinen Insel vor Korfu lebte in einer armseligen Hütte ein Einsiedler, den Elisabeth seit 1885 kannte und mehrfach besuchte. Zu ihm brachte sie ihre »sehnsüchtige Seele [...] Schweigend begebe ich mich in seine Klause«, erzählte sie ihrem Vorleser Christomanos. »Er bringt mir Honig und Mandeln, damit ich davon genieße und die Oberwelt vergesse.«[52] Seither nahm ihr Hang, wie ein Einsiedler zu leben, immer mehr zu. Vor allem nach dem Tod ihres Sohnes Rudolf am 30. Januar 1889 wuchs ihre Sehnsucht, »sich ganz in die Wildnis und Einsamkeit zurückzuziehen und den großen Jehova in der Natur anzubeten«, wie Marie Valerie in ihr Tagebuch schreibt. »Sie hatte schon von Jugend auf das Gefühl und jetzt sei es ihr Gewißheit geworden, dass der große Jehova sie in die Wildnis führen wolle, wo sie ihre alten Tage als Einsiedlerin ganz Ihm geweiht, in Betrachtung und Anbetung Seiner göttlichen Herrlichkeit zubringen solle.«[53] »Die Einsamkeit ist eine starke Nahrung«[54], sagte sie einmal zu ihrem Vorleser Christomanos.

Mit Einsiedlern glaubte Elisabeth schweigen zu können, das Meer wurde zu ihrem Beichtvater und ein Baum in Gödöllő zu ihrem engsten Vertrauten und besten Freund, der alles von ihr weiß. In der Einsamkeit kam sie zu sich, konnte sie meditieren und sich »einem Leben stillem Sinnen nur geweiht«[55] hingeben, wie sie das auch in folgenden Verszeilen beschrieb:

»Gold'ne Tage stiller Ruhe, / Klösterlicher Einsamkeit! / Tief ins Herz euch eingetragen / Hab' ich, voller Dankbarkeit!

Ganz allein mit den Gedanken, / Die kein fremder Misston stört; / Tag und Nacht das tiefste Schweigen – / Glücklich, wer nur sich gehört!«[56]

Lady Walburga Berkley-Paget, Frau des englischen Botschafters, stellte bei der Begegnung mit der Kaiserin nach Rudolfs Tod fest, dass sie »wie eine Nonne angezogen war, ein hochgeschlossenes schwarzes Wollkleid und einen langen Kreppschleier trug, um den Hals eine Kette aus schwarzen Holzperlen mit einem großen Medaillon, in dem sich eine Haarlocke Rudolfs befand und das sie seitlich wie einen Orden feststeckte«[57]. Seit dem Suizid ihres Sohnes trug Elisabeth nur noch schwarz, verschenkte alle Kleider und die meisten ihrer kostbaren Schmuckstücke. Dachte sie dabei womöglich an jene Stelle in der Heiligen Schrift, in der sich ein Mann vor Jesus auf die Knie wirft und ihn fragt: »Meister, was soll ich tun, daß ich das ewige Leben erhalte?« Jesus zählt ihm alle Gebote auf und ermahnt ihn, diese zu befolgen. »Das habe ich von Jugend auf getan«, versichert der Mann. »Aber eines«, sagt Jesus, »fehlt noch: Gehe hin, verkaufe alles, was du hast, und gib den Erlös den Armen, so wirst du einen Schatz im Himmel haben. Dann komm und folge mir nach.«[58] Da ging der Mann traurig davon, denn er war sehr reich.

Elisabeth schien sich nach Rudolfs Tod dem Ideal einer Nonne oder einer Einsiedlerin nähern zu wollen, wie dies auch ihr Rückzug von den Menschen belegt. Auch in ihrer Todesstunde wünschte sie alleine zu sein. Es wäre schrecklich, wenn irgendwer und sei es ein Familienmitglied einmal Zeuge ihres Sterbens sein würde. Sie wolle ganz allein sterben wie eine Nonne oder Eremitin und keine Schauobjekt sein, wie das bei sterbenden Monarchen durchaus üblich war, die in ihrer letzten Stunde von der ganzen Hofgesellschaft umgeben waren. Doch der entscheidende Schritt, endlich selbst wie ein wirklicher Einsiedler zu leben, gänzlich zurückgezogen in einer armseligen, winzigen Klause, der gelang ihr nicht. Ihre Rastlosigkeit ließ dies einfach nicht zu und trieb sie ständig weiter. Und ebenso wenig war sie bereit, auf all die vielen Annehmlichkeiten ihres kaiserlichen Daseins zu verzichten, auf das ständige Umsorgtsein durch Hofdamen und Lakaien, auf ihre exquisite Garderobe, auf die tägliche Haarpflege und all das luxuriöse Leben. Oder gar alles, was sie besaß, zu verkaufen und den Erlös den Armen zu geben, dazu war sie nicht fähig. Nur ein einsiedlerisches Leben auf allerhöchstem Niveau hätte sie sich allenfalls vorstellen können.

Gleichwohl sehnte sie sich noch in ihrem letzten Gedicht mit dem Titel »Ein südliches Märchen« vom 3. November 1888, also ein Jahr vor ihrem Tod, erneut nach Einsamkeit, wie die folgenden zwei Strophen belegen, in denen sie von sich in der dritten Person spricht:

> »Ihr stolzes Schiff verliess sie alsogleich, / Und alles was sie dort mit Pracht umgeben, / Den Hofstaat auch aus ihrem fernen Reich, / Wies sie zurück, der Einsamkeit zu leben; / Ein Leben stillem Sinnen nur geweiht, / Wie es die ferne Heimat niemals beut.
>
> So steht sie nun verlassen und allein / In diesem weltentrückten kleinen Eden, / Die Seele jubelt endlich frei zu sein / Und sprengt entzückt die Ketten und die Fäden / Und jeden bösen Traum, der sie umschlang. / Ihr Trank sei Lethe, ihr Vergessen lang.«[59]

»Lethe« ist in der griechischen Mythologie der Name eines Flusses der Unterwelt. Er gilt als Fluss des Vergessens. Die Toten tranken von seinem Wasser und vergaßen daraufhin alles, was sie im irdischen Leben zuvor belastet hatte.

Elisabeths Heiligenverehrung

Die Verehrung von Heiligen war seit jeher ein Element christlicher Spiritualität. Nach dem Verständnis der katholischen Kirche sind Heilige Menschen, die durch ein vorbildliches, christliches und Gott gewidmetes Leben Aufsehen erregten. In ihrem Leben dienten sie dem Mitmenschen, halfen Notleidenden und Kranken, teilten, was sie besaßen, und setzen sich für andere ein oder gar ihr Leben für sie aufs Spiel. Sie werden den Gläubigen nicht nur als Vorbilder angeboten, ihnen im Leben nachzueifern, sondern können auch als Fürsprecher bei Gott um Hilfe angerufen werden.

Kaiserin Maria Theresia lag die Heiligenverehrung sehr am Herzen. Sie legte ihren Kindern nahe, recht oft die ganze Heiligenlitanei zu beten, »denn durch diese Litaneien erflehen wir die Hilfe des lieben Gottes durch die Verdienste seiner Heiligen«[1], wie sie betonte. Auch Kaiserin Elisabeth hatte zu einigen Heiligen ganz besonderes Vertrauen.

Gottesmutter Maria

Nicht durch Teilnahme an den rund ein Dutzend kirchlichen Marienfesten[2] jedes Jahr demonstrierte die Kaiserin ihre Verehrung der Gottesmutter, sie zelebrierte sie vielmehr im Stillen. Nicht erst nach dem von Papst Pius IX. 1854 verkündeten »Dogma der Unbefleckten Empfängnis der Muttergottes«, also der Vorstellung, die Mutter Jesu sei selbst unbefleckt – gemeint ist damit »frei von jeder Sünde, auch frei von der Erbsünde« – empfangen worden, nahm Maria die führende Stelle in der Heiligenverehrung der katholischen Kirche ein, dies geschah bereits mit dem Konzil zu Ephesus 431 n. Chr. Auch das »Fest Mariä Empfängnis« gab es schon seit dem Mittelalter, war aber unter Theologen vielfach umstritten und die Protestanten lehnten das Fest ganz ab. Für die Annahme, dass Gott in keiner sündigen Frau zur Welt kommen könne, gebe es nämlich keine eindeutigen biblischen Aussagen. Es ist nicht auszuschließen, dass auch Kaiserin Elisabeth das »Dogma der Unbefleckten Empfängnis«, das im Jahr ihrer Hochzeit verkündet wurde, fragwürdig erschien so wie manch anderes von der katholischen Kirche eingeführte Marienfest.

Dass Katholiken die friedliebende Muttergottes in blutigen Kriegen um den Sieg über die Feinde anzuflehen wagten, fand die Kaiserin sicher höchst problematisch. War der Sieg über die Türken am 7. Oktober 1571 in einer Seeschlacht im Mittelmeer bei Lepanto tatsächlich der Muttergottes zu verdanken, weil Rosenkranzbruderschaften an diesem Tag um den Sieg zu ihr gebetet hatten? Zum Dank dafür wurde jedenfalls jährlich am 7. Oktober das »Rosenkranzfest« gefeiert. Und 1683 seien die Türken bei Wien angeblich nur deshalb besiegt worden, weil dem christlichen Heer ein Banner mit der Schutzmantelmadonna vorangetragen und sie um Hilfe angerufen worden sei. Seither wurde am 12. September das Fest »Mariä Namen« gefeiert, auch als »Fest der Schutzmantelmadonna« bezeichnet.

Ob Elisabeth auch an dem vielfach kritisierten »Fest Mariä Himmelfahrt« Anstoß nahm, ist nicht überliefert. Sie kannte natürlich die Legende, wonach Maria nach ihrem Tod von ihrem Sohn Jesus Christus persönlich aus dem Grab geholt und als Erste der von ihm erlösten Menschen ins Himmelreich aufgenommen worden sei, und zwar mit Leib und Seele. Dies habe geschehen können, so die Lehre der Kirche, da Maria ohne Erbsünde zur Welt gekommen sei und ohne Sünde gelebt habe. Einen Bericht über »Mariens Himmelfahrt« gibt es im Neuen Testament zwar nicht, nur einige Schriftstellen[3] enthalten vage Hinweise darauf, dass sie mit Leib und Seele in den Himmel aufgenommen worden sei, worauf im 5. Jahrhundert Bischof Kyrill von Alexandrien das Fest »Mariä Himmelfahrt« – auch als »Fest der leiblichen Aufnahme Mariens in den Himmel« bezeichnet – eingeführt habe, das seither jedes Jahr in der katholischen Kirche am 15. August gefeiert wird.

Alle anderen Menschen stünden, wie es auch im katholischen Glaubensbekenntnis heißt, erst am Ende der Welt von den Toten wieder auf, wobei Leib und Seele wiedervereint würden. Davon, dass Elisabeth das Fest »Mariä

Himmelfahrt« am 15. August besonders gefeiert hätte, ist nichts bekannt. Sicher ist nur, dass auch sie der Heiligen Maria eine ganz besondere Verehrung entgegenbrachte, immer wieder zu ihr um deren Segen flehte und mehrfach zu berühmten Marienwallfahrtsorten pilgerte.

Aber was genau war es, was die Kaiserin an dieser Frau so faszinierte, von der in der Heiligen Schrift nur ganz wenige Äußerungen bekannt sind? Es gibt nur eine umfangreichere Aussage Mariens: das »Magnificat«, diesen berühmten revolutionären Lobgesang der Gottesmutter, von dem der Evangelist Lukas berichtet. Wenige Tage nachdem Maria erfahren hatte, dass sie mit Gottes Sohn schwanger sei, habe sie ihre Cousine Elisabeth besucht, um ihr das freudige Ereignis mitzuteilen. Nachdem sie von ihr herzlich begrüßt worden war, stimmte die sonst so wortkarge Maria überraschend eine geradezu revolutionäre Rede an, die nach dem Anfangswort der lateinischen Fassung »Magnificat« heißt und die mit den Worten beginnt: »Magnificat anima mea Dominum« – »Meine Seele preist die Größe des Herrn«. Das »Magnificat« war der Kaiserin sehr wohl bekannt. Sie bekam es nicht nur mehrfach in Gottesdiensten zu hören, sondern zitierte die Worte »Magnificat anima mea Dominum« sogar in ihrem Gedicht »Das Fest des 14. Mai 1888«[4]. In Marias Lobrede auf Gott verkündet die einfache Frau Gottes Taten. Es ist gut vorstellbar, dass die Kaiserin besonders bei der folgenden Stelle aufmerkte:

> »Er [Gott] vollbringt mit seinem Arm machtvolle Taten: / Er zerstreut, die im Herzen voll Hochmut sind. / Er stürzt die Mächtigen vom Thron / und erhöht die Niedrigen. / Die Hungernden beschenkt er mit seinen Gaben / und lässt die Reichen leer ausgehen.«[5]

Diese Worte Marias trafen die Kaiserin ins Herz. Waren damit nicht sie und ihre kaiserliche Verwandtschaft gemeint? Aber wie kam Maria, diese demütige heilige Hausfrau, zu der sie die Prediger seit Jahrhunderten machten, dazu, mit einem Mal ihre Stimme zu einem geradezu revolutionären Hymnus zu erheben, der die Monarchien und die alten Hierarchien infrage stellt? Sie preist einen Gott, der sich mit den Armen, Niedrigen und Hungernden solidarisch erklärt, aber die Reichen, Hochmütigen und Mächtigen auf den Thronen dieser Welt in aller Schärfe warnt. Elisabeth imponiert, dass Maria mit ihrem »Magnificat« schon vor über 1800 Jahren allen tyrannisierten Menschen eine Stimme gab und am nationalen, patriarchalen, religiösen und rassistischen Größenwahn gnadenlos Kritik übte. Wurde Kaiserin Elisabeth dadurch womöglich sogar selbst inspiriert, der, wie sie sie nannte, »verkommenen Brut« ihres österreichischen Kaiserhauses und der Monarchie den Untergang zu prophezeien? Eine ausgeprägte Marienverehrung zeigte Elisabeth jedenfalls lebenslang auf ganz unterschiedliche Weise, wie folgende Beispiele belegen.

In den Starnberger Lokalnachrichten war im Juni 1883 zu lesen: »Am letzten Freitag machte Ihre Majestät die Kaiserin von Österreich in Begleitung einer Hofdame und eines Kammerdieners von Pasing aus über Planegg, Maria Eich und Petersbrunn eine Fußtour, kam nachmittags 1 Uhr dahier [in Starnberg] an« und nach einer Mittagspause setzte sie »nach 2 Uhr [...] den Weg nach Feldafing fort.«[6] Es ist anzunehmen, dass sie bei dieser Wanderung auch in der kleinen Wallfahrtskirche Maria Eich ein Gebet verrichtete.

In Röhrmoos, nahe Dachau, liegt der Wallfahrtsort Mariabrunn mit der Wallfahrtskapelle Maria Verkündigung. In dem dort gelegenen Bäderbetrieb soll die Wunderheilerin Amalie Hohenester auch gekrönte Häupter, darunter Großfürst Nikolaus Nikolajewitsch, die Großfürstinnen Vera und Alexandra, die Königin von Schweden und auch Kaiserin Elisabeth, mit ihren Hausmitteln behandelt haben.

Besonders häufig pilgerte Elisabeth zu dem im 12. Jahrhundert gegründeten Wallfahrtsort Mariazell, in dem ein hölzernes Mariengnadenbild verehrt wird. Bis heute gilt die Basilika dort als Österreichs bedeutsamster Wallfahrtsort. Schon Kaiserin Maria Theresia wallfahrte mehrfach nach Mariazell, 1769 das letzte Mal.

Am 16. Juli 1857 zum 700-jährigen Jubiläum des Wallfahrtsortes Mariazell pilgerten auch Franz Joseph und Elisabeth dorthin und gingen zu den Sakramenten – Beichte und Kommunion –, um den vollkommenen Ablass ihrer Sünden zu gewinnen, den Papst Pius IX. den Besuchern des Gnadenortes anlässlich des Jubiläums gewährte. Im Kriegsjahr 1866 kam die Kaiserin »am 9. Juni nach Mariazell, um für einen erfüllten Wunsch zu danken und zugleich ein neues Gelübde zu machen. ›Jetzt gibt es ja‹, sagte sie, ›weiß Gott viel zu bitten.‹«[7]

Am 11. September 1884 unternahm sie von Ischl aus ebenfalls eine Wallfahrt dorthin und opferte der Gottesmutter eine Halskette mit herzförmigem Medaillon, das mit Brillanten, Smaragden und Rubinen besetzt war und welches sie am 26. August 1883 um den Hals getragen hatte, als sie unweit von Mariazell bei Mürzsteg in der Steiermark mit ihrem Pferd durch eine Bruchstelle im Steg beinahe in den sich darunter befindenden, tosenden Wasserfall gestürzt wäre. Bei diesem Besuch versprach sie außerdem, der Kirche weitere kostbare Preziosen zu spenden, wenn sie von ihrem Ischias-Leiden geheilt würde. Obwohl sich ihre Erkrankung nicht wesentlich besserte, schenkte sie ein in Diamanten, Smaragden und Rubinen gefasstes Medaillon und ein Mosaik mit der Darstellung eines Christuskopfes.

Bei einem Spaziergang außerhalb des Wallfahrtsortes lief ihr ein Invalide mit nur einem Arm über den Weg, der hinauf zum Himmel deutete:

> »›Sehn S' die Maria dort oben mit dem Kind?‹ Das macht Eindruck auf die Kaiserin. Sie eilt ihm nach, fängt mit ihm zu sprechen an. Wirr schwatzt der Alte von Radetzky, von Kaiser und Vaterland, dabei mahnt er immer, recht viel zu beten. Fortwährend zeigt er zum Himmel. Plötzlich erkennt er die Kaiserin, stürzt weinend vor ihr auf die Knie, dann hält er sie für die Mutter Gottes selber und spricht so unzusammenhängend, daß Elisabeth nicht mehr weiß, ob sie lachen oder weinen soll. Sie beschenkt ihn reichlich, und er sucht, sie segnend, das Weite.«[8]

Als ein paar Tage später die Kutsche mit der Kaiserin und Valerie durchging, ohne dass es zu einem Unglück kam, führte die Kaiserin dies auf den Segen des Invaliden zurück. Im Juli 1886 hatte die Kaiserin entsetzliche Angst, ihre Tochter Valerie sei mit Scharlach angesteckt worden. In ihrem Schrecken versprach sie der Mutter Gottes erneut, »sie werde, wenn Valerie gesund bliebe, aus Dankbarkeit nach Mariazell gehen und dort wieder ein Opfer bringen«[9].

Am 21. Juli 1886 löste die Kaiserin ihr Gelöbnis ein und pilgerte gemeinsam mit Valerie ein weiteres Mal nach Mariazell. »Abends [am 23. Juli] Beichte« und am 24. Juli »5 Uhr früh Kommunion. Mama liess noch eine Seelenmesse für den König [Ludwig II.] lesen«[10], so notierte Marie Valerie ins Tagebuch.

Den Sommer 1885 verbrachte Elisabeth in der »Kaiservilla« in Bad Ischl und überraschte ihre Lieblingstochter Marie Valerie zum Namenstag mit einem Gebetsstock auf dem Berg Jainzen, Elisabeths Lieblingsberg. Unter einem Marienbild stand das folgende, von ihr gedichtete Gebet:

»O breite Deine Arme aus, / Maria die wir grüssen, / Leg' schützend sie auf dieses Haus, / Im Thal zu deinen Füssen!

O segne dieses kleine Nest! / Mag rings der Sturm auch wüten; / In deinem Schutze steht's hier fest, / Voll Gnaden wirst du's hüten!

Und lass dereinst im Lauf der Zeit / Die Kinder daraus spriessen, / Zu deiner Ehr stets kampfbereit / Und fröhlich im Geniessen.

Die Mägdlein, rein wie Gletscherschnee, / Stark wie ein Fels die Knaben; / Dann wahrlich sind's aus lichter Höh', / Maria, deine Gaben!«[11]

In diesem Gebet erflehte die Kaiserin für Valerie und deren erhoffte Kinderschar den Segen der Gottesmutter. Marie Valerie schrieb darüber am 6. September 1885 in ihr Tagebuch:

»[D]er Jainzen ist ja Mamas Zauberberg, wo sie dichtet und träumt und selbst mich kaum mehr etwas erstaunen konnte … Was war da mein Erstaunen, als ich statt allem, was ich für denkbar gehalten, ein wunderschönes Marienbild in Art einer kleinen Kapelle sah und darunter das Gedicht: O breite deine Arme aus … Welche Gabe zu meinem Namenstag.«[12]

Immer wieder kommt die Kaiserin mit Marie Valerie auf den Jainzen zu ihrem Madonnenbildnis, so auch zwei Jahre später, 1887, worüber sie in ihrem Gedicht »Mondmärchen am Zauberberg« schreibt:

»Vor die Madonna knien / Wir hin; sie schaut so mild, / Die Alpenrosen blühen / Rings um das heil'ge Bild.

Der Mond hat voll gewendet / Sich auf ihr Angesicht; / Zu ihren Füssen spendet / Die Lampe stilles Licht.

Die hohe Fichte flüstert / Und rauscht antwortend wie: / – Der Lampe Flämmchen knistert – / ›Gegrüsst seist Du Marie!‹

›Maria, voll der Gnaden‹, / So fährt mein Kind jetzt fort, / ›O führ mich ohne Schaden / Zurück von diesem Ort‹.«[13]

In ihrem Schloss Achilleion auf der Insel Korfu befindet sich rechts vom Eingang des Atriums eine kleine Kapelle. Über dem Altar hängt das Gemälde »Stella del Mare«, gemalt von Franz von Matsch. Elisabeth soll dieses Bild in Auftrag gegeben haben, nachdem sie mit ihrem Schiff einen Sturm im Meer glücklich überstanden hatte. Auf dieser Darstellung erhebt sich die Madonna mit dem Gotteskind auf dem Arm wie eine Meeresgöttin aus einer aufsteigenden Welle des Meeres himmelwärts. Und »in einer Nische steht dort ›Notre Dame de la garde‹, das Standbild der Marseiller Schutzpatronin der Seefahrer. – ›Ich habe sie selbst aus Marseille mitgebracht‹, sagte die Kaiserin; sie ist die Beschützerin aller Seeleute.«[14] Beim Besuch von Kirchen versäumte es Elisabeth nicht, vor dem Marienaltar zu beten. In einer Klosterkirche auf der Insel Korfu »zündete sie eigenhändig zwei Kerzen vor der Mutter Gottes an [...] und reichte dem Prior des Klosters ein namhaftes Geschenk für seine Kirche, das er mit Segenswünschen entgegennahm«[15], beobachtete ihr griechischer Vorleser Christomanos.

Bei Elisabeths Aufenthalt 1894 in Marseille ereignete sich Folgendes, wie ihre Hofdame Irma Sztáray in ihr Tagebuch notierte: In Marseille »gingen wir mit einem Führer nach Notre Dame de la Garde, der Wallfahrtskirche der Seeleute. Auf einem hohen Berge steht sie da, wie ein Pharos [ein Leuchtturm] die schneebedeckten Berge und die Stadt beherrschend, weit hinausblickend ins Meer, ermutigend und jenen den Weg weisend, die mit den Wellen kämpfen. Unser Führer machte uns auf den bereitstehenden Lift aufmerksam, allein wir erstiegen die Höhe zu Fuß. Als wir die Kirche betraten, ließ Ihre Majestät durch mich zwei große Kerzen kaufen, zündete sie an und stellte sie wortlos vor das Bild der Mutter Gottes hin: für den Kaiser und für Valerie.«[16]

Der Kaiserin war auch der damals berühmte Marienwallfahrtsort Lourdes in Südfrankreich, nahe der spanischen Grenze, bekannt. Dort ereigneten sich vom 11. Februar bis zum 16. Juli 1858 insgesamt 18 Marienerscheinungen.

Bei ihrem Aufenthalt 1897 in Biarritz, so Irma Sztáray, plante »die Kaiserin schon lange einen Ausflug nach Lourdes und jetzt, da wir dem Gnadenorte so nahe waren, machte ihr Zustand es unmöglich, dahin zu pilgern. Als sie sah, daß sie hierauf verzichten mußte, beauftragte sie mich, den Schauplatz der Wundertätigkeit der heiligen Jungfrau aufzusuchen und dort auch an ihrer Statt zu beten. Und ich fühlte, daß ich sehr inbrünstig für sie beten würde. Ich war dort und kehrte, an Glauben und Vertrauen gestärkt, zurück. Ich sah die Wunder des zum Himmel strebenden, unerschütterlichen Glaubens; und wenn, wie man sagt, seine Macht in der Suggestion liegt, dann ist diese Eingebung himmlischen Ursprunges. Von Lourdes heimkehrend, überreichte ich der Kaiserin eine kleine geweihte Medaille zum Pfande dessen, daß ich dort für sie gebetet. Es beglückte mich, zu sehen, daß sie diese an ihre silberne Uhr hängte.«[17]

Im Schlafzimmer ihrer Hermesvilla im Lainzer Thiergarten ließ Elisabeth das Gemälde »Madonna mit Kind« aufhängen. Maria ist hier als schwarz gekleidete, düster blickende Frau dargestellt, die ein wie tot wirkendes Kind in den Armen hält. Im selben Raum steht außerdem die dunkelgrau bronzierte Statue der Niobe, die um ihre toten Kinder trauert, auch »Melancholia« genannt, eine starre, hagere Frauengestalt, die an eine der stehenden Mumien in den Katakomben von Palermo erinnert und dem Raum eine bedrückende Aura verleiht. Mit beiden Bildnissen wollte die Kaiserin wohl an die »Mater dolorosa«, die Schmerzensmutter Maria, erinnern, die unter dem Kreuz Jesu Christi im Leid erstarrt. Seit dem Suizid ihres Sohnes Rudolf fühlte sich auch Kaiserin Elisabeth als »Mater dolorosa«.

Österreichs Landesheilige Leopold, Josef und Franziskus

Als Landesheiliger Österreichs und zugleich Hausheiliger der Habsburger Dynastie galt der Heilige Markgraf Leopold III. (1073–1136) aus dem Geschlecht der Babenberger, den die Habsburger über diverse genealogische Verbindungslinien zu ihrem Vorfahren machten. Markgraf Leopold III. hatte einige österreichische Klöster gestiftet, darunter Klosterneuburg, und wurde 1485 heiliggesprochen. Seinem Grab im Stift Klosterneuburg wurden der Schädel und die Gebeine entnommen und als Reliquien nicht nur vom Volk verehrt. Kaiser Leopold I. erhob 1663 seinen Namenspatron zum Patron aller österreichischen Länder, worauf alljährlich am 15. November, dem Leopolditag, eine Wallfahrt des Hofes nach Klosterneuburg stattfand und der heilige Markgraf in Predigten gerühmt wurde.

Ein weiterer Habsburger Landespatron wurde der Heilige Josef, der Ziehvater Jesu, der als Nothelfer verehrt und 1675 sogar zum Schutzherrn über das Heilige Römische Reich erhoben wurde. Zwei Jahre später, 1677, wurde Josef zum Schutzheiligen des Kaiserhauses. Kaiser Leopold I. nannte seinen Sohn, den späteren Kaiser Joseph I., nach dem Heiligen, worauf der Name Josef zu einem der beliebtesten männlichen Vornamen in Mitteleuropa wurde.

Elisabeth betete auch zu den beiden Namenspatronen ihres Gatten Franz Joseph, zum Heiligen Franziskus von Assisi und zum Heiligen Josef. Der große Tierfreund Franz von Assisi war ihr besonders sympathisch. Er sprach zu den Vögeln und selbst »Bruder Wolf« wurde in seiner Gegenwart zahm. Zu der Zeit, als Tiere zur öffentlichen Belustigung noch gequält wurden, lautete seine Botschaft: »Ein jedes Lebewesen in Not und Bedrängnis hat das gleiche Recht auf Schutz und Achtung.« Franziskus setzte sich auch für die Natur ein. In seinem berühmten Gesang an »Schwester Sonne« und »Bruder Mond« plädierte er für die Einheit von Mensch, Tier, Natur und Umwelt. Als Patron des Natur- und Umweltschutzes wurde er von der natur- und tierliebenden Kaiserin sehr verehrt. Beim Anblick eine Statue des Heiligen Franziskus dichtete sie:

»Er steht im dunkeln Kuttenkleid, / Die Augen aufgeschlagen; / Auf Flügeln des Gebets ist weit / Der Geist schon fortgetragen.

Das hag're Antlitz totenbleich, / Von Wachen spricht's und Fasten: / Die Seele schon in Gottes Reich, / Wird bald der Leib auch rasten.«[18]

Die Heilige Elisabeth von Thüringen

In Wien sind der Namenspatronin der Kaiserin, der Heiligen Elisabeth von Thüringen, vier katholische Kirchen und zwei Kapellen geweiht. Die Ungarn liebende Kaiserin schätzte es, dass die Heilige 1207 als ungarische Königstochter geboren wurde. Ihr Vater war der ungarische König Andreas II. und ihre Mutter Gertrud entstammte der einflussreichen Familie Andechs-Meranien. Am Hofe fiel die kleine Prinzessin durch ihre Schönheit und Sittsamkeit auf. Schon in jungen Jahren erkannte sie den Unterschied zwischen dem luxuriösen Leben auf der Burg und dem kargen Dasein des armen Volkes. Bereits als Vierjährige zog sie zur Familie ihres vorherbestimmten Verlobten nach Thüringen, wo die fromme Landgräfin Sophie die Erziehung ihrer zukünftigen Schwiegertochter übernahm. Im Alter von erst 14 Jahren wurde sie dann in Eisenach mit dem Thüringer Landgrafen Ludwig IV. vermählt. Die Ehe, aus der drei Kinder hervorgingen, war glücklich. Elisabeth sah ihre Aufgabe darin, Klöster zu unterstützen, Armenviertel zu besuchen und sich um Bedürftige zu kümmern. Sie verschenkte ihren Schmuck und trug nur zu besonderen Anlässen prächtige Gewänder. Viele Legenden berichten von ihrer Wohltätigkeit. So habe sie persönlich aussätzige Kinder gepflegt und sogar Verstorbene für ihre Beerdigung gewaschen, was ihre Umgebung als Zumutung empfand. Wegen dieses »unfürstlichen« Verhaltens wurde sie ausgegrenzt und erntete Spott und Unverständnis. Als sie im Hungerjahr 1225 alles Korn an die Armen verteilen ließ und dafür auch der Staatskasse Geld entnahm, wurden heftige Vorwürfe gegen sie erhoben. Berühmt wurde die Geschichte vom »Rosenwunder«: Ihr Gemahl Ludwig, der stets zu ihr gehalten hatte, nun aber gegen die verschwenderische Armenfürsorge seiner Frau aufgehetzt wurde, verbot ihr daraufhin, die Bedürftigen zu verköstigen. Als sie einmal dennoch mit einem mit Brot gefüllten Korb die Burg verlassen wollte, trat er ihr mit der Frage entgegen: »Was trägst du da?« Sie deckte den Korb auf, in dem aber nichts als Rosen lagen.

Nach dem Tod ihres Mannes, der 1227 beim Kreuzzug Friedrichs II. zu Tode kam, wurde Elisabeth mit ihren drei Kindern von ihrem Schwager Heinrich Raspe von der Wartburg vertrieben. Er duldete es nicht mehr, dass sie öffentliche Gelder für Almosen verschwendete.

Niemand wollte ihr nun Obdach gewähren, weder die wohlhabenden Bürger noch der Klerus und selbst die Armen, denen sie geholfen hatte, wandten sich von ihr ab. Zuflucht fand sie bei ihrer Tante, der Äbtissin Mathilde von Kitzingen. Auf Umwegen kam sie nach Marburg, wo sie mit ihrem Witwenvermögen ein Spital errichtete und sich dort der Kranken- und Armenpflege widmete. Im November

1231 wurde Elisabeth krank. Wenige Tage vor ihrem Tod hatte sie eine Vision von einem Vogel, der fröhlich sang und sie anregte mitzusingen. Nach ihrem Tod im Alter von 24 Jahren wurde sie in ihrem Franziskushospital in Marburg bestattet.

Zu ihrer Namenspatronin empfand Sisi von klein auf große Zuneigung und kannte auch deren Spruch: »Ich hab euch immer gesagt, daß wir die Menschen fröhlich machen müssen.«[19]

Jährlich am 19. November wurde auch ihr Namenstag gefeiert, da für Katholiken der Namenstag früher viel bedeutender als der Geburtstag war. Seinen Namen erhielt jedes Kind bei der Taufe, wurde damit ein Kind Gottes, wodurch der Namenstag der eigentliche Geburtstag war. Am 18. November 1866, dem Vorabend vom Namenstag Elisabeths, wurde in Wien am St.-Elisabeth-Platz die ihrer Namenspatronin geweihte St.-Elisabeth-Kirche eingeweiht. Natürlich beschenkte Franz Joseph seine Frau auch stets zum Namenstag. Als sie sich 1871 von ihm in einer Laune entweder »einen jungen Königstiger, ein Medaillon oder eigenes Narrenhaus«[20] wünschte, entschied sich Franz Joseph für das Medaillon. Bei ihren Aufenthalten in Feldafing pilgerte die Kaiserin gerne zur Wallfahrtskirche Andechs nördlich vom Starnberger See, wo die Heilige Elisabeth neben der Gottesmutter Maria Mitpatronin ist. In der Kirche, in der ein Stück des Brautkleides der Heiligen verwahrt ist, trug die Kaiserin im Gebet ihre Anliegen vor. Nach ihrem Tod stiftete Franz Josef in der Kirche St. Peter und Paul in Feldafing, also jenem Ort, wo sich seine Frau oft zum Sommerurlaub aufgehalten hatte, das Glasfenster der Heiligen Elisabeth von Thüringen zum Gedenken an seine Gemahlin. Die darauf dargestellte Gestalt der Heiligen erinnert an die Kaiserin, wie man sie von vielen Bildern her kennt.

Die Heiligen Stephan, Georg und Antonius

Elisabeth verehrte noch eine Reihe anderer Heiliger. Dazu gehörte für sie, die Ungarn über alles liebte, vor allem der Heilige Stephan, Ungarns Nationalheiliger und Schutzpatron des Landes. Geboren um 970 als Sohn des Arpaden-Grafen Géza und dessen christlicher Frau Sarolt, wurde er 997 Fürst von Ungarn und christianisierte sein Land. Am Weihnachtsfest des Jahres 1000 ließ er sich mit einer von Papst Silvester II. übersandten Krone, der legendären Stephanskrone, zum Apostolischen König Stephan I. krönen. Im Volk war er als starker, gerechter und zugleich milder Herrscher hochgeachtet. Nach seinem Tod 1038 wurde er als Begründer und Verteidiger des christlichen Königreichs Ungarn, aber auch wegen seiner ausgeprägten Marienverehrung heiliggesprochen. Für Elisabeth war es eine hohe Ehre, als sie 1867 zur ungarischen Königin und ihr Gemahl Franz Joseph zum ungarischen König gekrönt wurden. Eigenhändig besserte sie, so die Überlieferung, vor der Krönung den Krönungsmantel des Heiligen Stephan aus, stopfte die Löcher in dessen Strümpfen und passte die Stephanskrone, die als Heiligtum gilt, der Kopfweite ihres Mannes an. Diese Reliquien waren nach der Revolution in Ungarn in einer alten Kiste im Boden versteckt worden und daher beschädigt. Einigermaßen von Elisabeth renoviert, konnte Franz Joseph diese Utensilien bei der Krönungsfeier tragen. Und sie war stolz, als ihr Graf Andrássy die Stephanskrone über die rechte Schulter hielt, zum Zeichen dafür, dass sie nun ungarische Königin war.

Eine besondere Verehrung des bereits beschriebenen österreichischen Landesheiligen Leopold ist nicht bekannt, hingegen verehrte die Kaiserin den Heiligen Georg, von dem sie auch ein Medaillon besaß, das sie ständig bei sich trug. Der Heilige Georg, einer der 14 Nothelfer, hilft den Menschen, die in Not und Bedrängnis zu ihm beten. Georg entstammte einer angesehenen, womöglich fürstlichen Familie in Kappadokien, der heutigen Zentraltürkei. Er stand in römischem Kriegsdienst und kam unter Kaiser Diokletian zu hohen Ehren, bevor er im Jahre 303 der Christenverfolgung zum Opfer fiel. Georg wird als Drachentöter dargestellt, das heißt: als Kämpfer gegen Dämonen, von denen der Mensch immer wieder heimgesucht wird. Zu Weihnachten 1860 erhielt Elisabeth von ihrer Schwiegermutter eine Statue des Heiligen Georg und sie selbst schenkte eine Figur dieses Heiligen bei ihrem Aufenthalt in Irland einer Abtei, was allerdings mit Befremden aufgenommen wurde, da Patrick als Irlands Schutzheiliger gilt. Seit dem Mittelalter wurde Georg auch als Schutzpatron der Reiter und Pferde verehrt. Als Elisabeth zu Beginn der Achtzigerjahre in der Nähe des kaiserlichen Jagdschlosses Mürzsteg beim Überqueren eines Wasserfalls mit ihrem Pferd beinahe durch die morsche Brücke gebrochen wäre und nur durch die Geistesgegenwart eines Holzfällers davor bewahrt wurde, meißelte man in einen nahe gelegenen Felsen das Bild des Heiligen Georg und darunter das folgende, von Elisabeths Lieblingstochter Marie Valerie verfasste Gedicht, das die Kaiserin sehr schätzte:

> »Heiliger Georg! Reitersmann, / Der vor Gefahr uns schützen kann! / Der meine Mutter oft beschützt, / Wo keines Menschen Hilfe nützt! / Ich bitte Dich mit Zuversicht – / Verweiger' mir die Bitte nicht: – / Beschütze stets das teure Leben, / Das mir das Licht der Welt gegeben.«[21]

Am 13. Juni 1895 erwarb Elisabeth beim Besuch der Kunstausstellung im Münchner Glaspalast eine Holzstatue des Heiligen Antonius, geschnitzt vom Hanauer Bildhauer Georg Busch. Antonius war ein begnadeter Prediger, der nicht nur in der Kirche, sondern auch auf Marktplätzen und an Meeresküsten das Wort Gottes verkündete und die »Irrlehren« der Katharer, Albigenser und Waldenser verurteilte. Den am Glauben zweifelnden Ritter Bonovillus überzeugte Antonius dadurch von der Existenz Gottes, dass er einen Esel vor der Hostie niederknien ließ. Antonius gilt daher als Patron der am Glauben Zweifelnden. Viele beten zu ihm auch, wenn sie etwas anderes als den Glauben, zum Beispiel einen Gegenstand, verloren haben, in der Hoffnung, diese Sache dann wiederzufinden.

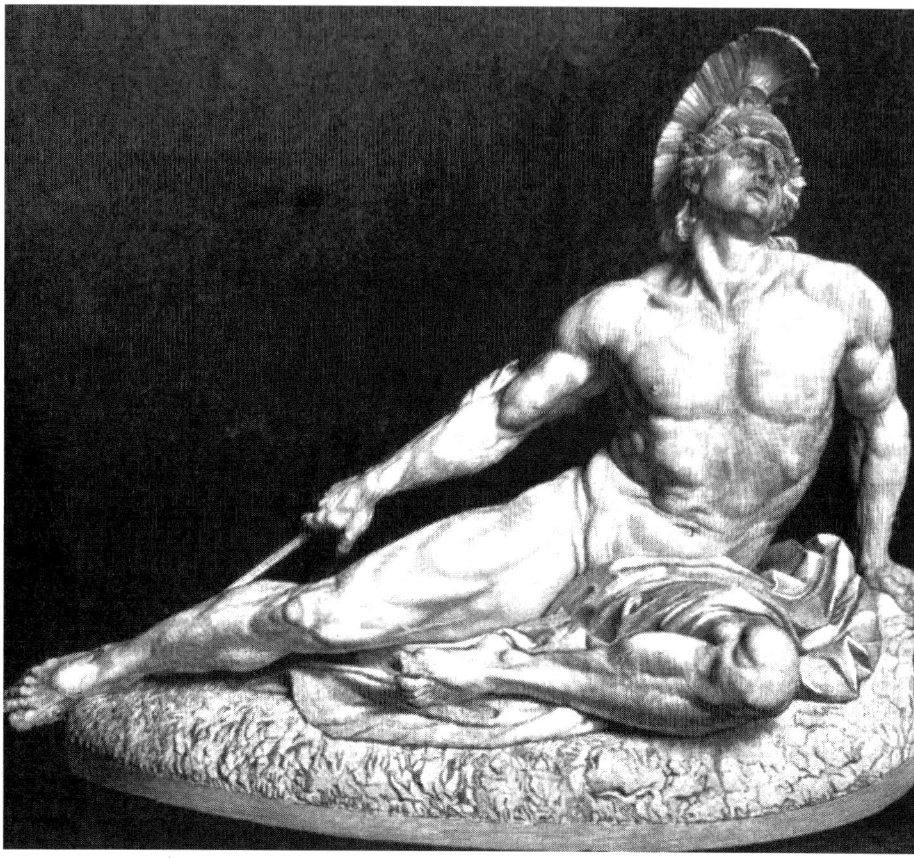

Heidnische und weltliche Göttinnen und Götter

Schon in der Kindheit wurde Sisi im Münchner Palais ihres Vaters gleich im Empfangssalon mit Fresken von Robert von Langer aus der antiken Mythologie konfrontiert, dann im Zwischensalon mit Statuen von Pallas, Hera und Diana. Im Großen Speisesaal beeindruckte sie der von Schwanthaler geschaffene Fries des Römischen Gottes Bacchus mit seiner ausschweifenden Sinnlichkeit und im Großen Tanzsaal der von Kaulbach gestaltete Psyche-Zyklus, wodurch sie auf die verschiedenen Gestalten der antiken Götterwelt aufmerksam wurde.

Später als große Verehrerin des antiken Griechenlands beherrschte Elisabeth nicht nur die neugriechische Sprache perfekt, sondern war auch der griechischen Mythologie verfallen. Griechenland wurde zur »Heimat ihrer Seele«. Es waren die faszinierenden Ausgrabungen und Publikationen des deutschen Archäologen Heinrich Schliemann, des Entdeckers Trojas, durch die Elisabeths Begeisterung für die Antike entfacht wurde. Ganz besonders liebte sie die Insel Korfu und verehrte griechische Götter und Helden. In ihrem Schloss Achilleion ließ sie auf der Terrasse Statuen der neun Musen sowie zahlreiche Standbilder von griechischen Gottheiten aufstellen, so von Athene, Artemis, Hermes, Apollon, Aphrodite und Neptun. Auch Zeus und Hera durften nicht fehlen und ihre Villa nahe Wien weihte sie dem Gott Hermes. Ihr christlicher Glaube hinderte sie nicht daran.

Elisabeths Verehrung für griechische und römische Gottheiten lässt sich aber nicht nur aus ihrer Begeisterung für die Antike, insbesondere für die Kultur des alten Griechenlands erklären, sondern auch aus ihrer Faszination, dass die antiken Gottheiten den Menschen sehr ähnlich sind. Sie haben eine menschliche Gestalt und Wesenszüge und leben wie die Menschen in einer strengen Hierarchie. Sie haben untereinander Beziehungen, haben eine Familie, zeugen Kinder, unterstützen einander, aber betrügen und bekämpfen sich auch. Sie haben Stärken und Schwächen wie die Menschen und sind Gefühlen und Leidenschaften unterworfen. Hass, Liebe, Neid, Eifersucht, Machtgier und Intrigen, aber auch Mitleid sind auf dem Olymp genauso wie bei den Sterblichen an der Tagesordnung. Im Gegensatz zu dem rätselhaften und unbegreiflichen christlichen Gott, der ohne Fehl und Tadel ist und den der Mensch nie zu Gesicht bekommt, verkehren die heidnischen Götter mit den Menschen, sind für sie – zumindest gelegentlich – sichtbar und greifbar. Der einzige Unterschied ist, dass sie mächtige und unsterbliche Götter sind.

Mit dem Wesen und den Vorlieben mancher Gottheiten konnte sich die Kaiserin sogar identifizieren. Das Verhalten der antiken Götter war für sie nachvollziehbar und verständlich, während sie sich vor dem christlichen Gott Jehova ängstigte. Was unter seiner Herrschaft auf der Welt geschah, schien willkürlich und unbegreiflich zu sein.

Ebenso vergötterte sie irdische Helden der Vergangenheit, deren Leben abgeschlossen war und die einen deshalb nicht mehr enttäuschen konnten. Was sie zu Lebzeiten gesagt und getan hatten, lag fest. Sie konnten sich nicht dagegen wehren, wie man sie deutete, und widersprachen nicht dem, was man ihnen in den Mund legte. Sie standen einem jederzeit zur Verfügung und zogen sich sofort zurück, wenn man es wollte. Sie alterten und veränderten sich nicht mehr. Sie konnten es nicht verhindern, dass man sie verehrte und vergötterte, und ließen es zu, dass man mit ihnen eins wurde.

Achilles war Elisabeths Lieblingsheld, der im Kampf um Troja so tragisch starb, obwohl er doch fast unverwundbar war. Ebenso verehrte sie den sagenhaften Odysseus, der auf einer langen Irrfahrt mächtigen Göttern, gewaltigen Naturereignissen und Ungeheuern trotzen musste. Selbst in den schwierigsten Situationen handelte dieser Held besonnen, geduldig und klug. Jeden Schicksalsschlag wendete er zum Guten, lernte aus seinen Fehlern, setzte auf List und Strategie statt auf Gewalt und ging aus allen Abenteuern siegreich hervor.

Auch Elisabeths tote Idole Heinrich Heine, William Shakespeare und Lord Byron wurden von ihr im Achilleion mit Büsten und Statuen in kleinen Tempeln wie Gottheiten verehrt. Dieser Gruppe gehörte noch die berühmte griechische Dichterin Sappho an. Einem lebenden Gott, den sie »Erlöser« nannte, war sie ebenfalls zugetan: dem Komponisten Richard Wagner, dessen Musik sie verzauberte.

Zu all diesen verehrten Vorbildern fühlte sich die Kaiserin hingezogen. Sie identifizierte sich mit ihnen und verspürte in ihrer Sehnsucht nach ewiger Jugend und nach Unsterblichkeit den Wunsch, mit ihnen zu verschmelzen. Als im August 1873 der Schah Nasreddin von Persien die Kaiserin »die schönste Frau, die ich je gesehen habe« nannte und sie als »Göttin«[1] bezeichnete, fühlte sie sich geschmeichelt. Wurde ihr damit nicht bestätigt, dass sie selbst zu diesem erlauchten Kreis der Göttinnen gehörte?

Die Götter Apollon, Zeus, Hermes und Neptun

Im Achilleion stehen auf der Treppe zum Garten vier Statuen olympischer Götter, neben Aphrodite, Artemis und Hermes ist dies die Statue des Gottes Apollon, des Gottes des Frühlings, der Heilkraft und des Lichts, der auch mit dem Sonnengott Helios gleichgesetzt wird. Ihn verehrte Elisabeth, die sich selbst als »Kind der Sonne« sah, die ihr einen »Thron und eine Krone aus goldnen Sonnenstrahlen«[2] bescherte. Apoll steht als Beschützer der Künste und der Musik den neun Musen vor, deren Statuen die Kaiserin auf der Terrasse platzieren ließ. Besonders schützt er den Gesang und die Dichtkunst, was für die Gedichte schreibende Kaiserin von besonderer Bedeutung war. Apoll gilt aber nicht nur als Gott der Heilkunst und Retter vor Gefahren, sondern konnte ebenso auch Krankheit und Tod bringen wie etwa den Griechen im Trojanischen Krieg. Seine Gabe der Weissagung konnte er Sterblichen verleihen, was Elisabeth faszinierte.

1881 wünschte sich der 51-jährige Kaiser, dass sich seine mittlerweile 44-jährige Frau mehr als bisher bei ihm in Österreich aufhalten solle, weshalb er für sie im Lainzer »Thier- und Saugarten« im nahen Wiener Wald eine Sommervilla errichten ließ. Hier sollte sie, vor fremden Blicken geschützt, endlich zur Ruhe kommen und sich bei ausgedehnten Spaziergängen erholen.

Den Namen »Villa Waldruh« änderte Elisabeth in »Hermesvilla«, benannt nach dem griechischen Gott Hermes, den sie wegen seiner Kraft und Schönheit verehrte. Mit den geflügelten Schuhen, die ihm sein Vater Zeus schenkte, und dem geflügelten Helm wurde er zum Götterboten und Schutzgott der Reisenden, der blitzschnell von einem Ort zum anderen gelangte, was die Kaiserin besonders schätzte. Auch tote Seelen geleitete er als Totengott auf ihrer letzten Reise in die Unterwelt, den Hades. Zudem war er musisch begabt, bastelte aus einem Schildkrötenpanzer die erste Leier der Welt und erfand das altgriechische Alphabet. Mit dem Caduceus, seinem zweiflügeligen Heroldstab, der von zwei sich einander anblickenden Schlangen umwunden ist, konnte er auch zaubern.

Seinen allmächtigen Vater Zeus flehte sie in ihrem Gedicht »Sehnsucht nach

Corfu« an, ihr das kleine von ihr geliebte Landhaus wiederzubeschaffen, in dem sie 1861 wohnte:

»Drum gibt das liebe Haus mir wieder, / Du alter Griechengott, o Zeus! / Dann rauschen meine Dankeslieder / Einst meerentlang zu deinem Preis.«[3]

Trotz der von ihr mehrfach geäußerten Vorbehalte war die von einer hohen Mauer umgebene Hermesvilla ihr »Zauberschloss«, von dem aus sie in ihrem Reich, dem weitläufigen wilden Wald, unter hohen Bäumen lustwandeln konnte und wo sie sich wie in »einem Dom durchweht von märchenhaften Träumen«[4] fühlte, wo niemand außer ihr Zugang erhielt.

In ihrem zweiten Traumschloss auf Korfu ließ die Kaiserin überall Delfine anbringen, das der Thetis, der Mutter Achills, heilige Tier, »unter dessen Gestalt sich auch der Gott des Meeres, Neptun, verbarg«[5]. Delfine fanden sich im Achilleion eingraviert auf Gläsern und Vasen, als Malerei auf dem Porzellan, auf Wäsche, Briefpapier und sogar als Stickerei auf dem Bademantel der Kaiserin. Dem Gott Neptun waren Pferde, Elisabeths absolute Lieblingstiere, heilig. Delfine stellten ein gutes Omen für Seefahrer dar und galten als Symbole für Klugheit, Schönheit und Freiheit, Eigenschaften, mit denen sich auch die Kaiserin identifizierte. Im antiken Totenkult dienten Delfine außerdem als Begleiter der verstorbenen Seelen zu den Inseln der Seligen, dem Land der Toten. Sie galten deshalb als Zeichen für die Verbindung zwischen Wasser und Erde, Leben und Tod.

Die Göttinnen Artemis und Venus

Bekannt ist Elisabeths Verehrung für die Göttinnen Artemis, Aphrodite und die Feenkönigin Titania, die für sie ein vergleichbares Wesen haben. Der griechischen Göttin Artemis entspricht in der römischen Mythologie die Göttin Diana, die zu den zwölf bedeutendsten olympischen Göttern zählt. Sie ist die Göttin der Jagd, des Mondes und der Geburt, aber auch Herrin des Meeres, worauf ihr Beiname »Delphinia« hinweist. In Neumondnächten fährt sie im Mondwagen über den Himmel und geht auf die Jagd. Sie gilt als Beschützerin der Frauen und Mädchen. Ihre Hunde bewachen die Tore zum Jenseits. Elisabeth fühlte sich als Sonntagsgeborene nicht nur als »Kind der Sonne«, sondern auch als ein den Mond verehrendes Nachtwesen. Schon als Kind dichtete sie in Gedanken an einen jungen Grafen:

»Und den goldenen Mondenschein / Bitt ich jede Nacht, / Daß von mir er insgeheim / Dir viel Liebes sagt.«[6]

Auch in späteren Gedichten, so »Mondspuk« oder »Au Claire de Lune«, brachte sie ihre Verehrung für den Mond zum Ausdruck.

»Elisabeth war für mich ein Wesen aus der alten Götterwelt«, schrieb ihre Nichte Marie Louise über sie. »Artemis war sie – kalt, herrlich und unnahbar. Meine Phantasie sah sie mit ihren Hunden durch die Wälder streifen auf der Spur des Hirsches. Dann malte ich mir wieder ihre Schönheit aus, wie sie beim Bade im Mondlicht weiß wie Elfenbein aufglänzte, eine Venus. In dieser würzigen Einsamkeit war sie mir wie eine Gottheit aus alten verklungenen Tagen.«[7]

Artemis hat den Ruf einer grausamen und strengen Göttin, die Leben nicht nur gibt, sondern auch nimmt. Sie kann nur mit Menschenopfern besänftigt werden. Männer macht sie für die Geburtswehen der Frauen verantwortlich und ist auf sie deshalb nicht gut zu sprechen. Frauen verehren sie als Fruchtbarkeitsgöttin und beten zu ihr um eine leichte Geburt. In dem Versepos der »Ilias«, das auch Kaiserin Elisabeth vertraut war, ist Artemis die »Herrin der Tiere«, deren Junge sie beschützt. Wie Diana wird sie von Hunden, den Wächtern des Tors zur Unterwelt, begleitet und deshalb auch als Unterweltgöttin verehrt.

***

Natürlich durfte im erlauchten Götterkreis auch Aphrodite nicht fehlen – in der römischen Mythologie ist ihr Name Venus. »Der Schönheit Göttin«, so Elisabeth, sei »jede Ehre erwiesen / Ihr, die jetzt noch hoch gepriesen.« Mit Aphrodite, der Schaumgeborenen, der aus dem Meer entstiegenen Göttin der Schönheit, der Liebe und der sinnlichen Begierde, die als Schutzherrin von Sexualität und Fortpflanzung verehrt wurde, identifizierte sich die Kaiserin. Den ihr zugeordneten Delfin, ebenfalls ein Symbol der Liebe, außerdem ein Zeichen für die Verbindung zwischen Wasser und Erde sowie für Leben und Tod, ließ Elisabeth überall im Achilleion anbringen, war der Delfin, wie erwähnt, doch auch dem Gott Neptun heilig.

Mit zunehmendem Alter nahmen Elisabeths Einsamkeit und Menschenscheu zu und sie begann sich immer mehr in eine Fantasiewelt einzuspinnen und sich ein Traumreich zu schaffen, in dem sie Herrscherin war.

Die Lichtfee Peri

Im Achilleion auf Korfu erhebt sich »am unteren Ende des langen Flügels des Peristyls, gegen Norden und das Meer hin, eine blendend weiße Marmorfigur [...] die [ausgestreckt] auf den Flügeln eines Schwanes über die Wellen gleitet und ein schlafendes Menschenkind an den Busen drückt«[8], schreibt Constantin Christomanos. Der einzige Halt auf der Fahrt durch die Meere ist der Anker, an den sich Peri lehnt. Die Schmetterlingsflügel weisen auf die Flüchtigkeit des Lebens und die Vergänglichkeit alles Seienden hin.

»Als wir an der marmornen Fee vorüberkamen, blieb die Kaiserin stehen, Minuten in ihrem Anblick versunken. – ›Ich komme täglich zu ihr‹, sagte sie, ›frühmorgens und am Abend, wenn es dämmert.‹«[9]

Elisabeth wünschte dann allein zu sein. »Hier stört sie niemand«, beobachtete ihre Hofdame Irma Sztáray, »hier wagt sich niemand her, ohne gerufen zu sein.«[10] Sie betrachtet stillschweigend die Darstellung der nackten jungen Frau mit langen Locken und Schmetterlingsflügeln und das schlafende Kind, das sie im Arm hält, und bleibt minutenlang im Anblick der Statue versunken. Sie hatte die vom englischen Bildhauer Charles Francis Fuller geschaffene Marmorstatue der »Peri« 1890 während einer Reise durch Italien angekauft und sie im Peristyl aufstellen lassen, das sich vom Empfangssaal aus betreten lässt.

Bekannt ist Peri als ein überirdisches, gottähnliches Wesen aus der persischen Mythologie. Sie war einst ein Engel, der aus dem Himmel verstoßen wurde und nun auf Erden für Ruhe und Ordnung sorgen soll. Peri zeigt sich als geflügelter Geist in Menschengestalt und verzaubert mit ihrer Anmut und Schönheit die Sterblichen. Sie steht zum einen für das Gute und Reine auf der Welt, kann zum anderen aber mitunter böse sein und Verderben über die Menschen bringen, so etwa eine Sonnenfinsternis bewirken oder Missernten und Tod bringen.

Es ist nicht auszuschließen, dass die Lichtfee Peri ein Traum- und Wunschbild Elisabeths darstellte. Wurden in ihr beim Blick auf Peri mit dem Kind im Arm womöglich Erinnerungen an ihr erstes Kind Sophie wach, für deren frühen Tod sie sich verantwortlich fühlte? Oder dachte sie an ihren Sohn Rudolf, den sie vernachlässigt hatte, oder an ihre Lieblingstochter Marie Valerie, die von ihr überängstlich behütet und mit maßloser Liebe verwöhnt wurde? Seit Sophies und Rudolfs Tod und Marie Valeries Heirat sah sie sich wie Peri einem ungewissen Ziel entgegentreiben. Wie die Lichtfee Peri hatte auch sie einen Anker als Tattoo auf ihrer Schulter eingebrannt. Er galt ihr als Symbol für die letzte Reise und den Tod, den sie ersehnte und dem sie unaufhaltsam näherkam.

Vergötterung der Helden Achilles und Odysseus

Achilles, dem berühmten Helden des Trojanischen Kriegs, war Elisabeth förmlich verfallen. Von seiner Schönheit, seiner Unnahbarkeit, seinem Kampfgeist und seinem Todesmut war sie fasziniert. Sie nannte ihn ihren »Göttlichen, Herrlichen, Liebsten«[11]. In der »Seelenbrautfahrt«, so der Titel eines ihrer Gedichte mit 33 Strophen, vereinigt sich ihre Seele mit der seinen.

»Endlich, endlich ihn gefunden, / Hält ihn tausendfach umwunden / meine Seele, lodernd heiss; / Sterne könnte sie versengen, / Feuer in die Meere mengen, / Göttersohn, mein Achilleus!«[12]

Die Meeresnymphe Thetis, Achills Mutter, bezeichnete Elisabeth in dem Gedicht »Die Silberflüssige« als ihre wahre Schwiegermutter. »Die Arme schlinge ich um dich«, gesteht sie Thetis, »denn dein Sohn ist ja Er«, Achill, als dessen Braut sie sich fühlt. Mutter Thetis tauchte Achill als Baby in den Fluss Styx, wodurch er unverwundbar wurde bis auf eine kleine Stelle, der Ferse, an der ihn die Mutter in den Fluss gehalten hatte. Dort konnte er tödlich getroffen werden. Unverwundbar wie er, das wollte auch die Kaiserin sein, auch wenn sie wusste, dass auch sie nicht nur eine Stelle hatte, an der sie verwundbar war.

Als Achills engster Freund Patroklos vom trojanischen Königssohn Hektor in der Schlacht getötet wird, fordert Achill diesen zum Zweikampf heraus und tötet ihn in einem erbitterten Duell. Hasserfüllt schleift er Hektors Leichnam um die uneinnehmbare Stadtmauer Trojas. Nach einem ruhmreichen, aber kurzen Leben ereilt Achill selbst der Tod, als ihn Hektors Bruder Paris mit einem vergifteten Pfeil an dessen einzig verwundbarer Stelle trifft. Achills Schicksal nach seinem Tod ist ungeklärt. Entweder kam sein Geist auf die mystische Insel Leuke, wo ständig Feste gefeiert werden, oder aber in die Unterwelt, wo er als König über die Toten herrscht. Elisabeth vertraute da wohl ihrem Heinrich Heine, der in einem Gedicht die Begegnung zwischen Odysseus und Achill in der Unterwelt schildert, wo es Achill jedoch nicht so recht gemütlich ist, denn:

> »Leben wie der ärmste Knecht / In der Oberwelt ist besser, / Als am stygischen Gewässer / Schattenführer sein, ein Heros, / Den besungen selbst Homeros.«[13]

Und so holt sich die Kaiserin ihren Heros Achill immer wieder an die Oberwelt, wo sie ihm nahe sein kann.

Diesem Gottmenschen zu Ehren taufte sie ihr prunkvolles Schloss auf Korfu »Achilleion«. An zentraler Stelle, im Park am Aufgang zur Villa, ließ sie eine überlebensgroße Marmorskulptur aufstellen, die Achill als sterbenden Krieger mit dem vergifteten Pfeil in seiner Ferse darstellt und die vom Berliner Bildhauer Ernst Gustav Herter geschaffen wurde. Bedauerlicherweise musste diese Skulptur nach ihrem Tod auf Anordnung Kaiser Wilhelms II. einer 5,5 Meter aufragenden Bronzestatue des Potsdamer Bildhauers Johannes Götz weichen, die auf einem Podest zwischen Palmen einen siegreichen Achill mit Schild und Speer vor Augen führt. Der sterbende Achill passte nämlich nicht in Wilhelms Weltbild vom siegreichen Deutschen und wurde so in den Hintergrund gerückt. Das große Fresko des österreichischen Malers Franz Matsch im Obergeschoss des Treppenhauses zeigt Achill, wie er vor den Toren von Troja den besiegten Hektor mit seinem Streitwagen hinter sich her schleift. Auch andernorts war Achill in Bildern und Skulpturen gegenwärtig. Sogar auf ihrer Lieblingstaschenuhr aus Chinasilber war sein Name eingraviert.

Achilles »hat nur seinen eigenen Willen heilig gehalten und nur seinen Träumen gelebt, und seine Trauer war ihm wertvoller als das ganze Leben«[14], zitierte ihr Griechischlehrer Constantin Christomanos die Kaiserin in seinem Tagebuch. Bei Achill, gebildet auch in Heilkunde, tankte sie jene Kraft, die ihr half, die krankmachende Realität immer wieder zu überwinden. Nachahmenswert fand sie, dass er ein kurzes, ruhmreiches Leben einer langen, aber bedeutungslosen Existenz vorzog. Mit ihm fühlte sie sich aufs Engste verbunden, mit ihm identifizierte sie sich, er galt ihr als Personifizierung der griechischen Seele, der herrlichen Landschaft und der Menschen. Er beflügelte und vertiefte ihre Liebe zu Griechenland, zur griechischen Mythologie und Geschichte und zur Insel Korfu. Seinetwegen lernte sie Alt- und Neugriechisch und übersetzte Epen ins Neugriechische. Diesen unvergleichlichen Helden, der nach seinem Tod als Halbgott verehrt wurde, vergöttlichte auch Elisabeth, die nach ihrem Tod selbst zu einer mythologischen Gestalt mit Ewigkeitscharakter wurde.

***

In ähnlicher Weise bewunderte die Kaiserin den griechischen Helden Odysseus, glich ihre über die Jahre sich immer mehr verstärkende Reisesucht doch der zehn Jahre währenden Irrfahrt dieses Helden nach Ithaka. Besonders beeindruckte sie Homers »Sirenensage«. In dieser Erzählung locken die auf einer Insel wohnenden Sirenen Seefahrer durch ihren zauberischen Gesang ins Verderben. Wer ihm nicht widersteht und auf die Insel gezogen wird, ist verloren. Trotz dieser tödlichen Gefahr entschließt sich Odysseus aus Neugier, dem Sirenengesang zu lauschen. Auf den Rat der Zauberin Kirke lässt er sich von seinen Gefährten die Ohren mit geschmolzenem Wachs verschließen und sich an den Mast des Schiffes binden. So kann er den Gesang der Sirenen zumindest etwas hören, ist durch die Seile aber daran gehindert, sich loszureißen und auf die Insel zu gelangen. Als das Schiff außer Hörweite ist, verliert der Zauber seine Wirkung. Nach dem Vorbild Odysseus' ließ sich Elisabeth bei stürmischer See ebenfalls an Deck an den Schiffsmast binden, um nicht von den Wellen in die Tiefe gerissen zu werden. »Ich thue dies wie Odysseus, weil mich die Wellen locken«[15], erklärte sie ihrem Vorleser und Vertrauten Christomanos. In Ithaka pflückte sie an der Stelle Blumen, wo einst Odysseus an Land gegangen war. Im Achilleion ließ sie unter der dreistufigen Terrasse die poetische Grotte der Nymphe Kalypso nachbauen. Diese Nymphe hielt Odysseus sieben Jahre auf ihrer Insel – angeblich Korfu – in einer prächtigen Grotte zurück und versprach ihm Unsterblichkeit. Außerdem ließ Elisabeth eine Seitenwand im Achilleion mit Fresken schmücken, auf denen Szenen aus dem Leben Odysseus' dargestellt waren. Seine Abenteuer auf der langen Fahrt, geschildert in Homers »Odyssee«, verdeutlichten ihr, wie Menschen durch übermäßige Kraftanstrengung und die Bereitschaft zu harten Opfern Visionen realisieren, hochgesteckte Ziele erreichen und sogar Flüche außer Kraft setzen können, wie der von Poseidon verfluchte Odysseus, der auf seiner zehnjährigen Irrfahrt vielen Gefahren entkam, auch wenn er nach und nach sämtliche Freunde, Helfer und Kampfgefährten verlor, bevor der Fluch von ihm genommen wurde und er schließlich Ruhe fand. Das aber gelang der Kaiserin nicht, die sich mit zwei verfluchten Seelen verglich: mit dem »Fliegenden Holländer«, der verdammt wurde, bis zum Jüngsten Gericht über die Weltmeere zu segeln, und mit dem zur ewigen Wanderschaft verfluchten Juden Ahasver. Beide, so ihre Ansicht, seien im Vergleich zu ihr aber lediglich »Stubenhocker«. Elisabeths rastlose »Odyssee« durch ganz Europa und das Mittelmeer bis zum Vorderen Orient endete erst mit ihrem Tod.

Die Idole Heinrich Heine, William Shakespeare und Lord Byron

Elisabeth war eine Freundin der musischen Künste. In ihrem Achilleon ließ sie auch Statuen der neun Töchter des Zeus und der Mnemosyne, der Göttin der Erinnerung, aufstellen. Es sind dies die neun olympischen Musen: Klio, die Muse der Geschichtsschreibung, Euterpe, die Muse der Lyrik, und Melpomene, die Muse der Tragödie, dann Erato, die Muse der Liebesdichtung, Terpsichore, die Muse der Tanzkunst, und Urania, die Muse der Sternenkunde, und weiter Thalia, die Muse der Komödie, Polyhymnia, die Muse des Gesangs, und Kalliope, die Muse der epischen Dichtung. Mehrere Schriftsteller und Dichter verehrte sie wie Götter, vor allem Heinrich Heine (1797–1856). Schon ihr Vater Herzog Max in Bayern schätzte die Werke Heines, die in seiner 27000 Bände umfassenden Bibliothek standen. Als Heine 1826 mit Erscheinen des ersten Bandes seiner »Reisebilder« und 1827 mit dem »Buch der Lieder« in der breiten Öffentlichkeit große Erfolge feierte, fand er neben Anerkennung auch Kritik. Die katholische Kirche setzte bereits im September 1836 drei seiner Schriften auf den »Index verbotener Bücher« und sprach damit ein Verdikt aus, das bis 1967 Gültigkeit hatte.

Bei Heines Tod am 17. Februar 1856 war die 18-jährige Elisabeth gerade zwei Jahre mit Kaiser Franz Joseph verheiratet und hatte zu dieser Zeit wohl noch kaum Gelegenheit, sich mit Heines Schriften zu befassen. Ab wann genau sie damit begann, steht nicht fest. Manche vermuten, dies sei frühestens ab ihrer Flucht nach Madeira Ende 1860 geschehen, als sie die Lektüre von Büchern intensivierte. 1867 erschienen »Heinrich Heine's sämmtliche Werke« in neun Doppelbänden bei Hoffmann und Campe in Hamburg, die sich Elisabeth zulegte. In ihrem Privatbesitz befand sich auch eine Sonderausgabe von der 1876 bei Hoffmann und Campe erschienenen Edition von »Heinrich Heine's sämmtlichen Werken in 22 Bänden«, die sie »von April 1886 bis Januar 1888« systematisch durcharbeitete. Dabei »versah sie jeden einzelnen Band mit der handschriftlichen Eintragung von Ort und Datum der Lektüre. Diese (und andere) Heine-Bände wurden in der Zeit ihrer eigenen Dichtungen [also von Januar 1885 bis Ende 1888] auf alle ihre Reisen mitgenommen.«[16]

Von Heine, den Elisabeth wie einen Gott verehrte und der ihr absolutes dichterisches Vorbild war, ließ sie im »Achilleion« eine vom dänischen Bildhauer Louis Hasselriis 1879 geschaffene Marmorstatue in einem Rundtempel platzieren. »Heine ist immer und überall in mir«, schrieb sie ihrer Tochter Marie Valerie, »jedes Wort, jeder Buchstabe, was nur im ›Heine‹ vorkommt, ist ein Juwel.«[17]

Und in einem Gedicht versicherte sie, von diesem Dichter geradezu besessen zu sein:

> »Er drang mit goldnen Worten / Bis in mein tiefstes Sein. / Und in mein Hirn, da bohrten / Sich seine Lehren ein.«[18]

Zu Lebzeiten sorgte dieser Dichter für Aufregung und das nicht nur wegen seiner scharfzüngigen Deutschlandlieder. Schon als Kind ist er aufmüpfig, verweigert sich dem Geigenunterricht und wirft eines Tages seinen schmächtigen Tanzlehrer aus dem Fenster. Eine Banklehre scheitert ebenso wie der Start in einem Importgeschäft. Er beginnt ein Jurastudium, legt 1825 sein Examen ab und wird in Göttingen zum Doktor der Rechte promoviert. Um die Anstellungschancen als Jurist zu erhöhen, gibt er den jüdischen Glauben auf und lässt sich protestantisch taufen. Sarkastisch bezeichnet er den Taufschein als »Entreebillet zur europäischen Kultur«. Mit 30 erscheint sein Erstlingswerk »Buch der Lieder«. Bald wird ihm das Leben in Deutschland zu eng, wo seine Schriften, in denen er die politischen Verhältnisse in Deutschland kritisiert, mehr und mehr zensiert oder verboten werden und ihm selbst Gefängnis droht. Die Beschäftigung mit Heine, der als Freigeist, Gotteslästerer und Gesellschaftskritiker keinen guten Ruf genießt, ist vor allem in den besseren Kreisen verpönt. Deshalb übersiedelt er 1831 als Korrespondent für die »Augsburger Allgemeine Zeitung« nach Paris, wo mehr Freiheit als in Deutschland herrscht. Hier kann er neben scharfzüngigen Kritiken und polemischen Streitschriften voll bissiger Ironie ungestört auch seine lyrischen Texte, Dramen, die erzählerische Prosa und Reisebilder verfassen. Kaum ein anderer ausländischer Schriftsteller findet solche Anerkennung in Frankreich wie er. 1835 werden seine Werke wegen deutschkritischer Äußerungen in allen Mitgliedsstaaten des Deutschen Bundes verboten. Ehrabschneidende Bemerkungen tragen ihm 1841 ein Duell ein, das er widerwillig antritt. Der Schuss seines Kontrahenten Salomon Strauß prallt an seinem gut gefüllten Portemonnaie ab. »Gut angelegtes Geld«, wie Heine salopp bemerkt. 1848 erleidet er einen Zusammenbruch und erkrankt schwer. Die letzten acht Lebensjahre ist er fast vollständig gelähmt an seine »Matratzengruft«, wie er sein Krankenlager nennt, gefesselt. Er nimmt immer mehr ab, wiegt bald nur noch 40 Kilo – für Kaiserin Elisabeth später ihr Traumgewicht. 19 Jahre ist Elisabeth alt, als der umstrittene Satiriker 1856 stirbt.

Noch mehr als schon ihr Vater begeistert sich Elisabeth für Heine, verkehrt mit ihm wie mit einem Lebenden und wird zu seiner ergebenen Jüngerin. Sie ist von der Eigenwilligkeit des Dichters fasziniert, bewundert ihn für sein unangepasstes, rastloses Leben und seine Zugvogelnatur. Sie sieht in ihm einen Seelenverwandten und nennt ihn ihren »Meister«. »Fröhlich ist mein Geist und helle, / Seit der Deine ihn umweht!«[19] Und wahre »Juwelen« sind: »Deine Worte, Deine Schrift, / all' die tausend süssen Stellen, / Die Du in mein Herz vertieft.«[20] Sie bewundert seinen Einsatz für Freiheit und Gerechtigkeit. Selbst seine Angriffe auf Aristokraten, von denen das Volk unterdrückt wird, nimmt sie ihm nicht übel, ist sie doch selbst davon überzeugt. Sie stimmt auch seiner Kritik an der Kirche zu, die den Adel und die Reichen unterstützt, ohne sich darum zu scheren, dass in den Städten ein Millionenheer von Armen Not leidet.

Während Franz Joseph Sisis Begeisterung für Heine und ihren Hang zum Dichten als »Wolkenkraxeleien« abtut, fühlt sie sich von Heines Geist aufgerufen, in seiner Nachfolge selbst Poesie zu produzieren. Doch erst ab 1884 – Elisabeth ist 47 Jahre alt – beginnt sie mit der Arbeit an ihrem »Poetischen Tagebuch«[21], angeregt durch Marie Valerie, die ihrer Mutter rät, die »Poesie ihres Gedankenlebens« in Lyrik umzusetzen. In nur vier Jahren, von 1885 bis Ende 1888, produziert die Kaiserin den Großteil ihrer mehr als 300 Gedichte. Dabei ist sie überzeugt, Heines Hand führe die ihre bei derem Verfassen.

***

Im Achilleion stehen an der Innenwand des Peristyls 13 Büsten auf marmornen Halbsäulen. Zwölf davon zeigen griechische Philosophen, Dichter und Redner: Homer, Demosthenes, Sophokles, Lysias, Metrodoros, Platon, Karneades, Euripides, Periander, Zenon, Antisthenes und Poseidonis. Die 13. Büste stellt Elisabeths Lieblingsdichter William Shakespeare dar, den einzigen Nicht-Griechen, den die Kaiserin ebenso verehrte wie Heinrich Heine.

Elisabeth wusste, welch rätselhafter Mensch dieser William Shakespeare war, der von etwa 1564 bis 1616 lebte und den nicht nur sie vergötterte. Er war mehr als nur der größte englische Dramatiker, er wurde als Gigant der Weltliteratur verehrt. Wenig ist über diesen Mann bekannt außer der Umstand, dass fast nichts über ihn bekannt ist. In seiner Biografie verschwimmen Dichtung und Wahrheit, Schein und Sein. Die Kaiserin war von den Gerüchten fasziniert, Shakespeare sei ja gar nicht der junge Mann aus Warwickshire gewesen, dessen Vater nur ein einfacher Handschuhmacher aus der Provinz war. Wie sollte ein solcher Mensch, der aus bescheidenen bürgerlichen Verhältnissen stammte und nie eine Universität besucht hatte, in so kurzer Zeit zum bedeutendsten Dramatiker der Weltliteratur aufgestiegen sein mit einem Werk, das ca. 36 Dramen, 154 Sonette und zwei Versepen umfasst? Überliefert sind von ihm etwa eine Million Wörter, davon aber nur 14 (!!!) vermutlich in seiner Handschrift niedergeschrieben. Sechs Unterschriften sind von ihm erhalten – jede mit anderem Wortlaut. Schon 1857 – Elisabeth war damals 20 Jahre alt – behauptete die Amerikanerin Delia Bacon, der wahre Shakespeare sei ein dreiköpfiges Autorenkollektiv gewesen, darunter der Philosoph Francis Bacon, während William nur ein dummer, ignoranter, drittklassiger Schauspieler war. Delia Bacon landete schließlich im Irrenhaus. Andere behaupteten Shakespeare sei Williams genialer Kollege Christopher Marlowe gewesen oder vielleicht sogar Elizabeth I. Nach Sisis Tod war dann erstmals davon die Rede, dass der wahre Shakespeare ein gewisser Edward de Vere, der Earl of Oxford, gewesen sei, der sich Shakespeare als Pseudonym zugelegt habe. 1920 äußerte ein Hobby-Historiker mit dem bezeichnenden Namen Looney (engl. ugs. »verrückt«) diese Vermutung, die bis heute immer wieder aufgegriffen wurde. Edward de Vere sei ein Genie gewesen, habe aber auch als Wüstling, Verschwender, Verleumder und Knabenschänder von sich reden gemacht. William Shakespeare also ein Phantom, ein Mythos? Das war etwas so ganz nach dem Geschmack der Kaiserin. Seine Stücke – Ränkespiele um Macht und Machtmissbrauch – gefielen ihr. In ihnen wird alles angesprochen, was den Menschen bewegt: Liebe und Hass, Treue und Verrat, Mord, Totschlag und Gemeinheiten aller Art.

Ganz besonders aber schätzte sie drei Dinge an Shakespeare: zum einen seine Einstellung zu Vernunft und Wahnsinn, die der ihren entsprach. So sagte sie zu ihrem Vorleser Christomanos:

> »Haben sie nicht bemerkt, daß bei Shakespeare die Wahnsinnigen die einzigen Verständigen sind? So weiß man auch im Leben nicht, wo die Vernunft und wo der Wahnsinn sich finden, sowie man auch nicht weiß, ob die Realität der Traum oder der Traum die Wirklichkeit ist. Ich neige dazu, jene Leute für vernünftig zu halten, die man wahnsinnig nennt. Die eigentliche Vernunft hält man für gefährliche Verrücktheit.«[22]

Als Zweites faszinierte sie, dass Shakespeare in seinen Theaterstücken zum Ausdruck brachte, »daß unser ganzes Leben nur ein Theaterspiel sei. Wir spielen uns immer selbst. Das Spiel auf der Bühne ist ein Theaterspiel unseres Theaterspiels«, betonte Elisabeth.

> »Wenn dann eine Bühne auf der Bühne vorkommt, so ist es die Bühne in dritter Generation. Das wirkt umso erschütternder. Aus den Leidenschaften, die uns so in Sehweite vorgeführt werden und eigentlich nur Lärm und Pantomimen sind, ahnen wir erst die wahren Begebenheiten der Seele. Je ferner wir uns selbst werden, desto tiefer sehen wir in uns. Wie in einem Spiegel erblicken wir dann unser Schicksal.«[23]

Als Drittes war Shakespeares poetischstes Stück »Sommernachtstraum« das Lieblingsschauspiel der Kaiserin, das sie im Original fast auswendig kannte und weshalb sie Shakespeare ohne jede Hilfe aus dem englischen Original ins Neugriechische übersetzte, so auch dessen Schauspiele »Hamlet«, »König Lear« und der »Sturm«. Im »Sommernachtstraum«, das 1596 uraufgeführt wurde, stürzt Shakespeare aufmüpfige Elfen und heimtückische Kobolde in ein turbulentes erotisches Chaos. Während Franz Joseph dieses Stück »ziemlich langweilig und ungeheuer dumm«[24] fand, war sie davon verzaubert und sah sich sogar in der Hauptrolle des Stücks als unnahbare »Feenkönigin Titania«, die über das Sommerreich und die Natur gebietet. Wie die Kaiserin ist auch Titania überirdisch schön, gertenschlank und hat langes Haar. Sie ist sehr eitel und selbstverliebt und demonstriert ihre Stärke, indem sie Höflinge und Untertanen zur Strafe in Tiere, zum Beispiel in Esel oder Affen, verwandelt und sie mit Spott und Hohn überschüttet. Verheiratet ist sie mit dem Feenkönig Oberon, aber die Ehe ist ähnlich wie Elisabeths Ehe mit Franz Joseph nicht besonders glücklich. Oberon und Titania leben voneinander getrennt, aber doch in ein und demselben Wald in der Nähe von Athen.

Shakespeares »Sommernachtstraum« kannte Elisabeth nicht nur fast auswendig, sie ließ in jedem ihrer Schlösser auch ein Gemälde von »Titania, die den Eselskopf streichelt« aufhängen. »Das ist der Eselskopf unserer Illusionen, den wir unaufhörlich liebkosen«, erklärte sie ihrem Vorleser Christomanos. »Ich hab in jedem Schlosse ein solches Bild: ich kann mich daran nicht satt sehen.«[25] Das Bild stellt eine Szene aus Shakespeares Stück dar. Nach einem Streit des Feenkönigs Oberon mit seiner Gattin Titania spielt ihr Oberon einen Streich. Durch seinen Elf Puck lässt er auf Titanias Augen Liebeszaubersaft träufeln, wodurch die Feenkönigin den mit einem Eselskopf versehenen Handwerker Zettel für einen Liebesgott hält. Doch zu guter Letzt löst Oberon mit seinem Lilienstab den Zauber und versöhnt sich mit Titania. In dieser Szene sah sich Elisabeth in ihrer Ansicht bestätigt, dass Liebe blind macht und man in diesem Zustand sogar einen Esel für einen Gott hält. Es verwundert nicht, dass sie sich mit Titania identifizierte. Wie die unnahbare Elfenkaiserin konnte auch sie sich über Annäherungsversuche von Männern nur lustig machen und auch in ihrer Traumwelt akzeptierte sie Männer konsequenterweise nur als Esel (Franz Joseph) oder Affen oder als Sterbende (Achilles) und Tote (Heinrich Heine).

Als Inkarnation der Feenkönigin brachte sie aber auch zum Ausdruck, dass sie sich, abgesondert von der Menschenwelt, in einer anderen Welt zu Hause fühlte, in die sie sich auf ihren endlosen Reisen zurückziehen konnte.

> »Nicht soll Titania unter Menschen gehen / In diese Welt, wo niemand sie versteht / Wo hunderttausend Gaffer sie umstehen / Neugierig flüsternd: Seht, die Närrin, seht!«[26]

So schrieb sie in einem ihrer Gedichte. Allein von den Begriffen des Titels »Sommer« – »Nachts« – »Traum« war sie verzaubert, und was der Titel versprach, hielt das Stück auch, das die Grenzen zwischen Traum und Wirklichkeit, von Sehnsucht und überbordender Fantasie sichtbar macht. Jeder kämpft in dieser Sommernacht voll Magie und Spuk um seine persönliche Freiheit in einer Welt, in der die realen Gesetze, Hierarchien und Normen auf wundersame Weise außer Kraft gesetzt sind und die Lebens- und Liebeslust triumphiert. Die Einbildungskraft siegt über die Logik und Ausgelassenheit und Verzauberung drücken die alltägliche Normalität zu Boden. Hermine liebt Lysander, Helena will Demetrius, Oberon straft Titania, Puck treibt Unfug und die Feenkönigin liebt plötzlich einen Esel. So ein Durcheinander konnte der nüchterne Beamtenkaiser Franz Joseph nur dumm heißen, nicht aber seine Frau, die bei dieser grotesken Komödie vor Vergnügen mit der Zunge schnalzte. Und so errichtete sie auch ihrem Gott Shakespeare, dem Schöpfer der Feenkönigin Titania, mit der sie sich identifizierte, im Achilleion zu Recht ein Denkmal in Form einer Büste.

***

Ein weiteres totes Idol der Kaiserin war der englische Dichter und Romantiker Lord George Noel Gordon Byron, kurz »Lord Byron« genannt, von dessen Werk sie fasziniert war. Auch von ihm übersetzte sie einige seiner Gedichte ins Deutsche. Die Helden von Byrons Epen – »Childe Harold« aus dem Werk »Junker Harolds Pilgerfahrt« (1816) und »Manfred« aus dem gleichnamigen dramatischen Gedicht (1817) – sind auf sich selbst fixierte, intelligente, mutige und leidenschaftliche Außenseiter und Rebellen. Es sind rastlose, verletzliche und einsame Antihelden, denen ein glückliches Leben versagt ist. Sie gehören alle dem höheren Stand an, verfügen über Wohlstand und leisten sich einen luxuriösen Lebensstil. Sie verachten soziale Regeln und zeigen selbstzerstörerische Tendenzen. Mit all diesen Eigenschaften konnte sich Elisabeth identifizieren, auch mit Byrons unstetem Wanderleben. Wie er war auch sie bis zu ihrem Tod auf der Suche nach dem tieferen Sinn des Lebens. Berüchtigt war Byron wegen seiner Opiumsucht, seiner inzestuösen Beziehung zu seiner Schwester, seiner homosexuellen Abenteuer und seiner Schulden. Nach seiner Ansicht ist der bessere Teil des Lebens bereits im Alter von 25 Jahren vorbei. Doch um sich zu erschießen, dazu war er nach eigenen Aussagen zu faul. Mit 30 sah er aus wie 40 und fühlte sich wie ein 60-Jähriger. Immer häufiger plagten ihn Anfälle von Melancholie und Depressionen.

All das faszinierte die Kaiserin, aber noch mehr beeindruckte sie Byrons Engagement für den griechischen Freiheitskampf, den er seit 1822 mit erheblichen Geldbeträgen unterstützte. Doch er wollte das auch aktiv tun und segelte Ende Juli 1823 zur Insel Kefalonia. Er brachte Waffen, Geld und Medikamente mit. Anfang des Jahres 1824 erschien er mit zwei Schiffen und 500 Soldaten und schwor, Griechenland befreien oder sterben zu wollen. Drei Monate später brachten ihm am 19. April 1824 Malariafieber und eine Lungenentzündung den Tod, den er begrüßte, da er das Leben im Übermaß genossen hatte. Danach kam es zur kurzzeitigen Einigung der Griechen. Entschieden wurde der griechische Freiheitskampf aber erst 1827, zehn Jahre vor Sisis Geburt. Seit 1830 war Griechenland wieder ein freier und unabhängiger Staat, womit Lord Byron sein Ziel posthum erreicht hatte.

Seine Statue durfte im Achilleion natürlich nicht fehlen. Sitzend in nachdenklicher Pose ist der Dichter dargestellt, den rechten Arm auf ein Buch gestützt, das auf seinem Schoß liegt. So wollte er immer dargestellt sein, unglücklich und vom Weltschmerz verzehrt. Sisis Bruder Carl Theodor, mit dem sie eine gemeinsame Liebe zu Byrons Poesie verband, schenkte seiner Schwester eine Bronzebüste des romantischen Dichters in griechischer Nationaltracht.

Die Schauspielerin Lila von Bulyowsky, die König Ludwig II. umgarnte, schrieb über Elisabeth: »Es könnte sein, daß sie sich mit Geistern paart.«[27] Eine zweifellos zutreffende Bemerkung, wie etwa Elisabeths Gedichte an ihren Helden Achilleus belegen. In den letzten beiden Strophen des Gedichtes »Seelenbrautfahrt« fühlt sie tatsächlich, wie ihre Seele mit der Achills verschmilzt:

»Doch er ist zurückgekommen, / Fest an seine Brust genommen, / Weint und jauchzt die Seele heut'; / Ob Jahrtausende geschwunden, / Ob entflohen nur Sekunden, / Trennung gibt's nicht mehr, noch Zeit!

Endlich, endlich ihn gefunden, / Hält ihn tausendfach umwunden / Meine Seele, lodernd heiss; / Sterne könnte sie versengen, / Feuer in die Meere mengen, / Göttersohn, mein Achilleus!«[28]

Diese Einstellung Elisabeths erinnert an Ordensfrauen, die sich als »Bräute Jesu« und Jesus als ihren »geliebten Bräutigam« bezeichnen. Damit bringen sie zum Ausdruck, dass sie ihr Leben ganz Gott weihen. Elisabeth war zwar mit Kaiser Franz Joseph verheiratet und hatte mit ihm auch Kinder. Doch ihre geistig-seelische Liebe gehörte den erwähnten heidnischen und weltlichen Göttinnen und Göttern, mit denen sie eine geistige Vereinigung anstrebte.

Die griechische Dichterin Sappho

Die Begegnung mit dem österreichischen Konsul und leidenschaftlichen Verehrer Griechenlands Alexander Freiherr von Warsberg war für Elisabeth eine Offenbarung. Nicht nur in seinen Büchern, vor allem in seinem 1878 erschienenen Werk »Odysseeische Landschaften« hatte Warsberg der Insel Korfu und den Ionischen Inseln ein Denkmal gesetzt. Er begleitete die Kaiserin 1885 und 1887 auch auf ihren Seereisen in das griechische Paradies. Es ging nach Korfu und weiter zur Insel Leukadien. Dort zeigte Warsberg der verehrten Monarchin den Felsen, an der Südwestspitze der Insel über dem Kap Dukato gelegen, von dem sich die Dichtern Sappho der Legende nach aus verschmähter Liebe in den Tod gestürzt haben soll. Warsberg, der beabsichtigte, »die Kaiserin hier ganz priesterlich weihevoll umherführen zu können«[29], fühlte sich durch eine Schar lärmender junger Kadetten, die beim beschwerlichen Aufstieg vorbei an Knüppelbüschen auf den Sappho-Felsen dabei waren, ebenso gestört wie durch das regnerische Wetter, wodurch der Weg in die Höhe auch noch gefährlich glatt war. Elisabeth, die einen Blick in den Abgrund wagte, erwähnte später in ihrem 33 Strophen langen Gedicht »Seelenbrautfahrt«, in dem sie ihre Fahrt zum Grab Achilles' in Troja schildert, auch den Besuch des Sappho-Felsens:

»Weit die Schwingen ausgebreitet, / Ober blauen Wassern gleitet / Meine Seele leicht dahin, / Alles Irdische vergessend, / Keine Fernen mehr bemessend, / Will sie freiheitstrunken flieh'n. [...] Riffe, Klippen, Myrtensträuche, / Weingelände, kleine Eiche, / Hier der Fels, wo Sappho sprang; / Klingt's wohl noch in stillen Nächten, / Als ob Nixen Kunde brächten / Von der Dichterin Gesang?«[30]

Wie ihre Dichterkollegin Carmen Sylva verehrte auch Elisabeth Sappho von

Lesbos als größte griechische Dichterin der Antike, die den Griechen sogar als »zehnte Muse« galt. In ihren Augen war Sappho das weibliche Pendant zu Heine, auch wenn dieser erheblich größere Bedeutung für sie hatte. In ihrem Achilleion ließ sie ein eindrucksvolles Relief anbringen, das die Lyrikerin Sappho halbnackt und mit wirrem Haar zeigt. Es ist anzunehmen, dass Elisabeth die 1810 von H. F. M. Vogler in Leipzig herausgegebenen dichterischen Fragmente Sapphos kannte, vielleicht sogar das 1733 von Johann Christoph Wolf in Hamburg veröffentlichte Werk »Sapphus Poetriae Lesbiae. Fragmenta et elogia«. Es waren Verse wie »Kamst Du endlich! Hab Dank! Denn ich harrte in Sehnsucht dein ... Überströmen nun lässt du mein Herz, das in Liebe brennt« oder »Wieder schüttelt mich Eros, / schwächt meine Glieder, / treibt mich: Süßbitteres, / entmachtendes Kriechtier«, die auch die Kaiserin faszinierten, und so erhob sie auch die größte Lyrikerin des Altertums auf ein gottähnliches Podest.

Neun Bücher mit 12 000 Versen soll Sapphos dichterisches Werk einst umfasst haben, auch wenn nur etwa 600 Zeilen – Fragmente und einzelne Worte – erhalten geblieben sind. Der Großteil ihrer Lieder, darunter Götterhymnen, Elegien, Oden, Hochzeits- und Liebeslieder, wurde beim Brand der Bibliothek in Alexandria während der Eroberung durch Caesar 48 v. Chr. vernichtet. Was übrig blieb, ist in den Schriften antiker Autoren in Form von Zitaten überliefert.

Sappho, wahrscheinlich um 625 v. Chr. auf Lesbos geboren, entstammte einem Adelsgeschlecht. Der Dichter Alkaios beschrieb sie als veilchenlockige, hehre und süß lächelnde Frau, die alle durch ihre liebenswürdige, heitere und anmutige Art bezauberte. Aus politischen Gründen flüchtete sie nach Sizilien und lebte vorwiegend auf der Insel Lesbos, wo sie Mädchen und Frauen um sich scharte, die sie in ihrer Schule Anmut, Grazie, Poesie, Musik, Gesang, Tanz und Philosophie lehrte. Auftritte mit ihrer Sängerinnenschule bei Feiern für die Götter trugen ihr Anerkennung und Ruhm ein.

Doch auch Sappho entkam nicht der Kritik der Spießbürger und Banausen ihrer Zeit. Als selbstbewusste Frau entsprach sie nicht dem damaligen Rollenbild, das die Rechte der Frau stark beschnitt. Wegen ihrer leidenschaftlichen und hingebungsvollen Lyrik, in der sie die Liebe pries, wurde sie außerdem der Unsittlichkeit beschuldigt. Dazu kam das allzu freie und eigenständige Leben der Mädchen und Frauen auf Lesbos, die hier ihre Talente in der Poesie frei entfalten konnten. Ihnen wurden sogar sexuelle Beziehungen unterstellt. In der Folge entwickelten sich später für die Homosexualität von Frauen die Begriffe »lesbische« oder »sapphische Liebe«. Anständige Frauen, so die damalige Ansicht, lebten hingegen zurückgezogen, allein mit der Sorge für die Familie und den Haushalt beschäftigt. Doch Sappho liebte die Freiheit, wie dies auch Kaiserin Elisabeth tat. Um etwa 570 v. Chr. starb Sappho in Leukas in Griechenland. Angeblich habe sie sich aus unerwiderter Liebe zu Phaon vom Leukadischen Felsen in die Tiefe gestürzt. Doch mit diesem eindrucksvollen Bild vom Felsensturz sollte lediglich zum Ausdruck gebracht werden, dass man sich nur durch den Sprung in den Tod von dem höllischen Schmerz und dem abgrundtiefen Leid unerwiderter Liebe erlösen könne.

Am 11. November 1884 erhielt Kaiserin Elisabeth in Ofen den Besuch von Königin Elisabeth von Rumänien, die sich unter dem Künstlernamen »Carmen Sylva« als Schriftstellerin betätigte. Beide unterhielten sich über Heine und es entwickelte sich eine Freundschaft zwischen ihnen. Vier Jahre zuvor hatte Carmen Sylva ihr Versepos »Sappho« veröffentlicht, mit Versen wie diesen:

»Frühester Frühling erfüllte mit Düften im Fluge / Säuselnd und singend und summend Siciliens Auen; / Lachende Luft, die ließ er der lieblichen Insel. / Blühend aus blendendem Blau hell blinkenden Meeres, / Heiteren Himmels erhob sie das herrliche Haupt. Da / Freute sich's Firmament und es flüsterten fließend, / Wonnig die Wellen und wogten mit Winken vorüber.«[31]

Es ist nicht auszuschließen, dass Carmen Sylva der Kaiserin dieses Buch verehrte, die im Mai 1887 ihrerseits Carmen Sylva auf Schloss Peleş besuchte, drei Eisenbahnstunden von Bukarest entfernt und tief in den Wäldern der Karpaten gelegen. Über diesen Besuch verfasste Elisabeth – sie nennt sich Titania – das Gedicht: »Titanias Besuch bei Carmen Sylva und Rückkehr in ihr Feenschloss, genannt Villa Hermes«[32] mit 99 Strophen. Darin betonte sie, dass ihr besonders bei diesem Aufenthalt vor allem der Gedankenaustausch über die Dichtkunst wichtig war.

»[...] Nicht den Hof wollt' ich besuchen, / Auch zur Königin nicht gehen; / Nur die Dichterin zu sehen / Kam ich, Carmen Sylva suchen.

So Titania; und es sanken / In die Arme sich die beiden / Und gestanden sich beim Scheiden, / Wie verwandt sie in Gedanken.«[33]

Carmen Sylva wurde für Elisabeth ein bewundertes Vorbild, dem sie nachzueifern suchte. Jahre nach dem Treffen erinnerte sich die rumänische Königin in einem Beitrag für die Weihnachtsausgabe der »Neuen Freien Presse« 1906 an Elisabeths Besuch bei ihr und schwärmte von der Kaiserin:

»Mit ihren wunderbaren Märchenaugen, die aussahen wie Edelsteine, wie das Meer, sah sie mir so gerade ins Gesicht, daß ich nicht im Stande gewesen wäre, der Wahrheit auch nur das leiseste Mäntelchen der Konvention umzuhängen. Sie dachte so kühn und so frei und sagte, was sie dachte, in so reizender Form, daß man oft nicht gleich den Humor und den Schalk entdeckte, weil es so trocken herausgekommen war. [...] Es war alles groß an dieser Frau, ihr Gang, ihr Haar, ihre Gedanken, ihr Blick, der Klang der tiefen, weichen Stimme, die so verhalten war, als wären Wellen von Leidenschaft dahinter.«[34]

Vielleicht dachte Carmen Sylva bei diesen Worten an Sappho, über die sie selbst ein elegisches Versepos verfasst hatte. Der letzte Vorleser und Griechischlehrer der Kaiserin äußerte beim Anblick von Elisabeths Leichnam:

»Sie sieht aus wie eine Frau von dreißig Jahren. Weiß wie Marmor ist die vom Tode geglättete Haut, leichte Röthe überzieht die Wangen; ein Lächeln umspielt die Lippen, so fein, so anmuthig, wie es im Leben gewesen. Ich mußte bei diesem Anblicke an die Sappho-Statue denken, welche Ihre Majestät in Lainz besaß und die sie so sehr liebte. Sie sieht der Sappho gleich.«[35]

Der »Erlöser« Richard Wagner

Von Elisabeths Verhältnis zur Musik ist nicht allzu viel überliefert. Wie in Adelskreisen üblich, wurde auch ihr in der Kindheit Klavierunterricht erteilt, womit sie sich nach Aussage ihrer Erzieherin Baronin Wulffen aber schwertat. Später habe sie mit Franz von Liszt, der zu ihrer Krönung als Königin von Ungarn die »Krönungsmesse« komponierte, einmal vierhändig Klavier gespielt. Ein bekanntes Bild zeigt sie während ihres Aufenthalts 1860/61 auf der Insel Madeira, wie sie im Kreis ihrer Hofdamen die Saiten einer kleinen Gitarre, der sogenannten »Braguinha«, zupft. Sie ließ sich ein wenig unterrichten und konnte diesem Instrument sogar einige Melodien entlocken. Es war ihr Vater, der ihr den Zugang zur Musik Richard Wagners vermittelte, da er selbst von Wagners Opern »Lohengrin« und »Tannhäuser« begeistert war, und das zu einer Zeit, als der Komponist noch zahlreiche Feinde und Verächter seiner Musik hatte. »Das ist eine herrliche, großartige Musik«, schwärmte Herzog Max in Bayern. »Man hört Akkorde und Töne, die noch nicht da waren.«[36] Auch Elisabeths Schwester Sophie trug gerne Arien aus den Opern Wagners vor und ebenso beeinflusste Ludwig II. die Kaiserin mit seiner Begeisterung für diesen Komponisten.

Wagners Musik auf der Bühne erlebte Elisabeth erstmals im Alter von 25 Jahren am 26. Dezember 1862, als der Komponist sein erstes Konzert im »Theater an der Wien« dirigierte. Auf dem Programm standen das Vorspiel und zwei Szenen aus den »Meistersingern« sowie fertige Teile des »Rings«. Der »Walkürenritt« begeisterte nicht nur das Publikum, sondern auch die Kaiserin, die sich am Ende des Konzerts unter den erstaunten Blicken der Besucher aus der Loge herausbeugte und Richard Wagner applaudierte, der für diese besondere Huldigung mit ergeben ausgebreiteten Armen dankte. Wagner berichtete darüber am 1. Februar 1863 an Mathilde Maier:

»Gerührt hat mich die junge Kaiserin, die ganz allein vom Hofe meine Konzerte am 26. Dezember 1862 und 8. Jänner 1863 von Anfang bis Ende besuchte, schließlich schickte sie mir neuerdings sogar eine ansehnliche Bezahlung ihrer Loge.«[37]

Elisabeth war von seiner Musik derart fasziniert, dass sie im Januar 1863 drei weitere Konzerte mit Richard Wagner besuchte. 1875 begleitete sie zusammen mit ihren Kindern die verwitwete Königin-Mutter Marie von Bayern in die Münchner Hofoper zu einer Aufführung von Wagners Oper »Lohengrin«, die sie sehr beeindruckte.

Im Sommer 1888 reiste sie nach Bayreuth, um einer von Cosima Wagner szenisch geleiteten »Parsifal«-Aufführung im Festspielhaus beizuwohnen. Sie drückte Cosima ihre höchste Anerkennung aus und äußerte über Wagners Musik: »Ich habe seitdem Heimweh wie nach der Nordsee. Es ist etwas, von dem man wollte, dass es nie endet, dass es immer so fortgeht.«[38] Cosima sagte später zu Elisabeths Nichte Amélie, dass sie noch nie solche Ergriffenheit gesehen habe »wie bei Tante Sisi nach dem ›Parsifal‹«[39].

Knapp vier Stunden vor ihrem Tod machte Kaiserin Elisabeth noch Einkäufe, wie sich ihre Hofdame Irma Sztáray erinnerte. Am 10. September »um 11 Uhr verließen wir mit Ihrer Majestät das Hotel [Beau-Rivage] und gingen nach der Rue Bonnivard, in den Laden Bäckers, wo die Kaiserin das Orchestrion der Adelina Patti zu hören wünschte. Bäcker setzte sofort das orgelartige Instrument in Bewegung, das die Musik eines ganzen Orchesters in möglichster Treue wiederzugeben suchte. Aida, Carmen, Rigoletto, dann Tannhäuser kamen an die Reihe. Diese letztere war die Lieblingsoper der Kaiserin. ›Ich liebe sie mehr als Lohengrin, es liegt in ihrer Musik etwas Mystisch-Fatalistisches wie im Geschicke ihres Helden.‹«[40] Was aber war es im Einzelnen, was sie gerade an dieser romantischen Oper Wagners so faszinierte?

Als Bemerkung über die »Tannhäuser«-Ouvertüre schrieb Wagner: »Nicht schleppend, gehend«. In diesem Musikdrama spielt tatsächlich vor allem Bewegung eine zentrale Rolle, so in Tannhäusers ständigem Fluchtverhalten, in seinem Pendeln zwischen der verführerischen Venus und der gläubigen Elisabeth, zwischen irdisch-sinnlicher und himmlisch-spiritueller Liebe. Das Gehen und Wandern zeigt sich im Hin- und Fortgehen, im Weg- und Zurückgehen und im »an die Grenzen und über Grenzen gehen«. Tannhäuser ist nirgendwo zu Hause, weder im Venusberg noch in der Wartburgwelt und auch nicht in Rom. Kaiserin Elisabeth war bekanntlich eine leidenschaftliche Geherin, die stundenlang gewaltige Strecken in höchstem Tempo marschierte und ständig in Bewegung sein wollte, körperlich, aber auch geistig und seelisch. In der Oper »Tannhäuser« konnte sie all dies erfahren und erleben.

Die Hauptrolle in »Tannhäuser« spielt Landgräfin Elisabeth, die Namensvetterin der Kaiserin. Sie lebt als Nichte des Landgrafen Hermann auf der Wartburg, als unnahbare, züchtige Dame, deren Vorbild die »Heilige Elisabeth« ist. Doch zu Tannhäuser entwickelt sie »Gefühle, die ich nie empfunden!«, wie sie gesteht, da dessen Gesang in ihr »neues Leben in die Brust« ruft. Doch Tannhäuser entflieht eines Tages der Wartburg-Gesellschaft, in der die Ideologie der Lustverteufelung und Triebunterdrückung vorherrscht, wogegen er rebelliert. Er eilt zum Hörselberg in die Venushöhle, unweit der Wartburg gelegen. Die Grotte gleicht einem Bordell mit »zauberhaftem, rötlichem Licht«, wo junge Männer sich mit Nymphen vergnügen und Bacchantinnen zu »wilder Lust« einladen. Tannhäuser verfällt dort der »schönen Göttin« Venus. Doch als er fühlt, dass er bei ihr »nur Sklave werden« kann, ihn aber nach »Freiheit dürstet«, beschließt er, sie zu meiden. Aber Venus will ihn nicht gehen lassen, da bricht Tannhäuser ihren Verführungszauber durch Anrufung der Heiligen Jungfrau Maria und kehrt zu Elisabeth zurück, die vor einem Marienbildnis kniet. Er landet wieder am Hof des Landgrafen von Thüringen und wird als Minnesänger zu einem Sängerwettstreit eingeladen, der »das Wesen der Liebe« zum Thema hat. Während Wolfram von Eschenbach in seiner Verehrung für Elisabeth das Lied vom »Abendstern« vorträgt, in dem er von der Liebe als »Wunderbronnen« schwärmt, den er nie trüben, sondern nur keusch verehren will, lobt Tannhäuser zum Entsetzen der feinen Gesellschaft die sinnliche Liebe, die er im Venusberg, diesem Sünden- und Höllenpfuhl, selbst erfahren hat. Doch körperliche Liebe und Lust gelten als Todsünde und verdienen die Höllenstrafe. Als die Anwesenden aggressiv gegen Tannhäuser vorgehen, ihn fast lynchen wollen, und bevor der »Sängerkrieg auf der Wartburg« zu einer Gesinnungsschlacht eskaliert, wirft sich Elisabeth schützend vor ihn.

Zerknirscht gelobt Tannhäuser, Buße zu tun und zur Strafe für seine Zügellosigkeit nach Rom zu pilgern, wo er sich vom Papst Absolution erhofft. Die Reise von Eisenach über die Alpen nach Rom unternimmt er unter erschwerten Bedingungen, auf dornigen und steinigen Wegen, indem er sich blutig schlägt, unter glühender Sonne dem Durst trotzt und selbst bei Kälte und Schnee im Freien nächtigt. So soll die Liebe zur sündigen Venus durch die künftig keusche Verehrung Elisabeths ausgelöscht werden. Doch in Rom findet er beim Papst keine Verzeihung für sein lasterhaftes Leben. »Wie dieser Stab in meiner Hand nie mehr sich schmückt mit frischem Grün«, so ruft der Heilige Vater, »kann aus der Hölle heißem Brand Erlösung nimmer dir erblühn!« Unerlöst kehrt Tannhäuser nach Hause zurück, wo Elisabeth die zurückkehrenden Pilger erwartet. Doch ihn entdeckt sie unter den Ankommenden nicht. Am Boden zerstört bittet sie die Jungfrau Maria um ihren Tod und begeht in ihrer Verzweiflung Selbstmord. Ihr Sarg wird an Tannhäuser vorbeigetragen, der zusammenbricht und mit den Worten »Heilige Elisabeth, bitte für mich!« stirbt.

Plötzlich treffen verspätet noch Pilger ein, die in Rom erlebten, wie aus dem Bischofsstab des Papstes plötzlich doch noch grüne Zweige herauswuchsen. Tannhäuser sei also erlöst, aber er ist bereits tot. Dieses utopische Erlösungsende stellt eine Kritik an der Kirche dar. Während der Papst Tannhäuser die Vergebung verweigert, verzeiht ihm die der Kirche übergeordnete Instanz. Gottes Stellvertreter auf Erden, der angeblich unfehlbare Papst, scheint Gottes Wille also seltsamerweise nicht gekannt zu haben. Mit dieser Kritik an Kirche und Gesellschaft, die heuchlerisch eine Unterdrückung sinnlicher Wünsche fordern, um von Gott akzeptiert zu werden, endet die Oper. Elisabeth, die ihre Sexualität unterdrückt, erreicht die Vereinigung mit Tannhäuser erst nach ihrem und seinem Tod. Danach können beide, frei von Schuld, in die Unsterblichkeit eingehen.

Was war es nun, was Elisabeth gerade an der Oper »Tannhäuser« so faszinierte, dass sie ihre Lieblingsoper wurde? Vor allem konnte sie sich mit Elisabeth, der einsamen Gefangenen der Wartburg-Gesellschaft, die von den Männern in die Rolle der Heiligen gedrängt wird, identifizieren, fühlte sie sich doch selbst als Gefangene der Wiener Hofburg. Außerdem fand sie in dieser Oper viele Aspekte thematisiert, die sie zeitlebens bewegten: Es geht darin um platonische und sinnliche Liebe, um Schuld und Verzeihung, um Abhängigkeit und

Freiheit, um Wahrheit und Heuchelei, um Fatalismus und Selbstbestimmung, um Leben und Tod und eben auch um Gott, Glaube und Religion.

»Ich halte ihn für einen Erlöser«, so bezeichnete Elisabeth Wagner in einem Gespräch mit ihrem Vorleser Christomanos.

> »Er ist nichts anderes, als die musikalische Inkarnation einer Erkenntnis von unseren inneren Geheimnissen, die in uns unbewußt zur Reife gekommen. Das Wort ›Tondichter‹ besagt, nach meiner Meinung, nur die äußere wahrnehmbare Form seiner Offenbarung, nicht aber das, was er selbst war. Er war eben einzig und allein jene Mysterien unserer Existenz, die erlösendes Wissen geworden sind.«[41]

Damit brachte die Kaiserin zum Ausdruck, dass beim Anhören von Wagners Musik, so spürte sie, die in ihrer Seele verborgenen Geheimnisse und Mysterien ihrer Existenz in ihr Bewusstsein gehoben wurden, was zu einer sie erlösenden, befreienden Selbsterkenntnis führte.

Das ereignete sich auch beim Verfassen von Gedichten, ein Vorgang, der für Elisabeth »Gottesdienst« bedeutete. Sie war sich sicher, nicht nur mit Heinrich Heine spiritistischen Kontakt zu haben, sondern auch mit Achill, dem 1886 verunglückten Ludwig II. und anderen. Ihre Tochter Marie Valerie notierte im Mai 1887, sie glaube, »dass ihr [Elisabeths] seelischer Umgang mit Heine und dem König [Ludwig II.] von Gott zugelassen ist«[42]. Ihr Glaube an Gott, ihre Frömmigkeit intensiviere sich also gleichsam durch ihre Kontakte zu den von ihr vergötterten Verstorbenen, denen sie auch viele Texte in ihrem »Poetischen Tagebuch« widmete, so etwa ihrem Lieblingshelden Achill das folgende Lied:

> »O hätt' ich so viel Lieder, / Als Wellen, du mein Meer, / Ich schrieb sie alle nieder, / Und brächte sie dir her.
>
> Mein ganzes Fühlen, Denken, / Ja, all' mein inn'res Sein / In dich möchte' ich's versenken, / Du, mein kristall'ner Schrein.
>
> Du meine Augenweide, / Du meines Hierseins Glück, / Früh meine erste Freude / Und nachts mein letzter Blick!«[43]

Nicht nur Opern, es waren auch kleine Lieder, vor allem melancholische Musikstücke, die Kaiserin Elisabeths »ganzes Fühlen, Denken und inneres Sein« beeinflussten. »Am liebsten hörte sie Lieder mit Texten von Heinrich Heine«[44], berichtet ihre Nichte Marie Louise, so etwa Heines Lied »Lotosblume«, das eine Blume besingt, die vor Liebe und Liebesweh zittert, oder sein Lied »Asra«, das von einem Sklaven aus dem Stamme Asra handelt, der stirbt, wenn er liebt. Marie musste ihr diese Lieder vorsingen, ebenso wie das Lied »Waldesgespräch«, getextet von Joseph von Eichendorff und vertont von Robert Schumann. Es handelt von »Trug und List« der Männer, die aber letztlich doch der Hexe Loreley zum Opfer fallen.

»›Es ist schon spät, es ist schon kalt, / Was reit'st du einsam durch den Wald? / Der Wald ist lang, du bist allein, / Du schöne Braut! Ich führ' dich heim!‹

›Groß ist der Männer Trug und List, / Vor Schmerz mein Herz gebrochen ist, / Wohl irrt das Waldhorn her und hin, / O flieh! Du weißt nicht, wer ich bin.‹

So reich geschmückt ist Roß und Weib, / So wunderschön der junge Leib, / ›Jetzt kenn' ich dich – Gott steh' mir bei! / Du bist die Hexe Loreley.‹

›Du kennst mich wohl – von hohem Stein / Schaut still mein Schloß tief in den Rhein. / Es ist schon spät, es ist schon kalt, / Kommst nimmermehr aus diesem Wald!‹«[45]

Besonders liebte die Kaiserin auch das »Loserlied«, von ihr selbst getextet; ein Loblied auf den 1839 Meter hohen Aussichtsberg des Außeerlandes, den »Loser« südöstlich von Ischl, den sie selbst gerne bestieg und dem sie ihre Sorgen anvertrauen konnte. Das »Loserlied« ließ sie am 30. Juli 1890, dem Vorabend von Marie Valeries Hochzeit, von einem Männergesangsverein vortragen, was Mutter und Tochter zu Tränen rührte, denn für Elisabeth war diese Hochzeit gleichsam ein Todeserlebnis, bedeutete sie doch den endgültigen Abschied von ihrem Lieblingskind.

»O fraget nicht nach morgen, / Das Heut' ist ja so schön! / Verstreut ins Thal die Sorgen, / Lasst sie vom Wind verweh'n!

Was eure Herzen möchten, / Vertraut's dem Loser an; / In lauschig stillen Nächten / Verrät dem Mond er's dann.

Der dient den Eng'lein oben / Als silbernes Brevier, / Woraus den Herrn sie loben / Und preisen für und für.

So wird der Herr das hören, / Was unten niemand weiss; / Und sollt' Er's euch gewähren, / Gebt auch dem Loser Preis!«[46]

Besonderen Genuss bereiteten der Kaiserin auch Zigeunerlieder, so z. B. »Maros Vice«[47] – »Wasser des Maros«. Zu ihren Lieblingsliedern gehörten die ungarischen Volkslieder »Csak egy kislány van a világon« – »Es gibt nur ein kleines Mädchen auf der Welt«[48] und »Képeddel alszom el ...« – »Ich schlaf mit deinem Bilde ein ...«, getextet vom ungarischen Dichter Endre Kunoss, das sie »ganz besonders in ihr Herz geschlossen«[49] hatte, wie ihre Vorleserin Ida Ferenczy berichtete.

»Képeddel alszom el / Képeddel ébredek: / Kimondhatatlan az, / Mit érted szenvedek.

Körülem éj vagyon, / Keblem sötéten áll; / Mióta engemet / Búcsútlan elhagyál.«

In deutscher Übertragung lautet der Text:

> »Ich schlaf mit deinem Bilde ein / Mit deinem Bilde wach ich auf: / Was ich für dich leide, / ist unaussprechlich.
>
> Ich bin von Nacht umgeben, / Mein Herz ist dunkel; / Seit du mich verlassen hast, / Leb wohl! Auf Wiedersehn!«

Mit Erzherzog Ludwig Salvator (1847–1915), dem Cousin Franz Josephs, der wie sie die Bäume liebte und kranke Bäume gesund pflegte, verband die Kaiserin eine innige Freundschaft. 1892 bei ihrem Besuch in Mallorca verbrachte sie den Heiligen Abend und ihren 55. Geburtstag in seiner Gesellschaft und erfuhr von ihm, dass man den Unterschied zwischen den einzelnen Baumarten am Säuseln der Blätter im Wind hören kann, und sie lernte von ihm, diesen geheimnisvollen Liedern der Bäume zu lauschen. 16 Jahre nach ihrem Tod beschrieb Ludwig Salvator die durch den Wind verursachte »Musik« der Bäume und Sträucher einfühlsam in seinem 1914 veröffentlichten kleinen poetischen Büchlein »Lieder der Bäume. Winterträumereien in meinem Garten in Ramleh«.

Was bedeutete der Kaiserin nun Musik? Es hat den Anschein, dass das Hören von Liedern und vor allem von einigen Opern Wagners religiöse Gefühle in ihr erzeugte. Wie Religion erzählt ja auch Musik von der Sehnsucht nach dem Vollkommenen. Fand sie bei der Aufnahme von Musik womöglich mehr Spiritualität als in der Kirche? Wirkte Musik auf sie nicht wie ein Gottesdienst, der ihr die Tür zu Gott öffnete und in ihr die Illusion von Ewigkeit entstehen ließ? Empfand sie Lieder, um es poetisch auszudrücken, womöglich gar als »klingenden Atem Gottes« und Musik als »Berührung zwischen Gott und der Seele«? Dabei kam sie zur Ruhe und wurde für religiöse Einflüsse empfänglicher. Religion und Musik schienen auch für Elisabeth ein spirituelles Traumpaar zu sein. Vielleicht ahnte sie wie Hildegard von Bingen, dass Gott den Menschen in der Musik die Erinnerung ans verlorene Paradies hinterlassen hat, nach dem sie sich ihr Leben lang sehnte. »Wir sollen die Musik aller Dinge in uns aufnehmen, in uns zu einer Einheit verschmelzen«, sagte die Kaiserin zu Constantin Christomanos. »Wir sollen uns über das Herz der Erde beugen und seinem Pochen lauschen. Dort fließen wie in ein Muschelbecken die großen Harmonien zusammen: alle Sonnenstrahlen, die nie erloschen, und die Träume, die noch nicht geboren sind, die Freuden der Blumen, die Schwermut der Herbste, die Sehnsuchten der Flüsse in die Ferne und das Schweigen der Wolken. Wir sollen zurückkehren, fügte sie hinzu, dorthin, von wo wir gekommen sind, in den Urton des Rheines, aus dem das Rheingoldlied geboren wurde. Auf diese Weise werden wir als Sieger über uns selbst siegen. Was wir erst mit Hilfe des Todes tun können, sollten wir ganz allein und schon im Leben vollbringen.«[50]

Vergötterung von Natur und Tieren

Seit ihren Kindheitstagen war Elisabeth ein äußerst naturverbundener Mensch und der Aufenthalt im Freien schenkte ihr gerade auch in schweren Zeiten die Kraft, sich von Problemen zu befreien. Bei Fußmärschen und Bergtouren, beim Reiten und Schwimmen kam auch Bewegung in ihre Seele und ihren Geist, weshalb die Begeisterung für die Schönheit der Natur und für die Bewegung in ihr bis ins Alter erhalten blieb. Auch in vielen ihrer Gedichte kam diese Faszination immer wieder zum Ausdruck. Sie wusste, dass auch Johann Wolfgang von Goethe der Natur eine religiöse Verehrung entgegenbrachte und sie mit Gott gleichsetzte. Er sah »Gott in der Natur« und »die Natur in Gott« und entwickelte während seines Lebens pansophistische, mystische und pantheistische Vorstellungen. Gott sei danach identisch mit allem, was ist. Vor allem aber wurde sie von Heinrich Heine beeinflusst, für den der mit der Welt identische Gott sich in den Pflanzen, Tieren und der Natur manifestiert. Sie kannte Heines Reisebericht »Die Harzreise«, die in Österreich zeitweise verboten war. 1824 unternahm Heine diese Fußwanderung als Jurastudent, um den langweiligen Vorlesungen und staubtrockenen Lehrbüchern zu entkommen.

Vom Gipfel des Brockens genoss er den Blick über Städte, Dörfer, Berge, Wälder und Flüsse. Für ihn bedeuteten Aufenthalte in der Natur, Abstand zu gewinnen von seinen gesundheitlichen, familiären und sozialen Leiden, wie dies auch bei Elisabeth der Fall war.

Religiöses Naturerleben

»Wunderbar war die Anziehungskraft, welche die Natur auf sie ausübte«, erinnerte sich ihr Griechischlehrer Rhoussopoulos. »Es war mehr als bloßes Interesse, mehr als Schwärmerei, vielleicht würde das Wort ›Anbetung‹ dem Gefühl entsprechen, welches ihre Seele erfüllte.«[1]

Elisabeth betete in der Natur Gott an. Sie verfügte über eine pantheistische Weltsicht: Sie glaubte, dass Gott das Universum geschaffen hat, jetzt eins mit ihm ist, und deshalb kein separates bewusstes Wesen. Deshalb muss er auch nicht verehrt werden, denn Gott ist gewordene Natur. Und Naturverehrung ist demnach Anbetung Gottes. Am 28. April 1887 verfasste sie das Gedicht »Gott ist alles«:

> »Ich wandle hin in Gottes Licht / Und in Jehovas Schatten, / Ich werf mich auf mein Angesicht / An Seines Meers Gestaden,
>
> Ich bet' Ihn an im grossen All, / Ich atme Ihn im Äther, / Ich hör' Ihn in der Wogen Fall; / Und durch den Sturmwind geht Er.«[2]

»Zum Lobe des herrlichen Anblickes«, so äußerte Gräfin Sztáray, »fand sie die köstlichsten Worte, sie sprach als geweihte Priesterin der Natur, die mit durchgeistigtem Antlitz in Sturm und Gefahr ihrer Meisterin seelenbewegendes Evangelium verkündet: ›Wenden Sie sich nur ihr zu, erkennen Sie die erhabene große Vermittlerin! Sie allein spricht mir würdig von Gott. Sie allein ist meine einzige Fürsprecherin bei ihm!‹«[3]

»Jede schöne Gegend ist ein Gedicht Jehovas, und Jehovas Gedichte sind unerschöpflich an Schönheit, Mannigfaltigkeit und Anzahl. Wie verdienen wir das?«[4], äußerte die Kaiserin einmal. Wie sehr sie die Natur verehrte, drückte sie in einem in Herkulesbad in ungarischer Sprache verfassten Gedicht aus (hier die deutsche Entsprechung):

> »Alles ist wandelbar in dieser Welt, / Und ein leerer Schall nur ist die Treue. / Ewig treu, herrlich erhaben / Bist nur du allein, gewalt'ge Natur!
>
> Glücklich, wer zu dir hält und vor dir sich beugt, / Ihm wird der Schmerz der Enttäuschung nicht zuteil. / Für deine Treue und deinen Balsam / Geb' ich im Tausche gern alles dahin.«[5]

»Nur die Natur, die Schönheit der Landschaft wirken beruhigend auf sie. Sie vergisst die Menschen, sie wird lebenswacher, schmerzwacher, wenn sie die Natur auf sich wirken lassen kann. Dann ist sie imstande, die Allgewalt, die unerschütterliche Ruhe der transzendenten Gesetze zu erkennen.«[6]

Gerne unternahm sie lange Ausritte in ausgedehnte Parklandschaften. Selbst bei schlechtem Wetter stellte sie diese Torturen nicht ein. Sie war geradezu süchtig nach Aufenthalten und Bewegung in freier Natur. Getrieben war sie von einem unstillbaren Bewegungsdrang und der fixen Idee, dadurch ihren Körper und ihren Geist zu stählen und ihr Idealgewicht zu halten.

Wald und Bäume – Kraftspender

Die Verehrung von Bäumen, heiligen Hainen und Wäldern reicht bis in frühe Zeiten zurück und war bei zahlreichen Völkern verbreitet. So weihten die Griechen Bäume der Maia, der Göttin der Fruchtbarkeit, und bei Griechen und Römern war die Vorstellung verbreitet, Bäume seien von Nymphen, den Dryaden, bewohnt. In der germanischen Mythologie kannte man die Weltenesche Yggdrasil.

Auch Kaiserin Elisabeth liebte Bäume und fühlte sich von ihnen magisch angezogen. Einen alten Baum im Park von Gödöllő erwählte sie zu ihrem engsten Vertrauten: »Er weiß alles, was in mir ist und was in der Zwischenzeit geschieht, solange wir uns entfernt sind; er wird es niemand sagen«, äußerte sie über ihn. In Gmunden, im österreichischen Salzkammergut, zog es sie zu einer 100-jährigen Linde hin, die ihr Kraft spendete. Der ihr vertraute Cousin König Ludwig II. liebte ebenso Bäume wie die rumänische Königin Elisabeth, mit der Kaiserin Elisabeth Mitte der Achtzigerjahre zusammentraf. Beide fühlten sofort den Gleichklang ihrer Seelen. Die rumänische Fürstin verehrte Bäume so sehr, dass sie sich sogar das Pseudonym »Carmen Sylva« zulegte. Als »Sängerin des Waldes« schrieb sie in einem ihrer ersten Gedichte:

»Carmen das Lied und Sylva der Wald. / Von selbst gesungen das Waldlied erschallt. / Und wenn ich nicht am Wald geboren wär', / Dann säng ich die Lieder schon selbst nicht mehr. / Den Vögeln hab' ich sie abgelauscht, / Der Wald hat sie mir zugerauscht, / Vom Herzen tat ich den Schlag dazu, / Mich singen der Wald und das Lied zur Ruh!«[7]

Elisabeth verlor in ihrem Leben mehrmals den Boden unter ihren Füßen und fühlte sich dann entwurzelt. Immer wieder war sie deshalb auf der Suche nach ihren Wurzeln. Diese zu finden gelang ihr beim Kontakt zu Bäumen und bei Aufenthalten in Wäldern, wo sie zu sich fand.

Das Meer – Tor zum Paradies

Elisabeth war keine eifrige Kirchgängerin, »doch konnte sie, wie sie sagte, voll Inbrunst beten, wo die Menschen sie nicht störten, im Walde und am Meere«[8], berichtet ihre Hofdame Sztáray. »Es ist das Meer so tief wie deine Seele«, dichtete sie, »des Glaubens Farbe ist das heil'ge Blau …«[9] Am und auf dem Meer fanden im Grunde auch ihre Gottesdienste statt.

> Ich steh' am Strand in Anbetung versunken. / Unendlich liegt vor mir das hohe Meer; / Die Seele tobt in mir, als wär' sie trunken, / Und donnernd jauchzt sie auf: Dort ist der Herr![10]

Beim schmerzenden Blick in die über dem Meer untergehende Sonne »muss gebannt ich lange stehen / In dieses lodernden Altares Näh. / Die besten Nachtgebete meiner Seele / Leg' ich hier nieder an Jehovas Schwelle.«[11]

Die Kaiserin konnte sich mit Heinrich Heines Begeisterung für die Nordsee identifizieren. »Gar besonders wunderbar wird mir zumute«, schwärmt Heine, »wenn ich allein in der Dämmerung am Strande wandle – hinter mir flache Dünen, vor mir das wogende, unermeßliche Meer, über mir der Himmel wie eine riesige Kristallkuppel – ich erscheine mir dann selbst sehr ameisenklein, und dennoch dehnt sich meine Seele so weltenweit. Die hohe Einfachheit der Natur, wie sie mich hier umgibt, zähmt und erhebt mich zu gleicher Zeit, und zwar in stärkerem Grade als jemals eine andere erhabene Umgebung. Nie war mir ein Dom groß genug; meine Seele mit ihrem alten Titanengebet strebte immer höher als die gotischen Pfeiler und wollte immer hinausbrechen durch das Dach.«[12]

Auch für Elisabeth war »das weite, das hohe, das göttliche Meer«[13] ihr Dom, ihr Beichtvater, Seelendoktor und Vermittler zu Gott und letztlich das Tor zum Paradies. »Das Meer ist wie eine große Mutter«, sagte sie, »an deren Brust man alles vergißt.«[14] Wie oft erhoffte sie sich nicht vom Meer eine Antwort auf die Fragen nach dem Sinn des Lebens, der Bedeutung des Menschen und dem Wesen Gottes, die auch der Jüngling in Heines Gedicht »Fragen« stellt?

> »Am Meer, am wüsten, nächtlichen Meer / Steht ein Jüngling-Mann, / Die Brust voller Wehmut, das Haupt voll Zweifel, / Und mit düstern Lippen fragt er die Wogen:
>
> ›O löst mir das Rätsel des Lebens, / Das qualvoll uralte Rätsel, / Worüber schon manche Häupter gegrübelt, / Häupter in Hieroglyphenmützen. / Häupter im Turban und schwarzem Barett, / Perückenhäupter und tausend andre / Arme, schwitzende Menschenhäupter – / Sag mir, was bedeutet der Mensch? / Woher ist er kommen? Wo geht er hin? / Wer wohnt dort oben auf goldenen Sternen?‹

> Es murmeln die Wogen ihr ewges Gemurmel, / Es wehet der Wind, es fliehen die Wolken, / Es blinken die Sterne, gleichgültig und kalt, / Und ein Narr wartet auf Antwort.«[15]

Elisabeth wünschte, dass nach ihrem Tod ihr Leichnam ins Meer versenkt oder sie zumindest am Meeresstrand begraben würde. So wie Christen nach dem Tod in das Reich Gottes einzugehen hoffen, so wollte sie mit dem Meer verschmelzen. Der Nordsee versicherte sie:

> »Daß ich mit Leib und Seele, / So ganz und gar bin dein! / [...] / Du willst mich wiegen, schaukeln, / Dein Arm ist ja so weich, / Bis endlich du mich dennoch / Ziehst in dein nasses Reich.«[16]

Das Meer verherrlichte sie in vielen ihrer Gedichte und mache Zeilen klingen wie ein Gebet:

> »Oh, hätt' ich so viel Lieder / Als Wellen du, mein Meer, / Ich schrieb sie alle nieder / Und brächte sie dir her.
>
> Mein ganzes Fühlen, Denken, / Ja all' mein inn'res Sein, / In dich möcht' ich's versenken, / Du mein krystall'ner Schrein,
>
> Du meiner Augenweide, / Du meines Hierseins Glück, / Früh meine erste Freude / Und nachts mein letzter Blick!«[17]

Ihr »Heimweh nach der See« ist so groß, »dass man nur beten möchte / Und im Gebet vergeh'n«[18], so ihr Wunsch. Elisabeth wusste auch, dass Heines große Liebe das Meer war und vor allem die Nordsee. »Ich liebe das Meer wie meine Seele«, beteuerte er. »Oft wird mir sogar zu Mute, als sei das Meer eigentlich meine Seele selbst.« So wie Elisabeth wünschte auch er nach seinem Tod eins mit dem Meer zu werden, wie er in einem Gedicht äußerte. »Das Meer erstrahlt im Sonnenschein, / Als ob es golden wär. / Ihr Brüder, wenn ich sterbe, / Versenkt mich in das Meer. // Hab immer das Meer so lieb gehabt, / Es hat mit sanfter Flut / So oft mein Herz gekühlet; / Wir waren einander gut.«[19]

Die Berge – Himmelsnähe

> »Schwarze Röcke, seidne Strümpfe, / Weiße, höfliche Manschetten, / Sanfte Reden, Embrassieren – / Ach, wenn sie nur Herzen hätten!
>
> Herzen in der Brust, und Liebe, / Warme Liebe in dem Herzen – / Ach, mich tötet ihr Gesinge / Von erlognen Liebesschmerzen.

Auf die Berge will ich steigen, / Wo die frommen Hütten stehen, / Wo die Brust sich frei erschließet, / Und die freien Lüfte wehen.

Auf die Berge will ich steigen, / Wo die dunklen Tannen ragen, / Bäche rauschen, Vögel singen, / Und die stolzen Wolken jagen.

Lebet wohl, ihr glatten Säle! / Glatte Herren, glatte Frauen! / Auf die Berge will ich steigen, / Lachend auf euch niederschauen.«[20]

Nicht Elisabeth hat dieses Gedicht verfasst, sondern ihr Idol Heinrich Heine. Der Inhalt entsprach aber ganz ihren Vorstellungen. Auch sie war von der Schönheit der Berge fasziniert und fühlte sich immer aufs Neue herausgefordert, sie zu besteigen. Sie wusste, dass sich Menschen schon in alter Zeit häufig in die Berge zurückzogen, die sie für Wohnungen der Götter hielten. Dort hatten sie Visionen, vernahmen Gottes Stimme und begegneten Geistern und Engeln. In einem ihrer Gedichte äußerte sie:

»Der Berg ist mein Altar; / Auf Felsen, grauen, schroffen, / Dem grossen Philosophen / Bring' ich mein Opfer dar.

Sein Schatten ist mir nah', / Es liegt mein Geist im Staube, / Doch felsgleich ist mein Glaube. / An Dich, o Jehova!«[21]

Bei Bergwanderungen gelang es der Kaiserin, den Alltag und die Sorgen hinter sich zu lassen. Jeder Aufstieg in die Höhe, das fühlte sie, war auch ein Abstieg in ihre eigene Seele. Die eigenen Probleme, Fragen und Zweifel erhielten bei Bergwanderungen so den richtigen Stellenwert. In ihrem Inneren stieg bei Bergwanderungen ein Gefühl von Freiheit auf, das beherrschender wurde, je näher sie dem Gipfel kam. Ihre Seele weitete sich und wurde fähig, die Schönheit der Schöpfung wahrzunehmen und dem Schöpfer dafür zu danken. Der weite Blick von oben über die majestätisch aufragenden Gipfel verlieh ihr ein Gefühl von Freiheit und in ihre Seele drangen die geheimnisvolle Ruhe und Kargheit der Steinwüste. Beim Blick in die gewaltigen Tiefen der Felsschluchten packte sie Furcht und sie kam sich sehr klein und machtlos vor. So, wie manche ihre Sorgen bei einem Kirchenbesuch Gott vortragen, so begab sich die Kaiserin dazu in die Berge:

»Und ward ich recht geschunden / Dort, in dem fremden Thal, / Dann pflegt' er meine Wunden, / Mein Berg, mein Felsgemahl.

Stets hab' ich Trost gefunden / An seinem treuen Stein / Nach all' der Drangsal unten, / Der grausen Not und Pein.«[22]

Bei oft stundenlangen Gewaltmärschen auf verschiedene Berge wurde sie ihre Unruhe los. Und in der Stille windumwehter Höhen gelang es ihr, Jehova zu begegnen, denn hier kamen Größe und Macht des Schöpfers besonders zum Ausdruck. »Ich sah Gedanken liegen«, dichtete sie, »Wie Gott sie selbst nur schreibt [...]

»Am Abendhorizonte / Lag das Jehovawort, / Hinstarrend, schauend konnte / Ich weiter nicht vom Ort.

Da plötzlich glüht's und leuchtet's / In feuerrotem Licht, / erblindet fast, mir däucht es, / Bedeckt ich mein Gesicht.

Das war nicht ird'sche Sonne, / Die da ihr Licht ergoss, / Vom hohen Himmelsthrone / War's brennendes Geschoss!

Tief sinnend steig ich nieder / In Tannennacht hinein, / das Herz voll Gotteslieder, / die trag ich mit mir heim.«[23]

Bei den Bergwanderungen wurde sie mit Leib und Seele gefordert und sie begriff, dass Berge etwas sind, das den Menschen übersteigt, und sie einen Punkt darstellen, an dem sich Himmel und Erde berühren.

»Nichts versetzt sie so sehr in Bewunderung wie die hohen Alpengipfel, die prächtigen Formen der Felsstürze, ihre schwindelerregenden Abgründe, ihre gezackten Grate, das faszinierende Spiel von Licht und Schatten in den Bergen.«[24]

Selbst vor anstrengenden Gletschertouren, bei der ihre Hofdamen angeseilt und an schwierigen Passagen hochgezogen werden mussten, machte sie nicht Halt. Ihrem Griechischlehrer Christomanos vertraute sie an:

»Es gibt so wenig Plätze auf der Erde, die nicht abgetreten sind und somit ihren ursprünglichen Charakter unentweiht bewahrt haben. Darunter rechne ich die Gipfel der Berge. [...] Auch die Hügel genügen; sie sind immerhin Inseln der Einsamkeit. [...] Ich kann auf den höchsten und einsamsten Höhen der Berge atmen, freier atmen, wo andere sich verloren fühlen würden [...] ich will nur steigen. Das Steigen ist anziehender als jede erreichte Spitze.«[25]

Berge waren für sie »lebende Wesen, von welchen wir nur eine verschlechterte Kopie sind«[26]. In einem ihrer Gedichte, betitelt »Am Zauberberg« – damit meinte sie ihren Lieblingsberg Jainzen bei Ischl – brach es jubelnd aus ihr heraus:

»Ja, wahrlich, ich bin eine Tochter der Luft, / Verachtend die lästigen Kleider; / Ich bade die Glieder in würzigem Duft / Und spotte hier oben der Schneider.

Ich strecke die Arme dem goldenen Strahl / Der steigenden Sonne entgegen, / Die strotzenden Muskeln, wie bräunlicher Stahl, / Die muss mir der Morgentau pflegen.

Es schwingen und drehen den Bergstock voll Mut / Die Hände, die dunkel geküssten / Von südlich versengender, brennender Glut / An Asiens, Afrikas Küsten.

Ich werfe mich nieder ins schwellende Moos / Und recke die Beine hoch über; / Da ziehen im Kopfe die Lieder mir blos / Und oben die Wolken vorüber.

So eilen die Stunden, die flüchtigen, fort, / Es mischen sich Wolken und Träume; / In tieferes Blau färbt der Himmel sich dort, / Es dunkeln die Schatten der Bäume.

Vom Horizont heben die Berge sich scharf, / In mächtigen, kecken Contouren, / Wo scheidende Strahlen die Sonne erst warf, / Trägt rosig das Eisfeld noch Spuren.

Und drüber erglänzet in klassischer Ruh' / Der Luna hellsilberne Scheibe. / Es dränget mein Geist ihr voll Sehnsucht schon zu, / Und rüttelt am hemmenden Leibe.

Geduld nur! du unruhiger, unsteter Geist, / Es wird sich dein Sehnen erfüllen, / Wie heute vom Leibe die Kleider, so dreist / Wirfst bald du vom Geist' auch die Hüllen!«[27]

Edle Pferde – vergötterte Freunde

»Das Pferd, dies irdisch Kleinod meiner Seele«[28], wie die Kaiserin dieses Tier bezeichnete, liebte sie über alles und war mit ihm innig verbunden. »Von ihren Pferden und deren Eigenschaften habe sie, wie die Gräfin Kleinmichel [...] in ihren Erinnerungen berichtet, wie von menschlichen Wesen gesprochen.«[29] Hierin glich sie ihrem Lieblingsbruder Carl Theodor, der »während seiner militärischen Ausbildungszeit sogar einen Raum direkt neben dem Pferdestall bewohnte, doch selbst die eine Wand schien ihn von den Tieren zu sehr zu trennen, weshalb er sie eines Tages durchbrechen ließ«[30]. Elisabeth fand die abgöttische Zuneigung ihres Bruders zu Pferden völlig normal: »Manchmal findet sich die Lieblingsstute in der Wohnstatt ihres Herrn ein, beschnuppert, was ihre Neugierde erregt, bläst Briefschaften vom Schreibtisch oder läßt sich gar [...] in allem Behagen auf dem wolligen Schaffell nieder«,[31] das unmittelbar neben Carl Theodors Lager ausgebreitet war.

An den Perforcejagden, an denen Elisabeth leidenschaftlich gerne teilnahm, interessierten sie ausschließlich die enge Verbindung Pferd-Mensch und die eigene sportliche Hochleistung als herausragende Reiterin, aber nicht die Tötung des gejagten Wildes, auch wenn sie diese in Kauf nahm. Während für ihren Gemahl Franz Joseph, einem leidenschaftlichen Jäger, das Erlegen der Jagdbeute – darunter Hirsche, Rehe, Wildscheine, Füchse und Hasen – den Höhepunkt einer erfolgreichen Jagd darstellte, war für seine Frau eine Perforcejagd nur dann erfolgreich, wenn sie mit ihren waghalsigen Ritten in gefährlichem Tempo alle Jagdgenossen übertrumpfen konnte und damit »Königin der Jagd« wurde. Das bei der Jagd übliche Töten der Tiere, vor allem zum bloßen Vergnügen, lehnte sie jedoch entschieden ab.

Auf ihrer Reise in den Orient im Oktober 1885 erlebte August von Almstein, der Kapitän der Yacht Miramar, auf der türkischen Insel Tenedos Folgendes:

> »Eine vorüberfliegende Schaar wilder Gänse reizte die Jagdlust unserer türkischen Gardisten und einzelne derselben schickten sich an, auf sie zu schießen; die guten Leute meinten der hohen Frau eine Zerstreuung zu bieten, wenn sie das friedliche Wild niederstreckten. Die Herzensgüte und das Mitgefühl der edlen hohen Frau [Kaiserin Elisabeth] ließen die geplante Jagd nicht zu. ›Zum bloßen Vergnügen‹, befahl sie, ›sollten die armen Thiere doch nicht geschossen werden.‹ Selbstverständlich senkten sich augenblicklich die zum Schusse bereits gehobenen Waffen.«[32]

Allerdings konnte sie es nicht verhindern, dass ihr Mann Franz Joseph aus Kronprinz Rudolf einen erstklassigen Jäger machen wollte. Rudolf war erst »neun Jahre alt, als er seinen ersten Hirsch schoß, und mit zwölf Jahren war er ein fast ebenso guter Schütze wie der Kaiser«[33]. Sicher empfand sie es nicht als angenehm, »wenn Rudolf ihr voller Stolz seine Bilder von toten Tieren zeigte, auf denen große rote Tintenkleckse das vergossene Blut darstellten, aber sie versuchte niemals, ihn zu zügeln«[34]. Sie wusste, dass er die von Franz Joseph eingetrichterte Leidenschaft zur Jagd nicht ablegen würde. Elisabeths Hofdame, Gräfin Festetics, verachtete ebenfalls »die dumme Schießerei« und schimpfte:

> »›Alles, was da kreucht und fleucht, ist des Todes. Es kommt so eine Art Mordlust über solche Menschen.‹ Auch die Kaiserin konnte nicht verstehen, wie sich Rudolfs Tierliebe mit seiner Freude am Töten in Einklang bringen ließ. Im Gegensatz zu seinem Vater [...] zielte Rudolf auf alles, was Flügel hatte, sei es ein Adler in den Karpaten oder ein Dompfaff, der vor seinem Fenster vorbeiflog.«[35]

Elisabeth war eine technisch brillante Reiterin, hatte zu Pferden eine ganz besondere, nahezu erotische Beziehung und schien geradezu eine »Pferdeflüsterin« gewesen zu sein. Ihr gehorchten selbst gefährliche Pferde, wie ein Ereignis auf dem ungarischen Gestüt des Grafen Festetics belegt. Einmal sollte ein wertvoller, aber bösartiger Hengst, der schon drei Männer getötet und andere schwer verletzt hatte, erschossen werden. Als Elisabeth davon hörte, begab sie sich zum Entsetzen aller in den Stall und betrat die Box des Pferdes. Beruhigend sprach sie mit dem nervösen Tier, das sich schließlich streicheln und sogar satteln ließ. Alle staunten, als sie auf den Hengst stieg und auf ihm davonritt. Sie habe magische Kräfte, so hieß es bald.

Elisabeths Passion für Pferde nahm mit der Zeit fast religiöse Züge an, im Sinne von »religare« – »zurückverbinden«. So wie sich gottgläubige Menschen durch ein persönliches Band mit Gott verbunden fühlen, so fühlte sie sich aufs Engste mit ihren Pferden verbunden. Zu diesen Tieren verspürte sie eine tiefe, irrationale Verbindung. Stets waren sie für sie gegenwärtig. War sie auf Reisen, trug sie ihren Hofdamen regelmäßig Küsse für ihre Pferde auf. »Wie schade, dass ich nicht alle meine Lieblingspferde mitnehmen kann«, schrieb sie im Juli 1869 an Ida Ferenczy. »Küsse sie für mich vom Kopf bis zum Fuß«[36] oder: »Jetzt Gott mit Dir, ich gehe zu meinen Pferden. Meine in Ischl zurückgelassenen Lieblingstiere küsse in meinem Namen.« Sowie: »Tausend Küsse für meine Pferde.« Aber auch: »Meine Pferde küsse ich immer wieder. Schauen sie gut aus!«[37]

Ein besonderes Kuriosum stellte ein Salon dar, den sie sich einrichten ließ und der an unterschiedlichen Orten zu finden war. Wie es heißt, habe sich dieser Raum einmal in Schloss Gödöllő, aber auch in der Kaiservilla Ischl und im Schloss Schönbrunn befunden. Darin hingen dicht aneinandergereiht wie Votivtafeln in einer Wallfahrtskapelle die Gemälde von 24 Pferden, in den Jahren 1870 bis 1876 gemalt von Wilhelm Richter, die sie besonders liebte. Diesen sakralen Raum bezeichnete sie als »Reitkapelle«. Bei den porträtierten Pferden handelt es sich um Mouse, Miss Freney und Violet, dann ein Bild der braunen Irländerstute Red Rose, von Sobri, Vanity, Sarah, Abraham und Buszke, des Weiteren von Mignon, Beauty, Machbub, Polka, Manek und Professor, dann von Fern, Redwing, Morristown, Bürgermeister, Hadudi, Generalissimus, Blue Jacket, Fandango und von einem namenlosen Pferd. Weitere Pferdebilder fertigte der Maler Franz Zeller. Der Vollblüter Minotaurus und Nihilist, das schönste Pferd ihres Stalls, außerdem Lord Byron gehörten zu ihren Lieblingspferden. Immer wieder genannt werden auch Bravo, eines ihrer erfolgreichsten Rennpferde, der Rappe Gipsy Girl, der Rappe Domino und die Rennpferde Kincsem, Mery Andrew, Volo und Mahomet, ebenso Shadox, Platon, Easton, Cameo, Hard Times und The Doctor, dann Ashtown, St. Patrick und Quicksilver, Sunflower und Butterduck. Besonders liebte sie auch den herrlichen Lipizzaner Maestro und den Schimmelwallach Whalesone sowie die Schimmelstute The Widow, die später den Namen Summerhill erhielt. Mit den Zirkuspferden Flick und Flock, zwei Schimmeln, führte die Kaiserin viel bestaunte Kunststücke vor. Sie erlernte auch die Hohe Schule der Reitkunst, so die Capriole, die »Piaffe und Passage, Courbette und Lebade und schließlich sogar die berühmte Ballotade, den Sprung aus dem Stand mit allen vier Beinen zugleich«[38]. Der Araber Avolo konnte sich mit den Vorderbeinen niederknien, während Elisabeth im Sattel saß.

Zu ihrer »Reitkapelle« gewährte die Kaiserin nur jenen auserwählten Personen Zutritt, die edle Pferde ebenso verehrten wie sie. Einige der Bilder begleiteten sie sogar auf Reisen, sodass sie auch unterwegs vor diesen Ikonen meditieren konnte. Die Pferdebilder aus der nicht mehr existenten »Reitkapelle« sind heute in der sogenannten »Wagenburg«, der ehemaligen Winterreitschule von Schloss Schönbrunn, zu sehen.

»Sehen Sie, so viele Freunde habe ich schon verloren und keinen einzigen gewonnen«, sagte sie zu ihrem griechischen Vorleser Christomanos, dem sie die »Reitkapelle« im Februar 1892 im Schloss Schönbrunn zeigte. »Viele davon sind für mich in den Tod gegangen, was kein Mensch je getan haben würde; eher würden sie mich ermorden.«[39]

Elisabeth kannte die Worte von Jesus Christus: »Niemand hat größere Liebe als der, der sein Leben hingibt für seine Freunde.«[40] Und ihre Pferde waren bereit, für sie ihr Leben hinzugeben, dessen war sie sich sicher. Ständig drohte nämlich die Gefahr, dass bei den gefährlichen Hetzjagden eines der Pferde stürzte und zu Tode kam. Weil sie den Tod des Tieres billigend in Kauf nahm, warfen ihr manche Grausamkeit vor, doch die Kaiserin sah das ganz anders. Ihr bester Freund, das Pferd, würde in einem solchen Fall doch nur sein Leben für sie hingegeben. Ebenso würde sie es keinem ihrer Pferde je vorwerfen, wenn sie sich bei einem Sturz vom Pferd das Genick brechen würde, im Gegenteil. Als ihr Reitpilot Bay Middleton am 9. April 1892 bei einem Rennen von seinem Pferd stürzte und dabei von dessen Huf derart am Kopf getroffen wurde, dass er sich das Genick brach, hielt sie das für einen würdigen Reitertod.

Wie sich die Kaiserin verhielt, wenn eines ihrer Pferde zu Tode kam, zeigt folgende Episode:

> »Nach einem raschen Ritt über die Pussta in der Nähe von Gödöllo, über Hecken und Büsche hinweg, strauchelte ihr Lieblingspferd ›Sir Lancelot‹ an einem lehmigen Ufer eines breiten Gewässers und stürzte, nachdem Elisabeth aus dem Sattel geschleudert wurde, in einen Bach und verendete. Die Kaiserin kniete, halb im Wasser, an der Seite des sterbenden Tieres nieder und barg weinend ihr Gesicht in dessen seidenweicher Mähne. Erst nach längerer Zeit erhob sie sich wortlos, nur durch eine Bewegung des Kopfes lehnte sie das Anerbieten ihrer Begleiterin, ihr Pferd zu benutzen, ab und legte den weiten Weg nach dem Schlosse zu Fuß zurück.«[41]

In Pferden Gottheiten zu sehen, war für Elisabeth gar nicht so schwierig. Sie kannte den Gott des Meeres, Neptun – oder griechisch Poseidon –, einen der zwölf olympischen Gottheiten. Da Neptun das Pferd – griechisch hippos – heilig ist, erhielt er den Beinamen »Hippios«. Ihm zu Ehren existierte ein Hippios-Kult, und Seefahrer erflehten von ihm sichere Fahrt übers Meer und versenkten ihm zu Ehren sogar Pferde im Meer. Viele Legenden existieren über Poseidon. So verfolgte er Demeter, die sich in eine Stute verwandelte, doch Poseidon verwandelte sich in einen Hengst und zeugte mit ihr das Pferd Areion. Pegasus, das weiße geflügelte Pferd, war ebenfalls ein Kind des Poseidon und der Medusa und der Dichterin Elisabeth als Sinnbild kreativer Inspiration bestens bekannt. Der Anker, den sie sich auf die Schulter tätowieren ließ, erinnerte sowohl an ein Kreuz als auch an den Dreizack, den Neptun stets mit sich führte. Der große Neptunbrunnen im Schönbrunner Schlosspark mit Neptun auf einem von Hippocampen (Meerespferden) gezogenen Muschelwagen verzauberte die Kaiserin immer wieder, erfleht doch die zu Neptuns Rechten kauernde Meeresnymphe Thetis seine Gunst für die sichere Seefahrt ihres Sohnes Achill, Elisabeths verehrten Idols, nach Troja.

An den Pferden faszinierten die Kaiserin deren einzigartige Eigenschaften. Diese Tiere waren treu und geduldig. Sie strahlten Stärke, Intelligenz und Wärme aus. Sie waren zuverlässige Partner, die sie kontrollieren und sanft beherrschen konnte. Bei den regelmäßigen Ausritten vermochte sie auch ihre Gefühle zu zügeln und bei den rhythmischen Bewegungen war es ihr, als würde sie mit ihnen förmlich verschmelzen.

»Elisabeth konzentrierte ihre Bedürfnisse nach körperlicher Ekstase nicht ausschließlich auf den Mann, sondern legte sie auf den Rücken der Pferde«, äußerte die Historikerin Lisa Fischer. »Hier war ihr die Befriedigung gewiß, hier blieb sie Herrin und konnte sich dennoch hingeben. In der Verschmelzung zwischen Pferd und Reiterin, im Rhythmus der Bewegung löste sich die Landschaft im Geschwindigkeitsrausch auf, erotisierte sich der gesamte Körper. Das konnte stundenlang währen.«[42]

Besonders schmerzlich empfand es die 48-jährige Kaiserin deshalb, als sie Ende 1885 das Reiten aufgab, aus plötzlicher unerklärlicher Angst, wie sie gestand. »Warum kann ich mir bei einem Hindernis nicht das Genick brechen und ein für allemal Schluß machen?«[43], sagte sie zu ihrer Nichte Marie Larisch. Ein Jahr später ließ sie dann ihre Marställe in Gödöllő, Wien und Ischl auflösen. Doch die schweigsame Anbetung ihrer einstigen Lieblingstiere in der Reitkapelle stellte sie nicht ein.

Treue Hunde – göttliche Wächter

Wie ihre Pferde, so vergötterte die Kaiserin auch ihre Hunde. Den Ausspruch Madame de Sévignés: »Je mehr ich die Menschen kennen lerne, desto mehr liebe ich die Hunde«, hätte auch Elisabeth äußern können, die schon von klein auf in diese Tiere vernarrt war. Als Kaiserin besaß sie an die 20 Hunde, die von einem eigens eingestellten Pfleger, dem sogenannten »Hundsbub«, betreut wurden. Große Hunde schätzte sie mehr als kleine, von denen sie nur drei ihr Eigen nannte, darunter zwei Zwergpinscher und den schwarzen Pudel »Moro« – oder »Plato«? –, den sie recht gern hatte. Besonders begeisterten sie aber stattliche Hunde, von denen sie 17 besaß, darunter fünf schwarze und zwei graue Doggen, einen irischen Wolfshund und zwei persische Windhunde. Leonberger besaß sie angeblich sogar sieben. Einmal äußerte sie, einen so großen Hund, wie sie sich wünschen würde, den gäbe es gar nicht.[44] Dachte sie womöglich dabei an Kerberos, den dreiköpfigen Höllenhund, den sie aus der griechischen Mythologie kannte? Er bewacht der Legende nach den Eingang zur Hölle, damit kein Lebender eindringen und kein Toter entweichen kann. Nach Ovid erschreckt er die Ankommenden mit seinem metallischen Bellen. Sein Atem und sein Speichel sind todbringend. Der englische Dichter Samuel Butler vergleicht in seinem Epos »Hudibras« die drei Kronen der Tiara des Papstes, der Türhüter des

Himmels ist, mit den drei Köpfen des Kerberos. Nach Dante wartet das riesige Tier, durchnässt vom ewigen Regen und in Schlamm und Kot versinkend, auf die Seelen der Verdammten und zerfetzt sie mit seinen Zähnen. Der argentinische Schriftsteller Jorge Luis Borges erwähnt in seinem »Buch der imaginären Wesen« uralte Überlieferungen, in denen Gott sogar zum Hund wurde. Auch Elisabeth vergötterte ihre Hunde.

Neben den beiden grauen Doggen Morphy und Diana hatte sie noch die fünf schwarzen Doggen Hamlet, Fanton, Dragon, Mohamed und Shadow, wobei Letzterer ihr Lieblingshund war, ebenso wie ihr irischer Wolfshund Horseguard, auch als Houseguard bekannt. Von den sieben Leonbergern sind zwei namentlich bekannt, Roma (braun) und Brave (weiß, mit dunklen Flecken am Kopf). Auf Gemälden ist die Kaiserin auch mit ihren zwei persischen Windhunden zu sehen. Alle Hunde betrachtete sie nicht nur als ihre treuen Freunde, von denen sie vergöttert wurde, sondern mehr noch als ihre Schutzgeister, die sie verehrte. »Housegard« oder »Horseguard« sollte nicht nur sie bewachen, wenn sie etwa ungeniert im Meer baden wollte. Er sollte auch, wie schon der Name sagt, ihre Wohnungen und ihre Pferde beschützen. Die schwarze Dogge »Shadow« war wie ein »Schatten« stets um sie und »Dragon«, ebenfalls eine Dogge, besaß die Kraft eines Drachen. Als im November 1875 ihr »Shadow« schwer erkrankte, weinte sie bitterlich und erlöste ihn von seinem Leiden, indem sie ihn »selbst an Blausäure schnuppern ließ«[45], wie Gräfin Festetics mitteilte. Sie ließ ihrem Lieblingshund im Garten von Gödöllő eine würdige Grabstätte errichten und trauerte um ihn wie um einen Menschen. Der Tod des Erzbischofs Othmar von Rauscher, ihres einstigen Widersachers, eine paar Tage später am 14. November 1875 bekümmerte sie hingegen nicht.

Elisabeths Hundeliebe war Ausdruck ihrer Einsamkeit und ihrer fortwährenden Suche nach Nähe. Sie brauchte ihre Hunde zum einen als Ersatz für fehlende Sozialpartner, aber auch, um unerfüllte Dominanzwünsche zu erfüllen. Ein gut erzogener Hund signalisiert nie Ablehnung, gibt keine Widerworte und freut sich, wenn Frauchen nach Hause kommt. »Wer wird mehr Freude haben, mich wiederzusehen«, fragte Elisabeth Ida Ferenczy, »Du oder Horseguard?«[46] Die Antwort enthält ein Brief an ihre Tochter Gisela aus Bad Kissingen, wo sie im Juli 1865 einsame und traurige Tage verlebte: »Ich bin so froh, Horseguard hier zu haben, er hatte eine furchtbare Freude, als er mich sah und erdrückte mich fast mit seinen Armen [...].«[47]

Heilige Kühe – himmlische Milch

Elisabeth hatte auch ein Faible für Kühe und deren Milch. Die Verehrung von Rindern ist so alt wie die Menschheit. Im Alten Ägypten galten Kühe als heilig und in Indien ist das noch heute so, wo Kühe als Abbild der »göttlichen Kuh Kamadhenu« betrachtet werden. Ihre Verehrung geht auch auf die Legende zurück, dass Gott Krishna als Hirtenjunge in einer Kuhherde heranwuchs. Wer eine Kuh tötet, wird mit schlechtem Karma bestraft. In alten indischen Schriften, den Veden, wird die Kuh sogar als Göttin erwähnt, als Mutter, die den Menschen alles zum Leben gibt, nicht nur Milch, die als reines und auch auf spiritueller Ebene reinigendes Getränk gilt. Selbst der Himmel wurde als eine mit vier Beinen auf der Erde stehende, Nahrung spendende Kuh angesehen. Auch in Bayern und Österreich sind noch heute Rinderkulte bekannt, wo Kühe etwa im Herbst beim Almabtrieb festlich geschmückt ins Tal geführt werden, womit Bauern, Senner und Hirten Gott dafür danken, dass das Vieh wieder gesund von der Alm zurück in den Stall kommt.

Da Elisabeth größten Wert auf ihre schlanke Figur legte, war ihr Lieblingsgetränk Milch. Ihr persönliches Milchglas, ein farbloses Trinkglas mit Facettenschliff, Goldrand und oktogonal hochgewölbtem und mit Tulpen verziertem Deckel aus Pressglas, erinnert an einen sakralen Kelch. Es war in einer aufwendig gefertigten Lederkassette aufbewahrt und musste auf allen Reisen mitgenommen werden, da sie Milch täglich genoss. Es gab auch Tage, an denen sie ausschließlich von Milch lebte, wie ihr Hofdame Irma Sztáray berichtete. Kühe waren ihr heilig und sie sah sich europaweit nach den besten Rassen um, um zu erkunden, welche Milch ihr am besten mundete. Im Schlosspark von Schönbrunn wurde für sie im Tiroler Garten eigens eine Meierei eingerichtet, das »Schweizerhaus«, so benannt nach den »Schweizern«, wie man die Melker nannte. Mit der Zeit entstand eine regelrechte »Kuh-Residenz« mit Ställen, einer Milch-, Siede- und Futterkammer, einem Düngerplatz und einer Güllegrube. Im Stall standen auserlesene Kühe unterschiedlicher Rassen, die sie auf ihren Reisen selbst ausgesucht und nach Wien geschickt hatte. Drei Räume im ungarischen Bauernstil standen ihr zur Verfügung. Neben einem Vor- und Toilette-Zimmer liebte die Kaiserin besonders das ungarische Speisezimmer, an dessen Wänden 20 Gemälde verschiedener Rinderrassen und Fotografien ungarischer Kühe hingen, die sie interessiert betrachtete. Dieser Raum war vergleichbar mit der erwähnten »Reitkapelle«.

Ihre Milchwünsche äußerte sie sehr dezidiert. So verlangte sie von Ida Ferenczy etwa: »Heute abends möchte ich wieder ein kleines Gläschen von der Lipizzaner Kuh, eines von der Aninger, immer Mittagsmelke.«[48] Das Neue Wiener Tagblatt berichtete, dass die Kaiserin oft »Wochen hindurch ausschließlich bloß Milch trank. Durch die ausschließliche Milchkost hatte sich, nebenbei bemerkt, der Geschmack der Kaiserin derart verfeinert, daß sie, sobald sie nur einen Schluck Milch nahm, sofort genau sagen konnte, welcher Race die Kuh entstammte, die diese Milch geliefert und ob die Nahrung des Thieres in Trocken- oder in Grünfutter bestand.«[49]

Einmal beobachtete der Vorleser Christomanos die Kaiserin beim Milchtrinken und notierte:

> »Wenn sie ihre Milch trinkt, deren Zubereitung und Verwahrung sie mit einem fast religiösen Zeremoniell vornehmen läßt, wirft sie ihren Kopf zurück wie unter einem geistigen Raptus oder infolge der Intensität einer seelischen Berührung ...«[50]

Selbst auf den Seereisen der Kaiserin mussten auf den Yachten zwei Kühe mitgeführt werden, um ihr täglich kuhwarme Milch kredenzen zu können. Da die Kühe leicht seekrank wurden, nahm man schließlich seetüchtigere Ziegen mit, von denen die Trinkmilch geliefert wurde.

An Elisabeths letzte Nahrung, die sie eine Stunde vor ihrem Tod zu sich nahm, erinnerte sich ihre Hofdame Irma Sztáray: »Die Kaiserin trank mit sichtbarem Genusse ein Glas Milch. ›Majestät‹, mahnte ich, ›es ist 1 Uhr 30 Minuten, gehen wir, wir verspäten uns!‹ – Sie aber schwenkte jetzt mit vollster Seelenruhe das Glas aus, aus dem sie getrunken hatte und reichte es mir dann mit einem unendlich lieben Lächeln: ›Na, na, Irma, erst kosten Sie diese herrliche Milch.‹ Das Glas zitterte in meiner Hand und eine nervöse Angst bemächtigte sich meiner, während ich daraus trank«[51], denn der Raddampfer Genève würde in wenigen Minuten abfahren. Eine andere Hofdame, Ida Ferency, die sich stets um die Milchwünsche der Kaiserin besonders kümmerte, »erhielt als letztes Geschenk von ihrer Herrin eine kleine silberne Kuh«[52] und erbte den Schlüssel der Meierei.

Delfine – lachende Philosophen

Das Erste, was die Kaiserin beim Besuch des Achilleion erblickte, war ein im Wasser lebendes Tier, oft als Fisch bezeichnet, in Wahrheit aber ein Säugetier wie Hunde und Pferde. »Das kaiserliche Boot landete«, schreibt ihr Vorleser Christomanos. »Sie stieg auf den weißen, marmornen Molo aus, der mit einem steinernen Delphin geschmückt ist. Die Kaiserin hatte mir ihn schon vom Schiffe gezeigt mit den Worten: Sehen Sie dort, das ist mein lachender Philosoph, der wird mich als erster empfangen.«[53]

Im ganzen Haus war überall der Delfin zu sehen, das der Thetis, der Mutter Achills, heilige Tier. Als Symbol für die Verbindung zwischen Wasser und Erde, Leben und Tod fand sich der Delfin eingraviert auf dem Besteck, auf Gläsern und Vasen, auf Briefpapier, als Malerei auf dem Porzellan und sogar als Stickerei auf dem Bademantel der Kaiserin, die den Delfin nicht nur wegen seiner Intelligenz schätzte. Wie schon Griechen und Römer, so war auch sie von der menschenfreundlichen Art der Delfine fasziniert und von Geschichten, in denen Delfine Menschen vor dem Ertrinken retteten, indem sie diese auf ihrem Rücken ans Ufer trugen. Kenntnis hatte sie auch davon, dass von Griechen und Römern diese besonderen Säugetiere als Führer der Verstorbenen ins Totenreich verehrt wurden und Sarkophage und Gräber deshalb auch mit Delfinen verziert waren. Der Delfin war ein heiliges Geschöpf, das man nicht töten durfte. Auch auf christlichen Grabsteinen fanden sich später Abbildungen von Delfinen als Symbole der Menschenfreundlichkeit Gottes, der in Jesus Christus den Tod überwand. Als einer Legende nach der heilige Kallistratos von dem Christenverfolger Kaiser Diokletian ins Meer geworfen wurde, kamen zwei Delfine und brachten ihn ans Ufer.

Wie es heißt, sind Delfine stets wach, da abwechselnd immer nur eine Gehirnhälfte schläft. Über Gott heißt es in einem Psalm: »Denn der dich behütet, schläft nicht.« Wie Gott ist somit auch der Delfin stets wach. Als im Meer lebendes Säugetier verbindet der Delfin Land und Wasser mit dem Himmel, wo er auch als Sternbild zu sehen ist. Es verwundert nicht, dass Elisabeth den Delfin als Mittler zwischen den Welten mit einer Krone schmücken ließ und ihn zum Symbol des Achilleion erhob.

Schicksalsvögel – Möwen, Schwalben, Raben

Einen Vogel gab es, mit dem sich die Kaiserin ganz besonders identifizierte: die Möwe. Diese Vögel leben in völliger Freiheit auf dem Land, folgen den Schiffen auf dem Meer und ziehen ihre Kreise unterm Himmel. Auf diese Weise verbinden sie wie Delfine ebenfalls drei Welten. Elisabeth betrachtete sie als ihre Seelentiere und ihre Verwandten:

> »Die Möven, die sind meine Schwestern, / die fühlen dasselbe wie ich, / Sie können nicht rasten, noch ruhen. / Er [ihr geliebter Achill] ziehet sie immer zu sich.«[54]

Wie die Möwen liebte es auch sie, ständig Grenzen zu überschreiten, und fühlte sich schon zu Lebzeiten als Möwe, wie etliche Verszeilen in ihrem »Poetischen Tagebuch« belegen:

> »Eine Möve bin ich von keinem Land. / Meine Heimat nenn ich keinen Strand. / Mich bindet nicht Ort und nicht Stelle, / Ich fliege von Welle zu Welle.«[55]

Sie war überzeugt, sich nach ihrem Tod in diesen Vogel zu verwandeln. In einer Vollmondnacht gleitet sie dann über die Länder der Welt, um dem von ihr geliebten griechischen Helden Achilleus zu begegnen.

> »Und sieh' im weißen Mövenkleid / Breit' ich die Fittig aus, / Zieh über Länder viel und weit, / Ob Strom, ob Wald und Haus.«[56]

Möwen wurden für Elisabeth zu Gottheiten der Luft. Als Wesen des Luft- und Lichtreiches, die über den Häuptern der Menschen schweben, galten sie ihr als Symbole der in diesen Sphären wohnenden Geister und Götter. Schon die Ägypter glaubten, dass die Seele in Gestalt eines Vogels das Grab verlassen könne. Dies schien auch Elisabeth gewusst zu haben, wie folgende Verszeilen belegen:

> »Eine Möve kommt geflogen, / (Meine längst verstorb'ne Seele.) / Und sie kreist in kleinem Bogen / Spähend nur nach jener Stelle.«[57]

Gemeint ist die Todesstelle im Starnberger See, aus der in diesem Gedicht die Seele Ludwigs II. in Gestalt eines Adlers auftaucht und sich mit der Möwe über sein tragisches Ende unterhält. Für Elisabeth waren es also vor allem Möwen, mit denen sie sich identifizierte. »Die Möven sind meine Schwestern, die Adler sind Brüder mir«[58], äußerte sie in einem anderen Gedicht. Diese Vögel begleiteten sie tagelang auf ihren Meerfahrten. »›Bei jeder Reise‹«, erzählte sie ihrem Griechischlehrer Christomanos, »›fliegen die Möwen hinter meinem Schiffe her [...] und jedesmal gibt es eine dunkle, fast schwarze darunter, wie diese hier.‹ Sie zeigte dabei auf eine dunkle Möwe, die an der Spitze aller anderen flog und fügte hinzu: ›Diese einzige kommt dann bis knapp vor Korfu mit. Einigemale hat mich meine schwarze Möwe während einer ganzen Woche begleitet, von einem Kontinent zum andern. Ich glaube, sie ist mein Schicksal.‹«[59] Die schwarze Möwe betrachtete sie also als ihren Schicksalsvogel, in eine weiße Möwe wollte sie sich aber nach ihrem Tod verwandeln, um als Seelenvogel den Adler König Ludwig II. zu begleiten. Schon die Römer deuteten den Flug des Adlers als Aufstieg des verstorbenen Kaisers in das Reich des Lichts.

Als Symbole der Freiheit hatte für Elisabeth auch die Schwalbe Bedeutung. Warum das so ist, verriet sie in ihrem an Franz Joseph gerichteten Gedicht »Novemberphantasie«, in dem sie ihre gestorbene Liebe beklagt und ihm gesteht, weshalb sie ihm nicht treu sein kann:

> »Du ahntest nichts von meinen Schwingen, / Was Schwingen hat, ist niemals treu; / Nie lässt sich in den Käfig zwingen, / Und wär' er golden auch, was frei.
>
> [...] Die Schwalbe ruht in keinem Lande; / Wo sie noch heute gern geweilt, / Da sprengt sie morgen schon die Bande, / Ist leichten Fluges fortgeeilt.
>
> Selbst meine Möve wechselt Stelle; / Sie folgt mit weissem Flügelschlag / Der schaumbekränzten Meereswelle / Und gleitet stolzen Schiffen nach.
>
> Drum, denkst du dran, dich zu vermälen, / O Freund, befolge meinen Rat, / Schau' sorgsam d'rauf bei deinen Wählen, / Dass sie ja keine Flügel hat!«[60]

Auch Papageien – sie gelten als Krafttiere und Symbole für Weiblichkeit, Fürsorge und Mütterlichkeit – besaß Elisabeth in jungen Jahren. Der Papagei soll, wie es heißt, so viele Heilkräfte enthalten, wie in seinem Gefieder Farben zu finden sind. Die Farben seiner Federn spiegeln außerdem die unterschiedlichen Gefühle der Seele wider, und wegen seiner Flugkünste wird er oft auch als Wegweiser und Ratgeber angesehen. Als Elisabeth schwanger war, wollte ihr die Schwiegermutter den Umgang mit Papageien untersagen, da sie sich in ihrem Zustand leicht »verschauen« und ein behindertes Kind zur Welt bringen könnte, wenn sie Papageien zu intensiv betrachtete.

Rabenvögel waren für die abergläubisch veranlagte Kaiserin hingegen Unglücksboten, deren Erscheinen Leid und Tod ankündigen. Bisweilen legten sich lebensbedrohliche Schatten auf ihre Seele, die sie in einem Gedicht mit den Flügeln von Raben verglich:

»Um meine Seele lagen dunkle Schatten, / Die immer düsterer sie eingeengt / Gleich schweren, schwarzen Rabenschwingen hatten; / Und hoffnungslos im Innersten bedrängt, / Umrauschte sie vom fernen Styxgestade / Ein Luftzug der sich tödlich niedersenkt; / Ich fühlte sie ihm Leibe mir erstarren, / Du armer Leib, nun lasse dich verscharren.«[61]

In dem Gedicht »Ich habe verzweifelt« klagte sie nach dem Tod König Ludwigs II., den sie als »Schwan« bezeichnet, Gottes Unbarmherzigkeit an, der nur mit dem Unglück des Menschen spielt. Die Raben werden in diesen Zeilen zu Bildern ihrer bitteren Seelenqual und sogar die Bäume recken verzweifelt klagend ihre Äste wie Arme zum Himmel empor.

»Jehova! Ich habe verzweifelt / An deiner Barmherzigkeit, / Da ich die Raben gesehen / Mit all' ihrem schweren Leid.

Ich sah sie stürzen und fallen / Hinab in den tiefen Schnee, / Wo sie sich krümmten und wanden, / Verendend im bitt'ren Weh.

Den schwarzen Fittig gespreizet, / Das lichte Auge verdreht, / Ein himmelschreiender Vorwurf, / So war'n sie am Schnee versät.

Die kahlen Bäume die rangen / Die nackten Äste empor; / Es klang wie sprachloses Jammern, / Es ächzte ein stummer Chor.

Jehova! Ich habe verzweifelt / An deiner Barmherzigkeit, / Da ich den Frevel gesehen, / Der jüngst einen Schwan entweiht.

Verzweifelt lief ich am Ufer / Und schrie hinaus in den See: / ›Jehova hat uns verlassen, / Er spielt nur mit unserm Weh!‹«[62]

Drei Tage vor ihrem Tod, am Mittwoch, den 7. September, unternahm Elisabeth in Begleitung ihres Vorlesers Frederic Barker einen Ausflug ins Hochgebirge. In Rochers de Naye machte man eine kleine Pause. »Wir hatten schönes Obst mitgebracht«, erinnerte sich Barker. »Die Kaiserin aß davon mit großem Appetit und lud auch mich ein, davon zu nehmen. Da stürzte ein Rabe aus der Höhe herab, angelockt durch die Früchte; er streifte das Haar der Kaiserin und wurde verscheucht, worauf er sich auf einem Baume niederließ und die Luft mit Gekrächze erfüllte.«[63] Später wurde dieses Ereignis als Vorzeichen der Katastrophe gedeutet, die sich drei Tage später ereignete.

Die Natur erlebte die Kaiserin durchgehend beseelt und von Geistwesen bevölkert. Bei einem Ausritt mit ihrer Nichte Marie Louise bei Feldafing entdeckten die beiden an einem Tümpel Frösche, die Marie mit der Reitgerte neckte. »Laß die armen Dinger in Ruh«, bat Elisabeth, »es ist ihre Zeit, wo sie herauf zur Erde steigen, störe sie nicht. [...] Das sind keine Frösche und Kröten, es sind Wassergeister, die nur in solcher Gestalt zur Erde heraufkommen können.«[64] Und auf ihrem Lieblingsberg Jainzen bei Ischl freute sich die Kaiserin auch immer wieder auf die Begegnung mit den dort vorkommenden großen Salamandern, »wie man sie am Nil auch sieht, / Oben grün und gelb am Schosse / Und von harmlosem Gemüt. // [...] Meine lieben Salamander, / Meine Freunde, rufe ich, / Und sie kommen nacheinander / Aus den Felsen rings um mich. // Ach, wie werden sie sich freuen / Und die schwarzen Schwänzlein dreh'n / In den Äuglein, diesen treuen / Wer'd ich nur Willkommen seh'n. // [...] Ja, es sei'n auch manche drunter, / Wunderbar und hochgelehrt / Dass im Altertum mitunter / Sie als heilig man verehrt'.«[65] Salamander, so glaubte sie, würden sie auch »vor kleinen Skorpionen und bösen Schlangen« warnen, vor denen sie Angst hatte. »Dieses Gezücht stets hauste giftig / Dort, wo es nach Schwefel riecht.«[66]

Sisis Aberglaube

Auch wenn sich Elisabeth im Leben von der Vernunft leiten ließ und an gesicherten Fakten orientierte, so glaubte sie doch auch an Geister, übersinnliche Phänomene und an die Wirkung von seltsamen Ritualen und Glücksbringern. Als sie im Winter 1857 zum dritten Mal schwanger ist, kommen ihr »aus allen Ecken und Enden der Monarchie Ratschläge zu, wie sie sich in der Schwangerschaft benehmen solle, damit das Kind [endlich] ein Bub werde. Sie läßt sich diese immer vorlegen, denn ein bißchen abergläubisch ist sie und sehnt einen Sohn so innig herbei.«[1]

Evolutionsbiologen kennen neben dem bewussten, logischen und auf Vernunft basierenden Schlussfolgern des Menschen auch ein weitaus älteres System, das schon bei Tieren vorhanden ist und Erfahrungen intuitiv, gefühlsbetont und unbewusst verarbeitet. Darin läge eine wesentliche Wurzel für die Neigung des Menschen zum Aberglauben, der auch bei der Kaiserin ausgeprägt war.

Doch Aberglaube war mit dem christlichen Glauben nicht vereinbar und galt als Sünde gegenüber Gott. Deshalb kämpfte Elisabeths Vorgängerin, Kaiserin Maria Theresia, in ihrer Regierungszeit vehement gegen den Aberglauben, worin sie auch von ihrem Leibarzt Gerhard van Swieten unterstützt wurde. Wie er verurteilte sie ebenfalls alle abergläubischen Rituale und Amulette und auch jegliche Geisterbeschwörung, wie sie später von Kaiserin Elisabeth praktiziert wurde. Maria Theresia startete eine Kampagne gegen derartige Praktiken und forderte in einem Erlass »dergleichen veralteten Aberglauben auszurotten«[2]. Sie verurteilte jede Art von Scharlatanerie und war der Überzeugung: »Unsere Religion braucht nicht mehr solche Überzeugnisse [...], seithero daß Gott vor uns gestorben und uns erlöst hat [...].«[3] Zwischen Maria Theresia und Elisabeth wäre es diesbezüglich mit Sicherheit zu heftigen Auseinandersetzungen gekommen.

Abergläubische Rituale

Elisabeth kannte mehrere abergläubische Bräuche, so den Brauch der »Ovomantie«. Das Ei als Symbol werdenden Lebens, dessen Schale das Vogelküken so lange umhüllt, bis es alt genug ist, um zu schlüpfen, wird im Aberglauben dazu genutzt, um Erkenntnisse über die Zukunft zu gewinnen. Auch die Kaiserin schlug gelegentlich ein Ei auf und trennte den Dotter vom Eiklar. Das Eiweiß ließ sie dann in ein mit Wasser gefülltes Glas fließen. Aus den sich nun bildenden Formen suchte sie zukünftige Ereignisse herauszulesen.

Auch der alte Volksbrauch, sich mit Osterwasser zu waschen, war ihr bekannt. Sie beschrieb ihn in einem poesievollen Gedicht. Die Szene spielt sich an der Cerna ab, dem linken Nebenfluss der Donau in Rumänien. Elisabeth begegnet dort in der Nacht von Karsamstag auf Ostersonntag einer Nixe.

»In der stillen Osternacht, / Wenn in Vollmondsilberstrahlen / Cserna's Nixe tanzt und lacht, / Wo die Wasser rauschend fallen;

Wenn geheimnisvoll sie winkt, / Deutend auf die grünen Fluten, / Wie der Mondschein drauf erblinkt / Und sie schäumend fort sich sputen,

Dann nah ich des Flusses Rand / Lange vor dem Morgengrauen; / Und nach Osten hingewandt, / Darf ich regungslos nur schauen.

Doch die Nixe schöpft das Nass, / Und aus ihren weissen Händen / Fliesst es ohne Unterlass, / Schönheit, Jugend mir zu spenden.

Von dem Haupte rinnt und quillt / Sprühend mir der Silberregen, / Und die Nixe, wohl gewillt, / Gibt dazu noch ihren Segen.

Leise, dass sie kaum es hört, / Sprech' ich jene Zauberworte, / Die die Nixe mich gelehrt, / Heimlich erst an diesem Orte.

Nixe, was du zugesagt, / Sollt' es in Erfüllung gehen, / Wird die nächste Osternacht / Wieder hier bei dir mich sehen.«[4]

Seit alten Zeiten wird dem Osterwasser besondere Heil- und Segenskraft zugesprochen. Früher wuschen sich die Mädchen schweigend im fliegenden Osterwasser, um jung und schön zu bleiben, was diesen Brauch für Elisabeth besonders attraktiv machte.

Fotografieren ließ sich Elisabeth höchst ungern mit der Begründung: »Jedesmal wenn ich ein Photo [von mir] habe machen lassen, hatte ich Unglück.«[5] Sie betrachtete sich sogar selbst als unglücksbringend: »Es liegt ein Unstern über allem, was ich tue, und wer nur immer um mich ist, muß auch darunter leiden.«[6] Am 13. Mai 1888 warnte sie ihren Sohn Rudolf: »Ich bin ein Sonntagskind und ich stehe in Verbindung mit der andern Welt. Kann Glück und Unglück bringen.«[7] Deshalb solle er zu seiner Schwester Marie Valerie nie schlecht sein, da ihm dies Unglück bringen würde. »Darum erinnere dich an den 13.5.«[8] Rudolf, von der Drohung seiner Mutter beeindruckt, versprach es ihr.

In späteren Jahren glaubte Elisabeth daran, dass an sie gerichtete Glückwünsche ihr Unglück brächten. »Seit dem Tode des Kronprinzen war die mündliche Gratulation nicht gestattet«, erinnerte sich ihre Hofdame Irma Sztáray, die sich am Geburtstag der Kaiserin deshalb auch daran hielt.

»Ich nahm eine Schüssel voll Veilchen und mit dieser begrüßte ich die Kaiserin – stumm. ›Das ist lieb und warm, wie alles, was von Ihnen kommt‹, sagte sie. ›Wenn ich die Glückwünsche nicht liebe, so ist es deshalb, weil nach so vielem Unglück, das mich getroffen, jeder Glückwunsch mir als Hohn erscheint!‹ Einen Weihnachtsbaum gab es nicht. Die Kaiserin verlebte den Heiligen Abend in gänzlicher Zurückgezogenheit.«[9]

Wie leicht könnte doch auf die Freude an einem Christbaum ein nachfolgender Schicksalsschlag Trauer auslösen.

Wahrsagen und Kartenlegen

Wie eine Legende erzählt, habe eine Wahrsagerin Sisi schon in der Kindheit ihr Ende vorausgesagt. So spielte Sisi einmal mit ihrem Vetter Ludwig und mit ihrer Schwester Sophie im Schlosspark von Possenhofen. Da kam eine Zigeunerin vorbei und las den Kindern die Zukunft aus den Händen. Bei Ludwig erkannte sie den Tod im Wasser, bei Sisi das Ende durch einen spitzen Stahl und bei Sophie den Verbrennungstod. Viele Jahre später bewahrheiteten sich diese Vorhersagen: Ludwig II. endete im Starnberger See, Sisi wurde in Genf von einem Attentäter erdolcht und Sophie kam in Paris bei einer Wohltätigkeitsveranstaltung in den Flammen ums Leben.

»Einmal besuchte Tante Sisi«, so erinnerte sich ihre Nichte Marie Louise, »inkognito eine Kartenlegerin; doch sie weigerte sich, über die Enthüllungen der ›Seherin‹ Mitteilungen zu machen und sagte nur, daß sie ihr prophezeit habe, sie würde nicht in ihrem Bett sterben. ›Und das ist sehr wahrscheinlich‹, meinte sie, ›denn wenn Valerie erst erwachsen ist, werde ich in ferne Weltteile reisen, und einmal werde ich nicht wiederkehren.‹«[10]

Auch die Karten ließ sich die Kaiserin ab und zu legen und hoffte, auf diese Weise einen Blick in die Zukunft werfen zu können. Bei der Chartomantik oder Kartenlegekunst werden vom Wahrsager meist spezielle Spielkarten, z. B. Tarotkarten, benutzt. Der Kunde erfährt vom Kartenleger etwas über sich selbst, aber auch über andere Personen und über künftige Situationen. Seit dem 18. Jahrhundert war Kartenlegen weit verbreitet, auch wenn man eine davon abzuleitende ernsthafte Prognose schon damals eher als fragwürdig empfand.

Gegenstände, Amulette und Glücksbringer

Natürlich waren es auch alltägliche Dinge, die für Elisabeth Glücksbringer darstellten. Fand sie auf Spaziergängen ein Hufeisen oder -nägel, hob sie diese auf und ließ sie später sogar bronzieren oder vernickeln.

»Sie glaubte fest und steif an die Schutzgewalt des kalten Eisens«[11], erinnerte sich ihre Nichte Marie Louise. Wichtig war es ihr, dass sie das Hufeisen zufällig fand, ohne danach gesucht zu haben. Wenn noch mindestens drei Nägel in ihm stecken, bringt es besonderes Glück. Als fanatische Pferdeliebhaberin wusste die Kaiserin, wie wichtig Hufeisen zum Schutz der Pferdehufe sind. Auch der Spruch »Ein Nagel kann ein Hufeisen retten, ein Hufeisen ein Pferd, ein Pferd einen Reiter und ein Reiter ein Land« war ihr bekannt. Und so waren auch für sie Nägel und Hufeisen Symbole des Glücks, die Unglück und Krankheit abwenden konnten. Selbst die von der Kaiserin geschätzten Seeleute brachten Hufeisen an Schiffsmasten an. Damit das Glück nie herausfällt, darf die offene Seite des Hufeisens niemals nach unten zeigen. Bisweilen trug sie an einem Lederbändchen auch einen silbernen Miniatursteigbügel und eine Brosche mit der Nachbildung eines Pferdefußes in Silber.

Ein besonderer Glücksbringer für die Ungarn liebende Kaiserin war ein mit Erde des Krönungshügels gefüllter Behälter, der auf der Brust getragen werden konnte. 1867 ritt Franz Joseph nach der Krönung zum König von Ungarn auf diesen Hügel, der mit Erde aus den verschiedenen ungarischen Landesteilen aufgeschüttet worden war, hob sein Schwert in alle vier Himmelsrichtungen und schwor feierlich, das Land gegen seine Feinde zu schützen.

Einen Glücksbringer ließ sich Elisabeth sogar in die Haut einbrennen. Als sie sich Ende der Achtzigerjahre einen blauen Anker auf die Schulter tätowieren ließ, war nicht nur Franz Joseph darüber zutiefst erschüttert und fragte seine

Tochter Marie Valerie, ob sie »schon über diese furchtbare Überraschung geweint habe«[12].

Auch Kardinal Rauscher wäre sicher entsetzt gewesen, hätte er davon erfahren, hatte die Kirche doch schon ab etwa 300 n. Chr. ein Tätowier-Verbot erlassen, das durch Kaiser Konstantin bestätigt wurde. Gebot Gott nicht im Alten Testament: »Ihr dürft euch keine Schriftzeichen einätzen!«[13], wodurch er seinerzeit aber nur verhindern wollte, dass sich die Israeliten wie die Heiden Götternamen und Symbole in die Haut ritzen ließen. Doch die Kaiserin wollte sich bewusst stigmatisieren, um sich wie übrigens auch ihr Sohn Rudolf und Erzherzog Franz Ferdinand, die sich ebenfalls tätowieren ließen, auf diese Weise von der Norm-Gesellschaft abzugrenzen und ihre Zugehörigkeit zur subkulturellen Gruppe der aufmüpfigen Freigeister zu dokumentieren.

Mit diesem Zeichen der Seefahrer drückte sie aber auch ihre tiefe Verbundenheit zum Meer aus und erhoffte sich davon zudem mehr Halt im Leben und Stärkung ihres Selbstvertrauens. Der eingebrannte Anker wurde ihr auch ein unverlierbares Symbol für ihre Sehnsucht, immer wieder den Anker zu lichten, um in unbekanntes Terrain vorzustoßen. Tätowierungen waren ihr auch aus der Südsee bekannt, wo fern von der Zivilisation mit ihren Krisen sich unter Palmen und Sonne der Traum vom Paradies leben ließ. Ging bei der Erschaffung der Welt den Menschen das Paradies auch verloren, so wollte man sich wenigstens den Traum vom Garten Eden und den Mythos von der paradiesischen Südsee bewahren.

Elisabeth besaß auch mehrere Amulette[14], unter anderen die »mano cornuta«[15]. Es handelt sich dabei um eine Hand aus Silber, bei der Zeigefinger und kleiner Finger von der Faust abgespreizt waren. Dieses Amulett soll Unglück abwenden und gilt als volkstümliche Variante des »Auf-Holz-Klopfens«. Außerdem hatte sie auch eine offene Hand aus Silber, die Chamsa[16], die auf die fünf Finger an der Hand hinweist. Auf der Handfläche befanden sich Schriftzeichen. Dieses Glückszeichen sollte vor dem bösen Blick bewahren. Eine Medaille mit dem Heiligen Georg, der den Drachen tötet, sollte sie vor Gefahren schützen. Gerne trug sie am Handgelenk ein Armband mit diversen kleinen Glücksbringern, darunter eine dreifüßige Sonne, eine Marienmedaille, einen Totenkopf und eine goldene Hand mit ausgestrecktem Zeigefinger. Ein Medaillon enthielt eine Locke des Kronprinzen Rudolf, ein anderes den 91. Psalm der Bibel. Im Dezember 1888 erhielt auch Katharina Schratt von ihr »eine ›Unglück abwehrende Hand‹ [...] in Form eines Anhängers [...] und selbst der Kaiser wurde beständig mit glücksbringenden Kleeblättern und Glückskäfern beschenkt«[17].

In der Gegend von Gödöllő machten »wilde Hunde die Gegend unsicher, von denen man weiß, daß sie bereits Pferde angegriffen und deren Reiter aus dem Sattel gerissen haben«. Da Gyula Andrássy um die Sicherheit Elisabeths, die häufig allein weite Ausritte unternimmt, besorgt ist, »läßt er für sie einen kleinen, wunderschön gearbeiteten Damenrevolver anfertigen, eine ziselierte, in Gold angelegte Damaszenerarbeit. Auf dem Lauf ist sein Name und das in Südeuropa bekannte Zeichen gegen den bösen Blick eingraviert.«[18] Die Kaiserin führte diesen kleinen Revolver bei ihren Ausritten seither ständig mit sich.

Obwohl die Kaiserin nach dem Tod des Kronprinzen Rudolf nur noch schwarze Kleider und Trauerschmuck trug, waren schwarze Perlen für sie ein Unglückssymbol. Sie besaß nur ein Diadem mit schwarzen Perlen.

Menschliche Attribute

Auch bei Begegnungen mit Menschen kamen Elisabeths abergläubische Neigungen zum Vorschein. So fürchtete sie sich »vor dem bösen Blick«[19], der aus Missgunst entsteht und daher Unglück bringt. Dagegen hilft angeblich, dreimal über die linke Schulter zu spucken oder dreimal auf Holz zu klopfen, wodurch das Unglück angeblich abgewendet wird.

Begegnete der Kaiserin ein Buckliger, fragte sie, ob sie dessen glückbringenden Höcker berühren dürfe. Bei einem ihrer Kuraufenthalte in Amsterdam entdeckte sie bei einem Spaziergang einen Buckligen und ging sofort auf ihn zu, wie Marie Louise Wallersee-Larisch notierte:

> »Ich wollte die Kaiserin abhalten, aber sie war schon dicht bei dem Mann, da – ein Schlag, und der Fächer [der Kaiserin] flog zur Erde. Ich wußte nicht, wer die Hand gehoben hatte, aber ein drohendes Gemurmel versetzte mich in heillosen Schrecken.«[20]

Rasch hob die Gräfin den Fächer auf und zog ihre Tante über die Straße zu einer Trambahn, mit der beide der unerfreulichen Situation entfliehen konnten. Elisabeth amüsierte sich über dieses Ereignis, hatte sie Ähnliches doch schon einmal in Begleitung ihrer Hofdame Marie Festetics erlebt. In ihren Diensten stand der griechische Vorleser Constantin Christomanos, der klein und bucklig war und von dessen Begleitung sich die Kaiserin ebenfalls Glück versprach.

Ihre Nichte Marie Louise warnte sie einmal vor dem Zubettgehen: »Träume nicht von alten Damen, Marie, sie bringen Unglück.«[21]

Naturerscheinungen und Tiere

Ereignisse in der Natur, etwa Stürme auf dem Meer oder Gewitter, boten dem Aberglauben der Kaiserin mehrfach Nahrung. Beim Anblick eines Regenbogens sagte sie zu Marie Wallersee-Larisch: »Jetzt werden wir Glück haben, weil wir den Regenbogen sahen.«[22] Sie war sich auch sicher, dass Meerwasser Krankheiten heilen konnte und Stürme die aufgewühlte Seele zu beruhigen vermochten.

Bei Neumond betrachtete sie bisweilen den Himmel. So wie mit Zunahme des Mondes sich angeblich das Geld vermehrt, wenn das Mondlicht in die Geldbörse scheint, so könnten beim Blick in den Vollmond auch ihre Wünsche wahr werden.

Auch auf einige Tiere, unter anderem auf schwarze Katzen, bezog sich ihr Aberglaube. Wie ihre Nichte berichtete, machte Elisabeth beim Anblick einer Elster, dessen Geschrei sie ängstigte, »drei Verbeugungen«[23], um auf diese Weise Unglück abzuwehren. Ebenso flößte ihr die Begegnung mit Raben Furcht ein, wie sie dies in ihrem Gedicht »Ich habe verzweifelt« schildert, in dem sie vom Himmel stürzende Raben, die sich mit verdrehten Augen am Boden im Schnee krümmten als Unglücksboten beurteilte. Vielleicht dachte sie dabei an Heinrich Heines Liebeslied vom »Nachtraben«, das der Dichter selbst als »so schauerlich, so grauenhaft, so düster, wie eine skandinavische Nacht« bezeichnete, in dem aber »eine Liebe glüht, die an wilder Süße und brennender Innigkeit nicht ihres Gleichen hat, eine Liebe, die immer gewaltiger entlodernd, endlich wie ein Nordlicht emporschießt und mit ihren leidenschaftlichen Strahlen den ganzen Himmel überflammt.«[24] In diesem Lied will der Nachtrabe das Schiff mit dem König und der Königin versenken. Er lässt davon nur ab, weil ihm die Königin ihr Kind verspricht, mit dem sie schwanger ist. Die Ballade endet blutig. Der Sohn und dessen Braut, die den Raben in Stücke reißt, kommen ums Leben.

Ein Rabe war es auch, der sich, wie bereits erwähnt, drei Tage vor Elisabeths Tod bei einem Ausflug nach Rochers de Naye während einer Ruhepause aus der Höhe krächzend auf die Kaiserin stürzte und ihr Haar streifte, was nicht nur ihr Vorleser Frederic Barker für ein unheilvolles Vorzeichen hielt.[25]

Glaube an Flüche

»Glück haben wir alle nicht«, versicherte die Kaiserin einst ihrer Nichte Marie Louise, denn »auf uns lastet ein Fluch. Erst mit dem letzten von uns wird er erlöschen […] bis keiner von uns mehr da sein, bis unsere ganz Linie ausgestorben sein wird. Und das wird keine 100 Jahre mehr dauern.« Nach diesen Worten erzählte sie ihrer Nichte, dass dieser Fluch von der Mutter im Schloss Tegernsee am Tag der Hochzeit mit Herzog Max in Bayern ausgestoßen worden sei.

»Unsere Mutter hat uns einst verflucht«, so äußerte die Kaiserin. »Sie denkt längst nicht mehr daran und hatte es auch damals gewiss nicht ernst gemeint.«[26] Als Tochter von König Max I. Joseph wollte Ludovika nicht einen einfachen Herzog in Bayern zum Mann, sondern wäre lieber die Frau des Prinzen Miguel von Braganza, des zukünftigen Königs von Portugal, geworden, um dadurch portugiesische Königin zu werden. Doch sie wurde von ihrem Vater als Ehemann für Herzog Max in Bayern bestimmt, dem sie allerdings höchst gleichgültig war, hatte er doch andere Frauen im Kopf. Ganz offen gestand er, er liebe sie nicht und heirate sie nur aus Angst vor seinem energischen Großvater Herzog Wilhelm, dessen Anordnungen er sich nicht zu widersetzen wage. Nachdem sich Max und Ludovika bei ihrer Hochzeit in der Stiftskirche St. Quirinus zu

Tegernsee am 9. September 1828 das erzwungene Ja-Wort gegeben hatten, murmelte Ludovika beim Werfen des Brautstraußes: »Dieser Ehe und allem, was daraus hervorgeht, soll der Segen Gottes fehlen bis ans Ende!«[27]

Diesen Fluch, so berichtete Elisabeth weiter, habe die Seele eines Mönchs vom Kloster Tegernsee gehört, der vor langer Zeit sein Keuschheitsgelübde gebrochen habe, als er eine frühere Geliebte wieder traf. Daraufhin wurde er zur Strafe im Kloster eingemauert und starb jämmerlich.

»Du weißt«, sagte die Kaiserin, »daß arme Seelen zwar nicht für sich selbst, aber für andere beten dürfen.« Die Seele des Mönchs habe von Gott die Erlaubnis erhalten, allen jenen im Tod beizustehen, die von dem Fluch betroffen seien. »Und mit dem Letzten von uns«, so endete die Kaiserin, »wird auch er erlöst sein.« An diesen Fluch glaubte Elisabeth nach Aussage ihrer Nichte felsenfest. »Ehe hundert Jahre vergangen sein werden, ist unser Stamm erloschen.«[28] Da der Wahrheitsgehalt von Marie Wallersees Erinnerungen von Kritikern allerdings immer wieder angezweifelt wird, sei auch Ludovikas Fluch, von dem ihr die Kaiserin erzählt habe, angeblich nur eine Legende. Doch dass die Ehe ihrer Mutter mit Herzog Max nur erzwungen und daher höchst unglücklich war, das wusste Elisabeth, der auch der mütterliche Fluch durchaus nicht abwegig erschien. Bis zum Erlöschen des herzoglichen Stamms vergingen tatsächlich nur etwas mehr als hundert Jahre. Luitpold Emanuel, der letzte männliche Nachkomme aus der Linie der Herzöge in Bayern, starb im Jahre 1973.

Es lastete aber noch ein weiterer Fluch auf dem Haus Habsburg. Franz Joseph, gerade Kaiser geworden, ließ im September 1849 beim »Blutgericht von Arad« 114 ungarische Revoluzzer hinrichten, darunter Graf Lajos Batthyány (1807–1849), Ungarns ersten Ministerpräsidenten, und 13 Generäle, um damit ein Zeichen gegen die ungarischen Separationsabsichten zu setzen. Batthyánys Mutter, die Franz Joseph vergeblich um Gnade angefleht hatte, verfluchte daraufhin den Kaiser mit den Worten:

> »Himmel und Hölle soll [sic!] sein Glück vernichten, sein Geschlecht soll vom Erdboden verschwinden, und er selbst soll heimgesucht werden in den Personen derer, die er liebt! Sein Leben sei der Zerstörung geweiht und seine Kinder sollen elend zugrunde gehen!«[29]

Der doppelte Fluch durch Ludovika und Batthyánys Mutter sollte nicht nur bei Kaiserin Elisabeth auf schreckliche Weise in Erfüllung gehen. Er erfüllte sich auch bei Franz Josephs Bruder Maxmilian, dem Kaiser von Mexiko, seinem Sohn, dem Kronprinzen Rudolf und seinem Neffen Erzherzog Franz Ferdinand, der in Sarajewo ermordet wurde.

Angeblich lag auch auf einem berühmten Diamanten ein Fluch, der nicht nur Elisabeth traf. Dabei handelte es sich um den Fluch des viertgrößten Diamanten der Welt, des berühmten »Florentiner«, der auch unter den Namen »Großherzog der Toskana«, »Österreicher« und »Schicksalsstein« bekannt wurde, da es Gerüchte gab, er sei verflucht und für den Untergang seiner Besitzer verantwortlich. Der funkelnde Stein von gelber Farbe und großer Klarheit, der angeblich aus Indien stammt, hatte ein Gewicht von 137,2 Karat und die stattliche Größe einer Walnuss. Angeblich befand er sich zuerst im Besitz von Karl dem Kühnen von Burgund, der im Januar 1477 in der Schlacht bei Nancy zu Tode kam, womit ihn der Fluch als Ersten traf. Sein gefrorener Leichnam lag auf dem Schlachtfeld mit gespaltenem Schädel und von Wölfen und Hunden angefressen. Bei sich soll er den »Florentiner«-Diamanten getragen haben, der über mehrere Hände in den Vatikan gelangte und weiter an die berüchtigte und mächtige Familie der Medici, die durch Morde, Intrigen und Verschwörungen an die Macht kam. Auch sie ereilte der Fluch des »Florentiners«, als 1737 mit dem Tod des letzten Großherzogs Gian Gastone, der einsam, deprimiert und kinderlos starb, die Dynastie des Medici-Clans dem Untergang geweiht war.

Danach kam der Stein in den Besitz von Franz I. Stephan, dem Großherzog der Toskana und Ehemann der Kaiserin Maria Theresia, und damit in die Hände der Habsburger. Franz I. Stephan ließ den Diamanten in die Hauskrone des Hauses Habsburg einarbeiten, die er 1745 bei seiner Krönung zum Kaiser des Heiligen Römischen Reiches Deutscher Nation trug. Nach seinem plötzlichen Tod 1765 erhielt seine Tochter Marie-Antoinette den »Florentiner« 1770 als Geschenk zu ihrer Vermählung mit dem künftigen französischen König Ludwig XVI. Ihr Leben endete tragisch. 1793 wurde sie während der Französischen Revolution enthauptet und in einem Massengrab verscharrt. Nun kam der »Florentiner« in die Hände Napoléon Bonapartes, der den Diamanten seiner zweiten Frau Marie-Louise von Österreich 1810 zur Hochzeit schenkte. Nach seiner Verbannung 1815 auf die Insel St. Helena, wo er 1821 auch starb, musste seine Frau Marie-Louise aus Frankreich nach Österreich fliehen, wobei es ihr trotz der Beschlagnahme ihres persönlichen Besitzes durch den französischen Staat gelang, den »Florentiner« nach Österreich zu retten. Ihr Vater Franz I.[30] ließ den Stein in seine österreichische Kaiserkrone einfügen, aus der ihn Kaiser Franz Joseph I. allerdings 1888 wieder entfernen und in ein Halsband für Elisabeth einarbeiten ließ. Sie trug diesen Schmuck nur einmal beim Staatsbesuch des deutschen Kaisers 1888. Nach Gerüchten soll sie das Halsband mit dem »Florentiner« jedoch auf ihre letzte Reise 1898 mitgenommen und im Safe des Hotels »Beau-Rivage« deponiert haben, wobei angeblich ihr Inkognito aufgeflogen und dadurch ihrem Attentäter Luigi Lucheni ihre Anwesenheit bekannt geworden sei, der sie dann am 10. September 1898 mit einer spitzen Feile erstach.

Nach ihrem Tod wurde der »Florentiner« zusammen mit anderen Preziosen des Kronschatzes im Gewölbesaal der Wiener Hofburg aufbewahrt. Dort blieb er bis zum Untergang der Habsburgermonarchie 1918. Hierauf wurden die Reichsinsignien und Kronjuwelen des Hauses Habsburg, darunter auch der »Florentiner«, aus der Wiener Schatzkammer in die Schweiz gebracht. Kaiser Karl I. musste sich mit seiner Familie ins Exil nach Madeira begeben. Nach dem Tod ihres Mannes – auch er starb wie Napoleon im Exil –, kehrte Kaiserin Zita in die Schweiz zurück. Der »Florentiner« aber war infolge von Betrügereien verschwunden und ist seither nicht wiederaufgetaucht.

Noch an einen vierten Fluch glaubte Elisabeth: an den »Fluch von Lacroma«, der sich auf die kroatische Insel vor der Küste von Dubrovnik bezieht. Ihre Tochter Marie Valerie vertraute dazu ihrem Tagebuch an: Am 2. Juni 1889 habe der kaiserliche Leibarzt Dr. Hermann Widerhofer »scherzweise erzählt: die Benediktiner, denen früher die Insel Lacroma gehörte, hätten, als dort das Stift aufgehoben worden sei, einen Fluch getan, dass alle Besitzer desselben auf eine tragische Art enden sollten. Dies traf bei der ersten Familie schon ein, die alle durch Mord oder Selbstmord endeten. Dann kam der Besitz an Onkel Max. Dann gab es eine Ausnahme – ein Bankier, der noch lebt, und darum verlacht Wiederhofer [sic!] die ganze Sache – und endlich an Rudolf. – Da ich glaube, gehört zu haben«, schreibt Marie Valerie, »dass die Insel jetzt an Papa kommt, sagte ich, ich müsse die Sache Mama sagen, worauf Wiederhofer dringend bat, zu schweigen, bis er Authentisches darüber sagen könne.«[31]

Sechs Tage später dann Valeries Tagebuchnoitz vom 8. Juni 1889:

> »Wiederhofer liess mir [...] sagen: Der Fluch der Benediktiner (Lacroma) stehe in einem noch erhaltenen Buch. So erzählte ich es heute Mama, die natürlich Papa bitten will, die Insel, welche jetzt der kleinen Erzsi [der Tochter Rudolfs] gehört, zu verkaufen.«[32]

Die Legende von diesem Fluch erzählt Folgendes: 1023 brach ein großes Feuer in Dubrovnik aus und die Einwohner der Stadt versprachen dem Heiligen Benedikt, auf der Insel Lacroma (heute: Lokrum) ein Kloster zu errichten, wenn er das Feuer erstickte. Das Wunder geschah und auf Lacroma ließen sich die »Schwarzen Benediktiner« nieder, wie man die Mönche wegen ihrer schwarzen Kleidung nannte. 775 Jahre lebten sie ungestört auf der Insel, doch 1798 befahl ein französischer General die Schließung des Klosters und die Ausweisung der Benediktiner. In der Nacht, bevor die Mönche ihre Heimat verließen, umkreisten sie dreimal die Insel mit umgedrehten Kerzen, sodass das Wachs zu Boden tropfte. Dabei murmelten sie den Fluch: »Wer Lacroma erwirbt, soll verflucht sein.« Nach dem Wegzug der Mönche wollten vier Dubrovniker Adlige die Insel in Besitz nehmen. Doch der eine wurde von seinem Diener ermordet, der andere ertrank und der dritte sprang von der Festung Lovrijenac in den Tod. Ein reicher Kapitän veräußerte aus Angst die Insel umgehend an Erzherzog Maximilian, den jüngeren Bruder Kaisers Franz Josephs, der als »Kaiser von Mexiko« von Aufständischen hingerichtet wurde, was seine Frau Charlotte in den Wahnsinn trieb. Maximilians Neffe, der die Insel erbte, ertrank bei einem Sturm. Der nächste Besitzer, Kronprinz Rudolf, beging bekanntermaßen Selbstmord und erschoss zudem seine Geliebte Mary Vetsera. Zwei Jahre nach Rudolfs Tod sollte die Insel im März 1891 den Benediktinern zurückgeben werden[33], wie Marie Valerie in ihr Tagebuch notierte. Doch die Mönche hatten sich geschworen, nie mehr nach Lokrum zurückzukehren. Trotz Elisabeths Warnung überredete Rudolfs Tochter »Erzsi« ihren Großvater Franz Joseph, die Insel zu kaufen, worauf der Fluch auf die Kaiserfamilie fiel: 1898 wurde Kaiserin Elisabeth erdolcht. 1914 wurden Erzherzog Franz Ferdinand und seine Frau Sophia erschossen und es kam zum Ersten Weltkrieg. 1918 zerbrach die Herrschaft der Habsburger in Österreich. Der Legende nach endet der Fluch erst dann, wenn sich selbst die kleinsten Wachsreste der Kerzen, die die Benediktiner in der Nacht des Fluches bei ihrer Prozession umgedreht hielten, in Nichts aufgelöst haben.

Flüche faszinierten Elisabeth übrigens auch in der Literatur. So machte »Florence Marryats Roman ›Das Blut des Vampirs‹ einen starken Eindruck auf sie«[34]. Die Heldin der Erzählung, Harriet Brandt, wird durch den Fluch ihrer Ahnen zu einer sogenannten »Auszehrerin«. Ihre Großmutter war von einer Vampirfledermaus gebissen worden. Ihr Vater, verheiratet mit einer von Blutdurst gepeinigten Schwarzen, experimentiert in Jamaika mit Menschenopfern, bevor er mit seiner Frau während eines Sklavenaufstandes ermordet wird. Harriet Brandt wächst im Kloster auf und kommt dann nach Europa. Menschen, die mit ihr in engere Berührung kommen, haben bald das Gefühl, als würde ihnen das Leben ausgesogen. Sie werden immer schwächer und sterben. Auch der Mann, den Harriet heiratet, geht so zugrunde. Da erfährt die »Auszehrerin« von dem sie belastenden Fluch und nimmt sich das Leben. Elisabeth ist von dieser Geschichte fasziniert, in der die Kraft von Flüchen schaurig vor Augen geführt wird.

Glaube an Geister

Elisabeth glaubte auch an Geister, weshalb sie angeblich nachts lange dunkle Gänge mied, die sie allenfalls in Begleitung einer Hofdame betrat. Spukenden Geistern, die einem begegnen, so ihre Ansicht, solle man eine heilige Messe lesen lassen, um sie zu beruhigen. Sie kannte auch die Prophezeiung, dass vor dem Tod eines jeden Mitglieds der Familie Habsburg diesem eine weiße Dame in der Wiener Hofburg und in Schloss Schönbrunn erscheint. Auch ihren Tod, so wird berichtet, habe ein Geist angekündigt.

> »Tief in der Nacht hatte sie eigenartige Visionen: ein Phantom erscheint ihr, das sie beständig anschaut, um dann bald wieder zu verschwinden. Sie ist darüber sehr beunruhigt [...]. Und am 30. August 1898 sieht Elisabeth, die sich in Caux [in der Schweiz] aufhält und am Balkon die kühle Nacht genießt, gegen Mitternacht ganz deutlich im Park des Hotels die Weiße Dame herumirren. Sie starrt sie beständig an, um sich schließlich aufzulösen.«[35]

Nach ihrem Tod soll Elisabeths Geist dann selbst an unterschiedlichen Orten erschienen sein und so noch heute im Schloss Schönbrunn umgehen. Augenzeugen, darunter drei Fremdenführer, bezeugen, im Toilettenzimmer der Kaiserin mehrfach die blassen Gestalten von ihr und ihrer Leibfriseurin Fanny Feifalik gesichtet zu haben. Auch auf dem Leopoldsberg, einer 425 Meter hohen Erhebung am Nordrand des Stadtgebiets Wien, habe sich ihr Geist gezeigt. Zu Lebzeiten unternahm Elisabeth auf diesen Berg gerne Ausflüge und genoss dabei den grandiosen Ausblick über die Dächer Wiens. Es ängstigte sie nicht, dass sich in dieser Gegend etliche Selbstmorde und andere tragische Unfälle ereignet hatten. Nach ihrem Tod soll sie dann am sogenannten Nasenweg erschienen sein, wie ein Augenzeuge berichtete:

> »Sie war schwarz-weiß, wie auf einem alten Foto, und sie ist zuerst gestanden und hat sich dabei so komisch eckig bewegt, total gruselig. Dann ist sie losgerannt, schneller als lebende Menschen laufen können.«[36]

Elisabeths Visionen

Elisabeth hatte eine Affinität zu hellsichtigen Menschen, zu denen sie etwa bei ihren Aufenthalten auf der Insel Korfu mehrfach Kontakt suchte. Im Achilleion hing im Schlafzimmer über ihrem Bett ein ovaler Toilettenspiegel, von zwei Greifen getragen, in den sie auch bei ihrem letzten Besuch in diesem Palast einen Blick warf. Mit einem leisen Knacken bekam der Spiegel einen Riss. »Ich glaube, ich werde das hier nicht wiedersehen«, sagte die Kaiserin daraufhin zu ihrer Hofdame. Und tatsächlich kam sie nie wieder nach Korfu. Immer wieder wurde sie selbst von Visionen heimgesucht. Zwei Beispiele zeigen, wie sie zum einen Vorgänge erlebte, die sinnlich nicht wahrnehmbar waren und lediglich subjektiv für sie real in Erscheinung traten, zum anderen sah sie aber auch Dinge voraus, die sich später tatsächlich ereignen sollten.

Nach dem Tod König Ludwigs II. erschien ihr dieser, aber nicht im Traum, sondern in wachem Zustand. Dabei, so erzählte die Kaiserin ihrer Nichte Marie-Louise von Wallersee-Larisch, sei sogar Wasser des Starnberger Sees ins kaiserliche Schlafgemach eingedrungen. Der Ablauf war folgender: Als sie im Bett lag, hörte Elisabeth vor der Türe »ein monotones Tropfen von Wasser [...] wie das des Wassers gegen den Strand. [...] Allmählich erfüllte dieses sanfte Sickern das ganze Zimmer, und ich durchlebte alle Nöte des Ertrinkens. Ich röchelte und erstickte und rang nach Luft, dann schwand das Grauen, mit letzter Kraft setzte ich mich im Bett auf und atmete wieder frei. [...] Da sah ich, wie die Tür sich langsam öffnete, und Ludwig kam herein. Seine Kleider waren schwer von Wasser, das an ihm herabtriefte und kleine Lachen auf dem Parkett bildete. Sein feuchtes Haar klebte um sein weißes Gesicht, doch es war Ludwig, wie er im Leben ausgesehen hatte.«[37]

Wie Sisi ihrer Nichte weiter erzählte, habe sie sich nun mit Ludwigs Geist unterhalten. Der König sprach von einer Frau, die ihn geliebt habe und die verbrennen würde. Bis sich ihr Geschick nicht erfüllt habe, werde er nicht frei sein. Danach, so erfuhr Elisabeth weiter, werde auch ihr (Elisabeths) Leben »ein rasches, jähes Ende finden. Sie werde aber nicht leiden müssen.« Und danach würden sie zu dritt glücklich sein im Paradies. Tatsächlich verbrannte Sophie, Ludwigs ehemalige Verlobte, im Jahre 1897 in Paris, und ein Jahr später wurde Sisi erdolcht. Und wie endete die Erscheinung? »Doch während ich sprach«, so die Kaiserin, »verschwand die Gestalt; wieder hörte ich das Tropfen eines unsichtbaren Wassers und das Gurgeln des Sees gegen das Ufer. Entsetzen fasste mich, denn ich fühlte die Nähe der Schatten jener anderen Welt, die ihre gespenstischen Arme nach dem Trost der Lebenden ausstrecken.«[38] Elisabeth versicherte ihrer Nichte, das alles sei kein Traum gewesen, diese Vision habe genauso stattgefunden.

Die Kaiserin war aber auch in anderer Hinsicht eine Visionärin. So sah sie bereits in den Achtzigerjahren den Untergang des Habsburgerreiches voraus, der erst 38 Jahre später und 20 Jahre nach ihrem Tod am Ende des Ersten Weltkriegs erfolgte. Das sogenannte »Gottesgnadentum«, also das Verständnis, ein Herrscher würde von Gottes Gnaden in sein Amt eingesetzt, hatte sich nach ihrer Ansicht längst überlebt. In den letzten Oktobertagen des Jahres 1918 löste sich die habsburgische Herrschaft in Österreich auf, die bis dahin 640 Jahre Bestand hatte. Das Sterben der Dynastie begann jedoch nicht erst mit dem Attentat auf den österreichischen Thronfolger in Sarajewo im Sommer 1914, sondern erheblich früher. Schon mehr als 100 Jahre zuvor krankte das Habsburgerreich an dem, was es im Jahr 1918 die Existenz kosten sollte.

Elisabeth warf nicht nur aus der Position eines der mächtigsten Herrscherhäuser Europas, deren Repräsentantin sie war, einen Blick auf die Ereignisse, sondern ebenso aus der Position der einfachen Menschen, die in Österreich lebten und für die das 19. Jahrhundert ganz und gar nicht die »gute alte Zeit« war. Diskret, insbesondere in vielen ihrer Gedichte, kritisierte sie die Verbohrtheit, an alten und überkommenen Traditionen und Handlungsweisen festzuhalten, anstatt die Zukunft als Chance für positive Veränderung zu sehen. Hellsichtig erahnte sie, wie die Kräfte und Ideen, die Möglichkeiten in sich bargen, sich dem stetig näherkommenden Ende entgegenzustellen, von den konservativen, reaktionären und nationalistischen Strömungen fortwährend unterdrückt wurden, obwohl es durchaus richtungsweisende Ansätze für eine gemeinsame Zukunft gegeben hätte. Sie befürchtete kriegerische Auseinandersetzungen, das Auseinanderdriften der Nationalitäten und dass die immer größer werdende Not der Menschen nach dem Tod Franz Josephs das Reich in den Untergang führen würde.

Schon 1882 sah sie aufgrund skandalöser familiärer und unruhiger politischer Entwicklungen hinter dem verklärten Bild des alten Kaisers und hinter der Walzerromantik den Untergang des Habsburgerreiches, worüber sie das Gedicht »Habsburg« verfasste:

> »Hallo Habsburg, was ist los? / Was starrst verzweifelt in den Schoß? / Und ringst die alten Hände? / Verhüllst das Haupt und seufzest schwer – / Das müde Auge tränenleer – / Denkst Du an unser Ende?

> Denkst Du der Sprossen, die Du gezeugt, / Die zynisch roh des Hauses Schand, / Gebärden sich, als wär das Land / der Tummelplatz ihrer Launen?
>
> [...]
>
> Mit Recht, o Habsburg, verhüllst Du das Haupt, / Mit Recht ringst Du die Hände. / Gedenkst Du der Sprossen, auf die Du gebaut / Und bedenkst Du das bittere Ende.«[39]

Ihre visionären Befürchtungen teilte sie auch ihrer Tochter Marie Valerie mit, wie diese in ihrem Tagebuch vermerkte:

> »Übrigens glaubt Mama, dass sich Österreich überhaupt nicht halten wird, wenn Papa nicht mehr ist, der durch die Macht seines Charakters und aufopfernde Güte die widersprechensten Elemente eint ... Nur die Liebe zu Papa halte die Völker Österreichs zurück, offen zu bekennen, wie sehr sie sich nach dem großen deutschen Vaterland zurücksehnen, aus dem sie verbannt sind.«[40]

Valeries Bruder Rudolf stimmte seiner Schwester nicht zu, dass sich Österreich wieder an Deutschland anlehnen solle, das den Höhepunkt der Macht doch schon überschritten habe. Bezüglich des drohenden Untergangs des Habsburgerreichs gab er ihr und seiner Mutter jedoch recht: »Wenn Papa einmal die Augen schließt«, schrieb er an Valerie, »wird es in Österreich sehr ungemütlich. Ich kenne, was dann folgt, nur zu genau und gebe Euch den Rat, dann auszuwandern.«[41]

Mit Rudolfs Tod existierte der potenzielle Nachfolger im Amt des Kaisers nicht mehr. Für seine Mutter war dies ein untrügliches Zeichen dafür, dass das Ende des Reiches immer näherkam.

Warum war Elisabeth abergläubisch?

Die Kaiserin besaß die Neigung, bedeutungsvolle Zusammenhänge in Ereignisse gedanklich hineinzuprojizieren, und stellte leicht Bezüge zwischen ursprünglich unzusammenhängenden Geschehnissen her, was als Zeichen für ihre Kreativität angesehen werden darf. Sie glaubte, dadurch Kontrolle über unsichere Situationen gewinnen und Gefühle der Machtlosigkeit reduzieren zu können. Für sie war das Handeln Gottes unkontrollierbar. Es ließ sich weder durch regelmäßige Gottesdienstbesuche noch durch tägliche Bittgebete zuverlässig beeinflussen. Gott war für sie unberechenbar. Er schien ihr so zu agieren, wie es ihm gerade in den Sinn kam, und unbegreifliche Ereignisse zuzulassen. Die Kaiserin aber hasste Kontrollverlust und Unsicherheit, vor allem wenn er sich in größerem Umfang ereignete. Dies bedeutete für sie eine empfindliche Bedrohung, der sie oft nicht mehr gewachsen war. Mithilfe ihrer abergläubischen

Rituale und Glücksbringer, so empfand sie zumindest, wurde das tägliche Chaos hingegen kontrollierbarer und die Welt etwas berechenbarer und verständlicher. Der Aberglaube konnte ihr also ein wenig helfen, mochte er rational gesehen auch Unfug sein. Nach kirchlicher Lehre ist Aberglaube jedoch eine Sünde, da man das Vertrauen, das man auf Gott allein setzen sollte, nichtigen Dingen schenkt und Hilfe von übermenschlichen, oft sogar diabolischen Wesen erwartet, wodurch Aberglaube zum Unglauben führen kann.

Elisabeths materialistische Weltsicht

Um es klarzustellen: Eine Verfechterin des »philosophischen Materialismus« war Kaiserin Elisabeth sicher nicht, wonach alles Sichtbare und Greifbare aus Materie besteht und alles, selbst Gedanken und das Denken, auf Materie zurückgeführt werden. Da diese Lehre nur von Sicht-, Hör-, Greif- und Messbarem ausgeht, existiert Gott nicht, da er weder sicht- noch messbar ist. Bei Anhängern des philosophischen Materialismus ist somit der Atheismus verbreitet. Bei Elisabeth war dies jedoch nicht der Fall.

Aber eine materialistische Lebenseinstellung lässt sich bei ihr durchaus beobachten. Es sind Werte wie Besitz, Luxus, Ruhm, Ansehen und Schönheit, die für Menschen mit materialistischem Weltbild im Vordergrund stehen und für sie der Maßstab für Zufriedenheit und Glück im Leben sind. Psychologen sind der Ansicht, dass ein Mensch umso unglücklicher ist, je materialistischer er eingestellt ist und dass eine derartige Lebensweise mit weniger Wohlbefinden einhergeht. Eine solche Person erlebt seltener Lebensfreude und Glück und entwickelt häufiger depressive Symptome als jemand, für den geistige Werte und soziale Beziehungen den Lebensmittelpunkt bilden. Diese Erfahrungen stimmen mit jahrtausendealten religiösen und philosophischen Erkenntnissen überein. Auch in der Bibel wird darauf hingewiesen, dass die Erfüllung aller Wünsche kein Schlüssel zum Glück sei. Statt nach materiellen Werten zu streben, sollte der Mensch geistige Güter sammeln. So fordert Jesus im Matthäus-Evangelium:

> »Sammelt euch nicht Schätze auf der Erde, die Motte und Fraß zerstören und die Diebe stehlen. Sammelt euch Schätze im Himmel! Niemand kann zwei Herren dienen; Ihr könnt nicht Gott dienen und dem Mammon. Deshalb sage ich euch: Seid nicht besorgt für euer Leben, was ihr essen und was ihr trinken sollt, noch für euren Leib, was ihr anziehen sollt! Ist nicht das Leben mehr als die Speise und der Leib mehr als die Kleidung? Betrachtet die Lilien des Feldes, wie sie wachsen: sie mühen sich nicht, auch spinnen sie nicht. Ich sage euch aber, dass selbst Salomo in all seiner Herrlichkeit nicht bekleidet war wie eine von diesen. Trachtet zuerst nach dem Reich Gottes und nach seiner Gerechtigkeit! Und dies alles wird euch hinzugefügt werden.«[1]

Wer sich primär um die eigene Person sorgt, leidet häufiger unter psychischen und physischen Problemen als sozial eingestellte Menschen. In psychischer Balance befindet man sich nur, wenn intrinsische Ziele und Werte überwiegen. Kaiserin Elisabeth kannte nicht nur die Worte der Bibel, sondern auch Heines Gedicht, in dem er von einer neuen Kirche spricht, die noch errichtet werden müsse:

> »Auf diesem Felsen bauen wir / Die Kirche von dem dritten / Dem dritten neuen Testament / Das Leiden ist ausgelitten.
>
> Vernichtet sei das Zweyerley, / Das uns so lang bethöret; / Die dumme Leiberquälerey / Hat endlich aufgehöret.
>
> Hörest du den Gott im finstern Meer? / Mit tausend Stimmen spricht er. / Und siehst du über unserm Haupt / Die tausend Gotteslichter?
>
> Der heilge Gott der ist im Licht / Wie in den Finsternissen; / Und Gott ist alles was da ist; / Er ist in unsern Küssen.«[2]

Auch Elisabeth suchte nach dem »dritten neuen Testament« zu leben und sich den Freuden des Lebens zuzuwenden, wozu ihr alle Mittel zur Verfügung standen. Doch infolge der selbst aufgezwungenen Hungerkuren entkam sie der »Leiberquälerey« nicht. Auch wenn für sie Gott »in allem, was da ist« existierte, so auch in der Natur, wollte sich ihr Lebensglück nie so recht entfalten, diente sie doch gleich mehreren Götzen, von denen sie sich Sicherheit, Zufriedenheit und Glück, eben ein angenehmes Leben erhoffte. Zwar sträubte sie sich immer wieder dagegen, wusste sie doch: Götzendienst, welcher Art auch immer, wurde von der Kirche als Sünde angeprangert.

Der Götze »Mammon«

Kaiserin Elisabeth verfügte in ihrem Leben über enorme finanzielle Mittel[3], die es ihr gestatteten, im Luxus zu schwelgen. Im April 1854 wurde sie im Alter von 16 Jahren Kaiserin von Österreich. Ab diesem Zeitpunkt stand ihr jährlich eine Apanage, also ein Gehalt von 100 000 Gulden zu – etwa 1,39 Millionen Euro[4] nach heutiger Kaufkraft. Diese Summe konnte sie für »Putz, Kleider, Almosen und kleinere Ausgaben« verwenden. Alles andere, also »Tafel [Nahrung], Wäsche und Pferde, Unterhalt und Besoldung der Dienerschaft und sämtliche Hauseinrichtung«[5] bezahlte ihr Gemahl Franz Joseph.

Zum Vergleich: Ein Arbeiter in Österreich, falls er bei der herrschenden Arbeitslosigkeit überhaupt Arbeit fand, verdiente in der damaligen Zeit bei sechs Arbeitstagen pro Woche und täglich zwölf bis 14 Arbeitsstunden höchstens 200 bis 300 Gulden im Jahr. Frauen verdienten nur die Hälfte und arbeitende Kinder lediglich einen Bruchteil dieser Summe. Um Elisabeths Apanage eines einzigen Jahres zu verdienen, hätte ein Arbeiter also rund 500 Jahre gebraucht. Einem Leutnant standen monatlich 24 Gulden zu, im Jahr also um die 290 Gulden. Einfache Soldaten verdienten weniger. Umso erstaunlicher ist es, dass Elisabeth ihrer Friseurin Fanny Angerer, die für ihre tägliche Haarpflege unersetzbar war, ein Jahresgehalt von stolzen 2000 Gulden zugestand, das dem Gehalt eines Universitätsprofessors entsprach und zehnmal so hoch wie das eines Arbeiters war. Elisabeth erhielt die 100 000 Gulden jährliche Apanage von 1854 bis 1875, also 21 Jahre lang, insgesamt also eine Summe von 2,1 Millionen Gulden.

Im Sommer 1875 ereignete sich dann Überraschendes: Franz Josephs Onkel, der steinreiche Ex-Kaiser Ferdinand, starb in Prag. Da er kinderlos war, bestimmte er seinen Neffen und Nachfolger Franz Joseph zum Universalerben. Damit kam ein unverhoffter Geldsegen ins Kaiserhaus, denn allein die Güter aus »Ferdinands des Gütigen« Erbe – manche nannten ihn auch »Ferdinand der Begüterte« – erbrachten jährlich einen Ertrag von mehr als einer Million und dazu ein Barvermögen von mehreren Millionen Gulden. Als Erstes erhöhte Franz Joseph nunmehr die Apanage seiner Frau von bisher 100 000 Gulden auf jährlich 300 000 Gulden. Dazu schenkte er ihr ein Vermögen von zwei Millionen Gulden zur persönlichen Verfügung. Damit war Elisabeths Privatvermögen auf einen Schlag erheblich angewachsen. Die jährliche Apanage von nunmehr 300 000 Gulden summierte sich in den folgenden 23 Jahren von 1875 bis zu ihrem Tod 1898 auf eine Gesamtsumme von 6,9 Millionen Gulden, mit den zusätzlich geschenkten zwei Millionen Gulden ergab sich sogar eine Summe von 8,9 Millionen Gulden. Zählt man noch die 2,1 Millionen Gulden Apanage aus den Jahren 1854 bis 1875 dazu, belief sich das Privatvermögen von Kaiserin Elisabeth auf 11 Millionen Gulden. Dabei ist Elisabeths kostbarer Schmuck nicht mitgerechnet, der einen Schätzwert von vier bis fünf Millionen Gulden hatte und den sie im Lauf der Jahre von ihrem Mann, aber auch von befreundeten Herrschern, wie etwa dem türkischen Sultan und dem Schah von Persien, erhielt.

Was aber tat Elisabeth mit ihrem ganzen Reichtum? Während der Kaiser bereitwillig alle ihre Extravaganzen bestritt, legte sie den Großteil ihrer Gelder ohne Wissen Franz Josephs in Pfandbriefen und Aktien der Staatsbahnen und der Donau-Dampfschifffahrts-Gesellschaft an. Zudem besaß sie unter Pseudonym mehrere Sparbücher, so bei der Ersten Österreichischen Sparkasse unter dem Namen »Hermenegilde Haraszti«. Einen Teil ihrer Gelder deponierte sie auch beim Bankhaus Rothschild in der Schweiz. Beim von ihr vermuteten baldigen Untergang der Monarchie wollte sie in die liberale Schweiz emigrieren, wo sie mit den dort deponierten Geldreserven versorgt sein würde und ihren aufwendigen Lebensstil hätte fortsetzen können.

Franz Joseph erfüllte indes alle Sonderwünsche seiner Frau. Er finanzierte ihre zahlreichen kostspieligen Reisen mit Aufenthalten in luxuriösen Hotels und ihre Leidenschaft für sündteure Pferde.

In den Jahren 1874 bis 1882 unternahm sie ihre acht großen Jagdreisen – jede dauert jeweils ein bis zwei Monate –, darunter fünf Reisen nach England, eine in die Normandie und zwei nach Irland, die insgesamt etwa eine Million Gulden verschlangen. Allein für die zweite Reise nach England 1876 betrugen die Kosten 106 516 Gulden und 93 Kreuzer[6] und für die erste Irlandreise 1879 sogar 158 337 Gulden und 48 Kreuzer[7].

> »Ein gewisser Herr Friedrichs aus Rotterdam richtete einen ironischen Brief an die Kaiserin, sie möge ihm doch die Kosten eines einzigen Jagdtages in England als rückzahlbares Darlehen vorstrecken, er brauche dringend Geld, um sein Geschäft fortführen zu können.«[8]

Elisabeth reagierte nicht darauf.

Auch die Bauten der Hermesvilla in Lainz – 1882 bis 1886 als Geschenk für Elisabeth errichtet – und des Achilleion-Palastes auf Korfu – 1889 bis 1891 erbaut – finanzierte Franz Joseph. Das Achilleion kostete weit über zwei Millionen Gulden und ebenso der Bau der Hermesvilla mehrere Millionen. Doch Elisabeth gefiel die Hermesvilla nicht sonderlich, was den Kaiser sehr enttäuschte. Und das Achilleion wollte sie im März 1893 sogar mit der Begründung schon wieder verkaufen: »Unsere Träume sind immer schöner, wenn wir sie nicht verwirklichen.«[9]

Franz Joseph riet ihr allerdings dringend davon ab. Millionen Gulden sozusagen also zum Fenster hinausgeworfen. Auch zu anderen Anlässen entlockte Elisabeth ihrem Mann immer wieder gigantische Geldbeträge. Es verwundert nicht, dass sie nach ihrem Tod ein beachtliches Barvermögen von mehr als zehn Millionen Gulden hinterließ, das heutzutage (Jahr 2020) etwa 145,8 Millionen Euro[10] entspräche, wobei die Immobilien nicht mitgerechnet sind.

Trotz der ihr zur Verfügung stehenden horrenden Geldmittel hatte Elisabeth im Grunde aber kein Verhältnis zu Geld. Sie wusste, dass es vorhanden ist und sie es mit vollen Händen ausgeben kann, da der Kaiser alle ihre Extravaganzen aus seinem noch gigantischeren Vermögen unterstützte. Das schien ihr auszureichen. Vom Wert des Geldes aber hatte sie wenig Ahnung. Bisweilen kaufte sie selbst Dinge ein, ohne darauf zu achten, was diese im Einzelnen kosteten. Für das Bezahlen waren ihre Begleitung oder der Hof zuständig, an den von den Geschäften größere Rechnungen geschickt wurden.

»Am 15. Dezember 1872 macht sie einen Ausflug nach Pest. Als sie mit Marie Festetics von der Ofener Burg einfach im Sikló [der kleinen Zahnradbahn] hinunterfährt, fragt sie im Kupee: ›Haben Sie Geld mit?‹ – ›Jawohl, Majestät.‹ – ›Wieviel?‹ – ›Nicht sehr viel, zwanzig Gulden.‹ – ›Das ist ja viel‹, meint Elisabeth. Sie will nämlich zu Kugler (Gerbeaud), dem weltberühmten Zuckerbäcker Pests, gehen und für Valerie Einkäufe machen. [...] Sie kauft freudig wie ein Kind ein und als ein großer Pack beisammen ist, fragt sie: ›Ist das nun für zwanzig Gulden?‹ Es war aber schon für hundertfünfzig!«[11]

Sie nahm es also als selbstverständlich hin, über reichlich Geld zu verfügen. Einmal äußerte sie: »Ich müßte eigentlich Gott danken, daß ich Kaiserin bin, denn sonst erginge es mir schlecht.«[12] Sie wusste also genau, dass sie es nur ihrer hohen Stellung verdankte, dass sie von allen Geldsorgen für immer verschont blieb. Ihr Vorleser Christomanos vermutete, die Kaiserin habe »dem Gelde jenen Kurswert gegeben, den es einzig und allein haben soll; er hängt von der Intensität ihres Wunsches ab. – Man sollte alle Sachen nach dem Werte bezahlen, den sie für uns haben. Es gibt nichts Absolutes in unserem Umkreis. Ich würde für ein Buch, das ich gerne haben möchte, oder für eine Blume, die sehr hoch auf einer Hecke steht, mehr ausgeben als für ein Haus.«[13]

»Überall, wo sie hinkommt, kauft die Kaiserin Unmengen ein, billig Souvenirs, aber auch sehr teure Sachen, die Yacht wird mit Waren vollgestopft.«[14] Oft gab sie vor, dass die erstandenen Objekte für ihre Kinder und Enkelkinder seien. Sogar wenige Stunden vor ihrem Tod tätigte sie noch einen letzten Einkauf in der Musikalienhandlung Baecker in der Rue Bonivard. Es ist ein riesiger Musikapparat mit 24 Platten für ihre Tochter Marie Valerie und deren Mann in Schloss Wallsee. Spontanes Shopping gehörte zweifellos zu den Lieblingsaktivitäten der Kaiserin. »In ganz Spanien«, so teilte Elisabeth im Januar 1893 ihrer Tochter Valerie mit, »liebe ich es am meisten. [...] Sehr lustige Negergeschäfte gibt es hier. Jeden Tag gehe ich in eines, und so ist es nur das Verdienst der Marie Festetics, daß ich noch nicht im Schuldturm sitze. Doch kann sie derart gut handeln, daß wir fabelhaft billig einkaufen.«[15] Bei diesen »Kaufräuschen« der Kaiserin wurden unzählige Objekte erstanden. »Ihre Majestät kauft derart viel Verschiedenes ein«, klagte Obersthofmeister Baron Franz Nopcsa, »daß das Schiff schon voll ist, da die nach Korfu bestimmten Gegenstände auch noch am Schiff sind.«[16]

Zu Elisabeths Diätsucht kam also auch noch eine Kaufsucht. Mehr als der Besitz oder das Konsumieren der Güter verschaffte ihr das Kaufen selbst Befriedigung. Die stimulierende Wirkung des Kaufs, die »Jagdlust«, interessierte sie mehr als die gekauften Objekte. Dabei entkam sie der Realität, vergaß den deprimierenden Alltag, wich Problemen aus und schirmte sich vor ihnen ab. Auch über ihre ungeliebte Position als Kaiserin konnte sie sich durch das spontane

Horten von Objekten hinwegtrösten. Eine echte Sammlerin, die sich durch die kenntnisreiche und ständige Beschäftigung mit den Gegenständen der Sammlung auszeichnet, war sie jedoch nicht.

Kaufen wurde für sie zum »Tranquilizer«, um ihre innere Unruhe zu betäuben und Depressionen oder Ängste zu unterdrücken. Kaufen wirkte aber auch als »Aufputschmittel«, um sich Glücksgefühle zu verschaffen. Sie beschenkte sich selbst, um die innere Leere in der Seele zu füllen. Eine der Ursachen lag sicher schon in ihrer Kindheit. Auch bei ihr förderte die weiblichkeitsspezifische Sozialisation passivere und emotionalere Verhaltensweisen. In der Folge schien sie mit den Jahren innere Konflikte eher unauffällig lösen zu wollen, wozu sich die Kaufsucht gut eignete. In gewisser Weise scheint der Kaufrausch für sie auch Partnerersatz gewesen zu sein. Mit ihren »Frustkäufen« oder »kompensatorischen Käufen« suchte sie auch immer Enttäuschungen jedweder Art kurzfristig auszugleichen und den ständig auftretenden Problemen und Konflikten auszuweichen.

Als sie im August 1866 im Alter von 29 Jahren nach Gödöllő kam, war sie von der Schlossanlage derart beeindruckt, dass sie den Wunsch äußerte, dieses Schloss zu erwerben. Doch Franz Joseph winkte ab, sie solle nicht daran denken, »denn ich habe im Moment kein Geld, und in diesen schweren Zeiten müssen wir wirklich streng sparen. Die Preußen haben auch auf unseren Familiengütern schwere Verwüstungen angerichtet, es wird Jahre dauern, das wieder in Ordnung zu bringen. [...] Fast die Hälfte der Pferde musste verkauft werden, und wir werden sehr bescheiden leben müssen.«[17] Doch Elisabeths Wunsch blieb nicht unerfüllt, da sie und ihr Mann das Schloss nach der Krönung zum ungarischen König und zur ungarischen Königin von der neuen ungarischen Regierung zum Geschenk erhielten.

Nun wollte die Doppelmonarchie Österreich-Ungarn ihren Glanz und ihre Macht auch präsentieren und was war besser dazu geeignet, als auf einer Weltausstellung in Wien der Weltpolitik eine Bühne zu bieten? Ab 1871 wurde mit den Vorbereitungen begonnen. In Wien stiegen die Immobilienpreise und an der Börse die Aktienkurse. Auch kleine Leute wollten endlich einmal Gewinner sein und spekulierten mit ihren kargen Ersparnissen, da von stetig steigenden Kursen ausgegangen wurde. Keiner erkannte, dass sich die Spekulationsblase unaufhaltsam aufblähte und kurz vor dem Platzen stand, als Kaiser Franz Joseph am 1. Mai 1873 die Wiener Weltausstellung eröffnete. Ein paar Tage später, am »Schwarzen Freitag«, den 9. Mai 1873, stürzten die Aktienkurse an der Wiener Börse ins Bodenlose. Anleger wurden zahlungsunfähig und Unternehmen gingen pleite. Es kam zu Bankeninsolvenzen, Panikverkäufen und Familientragödien. »Bankrotte Bankiers erschossen sich in ihren Palais, die Armen ertränkten sich in der Donau«[18], doch Wien feierte weiter, als sei nichts geschehen. »Pfui über die Zeit«, notierte Marie Festetics ins Tagebuch. »Der Eine mästet sich am Verlust des Anderen ... lebt vom Gewinn, der den Anderen zum Bettler macht.«[19] Für Elisabeth brachte der Börsenkrach keine Einschränkungen in ihrem luxuriösen Leben.

Ihre zweifellos vorhandene Verschwendungssucht war ihr jedoch nicht angeboren. Sie wurde vonseiten des Hofes, der eine Kaiserin zu finanziellen Extravaganzen ermunterte, und ebenso durch ihren Mann, der ihr alle Wünsche von den Augen ablas, geradezu forciert, auch wenn die Abgeordneten der Opposition im Parlament und das Volk im Nachhinein ihre finanzielle Maßlosigkeit heftig kritisierten. Als Herzogin in Bayern, verheiratet mit einem Fürsten von niedrigerem Rang, hätte sie sicher ein bescheideneres Leben führen müssen, auch wenn ihr Vater zwar nur Herzog in Bayern, aber durch das Erbe seines Großvaters ein erstaunlich reicher Mann war.

Ab 1882 bahnte sich dann ein Sinneswandel an. Die Kaiserin verkaufte ihre Pferde, löste in der Folge die Stallungen auf und zog einen Schlussstrich unter ihre bisherige Reitleidenschaft. Gründe dafür waren auftretende Ängste, rheumatische Beschwerden und die Tatsache, dass der Lieblings-Reitpilot Bay Middleton ihr nicht mehr zur Verfügung stand. Seit 1889, dem Todesjahr ihres Sohnes, versank sie mehr und mehr in Depressionen. Sie kleidete sich von da an nur noch in Schwarz und verschenkte den größten Teil ihrer farbigen Kleider, Taschen, Schuhe und Schmuck, wozu drei Diamantendiademe, die legendäre dreireihige Perlenkette, Smaragde, kostbare Ringe und die Diamantensterne für ihre Haarflechten gehörten. Gegenüber der bayerischen Schwägerin Marie José, die von ihr eine Brosche geschenkt bekam, bemerkte sie: »Das ist ein Andenken an die Zeit, wo ich gelebt habe«[20], und das war immerhin eine Zeit von 35 Jahren.

Die Götzen »Eitelkeit« und »Schönheit«

Elisabeth war eine eitle Frau und stolz auf ihr jugendliches Aussehen. »Ein starker Zug ihres Charakters war die Eitelkeit«, äußerte ihre Hofdame Irma Sztáray. »Sie konnte Qualen erdulden aus Eitelkeit.«[21] Die Kaiserin »betete ihre Schönheit an wie ein Heide seinen Götzen und lag vor ihr auf den Knien«, urteilte ihre Nichte Marie Louise von Wallersee-Larisch. »Der Anblick der Vollkommenheit ihres Körpers bereitete ihr einen ästhetischen Genuß; alles, was diese Vollkommenheit trübte, war ihr unkünstlerisch und zuwider.«[22]

Die Frage »Spieglein, Spieglein an der Wand, wer ist die Schönste im ganzen Land?« trieb sie bei ihrem zweiten Venedig-Aufenthalt im März 1862 dazu, Bilder von Schönheiten aus aller Welt zu sammeln. »Ich lege mir nämlich ein Schönheiten-Album an«, verriet sie ihrem Schwager Ludwig Viktor, »und sammle nun Photographien, nur weibliche, dazu. Was Du für hübsche Gesichter auftreiben kannst beim Angerer und anderen Photographen, bitte ich Dich nur zu schicken.«[23] Ebenso wurden der österreichische Außenminister und die österreichischen Botschafter beauftragt, Bilder der schönsten Frauen aus aller Welt, vor allem orientalische Schönheiten und türkische Haremsdamen, an sie zu senden.

Hinsichtlich ihrer Erscheinung musste bei Elisabeth alles stets stimmig sein bis zu ihrer perfekt sitzenden Garderobe. Ihre »Traummaße« waren: 1,72 Meter

Größe, möglichst 46 Kilogramm Gewicht, keinesfalls mehr als 50 Kilogramm, davon waren 5 Kilogramm Haare auf dem Kopf, die bis zum Boden reichten sowie 50 Zentimeter Taillenumfang. Ebenso wurde der Umfang von Schenkeln und Waden gemessen und auch verglichen. Im August 1867 traf sie bei einem mehrtägigen Staatsbesuch Kaiser Napoléons III. in Salzburg dessen Gemahlin Eugénie. Dabei kam es zu der legendären »Wadenkonferenz«, deren Zeuge Graf Hanns Wilczek, Eugénies Kämmerer, war. Er beobachtete beide Kaiserinnen, die damit »beschäftigt waren, sich mit zwei Zentimetermaßen die schönsten Wadenbeine, die damals wohl in ganz Europa zu finden waren, abzumessen. Der Anblick war unbeschreiblich und ich werde ihn mein Leben nicht vergessen.«[24]

Wie einer Gottheit, so brachte sie ihrer Schönheit täglich Opfer. So verschwendete sie für die Nahrungsaufnahme im Vergleich zu ihrem Haarkult weniger Zeit. Statt eines üblichen Mittagessens begnügte sie sich mit Diäten, so etwa mit einer Ei-, Orangen- oder Milchdiät. Bisweilen ließ sie von rohem Kalbfleisch den Saft auspressen, den sie dann kochen ließ und trank. Ihr Gewicht kontrollierte sie drei Mal am Tag und trug die Ergebnisse in eine Liste ein, mit deren Hilfe sie überprüfen konnte, wie viel sie zu- oder abgenommen hatte.

Besonders stolz war sie auf ihre bis fast zu den Fersen reichende Haarpracht, die für sie die Krönung ihrer Schönheit war. Sie empfand sich als Sklavin ihrer Haare. »Es ist durchaus keine Sage, daß die Haare auf Tante Sissis [sic!] Kopf numeriert waren«[25], äußerte ihre Nichte Marie Louise. Aus der täglichen stundenlangen Haarpflege machte die Kaiserin eine »heilige Handlung«[26], wie dies ihr griechischer Vorleser Christomanos beobachtete.

Und die Priesterin war Fanny Angerer, verheiratete Feifalik, eine hervorragende Friseurin am Wiener Burgtheater und als die Pflegerin von Elisabeths Haaren mit dem Jahresgehalt eines Universitätsprofessors ausgestattet. Nach Elisabeths Tod erhielt sie das Ruhegehalt eines Hofrats. Die Kaiserin vergötterte ihr Haar, das ihr als Zeichen von Lebenskraft galt. Den Verlust ihrer Haare setzte sie deshalb mit dem Verlust ihres Lebens gleich. Allein mit der Haarwäsche, die etwa alle drei Wochen stattfand, war Fanny meist einen ganzen Tag lang beschäftigt. Jeden Tag musste sie die Haare der Kaiserin stundenlang kämmen und ihr anschließend den Kamm zeigen. Bisweilen »brachte sie auch auf einer silbernen Schüssel die toten Haare der Herrin zum Anblick, und die Blicke der Herrin und jene der Dienerin kreuzten sich eine Sekunde – leisen Vorwurf der Herrin enthaltend, Schuld und Reue der Dienerin kündend«[27]. Hatte sie beim Kämmen zu viele Haare ausgerissen, was sich mit den am Kamm hängenden Haaren kontrollieren ließ, konnte Elisabeth schon einmal jähzornig reagieren und der Friseurin sogar eine Ohrfeige verpassen. Fanny ließ deshalb die ausgekämmten Haare an einem Klebeband verschwinden, das sie an der Innenseite des Rockes befestigt hatte.

Zum täglichen »Gottesdienst« – genauer »Götzendienst« – der Kaiserin gehörten die Rituale: Haarpflege, Pflege des Teints, Massagen und Bäder, Vermessung der Taille, der Schenkel, der Waden und dreimaliges Steigen auf die Waage zur Gewichtskontrolle sowie sportliche Übungen, Fußmärsche und Ausritte. Ihrer Nichte Marie Louise erzählte sie »mit fast peinlichem Freimut, wie sie die Zeiten ihrer Schwangerschaft verabscheute, die zeitweilig das Ebenmaß ihrer Figur entstellt hatten. ›O, wie entsetzlich ist es, alt zu werden!‹[,] rief sie aus, ›zu fühlen, wie die Zeit die Hand auf unseren Körper legt, zu beobachten, wie die Haut runzelig wird, am Morgen mit Furcht vor dem Tageslicht zu erwachen und zu wissen, daß man nicht mehr begehrt wird! Ein Leben ohne Liebe [ohne geliebt und bewundert zu werden] hätte für mich jeden Reiz verloren.‹«[28]

Als mit fortschreitendem Alter ihre Schönheit zunehmend schwand und als Folge von übertriebenen Fastenkuren Hungerödeme auftraten, verbarg sie sich stets hinter einem Schleier, einem Fächer oder Sonnenschirmen und wollte schließlich nicht mehr leben. »Wenn mich einmal die Zeit berührt hat«, äußerte sie, »werde ich mich verschleiern, und die Leute werden von mir sprechen als von ›der Frau, die einst war‹.«[29]

Schon nach ihrem 30. Lebensjahr – also ab 1868 / 69 – verbot sie jegliche Fotografie von sich, auch wenn bis zu ihrem 40. Lebensjahr noch einige, aber meist retuschierte Porträtfotos von ihr erschienen. Sie wollte der Nachwelt als junge Kaiserin in Erinnerung bleiben. »Ein Mensch von vierzig Jahren löst sich auf, verfärbt sich, verdunkelt sich wie eine Wolke«[30], äußerte sie und bei diesem Vorgang wollte sie nicht beobachtet werden. Ab etwa 1887 begannen für die 50-Jährige die üblichen Wechseljahrsbeschwerden mit Ängsten, Depressionen, Stimmungsschwankungen, Verwirrtheitszuständen, womöglich auch mit einer Gewichtszunahme, durch die sie sich zu noch strengeren Diäten zwingen ließ. Elisabeths Abschied vom Leben erfolgte in Raten: ab dem 30. Lebensjahr keine Fotos mehr, ab dem 35. Lebensjahr versteckte sie ihr Gesicht hinter Fächern und Schirmen, ab dem 45. Lebensjahr gab sie ihre Reitleidenschaft auf und ab dem 52. Lebensjahr trug sie nur noch schwarze Kleidung. Ab dem 58. Lebensjahr hatte sie mit ihrem Leben dann endgültig abgeschlossen, von dem sie drei Jahre später ein Attentäter erlöste.

Der Götze »Ichsucht«

Wie bei jedem Egoisten waren auch bei Elisabeth Selbstliebe und Selbstbewunderung übermäßig stark ausgeprägt. Sie zog alle Blicke auf sich, verhielt sich exzentrisch und stand am liebsten im Mittelpunkt des Geschehens. Zu ihrer Umgebung hatte sie ein zwiespältiges Verhältnis. »Die Menschen interessieren sie zu wenig, als daß sie ihr Glück darin findet«[31], stellte auch ihre Nichte Amélie fest. Vielen begegnete sie fordernd, bisweilen auch herabsetzend und kränkend. Einerseits faszinierte ihr selbstsicheres, großspuriges und divenhaftes Auftreten ihre Mitwelt, andererseits war dadurch das Zusammenleben mit ihr unendlich schwierig. Wenn ein Mensch, den sie liebte, diese Liebe nicht bedingungslos erwiderte und sich nicht ausschließlich ihr zuwandte, zog sie sich enttäuscht von ihm zurück. Anfänglich schenkte sie Franz Joseph ihre Zuneigung, wie sie in folgenden Verszeilen ausdrückte:

»Ich hab geliebt, wie wenige nur lieben, / mit jedem Puls- und Herzensschlag; / War's nicht schon Götzendienst, den ich getrieben, / Ein gold'nes Kalb, vor dem ich lag.«[32]

Als sich Franz Joseph aber mit anderen Frauen abgab und sie, wie sie das empfand, immer mehr vernachlässigte, obwohl das nur teilweise der Wahrheit entsprach, entzog sie ihm ihre Liebe und dichtete am 4. Oktober 1886, am Namenstag ihres Mannes:

»Lass mich allein, lass mich allein. / Für mich ist's jetzt das Beste; / Das Ganze kann's doch nie mehr sein; / Zu wenig sind mir Reste.

Ich hab' dich wohl zu viel geliebt, / Hätt' dir's nicht zeigen sollen; / Nun hast du mich zu Tod betrübt, / Und doch will ich nicht grollen.«[33]

Statt zu grollen, duldete, ja unterstützte sie es sogar, dass er die Schauspielerin Katharina Schratt regelmäßig kontaktierte, wenn sie sich auf Reisen befand. Ein ehrliches Interesse an ihrem Mann hatte sie jedenfalls verloren. »Das Herz, voll Gram und Traurigkeit« gestand sie sich:

»Ich hab' geliebt, ich hab gelebt. / ich hab' die Welt durchzogen; / Doch nie erreicht, was ich erstrebt, – / Ich hab' und ward betrogen.«[34]

Ihre Kinder Gisela und Rudolf wurden ihr von der Schwiegermutter entzogen und wandten sich deshalb nicht mehr ausschließlich ihr zu. Das genügte, um zu den beiden Kindern auf Distanz zu gehen. Erst ihre Tochter Marie Valerie okkupierte sie ganz für sich allein als ihren Besitz, dem sich keiner ohne ihre Erlaubnis zuwenden durfte. Wenn eine Hofdame heiraten wollte, trennte sie sich sofort von ihr. Manche Hofdamen, so Ida Ferenzcy oder Marie Festetics, wiesen deshalb mögliche Freier ab, um die Kaiserin nicht zu enttäuschen.

Es ist anzunehmen, dass die von Griechenland begeisterte Kaiserin auch die Gestalt des Narziss aus der griechischen Mythologie kannte. Narziss war ein schöner Jüngling, der für sein arrogantes Verhalten von den Göttern bestraft wurde. Die Rachegöttin Nemesis belegte ihn mit dem Fluch der unerfüllbaren Selbstliebe, da er alle, die ihm nahetreten wollten, kränkend zurückwies. In der Folge verliebte sich Narziss in sein eigenes Gesicht, das sich im Wasser eines Sees spiegelte, obwohl er wusste, dass ihn seine Selbstverliebtheit nie glücklich machen würde. Am Ende wollte er sich mit seinem Spiegelbild, von dem er nicht mehr lassen konnte, vereinigen. Er stürzte sich in den See und ertrank. Auch Elisabeth brachte ihre extreme Selbstliebe kein Glück. Sie »war in die Liebe verliebt, weil sie ihr das Lebensfeuer bedeutete«, äußerte ihre Nichte Marie Louise. »Sie betrachtete die Sensation, angebetet zu werden, als einen Tribut, der ihrer Schönheit zukam. Doch ihre Begeisterungen dauerten nie lange, offenbar, weil sie zu künstlerisch empfand, um ihre Sinne gefangen zu geben. Und der Geliebte, der den Glauben an seine Idealgestalt erschütterte, erhielt sofort den Laufpaß.«[35] Wie Narziss war Elisabeth ihrer unerfüllbaren Selbstliebe verfallen, an der auch sie schließlich zugrunde ging.

Ihre Hofdame Marie Festetics vertraute einmal ihrer Kollegin Ida Ferenczy an: »Ihre Majestät ist sehr lieb und gut, doch oft erschauere ich über die schöne Seele, die in Egoismus und Paradoxen untergeht.«[36] Der Götze »Ichsucht« hatte die Kaiserin fest im Griff. Sie war egozentrisch, sah sich selbst also stets als Mittelpunkt. In ihrer übertriebenen Selbstbezogenheit und der Neigung, andere Menschen und Dinge beständig an sich selbst und der eigenen Perspektive zu messen, gelang es ihr nicht, ihre Person zurückzunehmen. Stets musste alles so geschehen, wie sie das wollte. War dies nicht der Fall, zog sie sich zurück, floh in Krankheiten und flüchtete vor derartigen unangenehmen Situationen. Gleichwohl war sie sich bewusst, dass jeder erfüllte Wunsch nur einen neuen nach sich zieht, wie sie in ihrem kleinen Gedicht »Ruhelos« vermerkt:

> »Der größte Wunsch dem größern weicht, / Nie zieht ins Herz Genügen ein. / Und wenn du je dein Glück erreicht, / So hört es auf, dein Glück zu sein.«[37]

Sich aber selbst zu beherrschen und nicht allen Wünschen nachzugeben, dazu war sie nicht bereit, wie sie in ihrem Gedicht »Selbstbeherrschung« zum Ausdruck bringt:

> »Ich sollte mich selbst bezwingen? / Das brächte mir auch Gewinn? / Wer ist denn der Besiegte, / Wenn ich der Sieger bin? / Das ist ein närrischer Räuber, / Der sich zu bereichern glaubt, / Wenn er sich selbst im Walde / Auflauert und beraubt.«[38]

Am 14. September 1879 findet sich im Tagebuch der Gräfin Festetics folgender Eintrag:

> »Die Kaiserin ist lieb und gut, aber sie macht sich alles zur Qual und was für andere eine Quelle reiner Freude ist, wird bei ihr zum Quell des Unbehagens. Sie kommt mir vor wie ein Kind aus der Feenwelt. Da kamen viele gute Feen und legten ihr eine schöne Gabe in die Wiege, Schönheit, Lieblichkeit, Anmut, Vornehmheit, Einfachheit, Güte, Edelmut, Geist, Witz, Schalkhaftigkeit, Scharfsinn und Klugheit. Da aber kam die böse Fee und sagte: ›Alles hat man Dir gegeben, wie ich sehe, alles. Ich aber will diese Eigenschaften gegen Dich selbst kehren und keine Freude soll Dir daraus erblühen. Ich gebe Dir nichts. Ich nehme Dir aber ein hohes Gut, das wenig beachtet ist, aber ach, so nötig, um das Gleichgewicht der Seele zu erhalten, um in Harmonie des Herzens glücklich zu sein und dem Gemüte Frieden zu geben. Ich nehme Dir, was der Mensch unbewußt in sich trägt, das Maßhalten in Deinem Tun, Treiben, Denken und Empfinden. Nichts soll Dir zur Freude werden, alles sich gegen Dich kehren, selbst Deine Schönheit Dir nur

Leid schaffen. Dein hoher Geist soll so tief in die Dinge eindringen, bis er Dich auf Irrwege bringt und Du die Menschheit verachtest, so wirst Du den Glauben an Güte und Liebe und das Vertrauen in die Besten verlieren und gerade dort geben, wo dann wieder mißbraucht wird. So wirst Du Deine Seele mit Widerwillen und Bitterkeit erfüllen, bis Du Deinen Frieden nicht mehr finden kannst.‹«[39]

»Den Gott, den man Freiheit nennt …«

Schon als Kind betete Sisi diese Gottheit an, der sie in Possenhofen tagtäglich huldigen konnte. Als die 15-Jährige im September 1853 nach der soeben erfolgten Verlobung mit Kaiser Franz Joseph im Reisewagen nach Possenhofen zurückkehrte, sinnierte sie über ihre einstigen kindlichen Verliebtheiten nach, vor allem aber über ihre Liebe zum Herrscher eines riesigen Reiches, dessen Kaiserin sie bald sein würde. Würde sie dann noch ihre über alles geliebten Freiheiten genießen können? Sie »blickt beim Fenster hinaus, sieht die Schwalben ziehen, die sie schon so oft beneidet hat, weil sie frei sind von aller Erdenschwere, von jeder Pflicht und von jedem Gesetz […]. Da kommt der Wunsch über sie, eine der ihren zu sein«[40] und sie verleiht ihrer Sehnsucht Ausdruck in folgendem Gedicht:

»O Schwalbe, leih' mir deine Flügel, / O nimm mich mit ins ferne Land, / Wie selig sprengt' ich alle Zügel, / Wie wonnig jedes fesselnd' Band!

Und schwebt' ich frei mit dir dort oben / Am ewig blauen Firmament, / Wie wollte ich begeistert loben / Den Gott, den man die Freiheit nennt.

Wie wollt ich schnell mein Leid vergessen, / Die alte und die neue Lieb'. / Und niemals sollt' ein Schmerz mich pressen / Und nimmer wär mein Auge trüb.«[41]

Absolute Freiheit, das war für Elisabeth von Kindheit an eine anbetungswürdige Gottheit. Es bedeutete ihr, alles tun und lassen zu können, was immer sie auch wollte. Doch unmittelbar nach ihrer Hochzeit musste sie die bittere Erfahrung machen, dass ihr durch die Hofetikette und die rigorosen Vorschriften, die ihr Erzherzogin Sophie machte, die Freiheit genommen wurde. Schon wenige Wochen nach ihrer Hochzeit im April 1854 schrieb sie am 8. Mai 1854 deshalb ein weiteres Gedicht, in dem sie der verlorenen Freiheit nachtrauerte:

»Oh, hätt ich nie den Pfad verlassen, / Der mich zur Freiheit hätt' geführt. / Oh, dass ich auf der breiten Straßen / Der Eitelkeit mich nie verirrt!

Ich bin erwacht in einem Kerker, / Und Fesseln sind an meiner Hand. / Und meine Sehnsucht immer stärker / Und Freiheit! du, mir abgewandt.

Ich bin erwacht aus einem Rausche, / Der meinen Geist gefangen hielt. / Und fluche fruchtlos diesem Tausche, / Bei dem ich Freiheit dich verspielt.«[42]

Doch Jahr für Jahr und Stück um Stück eroberte sich die Kaiserin die verlorene Freiheit wieder zurück. Ein diesbezüglicher Höhepunkt fand elf Jahre nach ihrer Hochzeit, am 27. August 1865, statt. An diesem Tag verfasste die 27-Jährige, um sich endlich aus der Vorherrschaft ihrer Schwiegermutter zu befreien, in der Kaiservilla Ischl einen höchst bemerkenswerten Brief an Franz Joseph, der sich immer noch die Bevormundung seiner Mutter gefallen ließ. Dieses Dokument gilt seither als ihre »Unabhängigkeitserklärung«:

»Ich wünsche, dass mir vorbehalten bleibe unumschränkte Vollmacht / in Allem, was die Kinder betrifft, die Wahl ihrer Umgebung, / den Ort ihres Aufenthaltes, die complette Leitung ihrer Erziehung, / mit einem Wort, alles bleibt mir ganz allein zu bestimmen, / bis zum Moment der Volljährigkeit. / Ferner wünsche ich, dass, was immer meine persönlichen / Angelegenheiten betrifft, wie unter anderem die Wahl meiner Umgebung, / den Ort meines Aufenthaltes, alle Anordnungen im Haus etc. etc. / mir allein zu bestimmen vorbehalten bleibe.«[43]

Damit brachte Elisabeth zum Ausdruck, dass sie von nun an in allen ihren Entscheidungen frei sein wollte, auch bezüglich religiöser Angelegenheiten, selbst wenn sie dies nicht expressis verbis ausdrückte. Franz Joseph widersetzte sich ihrem Freiheitsdrang nun nicht mehr. Immer mehr sympathisierte die Kaiserin mit Menschen, die wie sie nach Freiheit strebten. So entwickelte sie ein Interesse an dem ungarischen Freiheitskämpfer Graf Andrássy. In einer ihrer wenigen politischen Aktionen leistete sie ihren Beitrag beim Ausgleich mit Ungarn, durch den das Kaiserreich Österreich in die Doppelmonarchie Österreich-Ungarn umgewandelt wurde.

In seinem Gedicht »Adam, der Erste«, wahrscheinlich 1844 entstanden, lässt Heinrich Heine Adam in frechem Ton mit Gott hadern, der ihn und Eva »ganz ohne Recht und Erbarmen« aus dem Paradies vertrieb, nur weil er »des Wissens Frucht genossen« habe. Das Gedicht schließt mit Adams Worten:

»Vermissen werde ich nimmermehr / Die paradiesischen Räume! / Das war kein wahres Paradies – / Es gab dort verbotene Bäume.

Ich will mein volles Freiheitsrecht! / Find ich die geringste Beschränktheit, / Verwandelt sich mir das Paradies / In Hölle und Gefängnis.«[44]

»Alle Kraft der Menschenbrust«, so betonte Heine, »wird jetzt zu Freiheitsliebe, und die Freiheit ist vielleicht die Religion unserer Zeit.«[45] Absolute Freiheit ohne die geringste Beschränkung forderte auch Elisabeth für sich, denn ohne Freiheit sei auch für sie das Paradies eine Hölle. Es verwundert nicht, dass die reisesüchtige Kaiserin sogar nach Amerika reisen wollte, wie sie ihrer Mutter am 15. August 1874 mitteilte, wo auf Liberty Island im New Yorker Hafen gerade die Arbeiten an der Freiheitsstatue im Gange waren, einem in Roben gehüllten riesigen Ebenbild der römischen Göttin der Freiheit, Libertas. Endlich eine Frau als fast 100 Meter hohes Symbol der Freiheit, zu deren Füßen eine zerbrochene Kette liegt. Doch ihr Wunsch einer Weltreise nach Amerika »stieß bei Franz Joseph auf taube Ohren«[46].

Das Gefühl von uneingeschränkter Freiheit erlebte Elisabeth nirgendwo sonst so intensiv wie bei Schiffsfahrten auf dem Meer. In ihrem Gedichte-Zyklus »Winterlieder« findet sich das folgende Gedicht, betitelt »Liberty«:

> »Ja, ein Schiff will ich mir bauen! / Schön'res sollt ihr nimmer schauen / Auf dem hohen weiten Meer; / ›Freiheit‹ wird vom Maste wehen, / ›Freiheit‹ wird am Buge stehen, / Freiheitstrunken fährt's einher.
>
> ›Freiheit!‹ Wort aus gold'nen Lettern, / Flattert stolz in allen Wettern / Von des Mastes schlankem Baum, / Freiheit atmen meine Nüstern, / Freiheit jauchzt der Wellen Flüstern, / Freiheit! Dann bist du kein Traum.
>
> Sucht es dann ihr Telegraphen, / Für ein Hoffest mich zu schaffen / In die Kerkerburg zurück; / Fischt im Klaren, fischt im Trüben, / Fangt die Möve nach Belieben; / Hurrah! wir sind frei und flügg'!
>
> Von den Spitzen meiner Finger / Send' ich euch, ihr lieben Dinger, / Die mich einst gequält so sehr, / Einen Kuss und meinen Segen, / Schert euch nimmer meinetwegen; / Ich bin frei auf hohem Meer!«[47]

Ihr Vorleser Christomanos beobachtete die Kaiserin einmal beim Schreiben.

> »Die Buchstaben quellen ungestüm und sich überhastend hervor, von jeder Konvention befreit. ›Sie bewundern meine schlechte Schrift‹, sagte sie. ›Sie ist so wie ich, sie will sich nicht unterjochen lassen.‹«[48]

Sich nicht unterjochen lassen, das will Elisabeth, nicht vom Kaiserhof und ihrer Schwiegermutter, nicht von Verpflichtungen, nicht von ihrem Mann und auch nicht von der Kirche mit ihren Geboten. Eine treffende Charakterisierung stammt von ihrer Hofdame Marie Festetics:

> »Schade, daß sie [die Kaiserin] die ganze Zeit eigentlich mit Grübeleien vertändelt und gar nichts tun muß. Sie hat Hang zu geistiger Trägheit und dabei einen Freiheitstrieb, dem jede Beschränkung schrecklich ist.«[49]

Eines verdrängte die Kaiserin allerdings bei aller Freiheitsliebe: dass die Freiheit in erster Linie nicht aus Privilegien besteht, sondern aus Pflichten, und dass Freiheit nicht bedeutet, vorrangig seine eigenen Fesseln zu lösen, sondern vielmehr ein Leben zu führen, das auch die Freiheit anderer respektiert und fördert.

Elisabeths unerfülltes Liebesleben

Elisabeths ihre Einstellung zur Liebe und ihre Fähigkeit zu lieben waren sich mehrfach wandelnde Bereiche ihres Lebens, die auch ihren Gottesglauben tangierten. Gab es hinsichtlich der Liebe und Distanz zu ihrem Mann, ihrer Bewunderung für andere Männer, von denen sie umschwärmt wurde, ihrer unterschiedlich ausgeprägten Zu- und Abneigung zu ihr nahestehenden Personen, ihrer Gottesliebe und ihrer stets virulenten Kritik an ihm womöglich Zusammenhänge? In ihrem Liebesleben fand die Kaiserin im Grunde nie Erfüllung und wie auf ihren Reisen, so wollte sie auch in ihren Liebesträumen eigentlich nie ankommen. »Wenn ich irgendwo angekommen wäre und wüßte, daß ich nie mehr mich davon entfernen könnte, so würde mir der Aufenthalt selbst in einem Paradies zur Hölle.«[1] Empfand sie womöglich auch ein Ankommen in der Liebe als Hölle?

Doppelmoral im 19. Jahrhundert

Im 19. Jahrhundert herrschte eine Doppelmoral, die auf der einen Seite Sexualität nur in der Ehe für moralisch einwandfrei hielt, auf der anderen Seite aber Männern, denen ein stärkerer sexueller Trieb als den Frauen bescheinigt wurde, stillschweigend den Besuch von Prostituierten bzw. Bordellen zugestand, auch wenn dies mit »gewissen« Gefahren verbunden war, da Geschlechtskrankheiten wie die Syphilis und ein daraus resultierendes schreckliches Ende drohten. Sicherer war es deshalb, sich mit einem Dienstmädchen oder einer kleinen Schauspielerin einzulassen, da man hierbei kaum eine Ansteckung riskierte. Für Männer galt das Austoben vor der Ehe als gesund. Sie sollten sexuell erfahren in den Ehestand treten. Adelige konnten sich aufgrund ihrer finanziellen Möglichkeiten auch eine Geliebte oder Kurtisane halten. Allerdings bestand hier die Gefahr, oft jahrelang für ein lediges Kind Alimente zahlen zu müssen, weil man solche angeblich »liederlichen« Mädchen ja nicht gut heiraten konnte.

Auch Franz Joseph hatte bereits vor der Ehe mit sogenannten »hygienischen Damen« Umgang, deren Aufgabe es war, den künftigen Kaiser von Österreich in die Mysterien der Liebe einzuweihen. Die Auswahl dieser Damen – einfache, gesunde Bauernmädchen aus der Gegend von Krems – überwachte seine Mutter, Erzherzogin Sophie, persönlich. Von ihr wurde Graf Grünne beauftragt, für ihren Franzi erste erotische Erfahrungen anzubahnen und ihm Mädchen zuzuführen, an denen er sich seine Hörner abstoßen konnte.

Für Sisi gab es diesbezüglich allerdings keine Möglichkeit. Sie sollte als anständige, unberührte Frau in die Ehe gehen. Ihre Mutter Ludovika wachte streng darüber, dass sie in ihrer Jugend vor Kontakten zu jungen Männern und deren eventuellen Zudringlichkeiten verschont blieb. Franz Joseph wurde durch sein freizügiges Freierleben weder in seiner Ehre noch in seinem sozialen Status gefährdet. Er konnte später als »anständiger« Mann eine »anständige« Frau heiraten, die von ihm in der Hochzeitsnacht aufgrund der gemachten Erfahrungen in das Geschlechtsleben eingeweiht wurde, was häufig nicht besonders einfühlsam geschah.

Das verflixte siebte Jahr

Am 17. August 1853 verliebte sich der 23-jährige Kaiser auf den ersten Blick unsterblich in die kindliche Sisi, die er ein Jahr darauf heiratete. Auch sie war, daran besteht kein Zweifel, zunächst in Franz Joseph verliebt. Noch später schwärmte sie von der Zeit, »die einst so innig uns vereint«, als sie mit Franz Joseph »Arm in Arm verschlungen saß« und sie miteinander »heiße Küsse tauschten«[2]. Doch in der Hochzeitsnacht empfand die jungfräuliche Sisi die sexuelle Annäherung ihres Mannes, auch wenn er ihr angeblich rücksichtvoll begegnete, als nicht sonderlich angenehm. Ihre spätere Schwiegertochter Stephanie, verheiratet mit Kronprinz Rudolf, erlitt dabei einen ähnlichen Schock, den sie in ihren Erinnerungen ganz offen so beschreibt:

»Welch eine Nacht! Welch qualvolles, entsetzliches Opfer! Wie packte mich der Ekel. Ich wußte nichts! Man hatte mich vor den Altar geführt ohne mich im geringsten über das, was dann folgen würde, aufzuklären. Es brauchte viel Kraft, den Aufruhr zu meistern, der sich gegen die physische Gewalt des Mannes aufbäumte [...] der in entscheidender Stunde den Unterschied zwischen einem unberührten jungen Mädchen, – und einer schamlosen Dirne vergaß.«[3]

Bei Sisi dauerte es drei Nächte hintereinander, bis der darauf ungeduldig wartenden Schwiegermutter und der Hofgesellschaft endlich die erfolgreich vollzogene Hochzeitsnacht gemeldet werden konnte. Gegen ihren Willen wurde Elisabeth gezwungen, unter den Blicken aller Anwesenden am Frühstückstisch zu erscheinen. Dieses Trauma begleitete sie ihr ganzes Leben und mehrfach klagte sie ihrer Hofdame Marie Festetics:

»Am ersten Morgen des Tages, wo wir uns ganz gehörten, mußten wir zum Frühstück erscheinen, mit der ganzen Familie! Der Kaiser war so gewohnt zu folgen, daß Er sich auch darein ergab, aber mir war das gräßlich, aber Ihm zu lieb ging auch ich.«[4]

Wie sich die anscheinend positive Beziehung zwischen den beiden aber in Wahrheit gestaltete, beschrieb Franz Josephs Mutter sehr genau in einem Brief an Prinzessin Auguste von Bayern, der Frau des Prinzen Luitpold von Bayern: »Mein Sohn [...] sorgt so liebestoll für sie« und Sisi »ist so ganz hingebend und unterwürfig für meinen Sohn. [...] Gott erhalte ihnen beiden dieses [...] christliche häusliche Glück.«[5]

Auch wenn die ersten Ehejahre zwischen dem »liebestollen« Franz Joseph und seiner »hingebenden, unterwürfigen« Sisi noch glücklich zu sein schienen, führten die folgenden Ereignisse bei Elisabeth nicht nur zu einer zunehmenden Entfremdung vom Leben des Wiener Hofes, sondern auch zu einer immer größeren Distanz zu ihrem Mann, der zwischen seiner Mutter und ihr hin- und hergerissen war. Elisabeth war schon in den Flitterwochen in Schloss Laxenburg bald todunglücklich und eines Tages brach sie in der Kapelle in Laxenburg vor dem Betschemel zusammen. Als sie die Kammerzofe fragte, was ihr denn fehle, sagte sie nur: »Ich möchte sterben!«[6]

Voll tiefer Trauer richtet Elisabeth in ihrem Gedicht »Zerstört« an ihren Mann später die Frage:

»Gedenkst du jener süßen Stunden, / Wo ich aus willenlosem Leib, / Die Seele dir geküßt vom Munde, / Daß sie fortan stets mein nur bleibt?

> [...] Doch unsre Liebe sterben sehen, / Nichts andres traf mein Herz so schwer«[7],

gesteht sie. Und in einem anderen Gedicht klagt sie:

> »Ich hab' dich wohl zu viel geliebt, / Hätt's Dir nicht zeigen sollen; / Nun hast du mich zu Tod betrübt, / Und doch will ich nicht grollen.«[8]

Franz Joseph war von Beginn der Ehe an zwar »liebestoll«, zeigte aber zu wenig Einfühlungsvermögen und Verständnis für die Bedürfnisse und Ängste seiner jungen Gemahlin, die »unterwürfig« in sozialer Isolation verkümmerte, während er sich ganztägig in seinem Aktenberg vergrub und den Forderungen seiner Mutter folgte, die es nicht verstand, zu ihrer Schwiegertochter Sisi einen nachhaltig guten Kontakt aufzubauen. Mit ihren ständigen Nörgeleien überforderte sie die junge Kaiserin viel zu sehr und belastete dadurch Tag für Tag die Ehe. Doch noch schien Elisabeth »so ganz hingebend und unterwürfig« gegenüber Franz Joseph zu sein. Ihre Beziehung begann erst nach dem »verflixten siebten Jahr«, ab 1860/61, zu scheitern.

Sisis Eheleben und Franz Josephs Seitensprünge

Erzherzogin Sophie liebte ihren Sohn Franz Joseph, den sie von klein auf dominierte und im Alter von 18 Jahren auf den Kaiserthron hob. Doch in Wahrheit war sie »der einzige Mann am kaiserlichen Hof«[9]. Sie duldete keinen Widerspruch gegen ihre Anordnungen, weder von ihrem Franzi, dem »Muttersöhnchen«, noch von Sisi, dem »Fratz«. Nicht diese war Kaiserin, sondern sie. Als Sophie 1872 starb, hieß es: »Wir haben jetzt unsere Kaiserin begraben«[10], obwohl zu dieser Zeit Elisabeth bereits seit 18 Jahren die wahre Kaiserin war.

In den ersten Ehejahren fügte sich Sisi Sophies Vorherrschaft, auch wenn sie sich unterdrückt fühlte, und sorgte, wie dies von ihr erwartet wurde, für Nachkommen. Sie fühlte sich auf die Rolle einer Gebärmaschine reduziert, eines »Brutkastens für Thronfolger«[11]. Möglichst männlichen Nachwuchs sollte sie zur Welt bringen, was ihr nach der Geburt von zwei Mädchen schließlich 1858 mit der Geburt des ersehnten Kronprinzen Rudolf gelang. Im Alter von erst 21 Jahren war Sisi bereits dreifache Mutter. Nach der Geburt des Thronfolgers zog sie sich zunehmend zurück und kehrte nicht nur dem Hof, sondern auch ihrem Gemahl mehr und mehr den Rücken zu, an dessen Liebe sie bald nicht mehr so recht glauben konnte. Zu ihrer Nichte Marie Louise sagte Elisabeth einmal: »Wenn du mehr Lebenserfahrung haben wirst, wirst du wissen, daß das Kind oft das Ende der Liebe bedeutet.«[12]

In den vier Jahren des »Katzelns«[13], wie sie das Kinderkriegen von 1855 bis 1858 später lakonisch bezeichnete, hatte sie diese Erfahrung gemacht und erlebte, wie die Liebe nach und nach zu erlöschen begann, auch wenn sie sich um deren Erhalt noch bemühte. Doch schon nach kaum fünf Jahren Ehe fragte sie ihren Mann 1859 verzweifelt: »Liebst Du mich noch?«[14]

Die Antwort erhielt sie, als sie erfuhr, dass Franz Joseph mitunter zu Seitensprüngen mit Damen aus dem Theatermilieu neigte, aber auch mit weiblichem Dienstpersonal, jungen Mädchen aus dem Volk und mit aristokratischen Damen Beziehungen unterhielt. So wurden ihm unter anderem Verhältnisse mit einer polnischen Gräfin, einer Schauspielerin und einem Bauernmädchen nachgesagt. Der Hof nahm dem Kaiser solche Eskapaden nicht übel, Elisabeth schon, als sie davon hörte. Sie war in ihrem Stolz zutiefst getroffen, rebellierte dagegen und entfernte sich von Franz Joseph nicht nur psychisch, sondern auch körperlich, und das möglichst weit. Sie floh vor ihm nicht nur nach Meran in Südtirol oder nach Possenhofen in Bayern. Nein, es musste weiter sein: 3000 Kilometer von Wien entfernt, auf eine Insel im Ozean, nach Madeira.

Der Kaiser reagierte darauf mit weiteren Affären. Von nun an entsprach die Auffassung von ehelicher Treue bei Elisabeth und Franz Joseph immer weniger Gottes Geboten und der strengen Auffassung der Kirche, für die Ehebruch und unehelich gezeugte Kinder eigentlich als schwere Sünde galten, zumindest bei einfachen Leuten, bei denen sexueller Verkehr außerhalb der Ehe als Hurerei geächtet wurde. Erwartete ein Dienstmädchen ein uneheliches Kind, verlor es seine Stellung und bekam nur sehr schwer neue Arbeit und Unterkunft. Die Zeit bis zur Niederkunft war eine Zeit des Elends. Früh-, Fehl- und Totgeburten waren die Folgen. Uneheliche Kinder wurden deshalb heimlich zur Welt gebracht oder abgetrieben. Der Volksmund verspottete sie als Bastarde, Bankerte oder Niemandskinder und die katholische Kirche nannte sie »fleischgewordene Sünde«. Bei Aristokraten war das natürlich etwas anderes, da drückte die Kirche gerne ein Auge oder auch beide Augen zu.

Franz Joseph zogen vor allem blutjunge Mädchen an, das war nicht erst bei der 15-jährigen Sisi so. Ab 1863 war er fast zehn Jahre lang mit der 17-jährigen Sennerin Theresia »Reserl« Pointinger liiert. Ab 1870 pflegte er dann Kontakte zur 1856 geborenen Balletttänzerin Katharina Abel und zu Rosa Moskowitz, einer jungen Weißnäherin in der Wiener Hofburg. Ab 1875 begann seine sexuelle Beziehung zur erst 15-jährigen Anna Nahowski, die sich von ihrem ersten Ehemann scheiden ließ und Franz Nahowski heiratete, aber eine 13 Jahre währende heimliche Affäre zum Kaiser aufrechterhielt, von der die damals 38-jährige Kaiserin allerdings nichts zu wissen schien. Auch zu drei blutjungen Burgschauspielerinnen, zu Marie Pospischil, Fräulein Devrient-Reinhold und Fräulein Kallina, fühlte sich Franz Joseph hingezogen. Aus all seinen Liaisonen gingen, wie es heißt, acht, vielleicht auch mehr uneheliche Kinder hervor. Die Liebhaberinnen wurden im Gegenzug mit Würden und Titeln belohnt oder als Bühnenkünstlerinnen mit größeren Rollen. War der Kaiser ihrer überdrüssig, erhielten alle respektable Abfertigungssummen und Schweigegelder, insgesamt mehrere Millionen Gulden aus Steuergeldern, die für den Rückzug ins Privatleben ausreichten.

Elisabeths »Vier-Stufen-Plan«

Elisabeths Psyche begehrte 1860 gegen Franz Josephs Untreue ebenso auf wie gegen die »freundliche Unterdrückung« ihrer Schwiegermutter. Der erste Paukenschlag der 23-Jährigen ertönte im Herbst 1860, als sie sich wegen physischer Beschwerden für fast ein Jahr auf die Inseln Madeira und Korfu sowie nach Neapel und Possenhofen zurückzog und dabei ihren Widerstandsgeist zu schulen begann. Nicht mehr Sophie sollte ihren Sohn dominieren, das wollte nun sie tun. Nach und nach übernahm sie die Position seiner dominanten Mutter und deren Macht über ihn. Mit ihrer »Hingebung und Unterwürfigkeit« gegenüber Franz Joseph sollte nun Schluss sein.

***

Der zweite Paukenschlag war ihr Ultimatum vom 27. August 1865, in dem sie, wie erwähnt, keinen Widerspruch duldend »unumschränkte Vollmacht in Allem, was die Kinder betrifft« forderte und »absolute Freiheit in allen ihren persönlichen Angelegenheiten«[15]. Franz Joseph widersprach nicht und aus Sophies Muttersöhnchen wurde zunehmend ein Sisi-Männchen. Elisabeth wurde zu seiner neuen Herrin und er zu ihrem Sklaven. In ihren Briefen nannte sie ihn ungeniert »Mein Kleiner« und er unterschrieb seine Briefe devot mit »Dein einsames Männchen«, »Dein Männeken«[16]. Elisabeth degradierte Franz Joseph nach dem Vorbild von Shakespeares »Sommernachtstraum« zu ihrem »Esel«, auch wenn sie diesen Namen nur in ihren Gedichten aussprach, wobei sie sich als ihm überlegene Feenkönigin Titania sah. Er wurde zu einem Mann, der »wie demütig um ihre Gunst buhlte«[17]. 1868 teilte Grenneville, des Kaisers ehemaliger Generaladjutant, seiner Frau mit, der Kaiser »hasst Wien aus Liebe für Sisi und hat darum auch die [Fronleichnams-]Procession abgesagt«[18], was angesichts dieses hohen kirchlichen Festtages geradezu unerhört war.

***

Doch dann ging Elisabeth noch einen Schritt weiter und betrieb drittens die »extinction de roi« – die »Auslöschung des Königs«[19], wie sie dieses von ihr erfundene Demütigungsspiel treffend nannte. Recht unverhüllt schrieb sie ihm:

> »Du gehst mir recht ab, mein lieber Kleiner, die letzten Tage hatte ich Dich wieder so nett gezogen. Nun muß ich wieder von vorne mit der Erziehung anfangen. Du kennst mich ja und meine Gewohnheiten und extinction de roi.«[20]

Ihr Spiel funktionierte. Wenn sie gereizt reagierte, flehte Franz Joseph sie an: »Mein lieber Engel, […] wenn Du auch recht bös und sekkant [zudringlich] warst, so habe ich Dich doch so unendlich lieb, daß ich ohne dich nicht sein kann.«[21] Oder: »Laß mich nicht so lange schmachten und komm bald zu mir.«[22]

Doch sie ließ ihren Mann immer mehr allein und reiste in der Welt umher. Oft wusste er gar nicht, wo sie sich gerade herumtrieb. Weder körperliche Liebe noch geistige Zuneigung banden sie an Franz Joseph. »Ich weiß, daß Du mich lieb hast«, versicherte sie ihm, »auch ohne Demonstrationen, und wir sind deshalb glücklich zusammen, weil wir uns gegenseitig nie genieren.«[23]

***

Schließlich tat ihr Franz Joseph leid und sie suchte ihm, viertens, eine »Ersatzfrau«, die ihm während ihrer Abwesenheit zur Verfügung stehen sollte. Ab 1883 entschloss sich die Kaiserin, für ihren Mann den Kontakt zu der von ihm verehrten, 23 Jahre jüngeren und hübschen Burgschauspielerin Katharina Schratt anzubahnen und in der Folge auch tatkräftig zu unterstützen. Sie wollte sich auf diese Weise weiter die Kontrolle über ihren Mann und dessen »Nebenfrau« sichern. Nach kirchlicher Lehre galt diese Aktion allerdings als Beihilfe zum Seitensprung und war mit ihrer Legitimation einer außerehelichen Beziehung Ehebruch. Für Elisabeth war die offene Ehe allerdings nur ein neues Lebensmodell. »Die Schratt« war selbst mit dem ungarischen Gutsbesitzer Nikolaus Kiss von Ittebe verheiratet, hatte mit ihm einen Sohn, lebte von ihrem stets verschuldeten Mann mittlerweile jedoch getrennt, ließ sich aber nicht von ihm scheiden. Neben ihrer Beziehung zum Kaiser hatte die Schauspielerin auch noch mit drei weiteren Männern Affären: mit dem reichen Grafen Hans Wilczek, mit Prinz Ferdinand von Sachsen-Coburg-Gotha, dem späteren König Ferdinand I. von Bulgarien, und mit dem zehn Jahre jüngeren und verheirateten Burgschauspieler Viktor Kutschera, dem sie besonders zugetan war.

Hatte Elisabeth Kenntnis vom Noch-Ehemann der Schratt und ihren drei Affären und bereitete es ihr womöglich Spaß, ihren Mann als fünftes Rad am Wagen der Burgschauspielerin zu sehen? Wie eine Marionettenspielerin ließ sie nun die Puppen »Franzi und Kathi« nach ihren Vorstellungen tanzen, genehmigte die platonische Freundschaft zwischen beiden und amüsierte sich in süffisanten Spottversen darüber. Ab 1885 intensivierte sich der Kontakt zwischen der mittlerweile 32 Jahre alten Schratt und dem 55 Jahre alten Kaiser, ohne dass er sie als Sexualpartnerin sah. Er verehrte sie als Gesprächspartnerin nur platonisch. Für seine sexuellen Bedürfnisse standen ihm ja andere Frauen zur Verfügung. Katharina Schratt stellte für Elisabeth eine spürbare Entlastung dar, kümmerte sie sich doch um Franz Joseph, wenn sie auf Reisen war. Erst mit der Zeit plagte die Kaiserin gelegentlich Eifersucht, wie aus manchen ihrer Gedichte hervorgeht, in denen sie sich über die Verliebtheit ihres alternden Mannes ebenso lustig macht wie über dessen »dicken Engel«, womit sie Katharina Schratt meinte. Dann in späteren Jahren fühlte sie sich plötzlich völlig überflüssig, wie sie ihrer Tochter Marie Valerie klagte: »Warum bin ich geboren. Mein Leben ist unnütz und ich stehe nur zwischen dem Kaiser und Frau Schratt. Ich spiele doch da eine fast lächerliche Rolle.«[24]

In der Öffentlichkeit galt die Schratt nunmehr als Freundin des Kaiserpaares, auch wenn sie in Wahrheit vorrangig Franz Joseph zur Verfügung stand und später »Kaiserin Numero Zwei«[25] genannt wurde. Sie gab ihm all das, wozu Elisabeth nicht mehr fähig war. Statt mit philosophischen Diskussionen unterhielt sie ihn mit harmlosen Plaudereien und Theatertratsch, statt ihn mit Gerede über die neuesten Hungerkuren zu belästigen, verwöhnte sie den Kaiser schon beim Frühstück mit Kaffee und Kipferln, statt mit poetischen Ergüssen und Gesprächen über Spiritismus sorgte sie mit unkomplizierten und launigen Themen für Erheiterung und Ablenkung.

Katharina Schratt gab dem Kaiser damit jene Wärme und Zuneigung, die ihm Elisabeth nicht mehr geben konnte und wollte, denn ihre Liebe zu ihm war längst erloschen und das, was die Kirche unter Ehe verstand, zerbrochen. Vielleicht war es ihr gerade noch wichtig, von ihm geliebt zu werden, wovon Franz Joseph, wohl in Erinnerung an seine einstige Verliebtheit in die junge kindliche Sisi, nie mehr loskommen sollte. Ihr genügte seine Anhänglichkeit per Fernbeziehung völlig, doch diese aufrichtig zu erwidern, dazu fehlten ihr der Wille und die Kraft immer mehr. Ein vorbildliches Eheleben in christ-katholischer Sicht gehörte damit der Vergangenheit an.

***

In vier Schritten – 1860 Flucht auf ferne Inseln, 1865 Ultimatum, 1869 »Auslöschung des Königs« und 1885 Ersatzfrau für den Kaiser – eroberte sich Elisabeth ihre Freiheit. Dabei entwickelte sie sich zur Herrin über ihren Gemahl, der sich umso rührender um sie bemühte, je distanzierter sie sich zu ihm verhielt. Selbst Queen Viktoria von England erkannte: »Der Kaiser scheint in sie vernarrt zu sein, aber ich habe nicht den Eindruck, daß sie es in ihn wäre.«[26]

Vorbilder für ihre Entwicklung zur Domina fand sie in dem dominanten Verhalten ihrer Schwiegermutter Erzherzogin Sophie, aber auch in der Literatur, wo ihr »Elfenkönigin Titania«, »Ritterin Blaubart«, »Hexe Dämona«, die Lebenskraft saugende »Vampyrin« und die »unsterbliche Königin She« begegneten. Wie diese Gestalten betrieb sie mit Dominanz die »Auslöschung des Kaisers« und praktizierte genüsslich ihr Sadomaso-Spiel, bei dem Franz Joseph zu ihrem »Männeken« schrumpfe, ihr als »Eselchen« aus der Hand fraß und nach ihrem Tod kleinlaut gestand: »Sie wissen nicht, wie ich diese Frau geliebt habe.«[27]

Franz Joseph zeigte in seiner Beziehung zu Elisabeth zweifellos »masochistische Züge«, wie dies auch der Psychiater Erwin Ringel konstatierte, der das Verhältnis des Kaisers zu Frauen so beschrieb:

> »Kaiser Franz Josephs Kindheit war durch eine extreme Bindung an seine Mutter Sophie geprägt. Diese dominierende Persönlichkeit erzeugte mit ihren ›Besitzansprüchen‹ ambivalente Gefühle in ihrem Sohn, teils Liebe und Bewunderung, teils Ablehnung und Erbitterung, gefolgt von Schuldgefühlen. Dazu kam eine in höchst übertriebenem Maße auf Entbehrungen gerichtete Erziehungsmethode. Diese beiden Faktoren verliehen Franz Joseph schon in

jüngsten Jahren masochistische Züge, eine ihm unbewußte Selbstbestrafungstendenz ist erkennbar. Dementsprechend ist es sicher kein Zufall, daß er sich später, während seines ganzen Lebens, von einem Unglück ins andere stürzte. [...] Der Mutterkonflikt und die zeremonielle Erziehung hatten bei ihm vielfache Folgen, etwa seine Flucht ins Pedantische, in die fast zwangsneurotische ›Pflichterfüllung‹, aber auch seine allgemeine Gehemmtheit, wohl auch auf sexuellem Gebiet.«[28]

Das Scheitern der Ehe

Als die Liebe zu ihrem Mann, die Elisabeth als junge Braut noch empfunden hatte, gestorben war, dichtete sie:

»Nur einmal konnt' ich wahrhaft lieben, / Es war das erstemal. / Nichts konnte meine Wonne trüben / Bis Gott mein Glück mir stahl.«[29]

Doch war es wirklich Gott, der ihr das Glück stahl? Schob sie ihm deshalb die Schuld für das Scheitern der Liebe zu, weil sie und Franz Joseph einst zu ihm so innig gebetet hatten? In der Pfarrkirche Ischl hatten sie 1853 ihre Liebe vom Pfarrer segnen und dann bei der Hochzeit 1854 Gottes Segen auch noch von 70 Kardinälen, Erzbischöfen, Bischöfen und Prälaten und 100 Priestern auf sie herabflehen lassen. Am Tag der Vermählung, so die Anordnung Kardinal Rauschers, musste in allen Kirchen ein feierliches Hochamt zelebriert werden, bei dem die Gläubigen für das Kaiserpaar beten sollten. Aber alle Bittgebete und aller Segen hatten nicht geholfen. Ihr Liebesglück schien Gott gleichgültig zu sein. Freilich fühlte sich Elisabeth in gewisser Weise auch selbst an den Seitensprüngen ihres Mannes schuldig, da das Eheleben nach der Geburt des Thronfolgers und der jüngsten Tochter Marie Valerie bedingt durch ihre häufigen Abwesenheiten auf Reisen zum Erliegen kam. Den Ehering trug sie übrigens nie an der Hand, sondern stets an einem kleinen, einfachen Goldkettchen um den Hals und versteckt unterm Kleid.

Ein regelmäßiges Zusammentreffen, das Franz Joseph fortwährend ersehnte, fand mit den Jahren immer seltener statt, auch wenn beide freundschaftlich miteinander verbunden blieben. Regelmäßig schrieben sie sich zwar Briefe, aber die Begegnungen reduzierten sich im Lauf der Jahre drastisch und häufig wusste Franz Joseph nicht einmal, wo sie sich gerade aufhielt. Stets in der Nähe ihres Mannes zu sein, scheute sie, da sie »durchs Bleiben verrückt werde – denn Papa geht ihr so auf die Nerven«, notierte Marie Valerie ins Tagebuch, »was ich trotz aller Liebe für ihn, Mamas Charakter und seinen Mangel an Verständnis für denselben kennend begreife«[30].

Elisabeths Einstellung führte dazu, dass sich Franz Joseph, um der Vereinsamung zu entgehen, wie erwähnt anderen Damen zuwandte. Warum aber trennte sich Elisabeth dann nicht ehrlicherweise von ihrem Mann, verließ ihn und ließ sich von ihm scheiden? Befürchtete sie, sich danach ihr sündteures Leben, das ihr der Kaiser finanzierte, nicht mehr leisten zu können? Oder gab es noch andere Gründe, die sie davon abhielten?

Wie man in Adelskreisen damit umging, wenn eine Frau dem ihr angetrauten Mann untreu wurde und sich scheiden lassen wollte, zeigen die Beispiele von Elisabeths Schwester Sophie und der Prinzessin Louise von Sachsen-Coburg und Gotha[31], der Schwester von Kronprinz Rudolfs Frau Stephanie.

Als sich Sophie 1887 in ihren Arzt Dr. Glaser verliebte und sich von ihrem Mann, dem Herzog von Alençon, scheiden lassen wollte, wurde sie mit der Diagnose »moralisch irrsinnig« ebenso in eine Irrenanstalt – es war dies das Sanatorium Mariagrün bei Graz – eingewiesen wie Louise von Sachsen-Coburg und Gotha, die 1897 eine außereheliche Beziehung zu einem Ulanenoberleutnant begann. Kaiser Franz Joseph höchst persönlich ließ die 40-jährige Louise im Mai 1898 verhaften und in die Irrenanstalt in Döbling internieren. Die psychiatrische Diagnose lautete »intellektuelle und moralische Minderwertigkeit«.

Eine Frau, die eine außereheliche Liebesbeziehung einging und sich scheiden lassen wollte, wurde für »moralisch irrsinnig«, also für verrückt erklärt. Denn wer sich bei der kirchlichen Trauung ewige Liebe und Treue versprochen hatte – »bis dass der Tod uns scheidet« –, wie dies auch bei der Hochzeit Elisabeths und Franz Josephs der Fall war, für den kam eine Scheidung nie in Betracht, da man den vor Gott gegebenen Schwur sonst gebrochen hätte. Wer daran auch nur dachte, der war moralisch irrsinnig, das bestätigten auch damalige Psychiater, und nach katholischer Lehre war eine Scheidung völlig unmöglich, selbst wenn die Ehepartner auf die eine oder andere Weise im Verborgenen gegen den Treueschwur verstießen. Außerdem handelte es sich bei Elisabeth und Franz Joseph auch noch um das Kaiserpaar, ein leuchtendes Vorbild für alle Gläubigen. Äußerte Elisabeth also den Wunsch nach einer Scheidung von Franz Joseph womöglich deshalb nicht, weil sie befürchtete, als geisteskrank in ein Sanatorium eingewiesen zu werden? Sie vollzog ihre Trennung von Franz Joseph lieber auf ihre eigene Weise, durch ihre ständigen Abwesenheiten auf Reisen.

Offiziell aber missbilligte sie die Scheidung. So verurteilte sie ihre Schwester Sophie aufs Schärfste, als sich diese von ihrem Mann scheiden lassen wollte, um einen bürgerlichen Arzt zu heiraten. Bei ihrer Schwester Marie, die nach einer Liebschaft mit einem spanischen Gesandten ein uneheliches Kind in einem Augsburger Kloster heimlich zur Welt brachte und nicht mehr zu ihrem Mann, Exkönig Franz II. von Neapel-Sizilien, zurückkehren wollte, bestand Elisabeth auf deren Rückkehr nach Rom und der Fortsetzung der Ehe. Und die Scheidung ihrer Schwester Mathilde von Graf Ludwig von Trani, mit dem sie unglücklich verheiratet war, besorgte zum Glück ja dessen Suizid auf natürliche Weise. Als Kronprinz Rudolf Anfang 1889 angeblich Papst Pius IX. um Auflösung seiner Ehe bat, soll der Papst Kaiser Franz Joseph ermahnt haben, Rudolfs Bitte keinesfalls nachzukommen. Auch wenn es für diese Geschichte keine Quelle gibt, so weist sie doch auf die Unlösbarkeit der Ehe durch die Kirche hin. Dass dem allerdings nicht so war, zeigt die Tatsache, dass Ehen mit kirchlicher

Erlaubnis durchaus aufgelöst wurden, so etwa die Ehe Lady Mary Hamiltons (1850–1922) vom Erbprinzen Albert von Monaco, die 1880 annuliert wurde, worauf Lady Hamilton einen ungarischen Grafen heiratete. Kronprinz Rudolf, der davon erfuhr, meinte, dies sei »ein Beweis, daß man auch beim Papst mit Geld alles richten kann«[32].

Wie Rudolf, so verabscheute auch seine Mutter diese scheinheilige Doppelmoral der Kirche, die von einer verheirateten Frau absolute Treue forderte, beim Mann jedoch außereheliche Aktivitäten nicht selten stillschweigend billigte. Hauptsache war, dass der Ehebruch nicht offenkundig wurde. So führten im 19. Jahrhundert Verdrängung von Sexualität und die von Staat und Kirche gebilligte Doppelmoral zu einem recht fragwürdigen Sexual- und Eheleben. »Die Ehe ist eine widersinnige Einrichtung«, klagte Elisabeth später. »Als fünfzehnjähriges Kind wird man verkauft und tut einen Schwur, den man nicht versteht und dann 30 Jahre oder länger bereut und nicht mehr lösen kann.«[33]

Anlässlich ihrer silbernen Hochzeit 1879 gestand die 41-jährige Kaiserin:

> »Wenn ich nicht daran dächte, daß die Wiener Geschäfte von der Silberhochzeit in finanzieller Hinsicht profitierten, würde ich lieber den 24. April irgendwo in einem stillen Nest verbringen, wo ich mich ganz meinen Gedanken über fünfundzwanzig vergeudete Jahre hingeben könnte.«[34]

Zehn Jahre später »beklagt sie den Tag, da sie ihn [Franz Joseph] ›zu seinem Unglück‹ sah«[35], der auch zu ihrem Unglückstag wurde. Elisabeths Tochter Marie Valerie vertraute ihrem Tagebuch an, »wie peinlich mir Papas oft rauhe, widersprüchliche Art mit Mama, seine kurzangebundenen Antworten sind [...] wenn ich denke, daß Papa mit ihr [der Schratt] vielleicht weniger rauh ist als mit Mama«[36].

Kontakte zu anderen Männern

Wie aber stand es mit Liebesaffären zu anderen Männern, die Elisabeth angeblich einging? Um es gleich vorwegzunehmen: Es waren keine großen, sondern nur kleine amouröse Abenteuer, die schon endeten, bevor sie sich ansatzweise entwickeln konnten. Dass auch solche Amouren in den Augen der Kirche Sünde waren, scherte die Kaiserin nur wenig. Von acht derartigen Beziehungen wird berichtet. Als Erstes ereignete sich ein Flirt mit ihrem Ehrenkavalier, dann folgte ihre Verehrung für einen ungarischen Helden, danach eine Brieffreundschaft, als Viertes ihre Leidenschaft für ein Reiteridol und schließlich vier kurze Episoden zu einem englischen Kronprinzen, zu einem Unbekannten, zu einem in sie verliebten Romantiker und zu einer von ihr bewunderten »Stimme«.

***

Als sich Elisabeth im Alter von 23 Jahren tief enttäuscht auf die Insel Madeira zurückzog, machte ihr der zehn Jahre ältere Graf Imre Hunyády, der sie als Ehrenkavalier begleitete, den Hof, ein gut aussehender, schlanker, eleganter und kluger Mann. Nach anfänglicher Abwehr zeigte die junge Kaiserin Gefallen an ihm und fast schien es, als sei sie bereit, sich auf ein Abenteuer mit ihm einzulassen. Doch nach Informationen nach Wien – Hunyády folge der Kaiserin auf Schritt und Tritt und ein Skandal sei zu befürchten – wurde der junge Graf von heute auf morgen nach Wien zurückbeordert. Später erzählte die Kaiserin dieses Ereignis ihrer Nichte Marie Louise in Form einer märchenhaften Geschichte, »in der sie als Titania, der Kaiser als Oberon und ein junger ungarischer Offizier, Graf Imre Hunyády, als liebeskranker Elfe Imo, eine Rolle spielten«[37].

***

Zu ihren größten Verehrern zählte ab 1866 der ungarische Graf Gyula Andrássy. Elisabeth, damals 29 Jahre alt, imponierte die ritterliche Art des 14 Jahre älteren Mannes. Von seinem schwungvollen Auftritt war sie begeistert. Beide wirkten zusammen auf den Kaiser, seine Minister und die Öffentlichkeit so lange ein, bis es 1867 zum Ausgleich mit Ungarn kam. Elisabeth schätzte Andrássy außerordentlich, sodass bald Gerüchte von einer Liebesbeziehung die Runde machten. Doch es handelte sich nur um eine innige Freundschaft, die 24 Jahre bis zu Andrássys Tod 1890 Bestand hatte.

***

Mit dem 26-jährigen Fritz Pacher List von Theinburg, einem Fabrikbesitzer aus Schönau an der Tristing, kam es 1874 auf einem Faschingsball zu einem Flirt. Die 36-jährige Kaiserin war unkenntlich als »Gelber Domino« maskiert und nannte sich »Gabriele«. »Von diesem Abenteuer« erzählte Elisabeth auch ihrer Nichte Marie Louise »ein Märchen, das sie ›Das magische Alpenveilchen‹ nannte. Ein schönes schlafendes Mädchen wird darin durch die duftenden Alpenblumen an glückliche Stunden gemahnt. ›Erinnerst Du dich des gelben Dominos‹, fragte die eine, während eine andere ihr die Fahrt durch die Dunkelheit ins Gedächtnis zurückruft und eine dritte ihr von der Anbetung des Geliebten spricht. Die Kaiserin erklärte mir dann«, so Marie Louise Wallersee-Larisch, »die heimliche Bedeutung des ›Alpenveilchens‹ [als Symbole der erotischen und sinnlichen Neigungen], behandelt aber die ganze Angelegenheit als Bagatelle«[38], was sie jedoch nicht war, denn aus dieser Begegnung ergab sich eine immerhin bis 1885 währende elfjährige rege Brieffreundschaft. Als Fritz Pacher darauf kam, dass seine Ballbekanntschaft die Kaiserin war, beendete diese von heute auf morgen den Kontakt mit dem inzwischen verheirateten Mann.

***

1876, bei ihrem Jagdaufenthalt in England, wurde William George Middleton, genannt Bay, ein Naturbursche und brillanter Reiter, zu ihrem Piloten. Der neun Jahre jüngere Offizier war von der Reitkunst der Kaiserin elektrisiert. Er betete sie an und sie verehrte ihn, nicht nur wegen seiner Reitkunst, sondern auch seiner aufgeschlossenen Lebensart wegen. Als sich Bay 1882 entschloss, seine langjährige Verlobte Charlotte Baird zu heiraten, da er erkannte hatte, dass für ein Liebesglück mit der Kaiserin keine Aussicht bestand, stürzte für Elisabeth die Welt ein. Auch Bay litt unter der nun folgenden Trennung von seiner geliebten Kaiserin, mit der er noch einen geheimen Briefwechsel aufrechterhielt. Es kam auch zu einigen Treffen zwischen beiden, unter anderem in Amsterdam. Doch für Elisabeth waren die glücklichen Jahre der Jagdaufenthalte in Irland und England zu Ende. 1892 brach sich Bay bei einer Reitjagd das Genick, was Elisabeth als würdigen Reitertod bezeichnete.

***

Außer Bay Middleton verehrten auch noch andere Reiterkoryphäen die Kaiserin. Dazu zählte der reiche und unabhängige Graf Nicky Esterházy, wegen seiner Reiterkünste »Sport-Nikki« genannt. Elisabeths Nichte Marie Louise schien kurzzeitig an eine Heirat mit Nicky gedacht zu haben, doch die Kaiserin entschied energisch: »Er wird nie heiraten. Er ist auch kein Mann für Dich.«[39]

Für Elisabeth allerdings schon, die eine intensive Freundschaft mit dem zwei Jahre jüngeren Nicky verband, der bei den Parforcejagden als ihr Master stets in ihrer Nähe war und sie auch nach Irland und England begleitete. Gerüchte kamen auf, er hätte sich unsterblich in Elisabeth verliebt und konkurriere mit Bay Middleton um ihre Gunst. Nicky blieb unverheiratet und kinderlos, wofür angeblich seine unerfüllte Liebe zu Elisabeth der Grund war.

Ein Junggeselle war und blieb auch der ein Jahr jüngere Prinz Rudolf von Liechtenstein, von Elisabeth nur »der schöne Prinz« genannt, der die Kaiserin ebenso anhimmelte wie Graf Elémer Batthyány, Sohn des aufständischen Ministerpräsidenten Lajos Batthyány, den Franz Joseph 1849 hatte hinrichten lassen. Selbst er gehörte zur Riege ihrer Anhänger. Auch andere umringten die Kaiserin wie Motten das Licht, so der mächtige und einflussreiche Fürst Ferdinand Kinsky und sein Sohn Karl, dann der vermögende Baltazzi-Clan mit den vier Brüdern Alexander, Aristide, Hector und Henri Baltazzi, außerdem der Gutbesitzer Graf Johann Larisch und sein Sohn Heinrich. »Pußta und Pferde, heißblütige Verehrer – hier [in Gödöllő] fand sie, wenn auch nur kurzfristig, was sie suchte, sich jedoch immer wieder verbot: Lust, Sinnlichkeit und Macht.«[40] Es schmeichelte ihr, dass ihr diese Männer zu Füßen lagen. Aber auf eine Affäre mit ihnen hätte sie sich dann doch nie eingelassen.

***

1877 kam es zu einem kleinen spaßigen Flirt der 39-jährigen Kaiserin mit dem vier Jahre jüngeren Prinzen von Wales, dem späteren König Eduard VII. von England, der wegen seiner Vorlieben für Liebesabenteuer mit jungen Schauspielerinnen bekannt war und dem später ein halbes Hundert außereheliche Beziehungen nachgesagt wurden. Auch er bewunderte Elisabeth. Beim abendlichen Tee reizte ihn die Kaiserin durch ihren Auftritt in einem gewagten »Spitzenneligé«[41], wie sie dies in einem Gedicht über diese Episode selbst gestand. Ihre Nichte Marie Louise bewahrte sie, wie das vorher vereinbart worden war, durch ihr Erscheinen vor den Zudringlichkeiten des Prinzen. Für Elisabeth war diese Episode lediglich ein köstlicher Spaß, über den sie schallend lachen konnte. Dem Prinzen ging die Kaiserin aber nicht aus dem Sinn. Im März 1879 wollte er Elisabeth nämlich wieder treffen, wie diese ihrer Hofdame Ida Ferenczy und ihrem Mann Franz Joseph am 6. März 1879 aus Summerhill, Irland, in zwei Briefen verriet: »Der Prinz von Wales hat mir antragen lassen, mich unterwegs irgendwo zu sehen.«[42] Auch wenn sie am 20. März wiederholte: »Der Prinz von Wales will mich auf der Rückreise sehen«[43], unternahm sie keinen Besuch in London mehr, sondern kehrte nach Wien zurück, vor allem auch deshalb, weil sich am 12. März in Szegedin eine entsetzliche Hochwasserkatastrophe ereignete. Ein Treffen mit dem Prinzen fand deshalb nicht mehr statt.

***

1885 bei einem Kuraufenthalt in Amsterdam begegnete die 48-jährige Kaiserin einem Mann, der einen derart magischen Zauber auf sie ausübte, dass sie dieser Begegnung ein überschwängliches Gedicht widmete, in dem es heißt:

> »Denn heut' als ich dich sah – / Musst' ich schon an mich halten, / Um nicht, als wär' Gott nah', / Die Hände hoch zu falten,
>
> Um nicht laut auf zu schrei'n, / Mich auf die Knie zu werfen. – / Und o, dazu die Pein, / Das Toben aller Nerven. [...]«[44]

Es gibt kein anderes Gedicht von Elisabeth, in dem sie derart enthusiastisch auf einen Mann reagierte, bei dessen Anblick sie fast die Sinne verlor und den sie förmlich zu begehren schien: »Nur fort, nur fort von dir«, so schreit es aus ihr heraus. »Ich kann's nicht mehr ertragen. / Das tolle Herz will schier / Den kranken Kopf erschlagen.«[45]

Manche vermuten, dass es sich bei diesem Unbekannten um ihren Reiterpiloten Bay Middleton gehandelt habe, dem sie in den Jahren 1884 bis 1886 nochmals in Amsterdam, Gödöllő und Heidelberg begegnet war, doch gesichert ist diese Vermutung nicht. Sollte es aber wirklich Bay gewesen sein, zeigt dieses Gedicht, zu welchem Gefühlsausbruch Elisabeth fähig war.

***

1886, die Kaiserin stand bereits im 49. Lebensjahr, ließ sie sich auf eine Romanze mit dem erheblich jüngeren Alfred Gurniak Edler von Schreibendorf ein, der sie mit schwülstigen Liebesschwüren verfolgte. Alfreds Vater war von Kaiser Franz Joseph seiner Verdienste wegen in den Adelsstand erhoben worden. Alfred schrieb der Kaiserin zahlreiche rührselige Liebesbriefe. Während sie sich über ihn in ihren Gedichten lustig machte, sorgte sie mit kleinen Huldbeweisen dafür, dass er ihr überallhin nachreiste. Dies tat er in den Jahren 1886 bis 1888 unermüdlich und brauchte dabei sein Vermögen auf. Zu schlechter Letzt machte er die Kaiserin für seine finanziellen Schwierigkeiten verantwortlich. Als er ihr mit Selbstmord drohte, um sie dazu zu bringen, ihn finanziell zu unterstützen, beendete Elisabeth die Beziehung, die sie ohnehin nur zum Zeitvertreib eingegangen war.

***

1888 fand anlässlich des Besuchs des portugiesischen Königspaars Ludwig und Maria Pia mit dem Kronprinzen Carl in Ischl eine dreitägige Begegnung Elisabeths mit dem 24-jährigen Carl statt. Fasziniert war sie von seinem »feurig-männlichen Aussehen, den klassisch edlen Gesichtszügen, seinem kindlich treuen Blick aus dunkelblauen Augen und dem goldnen Lockenhaar«[46]. Doch noch mehr war sie von seiner melodischen Stimme begeistert, wie sie in folgendem Gedicht »An Carl« zum Ausdruck brachte:

> »Ja du bist schön, schön zum Entzücken, / Bewundernd staunte ich dich an / Ob all der Reitze, die dich schmücken, / Und doch bist du noch kaum ein Mann.
>
> [...] Doch was vor allem mich entzückte, / War dein melodisches Organ, / Wer meine Sinne je umstrickte, / Hat mit der Stimme es getan ...
>
> Drei Abende durfte ich verweilen, / Drei Abende kamst du zu mir, / Dann musst ich rastlos weitereilen. / Nun trennt mich eine Welt von dir.«[47]

***

Elisabeth liebte es zwar, bis zur Anbetung verehrt zu werden, doch sie selbst war, wohl geprägt von ihrem Vater, vorrangig von Männern fasziniert, die ihr souverän und unnachsichtig entgegentraten, wie Graf Gyula Andrássy, der ihre Launen ignorierte, oder ihr schottischer Reittrainer Bay Middleton, der sie gelegentlich sogar anherrschte, wenn sie sich seinen Anweisungen widersetzte. Beeindruckt war sie auch von ihrem holländischen Arzt Johann Mezger, der ihr unverblümt ins Gesicht sagte, sie sähe alt und runzlig aus und sei in zwei Jahren ein uraltes Weib, wenn sie seinen Anordnungen nicht folge. Männer, die ihr geradezu unterwürfig ergeben waren wie ihr Ehemann Franz Joseph, beeindruckten sie hingegen wenig. Wäre ihre Ehe womöglich anders verlaufen, wenn der Kaiser weniger Nachsicht mit ihr gezeigt hätte? Amouröse Beziehungen zu dominanten Männern ging sie dennoch nicht ein, es sei denn in ihren Träumen wie etwa zu ihrem toten Helden Achilles. Selbst ihre »großen Affären« mit Andrássy und Bay Middleton endeten nach einem verheißungsvollen Beginn im Nichts und ließen nur eine Leere zurück, die sie nicht füllen konnte. Auch wenn sie den Männern nachtrauerte, dauerte das nur kurze Zeit. Sie erstickte ihre Gefühle und zog sich in die Einsamkeit zurück. Ihre nie ausgelebten Sehnsüchte nach selbstbewussten Männern, die sie immer ruheloser werden ließen, versuchte sie durch Gewaltmärsche, sportliche Aktivitäten, vor allem durch Reitexzesse und endlose Reisen zu kompensieren. Ihr Liebesleben war auf diese Weise »die Geschichte einer unendlichen Reihe verpasster Gelegenheiten, unerfüllter Sehnsüchte, heftiger Wachträume, stiller Resignation, bitterer Auflehnung und eines unbefriedigten Begehrens«[48]. Und so schätzte sie mehr als Liebe, die sie für ein Gift hielt, letztlich die Freundschaft zu Männern, denn, so äußerte sie im Hinblick auf »die treue Freundschaft« zu Graf Andrássy, »sie war nicht durch Liebe vergiftet«[49].

1878
1847
1872
1854
1889
1865
1856
1862
1859

Kaiser Franz Joseph I. mit seinen Töchtern, den Erzherzoginnen Gisela und Marie Valerie.

Kronprinz Rudolf mit seiner Frau Erzherzogin Stephanie und seiner Tochter Elisabeth – »Erzsi«.

Franz Josephs Mutter Erzherzogin Sophie mit Kardinal Josef Ottmar Rauscher und Papst Pius IX.

Herzog Max in Bayern mit seiner Frau Herzogin Ludovika, Elisabeths Reiterpilot Bay Middleton.

Elisabeths Idole Lord Byron, der griechische Held Achilleus und die Dichterin Sappho.

Arthur Schopenhauer

Richard Wagner

Friedrich Nietzsche

Elisabeths verehrte Dichter William Shakespeare, Heinrich Heine und Jehuda ben Halevy.

Die Dichterin Carmen Sylva und Elisabeths Cousins, Erzherzog Ludwig Salvator und König Ludwig II.

Ungarns Politiker Gyula Andrássy, Ferenc Deák und Elisabeths Vorleser Konstantin Christomanos.

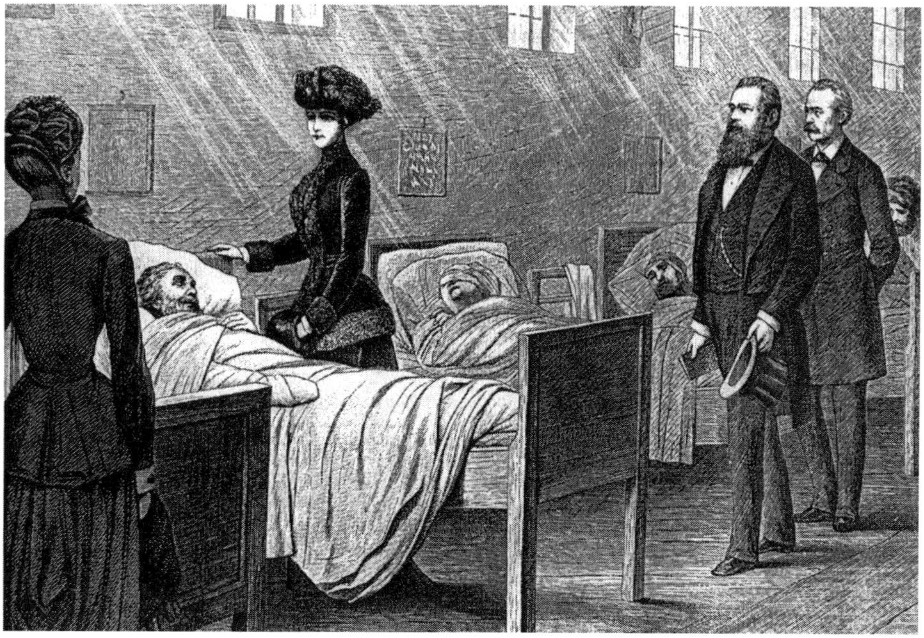

Nächsten- und Gottesliebe der Kaiserin

Das Gebot der Nächsten- und Gottesliebe, das wusste auch Elisabeth, zählt für Christen zu den höchsten Geboten. Im Matthäus-Evangelium wird geschildert, wie ein Schriftgelehrter Jesus fragte: »Meister, welches ist das höchste Gebot im Gesetz?« Jesus antwortete ihm:

> »Du sollst den Herrn, Deinen Gott, lieben von ganzem Herzen, von ganzer Seele und von ganzem Gemüt. Dies ist das höchste und größte Gebot. Das andere aber ist dem gleich: Du sollst Deinen Nächsten lieben wie dich selbst.«[1]

Aber beachtete die Kaiserin das höchste Gebot Gottes, den nächsten Mitmenschen ebenso zu lieben wie Gott und sich selbst, wirklich immer?

Offizielle karitative Aktivitäten

Wie alle Gläubigen, so war auch Elisabeth aufgerufen, Werke der Barmherzigkeit zu verrichten, denn diejenigen, die barmherzig zu anderen waren, lädt Gott in sein Reich mit den Worten ein:

»Denn ich bin hungrig gewesen, und ihr habt mir zu essen gegeben. Ich bin durstig gewesen, und ihr habt mir zu trinken gegeben. Ich bin ein Fremder gewesen, und ihr habt mich aufgenommen. Ich bin nackt gewesen, und ihr habt mich gekleidet. Ich bin krank gewesen, und ihr habt mich besucht. Ich bin im Gefängnis gewesen, und ihr seid zu mir gekommen. [...] Was ihr einem von meinen geringsten Brüdern getan habt, das habt ihr mir getan.«[2]

Während Elisabeths ältere Schwester Helene sich um Notleidende, die es auch am Starnberger See gab, kümmerte und später als Gemahlin Alberts ebenso den Armen in Regensburg half und der ältere Bruder Carl Theodor als Augenarzt so manchen bedürftigen Patienten kostenlos behandelte, sei bei Sisi, so das Urteil einiger Kritiker, das soziale Gewissen nicht besonders ausgeprägt gewesen. Als Kaiserin habe sie sich wenige Gedanken darüber gemacht, »wie viel ihre diversen Vergnügungen, ihre vielen Reisen kosteten, ihre Jagdabenteuer, für die ihr die besten und teuersten Pferde zur Verfügung stehen mussten. Geld spielte keine Rolle, warum sollte sie sich den Kopf darüber zerbrechen?«[3]

Einerseits ist es richtig, dass Elisabeth für Bedürftige sicher mehr von ihren horrenden Ausgaben für private Vergnügungen hätte abzweigen können, andrerseits sind von der Großzügigkeit und Hilfsbereitschaft der Kaiserin doch etliche Geschichten überliefert, in denen ihr ein soziales Gewissen durchaus bescheinigt wird.

Die ihr von Kaiser Franz Joseph anlässlich ihrer Hochzeit gewidmete sogenannte Morgengabe von fast 57000 Gulden spendete sie nach alter Sitte für wohltätige Zwecke. Ihr humanitäres Engagement zeigte sich auch in Kriegszeiten. So ließ sie im Krieg 1866 in Laxenburg ein Spital für die vielen Verwundeten einrichten. In den Garnisonsspitälern Wien und Unter St. Veit besuchte sie die Verletzten, ebenso im Schloss Gödöllő nahe Budapest, wo ebenfalls ein Lazarett untergebracht war. Während sie in Wien vor der Cholera flüchtete, scheute sie sich nicht, in Budapest Choleraspitäler aufzusuchen und im Januar 1874 auch eines in München, obgleich sie wusste, dass diese Krankheit höchst ansteckend ist. Einem sterbenden jungen Mann reichte sie die Hand und sagte danach zu Marie Festetics: »Der stirbt und wird mich einst freudig dort [im Himmel] begrüßen.«[4]

Selbst vor den gefährlichen Pocken – auch Blattern genannt – schreckte sie nicht zurück. Die satirische Zeitschrift »Kikeriki« jedenfalls würdigte Elisabeths Unerschrockenheit in folgendem Gedicht:

»Wahrlich, die Frau ist sonderbar, / Die ohne Scheu vor der Gefahr, / Von Menschenliebe nur bewegt, / Trost in das Haus des Unglücks trägt. / Die, heiklich auf die Schönheit nicht, / Auch mit den Blatternkranken spricht, / Tränenden Blick's an Sterb'bett eilt, / Dort bei Verlassenen verweilt.

Ihr Patronessen, seht euch an, / Wie still man auch human sein kann, / Nicht bloß bei der Musik von Strauß – / Auch einsam in dem Krankenhaus. / Dort

Tränen trocknen, wo der Tod / In allerlei Gestalten droht: / So edlen und humanen Sinn, / Lernt ihr von unsrer Kaiserin!«[5]

Doch Elisabeth wollte nicht nur den tröstenden Engel spielen und sich mit den üblichen Kurzbesuchen bei einigen Kranken in den Spitälern begnügen. Ihr ging es auch darum, sich persönlich ein Bild von den Zuständen in diesen Einrichtungen zu machen. Gelegentlich kostete sie sogar das Essen und nahm sich stets Zeit für ein Gespräch mit den Patienten. Immer wieder unterstützte sie diese Institutionen mit Spenden. Sie engagierte sich für die grundsätzliche Verbesserung des Gesundheitswesens und die Optimierung der Pflege von Verwundeten und Kranken, auch wenn bürokratische Schwierigkeiten dies häufig behinderten. So kümmerte sie sich 1878 bei der österreichisch-ungarischen Besetzung Bosniens und der Herzegowina nicht nur um die Verwundeten des Feldzugs, sie setzte sich auch für die Schaffung eines Hilfsfonds für die Invaliden und in die Heimat zurückkehrenden Soldaten ein sowie für die Gründung des patriotischen Frauenvereins vom »Roten Kreuz« zur Unterstützung der Kriegsgeschädigten.

Mehrfach machte die Kaiserin auch Stiftungen an Kirchen und Klöster, schenkte hier eine Heiligenstatue, dort einen mit Edelsteinen verzierten Kelch oder ein Messgewand. Gräfin Irma Sztáray berichtet:

»Unser liebes, stilles, einförmiges Leben ward eines schönen Tages durch eine hervorragende, pietätvolle Feier unterbrochen. Die Kaiserin hatte der griechischen Kirche von Gasturi eine prachtvoll ausgeführte, gestickte Fahne gestiftet; und die Gläubigen, mit der Geistlichkeit an der Spitze, kamen in einer Prozession hierher, um das Geschenk zu übernehmen. Die im Hofe des Achilleion in feierlicher Ordnung defilierende bunte Menge mit den flatternden Fahnen und dem hocherhobenen, aus Silber getriebenen Bilde der Jungfrau Maria, umgeben von der Jugend Gasturis, mit brennenden Kerzen in den Händen, das alles war ein entzückendes Bild.«[6]

Bei ihrem Aufenthalt in Meran vom 16. Oktober 1870 bis zum 5. Juni 1871 verteilte sie etwa zehn Prozent ihres monatlichen Reisebudgets von rund 30000 Gulden, also 3000 Gulden, für soziale Zwecke, übergab der Klosterschule der Englischen Fräulein eine Spende und dem Meraner Kulturvorstand 1000 Gulden. Einem Armenviertel von Trient, das abgebrannt war, ließ sie ebenfalls 1000 Gulden zukommen. Größere Spendengesuche, so etwa die Bitte um finanzielle Unterstützung für den Wiederaufbau einer abgebrannten Kirche in Nordtirol oder für den Bau eines neuen Schulhauses, ließ sie durch ihren Sekretär nach Innsbruck und Wien weiterleiten.

400 Gulden erhielt von ihr die Stadt Glurns 1855 nach einer Überschwemmung der Etsch. Bei der Hochwasserkatastrophe Ende Juli 1891 in Ischl spendeten Franz Joseph für die Geschädigten 1000 und Elisabeth 500 Gulden. Außerdem rief sie die Bevölkerung zu einer Spendenaktion auf, bei der 8300 Gulden zu-

sammenkamen. Mehrfach wird auch von kleineren Spenden mit Beträgen zwischen 50 und 400 Gulden berichtet. So unterstütze sie 1854 die Familien von auf dem Traunsee verunglückten Fischern mit 300 Gulden, die Armen von Hallstadt und Laufen mit 100 Gulden, ebenfalls mit 100 Gulden den Ausbau des Glockenturms einer evangelischen Kirche oder mit einem Beitrag von je 20 Gulden die Kinder armer Eltern.

1878 spendete sie für die neugotische Votivkirche in Wien an der Ringstraße das von Josef Matthias Trenkwald entworfene »Kaiserin-Fenster«. Darauf ist Elisabeth im Hermelinmantel gemeinsam mit Franz Joseph im österreichischen Kaisermantel mit zum Gebet gefalteten Händen kniend vor dem segnenden Christus dargestellt. Zu ihren Füßen liegen die kaiserlichen Symbole Krone und Szepter. Diese Kirche, auch »Ringstraßendom« genannt, wurde zum Dank für ein 1853 fehlgeschlagenes Attentat auf Kaiser Franz Joseph errichtet und am 24. April 1879, am Tag der Silberhochzeit des Kaiserpaares, geweiht.

Bei ihrem Jagdaufenthalt Anfang März 1979 in Irland sprengte die reitbegeisterte Kaiserin mit ihrem Pferd Domino in der Nähe von Dublin querfeldein, übersprang eine hohe Mauer, landete im Hof eines katholischen Priesterseminars in Maynooth und hätte beinahe Dr. Walsh, den Leiter des Seminars, niedergeritten. Die Situation war ihr äußerst peinlich und sie versprach, wiederzukommen. Sechs Tage später erschien sie wieder und überreichte Dr. Walsh als Geschenk die Statue des heiligen Georg, was Erstaunen auslöste. Elisabeth hatte dem irischen Kloster ausgerechnet den Schutzheiligen Englands geschenkt, ohne zu bedenken, dass die Beziehungen Irlands zu England nicht gerade die besten waren. Ein geeigneteres Geschenk wäre die Statue St. Patricks gewesen. Die Kaiserin machte ihren Fehler jedoch wieder gut, indem sie Dr. Walsh kurze Zeit später ein kostbar besticktes Messgewand überreichen ließ.

Trotz der vielen keinen und größeren finanziellen Zuwendungen und Geschenke, eine so selbstlose Wohltäterin wie etwa ihre Namenspatronin, die Heilige Elisabeth von Thüringen, war Kaiserin Elisabeth sicher nicht. Auch dem Motto ihrer Dichterfreundin Carmen Sylva: »Immer helfen, helfen! Dazu sind die Reichen auf der Welt und allein existenzberechtigt«, folgte sie nur halbherzig. Carmen Sylva war sozial höchst engagiert und »gründete Krankenhäuser, Selbsthilfevereine und Schulen. Sie ließ eine Blindenanstalt bauen, unterstützte die Weltfriedensidee von Bertha von Suttner und forderte die Esperantobewegung zum allgemeinen Verständnis der Völker.«[7]

In Österreich wurden von der herrschenden Schicht, also auch von Kaiserin Elisabeth, das hier weit verbreitete soziale Elend, die Wohnungsnot und die Armut verdrängt. Was interessierte es den Wiener Hof schon, dass beispielsweise zahlreiche Obdachlose in der Kanalisation der Stadt hausten, was von der Stadtverwaltung sogar geduldet wurde? Als Elisabeth 1887 daran dachte, den stattlichen Betrag von 12 950 Reichsmark zur Errichtung eines Denkmals für den von ihr geliebten Heinrich Heine in seiner Geburtsstadt Düsseldorf beizusteuern, das allerdings nicht zustande kam, wurden sofort Proteste laut: »Haben wir in Wien, in Österreich nicht genug Noth und Elend, nicht genug unverschuldete Hungernde und Frierende, für welche zu sorgen unsere erste bürgerliche Pflicht wäre?«[8]

Wirklich umfassenden und unablässigen Einsatz der Kaiserin in der Armenfürsorge erhofften sich die bedürftigen Untertanen leider vergebens. Sie glaubte, wenn sie Einzelnen Gutes tue, dass es dann allen gut gehe, dass sie mit ihren Besuchen in Krankenhäusern und Irrenanstalten und der Zuwendung zu einem Kranken schon das Leid aller ihrer Untertanen oder gar der ganzen Welt lindere. Sicher hatte sie Kenntnis davon, dass noch ein Großteil der österreichisch-ungarischen Bevölkerung zur Unterschicht aus unterbezahlten Tagelöhnern, Dienstboten, Handwerksgesellen und Pfründnern gehörte, wo Frondienst, Armut und allgemeine Not dominierten. In einem ihrer Gedichte vergleicht sie während einer Segeltour auf stürmischer See das Leben der Matrosen mit dem ihrer vergnügungssüchtigen adeligen Gäste, die es sich auf dem Schiff gut gehen lassen.

»Es ist ein hartes, bittres Leben, / Das so ein armer Seemann führt; / Das Schicksal hat ihm nichts gegeben; / Karg ist der Lohn, der ihm je wird.

Welch andres Los ist doch beschieden / An meiner Seite dem Hanswurst, / Fremd ist die Mühsal ihm hienieden, / Er weiss es nicht, was Hunger, Durst.

Er pflegt den Leib, den wohlgenährten, / Es kennt ihn jeglicher Salon, / Er tänzelt leicht dahin auf Erden, / Ein flatterhafter Papillon.

Ja, ungleich mahlen Gottes Mühlen: / Die müssen wir im Elend seh'n, / Der räkelt auf des Glückes Pfühlen / Und stinkt schon fast vor Wohlergeh'n.«[9]

Auch in einem anderen Gedicht übt sie Kritik an der Adelskaste, zu der sie ja selbst gehört, und findet lobende Worte für die Fischer am Tegernsee:

»Besser waren auch die Fischer, / Ehrlich, arbeitsam und schlicht. / Als das Heer Aristokraten, / das auf fauler Haut hier liegt.«[10]

Selbsterkenntnis ist – nach einer alten Weisheit – zwar der erste Schritt zur Besserung, die bei Elisabeth allerdings erst spät erfolgte. So habe sie erst kurz vor ihrem Tod einem hohen Beamten heftigste Vorwürfe gemacht und ihm befohlen, »endlich darauf hinzuwirken, dass das entsetzliche, unter den Frauen und Mädchen der arbeitenden Classe herrschende Elend gebessert würde. Sie schrieb: ›Mein Herz blutet, wenn ich an die Noth jener armen Frauen und Mädchen denke, welche wie die Sclavinnen des Alterthums arbeiten, ohne imstande zu sein, sich selbst genügend zu ernähren. Im Hinblick auf unsere bevorzugte Stellung verlangt es unsere Dankbarkeit gegen den Schöpfer, dass wir den vom Schicksal minder Begünstigten wenigstens über den ärgsten Mangel hinweghelfen.‹«[11]

Angesichts dieser Tatsachen kritisierte selbst der österreichische Adel mehrfach die sündhaft teuren Vergnügungsreisen der Kaiserin: »Welchen Effekt würde es gemacht haben«, fragte etwa Graf Coronini in einem Schreiben an Graf Crenneville, »wenn man diese Reisekosten (vielleicht ½ Million) unter die Hilfs-Comités der Monarchie verteilt hätte, wie viel Hunger gestillt, wie viele Segen der Himmel für die Wohlthäterin gesendet?«[12]

Die aus Norwegen stammende Schriftstellerin Clara Tschudi (1856–1945), die über die Kaiserin eine Biografie verfasste, deren deutsche Übersetzung später in Österreich wegen kritischer Äußerungen über Elisabeth allerdings verboten wurde, schreibt, die Kaiserin habe in späteren Jahren »ihre Teilnahme an der öffentlichen Wohlthätigkeit [...] nur unter dem Druck vonseiten des Kaisers« wahrgenommen, »und sie besaß nicht die Geduld dies regelmäßig zu thun. Sie vollbrachte ihre mehr offiziellen Thaten der Barmherzigkeit mit einer eigentümlichen Maske von Kälte und Eile, gleich als ob es ihr an Zeit fehle. Wenn sie hin und wieder in den philanthropischen Etablissements in Wien auftauchte, kam sie wie ein Sturmwind gefahren, ohne daß man sie erwartet hatte. Es geschah, daß sie an einem einzigen Tage acht bis zehn solcher Besuche an den vier Ecken der Hauptstadt abstattete, gleich als ob sie einholen wollte, was sie während der Zeit ihrer Abwesenheit versäumt hatte, gleich als ob sie ihre Barmherzigkeitspflichten mit einem Schlage los zu sein wünschte. Und doch war sie gut: sie unterstützte bis zu ihrem Tode unzählige Unglückliche und Notleidende.«[13]

Nächstenliebe im Verborgenen

Während hochgestellte Persönlichkeiten ihre karitativen Aktivitäten durch entsprechende Presseberichte gerne offenkundig machten, scheute Elisabeth derartige Publicity. Auch die Armen- und Krankenfürsorge ihrer bayrisch-herzoglichen Familie spielte sich eher im Verborgenen ab. Als Kaiserin besuchte sie möglichst unangemeldet Waisen-, Armen- und Krankenhäuser, auch diverse Irrenanstalten, und wünschte stets den persönlichen Kontakt zu den Kranken und Pfleglingen. Sie hoffte, sich auf diese Weise ein eigenes Urteil über die Betreuung bilden zu können. »Die Allerhöchsten«, schrieb Marie Festetics, »suchen Stätten nicht gern auf, wo so schweres Leiden wohnt. Man gestattet es auch nicht. Die Kaiserin aber, die keine Freude hat an prunkenden Festlichkeiten, geht gerne dort, wo es Leiden gibt und Schmerzen, die des Trostes und der Aufmunterung bedürfen! [...] Da Sie nie angesagt geht, fallen alle, die Kranken aufregenden, Vorbereitungen fort. Sie kömmt [sic!] lautlos und geht ebenso! Ihre sanfte Stimme ermüdet keinen.«[14]

Elisabeth suchte das Gebot der Nächstenliebe aber nicht nur bei Besuchen von Kranken-, Waisen- und Armenhäusern zu erfüllen, denen sie immer wieder Spenden zukommen ließ, sondern auch durch ganz persönliche Zuwendung an kranke und arme Menschen. Im Juni 1863 hielt sie sich zur Kur in Kissingen auf. Auf der Promenade begegneten ihr der blinde Herzog von Mecklenburg und der halbgelähmte Engländer John Collett, der im Rollwagen über die Promenade fuhr. Die Kaiserin wandte sich beiden zu, die sich geschmeichelt fühlten, dass sich eine Kaiserin und so wunderschöne Frau eines armen Blinden und eines bedauernswerten Gelähmten annahm. Elisabeth erkannte, wie die Männer durch den Kontakt mit ihr förmlich aufblühten. Bald waren die drei unzertrennlich und unterhielten sich »über Gott und die Welt, über Tod und Leben, über Leiden und Glück«[15].

Beeindruckt von Colletts Belesenheit ließ sie sich von ihm sogar Bücher empfehlen. Collett sandte ihr auch Blumen und eigene Gedichte, wofür sie ihm herzlich dankte. Als er sie jedoch bat, eines seiner Gedichte zu beurteilen, schrieb sie ihm:

> »Ich danke für das kleine Gedicht. Sie sagen mir, ich soll es kritisieren. Ich kann Ihnen nur eines sagen, Sie schätzen mich viel zu hoch ein und ich fühle mich selbst nicht halb so viel wert, als Sie von mir denken und über mich schreiben ... Sie sind so leidend und müde und vergessen doch nicht für mich zu beten, wie lieb ist das von Ihnen. Oh, bitte, hören Sie damit nicht auf und bitten Sie für mich, daß mir Gott einen Wunsch erfülle, den einzigen, um den ich ihn morgens und abends und jeden Tag in der Messe bitte.«[16]

Damit meinte die damals kränkliche Kaiserin wohl ihre vollständige Genesung. Nach ihrer Heimreise am 25. Juli ließ sie zwei Lieblingslieder John Colletts in Musik setzen und versicherte ihm, sie höre sie oft des Abends an, wenn sie vom Reiten heimkomme. Collett war beglückt und wünschte sich eine Locke ihres Haares. Diesen Wunsch erfüllte die Kaiserin jedoch nicht, mit der Begründung, sie habe ein Gelübde abgelegt, niemandem je etwas von ihrem Haar zu geben.[17]

Auch gegenüber ihren Bediensteten konnte Elisabeth sehr freundlich sein. Erkrankte »eine ihrer Zofen in der Hofburg, stieg die Kaiserin zu den Zimmern der Dienerschaft hinauf, um dem Mädchen Obst und Blumen zu bringen«[18]. Die in diesen Beispielen gezeigte individuelle Nächstenliebe wurde aber von einem anderen Wesenszug der Kaiserin massiv überdeckt.

Elisabeths Menschenflucht und Misanthropie

Die in ihrer Kindheit durchaus vorhandene Fähigkeit, nahestehenden Personen – ihren Eltern und Geschwistern – zu vertrauen, wurde bei Elisabeth durch negative Erfahrungen als Kaiserin – etwa mit der Schwiegermutter, ihrem Mann und mit Hofbediensteten – zunehmend brüchiger. Ihnen traute sie Bosheiten, Intrigen und Lügen zu. Sie empfand sich solchen Einflüssen hilflos ausgeliefert. Sie erkannte, dass derjenige, der vertraut, sich abhängig vom zukünftigen Handeln einer anderen Person macht, von der die Erwartungen erfüllt, aber auch enttäuscht werden können. Ihre Absicht, Personen aus ihrer Umgebung ein generelles Vertrauen zu schenken, erwies sich am Kaiserhof bald als problematisch, weshalb sie sich entschloss, ihrer Umgebung nur mehr gleichsam »partikularistisch« zu vertrauen, also nur hinsichtlich bestimmter ausgewählter Bereiche.

Am 6. August 1888 versicherte Elisabeth ihrer Tochter Marie Valerie, »sie hasse die Menschen überhaupt und die Männer besonders mehr denn je«[19]. Mit den Jahren mied die Kaiserin den Umgang mit Menschen möglichst, vor allem, wenn diese in Massen auftraten. Dann fühlte sie sich wie ein Pferd im »Geschirr« und das beengte sie so sehr, dass sie abweisend erschien. »Den Menschen zu nahe zu sein, ist eine Qual«[20], betonte sie. »Mein liebster Umgang mit Menschen ist ein indirekter – im Traum. Im Leben habe ich Begegnungen nicht gern, es ist wie ein Zusammenstoßen von Stirnen«,[21] also ein schmerzhafter Vorgang.

> »Wenn ich ganz allein in einer einsamen Landschaft bin und weiß, dass sie nicht oft von Menschen betreten wird, dann fühle ich, dass mein Verhältnis zu dieser Natur ein ganz anderes wird, als wenn sich auch andere Menschen dort befinden. Das Leben unter den Menschen gibt uns allen eine gleichartige äußere Uniform, aber im Inneren wahren wir nur in niederen Instinkten eine wirkliche Gemeinschaft.«[22]

Ihrem Vorleser Christomanos gestand sie, »daß man die Schwere seiner Existenz am meisten fühlt, wenn man in Kontakt mit den Menschen ist. Das Meer und die Bäume nehmen uns alles Irdische ab; wir werden selbst einer von den Zahllosen. Jeder Verkehr in der menschlichen Gesellschaft ist eine Ablenkung von diesem Aufgeben, er verschärft die Empfindung unserer eigenen Individualität, die immer wehe tut.«[23]

Die Kaiserin verachtete nicht nur bestimmte Menschen als Individuen, sondern den traurigen Zustand der Menschheit als Ganzes. Sie beurteilte ihre Umgebung am Maßstab eines bisweilen utopischen Ideals, registrierte Abweichungen davon und gelangte im Lauf der Jahre zur Überzeugung, dass die meisten Menschen nur Mittelmaß sind, wobei sie sich selbst von dieser Beurteilung durchaus nicht ausnahm. Sie versuchte, ein besserer Mensch zu sein, und trachtete immer wieder danach, all das, was ihre Abscheu der Menschheit gegenüber verursachte, zu überwinden, wobei sie aber häufig scheiterte.

Auch ihrem Personal gegenüber benahm sie sich gelegentlich recht schroff und nahm an der kleinsten Ungeschicklichkeit Anstoß. Ihre Anordnungen waren knapp und bisweilen unhöflich. Ihrem Tagesablauf, den sie nach Lust und Laune gestaltete und kurzfristig oft auch veränderte, mussten die Hofbediensteten widerspruchslos folgen. Die Amme ihrer Lieblingstochter, der sie grundlos vorwarf, Marie Valerie mit ihrer Milch vergiftet zu haben, entließ sie von einer Stunde auf die andere und äußerte, dass mit dieser Frau »nicht einmal der Herrgott auskommen könne«[24]. Ihrerseits glaubte die Amme dasselbe von der Kaiserin.

Auch die Hofdamen hatten es mit ihrer Herrin nicht leicht. Sie quälte diese mit ihren Gewaltmärschen und versetzte sie bei stürmischen Fahrten auf dem Meer rücksichtslos in Angst und Schrecken. Wer nicht parierte, wurde von einem Tag auf den anderen entlassen. Mitunter provozierte sie auch die vorhandenen Eifersüchteleien und Rivalitäten in ihrem Gefolge und machte sich ein Vergnügen daraus, wenn die Betroffenen darunter litten. War sie jedoch »gut aufgelegt, lächelte und sprühte sie, so daß selbst ihre Feinde diesem Zauber erlagen. Aber bei der geringsten Verärgerung erstarrte ihr schönes Gesicht zu einer Maske, die Atmosphäre wurde frostig, und alles atmete erleichtert auf, wenn Ihre Majestät den Raum verließ.«[25]

Misstrauen gegenüber Gott

Religion hätte bei Elisabeth durch Einbindung in positive religiöse Beziehungen, in denen hinsichtlich Moral Konsens besteht, Einfluss darauf haben können, auch ihr Vertrauen zu den Mitmenschen wiederherzustellen oder sogar zu stärken, doch stattdessen vergrößerte sich mit den Jahren nur ihr Misstrauen. Sie konnte sich weder auf ihre bigotte Schwiegermutter und den ihr nahestehenden Kardinal Rauscher noch auf ihren Mann verlassen, entdeckte in deren Verhalten vielmehr eine Doppelmoral und eine Unzuverlässigkeit hinsichtlich von ihr erwarteter anständiger Verhaltensweisen. Diese Menschensicht wirkte sich negativ auf ihre Beurteilung des Gottes Jehova aus. In der Bibel heißt es: »Denn wer seinen Bruder nicht liebt, den er sieht, der kann nicht Gott lieben, den er nicht sieht.«[26]

Doch auch von Gott, zu dem sie regelmäßig betete, wurde sie immer wieder enttäuscht und sah in seinem Handeln keine verlässliche Struktur. Dieser Gott war das eine Mal gutmütig und geduldig, dann wieder strafend und ungnädig. Sie erlebte ihn als distanziert, unnahbar und schwer berechenbar. In Gott sah sie vorrangig ein übermächtiges Wesen, dem sie hilflos ausgeliefert war. Er wurde in ihren Augen sogar ein rächendes Wesen, das seine Handlungen, ob sie der Mensch nun gerecht oder ungerecht empfand, nicht zu begründen brauchte. Er ist der Mächtige und kann tun und lassen, was ihm gefällt. Vor einem solchen Gott fürchtete sie sich, konnte ihm allenfalls mit Ehrfurcht und Unterwürfigkeit begegnen, ihn aber ehrlich lieben, wie es das Gebot der Gottesliebe forderte, dazu war sie immer weniger fähig. Die Folge war eine ambivalente und immer wieder auch negative Einstellung zu Gott, wodurch die Neigung, ihren Mitmenschen zu vertrauen, noch weiter geschwächt wurde.

Bekanntlich erwarten Menschen, die Gott nicht trauen, auch von ihren Mitmenschen nichts Gutes. Ihre zunehmende Menschenscheu weitete sich schließlich zur regelrechten Abneigung gegen Menschen aus. Enttäuschende Erfahrungen mit ihnen projizierte sie in der Folge auf Gott, der sich um ihre Probleme in Einzelfällen zu kümmern schien, um sich dann wieder nicht um ihre Nöte zu scheren oder gar unerwartetes Leid, das ihr zustieß, nicht zu verhindern. Gott schien also höchst unzuverlässig zu sein, was ihr Misstrauen verstärkte, das sie aus Angst vor Gottes Strafe aber stets umgehend bereute.

Während sich bei ihrer Tochter Marie Valerie deren ausgeprägte Liebe zu Gott auch auf deren Liebe zu ihren Mitmenschen positiv auswirkte und sie zu umfangreichen sozialen Aktivitäten befähigte, gelang dies ihrer Mutter nur sehr eingeschränkt.

Bei Elisabeth bestand aufgrund der negativen Erfahrungen in der Vergangenheit eine »Philophobie«, also eine Angst vor der Liebe, um zu vermeiden verletzt zu werden. Die Vorstellung, sich auf jemanden bedingungslos einzulassen, ihm voll und ganz zu vertrauen und sich fallen zu lassen, war für sie angstbesetzt, hatte sie doch mehrfach erlebt, dass Liebe verletzlich macht und mit negativen Gefühlen, Enttäuschungen und Schmerz verbunden ist.

Eine Beziehung bedeutet stets auch, Kompromisse einzugehen und sich zu öffnen. Die Vorstellung, die eigene Freiheit einzuschränken, wirkte für sie daher beängstigend. Ihre »Philophobie« war daher eine Art Selbstschutz nach dem Motto: keine Liebe, kein Leid. Sie ging zwar Beziehungen ein, doch nur kurzzeitig. Sie stürzte sich von einer flüchtigen Affäre in die nächste, ohne sich wirklich auf jemanden einzulassen. Auch gegenüber ihrem Mann und den Kindern konnte sie keine tiefen Gefühle, keine ehrliche Liebe zeigen. Eine Ausnahme stellte lediglich ihr Lieblingskind Marie Valerie dar, die sie keine Sekunde allein ließ und regelrecht überwachte, um von ihr nicht auch enttäuscht zu werden. Doch das geschah dann doch durch deren Hochzeit, nach der sie nun nicht mehr ihr allein gehörte, sondern vorrangig dem angetrauten Ehemann, der sie ihr gleichsam gestohlen hatte. Auch von Gott fühlte sie sich immer wieder enttäuscht. Ihn bedingungslos zu lieben, wie es das göttliche Gebot forderte, und ihm voll zu vertrauen, ängstigte sie daher ebenfalls.

Elisabeths Sehnsucht nach Kontakt mit Menschen

Elisabeth verhielt sich in gewisser Weise schizoid, wenn sie einerseits die Gesellschaft von Menschen mied und nur wenige soziale Bindungen knüpfte, andererseits ein großes Bedürfnis nach Nähe und Zuneigung, nach Geborgenheit und Anerkennung hatte. Trotz ihrer misanthropischen Einstellung und ihres dadurch bedingten zunehmenden Rückzugs in die Einsamkeit sehnte sie sich ständig nach körperlicher Nähe zu wenigen ihr vertrauten Menschen, denen sie ihre Zuneigung zeigte. Dazu gehörten einige Hofdamen, zu denen sie intensive Abhängigkeitsbeziehungen aufbaute. Vor allem waren dies Gräfin Marie Festetics und ihre Vorleserin Ida von Ferenczy, aber auch einige Griechischlehrer und von ihr verehrte Reiterkoryphäen.

Zu Menschen, die ihr genehm waren, war Elisabeth freundlich. Sie wurden von ihr immer wieder auch mit reichen Gaben bedacht, vielleicht auch bestochen, damit sie ihr treu blieben. Am Wiener Hof fühlten sich viele brüskiert, da sie einheimische Gräfinnen als Begleiterinnen ablehnte und sich fast nur noch mit ungarischen Hofdamen umgab. Diesen verbot sie zu heiraten. Sie sollten zu jeder Sekunde und möglichst ein Leben lang nur für sie da sein. Sie wollte diese Personen förmlich besitzen.

Nahe fühlte sich die Kaiserin auch einfachen Menschen. Ihrem Vorleser Christomanos versicherte sie:

> »Es gibt aber Menschen, die mir ebenso angenehm sind wie die Bäume und das Meer, weil sie ebenso sind wie die Bäume und das Meer. Das sind die Fischer, die Landleute und die Dorfnarren, Leute, die wenig unter den vielen Menschen sich bewegen und viel mit den ewigen Dingen verkehren: sie geben mir mehr als ich ihnen je als Kaiserin geben konnte, deswegen verlasse ich sie immer mit großer Dankbarkeit; sie befreien mich von etwas Fremden und Beengenden, das an mir haftet und mich bedrückt.«[27]

Elisabeth befand sich also in einem steten Spannungsfeld von Menschenflucht mit zunehmender Tendenz zum Kritisieren einerseits und andererseits dem Bedürfnis, menschliche Nähe zu suchen, Mitgefühl zu zeigen, zu helfen und mit dem Nächsten mitzuleiden. Sie war ja nicht als Menschenhasserin geboren, sondern wurde dazu durch individuelle Erfahrungen und eigene Urteile, die sie über die gemachten Erlebnisse fällte. Die Misanthropin Elisabeth war im Grunde eine enttäuschte Liebende, weshalb sich ihre Kontakte auf nur einige wenige Personen konzentrierten, deren Nähe und Urteile sie schätzte, von denen sie sich aber sofort enttäuscht abwandte, wenn diese ihren Erwartungen nicht entsprachen. Mehr an zwischenmenschlicher Interaktion benötigte und verkraftete sie jedoch nicht.

Beziehungskiller Spott, Ironie, Sarkasmus und Zynismus

Die von ihr verachtete Mitwelt konnte die Kaiserin oft nur mit einem recht eigenartigen Humor ertragen. Humor wurde für sie zu einem Knopf, der verhinderte, dass ihr der Kragen platzte. Wie ihre Leidenschaft für das Reiten war auch der Humor ein väterliches Erbe. Ihr ursprünglich schalkhaftes, heiteres Wesen, ihr herzliches Lachen und ihr Hang zu frechen Streichen liebten nicht nur die Eltern, sondern auch Geschwister, Freunde und Bekannte. Nachdem sie, noch ein halbes Kind, Kaiserin von Österreich wurde, schien ihre heitere Lebenseinstellung jedoch nach und nach zu erlöschen, da sie von den Repressalien der Schwiegermutter und dem strengen Hofprotokoll in den ersten Jahren völlig überfordert war. Sie reagierte mit körperlichen und seelischen Störungen und gewann erst mit den Jahren einen ganz eigenen Humor zurück. Dabei fiel sie oft von einem Extrem ins andere, konnte bei nichtigen Anlässen traurig, melancholisch, ja verzweifelt sein, doch kurz darauf schon wieder ausgelassen lustig und selbst bei den feierlichsten Anlässen in einen Lachkrampf ausbrechen.

Ihr Leben bis zum 40. Lebensjahr war also nicht nur von Frustrationen bestimmt, wie in manchen Biografien der Eindruck entsteht, in denen besonders von ihren Ticks und physischen und psychischen Leiden berichtet wird. Vielleicht liegt dies auch daran, dass es kaum Fotos gibt, auf denen sie lachend zu sehen ist. Sich lachend zu präsentieren war für hohe Herrschaften zu dieser Zeit aber auch nicht üblich. Nur auf einigen Bildern, einer Fotoserie des Münchner Hoffotografen Albert Mitte der Sechzigerjahre, ist sie lächelnd abgebildet. Diese Bilder geben eine Vorstellung, wie reizend ihre Ausstrahlung gewesen sein muss, wenn sie sich in heiterer Gemütsstimmung befand.

Doch je nach Tageslaunen zeigte die exzentrische Kaiserin auch ein ganz anderes Gesicht. »Wenn sie glücklich war«, urteilte der Autor John Welcome, »war sie gütig, rücksichtsvoll und großmütig – das genaue Gegenteil des selbstsüchtigen, introvertierten, launischen Geschöpfes am Wiener Hof.«[28] Dort war sie meist nervös oder gereizt, zeigte sich dann nicht liebevoll und freundlich, sondern benahm sich recht launenhaft und gehässig und verletzte mit zynischen oder sarkastischen Bemerkungen ihre Umgebung. Vor allem etliche Mitglieder der angeheirateten habsburgischen Familie verachtete sie besonders und verhöhnte sie mit herabsetzenden, spöttischen Äußerungen. In etlichen ihrer Gedichte, die größtenteils in den Jahren 1885 bis 1888 entstanden und damals noch nicht zugänglich waren, entdeckt man zahlreiche boshafte, je geradezu erbarmungslose Äußerungen.

»In dem kränklich schlaffen Leib / Herrscht ein äffisch Wesen / Lügen ist stets Zeitvertreib / Ihm und Pflicht gewesen.«

So zog sie über ihren Schwager Erzherzog Ludwig Viktor her, den sie förmlich hasste. Er war für sie ein »Ehrabschneider … Luder … äffisch«[29]. Die Cousine Maria Immaculata, höhnte sie, hat »Freud nur am Gebären / Möcht am liebsten fort und fort / Stets die Welt vermehren«, und weiter: »Hinter ihr, wohl eher schiech / Ist der Töchter eine / Recht bescheiden hält sie sich / Diese blasse Kleine.«[30]

Auch andere wurden in ihren Gedichten ebenfalls mit Kraftausdrücken bedacht. So bezeichnete sie ihre Schwiegertochter Stephanie, die Frau ihres Sohns Rudolf, als »häßliches Trampeltier«[31], die Großherzogin Marie Antonie als »alte graue Katze, räudig und mit gelbem Zahn«[32] und die Frau von Erzherzog Ferdinand IV. Salvator als »fette, kleine, dralle Bauernkuh«[33]. Erzherzogin Karolina, die Schwiegermutter ihrer Tochter Marie Valerie, nannte sie eine »kleine Knackwurst«[34], die sich nie wäscht und die Zähne putzt. Sie sei »ein wasserscheues Schwein«[35]. In ihrem Mann Franz Josef sah sie beim Anblick seines grauen Haares einen »Esel«. Und Franz Josephs Vetter, König Albert von Sachsen, verspottete sie als »Reptil mit giftig gleisnerischem Schleim«[36]. Sie scheute sich auch nicht, selbst ihre Tochter Gisela und deren Kinder als »rackerdürre Sau mit ihren Ferklein, herzig kleinen«[37] zu verhöhnen.

Auch die Mehrheit der hochadeligen Damen schätzte sie nicht und manche stieß sie vor den Kopf, insbesondere die hochnäsige Fürstin Pauline Metternich, wegen ihres frechen Mundwerks auch »Mauline Petternich« genannt. »Ah … die arme Fürstin!«, äußerte Elisabeth. »Wenn sie nur wüßte, wieviel Spaß sie mir bereitet, denn ich kann ihr nie ins Gesicht sehen, ohne an einige bösartige Tierchen in meinem Affenhaus in Schönbrunn zu denken.«[38]

Einen Grafen nannte sie »Zwitter«, der aussieht »wie ein ausgedörrter Lenz«[39], oder einen anderen »ein gemästet, wohlgenährtes, kupferrotes Vollmondstück«[40]. Den russischen Zaren beschrieb sie in einem ihrer Gedichte als »Pavian«, dessen Gemahlin als »kleine Äffin« und das Gefolge des Zaren als eine Schar »Makaken«[41].

Die Verwandlung in eine Frau, die nur mit galligem Humor, mit Zynismus und Sarkasmus reagieren konnte, verstärkte sich ab dem 52. Lebensjahr der Kaiserin, nach dem Selbstmord ihres Sohnes Rudolf und der Hochzeit ihrer Lieblingstochter Marie Valerie. Nun nahm der Hang zur Heiterkeit drastisch ab, dies auch bedingt durch die verstärkt auftretenden körperlichen Leiden, ihr fortschreitendes Alter und ihre schwindende Schönheit, wobei sich Melancholie und Depressionen erheblich verstärkten. Der Humor, jede gute Laune und aller aufkeimende Frohsinn wurden immer häufiger auch von schwermütigen Äußerungen, düsteren Klagen und bitteren Selbstvorwürfen verdrängt.

»Die Zunge hat Macht über Leben und Tod«[42], heißt es in der Bibel. War es der Kaiserin nicht bewusst, wie viel Schaden sich mit einem Muskelorgan anrichten lässt, das nur etwa acht Zentimeter lang ist? Immer kribbelte es sie auf ihrer Zunge und zunehmend weniger gelang es ihr, in ihren Gedanken und Gedichten beißenden Spott und bitteren Hohn zurückzuhalten. Sarkasmus und Zynismus nutzte sie als scharfe Waffen, die mehr Zerstörung brachten, als sie ahnte. Sie wollte mit ihren spitzen, abwertenden und destruktiven Bemerkungen richten und vernichten und entfernte sich dabei Schritt für Schritt von Liebe, Respekt und dem gedeihlichen Miteinander mit ihrer Umwelt.

Elisabeth und die Gebote Gottes

Die Beichte im 19. Jahrhundert war auch eine Geschichte von Macht und Unterdrückung, die von der katholischen Kirche ausgeübt wurde. Sie verlangte von jedem Gläubigen, einem Priester die Vergehen gegen die göttlichen Gebote bei regelmäßig stattfindenden Beichten zu gestehen. Dies geschah in einem engen und dunklen sogenannten Beichtstuhl. Im mittleren Teil saß der Priester, im anderen Teil kniete der reuige Sünder und gestand durch ein Holzgitter flüsternd seine Verfehlungen gegen Gott. Er war abhängig von der Absolution des Priesters, also von dessen Lossprechung der Sündenschuld, wozu der Priester kraft seines Amtes ermächtigt war. Der Sünder musste seine Vergehen peinlich genau erforschen und durfte möglichst keine Sünde vergessen. Dadurch empfanden viele die Beichte als Zwang. Schon Kindern wurde eine Gewissensangst förmlich anerzogen. Nur nach der Beichte und priesterlichen Lossprechung durfte man es wagen, den Leib des Herrn in der Kommunion zu empfangen. Da man aber aufgerufen war, möglichst täglich zur Kommunion zu gehen, war auch eine möglichst tägliche oder zumindest wöchentliche Beichte geboten, deren Versäumnis damit selbst schon zu einer Sünde wurde. Ihre Sünden einem Priester, also einem Mitmenschen, gegenüber zu gestehen, widerstrebte Kaiserin Elisabeth zutiefst. Nur Gott gegenüber fühlte sie sich verantwortlich, weshalb sie auch »das Meer« als ihren Beichtvater bezeichnete. In der Natur wollte sie sich im Gespräch mit ihrem Gott ihre Verfehlungen bewusst machen.

Schon als Kind hatte Elisabeth die biblische Erzählung[1] gehört, in der berichtet wird, dass das Volk der Israeliten etwa zwei Monate nach dem Auszug aus Ägypten zum Berg Sinai kam. Dort stieg der Anführer, der Prophet Moses, allein auf den Berg Sinai, wo ihm Gott zwei Steintafeln überreichte, auf denen die Gebote standen, die von den Menschen zu beachten sind. Die Kaiserin war von Kindheit an mit den Zehn Geboten Gottes daher bestens vertraut, da diese nicht nur bei der Gewissenserforschung und beim Sündenbekenntnis im Sakrament der Beichte als Richtschnur dienten, sondern das gesamte religiöse Leben eines Menschen maßgeblich prägten. Wer die Gebote nicht beachtet, versündigt sich gegen Gott, dessen Vergebung er nur erreicht, wenn er diese Verfehlungen bereut, sie dem Priester in der Beichte gesteht und der von ihm auferlegten Buße nachkommt.

Die hohen kirchlichen Würdenträger, wie der von Elisabeth wenig geschätzte Kardinal Joseph Othmar Rauscher, und die Hofgeistlichen beobachteten, ob die Zehn Gebote von den Gläubigen und vor allem auch von den Mitgliedern der kaiserlichen Familie beachtet wurden. Die Priester scheuten sich nicht, bei Verfehlungen die betreffende Person in einem persönlichen Gespräch oder in der Beichte darauf aufmerksam zu machen und sie auf ein christlich korrektes Verhalten hinzuweisen. Auch in der Öffentlichkeit wurde wahrgenommen, wie der Kaiser, die Kaiserin und der gesamte Hof die religiösen und kirchlichen Verpflichtungen erfüllten und ob sie nach Gottes Geboten lebten. Manche zweifelten, ob Elisabeth ein wirklich christliches Leben führte und sich ernsthaft bemühte, ihren Alltag gewissenhaft nach den göttlichen Vorschriften auszurichten. Kardinal Rauscher und Erzherzogin Sophie hielten sie jedenfalls für »nicht gut katholisch«[2], womit sie vorrangig deren mangelhafte Erfüllung kirchlicher Pflichten meinten, wozu eben auch die akribische Beachtung der Zehn Gebote gehörte.

Nach dem Katechismus der katholischen Kirche lauten die Zehn Gebote Gottes, so wie sie Moses von Gott verkündet wurden, wie folgt:

Ich bin der Herr, dein Gott.
Du sollst keine anderen Götter neben mir haben.
Du sollst den Namen Gottes nicht verunehren.
Du sollst den Tag des Herrn heilig halten.
Du sollst Vater und Mutter ehren, damit du lange lebst.
Du sollst nicht töten.
Du sollst nicht die Ehe brechen.
Du sollst nicht stehlen.
Du sollst nicht falsch gegen deinen Nächsten aussagen.
Du sollst nicht begehren deines Nächsten Weib.
Du sollst nicht begehren deines Nächsten Hab und Gut.

Wie wurde Elisabeth den Forderungen dieses Dekalogs gerecht? Obwohl dies ihre private Angelegenheit sein sollte, wurde die Beachtung dieser Vorschriften von verschiedenen Seiten höchst indiskret beurteilt. Dabei wurden so manche Verfehlungen bei ihr registriert, denn der freiheitsliebenden Kaiserin fiel es nicht leicht, sich an Gebote und Vorschriften zu halten und sich von nach ihrer Ansicht selbsternannten Seelenhirten mit der wiederholten Aufforderung »Du sollst ...« Tag für Tag aufs Neue gängeln und nerven zu lassen.

1. Du sollst keine anderen Götter neben mir haben.

Bekanntlich spielten für die Kaiserin neben ihrem Glauben an Gott auch andere »Götter« eine wichtige Rolle. Damit sind nicht so sehr die griechischen Götter gemeint, denen sie in ihrem Achilleion auf Korfu prächtige Statuen errichten ließ oder die sie in ihren Gedichten wie etwa diesem Vers besang:

> »O glücklich, dem gnädig die Götter versagen / Zu tiefes Empfinden, wo Wunden sie schlagen; / Ihn wird nicht das Schicksal erbittern, entmuten, / Sein Herz nie an giftigen Pfeilen verbluten.«[3]

Erwähnt wurde bereits, dass die Kaiserin auf unterschiedliche Weise abergläubisch war. Nach kirchlicher Lehre wenden sich Aberglaube, Wahrsagerei und Magie jedoch gegen Gott, sind also Götzendienst und gelten als Sünde. Wie schon im Kapitel »Elisabeths materialistische Weltsicht« dargelegt, vergötterte sie neben dem Götzen Mammon auch die Götzen Freiheit und Schönheit. Gott verehrte sie lieber in der Natur als in der Enge von Kirchen. Sie kreiste ständig um sich selbst, tat nur, was sie wollte, und ließ dabei ihrem Ehrgeiz, ihrer Egozentrik und ihrem Egoismus freien Lauf. In zwischenmenschlichen Beziehungen agierte sie oft oberflächlich und eigensüchtig. Ob sie sich nun eigensinnig, übellaunig oder abweisend verhielt, alles wurde von ihrer Umgebung hingenommen. Sie war schließlich die Kaiserin und damit in gewisser Weise geradezu selbst gottähnlich. Und so zeigte sie sich auch in der Öffentlichkeit: hoheitsvoll und abgehoben vom einfachen Volk wie ein überirdisches Wesen.

»Sobald die Götter menschliche Gebrechen weisen«, notierte Gräfin Festetics in ihr Tagebuch, »stehen sie auf ihren Altären nicht mehr, und die Menschen beugen das Knie nicht mehr vor ihnen.«[4] Deshalb verbarg die Kaiserin ihre Gebrechen tunlichst, indem sie sich von der Menge weitgehend fernhielt. Wenn sie sich aber dem Hof und dem Volk zeigte, dann überstrahlte ihre Erscheinung alles um sie herum. »Das Schönste ist aber nicht das physische Wesen an Ihr«, so Marie Festetics weiter, »nein, was über diesem schwebt – Es ist etwas wie eine Atmosphäre – ein Hauch von Anmuth – Hoheit – Lieblichkeit – Mädchenhaftigkeit – Züchtigkeit und doch wieder Großartigkeit über ›Ihr‹, der ergreifend ist.«[5]

Und jeder wich dann unterwürfig vor ihr zurück. Nicht nur Franz Joseph und die Hofdamen vergötterten sie, sondern auch die Untertanen, die ihr es nur übel nahmen, wenn sie sich ihnen entzog. Denn eine Göttin, als die sich Elisabeth durchaus fühlte, muss greifbar sein und in sittlich-moralischer Hinsicht als unerreichbares Vorbild in Erscheinung treten.

2. Du sollst den Namen Gottes nicht verunehren.

Dieses Gebot besagt, dass der Name »Gott« keinesfalls gedankenlos verwendet werden soll, dass mit ihm nicht gespielt oder Gottes Name und damit sein Wesen beliebig interpretiert werden darf. Elisabeth zweifelte, beeinflusst von ihrem Meister Heinrich Heine, immer wieder an Gott, den sie Jehova nannte und mit unterschiedlichen Attributen belegte. Sie nannte ihn »Gott der Rache«, bezeichnete ihn als Wesen, das kein Mitleid kennt, und als unberechenbaren Despoten, der dem Menschen unermessliches Leid und ein unwürdiges Sterben zumutet und sich hinter dem unentrinnbaren »Schicksal« versteckt.

Auch wenn sie den Namen Gottes damit nicht unmittelbar »verunehren« wollte, so warf ihr ihre Tochter Marie Valerie dennoch eine »wissentliche Beleidigung Gottes«[6] und einen »furchtbaren Unglauben« vor, da sie sich weigere, Gott als ausschließlich personifizierte Liebe und als ein dem Menschen wohlgesonnenes Wesen anzuerkennen und zu verehren. Marie Valerie befürchtete, dass sich ihre Mutter mit der doch recht eigenwilligen Gottesinterpretation schwer versündigte.

3. Du sollst den Tag des Herrn heiligen.

Mit dem »Tag des Herrn« waren nicht nur der Sonntag und damit die Teilnahme am sonntäglichen Gottesdienst gemeint, sondern auch die aktive Mitwirkung an allen hohen kirchlichen Feiertagen, also bei der Christmette an Weihnachten, an den Feierlichkeiten und Gottesdiensten in der Karwoche und an Ostern, an der Fronleichnamsprozession sowie an der Feier des Pfingstfestes. Daran nahm die Kaiserin mit fadenscheinigen Begründungen häufig nicht teil, was von den Vertretern der Kirche und in der Öffentlichkeit mit Empörung wahrgenommen wurde. Außerdem war sie ständig auf Reisen. Statt bei den von ihr geforderten öffentlichen Auftritten in Kirchen heiligte sie Jehova lieber zurückgezogen in der Natur.

4. Du sollst Vater und Mutter ehren, damit du lange lebst.

Kinder, die den Eltern nicht gehorchten, deren Verbote nicht beachteten und damit gegen dieses Gebot verstießen, lebten, so glaubte man allen Ernstes, oft nicht lange. Mitunter bezahlten sie den Ungehorsam sogar zeitnah mit dem Leben wie etwa die 18-jährige Erzherzogin Mathilde von Österreich, Tochter Erzherzog

Albrechts. Sie rauchte Ende Mai 1867 vor der Abfahrt ins Theater eine Zigarette, als plötzlich ihr Vater, der ihr das Rauchen streng verboten hatte, eintrat. Mathilde erschrak und versteckte die Zigarette hinter ihrem bauschigen Kleid, worauf der mit Glycerin imprägnierte Stoff sofort in Flammen aufging. Sie erlitt Verbrennungen zweiten und dritten Grades und starb zwei Wochen später. Elisabeth war über diese Tragödie zutiefst bestürzt und erinnerte sich, dass auch sie als Kind nicht immer den elterlichen Geboten Folge geleistet hatte. Auch wenn sie in der Kindheit Vater und Mutter ehrte und liebte, so fühlte sie sich mit den Jahren doch mehr zur Mutter hingezogen und übte am Vater zunehmend Kritik, vor allem an dessen rüder Behandlung der Mutter. Herzog Max ging ohne »schlechtes Gewissen« außereheliche Beziehungen ein, was ihm seine Tochter übelnahm, da sie bemerkte, wie sehr ihre Mutter darunter litt. Infolge seiner Unzuverlässigkeit und Sprunghaftigkeit, seiner inneren Unruhe und Getriebenheit ließ er Ludovika mit den Kindern häufig allein. In späteren Jahren verurteilte Elisabeth dieses Verhalten des Vaters. An seiner Beerdigung nahm sie nicht teil.

Ihrer zweiten Mutter, der Schwiegermutter Erzherzogin Sophie, versagte Elisabeth ihre Zuneigung völlig. Sie widersetzte sich ihrem Rat und ihren Vorschriften und nannte sie »wahrhaft böse«[7]. Ob Sophie ihr dieses Benehmen als Verfehlung gegen das vierte Gebot anrechnete, ist nicht überliefert. Es ist aber gut vorstellbar, dass sie dieses aufmüpfige, widerborstige, ja feindselige Verhalten ihrer Schwiegertochter so empfand. Immer wieder fragte sich Elisabeth, ob der Tod ihrer ersten Tochter Sophie womöglich eine Strafe dafür war, dass sie das Kind entgegen dem Rat ihrer Schwiegermutter auf die Reise nach Ungarn mitgenommen hatte.

5. Du sollst nicht töten.

Kaiserin Elisabeth lehnte Gewalt entschieden ab. Am 15. Januar 1855 erreichte die 17-Jährige, die körperliche Züchtigungen missbilligte, dass ein neues Militärstrafgesetz in Kraft trat, wonach die entsetzliche Strafe des Spießrutenlaufens aufgehoben wurde. Bei dieser militärischen Körperstrafe musste der Verurteilte durch eine Gasse laufen, die von seinen Kompaniekameraden gebildet wurde, und erhielt dabei von jedem einen Stockschlag.

> »Als sie [Elisabeth] einst mit dem Monarchen an einer Kaserne vorüberfuhr, tönte ihr der eigenthümliche Trommelschlag, der bei der traurigen Execution [des Spießrutenlaufs] üblich war, entgegen, worauf sie nach der Ursache gefragt und nach erhaltener Aufklärung sich die Aufhebung dieser Strafprocedur als Hochzeitsgeschenk erbeten habe. Auch die Aufhebung der Kettenstrafe in den Gefängnissen ist durch Fürbitte der hohen Frau erfolgt.«[8]

Ebenso lehnte sie das sinnlose Töten bei Duellen ab. Zwei junge katholische, deutsche Adelige, »welche in einem preußischen Cavallerieregimente dienten, und eine Duellforderung ablehnten, weil sie sich auf Grund ihrer Religionsprincipien diesem Gebrauche widersetzten, waren gezwungen, die Armee zu verlassen«[9]. Elisabeth war entrüstet und setzte sich bei Franz Joseph für die Aufnahme der beiden ins Husarenregiment ein, die der Kaiser zunächst auch gestattete. Doch als das Offizierscorps protestierte, »mit Männern zu dienen, welche den in Österreich so strenge beobachteten Ehrencodex nicht erfüllt hatten«[10], zog der Kaiser die Genehmigung wieder zurück, worüber Elisabeth sehr enttäuscht war. Nicht nur deshalb, sondern weil sie auch pazifistisch eingestellt war, verachtete sie das Militär. Gräfin Festetics hörte sie »viel darüber sprechen, daß sie die Armee nicht liebt«[11]. Die hohen Militärs ließ sie links liegen und »die Generäle zogen sich beinahe ostensibel [herausfordernd] in die letzten Winkel zurück«[12], wenn die Kaiserin erschien.

Sie verabscheute Kriege, in die Kaiser Franz Joseph verwickelt wurde, und entsetzte sich vor dem blutigen Gemetzel, das auf den Schlachtfeldern stattfand, konnte jedoch das Morden nicht verhindern. Sie hatte es hinzunehmen, dass die Soldaten zu Tausenden starben. Durch ihre diversen Lazarettbesuche und Sorge um die Kriegsverletzten wurde das Problem zwar nicht gelöst, aber durch ihr Engagement in der Betreuung der Verwundeten suchte sie zumindest ein Zeichen zu setzen, dass ihr die Männer, die ihr Leben für das Land einsetzten, nicht gleichgültig waren. Sie beteiligte sich an der Lösung der »Ungarischen Frage« und zeigte damit ihr Interesse an friedlichen Lösungen.

Leider verweigerte sie danach jedes weitere politische Engagement. Sie dachte zwar liberal und war republikanisch gesinnt, bemühte sich aber nicht um eine politische Umsetzung ihrer Ideen, sondern vertraute ihre Gedanken lediglich ihrem »Poetischen Tagebuch« an, so etwa in den Verszeilen:

> »Wer weiss, gäb's keine Fürsten, / Gäb' es auch keine Krieg; / Aus wär' das teure Dürsten / Nach Schlachten und nach Sieg.«[13]

Elisabeth verachtete zwar die Monarchie und den Adel, wozu sie selbst gehörte, war aber zeitlebens nicht bereit, sich davon zu befreien und aus dieser Einstellung Konsequenzen zu ziehen. Auch für ihre pazifistische Einstellung trat sie bedauerlicherweise nicht öffentlich ein. Die sechs Jahre jüngere Schriftstellerin Bertha von Suttner, die sich schon länger mit dem Thema Pazifismus auseinandergesetzt hatte, nahm Kontakt zu ihr auf. Schon in ihrem 1886 erschienenen Buch »High Life« hatte Suttner Respekt vor der freien Entscheidungskraft des Menschen gefordert. Drei Jahre später veröffentlichte sie dann den pazifistischen Roman »Die Waffen nieder!«, in dem sie die Schrecken des Kriegs aus Sicht einer Ehefrau beschrieb. Das Buch führte zu heftigen Diskussionen über Militarismus und Krieg und wurde zu einem großen Erfolg. Kurz darauf richtete Suttner an die Kaiserin einen fordernden Brief:

> »Was ich erflehe wäre ein Zeichen der Zustimmung aus meiner Kaiserin Hand. Nicht meinet-, sondern der großen Sache wegen! ... Solch eine Zeile – ge-

zeichnet Elisabeth von Österreich – in die Geschichte eingetragen: es ist unberechenbar, welcher Segen daraus entsprösse zu dem Kampf um aller Kultur-Ideale beglückendstes.«[14]

Doch Elisabeth antwortete ihr nicht, worauf ihr die Suttner ein Exemplar des Buches »Die Waffen nieder!« sandte. Lediglich von der Obersthofmeisterin erhielt die Autorin ein Dankesschreiben. Ihre Majestät habe geruht, das Buch für »Allerhöchst Ihre Privatbibliothek« anzunehmen. Gleichwohl soll Elisabeth das Buch dann doch interessiert gelesen haben. Ihrem Sohn Rudolph empfahl sie als dem künftigen Kaiser von Österreich in einem Gedicht vom 13. Mai 1888:

> »Befehle deinem Militär / Die Waffen abzulegen, / Gib deinem Volke heut' die Ehr / Gewiss es bringt dir Segen ...«[15]

Bedauerlich, dass Elisabeth die Chance, sich wirklich lautstark und aktiv gegen Militarismus sowie das Morden im Krieg und für die Friedensbewegung einzusetzen, versäumte. Tat sie es deshalb nicht, weil sie sich vor den Reaktionen ihres Mannes und der hohen Militärs fürchtete? Bertha von Suttner wurde übrigens 1905 als erste Frau mit dem Friedensnobelpreis ausgezeichnet.

6. Du sollst nicht die Ehe brechen.

Am Hof und in der Öffentlichkeit wurde immer wieder getuschelt, die Kaiserin und ihr Mann hätten mehrfach gegen das sechste Gebot verstoßen. Während sich ihr sonst so gläubiger Mann durch seine erwähnten diversen außerehelichen Beziehungen nach kirchlicher Lehre mehrfach versündigte, waren die Vorwürfe gegen Elisabeth jedoch haltlos. In ihrem Leben gab es nur gelegentliche Flirts zu einigen Männern, aber eine Ehebrecherin war sie keinesfalls. Ehebruch verurteilte sie sogar heftig. Als ihre Schwester Sophie nach der gescheiterten Verlobung mit König Ludwig II. den Herzog von Alençon geheiratet hatte und 1887 im Alter von 40 Jahren mit dem verheirateten Münchner Arzt Dr. Glaser aus Graz ein Verhältnis begann, also Ehebruch beging, entrüstete sich Elisabeth in zwei Gedichten darüber. Sie nannte die Affäre ein »sündhaft Glück«. Sophie habe sich »schwer versündigt«[16]. Dass man sie wegen dieses Fehltritts für geistig verwirrt hielt und in die private Heilanstalt des Psychiaters Prof. Krafft-Ebing in Graz einliefern ließ, stellte für Elisabeth eine durchaus angemessene Strafe dar:

> »Wo du jetzt weilst, / gelinget kein Enflieh'n! [...] Du bist im Irrenhaus, du bist gefangen, / Ein Opfer deiner tollen Leidenschaft; / Es bricht mein Herz, denk ich der wilden, bangen / Verzweiflung, die dich packt in deiner Haft.«[17]

Daraus wurde Sophie erst entlassen, als sie reumütig wieder zu ihrem Mann zurückkehrte. War Elisabeth auf Sophie vielleicht auch nur neidisch, weil sie sich selbst eine außereheliche Affäre nicht zutraute, nicht »Verbotenes zu naschen«[18] wagte und nicht »ein Opfer« ihrer »tollen Leidenschaft«[19] werden wollte, obwohl sie als schönste Frau Europas doch von den Männern reihum angebetet wurde? Äußerst empfindlich reagierte sie, wenn ihr jemand ein Verhältnis mit einem ihrer Verehrer unterstellte. Als während eines gemeinsamen Reitaufenthalts in England 1878 ihrer Schwester Marie Tratschereien über eine Affäre Elisabeths zu ihrem Reitpiloten Bay Middleton zu Ohren kamen und sie diese Kronprinz Rudolf mitteilte, kam es zum Zerwürfnis zwischen Elisabeth, Marie und ihrem Sohn. Das Vertrauen zu Marie ließ sich nicht wiederherstellen.

Dem Sinn einer christlichen Ehe entsprach es allerdings nicht, dass Elisabeth ihrem Mann die Burgschauspielerin Katharina Schratt als Nebenfrau zuführte und diese Beziehung bis zu ihrem Tod sogar unterstützte. Außerdem wich ihre Ansicht über die eheliche Moral von jener der katholischen Kirche deutlich ab. »›Liebe ist keine Sünde‹, äußerte sie. ›Gott hat die Liebe geschaffen, und jeder hat seine eigene Moral. Solange man mit seiner Liebe keinen Dritten verletzt, sollte niemand sich zum Richter über sie aufwerfen.‹«[20]

Auch wenn Franz Joseph Seitensprüngen nicht abgeneigt war, so hing er doch sein Leben lang an Elisabeth, blieb ihr offiziell ebenso treu wie sie ihm. Unmittelbar nach ihrer Ermordung sagte er zu seinem Generaladjutanten Graf Eduard Paar: »Sie wissen gar nicht, wie sehr ich diese Frau geliebt habe.«[21] Gleichwohl entsprach die Ehe der beiden keinesfalls dem christlichen Idealbild, das von den Ehepartnern lebenslange gegenseitige Liebe, Treue und Aufopferung forderte – und das auch in schwierigen Zeiten.

Wie die Bevölkerung und die kirchlichen Kreise über die Ehe des Kaiserpaares dachten, brachte ein Mann zum Ausdruck, der dem Kaiser ganz besonders nahestand. Es war Eugen Ketterl, der bis zum Tod Franz Josephs 22 Jahre lang dessen Leibkammerdiener war. Er äußerte in seinen Erinnerungen, »wie Elisabeth als Gattin gewesen ist, [...] daß sie vom Ideal einer Gattin himmelweit entfernt war«. Seiner Ansicht nach müsse »der Platz der Frau in Freud und Sorgen stets bei ihrem Mann sein, [...] und ist besonders die Gattin eines Kaisers doppelt und dreifach dazu verpflichtet, ihre persönlichen Interessen, ihre Liebhabereien und Spielereien ganz in den Hintergrund zu schieben, dem kaiserlichen Gatten seine Arbeit zu erleichtern und, wenn nötig, auch Nachsicht mit seinen Schwächen zu haben«. In Anbetracht dessen »war Elisabeth eine sehr, sehr schlechte Gattin«, so betonte Ketterl. »Vielleicht wäre sie an der Seite eines schwärmerischen Dichters, Künstlers oder eines kunstsinnigen Adeligen, dessen Aufgabe sich darin erschöpfte, nur für sie zu leben, eine ideale Frau geworden. Für einen Herrscher, der seine Aufgabe ernst nehmen mußte, war sie vollkommen ungeeignet, und wäre er so kunstsinnig und weise gewesen wie König Salomo.«[22]

Ein Urteil über den Kaiser gab Ketterl nicht ab. Auch Franz Joseph war nämlich sicher keinesfalls das Ideal eines Gatten.

7. Du sollst nicht stehlen.

Kaiserin Elisabeth schwelgte im Luxus. Sie ließ sich vom Kaiser Schlösser und teure Pferde schenken, unternahm sündteure Reisen durch Europa, vergnügte sich mit Reitsport, kassierte eine üppige Apanage und legte ihr Geld gewinnbringend in der Schweiz an.

Sie staunte, dass es sich das Volk gefallen ließ, vom Herrscherhaus systematisch ausgenutzt zu werden, und ihren grenzenlosen Egoismus ertrug. »Die schöne Phrase von König oder Kaiser und seinem Volk!«, äußerte sie einmal. »Ich habe ein merkwürdiges Gefühl. Warum soll das Volk, ich meine das arme, niedrige Volk uns lieben, uns, die wir im Überfluß, im Glanze leben, während die anderen bei schwerer Arbeit kaum das tägliche Brot haben und darben? Unsere Kinder in Samt und Seide – die ihrigen oft in Lumpen! Sicherlich kann man nicht allen helfen, mag noch so viel geschehen, um Not zu lindern. Dennoch bleibt die Kluft! Unser gnädiges Lächeln kann sie nicht überbrücken. Mich erfüllt ein Gruseln beim Anblick des Volkes. Jedem einzelnen möchte ich helfen, ja, oft möchte ich tauschen mit der ärmsten Frau. Aber das ›Volk‹ als Masse fürchte ich. Warum? Ich weiß es nicht. Und unsere ›Sippe‹! Die verachte ich mit all dem Firlefanz um uns herum.«[23]

Und im Januar 1887 äußerte sie in einem ihrer Gedichte:

> »Ihr lieben Völker im weiten Reich, / So ganz im geheimen bewundere ich euch. / Da nährt ihr mit eurem Schweiße und Blut / gutmütig diese verkommene Brut!«[24]

Trotz dieser Einsicht wehrte sie sich nicht dagegen, dass den Monarchen, also auch ihr, mit Steuergeldern in jeder Hinsicht ein Wohlleben ermöglicht wurde, von dem das einfache Volk nur träumen konnte. Vor allem das Heer der Armen und Notleidenden im österreichischen Staat musste lebenslang darben. Viele erwarteten, dass zumindest sie als Kaiserin von dem Reichtum, der ihr zur Verfügung stand, erheblich mehr hätte aufwenden können, um die Not des Volkes spürbar zu lindern, als sie es tat. So gesehen fühlte sich die Bevölkerung vom Herrscherhaus in vieler Hinsicht betrogen und bestohlen.

8. Du sollst nicht lügen und falsch gegen deinen Nächsten aussagen.

Elisabeth hasste die Intriganten am Wiener Hof, die ihr schön ins Gesicht taten, hinter ihrem Rücken aber über sie herzogen und Unwahrheiten verbreiteten. Über ihren Schwager Erzherzog Ludwig Victor äußerte sie, sie wolle ihn nicht mehr sehen, da er »so viel getratscht und gelogen hat, daß er mir wirklich mein Leben verdorben hat«[25]. Das »Lügen ist ihm stets Zeitvertreib und Pflicht gewesen«[26]. Von ihren Hofdamen verlangte sie deshalb, ihr stets die Wahrheit zu sagen.

Sie selbst griff aber immer wieder recht ungeniert zu Notlügen und Schwindeleien. So täuschte sie mehrfach Erkrankungen vor, um dem Wiener Hof zu entkommen. Ihr gelang das so überzeugend, dass man bisweilen vermutete, sie sei derart leidend, dass sie bald sterben würde. Doch kaum auf dem Schiff in Richtung Madeira oder Korfu begann sie mit jedem Meter, den sie sich von Wien entfernte, zu gesunden und beim Ankommen auf der Insel war sie dann das blühende Leben. Auch ihrer Mitwirkung an Hofbällen oder öffentlichen Auftritten, so auch bei kirchlichen Hochfesten, entkam sie im letzten Augenblick dadurch, dass sie Unpässlichkeiten vortäuschte.

Auch bei einem Treffen mit König Ludwig II., die ihr bisweilen lästig waren, bediente sie sich der Notlüge, so etwa am Abend des 17. Januar 1874: Sie war müde und wollte ins Bett, aber Ludwig II. verabschiedete sich einfach nicht. Da ging Elisabeth aus dem Zimmer und bat ihre Hofdame Marie Festetics:

»›Erlösen Sie mich, Marie, und ersinnen Sie irgendetwas, um ihn wegzubringen. Ich kann nicht mehr.‹ Nach einer Weile klopfte die Hofdame. Ein ungewöhnlich lautes ›Herein‹ ermuntert sie: ›Eure Majestät habe mir befohlen anzuklopfen, wenn es halb elf ist, da Eure Majestät morgen früh ausstehen müssen. Ich wagte nicht früher zu stören, aber jetzt ist es elf Uhr vorbei und ich fürchte eine Migräne. Das sei meine Entschuldigung für den Mut, Eure Majestät zu stören.‹ Dazu machte sie ein zerknirschtes Gesicht.«[27]

Der König schaute böse, beendete aber endlich seinen Besuch. Kaum war er fort, sagt die Kaiserin zu Marie: »Gott sei Dank, es ist gelungen, aber es war furchtbar.«[28]

Bei ihrer Abreise von München Mitte Oktober 1874 kam Ludwig zu ihr ins Abteil und wollte sie eine Strecke weit begleiten. Doch »Elisabeth ist das unangenehm, denn Ludwig II. geht ihr auf die Nerven. [...] Marie Festetics [von der Kaiserin dazu beauftragt] muß helfen und dem Monarchen erklären, daß der Kaiserin Dogge Shadow so unangenehm sei, sie dulde niemand, den sie nicht kenne. Ihre Majestät habe eine solche Todesangst, daß der Hund ihn beißen könnte. Endlich versteht Ludwig II., bleibt zurück und läßt Elisabeth allein ziehen. Noch lange verfolgt die beiden des Königs schöner, aber merkwürdig grausam wirkender Blick.«[29]

Ihrer Nichte Marie Louise gestand sie einmal: »Ich hab gelogen, denn ich gab vor, du wärst zufällig auf der Durchreise mit deiner Mutter nach Darmstadt«, was nicht der Wahrheit entsprach. Maries Kommentar: »Also auch ein bissel lügen konnte meine geliebte Tante.«[30] Wie es scheint, scheute die Kaiserin, wenn ihr unwahre Äußerungen oder Lügen nützten, nicht davor zurück. In ihrem Gedicht »Verlassen« gesteht sie:

»Ich hab' geliebt, ich hab' gelebt, / Ich hab' die Welt durchzogen; / Doch nie erreicht, was ich erstrebt. – / Ich hab' und ward betrogen!«[31]

9. Du sollst nicht begehren deines Nächsten Frau.

Ein eigenartiges Gebot, das sich nur an den Mann zu wenden scheint. Er solle nicht die Frau eines verheirateten Mannes begehren, wird da gefordert. Was aber ist, wenn eine verheiratete Frau einen anderen Mann begehrt oder eine unverheiratete Frau einen verheirateten Mann? Oder warnte dieses Gebot Mann und Frau ganz allgemein vor dem Ehebruch? Und welche Einstellung hatte Elisabeth dazu?

Als ihre Schwester Marie, Ex-Königin von Neapel und verheiratet mit Ex-König Franz II. von Neapel, 1862 mit einem anderen Mann – genannt wurden Graf Armand de Lavaÿss, ein belgischer Offizier der päpstlichen Garde, aber auch der spanische Gesandte Salvador Bermúdez de Castro, Marchese di Lema – eine Affäre begann und in der Folge ein Kind von ihm erwartete, reagierte Elisabeth relativ gelassen und schien ihrem Vater Max zuzustimmen. Als der von dem Fehltritt seiner Tochter Marie erfuhr, meinte er lapidar: »Nun ja solche Sachen passieren nun einmal. Wozu also das Gegacker!«[32]

In einem Augsburger Kloster brachte Marie das Kind dann heimlich zur Welt und wollte nicht mehr zu ihrem Ehemann zurückkehren. Doch Elisabeth überredete sie zur Rückkehr mit dem Versprechen, dass in Rom ein Geschenk auf sie warte. Als Marie in Rom ankam, staunte sie über das Präsent, bei dem es sich um ein prunkvolles Ehebett handelte. Marie brachte 1869, nachdem sich ihr Mann einer Phimose-Operation unterzogen hatte und damit zeugungsfähig wurde, in diesem Bett endlich ein Kind ihres Mannes zur Welt.[33] Damit war das Ansehen der Wittelsbacher wiederhergestellt.

Sicher träumte Elisabeth nach den enttäuschenden Erfahrungen mit ihrem Mann zumindest insgeheim von einem Traummann, auch wenn sie diese Sehnsucht nur in harmlosen Flirts und Kontakten zu anderen Männern – etwa zu Graf Andrássy, Bay Middleton, Fritz Pacher u. a. wie im vorhergehenden Kapitel erwähnt – auslebte oder in geistigen Beziehungen zu toten Helden – Heinrich Heine, Achilleus u. a. Ansonsten war sie der Meinung: »Für mich keine Liebe, für mich keinen Wein. Die eine macht übel, der andre macht spei'n.«[34]

Gedanken machte sie sich auch über die Treue in einer Beziehung: »Man weiß nicht, warum die Frauen ihren Männern untreu werden!«, sagte sie zu ihrem Vorleser Christomanos. »Die Antwort ist einfach: weil sie ihnen treu bleiben müssen. Dieses Gesetz fordert direkt dazu auf, weil es als Gesetz gilt. Und weiß man denn, ob der Gatte wirklich der Erwählte gewesen ist, den das Schicksal bestimmte? Die meisten Mädchen heiraten überhaupt nur aus Sehnsucht nach Freiheit. Übrigens hat die Liebe auch Flügel zum Fortfliegen.«[35]

Trotz solcher Gedanken lehnte Elisabeth Untreue offiziell ab, auch wenn sie insgeheim gelegentlich wohl selbst daran dachte, dann ihre Gefühle aber doch im Zaum hielt. Indem sie sich zum Schönheitsideal stilisierte, verhinderte sie, dass sich Franz Joseph, auch wenn er sie mitunter betrog, von ihr trennte oder scheiden ließ. Er liebte sie über ihren Tod hinaus abgöttisch und sie wollte für immer begehrenswert bleiben. »Wenn ich nicht mehr begehrt würde«, so betonte sie, »hätte das Leben keinen Reiz mehr für mich.«[36] Sie konnte es nicht ertragen, zu altern und damit ihre Attraktivität einzubüßen. Als dies nicht zu verhindern war, litt sie unter Depressionen, verbarg sich vor der Öffentlichkeit hinter Fächern, Schirmen und Schleiern und sehnte schließlich den Tod herbei.

10. Du sollst nicht begehren deines Nächsten Hab und Gut.

In späteren Jahren zeigte Elisabeth ein eigenartiges Verhalten. Sie scheute sich nicht, ohne Einladung und unangemeldet in fremde Häuser, Privatgärten und Schlösser einzudringen. Wie Marie Festetics berichtet, »macht sie Dinge, dass dem Menschen nicht nur das Herz, sondern auch der Verstand stehen bleibt«. Bei einer Segeltour im strömenden Regen und Blitz und Donner wird sie patschnass. »Dann stieg sie irgendwo aus, bestellte ihren Wagen hin und wollte in einer fremden Villa übernachten.«[37]

Diese Angewohnheit, spontan in fremde Häuser zu gehen, wurde in den Neunzigerjahren zu einer Manie von ihr. Die Bewohner eines solchen Hauses erschraken und waren irritiert, weil Elisabeth nicht sagte, was sie wollte, oder erklärte, warum sie hier, ohne anzuklopfen, eingedrungen war. Auch Franz Joseph erfuhr davon. 1994 ereignete sich in Nizza ein peinlicher Zwischenfall. Wieder drang die Kaiserin in ein fremdes Haus ein und erschreckte eine alte Frau, die sie sofort davonjagte. »Ich bin froh«, schrieb ihr daraufhin Franz Joseph, »daß Deine Nizzaer Indigestion so rasch vorüber gegangen ist und daß Du dort von der alten Hexe nicht auch Prügel bekommen hast, aber es wird doch noch einmal dazu kommen, denn man dringt den Leuten nicht so uneingeladen in die Häuser.«[38]

Ohne Einladung und unangemeldet tauchte Elisabeth auch an verschiedenen europäischen Höfen auf, was gegen die Etikette verstieß. 1891 fuhr sie etwa in Athen von der Bahn aus in Reisekleidung und mit ihrer Tochter Marie Valerie zum königlichen Schloss und fragte den erstbesten Diener, der ihr entgegenkam, auf Griechisch, ob die Majestäten zu Hause seien. Der Diener, der die beiden nicht erkannte, erklärte ihnen, dass sie sich beim Obersthofmeister anmelden müssten, wenn sie eine Audienz wünschten. Daraufhin gab sich die Kaiserin zu erkennen.

Auch andere gekrönte Häupter wurden von Elisabeth in ähnlicher Weise überfallen, darunter der König der Niederlande und Kaiserin Friedrich, die Mutter Kaiser Wilhelms II., die zurückgezogen auf einem Schloss nahe Bad Homburg wohnten. Dorthin begab sich Elisabeth Anfang September 1898 unangesagt und ohne Begleitung einer Hofdame an einem heißen Sommertag. Der Wachposten allerdings verhaftete die ihm fremde Dame und benachrichtigte die Kaiserin Friedrich, dass er eine Frau arretiert habe, die behauptete, die österreichische Kaiserin zu sein. Natürlich wurde sie von dem völlig verstörten Hofmarschall sofort aus ihrer misslichen Lage befreit und allen war dieser Zwischenfall höchst unangenehm, nur Elisabeth nicht. Sie fand das höchst spaßig und amüsierte sich köstlich darüber.

Mit den Jahren schien Elisabeth das Gefühl zu haben, ihr stünden auch Dinge zu, die anderen Menschen gehörten. Sie als Kaiserin eines Weltreiches könne »das Gut ihres Nächsten« nicht nur begehren, sondern sich jederzeit auch aneignen.

***

Von Verfehlungen gegen die Zehn Gebote bleibt kein Mensch verschont, doch von einer Kaiserin wurde erwartet, sie solle möglichst makellos durchs Leben gehen. Was die Klerikalen am Hof und die Bevölkerung an Elisabeth auch immer für »Sünden« entdeckt haben mögen, die Kaiserin war sich sicher, wie sie einmal zu ihrer Hofdame Marie Festetics sagte: »[I]ch habe nie etwas unrechtes gethan, das weiß Gott im Himmel. Die Gelegenheit dazu hat man mir gebothen.«[39] Deshalb konnte sie auch nicht die vielen Schicksalsschläge begreifen, die gerade sie trafen und die sie mehrfach als eine ungerechte Strafe Gottes oder gar als seine Rache fehlinterpretierte.

Lässliche Sünden und tägliches »Confiteor«

Nach Lehre der römisch-katholischen Kirche gibt es drei unterschiedliche Kategorien von Sünden, die eine Trennung von Gott bewirken. Schon in der Kindheit wurde Sisi der Unterschied im Religionsunterricht verdeutlicht. Sie erfuhr, dass Verfehlungen aus Nachlässigkeit als »lässliche Sünden« bezeichnet werden. Gemeint sind damit nicht kleinere Sünden und wenn einem das Böse der Tat nicht voll bewusst ist oder die Tat unfreiwillig durch einen inneren oder äußeren Zwang erfolgt. Als lässliche Sünden gelten etwa Notlügen, Ehrabschneidung, unterlassene Hilfeleistung und wenn diese Verfehlungen nicht in voller Erkenntnis ihrer Tragweite bzw. nicht mit voller Absicht begangen werden. Lässliche Sünden stören die Beziehung zu Gott, aber sie bewirken keine Trennung von ihm. Demjenigen, der sie bereut, wendet sich Gott wieder zu. Je schwerer die Verfehlungen sind, umso mehr muss sich der Mensch jedoch bemühen, Gottes Verzeihung im Sakrament der Beichte wieder zu erlangen. Elisabeths Hofdame Marie Festetiks erkannte:

> »Ihre Sünden [die Sünden der Kaiserin] sind ja nur Unterlaßungssünden und die Fehler sind, um sie klar zu nennen, Mangel an innerlicher Disziplin und nicht Maßhalten können – dadurch eben!!«[40]

Schwere Sünden stellen hingegen einen gravierenden Verstoß gegen Gottes Gebote dar. Sie beziehen sich auf bedeutsame Angelegenheiten. Dazu gehören Gotteslästerung oder Ehebruch und wenn man einem Mitmenschen in voller Erkenntnis und mit voller Zurechnungsfähigkeit einen schweren Schaden zufügt und damit die Trennung von Gott bewusst in Kauf nimmt. Letztlich geht es stets darum, wie der Mensch zu seinen Verfehlungen steht, ob er sie bereut und wie sehr ihm daran gelegen ist, die Verbindung zu Gott aufrechtzuerhalten.

Immer wieder fühlte sich Elisabeth sündig und jede heilige Messe, die sie mitfeierte, begann auch für sie mit einem Sündenbekenntnis, mit dem sogenannten »Confiteor« – zu Deutsch: »Ich bekenne«. Mit diesem Gebet eröffnet der Priester jeden Gottesdienst. Unmittelbar nach ihm wiederholen die Messdiener und mit ihnen die Gottesdienstbesucher das Sündenbekenntnis, das so lautet:

> »Ich bekenne Gott dem Allmächtigen, der seligen, allzeit reinen Jungfrau Maria, dem heiligen Erzengel Michael, dem heiligen Johannes dem Täufer, den heiligen Aposteln Petrus und Paulus, allen Heiligen und dir, Vater, dass ich viel gesündigt habe in Gedanken, Worten und Werken: durch meine Schuld, durch meine Schuld, durch meine übergroße Schuld. Darum bitte ich die selige, allzeit reine Jungfrau Maria, den heiligen Erzengel Michael, den heiligen Johannes den Täufer, die heiligen Apostel Petrus und Paulus, alle Heiligen und dich, Vater, für mich zu beten bei Gott, unserem Herrn.«

Bei den Worten »... mea culpa, mea culpa, mea maxima culpa ...« – »... durch meine Schuld, durch meine Schuld, durch meine übergroße Schuld ...« – klopft sich der Betende dreimal mit der rechten Hand demütig auf die Brust. In ihrem Gedicht »Das Fest des 13. Mai 1888« – gemeint ist das Fest der Enthüllung des Maria-Theresien-Denkmals in Wien – lästerte die Kaiserin über die Habsburgermonarchie und, wie sie das nannte, über »das Gewühl aus Habsburgs Sprossen [...] dieses teure Ornament, das jedes Land belastet ...«[41]

Da sich die Kaiserin selbst diesem »teure[n] Ornament« zugehörig fühlt, notierte sie an den Rand dieses Gedichts reumütig: »Mea culpa, mea culpa, m. m. c., zu dem der Schreiber dieser Zeilen leider auch gehört.«[42] Diese lateinischen Worte waren ihr aus dem erwähnten »Confiteor« der Messfeier geläufig. Und auch sonst war sich Elisabeth bewusst, dass sie täglich »viel sündigt in Gedanken, Worten und Werken: durch meine Schuld, durch meine Schuld, durch meine übergroße Schuld«.

Todsünden

Besonders warnte die katholische Kirche die Gläubigen davor, eine »Todsünde« zu begehen, also bewusst und absichtlich ein wichtiges Gebot Gottes zu übertreten. Bei »Todsünden«, die man nicht bereut, drohten die ewige Verdammnis, womit die ewige Trennung von Gott gemeint ist. Nur derjenige, der diese schweren Verfehlungen zutiefst bereut und sich ernsthaft bemüht, die Verbindung zu Gott wiederherzustellen, erreicht Gottes Verzeihung. Neben den Zehn Geboten benennt die Kirche sieben Hauptsünden als »Todsünden«. Es sind Laster, also üble Charaktereigenschaften, die als Wurzel weiterer Sünden gelten: Stolz, Habgier oder Geiz, Neid oder Eifersucht, Zorn oder Rachsucht, Unkeuschheit, Maßlosigkeit und Trägheit.

In der Öffentlichkeit warf man der Kaiserin vor, sie sei sehr eitel und stolz auf ihre Schönheit und bezüglich ihrer Reisetätigkeit geradezu maßlos. Zur Befriedigung ihrer exzessiven Reitleidenschaft verschwende sie außerdem Unsummen. Gelegentlich übermannte sie auch der Zorn. Bekannt war, dass sie ihrer Friseurin Fanny Feifalik eine Ohrfeige verpasste, wenn ihr diese zu viele Haare ausgekämmt hatte. Auch ein Kammerherr erhielt von ihr in Anwesenheit mehrerer Zeugen eine Ohrfeige[43], worauf dieser, zutiefst beleidigt, den Hofdienst quittieren wollte. Erst als Franz Joseph ihm einen Orden verlieh, ließ sich der Mann zum Bleiben überreden.

Elisabeth konnte auch hassen. So hasste sie, um nur einige Beispiele zu nennen, nach eigener Aussage ihre Schwiegermutter Sophie, von der sie sich unterdrückt fühlte, ebenso den zynischen, ehrgeizigen und korrupten Kardinal Joseph Othmar von Rauscher, dann den einflussreichen, aber extrem reaktionären Generaladjutanten ihres Mannes, Graf Franz Folliot de Crenneville, des Weiteren den brutalen Erzieher ihres Sohnes Rudolf, Generalmajor Graf Leopold Gondrecourt, auch ihre Intimfeindin Fürstin Pauline Metternich, eine ihrer schärfsten und spöttischsten Kritikerinnen, außerdem Erzherzog Ludwig Victor, Franz Josephs jüngster Bruder »Luziwuzi«, der sie von Kindheit an viele Jahre eigentlich liebte, dann aber Lügen über sie verbreitete und sie seinerseits zu hassen begann, und schließlich auch den reaktionären Ministerpräsidenten Graf Eduard Taaffe, der nach ihrer Ansicht ihrem Mann schadete. Zwar kannte Elisabeth das göttliche Gebot, dass sich der Mensch statt zu hassen um die Liebe zum Nächsten und um Verzeihung bemühen sollte, doch dazu war die Kaiserin nicht bereit, wenn Hassgefühle einmal Besitz von ihr ergriffen hatten.

Immer wieder hatte sie auch einen Hang zur Trägheit und Inaktivität. »Man muß auf die That verzichten«, sagte sie zu ihrem Griechischlehrer Christomanos. »Nur das Ungeschehene ist das Ewige.«[44] Und auch Gräfin Festetics beobachtete ihren »Hang zu geistiger Trägheit u. überhaupt einen Freiheitstrieb, dem jede Beschränkung schrecklich ist«[45]. Daraus ergäben sich dann recht unangenehme Folgen:

> »Was heute schmerzlich ist, wird in einer Weile bequem sein, und Sie wird weniger und weniger thun und die Menschen werden mehr und mehr zu Felde ziehen und Sie wird mit allen ihren Reichthümern ärmer und ärmer werden und Niemand wird sich daran erinnern, daß man Sie in die Einsamkeit getrieben hat.«[46]

Als besonders schwere Todsünde galt, sich selbst das Leben zu nehmen. Demzufolge verweigerte die katholische Kirche einem Selbstmörder das kirchliche Begräbnis. Dies betraf auch Kronprinz Rudolf, was Elisabeth und ihren Mann zutiefst entsetzte. Rasch wurde in Rom nachgefragt, ob für den Kronprinzen keine Ausnahme gemacht werden und sein Leichnam nicht doch mit dem Segen der Kirche beigesetzt werden könne. Der römische Kardinal Mariano Rampolla sprach sich entschieden dagegen aus. Erst nachdem von fünf Ärzten in einem Gutachten bescheinigt wurde, dass Rudolfs Suizid in geistiger Umnachtung erfolgt sei, erlaubte Papst Leo XIII. höchstpersönlich, dass der Sohn des Kaisers kirchlich bestattet werden dürfe. Doch Kardinal Rampolla, dem diese Entscheidung missfiel, nahm an dem in Rom stattfindenden Requiem für Rudolf demonstrativ nicht teil und auch die Pfarrer einiger Tiroler Ortschaften weigerten sich, für den Kronprinzen einen Trauergottesdienst abzuhalten. Die Kaiserin vermochte diese rigide Einstellung der Kirche mit Gottes Barmherzigkeit nicht zu vereinbaren. Wie konnten sich Priester anmaßen, zu wissen, wie Gott einen Selbstmörder beurteilt, der sich in Verzweiflung das Leben nimmt? Würde er sich auch so grausam von einem solchen unglücklichen Menschen abwenden wie seine irdischen Vertreter? Ähnlich dachte wohl auch Franz Joseph, der sich 14 Jahre später an Kardinal Rampolla rächte. Nach dem Tod Papst Leos XIII. im Jahr 1903 galt Rampolla als dessen sicherer Nachfolger. Doch Franz Joseph erhob dagegen Einspruch, wozu er als Apostolischer Kaiser von Österreich und König von Ungarn das Recht hatte. Rampollas Protest half nichts und neuer Papst wurde unter dem Namen Pius X. Kardinal Giuseppe Sarto. Während seines Pontifikats geriet Rampolla kirchenpolitisch rasch ins Abseits.

Fegefeuer und Hölle

Elisabeths Tochter Marie Valerie unterstellte ihrer Mutter mehrfach einen »furchtbaren Unglauben«, eine »wissentliche Beleidigung Gottes«[47] und damit schwere Verfehlungen gegen Gott, die ihr nach dem Tod zumindest einen Aufenthalt im sogenannten »Fegefeuer« bescheren würden. Auch die Lehre von der Existenz des Fegefeuers wurde der Kaiserin bereits in der Kindheit nahegebracht. »Wer in der Gnade und Freundschaft Gottes stirbt«, so heißt es im Katechismus der katholischen Kirche, »aber noch nicht vollkommen geläutert ist, ist zwar seines ewigen Heiles sicher, macht aber nach dem Tod eine Läuterung durch, um die Heiligkeit zu erlangen, die notwendig ist, in die Freude des Himmels eingehen zu können.« Diese Läuterung findet im sogenannten »Fegefeuer« statt. Elisabeths Tochter Marie Valerie erwähnte das »Fegefeuer« einmal mit Hinweis auf ihre Großmutter Erzherzogin Sophie, der sie die Schuld für »das verknöcherte Hofleben« und die dadurch bedingte Zerrüttung des kaiserlichen Familienlebens zuschob. »Wenn das die Wirkung von Großmama Sophies System ist«, notierte sie in ihr Tagebuch, »mag es ihr wohl ein bitteres Fegefeuer bereiten.«[48]

Im Gegensatz zur römisch-katholischen Kirche wurde von der evangelischen Kirche zur Zeit der Reformation heftig bestritten, dass die Seele jedes Menschen nach dem Tod durch ein längeres oder kürzeres reinigendes »Fegefeuer« gehen und geläutert werden müsse. Demzufolge wurde von den Reformatoren auch die daraus resultierende Lehre der römisch-katholischen Kirche abgelehnt, sie habe die Macht, gegen bestimmte »Bußleistungen«, vor allem durch den sogenannten »Ablass«, den man kaufen konnte – gleichsam also durch »Bußgeld« – den Sünder von allen Sünden und damit auch von dem sonst drohenden Fegefeuer ganz oder zeitlich verkürzend zu befreien. Diese Lehren, für die es in der Heiligen Schrift keinen Nachweis gebe, waren Auslöser der Reformation. In seinen 95 Thesen von 1517 wandte sich Martin Luther gegen den Ablass und den Ablasshandel. Der ehrlich bußfertige Mensch erhalte allein im Namen Jesu Christi Vergebung der Sünden und ewiges Leben geschenkt.

Auch wenn es einen Ablasshandel nach dem 16. Jahrhundert offiziell nicht mehr gab, wurde die Ablasspraxis noch im 19. Jahrhundert, also zur Zeit Kaiserin Elisabeths, gehandhabt und existiert bis heute im 21. Jahrhundert. Jetzt ist der Ablass zwar nicht mehr käuflich, sondern ein unsichtbarer, spiritueller Vorgang. Voraussetzung ist, dass der Gläubige seine Sünden bereut, sie gebeichtet hat, zur Kommunion gegangen ist und ein Gebet, so etwa ein »Ave Maria« und ein »Vater unser«, verrichtet hat. Auch heute noch erteilt der Papst mit dem Segen »Urbi et Orbi« den Gläubigen den Sündenablass.

Im Gegensatz zum Fegefeuer hält die Kirche entsprechend biblischer Aussagen, und das noch bis heute, an der Existenz der Hölle fest. Mit der Hölle sei die Gottesferne gemeint, wo es keine Nähe Gottes mehr gibt und damit keine Liebe, kein Licht, keine Freude, kein Leben, sondern das Gegenteil. Die Hölle ist der Ort der ewigen Strafe für jene, die ihre Ablehnung von Gott durch böse Taten unterstreichen. Am Ende der Welt erweckt Jesus alle Toten zum Leben und richtet sie. Die gottesfürchtigen Menschen erhalten das ewige Leben nahe bei Gott, die gottlosen Menschen werden zur Gottesferne, zur ewigen Höllenstrafe verdammt.

Verzweifelt suchte Elisabeth mehrfach mit ihrem Sohn nach dessen Suizid in spiritistischen Kontakt zu treten. Nach Gerüchten habe sie bei einer derartigen Séance erfahren, »daß der Ort, wo Kronprinz Rudolf weilt, ärger ist als die Hölle und daß ihm kein Beten nützt; darüber [sei] die Kaiserin verzweifelt«. Ihrer Nichte Amélie habe sie erklärt, sie könne »nicht kirchlich glauben. Sonst müsse sie denken, Rudolf sei verdammt.«[49] Zu ihrer Tochter Marie Valerie sagte sie: »Ich fühle mich nur verhärtet und kann kaum beten.«[50]

Im Dezember 1885 plagten Elisabeth heftige Ischiasschmerzen in den Füßen. Es sei eine Qual zu leben, klagte sie. Am liebsten wolle sie sich umbringen. »Dann kommst du in die Hölle«, erklärte ihr Franz Joseph, worauf Elisabeth sagte: »Die Hölle hat man ja so schon auf Erden.«[51]

Den gelegentlichen Gedanken, ihr Leben selbst zu beenden, verwarf sie wohl aus Angst, ihr könne dann ebenfalls die Höllenstrafe drohen und ein kirchliches Begräbnis verweigert werden. Die Hölle erwähnte sie nicht nur im Zusammenhang mit über sie hereinbrechenden Schicksalsschlägen. Während eines Spaziergangs in einem Schneesturm im Dezember mit ihrem Vorleser Christomanos sagte sie: »Wir sind wie zwei verfluchte Seelen, die in der Unterwelt irren. Für viele Leute wäre jetzt hier die Hölle. [...] Mir ist so ein Wetter am liebsten.«[52] Auch das Verharrenmüssen an einem Ort verglich sie mit der Hölle: »Wenn ich irgendwo angekommen wäre und wüsste, daß ich mich nie mehr entfernen würde, würde mir der Aufenthalt in einem Paradies zur Hölle.«[53]

Kaiserin Elisabeth wusste also von Kindheit an Bescheid, was lässliche und schwere Sünden sowie Todsünden sind, ebenso was mit Fegefeuer und Höllenstrafe gemeint war, und sie litt darunter, vor allem wenn sie zwischen Ehrfurcht vor Jehova und ihren ständig wiederkehrende Zweifeln an ihm gepeinigt wurde. Auch bezüglich des Wahrheitsgehalts der kirchlichen Lehren über lässliche, schwere Sünden, Todsünden, Fegefeuer und Hölle plagten sie immer wieder Zweifel. Heinrich Heine, der in den letzten Lebensjahren einen Privatdialog mit seinem Gott führte, jedoch nicht zum orthodoxen jüdischen Glauben zurückkehrte, verbot testamentarisch bei seinem Begräbnis die Anwesenheit eines Priesters oder Rabbis. Als sein Freund Frédéric Baudry ihn drängte, er solle doch seinen Frieden mit Gott machen, antwortete er: »Gott wird mir vergeben. Das ist sein Beruf.« Das erhoffte sich letztlich auch Kaiserin Elisabeth trotz aller Ängste, was sie wegen ihres sündigen Lebens nach dem Tod erwarten würde.

Verweigerung von Vergebung und Verdrängung eigener Schuld

Die Bereitschaft, anderen zu vergeben, war bei Elisabeth kaum vorhanden. »War ihr Zorn einmal entflammt«, so äußerte ihre Nichte Marie Louise, »so vergab sie nie. Erklärungen und Reue waren gleich zwecklos. Die Kaiserin blieb absolut unversöhnlich, der Beleidiger war für sie tot.«[54] Gleichwohl kannte sie die Bibelstellen, in denen Gott die Menschen auffordert einander zu verzeihen: »Denn wenn ihr den Menschen ihre Verfehlungen vergebt, so wird euch euer himmlischer Vater auch vergeben.«[55] Oder: »Richtet nicht, so werdet ihr auch nicht gerichtet. Verdammt nicht, so werdet ihr nicht verdammt. Vergebt, so wird euch vergeben.«[56]

Und als Petrus Jesus einmal fragte: »Herr, wie oft muss ich denn meinem Bruder, der an mir sündigt, vergeben? Ist's genug siebenmal?«, da antwortete Jesus: »Ich sage dir: nicht siebenmal, sondern siebzigmal siebenmal.«

Auch im »Vater unser«-Gebet heißt es: »Und vergib uns unsere Schuld, wie auch wir vergeben unsern Schuldigern.« Doch Gott fordert noch mehr:

> »Ihr habt gehört, daß gesagt ist: ›Du sollst deinen Nächsten lieben und deinen Feind hassen.‹ Ich aber sage euch: Liebet eure Feinde; segnet jene, die euch fluchen; tut wohl denen, die euch hassen; bittet für die, so euch beleidigen und verfolgen, auf daß ihr Kinder seid eures Vater im Himmel; denn er läßt seine Sonne aufgehen über die Bösen und über die Guten und läßt regnen über Gerechte und Ungerechte.«[57]

Für sie, so äußerte Elisabeth einmal, sei »der erste Eindruck maßgebend dafür, ob ihr jemand sympathisch oder antipathisch ist. [...] Wer vom ersten Augenblicke an meine Sympathie gewann, der besitzt sie noch heute, wen ich aber antipathisch fand, an den konnte ich mich nicht gewöhnen, obgleich ich mich mehr als einmal mit ganzem Herzen darum bemühte. Meine Seele empfindet die Seelen und es ist nicht ohne Grund, wenn sie ihr Veto einlegt.«[58] Diesbezüglich habe sie sich noch nie getäuscht. Doch dem war nicht so, mehrfach täuschte sie sich in Personen, denen sie zunächst ihr Vertrauen schenkte. Sobald sich diese ihr gegenüber ungehörig oder gar feindselig benahmen, brach sie von einer Sekunde auf die andere den Kontakt zu ihnen ab, akzeptierte keine Rechtfertigungsversuche und war zu keiner Versöhnung bereit.

Gott nachzueifern, der dem Menschen seine Schuld stets aufs Neue vergibt, dazu war sie nicht willens. Außerdem fragte sie sich, wie dieser »Gott der Vergebung« manche Menschen in die Hölle verbannen kann, obwohl er als personifizierte Liebe angeblich doch stets zur Vergebung bereit sei, er demnach also keinen einzigen Menschen in die Hölle stoßen dürfe. Zu ihrer Tochter Marie Valerie sagte sie einmal, sie leugne nicht, »dass Menschen Barmherzigkeit und Mitleid empfinden können, [...] dass Menschen also eine Tugend besitzen, die Gott fehlt, da Gott bloß mächtig und grausam sei«[59]. Doch diese menschliche Fähigkeit, barmherzig zu sein, schien ihr selbst zu fehlen.

Als junge Kaiserin vertraute sie dem Generaladjutanten und engen Freund ihres Gemahls, dem Grafen Carl Grünne, sieben Jahre lang. Doch als sie 1861 bei ihrem Aufenthalt auf Korfu erfuhr, dass Grünne bei Franz Josephs Liebesaffären den Vermittler gespielt habe und auch ihr den Rat gab, sie könne ebenfalls untreu sein, solange sie dies geheim hielt, brach sie entsetzt den Kontakt zu Grünne ab. »Der Mensch hat mir soviel angethan«, versicherte sie ihrer Hofdame Marie Festetics, »daß ich glaube, selbst in meiner Todesstunde kann ich's ihm nicht verzeihen.«[60]

***

Wie resolut die Kaiserin selbst langjährige engste Kontakte auf einen Schlag beenden konnte, zeigt auch die Beziehung zu ihrer Nichte Marie Louise. Sie war das uneheliche Kind von Sisis Bruder Herzog Ludwig und der Schauspielerin Henriette Mendel. Elisabeth lernte die kleine Marie im Alter von elf Jahren kennen, kümmerte sich sofort liebevoll um sie und machte sie ab 1874 zu ihrer Vertrauten und Reisebegleiterin. Das hob das Ansehen ihrer Nichte, über deren Herkunft man in adeligen Kreisen die Nase rümpfte. Ende 1877 musste Marie auf Druck der Kaiserin den Grafen Georg Larisch-Moennich heiraten. Widerspruch dagegen duldete Elisabeth nicht.

Nach der Hochzeit, die nicht glücklich wurde, reduzierten sich Maries Kontakte zu ihrer Tante, der sie allerdings beim heimlichen Druck ihrer Gedichte noch behilflich war. Marie kannte auch Kronprinz Rudolf, der 1888 auf sein verpfuschtes 30-jähriges Leben zurückblickte, körperlich und seelisch am Ende und politisch gescheitert war. Zermürbt von jahrelangen Zerwürfnissen mit seinem starr vor sich hin regierenden Vater dachte Rudolf angesichts der eigenen Machtlosigkeit daran, aus dem Leben zu scheiden, wobei ihn eine Frau begleiten sollte.

Er fand sie in der 17-jährigen Baronesse Mary Vetsera, von der Marie Louise wusste, dass sie in den Kronprinzen rettungslos verliebt war. Marie vermittelte auf Rudolfs Bitten einige Treffen zwischen den beiden und auch ein Rendezvous in der Hofburg, von wo das Liebespaar nach Mayerling floh. In der Nacht zum 30. Januar 1889 erschoss der Kronprinz Mary Vetsera und sich selbst.

In Elisabeths Augen war ihre Nichte Marie als Kupplerin die Hauptschuldige an der Tragödie. Sie fiel bei der Kaiserin von einer Sekunde auf die andere in Ungnade. Sie lehnte Rechtfertigungsversuche ihrer Nichte entschieden ab, verbot ihr, die Hofburg zu betreten, und wollte sie nie mehr sehen. Die Folge war Maries Absturz in die Bedeutungslosigkeit: Scheidung von ihrem Mann Graf Larisch, Heirat mit einem Opernsänger, nach dessen Tod Auswanderung in die USA und Heirat mit einem gewalttätigen Hochstapler, Flucht vor ihm nach New Jersey, wo sie als Köchin und Putzfrau arbeitete, Rückkehr nach Deutschland.

Um die Einnahmen ihrer Memoiren »Kaiserin Elisabeth und ich« und »Meine Vergangenheit« betrogen, starb sie 1940 im Alter von 82 Jahren völlig verarmt in einem Augsburger Altenheim. Begraben wurde sie anonym auf dem Münchner Ostfriedhof neben ihrem Vater Herzog Ludwig und ihrem Sohn Friedrich Karl. Erst 2012 wurde auf ihrer letzten Ruhestätte ein einfaches Holzkreuz mit einer kleinen Namenstafel errichtet. Verzeihen, wie dies auch das christliche Gebot der Nächstenliebe forderte, konnte die Kaiserin nicht. Was sie Gott vorwarf, war sie selbst: »mächtig und grausam«.

***

Noch drei andere Frauen fielen nach der Tragödie von Mayerling bei Elisabeth in Ungnade. Es waren dies die von Rudolf ermordete Mary Vetsera, deren Mutter Helene sowie Rudolfs Ehefrau Stephanie.

Die Existenz der Leiche Mary Vetseras, die sich aus Liebe zum Kronprinzen von ihm töten ließ, war der kaiserlichen Familie höchst peinlich. Sie sollte möglichst rasch verschwinden. Bei Nacht und Nebel wurde sie in einem Fiaker wegtransportiert. Ein Leichenwagen durfte es nicht sein, denn offiziell gab es ja keine zweite Leiche. Sitzend zwischen ihren beiden Onkeln, als sei sie noch am Leben, wurde die Tote ins benachbarte Heiligenkreuz gekarrt, dort in einen eilig gefertigten Holzsarg gelegt und verscharrt.

Marys Mutter Helene suchte am Tag nach der Tragödie von Mayerling verzweifelt nach ihrer Tochter und wurde endlich zu Elisabeth vorgelassen, die zu ihr sagte: »Ihre Tochter ist tot. Aber wissen Sie, daß auch mein Rudolf tot ist.«

Darauf Marys Mutter: »Mein unglückliches Kind, was hat sie getan?«

Die Kaiserin antwortete: »Das hat sie getan.«[61]

Mary Vetsera, die ein Opfer Rudolfs war, wurde von Elisabeth also zunächst beschuldigt, am Tod ihres Sohnes schuld zu sein, und ihre Mutter wurde einen ganzen Tag lang im Glauben gelassen, ihre Tochter habe den Thronfolger vergiftet. Sie hatte also nicht nur ihre Tochter verloren, sondern war als Mutter der angeblichen Mörderin des Kronprinzen auch gesellschaftlich vernichtet. Doch Mary war nicht Täterin, sondern Opfer. Ihre Mutter Helene sollte, ohne ihre geliebte Tochter noch einmal gesehen zu haben, aus Wien verschwinden. Willenlos ließ sie sich zur Bahn bringen, um nach Venedig zu reisen, kehrte aber schon am nächsten Tag nach Wien zurück, wo sie endlich die Wahrheit erfuhr, dass ihre Tochter von Rudolf getötet worden war. Doch weder die Kaiserin noch der Kaiser drückten ihr Mitgefühl aus oder baten sie als Eltern des Mörders ihrer Tochter um Verzeihung.

Als Dritte erfuhr Rudolfs Witwe Stephanie Elisabeths Ungnade. Sie wurde nach der Todesmeldung zum Kaiserpaar gerufen.

> »Der saß in der Mitte des Raumes die Kaiserin, dunkel gekleidet, schneeweiß und starr im Gesicht war bei ihm. In meinem fassungslosen, erschütterten Zustand glaubte ich, daß man mich wie eine Verbrecherin ansah. Ein Kreuzfeuer von Fragen, auf die ich einesteils nicht antworten konnte, anderntteils nicht antworten durfte, ging auf mich nieder.«[62]

Stephanie spürte den Hass der Kaiserin, die sagte, »sie schäme sich vor den Leuten. Wenn man diese Frau [damit meinte sie Stephanie] recht kennenlernt, so muss man Rudolf entschuldigen, dass er für die Herzensleere des Heims auswärtige Zerstreuung und Betäubung suchte. Gewiss – er wäre nicht so geworden, hätte er ein anderes Weib gehabt, das ihn verstanden.«[63]

Dass Rudolf auch nicht so geworden wäre, hätte er andere Eltern gehabt, daran dachten weder Elisabeth noch Franz Joseph. Als Kronprinzessin-Witwe fühlte sich Stephanie am Wiener Hof nicht mehr wohl. Im März 1900 heiratete sie den ungarischen Grafen Elemér Lónyay von Nagy-Lónya und verließ unter Verzicht auf ihre bisherigen Titel das österreichische Kaiserhaus.

Elisabeth suchte die Schuld an Rudolfs Tod zunächst also nur bei anderen, bei ihrer Nichte Marie Louise, der ermordeten Mary Vetsera, deren Mutter Helene Vetsera und Rudolfs Ehefrau Stephanie – und sicher auch bei ihrer Schwiegermutter, Erzherzogin Sophie. Immerhin war es doch sie, die Rudolf erzogen hatte.

Ihren eigenen Schuldanteil, den ihres Mannes und auch den Rudolfs ignorierte sie durch die Schuldzuweisungen gegenüber diesen vier Frauen. Dass Rudolf bei ihr und dem Kaiser zu wenig Liebe und Respekt gefunden hatte, suchte sie zu verdrängen, auch wenn ihr das letztlich nicht gelingen sollte. Da half es auch nicht, dass auf Elisabeths und Franz Josefs Veranlassung aus dem Todesschloss Mayerling ein Sühnekloster für die »Unbeschuhten Karmelitinnen« wurde. Das Sterbezimmer wurde zur neugotischen Kapelle und an der Stelle des Sterbebetts wurde der Hochaltar errichtet. 40 000 Gulden stiftete der Kaiser für die Baumaßnahmen und den Unterhalt der Klosterschwestern, die besonders für das Seelenheil Rudolfs beten sollten. Von Gebeten für Marys Seelenheil war nicht die Rede.

Verzeihen gehörte sicher nicht zu den Stärken der Kaiserin. Was sie anderen antat, vergaß sie meist rasch, was andere ihr angetan hatten, daran erinnerte sie sich für immer und in allen Einzelheiten. Sie war auch eine Meisterin im Verdrängen von Schuld, die sie auf sich geladen hatte, und hatte stets eine Erklärung parat, warum sie so gehandelt hatte und so handeln musste.

Oder gab es nach Rudolfs Tod nicht doch auch einige deutliche Anzeichen für ein Eingeständnis ihrer Mitschuld an dem schrecklichen Ende ihres Sohnes und für eine Bereitschaft zur Reue darüber, dass sie ihm im Leben nicht die Zuwendung gegeben hatte, die er gerade auch von ihrer Seite so notwendig benötigt hätte? War nicht ihr nächtlicher Besuch in der Kapuzinergruft, als sie am Sarkophag Rudolfs mehrfach laut nach ihm rief, ein Ausdruck ihrer verzweifelten Reue? Versuchte sie nicht, in spiritistischen Sitzungen den im Leben vernachlässigten Kontakt zu ihm nachzuholen? Erkannte sie jetzt, dass Rudolf, um den sie sich so wenig gekümmert hatte, ihr in vielen Dingen viel ähnlicher war als ihre Töchter Gisela und Valerie? Und legte sie sich nicht gleichsam dafür, dass sie dem Sohn ihre Liebe, nach der er sich so sehr sehnte, viel zu sehr vorenthalten hatte, eine dreifache Buße auf, als sie sich entschied, nur mehr schwarze Kleidung zu tragen, ihren Schmuck und ihre farbigen Kleider zu verschenken, kein Weihnachtsfest und damit keinen Geburtstag und auch keinen Namenstag mehr zu feiern? Verwandelte sie sich deshalb in eine »Mater dolorosa«, für die Freude und Glück keine Bedeutung mehr hatten, die zu einem Stein erstarrte und es als gerechtes Urteil betrachtete, den Rest ihres Lebens wie der Jude Ashaver und der Fliegende Holländer durch die Welt irren und ihre Trauer hinter Fächern und Schirmen verstecken zu müssen?

Am 6. März 1889 berichtete der deutsche Botschafter Prinz Heinrich Reuß nach Berlin, Elisabeth »gibt sich fortwährend dem Grübeln über den Vorfall hin, macht Sich Vorwürfe und mißt dem ererbten Wittelsbacher Blut die geistige Verwirrung Ihres beklagenswerten Sohnes bei«[64]. Diese »geistige Verwirrung« glaubte man in der Öffentlichkeit zunehmend auch bei der Kaiserin wahrzunehmen. 1893 fand sich in der Mailänder Zeitung »Secolo« folgende Notiz:

> »Die Kaiserin und Königin Elisabeth leidet am beginnenden Irrsinn. Allabendlich quälen sie Halluzinationen. Ihre fixe Idee ist ergreifend. Sie glaubt, daß Kronprinz Rudolf noch ein Kind und bei Ihr wäre. Zu ihrer Beruhigung mußte man Ihr eine Wachspuppe anfertigen lassen, welche sie ununterbrochen mit Küssen und Tränen bedeckt.«[65]

Auch wenn diese Meldung nicht der Realität entsprach, der seelischen Not einer verzweifelten Mutter verlieh sie doch erschütternden Ausdruck.

Elisabeths Reisesucht – Flucht vor Gott und zu Gott

Auffallend in Elisabeths Leben sind ihre regen Reiseaktivitäten, die sie mit der Zeit zu einer »Reiseweltmeistern« werden ließen und ihr den Spottvers »Kaiserin, die Reiserin«[1] eintrugen. Viele Monate war sie unterwegs und ihre Reisen führten sie nicht nur durch ganz Europa, so auch nach England und Irland, sondern darüber hinaus bis nach Nordafrika. Nach dem Suizid ihres Sohns Rudolf schien sie keinen Halt mehr zu finden. Ihre Reisen wurden aber nicht nur zu Fluchten vor den Menschen und vor sich selbst, sondern auch zu Expeditionen auf der Suche nach Gott.

Der Gott am Wiener Hof

Zu den drei Personen, die am Wiener Hof gegen die junge Kaiserin Elisabeth opponierten, gehörten neben Erzherzogin Sophie, die um ihre Vorrangstellung am Hof fürchtete, der Generaladjutant Graf Franz Folliot de Crenneville, der sich auf Sophies Seite schlug. Er suchte auch Kaiser Franz Joseph zu manipulieren, der sich nicht energisch genug für seine Frau einsetzte. Der dritte Gegner, ebenfalls »beeinflusst von Sophie, ja völlig unter ihrer Kontrolle, war«, wie erwähnt, »Kardinal und Fürsterzbischof Josef Othmar Ritter von Rauscher, geistreich, zynisch, korrupt«[2]. Er war einst der Religionslehrer Franz Josephs und nahm auch dessen kirchliche Trauung mit Elisabeth vor. Ein Kardinal ist nach katholischem Glauben wie alle Priester, insbesondere aber alle hohen geistlichen Würdenträger, Stellvertreter Christi auf Erden. Wie kann Gott solche Vertreter wie diesen Kardinal Rauscher zulassen?, fragte sich Elisabeth.

»Ach, Ärzte und Priester sind ja solche Esel«[3], entfuhr es ihr einmal in einem Gespräch mit ihrer Tochter Marie Valerie. Überhaupt waren ihr »all die hohen römischen Erzpriester um die Schwiegermutter verhaßt«[4], wofür auch folgende Episode bezeichnend ist:

»Bei einem großen Hoffeste stand der päpstliche Nuntius in ihrer Nähe; seine Füße verwickelten sich in die lange Schleppe [Elisabeths]. Mit zorniger Miene und einem heftigen Rucke riß die Kaiserin die Schleppe an sich, so daß der Sendbote des Heiligen Vaters beinahe über den Haufen gefallen wäre. Dieser Auftritt erweckte viel Heiterkeit in den Ecken des Saales, da man überzeugt war, daß sie ebenso gern, wie sie seine Person im Ballsaale umgerissen hätte, sein Einfluß in ihrem Schloss gestürzt haben würde.«[5]

Je einfacher und niedriger der Stand eines Geistlichen war, umso eher fand die Kaiserin Kontakt. Vor allem fühlte sie sich zu Mönchen auf den Inseln Madeira oder Korfu und zu dort bescheiden lebenden Einsiedlern hingezogen. Den gesamten kaiserlichen, von übertriebenem Glaubenseifer geprägten Hofstaat, der sich einerseits auf engstirnige Weise fromm gab, sich andererseits aber hinterhältig, falsch und intrigant und damit höchst unchristlich verhielt, verachtete sie jedoch, sicher auch deshalb, weil die allermeisten dieser Speichellecker ihrer Schwiegermutter hörig waren. Sie verabscheute die nahezu 200 Palastdamen sowie die hochadeligen Damen des Sternkreuzordens »zur Förderung der Andacht zum hl. Kreuz, des tugendhaften Lebens und wohltätiger Handlungen«, von denen sie sich hintergangen fühlte und über die sie in einem Gedicht schrieb:

»Nah'n ja doch die höchsten Namen / Unsrer Aristokratie, / Sternkreuz- und Palastes Damen; / (Fett und meistens dumm sind sie).

›O, ich kenn' Euer Gebaren! / Weiss, wie ihr mich schwer geschmäht / Schon seit meinen Jugendjahren / Und euch fromm dabei verdreht.

Ja, auf andere die Steine / Werfen könnt ihr meisterlich!‹ / Unter falschem Heil'genscheine / Thut man dann so gütlich sich …«[6]

Für die junge Kaiserin wurde die Hofburg bald zu einem Kerker, in dem sie und auch ihr Glaube an Gott immer mehr zu ersticken drohten. Das in ihren Augen stumpfsinnige Hofzeremoniell, die Intrigen und Feindseligkeiten der Hofkamarilla, die ihr tagtäglich entgegenschlugen, verkraftete sie auf Dauer nicht. Nach der Geburt des langersehnten Thronfolgers Rudolf (1858) flüchtete sie sich zunehmend in Isolation und Krankheit und schließlich im Winter 1860 auf die Atlantikinsel Madeira. Aus dem Winteraufenthalt wurde eine zweijährige Reise. Ab da nabelte sie sich immer mehr von dem ganzen Getue in Wien ab, begann ein vollkommen freies Eigenleben und avancierte zu einer Reiseweltmeisterin.

Lebens- und Glaubenselixier – Reisen

Mit jeder Reise geht neben der äußeren Fortbewegung stets ein innerer Aufbruch einher, wodurch Fixierungen und Blockaden aufgelöst und neue Lebensenergien wachgerufen werden können. Für Elisabeth ging es von einem Ort zum nächsten, unter anderem nach Bayern, Wiesbaden, Gastein, Madeira, Meran, Karlsbad, Territet, Sevilla, Genua, Sizilien, Cap Martin, Kairo, Algerien, Biarritz. Venedig, Korfu, Ungarn, aber auch Irland und England zählten zu ihren bevorzugten Aufenthaltsorten. »Überhaupt möchte ich immer weiter«, schrieb sie schon 1860 an Graf Carl Grünne, »jedes Schiff, das ich wegfahren sehe, gibt mir die größte Lust, darauf zu sein, ob es nach Brasilien, nach Afrika oder ans Kap geht, es ist mir einerlei, nur nicht so lange an einem Fleck sitzen.«[7]

Später nannte sie als Reiseziele sogar Amerika und die australische Insel Tasmanien. Nach dem Selbstmord Rudolfs fand sie überhaupt keinen Halt mehr. Rastlos unternahm sie nun vor allem Schiffsreisen auf der kaiserlichen Jacht. Von dem scheinbar ins Endlose sich erstreckenden Meer fühlte sie sich magisch angezogen.

Reisen war für sie nicht nur eine Flucht vor der nach oben buckelnden und nach unten tretenden Wiener Hofgesellschaft, sondern auch vor deren frömmlerischem Getue und dem von dieser Bande praktizierten scheinheiligen Gottesglauben. Dem dort verehrten Gott, der die von ihrer Schwiegermutter eisern durchgesetzte abstruse Hofetikette und die herrschende Bigotterie nicht zerschlug, wollte sie entfliehen, um »ihren Gott« fernab davon zu finden – auf dem Meer, auf einsam gelegenen Inseln in Anbetung der Natur und Verehrung von Naturgewalten. Ob Elisabeth wusste, dass Gott Menschen immer wieder auf Reisen schickte, wo sie sich auf neue Erfahrungen einlassen mussten? So machte sich etwa Abraham auf eine Reise mit unbekanntem Ziel, im Vertrauen darauf, dass Gott ihn begleitete. Und der Apostel Paulus reiste mit wechselnder Begleitung rund ums Mittelmeer, um den christlichen Glauben zu verkündigen.

Mehrfach erlebte Elisabeth auf ihren Reisen, so etwa bei heftigen Stürmen auf dem Meer, dass sie ihr Leben nicht selbst in der Hand hatte, und sie erfuhr, dass Not beten lehrt. Auf ihren Reisen besuchte sie auch Kirchen, Dome und kleine Kapellen und betete dort.

Bis zu ihrem Tod änderte sich das Hofleben nicht wesentlich. Noch im Sommer 1898, etwa zwei Wochen vor dem Tod ihrer Mutter, schien selbst ihrer Tochter Marie Valerie »das verknöcherte Hofleben erdrückend ... legt es sich doch hemmend zwischen die innigsten Familienverhältnisse, gestaltet dieselben statt zu ungezwungener Freude zu einem unbeschreiblichen Zwang [...] dies entsetzliche Hofleben, das Papa [und mit Sicherheit auch der Mutter] die Fähigkeit künstlich geraubt hat, einfachen, ungezwungenen Verkehr zu geniessen«[8].

Und im selben Jahr klagte Marie Valerie über die »melancholische Wirkung des ›Hoflebens‹, dies Ausgeschlossensein von allen natürlichen Verhältnissen, an die man sich immer wieder gewöhnen muß, wenn man auch selbst darin aufgewachsen war«[9]. Marie Valerie schien also durchaus Verständnis für die Abneigung ihrer Mutter gegen den Wiener Hof gehabt zu haben. Ihren Gott fand die Kaiserin nach eigenen Aussagen auf dem Meer, in den Bergen und auf Inseln in der Einsamkeit.

Elisabeths »Alter Ego« – ihre Tochter Marie Valerie

Genau in der Mitte ihres Lebens, am 22. April 1868, gebar die 30-jährige Kaiserin ihr »Alter Ego« – ihr zweites Ich in Gestalt ihrer Tochter Marie Valerie, die ihr Lieblingskind wurde und mit der sie so eng wie mit keinem anderen Menschen verbunden war. Elisabeth identifizierte sich mit ihrer Lieblingstochter derart intensiv, dass die Persönlichkeiten beider miteinander zu verschmelzen schienen und geradezu eine Einheit bildeten. Beide dachten und fühlten nahezu dasselbe.

»Ich kenne Mama so genau«, äußerte Valerie am 2. Dezember 1890, »weiss bei jedem Wort fast, was sie denkt, warum sie es denkt, dass sie immer, immer das Bitterste, Schlechtere denkt.«[1] Der Mutter ging es in dieser Hinsicht ganz ähnlich. »Ich liebe doch eigentlich nur Dich«, versicherte sie ihrer Tochter, »wenn Du mich verläßt, so ist mein Lieben [und auch mein Leben] aus. Aber so liebt man nur einmal im Leben. Da denkt man nur an das geliebte Wesen, da ist alles auf der einen Seite – von der anderen verlangt man und erwartet man nichts. Aber drum kann ich auch nicht begreifen, wie man viele Menschen lieben kann. Bei meinen anderen Kindern hat Sophie [Elisabeths Schwiegermutter] Mutterstelle vertreten, bei Dir habe ich mir vom ersten Augenblick an gesagt, muß es anders werden. Du mußtest mein eigenes, eigenstes Kind bleiben, mein Kleinod, auf das niemand ein Recht haben darf als ich allein, und alle Liebesfähigkeit meines bis dahin verschlossenen Herzens habe ich dann auf Dich ausgeströmt.«[2]

Valerie ließ diese Überbehütung, diese Verzärtelung und Vereinnahmung ihrer Person durch die Mutter in ihrer Kindheit und Jugend gerne zu. In späteren Jahren begann sie in dieser engen Beziehung mehr und mehr die Fesseln zu sehen. »Schrecklich«, sagte sie, »daß ich das einzige Band bin, das meine Mutter noch an diese Erde knüpft.«[3]

Obwohl von Elisabeth eifersüchtig erzogen und verzärtelt, gelang es der Mutter nicht, ihre Tochter zu ihrem Ebenbild zu machen, im Gegenteil. Marie Valerie wurde, obgleich ein Alter Ego der Mutter, eine Person, die in vielen Bereichen völlig konträr zu ihr war. Stand Elisabeth in Opposition zum Kaiserhof, zu ihrer Schwiegermutter und ihrem Mann und schätzte Ungarn mit Graf Andrássy mehr als Österreich, so fügte sich Marie Valerie dem höfischen Protokoll, liebte ihren Vater Franz Joseph, während sie gegen Graf Andrássy und Ungarn eine Abneigung empfand. Gefiel sich ihre Mutter in der Rolle der schönsten Frau Europas, frönte sie zahlreichen Leidenschaften und Ticks und reiste ruhelos in der Welt umher, verhielt sich ihre weniger hübsche Tochter zurückhaltend und war bodenständig. Stand Elisabeth der Ehe und Kindern eher ablehnend gegenüber, suchte und fand Marie Valerie ihr Glück in der Ehe mit einer zehnköpfigen Kinderschar.

Vor allem aber unterschieden sich beide, die sich doch sehr nahestanden, in ihren religiösen Ansichten und hinsichtlich der praktizierten Frömmigkeit. Valerie verkörperte in ihrem Glauben, ihrer Gottesverehrung und ihrer positiven Einstellung zum Leben all das, wozu ihre Mutter nie fähig war. In dieser Hinsicht schien sich Elisabeths Lieblingskind geradezu von ihr abgespalten zu haben. Elisabeths Ego, also ihr tatsächliches Ich, und das Alter Ego, in Gestalt ihrer Tochter, standen bezüglich ihrer Ansichten zum Glauben an Gott in fortwährendem Widerspruch zueinander. Dies bewirkte, dass die Kaiserin gewissermaßen zwei Persönlichkeiten in sich vereinte: einerseits die eigene gotteskritische und andererseits die gottesnahe Persönlichkeit ihrer Tochter Marie Valerie, wobei sich beide in ständigem Widerstreit zueinander befanden. Am 21. Juli 1893 notierte Marie Valerie ins Tagebuch:

> »O Gott, jeder neue Einblick in dies Seelenleben [meiner Mutter] lässt das Wunder, um das wir beten, grösser erscheinen – so gross wie die Erweckung des Lazarus. Wie könnte diese grosse edle, liebesfähige Seele sein und wie ist sie! Es sind in Mama vielleicht die grössten Widersprüche, die nur überhaupt in einem Charakter vereint sein können. Wenn das Gute und Wahre sich Bahn bräche – welch eine Frau könnte sie sein!«[4]

Mit dem Wunder, das Valerie mit der Erweckung des Lazarus von den Toten durch Jesus vergleicht, meint sie, dass ihre Mutter hinsichtlich ihres Gottesglaubens endlich zu einer klaren Einstellung finden sollte, was ihr aber geradezu unmöglich erscheint.

Marie Valeries kindliche Gottesverehrung

Die Erziehung von Elisabeths Kindern Gisela und Rudolf wurde die ersten Jahre von ihrer Schwiegermutter übernommen. Vor allem Gisela wurde in religiöser Hinsicht streng nach den Regeln der katholischen Kirche erzogen. Was diesbezüglich orthodox war, bestimmten der von Elisabeth nicht sonderlich geachtete Kardinal Othmar von Rauscher und die ihm untergebenen Bischöfe und Priester. Kronprinz Rudolf stand diesen Lehren hingegen schon im Alter von zehn Jahren kritisch gegenüber, als er von liberalen Lehrern unterrichtet wurde.

Auch bezüglich ihrer Lieblingstochter Marie Valerie, ihr Geschenk an Ungarn, plädierte Elisabeth für eine liberale Erziehung. Ab 1876 bestimmten vor allem zwei Personen ihre Erziehung: zum einen Prof. Karl Ferdinand Kummer (1848–1918) als Lehrer für die deutsche Sprache, Geschichte, Geografie, Rechnen und Naturwissenschaften und der 62-jährige ungarische Bischof und Schriftsteller Dr. Hyácint János Rónay (1814–1889). Er war für ungarische Geschichte zuständig, aber auch für den Religionsunterricht. Zu ihm sagte Elisabeth:

> »Ich wünsche den Unterricht Meiner Tochter nicht vielen Lehrern anzuvertrauen, sondern nur einem und dazu habe ich Sie ausersehen. Ich bete mit Meinem Kinde täglich ungarisch, setzen Sie dies fort, es möge religiös, aber nicht zelotisch werden. Wir alle haben im Leben die Tröstungen der Religion nöthig.«[5]

Mit »nicht zelotisch« meinte die Kaiserin, dass der Bischof ihre Tochter nicht zu einer religiösen Fanatikerin erziehen sollte, wie sie dies bei einer Erziehung in Wien befürchtete. Der liberal eingestellte Bischof Rónay erreichte es, dass Valerie von Kindheit an zwar sehr gottgläubig, aber nicht auf engstirnige Weise fromm und von übertriebenem Glaubenseifer geprägt war. Im Gegensatz zu ihrer Mutter vertraute Marie Valerie kindlich naiv jedoch auf Gottes Liebe, Güte und Barmherzigkeit.

> »Sie war betont katholisch und blieb ihr Leben lang den Vorschriften und Dogmen der katholischen Kirche bis in alle Einzelheiten mit großem Eifer verpflichtet. Sie verabscheute jede Art von Liberalismus.«[6]

Beim Tod der 15-jährigen Marie Gabriele, Tochter ihrer Lieblingscousine Herzogin Amélie von Bayern, verfasste die damals schon 40-jährige Marie Valerie 1908 das folgende kleine Gedicht:

»Flüchtig sind Erden Freuden, / Flüchtig auch die Leiden / Traum die Lebenszeit. / Wahrheit ist erst hier der grosse / Wonnereiche, schmerzenlose / Tag der Ewigkeit.«[7]

In diesen wenigen Zeilen ist Marie Valeries Weltsicht und Glaubensvorstellung eindrucksvoll zusammengefasst. Frühzeitig zeigte sich bei ihr auch die Neigung zu karitativen Aktivitäten.

»Eines Tages vor Weihnacht kam Marie Valerie mit bittender Miene zu ihrer Mutter. Sie bat, man möge einige arme Kinder auf dem Schloss bescheren und das möge das Geschenk der Eltern an sie selbst sein. Die Kaiserin war gerührt und erfüllte ihren Wunsch. Von diesem Tage an schmückte sie [die Kaiserin] viele Jahre hindurch an ihrem Geburtstage immer einen Weihnachtsbaum mit Geschenken für arme Kleine.«[8]

Die in späteren Jahren vermehrt auftretenden Glaubenszweifel und die Gotteskritik ihrer Mutter bereiteten Marie Valerie jedoch derart seelische Schmerzen, als würde sie selbst unter dieser Gottesferne leiden. Das wiederum quälte Elisabeth, der es aber nicht gelang, sich zum bedingungslosen Gottesglauben ihrer Tochter durchzuringen, obwohl sie erkannte, wie sehr ihr Kind unter ihren entgegengesetzten Ansichten litt. In ihrer Hilflosigkeit schüttete Valerie ihr Herz der ihr vertrauten Mère Mayer im Kloster Sacré-Cœur in Wien aus. Sie war die Oberin der Klosterschwestern vom Heiligsten Herzen Jesu. Ihr gegenüber äußerte sie die Befürchtung, »ihre Mutter werde sich nach ihrer Heirat, wenn sie Wien verlasse, völlig dem Totenkult hingeben, den sie mit König Ludwig und Heine treibe, was sich auf ihren Geisteszustand so nachteilig auswirke«.[9]

Außerdem mache sie ihr Glaube an den rachsüchtigen Gott des Alten Testaments statt an den Gott der Barmherzigkeit und Liebe des Neuen Testaments fortwährend rastloser und unglücklicher. Mère Mayer ermunterte Valerie, auf ihre Mutter weiterhin einzuwirken, damit sie »auch kirchlich fromm werde. ›Das ist schwer, ehrwürdige Mutter‹«, seufzte Valerie. »›Nichts ist hoffnungsloser, als Mama von einer einmal gefaßten und auf vermeintlich untrüglichen Gründen beruhenden Meinung abzubringen.‹«[10]

Im Juli 1891 fragte Valerie auch den Jesuitenpater Abel, ihren Beichtvater, um Rat: »Ich sehe sie [Mama] immer mehr versinken in der trostlosen Philosophie des Unglaubens … Nur ein Wunder könne sie retten. Pater Abel glaubt an dies Wunder … es werde so viel für Mama gebetet und geopfert …«[11]

Doch Marie Valeries Versuche, die Mutter von ihrer kritischen Einstellung gegen Kirche und Gott abzubringen und sie von der Liebe und Barmherzigkeit Gottes und dem segensvollen Wirken der Kirche zu überzeugen, waren vergeblich. Marie Valerie blieb nur die Hoffnung, wie sie notierte, dass ihre Mutter »vor Gott nicht schuldig in ihrem furchtbaren Unglauben [ist], weil sie dessen schweres Unrecht nicht ahnt, nicht wissentlich Gott beleidigt […], sonst müsste sie selbst erschrecken vor den furchtbaren Dingen, die sie sagt«[12].

Noch in einem anderen Punkt bestand Uneinigkeit zwischen Elisabeth und ihrer Lieblingstochter: Während die Kaiserin alles Ungarische liebte und darauf stolz war, als ungarische Königin gekrönt worden zu sein, begann Marie Valerie mit den Jahren alles Ungarische mehr und mehr abzulehnen. So unterhielt sie sich etwa mit ihrem Vater lieber auf Deutsch als auf Ungarisch, was die Mutter nicht gerne sah. Valerie hatte nämlich am Hof Gerüchte gehört, dass sie das Kind von Gyula Andrássy sei, den ihre Mutter sehr verehrte. Dies verletzte sie sehr, entsprach jedoch nicht der Wahrheit. Das führte aber dazu, dass Valerie Graf Andrássy geradezu zu hassen begann, obwohl der für die gegen ihn erhobenen Verdächtigungen keinen Grund bot. Daraus ergab sich ein weiterer Widerspruch: Elisabeth schätzte Andrássy über alle Maßen. Marie Valerie verachtete ihn. »Gewiss hasst er [Andrássy] mich ebenso wie ich ihn, ich hoffe es wenigstens«[13], äußerte sie einmal.

Valeries Liebesheirat, der Todesstoß für ihre Mutter

1886 verliebte sich die 18-jährige Marie Valerie auf einem Ball in ihren Cousin 3. Grades, Erzherzog Franz Salvator von Österreich-Toskana, mit dem sie sich an Weihnachten 1888 verlobte. Elisabeth, von der die Ehe als »widernatürlich«[14] empfunden wurde, erkannte mit Entsetzen, dass nun auch ihre Lieblingstochter sie bald verlassen würde. Zu ihrem künftigen Schwiegersohn, den sie zwar schätzte, sagte sie zwei Jahre vor der Hochzeit:

> »Musst nicht, wie viele Leute, glauben, ich wollte die Valerie an Dich verheiraten, damit sie in meiner Nähe bleibt. Wenn sie heiratet, einerlei, ob sie nach China geht oder in Österreich bleibt – für mich ist sie ja doch verloren. Aber ich habe auf Dich, auf Deinen Charakter, Deine Liebe für sie Vertrauen und wenn ich heute sterbe, so könnte ich nur beruhigt sein, wenn ich die Valerie Dir überlasse.«[15]

Und ihrer Tochter versicherte sie: »Wenn der falsch ist, dann glaub ich keinem Menschen mehr.«[16] Die Monate bis zur Hochzeit empfand sie jedoch als »Galgenfrist« und je näher dieser Tag kam, umso bedrückter wurde sie. »Mama sagt«, so notierte Valerie ins Tagebuch, »wenn ich je heirate, werde sie sich nie mehr freuen, mich zu sehen; sie sei wie manche Tiere, die ihre Jungen verlassen, sobald diese jemand angerührt hat.«[17] Franz Salvator »sei halt doch ein Räuber und nehme ihr in mir die einzige wahre Freunde ihres ganzen ehelichen Lebens«[18]. Verstärkt wurde das Gefühl der Verlassenheit noch durch den Suizid ihres Sohns im Januar 1889, den Tod ihres Freundes Andrássy im Februar 1890 und den Tod ihrer Schwester Néné im Mai 1890. »Mama ist wie betäubt von tiefer Melancholie und umso mehr als sie es nie begreifen kann, wie man sich die Ehe wünschen und von derselben Gutes erwarten kann.«[19]

Am Vorabend der Hochzeit, dem 30. Juli 1890, kniete sich Elisabeth mit ihrem

Lieblingskind »auf die Betschemel meiner lieben heiligen Kommunion in meinem Schlafzimmer«, wie Valerie ins Tagebuch notierte, »und beteten zusammen das Abendgebet und den 90. Psalm mit so tröstenden Verheissungen. Dann dankte ich Mama für alles und im seligen Herzen empfand ich meine ganze Liebe für diese teure Mutter. Es war nach den Vorwürfen, die ich mir besonders in letzter Zeit wieder oft gemacht, einer der schönsten Augenblicke meines Lebens, als meine Mutter mich mit der Versicherung in die Arme schloss, ›ich sei ein gutes Kind gewesen‹. Nun weiss ich, dass ich ruhig scheiden durfte und ich vertraue, dass unser Glück Mama mehr Trost und wahren Nutzen gewähren kann, als es mein ferneres Bei-ihr-Bleiben vermocht hätte.«[20]

Die Hochzeit am 31. Juli 1890 in der Pfarrkirche Ischl bedeutete für die Kaiserin die endgültige Trennung von ihrem Herzenskind und war für sie deshalb ein zutiefst schmerzliches, tränenreiches Ereignis, das auch ihren Glauben an Gott erschütterte. Dass sie seit Rudolfs Tod nur mehr schwarze Kleidung trug, bezog sich ebenso auf den Verlust ihrer Lieblingstochter, die das Schicksal ihr raubte, und sie fühlte sich, als hätte man ihr das Herz aus dem Leib gerissen. Für Valerie, die sich auf die Heirat freute, war die Trennung von der Mutter jedoch die Chance, sich endlich aus deren Umklammerung zu lösen, auch wenn sie weiterhin mit kindlicher Liebe an ihr hing.

Schon im Dezember 1890 lud sie ihre Mama ein, den Heiligen Abend doch gemeinsam in Schloss Lichtenegg zu feiern. Elisabeth, die aus erwähnten Gründen nie mehr einen Christbaum sehen wollte, lehnte ab:

> »Den 24. Dezember muß man zu Hause feiern, im Nest mit Baum, wie schön und gemütlich man es nur kann. Meine Freude wird es sein, an diesem Abend aus der Ferne an Euch zu denken. Glück lebt ja nur in der Phantasie.«[21]

Im Juni 1895 erwarben Valerie und Franz Salvator das an der Donau gelegene Schloss Wallsee und zogen nach der Renovierung zwei Jahre später, im September 1897, dort ein.

Kinder – Fluch oder Geschenk Gottes?

Nach der Hochzeit Elisabeths mit Franz Joseph hatte man von ihr erwartet, dass sie möglichst bald einen männlichen Thronfolger zur Welt bringen sollte, außerdem auch weiteren Nachwuchs zur Sicherung der Dynastie. Später gestand Elisabeth ihrer Nichte Luise, »wie sie die Zeiten ihrer Schwangerschaft verabscheute, die zeitweilig das Ebenmaß ihrer Figur entstellt hatten«[22]. Über die neugeborene Tochter ihrer Schwester Mathilde teilte sie 1861 ihrer Mutter Ludovika mit: »Die Kleine ist mir am liebsten, wenn ich sie nicht sehe und höre, denn wie Du weißt, weiß ich kleine Kinder nicht zu schätzen.«[23] Elisabeth sah sich auf die Rolle einer Gebärmaschine reduziert, was ihr missfiel.

Für Valerie waren Kinder hingegen Geschenke Gottes. Ihre Mutter widersprach ihr: »Kinder sind der Fluch der Frau, denn sie vernichten ihre Schönheit, und sie ist die beste Gabe der Gottheit.«[24] Ihr schien »die Geburt jedes neuen Menschen ein Unglück, es lastet solch ein Druck auf mir, daß ich es oft wie einen psychischen Schmerz empfinde und am liebsten tot sein möchte«[25]. Deshalb wäre es »die edelste Tat, wenn alle Eltern jedes neugeborene Kind sogleich töten würden«[26], um ihm ein leidvolles Leben zu ersparen, äußerte sie einmal.

Marie Valerie entsetzten derartige gotteslästerliche Äußerungen ihrer Mutter, die damit leugnete, dass Kinder Geschenke Gottes sind, für die man dankbar sein sollte. Valerie war todunglücklich, dass ihre Mutter ständig an Gottes Liebe und Barmherzigkeit zweifelte. Einen Augenblick dachte sie allen Ernstes daran, »Gott eines ihrer Kinder aufzuopfern«[27], um dadurch die Seele ihrer Mutter zu retten, zog dieses Angebot vernünftigerweise aber dann doch zurück. Valeries Idee erinnert an die bekannte Geschichte im Alten Testament, in der Gott Abraham auf die Probe stellt und von ihm seinen Sohn Isaak als Brandopfer fordert. Kurz bevor Abraham tatsächlich seinen Sohn Gott zum Opfer darbringen will, erscheint ein Engel und hält ihn ab, da er bewiesen habe, dass er Gott mehr liebe als seinen eigenen Sohn.[28]

Aus der Ehe Marie Valeries mit Franz Salvator gingen zwischen 1892 und 1911 zehn Kinder hervor, sechs Töchter und vier Söhne. Bei der Geburt des jüngsten Kinds, Agnes, das nur kurz lebte, war Marie Valerie bereits 43 Jahre alt. Verliefen die ersten 20 Ehejahre harmonisch, so ließ sich ihr Ehemann Franz Salvator später mit einer anderen Frau ein, was Marie Valerie, für die das Sakrament der Ehe heilig und Ehebruch eine schwere Sünde war, zutiefst schmerzte und sie melancholisch werden ließ. Seiner Affäre mit der 25 Jahre jüngeren Stéphanie Richter (1891–1972), Tochter eines Rechtsanwalts – verheiratete »zu Hohenlohe-Waldenburg-Schillingsfürst« – entstammte der 1914 geborene Franz Josef, den Franz Salvator noch zu Lebzeiten seiner Frau als Sohn anerkannte. 1937 erlangte Stéphanie Richter traurige Berühmtheit als »Hitlers Spionin«.

»Der Engel von Wallsee«

Marie Valerie entwickelte sich zu einer größeren Wohltäterin des Volkes als ihre Mutter. Mehrfach sah man sie mit einem Henkelkorb voller Lebensmittel auf dem Weg zu armen und kranken Menschen.

»Zahlreich sind auch ihre Kirchenstiftungen, ihre Zuwendungen an Notleidende sowie die Schulstipendien für bedürftige Kinder; armen jungen Mädchen verhalf sie zu einer Mitgift für eine Heirat. Während des Ersten Weltkriegs sorgte sie sich um Verwundete und richtete im Wallseer Vorschloß ein Lazarett ein. Am Eingang des Dorfes entstand das ›Marie Valerie Armenspital und Altersheim‹.«[29]

Ihre Werke der Nächstenliebe trugen ihr schon bald den Namen »Engel von Wallsee« ein.

Nach dem Tod ihrer Mutter erbte sie die Hermesvilla und zwei Fünftel des

Gesamtvermögens von 10 Millionen Gulden, wovon sie vieles für wohltätige Zwecke verwendete. 1900 übernahm sie das Ehrenprotektorat über das Rote Kreuz und auch andere Protektorate. Zur Oberin Mère Mayer des Klosters Sacré-Cœur in Preßbaum hatte sie, wie erwähnt, ein besonders herzliches Verhältnis. Als die Oberin 1891 eine Klosterfiliale nahe Wien gründen wollte, sprach Marie Valerie mit ihrem Vater, Kaiser Franz Joseph, der dem Orden daraufhin ein Grundstück schenkte, auf dem das Haus errichtet werden konnte.

Als sie 1924 im Alter von erst 56 Jahren an Lymphdrüsenkrebs erkrankte, nahm sie ihr Schicksal gottergeben an. Nach ihrem Tod fanden sich 40000 Menschen aus allen Bevölkerungsschichten zu ihrer Bestattung auf dem Friedhof Sindelburg ein. Allen blieb sie als leuchtendes Vorbild tätiger Nächstenliebe in steter Erinnerung.

Religiöse Einflüsse auf Elisabeth

Während Elisabeths Lieblingsmensch, ihre Tochter Marie Valerie, vergeblich versuchte, Einfluss auf Glauben und Religiosität ihrer Mutter zu nehmen und sie zu einem gottergebenen Leben und der demütigen Erfüllung aller christlichen Gebote zu überreden, gelang es anderen ohne willentliches Zutun, sie in ihren Glaubensansichten zu beeinflussen. Mit Interesse nahm die Kaiserin zur Kenntnis, was andere, ihr nahestehende und für sie wichtige Personen über Gott, Religion und Glaube dachten. Dazu gehörten neben ihrem Vater und Heinrich Heine mehrere andere Personen aus ihrem nahen Umfeld, deren oft kritische Ansichten in ihre eigenen religiösen Einstellungen und Urteile Eingang fanden.

Ob Elisabeths liberal-religiöse Ansichten auch durch die seit dem letzten Drittel des 19. Jahrhunderts von protestantischen Theologen geprägte »Liberale Theologie« beeinflusst wurden, ist nicht nachweisbar. Danach stünde jedem Menschen die Freiheit zu, wie er seinen Glauben ausdrücken möchte und welche Konsequenzen er daraus für sein Leben zieht. Ebenso schien die Kaiserin auch keinen Einblick in den von katholischen Theologen geprägten »Reformkatholizismus« gehabt zu haben, der von Rom scharf kritisiert wurde. Liberale Theologen beriefen sich auf Erkenntnisse der Aufklärung, nach denen, so Immanuel Kant, »Aufklärung der Ausgang des Menschen aus seiner selbstverschuldeten Unmündigkeit« ist. Trotz Unkenntnis der verschiedenen liberalen Strömungen im Einzelnen stimmte die Kaiserin den immer lauter werdenden Forderungen nach freier Entfaltung der Menschen in Staat, Gesellschaft und Kirche zu.

Des Vaters Einstellung zu Religion und Glaube

Trotz seines eindrucksvollen Bekenntnisses zum Glauben, so während seiner bereits erwähnten Orientreise, verhielt sich Herzog Max in religiösen Angelegenheiten höchst eigenwillig und mitunter sogar aufmüpfig, auch wenn er im Kern seines Wesens gläubig war. So setzte er als Kreiskommandant der Landwehr des damaligen Isarkreises beispielsweise die Inspektion seiner Truppe mehrmals sonntags zwischen 10 und 11 Uhr in der Ludwigstraße an, was den katholischen Geistlichen überhaupt nicht gefiel, da im Norden dieser Straße die Ludwigskirche und im Süden die Theatinerkirche lagen. Die lautstarken Paraden störten den Kirchgang und die sonntäglichen Gottesdienste empfindlich. Als sich der Erzbischof von München bei König Ludwig I. beschwerte, untersagte ihm dieser die Truppenparaden zu diesem Zeitpunkt, was Herzog Max so erboste, dass er von seinem Amt des Kreiskommandanten der Landwehr des damaligen Isarkreises zurücktreten wollte, was der König wiederum jedoch nicht zuließ.

Einer öffentlichen Demonstration des Glaubens stimmte Herzog Max zu, sofern sie in ehrlicher Gottesverehrung stattfand und nicht zur Demonstration persönlicher Eitelkeiten, wie dies etwa bei Fronleichnamsprozessionen vorrangig in adeligen Kreisen der Fall war. Als er in Kairo Zeuge bei der religiösen Waschung eines Gläubigen war, notierte er:

> »Es freute mich zu sehen, wie wenig er sich durch unsere Neugierde in seinem frommen Tun irre machen ließ. Unter Christen giebt es, namentlich in unserm jetzigen Zeitalter, manche, die sich schämen, die Gebote der Religion vor den Augen anderer auszuüben. Das mag hauptsächlich wohl darin seinen Grund haben, weil es heut zu Tage fast zum sogenannten guten Ton gehört, dergleichen entweder als Heuchelei oder Beschränktheit auszulegen. Denn man findet leider viele, welche sich zu schämen scheinen, Religion zu besitzen, indess bei Völkern anderen Glaubens vielmehr ein Jeder Ehre und Pflicht darein setzet, Gott auch öffentlich seine Verehrung zu beweisen.«[1]

Und damit meinte Max eine von tiefem Glauben beseelte Frömmigkeit, während ihm oberflächliche Zeremonien, Rituale und Symbole ebenso zuwider waren wie manche inhaltsleeren kirchlichen Vorschriften unter Missachtung oder Fehlinterpretation der Wurzeln des Evangeliums. Heuchlerische Frömmelei und Bigotterie waren ihm ein Dorn im Auge. Was er davon hielt, beschrieb er im Vorwort der 1835 von ihm unter dem Pseudonym Phantasus veröffentlichten Novelle »Jakobina«, in der eine Sekte eine Rolle spielt, in Wahrheit von ihm aber eine versteckte Kritik an der Kirche geübt wird.

»Meine Haupt-Aufgabe war«, so schreibt Herzog Max, »ein treues Gemälde des Lebens zu entwerfen, dem Leser jene Art von Menschen vor Augen zu führen, die Religion zum Deckmantel ihrer Heuchelei gebrauchen, welche sich in ihr heiliges Gewand hüllen, um ungestörter dem heimlichen Treiben ihrer Sinnlichkeit, ihres Eigennutzes und schändlicher Gottlosigkeit obzuliegen; welche rastlos bemüht sind, ihre Mitbrüder zu ähnlichen Dingen zu verlocken, indem sie theils auf ihre Dummheit, theils auf ihre Narrheit sündigen und ihnen eine Frömmigkeit vorheucheln, über die sie sich im Stillen selbst lustig machen. Leider giebt es zur Stunde noch genug ähnliches Schlangen-Gezücht, ohnerachtet wir nicht mehr, gleich dieser Erzählung, im siebzehnten, sondern im sogenannten aufgeklärten neunzehnten Jahrhundert leben. Auch in unserer Mitte treiben sich solch' fromme Leute umher, denen die öffentliche Kirchen-Versammlung nicht genügt, welche scheinbar glauben, es wäre Gott wohlgefälliger, wenn sie sich an stillen, dem Anblick der übrigen Menschen verborgnen Orten, insgeheim versammelten. An den unschuldigsten Dingen verspüren diese Schleicher irgendetwas Sündhaftes. Ihre Tollheit treibt sie zu den lächerlichsten Extremen, und wer sollte es glauben, daß man unter ihnen Geißler entdeckt haben will? – Geißler des neunzehnten Jahrhunderts! – Das heißt dem vermeintlichen Philosophen die Schellen-Kappe des Narren aufzusetzen. Welche Folgen solches Treiben nach sich ziehe, wie selbst die wahrhaftig fromme Unschuld als Opfer fallen könne, das lehre der Verlauf dieser Geschichte. Abscheu vor diesem Gezücht war's, das mich hauptsächlich zum Entwurf dieses Gemäldes bewog. Habe ich meinem Zweck in Etwa erreicht, so entschuldige es Einigermaßen das Mangelhafte des Ganzen.«[2]

In der Novelle »Jakobina« erzählt Herzog Max die Geschichte eines jungen Mädchens, das mit einem Kupferschmied verlobt ist, der sich auf Wanderschaft begibt. In der Nähe von Jakobinas Geburtsort Staffelstein haben sich Sektierer niedergelassen. Von einem Schneider, der ein Auge auf Jakobina geworfen hat, lässt sie sich in die gottesdienstlichen Versammlungen der Sekte locken. Als deren Vorstand, ein Seifensieder, das Mädchen sieht, erklärt er, ihm sei Gottes Geist erschienen und habe ihm Jakobina zugesprochen. Der Schneider, rasend von Eifersucht, behauptet daraufhin seinerseits, auch ihm sei Gottes Geist erschienen und habe ein Opfer gefordert. Jakobina müsse den Tod am Kreuz erleiden. Das Mädchen, mittlerweile im Bann der Sektierer, widersetzt sich dem angeblichen göttlichen Befehl nicht. Sie lässt sich mit gläubiger Hingabe kreuzigen und haucht in den Armen des heimkehrenden Bräutigams ihr Leben aus. Die Anstifter des Mordes kommen vor Gericht und werden hingerichtet.

Schon 1831 war Herzog Max unter dem Pseudonym Phantasus mit folgenden sechs Erzählungen erstmals an die Öffentlichkeit getreten: »Luise Labé, die schöne Seilerin, Novelle«, »Die Jesus-Braut, Sage«, »Sigismund, eine historische Novelle«, »Maria Rosa, die schöne Neapolitanerien, Novelle«, »Die Jüdinnen von Harburg, Romantisches Gemälde«, »Antwerpens Archimed, Historische Novelle«.

Ob Elisabeth die Erzählungen des Vaters – darunter auch »Die Adoptivtochter«, »Die barmherzige Schwester«, »Der Stiefbruder« und »Die Schuld einer Mutter« – alle kannte und ob sie von ihnen beeinflusst wurde, ist nicht nachweisbar. Aber die kritische Einstellung von Herzogs Max zu kirchlichen Vorschriften, vor allem aber zur Bigotterie und Frömmelei mancher Geistlicher, sowie sein Aufruf zu Toleranz gegenüber Andersdenkenden sind ihr sicher nicht entgangen.

»Seine Duldung Andersgläubiger«, urteilte sein früher Biograf Alois Dreyer, »ist geradezu vorbildlich. Als er auf seiner Orientreise die berühmte Moschee Athar el Nebi in Kairo betrat, da ›spielte er den Frommgläubigen‹, um jedes Ärgernis zu vermeiden; denn – bemerkte er – ›es ist mein fester Grundsatz, jede Religion, und sei sie auch noch so sehr abergläubisch oder widernatürlich, wenigstens äußerlich zu ehren.‹«[3]

Erstaunlich war hingegen die Einstellung des Herzogs zu den Zehn Geboten Gottes, die für ihn nur eine lockere Richtschnur darzustellen schienen. Sich sklavisch an diese Vorschriften zu halten, widerstrebte seinem Freiheitsdrang. Wie die von ihm gezeugten diversen unehelichen Kinder belegen, verstieß er offensichtlich ohne große Gewissenbisse gegen das 6. Gebot (»Du sollst nicht ehebrechen«) und das 9. Gebot (»Du sollst nicht begehren deines Nächsten Frau«), auch wenn er damit seine Gemahlin Ludovika immer wieder tief verletzte.

Höchst uncharmant schleuderte er ihr einmal ganz offen ins Gesicht: »Ich habe dich ja nur gezwungen zur Frau genommen; Liebe nein, davon empfinde ich auch nicht die Spur.«[4] Wohl nicht erst beim zweiten Hochzeitstag klagte Ludovica: »Den ganzen Tag in Tränen zugebracht!«[5] Doch auf sein Recht, von seiner angetrauten, wenn auch ungeliebten Ehefrau Kinder zu bekommen, darauf bestand der Herzog nachdrücklich und Ludovika gebar ihm nacheinander zehn Kinder, wovon zwei kurz nach der Geburt starben. »Max fand die Tür nie verschlossen«, erzählte sie später ihren Töchtern, »und wenn er dann gekommen ist, habe ich wohl geglaubt, jetzt hab ich ihn. Aber – am anderen Morgen – huit [...], da war er wieder weg.«[6] Und so wurde Ludovikas Hoffnung, Max mit einer Schwangerschaft nach der anderen doch noch an sich zu binden, nie erfüllt.

Herzog Max beeinflusste aber nicht nur die religiösen Ansichten seiner Tochter Elisabeth, sondern als weltoffener, gebildeter Mann, dem das Reisen wesentlicher Bestandteil seiner Welterkenntnis war, auch ihre politischen Ansichten. Seine Vorbehalte gegenüber Auswüchsen monarchischer und aristokratischer Lebensweise, seine Affinität zu republikanischen und liberalen Strömungen, seine kritische Einstellung gegenüber Klassenschranken, sein bevorzugter Verkehr in bürgerlichen und bäuerlichen Kreisen und seine demokratische Volksnähe und Gesinnung prägten Elisabeth auf ganz besondere Weise.

William Shakespeares religiöse Ansichten

Dass Kaiserin Elisabeth William Shakespeare (1564–1616) zum Kreis der von ihr vergötterten Personen zählte, wurde schon erwähnt. Doch inwiefern hatte sie auch Kenntnis von dessen religiösen Ansichten und wurde sie davon möglicherweisen sogar beeinflusst?[7] Nicht nur über sein Leben existieren viele Widersprüchlichkeiten, auch über seine religiöse Orientierung herrscht Streit und trotz zahlreicher Nachforschungen ist seit über 150 Jahren noch immer nicht so recht klar, ob er wie seine Mutter dem zu seiner Zeit in England verbotenen Katholizismus anhing oder Mitglied der etablierten Church of England war. 1559, fünf Jahre vor Shakespeares Geburt, trennte sich die Church of England endgültig von der römisch-katholischen Kirche. In der Folge wurde auf die englischen Katholiken Druck ausgeübt, die Praktiken der Church of England zu akzeptieren, was zum stillen Widerstand gegen die neu auferlegten Reformen führte. War Shakespeare womöglich ein »Recusant«, wie die Gegner der anglikanischen Kirche hießen?

Einige Gelehrte vertreten die Ansicht, dass mehrere Mitglieder von Shakespeares Familie recusante Katholiken waren, einige deshalb sogar hingerichtet wurden und es auch in seinen Werken Hinweise auf eine katholische Weltanschauung gäbe, er also mit Sicherheit Katholik gewesen sei. Oder war Shakespeare nicht doch Protestant, da in seinen Stücken auch diesbezügliche Andeutungen zu finden seien? In seinen sensiblen Ansichten zum Islam, so das Urteil der Wissenschaftler, sei er jedenfalls seiner Zeit weit voraus gewesen. Er behandelte spirituelle Grundfragen, die auch im Islam Bedeutung haben. Manche führen Shakespeares Testament vom 25. März 1616 als wichtiges Zeugnis für seinen christlichen Glauben an. In diesem letzten Willen heißt es:

> »Im Namen Gottes, Amen. Ich, William Shakespeare, in vollkommener Gesundheit und Erinnerung, Gott sei gepriesen, mache und ordiniere dies zu meinem letzten Willen und Testament in der folgenden Weise und Form. Das heißt, zuerst empfehle ich meine Seele in die Hände Gottes, meines Schöpfers, und hoffe und glaube sicher, durch die einzigen Verdienste Jesu Christi, meines Erlösers, am ewigen Leben teilhaben zu können und meinen Körper unter die die Erde zu bringen, aus der er gemacht ist.«[8]

Manche mutmaßen jedoch noch immer, Shakespeare sei gar nicht christlich fromm, sondern ein säkularer Humanist oder aufgeklärter Atheist gewesen. Weder Verweise auf heidnische Götter in seinem Werk seien christlich noch die Moral seiner späteren Tragödien, in denen etliche antikirchliche Ideen enthalten seien. »Wie Fliegen zu mutwilligen Jungen sind wir zu den Göttern. Sie töten uns für ihren Sport«, so lästert der Earl of Gloucester in »King Lear« (Akt 4, Szene 1). Und ebenfalls in »King Lear«: »Die Götter sind gerecht: aus unsern Lüsten erschaffen sie das Werkzeug, uns zu geißeln.«

»Welch ein Meisterstück ist der Mensch!«, tönt es in »Hamlet«, »wie edel durch

Vernunft! wie unbegrenzt in seinen Fähigkeiten! in Gestalt und Bewegung, wie ausdrucksvoll und wunderwürdig! in seiner Haltung, wie ähnlich einem Engel, im Denken, wie ähnlich einem Gott! die Zierde der Welt! das Muster aller lebenden Geschöpfe! Und doch, was ist mir diese Quintessenz des Staubes? Ich habe keine Lust am Manne, nein, und auch am Weibe nicht.«

Ob solche Zitate aus Shakespeares Werk – »Um sein Ziel zu erreichen, zitiert selbst der Teufel aus der Bibel« oder »Beten sollst du nicht, damit dir Gott etwas gewähre und gebe, sondern weil er dir immer gibt, darum bete« – auch Elisabeth bekannt waren und sich in ihren Kopf einnisteten, ist zwar nicht nachzuweisen. Sie kannte aber nicht nur Shakespeares »Sommernachtstraum«, sondern auch seine vielen anderen Dramen und »übersetzte«, wie ihr griechischer Vorleser Rhoussos Rhoussopoulos betonte, »ohne jede Hilfe Shakespeares ›Hamlet‹, ›König Lear‹ und den ›Sturm‹ aus dem englischen Original ins Neugriechische«[9].

Zumindest ihre religiösen Einstellungen sind ähnlich widersprüchlich wie jene Shakespeares, der in seinem Leben einen fortwährenden Seiltanz zwischen seinen persönlichen katholischen Glaubensüberzeugungen und den Forderungen der anglikanischen Staatsreligion zu vollführen hatte.

Heinrich Heines »Theologie« – Richtschnur für die Kaiserin

In ihrem Gedicht »An meinen Meister« betont Elisabeth, Heines Geist »hat mich geleitet, / beherrscht den ganzen Tag; / ich fühlt', wie er gebreitet / auf meiner Seele lag. // Er drang mit goldnen Worten / Bis in mein tiefstes Sein, / Und in mein Hirn da bohrten / Sich seine Lehren ein.«[10] Elisabeths enthusiastische Bewunderung für Heine bezog sich nicht nur, wie bereits erwähnt, auf sein literarisches Werk, sondern auch auf seine religiösen Überzeugungen. »Alle Kraft der Menschenbrust wird jetzt zu Freiheitsliebe, und die Freiheit ist vielleicht die Religion unserer Zeit.«[11]

Diesem Motto Heines konnte sie unbedingt zustimmen. Ihr Meister, wie sie Heine nannte, fand einen Weg, der widersprüchliche Einstellungen gegenüber Gott ermöglichte. So gelang es ihm etwa, Demut gegenüber Gott mit Rebellion gegen ihn zu verbinden, ebenso duldende Hinnahme des Unabänderlichen und Widerstand dagegen sowie auch Ergebung in Gottes Willen und Anklage gegen sein oft unbegreifliches Handeln.

Von Jugend an beschäftigte sich der Dichter mit dem Wesen Gottes. Anfänglich war es ein kindlicher Gottesglaube, bei dem Gott und Welt für ihn eine Einheit bildeten und sich die göttliche Ordnung mit dem menschlichen Streben nach Freiheit, Gleichheit und Brüderlichkeit noch in Einklang befand. Doch bald übte er mit der ihm eigenen Mischung aus Ironie, Respekt und Betroffenheit eine zunehmend heftigere Kritik am Christentum und an der Religion, die mit der Aufklärung überflüssig geworden und an ihr Ende gekommen seien.

»Für Menschen, denen die Erde nichts mehr bietet, ward der Himmel erfunden«, so seine Ansicht. »Heil dieser Erfindung! Heil einer Religion, die dem lebenden Menschengeschlecht in den bitteren Kelch einige süße, einschläfernde Tropfen goß, geistiges Opium, einige Tropfen Liebe, Hoffnung und Glauben.«[12] So faßte Heine in »Börne – Eine Denkschrift« seine Sicht der Religion zusammen. Er verurteilte das ökonomisch-verbrämte Religionsgebaren, entrüstete sich, dass die sinnlichen Freuden von der Religion verpönt wurden, und lehnte das von ihr dem Menschen aufgepresste Sündenbewusstsein ebenso ab wie die Scheinheiligkeit und Frömmelei der Pfaffen. Wie Heine störte es auch Elisabeth, dass viele Geistliche von Gott predigen, als sei der Allmächtige ein Freund der Reichen, anstatt hervorzuheben, dass Jesus sich doch als Freund der Armen bezeichnete. Ebenso war sie davon beeindruckt, dass Heine vom jüdischen Glauben zum Protestantismus konvertierte und für alle Weltreligionen aufgeschlossen war.

Zu einer Überprüfung seines Glaubens und einer Zurücknahme seiner Religionskritik zwang den 51-Jährigen der Beginn seiner todbringenden Krankheit, die ihn im Revolutionsjahr 1848 aufs Krankenlager warf. Die letzten acht Jahre war er dann an seine »Matratzengruft« gefesselt – gelähmt, zeitweise erblindet und von krampfartigen Schmerzen gequält. In dieser Leidenszeit war es vor allem die Bibel, wie er betonte, in der er Gott wiederfand. »Gottlob«, sagte er zu seinem Freund Heinrich Laube selbstironisch, »dass ich jetzt wieder einen Gott habe, da kann ich mir doch im Übermaße des Schmerzes einige fluchende Gotteslästerungen erlauben; dem Atheisten ist eine solche Labung nicht vergönnt.«[13]

Heine wandelte sich vom Gotteskritiker zum Beter, der jetzt Gott zwar als letzte Sinn-Instanz menschlicher Existenz akzeptierte, zugleich diese Einstellung aber mit der beißenden Frage verband, wie Gottes Existenz angesichts des Übels in der Welt zu rechtfertigen sei. Heines Weg zu Gott war demnach keine versöhnte Rückkehr. Er wandte sich einem Gott zu, mit dem er sprechen, dem er sein Leid klagen konnte, den er aber auch anklagte wie Hiob, wobei er sich sogar im Spott Luft zu verschaffen suchte, so etwa über sinnentleerte, überzogene Riten und abgehobene Repräsentanten der Religion.

In Kaiserin Elisabeths Gottesglauben spiegeln sich viele Einstellungen und Ansichten Heines wider. Ihr kindlicher Glaube an Gott wandelte sich mit den Jahren ebenfalls zu einer kritischen Einstellung gegenüber Jehova, wie auch Heine Gott nannte. Glaubte sie zunächst daran, dass durch ein gottgefälliges Leben Jehova die Gebete des Menschen erhören würde, wurde sie mit der Zeit belehrt, dass die Handlungsweisen Jehovas willkürlich und daher nicht nachvollziehbar waren. Zunehmend klagte sie über Gottes oft grausame Entscheidungen, die für den Menschen Krankheit, Leid und Tod zur Folge hatten, unterwarf sich gleichzeitig aber der Macht dieses strengen, unbegreiflichen Gottes, dem sie auch das Gefühl der Rache zutraute, wie Marie Valerie am 15. Juni 1888 ins Tagebuch schrieb: »Mama glaubt mehr an den Gott der Rache, ich mehr an den Gott der Liebe.«[14] Sie erlebte Gott also als niederdrückende Instanz und entfernte sich dabei zunehmend von der Institution Kirche, besonders auch deshalb, weil sie die Gotteserklärungen der Priesterschaft immer weniger für glaubwürdig hielt.

Sie verstand, dass Heine den Pfaffen Scheinheiligkeit, Heuchelei und Frömmelei vorwarf. Sie schätzte sein spöttisches Gedicht, das er 1844 verfasste. Hier ein Ausschnitt davon:

»Ein neues Lied, ein besseres Lied, / O Freunde, will ich euch dichten! / Wir wollen hier auf Erden schon / Das Himmelreich errichten.

Wir wollen auf Erden glücklich sein, / Und wollen nicht mehr darben; / Verschlemmen soll nicht der faule Bauch, / Was fleißige Hände erwarben.

Es wächst hienieden Brot genug / Für alle Menschenkinder, / Auch Rosen und Myrten, Schönheit und Lust, / Und Zuckererbsen nicht minder.

Ja, Zuckererbsen für jedermann, / Sobald die Schoten platzen! / Den Himmel überlassen wir / Den Engeln und den Spatzen.«[15]

Wie Heines religiöse Überzeugungen, so blieben letztlich auch jene der Kaiserin frei von jeder Kirchlichkeit. Wie er stand sie den Dogmen protestantischer oder katholischer Konfession distanziert gegenüber und kritisierte wie er die unheilige Allianz von Thron und Altar. Sofern es sich mit ihren Pflichten als Kaiserin nur irgendwie vereinbaren ließ, mied sie die Teilnahme an kirchlichen Festen und Feiern. Das hinderte sie aber nicht daran, täglich mit Gott zu sprechen, ihn zu loben und ihm zu danken, ihm aber auch Vorwürfe zu machen, ihn heftig zu kritisieren und mit seinen oft unbegreiflichen Entscheidungen zu hadern. Auch Elisabeths Leben war wie das Heines zumindest auf weite Strecken ebenfalls ein einziges Religionsgespräch. Belege dafür, ob sie daran zweifelte, dass beim Abendmahl aus Brot und Wein Leib und Blut Christi werden oder Maria ohne Geschlechtsverkehr schwanger geworden sei, gibt es allerdings nicht.

Elisabeth stimmte aber Heines Klage zu, der äußerte:

»Wieviel hat Gott schon getan, um das Weltübel zu heilen! Zu Moses Zeit tat er Wunder über Wunder, später in der Gestalt Christi ließ er sich sogar geißeln und kreuzigen, endlich in der Gestalt Enfantins [des Gotteskindes] tat er das Ungeheuerste, um die Welt zu retten; er machte sich lächerlich aber vergebens. Am Ende erfasst ihn vielleicht der Wahnsinn der Verzweiflung, und er zerschellt sein Haupt an der Welt, und er und die Welt zertrümmern.«[16]

Wie Heine fragte sich Elisabeth, ob es Jehova gelegentlich sogar Spaß bereitet, Menschen leiden zu sehen. In seinem Gedicht »Zum Lazarus« zweifelt Heine an der Gerechtigkeit Gottes bei der Behandlung seiner Geschöpfe und an der göttlichen Allmacht:

»Lass die heiligen Parabolen, / lass die frommen Hypothesen – / Suche die verdammten Fragen / Ohne Umschweif uns zu lösen,

Warum schleppt sich blutend, elend, / Unter Kreuzlast der Gerechte, / Während glücklich als ein Sieger / Trabt auf hohem Ross der Schlechte?

Woran liegt die Schuld? Ist etwa / Unser Herr nicht ganz allmächtig? / Oder treibt er selbst den Unfug? / Ach, das wäre niederträchtig.

Also fragen wir beständig, / Bis man uns mit einer Handvoll / Erde endlich stopft die Mäuler – / Aber ist das eine Antwort?«[17]

Permanent nagten ähnliche Zweifel an Elisabeth. Doch alles Grübeln und Aufbegehren gegen Jehova endete bei ihr stets in Resignation und der hilflosen Hinnahme des Unabänderlichen. Am 14. Juni 1886, einen Tag nach dem Tod König Ludwigs II. im Starnberger See, ereignete sich Folgendes, wie Marie Valerie in ihr Tagebuch notierte:

»Als ich abends zum Beten bei Mama war, warf sie sich allerlängst auf den Boden – ich schrie laut auf, denn ich dachte, sie hatte etwas gesehen und krampelte mich in solcher Angst an sie, dass wir schliesslich lachen mussten. Mama sagte, sie wolle nur in Reue und Demut für ihre rebellischen Gedanken Gott um Verzeihung bitten, sie hätte sonst ihren Verstand wund gedacht über den unergründlichen Ratschluss Gottes, über Zeit und Ewigkeit und Vergeltung im Jenseits – und müde von fruchtlosem, sündigen Grübeln, wolle sie nun, sooft ihr Zweifel kommen, in Demut sagen: ›Jehova, du bist gross. Du bist der Gott der Rache, der Gnade, der Weisheit‹ [Valerie meint, man müsse hinzufügen:] ›Du bist der Gott der Gerechtigkeit, der Güte und Liebe‹ … Könnte Mama das so recht empfinden, ich glaube, sie fände in dieser Kindlichkeit und Hingebung Ruhe und Glück.«[18]

Und am 3. Juni 1890 gestand Elisabeth ihrer Tochter: Vor dem Tod ihres Vetters Ludwigs II. »habe sie noch glauben können, jetzt aber sei alles anders – sie könne den grossen Jehova anbeten, sonst aber nicht begreifen, was unser Glaube lehrt«[19].

Am 17. Juni 1890 besuchte sie mit Marie Valerie eine Sternwarte und erklärte ihr, »dass der einzelne Mensch nichts sei in den Augen des Herrn, der diese ungezählten Welten erschaffen hat«. Marie Valerie widersprach ihr: »Der Herr, der gross genug ist, Milliarden von Welten und Weltsystemen zu schaffen, warum sollte sich dessen unbegrenzte Fürsorge nicht auch auf die fehlenden Seelen erstrecken, die diese Welten bevölkern?«[20] Doch dieser Ansicht konnte die Kaiserin nicht zustimmen.

1891 sah Marie Valerie die Mutter immer mehr »versinken in der trostlosen Philosophie des Unglaubens … Nur ein Wunder könne sie retten. Pater Abel [der Beichtvater Valeries] glaubt an dies Wunder … es werde so viel für Mama gebetet und geopfert.«[21] Doch alle diesbezüglichen Gebete für sie führten letztlich zu keinem wirklichen Erfolg. In ihrem letzten Lebensjahr gestand die Kaiserin ihrer Tochter: »Die beiden Worte ›hoffen‹ und ›sich freuen‹ habe ich für immer aus meinem Leben gestrichen.«[22] Stattdessen nahmen Resignation, Trauer und Depressionen immer mehr von ihr Besitz.

Die Vorbilder Jehuda ben Halevy, Carmen Sylva und Ludwig Salvator

Zu ihren Vorbildern in Religions- und Glaubensangelegenheiten gehörten auch Jehuda ben Halevy, ihre Dichterfreundin Carmen Sylva und ihr geschätzter Cousin Erzherzog Ludwig Salvator.

Für den hebräischen Dichter und sephardischen Philosophen Jehuda ben Halevy (um 1074–1141) interessierte sich Elisabeth Heinrich Heines wegen, den ihr Meister sehr verehrte und in seiner berühmten Gedichtsammlung »Romanzero« pries:

> »Und Jehuda ben Halevy / Ward nicht bloß ein Schriftgelehrter, / Sondern auch der Dichtkunst Meister, / Sondern auch ein großer Dichter.
>
> […] Solchen Dichter von der Gnade / Gottes nennen wir Genie: / Unverantwortlicher König / Des Gedankenreiches ist er.
>
> Nur dem Gotte steht er Rede, / Nicht dem Volke – In der Kunst, / Wie im Leben, kann das Volk / Töten uns, doch niemals richten.«[23]

In seinen etwa 800 überlieferten Gedichten besingt ben Halevy die Liebe und Freundschaft, die Jugend, den Wein und die Natur, verarbeitet aber auch in Bitten um Vergebung, Reue und Buße persönliche religiöse Erfahrungen. Die Kaiserin wollte mehr über Halevy erfahren und besuchte 1889 unangemeldet Professor Seligmann Heller (1831–1890), den besten Halevy-Kenner, in Wien, der als Literaturprofessor und Feuilletonist der »Deutschen Zeitung« arbeitete. Er hatte auch selbst zahlreiche Gedichte verfasst. Aufsehen erregte vor allem sein Versepos »Ahasverus« (Leipzig 1866) – »Die Wanderungen des Ahasver« – ein episches Gedicht über den »Ewigen Juden«, den auch Elisabeth kannte und mit dem sie sich später sogar verglich. Die Sagenfigur des »Ewigen Juden« entstand bereits im 13. Jahrhundert und berichtet von einem Menschen, der Jesus Christus für einen Ketzer hielt und ihn deshalb auf dem Weg zur Kreuzigung verspottete. Er verweigerte ihm eine kurze Rast, worauf Jesus zu ihm sagte: »Ich will stehen und ruhen, du aber sollst für immer gehen!« Der so Verfluchte wandert seither, so die Sage, auf ewig um die Welt, ohne sterben zu können, und kommt erst zur Ruhe, wenn der Gekreuzigte am Ende der Tage wiederkehrt. Im 1602 erschienen »Volksbuch vom Ewigen Juden« erhielt die Figur dann den Namen »Ahasverus«, der altpersischen Ursprungs ist.

Als die Kaiserin plötzlich in Hellers Wohnung auftauchte, war der Gelehrte überrascht. Doch »in der ihr eigenen einfachen Weise, die jede Verlegenheit sofort bannte, setzte sie Heller den Zweck ihres Besuches auseinander. Sie sprach von Jehuda ben Halevy, den sie nur aus den Versen Heines kenne, dessen Dichtungen sie aber an der Hand Hellers kennenlernen möchte.«[24] Der machte die Kaiserin gerne mit Leben und Werk Halevys bekannt und empfahl ihr, sich an Heines lobendes Urteil über Halevy zu halten.

Es ist anzunehmen, dass Heller bei diesem Treffen auch Halevys berühmtes, um 1140 verfasstes religionsphilosophisches Werk »Das Buch mit dem Argument und Beweis für den Triumph der verachteten Religion« der Kaiserin vorgestellt hat. Es handelt von der Bekehrung des an seiner bisherigen Religion zweifelnden Chazarenkönigs Kusari zum Judentum. Ein aristotelischer Philosoph, ein christlicher und ein mohammedanischer Gelehrter wollen ihn zwar von der Wahrheit ihres jeweiligen religiösen Standpunkts überzeugen. Doch erst dem zuletzt zu ihm gerufenen Lehrer des Judentums gelingt es nach eingehenden Gesprächen, die Überlegenheit des Judentums herauszustellen und ihm zu verdeutlichen, wie er sein Leben künftig gestalten soll. Heinrich Heine lässt in seinem Werk »Romanzero« die »Disputation« zwischen Christen und Juden hingegen recht ironisch damit enden, dass man eigentlich keiner Religion so recht trauen könne.

> Welcher recht hat, weiß ich nicht – / Doch es will mich schier bedünken, / Daß der Rabbi und der Mönch, / Daß sie alle beide stinken.[25]

Erstaunlich ist, dass Franz Joseph, der sonst für die literarische Aktivität seiner Frau wenig Interesse zeigte, durch eine Mittelsperson die Kopie einer von Heller handschriftlich gefertigten Jehuda-Halevy-Übertragung besorgen ließ. Sie diente als Grundlage für ein prächtiges, in gestochenem Kupferdruck hergestelltes kalligrafisches Büchlein »auf starkem Büttenpapier, prachtvoll in Leder gebunden, mit Goldschnitt und reicher Golddruckpressung verziert«, das er Elisabeth »als Angebinde unter den Weihnachtsbaum« legte. »Es war als eine Art Gebetbuch gedacht, welches die Kaiserin bei ihren Spaziergängen oder wenn sie auf Reisen war, immer mit sich führen konnte.« Der Titel des Buches mit Halevy-Gedichten lautete: »Jehuda Halevy. Aus seinem Liederschatz. Übertragen von S. Heller.«[26] Nach Elisabeths Tod ging diese kostbare Reliquie wieder in den Besitz der Heller-Nachkommen.

***

Zwischen Elisabeths religiösen Ansichten und denen ihrer Dichterfreundin Carmen Sylva bestand eine erstaunliche Übereinstimmung. Carmen Sylva zeigte eine recht widersprüchliche Einstellung zur Religion. Sie verfasste zwar christliche Preisgedichte und Hymnen an die Schönheit und göttliche Kraft der Natur, übte aber mehrfach scharfe Kritik am Sinn der oft nicht nachvollziehbaren göttlichen Weltordnung und an der Heuchelei der Priesterschaft. Sie stellte die menschliche Selbstbestimmung infrage und war überzeugt, das Leben eines jeden Menschen sei letztlich doch von einem unbegreiflichen Schicksal bestimmt, auch wenn »der Mensch«, so ihre Überzeugung, »stärker ist als das Schicksal«.[27] In ihrem Roman »Deficit« diskutiert sie angesichts des Leidens und der Ungerechtigkeit auf der Welt die Glaubwürdigkeit eines göttlichen Wesens, das die Menschen liebt, aber fortwährend Leid und Ungerechtigkeit auf der von ihm geschaffenen Welt zulässt. Sie kann nicht begreifen, dass Gott den Menschen in Versuchung führt, auch Böses zu tun, und ihn dann, wenn er sündigt, dafür hart bestraft. Die christliche Lehre mit ihrem unerbittlich strafenden Gott könne deshalb nicht die allein seligmachende Religion sein, so ihre Ansicht, die sie auch in zahlreichen späteren Gedichten mehrfach äußerte. Auch die Vertröstung der Armen auf ein jenseitiges und erst dann paradiesisches Himmelreich, anstatt ihnen im Diesseits zu helfen, entzog sich ihrem Verständnis. Andererseits akzeptierte Carmen Sylva trotz aller Religions- und Gotteskritik letztlich doch eine göttliche Weltordnung.

In ihrem Werk, so etwa in den Texten »An die Seele« (1900) und »Unter den Geistern« (1901), klingt auch der Glaube an ein Jenseits an und die Hoffnung, nach dem Tod in ein Himmelreich aufgenommen zu werden, wo ein Wiedersehen mit einstigen Freunden möglich ist. Von den unterschiedlichen Aspekten von Carmen Sylvas individueller Religions- und Glaubensvorstellung, in die diese christliche, buddhistische, pantheistische und monistische Elemente ebenso einbezog wie eine ausgeprägte Naturmystik, war Kaiserin Elisabeth fasziniert. Auch wenn die Gespräche zwischen beiden Frauen nicht überliefert sind, ist doch anzunehmen, dass die Themen Gott, Religion und Glaube, die im Einzelnen in Carmen Sylvas breit gefächertem Werk nachzulesen sind, dabei zur Sprache kamen und die Kaiserin auch beeinflussten. Aus den geäußerten Ansichten ihrer Dichterfreundin verschmolz Elisabeth ihr passend erscheinende Elemente zu einer individuellen Glaubensvorstellung und stimmte Carmen Sylvas Ansicht zu:

> »Die Mode ist für Frauen, die keinen Geschmack haben, die Etikette für Menschen, denen es an Erziehung fehlt, die Kirche für Menschen, denen es an Religion gebricht, die Tretmühle für diejenigen, die keine Phantasie oder Spannkraft haben!«[28]

***

Einfluss auf Elisabeths Lebenseinstellung hatte zweifellos auch ihr zehn Jahre älterer Cousin, Erzherzog Ludwig Salvator aus der toskanischen Linie des Hauses Habsburg, zweitjüngster Sohn des Habsburgers Leopold II., des letzten in Italien regierenden Habsburgerkönigs. Ludwig Salvator war ein naturverbundener Mensch, der die habsburgische Verwandtschaft mit ihren protokollarischen Zwängen mied. In der Thronfolge der Habsburger stand er auf Platz 17, doch er wollte von all dem Pomp nichts wissen.

Umgeben von zahllosen Büchern und 20 Hunden hauste der Junggeselle wie ein Einsiedler auf seinen Landsitzen Miramar und Marroig, die sich auf seiner Lieblingsinsel Mallorca befanden. Sein Rauschebart und seine nachlässige Kleidung trugen ihm den Ehrennamen »Diogenes aus fürstlichem Geblüt« ein.

Er hatte Zoologie, Botanik, Mineralogie, Rechtswissenschaften sowie Philosophie studiert und liebte das Reisen. Der Wandertrieb sei dem Menschen angeboren, so seine Ansicht. Als Privatgelehrter widmete er sich naturwissenschaftlichen und ethnologischen Forschungen, war Umweltschützer, Volkskundler, Allesforscher, Geschichtsschreiber der Balearen und wurde zum Entdecker des Mittelmeerraums. Zu diesem Zweck durchkreuzte er mit seiner Dampfjacht »Nixe« die Meere und teilte mit der Mannschaft Essen und Arbeit. Sein Landhaus öffnete er Fremden, bewirtete sie und ließ sie sogar in der von ihm gegründeten Hospederia »Ca Madó Pilla« unentgeltlich übernachten. Elisabeth liebte seine Lebensweise und Philosophie ebenso wie sein freundliches Wesen. Wie er so verabscheute auch sie Kriege und jede Gewalt. Als früher »grüner Aussteiger« liebte Ludwig Salvator die Natur über alles, rettete Bäume vor dem Abholzen und pflegte kranke Bäume gesund. All das begeisterte Elisabeth, die selbst die Natur anbetete und Bäume vergötterte. Sie besuchte ihren Seelenverwandten an ihrem 55. Geburtstag 1892 auf seiner Insel und feierte das Weihnachtsfest lieber mit ihm statt mit der kaiserlichen Familie. Ludwig Salvator schrieb mehr als 80 außergewöhnliche Bücher, vor allem über seine Forschungsreisen in die entlegensten Ecken der Welt, die er Elisabeth alle zusandte. Sicher erzählte er ihr auch, dass man den Unterschied zwischen den einzelnen Baumarten am verschiedenen Säuseln und Rauschen ihrer Blätter im Wind erkennen kann. Darüber verfasste er sogar das Buch »Lieder der Bäume«, das aber erst 1914 erschien. Glaubte Elisabeth, Heinrich Heine führe ihr beim Schreiben ihrer Gedichte die Hand, so empfand Ludwig Salvator Schreiben als Eingebung der ihn umgebenden Natur, der man sein Herz nur zu öffnen braucht.

Einflüsse durch Gyula Andrássy, Ferenc Deák und König Ludwig II.

Des Weiteren beeinflussten Kaiserin Elisabeth sicher auch der von ihr verehrte Gyula Andrássy und der ungarische Politiker Ferenc Deák, der den Ausgleich 1867 zwischen Ungarn und Österreich, für den auch sie sich vehement einsetzte, in die Wege leitete. Sie besuchte ihn mehrfach und schickte ihm Bücher und Blumen. Von ihrer Hofdame Marie Festetics erfuhr sie Deáks Meinung über Religion. Er sagte: »Wenn man den Verstand frägt und herumklügelt, so heißt es nein. Ich aber frage mein Herz, das sagt ja, und damit gebe ich mich zufrieden.«[29]

Bemerkenswert und nachvollziehbar fand die Kaiserin auch seine Ansichten über das Leben:

> »Man lebt gar verschiedene Lebensphasen durch, mein Kind. Zuerst träumt man nur des Lebens Herrlichkeit, vertraut allen, glaubt alles, meint, es sei alles

> nur ein Himmel, dann kommt die bittere Zeit der Enttäuschung, des Kampfes, man sieht seine schönsten Träume, seine liebsten Hoffnungen zunichtewerden, es tritt die Leere, die Schalheit des Lebens an einen heran, man wird erbittert, man will das Gute nicht einmal mehr sehen, man ist todmüde und wird gleichgültig für alles und abgestumpft, bis man endlich in die dritte Phase übergeht und das Leben nimmt, wie es eben ist. Da will man das Schlechte gar nicht mehr bemerken, man sucht keine Vollkommenheit mehr und ist gerne bereit, das bißchen Gute, das sich findet, recht hervorzuheben an allem. Ist man dann endlich siebzig Jahre geworden, beschäftigt man sich mit dem Jenseits.«[30]

Mit diesem befasste sich Elisabeth allerdings bereits erheblich früher.

***

Von ihren Begegnungen mit König Ludwig II. wusste die Kaiserin sicher, wie es ihr Cousin mit dem Glauben und der Religion hielt. Sie kannte seine Einstellung zu Religion und zu Gott, seine Verehrung der Mutter Gottes und anderer Heiliger. Ludwigs Glaube war geprägt von Frömmigkeit und einer grundsätzlichen Treue zur katholischen Kirche, da er sich als Herrscher von Gottes Gnaden verstand, dessen Aufgabe es war, Gottes Licht auf Erden zu verkünden und den Menschen die christlichen Tugenden der Nächstenliebe nahezubringen. Gleichwohl waren ihm Glaubenszweifel, Kritik an der katholischen Kirche und eine anti-ultramontane Kirchendistanz nicht fremd, auch wenn für ihn diese Auseinandersetzungen kein Anlass waren, sich von seiner Religion abzuwenden. In seinem Tagebuch finden sich Gebete, in denen er Gott um die Stärkung seines Glaubens anfleht. Auch in seinen Äußerungen und seinen Schlossbauten finden sich etliche Hinweise auf seinen Glauben. Zahlreiche Belege sprechen auch für sein karitatives Engagement. Bedürftigen spendete er großzügig Almosen. In die Statuten des Wittelsbacher St.-Georg-Hausritterordens ließ er nicht nur den Passus zur »Verteidigung des christkatholischen Glaubens«, sondern auch zur »Ausübung der Werke der Barmherzigkeit«[31] aufnehmen, wodurch dieser Orden zur aktiven Sozialarbeit verpflichtet wurde, etwa zur Errichtung von Krankenhäusern. Zum Dank für die Passionsspiele stiftete er Oberammergau eine eindrucksvolle Passionsgruppe. Seine zunehmende Abneigung, sich an kirchlichen Festen, so etwa bei der Fronleichnamsprozession, der Öffentlichkeit zur Schau zu stellen, seine anti-ultramontane Kirchendistanz und seine Ablehnung des Dogmas der Unfehlbarkeit des Papstes blieben Elisabeth sicher nicht verborgen.

Wenn Ludwig II. bisweilen »Pfaffen« kritisierte, meinte er damit jene Geistliche, die, anstatt das Licht des Glaubens zu verkünden, die Gläubigen in Unkenntnis christlicher Wahrheiten und damit in Aberglauben und Finsternis beließen. Dies bedeutete aber nicht, dass er sich damit zugleich gegen den Heiligen Vater wandte. Vielmehr beteuerte er: »Ich werde stets ein treuer Sohn der Kirche bleiben.« Gleichwohl war sein Glaube immer wieder mit Skepsis gegenüber der Amtskirche von Rom gepaart und stets versuchte er, den Einfluss der Kirche zurückzudrängen, so beim Kulturkampf zwischen Staat und Kirche. Hier ging es ihm um den Erhalt staatlicher Hoheitsrechte und die Reduzierung kirchlicher Ansprüche. Indem er für das Gesetz war, das den Einfluss der Kirche in Schulen verringern sollte, was im Parlament leider scheiterte, vertrat er lediglich einen liberal-staatskonservativen Katholizismus, der alle ultramontanen Bestrebungen ablehnte. Aus diesem Geist sprach er sich auch für die Einführung des »Kanzelparagraphen« aus. Darin wurde jedem Geistlichen mit einer Gefängnisstrafe gedroht, der in seinen Predigten Stellung zu staatlichen Angelegenheiten bezog und sich damit in die Politik einmischte. Für Ludwig II. bedeuteten Kritik an der Kirche und ihren Vertretern und persönliche Glaubenszweifel keinen Widerspruch zu seinem Glauben an Gott, dem er sein Leben lang treu blieb. Wie er wenige Tage vor seinem Tod dem Diener Alfons Weber gestand, hatte er sich auch mit dem philosophischen Materialismus auseinandergesetzt. Doch dessen Menschenbild befriedigte ihn nicht. Er glaube, wie er betonte, »an die Unsterblichkeit der Seele und die Gerechtigkeit Gottes. Ich habe viel über Materialismus gelesen. Er befriedigt nicht; er ist nicht erhaben, denn da stände der Mensch ja auf gleicher Stufe mit dem Tier.«[32]

Auch wenn sich nicht im Einzelnen nachweisen lässt, inwieweit die religiösen Auffassungen Ludwigs II. und anderer Personen Elisabeth beeinflussten, so ist doch nicht auszuschließen, dass sie von vielem zumindest Kenntnis hatte und dies auch in ihre religiösen Überlegungen einbezog.

Nietzsche, Schopenhauer und die modernen Philosophen

Bei Elisabeths Spaziergängen mit Constantin Christomanos kamen mehrfach auch philosophische Themen zur Sprache: »Wir sprachen dann«, so erinnerte sich ihr griechischer Vorleser, »über die modernen philosophischen Systeme, zumal von Nietzsche, von dem sie nie etwas weder gelesen noch gehört hatte.«[33] Friedrich Nietzsches provokante Aussage, dass Gott, getötet vom Menschen, tot sei, war Voraussetzung für seine Lehre des »Übermenschen«, der nun aufgefordert ist, sein Leben und sein Schicksal selbst zu gestalten. Dies könne nur gelingen, wenn sich der Mensch von seiner Rückbindung an Gott, der Religion, löst und nicht weiterhin von ihm abhängig ist. Nietzsches »Übermensch« ist also der Mensch, der sein Leben selbst in die Hand nimmt, es bejaht und dadurch den Nihilismus überwindet. Den Begriff »*Übermensch*« verwendete Nietzsche erstmals in seinen Jugendschriften in Bezug auf Lord Byron, den auch Elisabeth vergötterte. »Der richtige Übermensch«, so jedenfalls interpretierte die Kaiserin Nietzsche, »wäre jener, der vergessen würde, daß er Mensch ist. Unser Geist und Verstand sollte uns wieder jenes Gefühl von der Welt geben, welches die anderen Dinge in ihrem Unterbewusstsein besitzen.«[34]

Elisabeth war »dem intellektuellen Zeitgeist entsprechend [auch] eine Verehrerin der Philosophie Arthur Schopenhauers«[35], äußerte Brigitte Hamann. Ende des 19. Jahrhunderts war das Interesse an Schopenhauer vor allem in

Künstler- und Bildungsbürgerkreisen geradezu in Mode. »Mir scheint«, so Elisabeth 1893 zu ihrem Vorleser Christomanos, »Bismarck war auch ein Anhänger Schopenhauers; er hat die Frauen nicht leiden gemocht, vielleicht mit Ausnahme seiner eigenen. Vor allem glaube ich, hat er es auf die Königinnen abgesehen. Als ich ihn zum ersten Mal sah, war er außerordentlich steif. Am liebsten hätte er gesagt, die Damen können in ihren Gemächern verweilen.«[36] Kaiser Franz Joseph wusste als Bürokrat mit Philosophen wie Nietzsche und Schopenhauer allerdings nichts anzufangen.

> »Als Elisabeth 1893 ihre Neujahrswünsche an den Kaiser mit einem Schopenhauer-Zitat garnierte, billigte ihr Franz Joseph zwar zu, daß der Philosoph ›in diesem Falle recht hat‹. Aber er blieb doch der alten Meinung: ›Sonst halte ich, wie Du richtig bemerktest, auf solche philosophische Werke nichts, die einen nur konfus machen.‹ Er setzte seinen ausführlichen Brief dann mit den üblichen Erläuterungen über das Wetter fort.«[37]

Vielleicht zitierte die Kaiserin eine Äußerung Schopenhausers aus seinem Buch »Senilia«, seinem letzten Buch und philosophischen Testament, das er 1852 begann und an dem er bis zu seinem Tode schrieb. Darin äußerte er, durchaus passend zum Jahreswechsel, über die Vergangenheit und Zukunft: »Was gewesen ist«, so Schopenhauer, »das ist nicht mehr; ist ebenso wenig wie das, was nie gewesen ist. Aber alles, was ist, ist im nächsten Augenblick schon gewesen. Daher hat vor der bedeutendsten Vergangenheit die unbedeutendste Gegenwart die Wirklichkeit voraus; wodurch sie zu jener sich verhält wie etwas zu nichts.« Damit erinnerte Elisabeth Franz Joseph daran, dass jeder Augenblick des Lebens als unwiederbringliches Unikat sein Recht hat, denn »jedem Vorgang unseres Lebens gehört nur auf einen Augenblick das Ist sodann für immer das War. Jeden Abend sind wir um einen Tag ärmer. Wir würden vielleicht beim Anblick dieses Ablaufens unserer kurzen Zeitspanne rasend werden; wenn nicht im tiefsten Grunde unseres Wesens ein heimliches Bewußtsein läge, daß uns der nie zu erschöpfende Born der Ewigkeit gehört, um immerdar die Zeit des Lebens daraus erneuern zu können.« Wenn dem so ist, ließe sich daraus auch folgern: »In der Vergangenheit hat kein Mensch gelebt, und in der Zukunft wird nie einer leben, sondern die Gegenwart allein ist die Form alles Lebens, ist aber auch sein sicherer Besitz, der ihm nie entrissen werden kann. Die Gegenwart ist immer da, samt ihrem Inhalt; beide stehn fest, ohne zu wanken: wie der Regenbogen auf dem Wasserfall.«[38]

Es ist nicht eindeutig belegt, wodurch Elisabeths Interesse an Schopenhauers Werk, aus dem sie »1892 sogar etwas ins Griechische zu übersetzen versuchte«[39], entstand. »Wie sie es kennenlernte und wann und wann sie sich mit ihm zum erstenmal beschäftigte, wissen wir nicht«, urteilt der Historiker Bernhard Adamy. »Denkbar wäre, daß sie in der reichhaltigen Bibliothek ihres Vaters (Herzog Max in Bayern) darauf stieß oder daß König Ludwig II. (dessen Schopenhauer-Lektüre hinwiederum auf die Schriften Wagners zurückging) einen Impuls gab. Später wurde Elisabeth, höchstwahrscheinlich, von ihrem jungen Griechischlehrer und Gesellschafter Constantin Christomanos noch einmal zu Schopenhauer geführt.«[40] Als Vorleser der Kaiserin thematisierte Christomanos sicher auch das Werk Schopenhauers, worüber er übrigens promovierte. Wie er mitteilte, »wählte ich mir zum philosophischen Rigorosum Schopenhauer: ich habe mich ganz eingelebt in ihn, seitdem er zu meiner Stimmung so gut paßte. ›Ein unerhörter Prüfungsgegenstand!‹, sagte mir der Innsbrucker Professor. Ich war und blieb vielleicht der einzige, der ein solches Wagnis versuchte.«[41]

Vermutlich angeregt durch Christomanos übersetzte Elisabeth 1892 sogar Schopenhauer-Texte ins Neugriechische, das sie relativ gut beherrschte. Sicher kannte sie auch Schopenhauers Urteil über Heine, über den er sagte: »Als wirklicher Humorist tritt Heinrich Heine auf, hinter allen seinen Scherzen und Possen merken wir einen tiefen Ernst, der sich schämt, unverschleiert hervorzutreten.« Etlichen Gedanken, die Schopenhauer etwa in »Die Welt als Wille und Vorstellung« äußerte, hätte Elisabeth sicher zugestimmt, so beispielsweise Sätzen wie: »Aber so ein Gott Jehova, der zum Vergnügen und mutwillig diese Welt der Not und des Jammers hervorbringt und dann noch gar sich selber Beifall klatscht mit ›Alles war sehr gut‹ (Moses, 1,31): Das ist nicht zu ertragen.« Oder: »Bei keiner Sache hat man so sehr den Kern von der Schaale zu unterscheiden, wie beim Christentum.«

Im Wesentlichen lassen sich für das Interesse der Kaiserin an Schopenhauer fünf Gründe anführen. Zum einen ist da ihre allgemeine Skepsis gegenüber der Sinnhaftigkeit des Lebens, das sie aufgrund eigener Erfahrungen als vorrangig von Leid und Hoffnungslosigkeit geprägt erlebte. Ihre Ansicht, die Hölle habe man doch schon auf Erden, könnte von Schopenhauer angeregt worden sein.

Zum Zweiten ist da ihre Überzeugung von der Beschränktheit der Sinne und der Begrenztheit des menschlichen Erkenntnisvermögens. Sie ist »kritisch gegenüber dem Bestehenden – und deshalb berührt von Widersprüchen und Abgründen der Realität«[42].

Drittens zu nennen ist ihre Vorstellung von der Natur als Paradies zum einen, aber auch von einer Natur, die von Tod und Chaos beherrscht ist.

> »Liest man ihre Aussprüche genau, so zeichnet sich in ihnen das Bild einer alles verschlingenden, neu gebärenden und wieder verschlingenden Elementargewalt ab, in deren Strom der Einzelne, kurz auftauchend, nichts bedeutet.«[43]

Zu Christomanos äußerte sie:

> »Die Menschen glauben, daß sie die Natur und die Elemente beherrschen […]. Im Gegenteil – die Natur hat jetzt die Menschen unterjocht. Früher hat man sich in einer abgeschlossenen Thalmulde, die man nie verließ, als Gott empfunden. Jetzt rollen wir als Globetrotters wie Tropfen im Meer, und wir werden es schließlich erkennen, daß wir nichts als solche sind.«[44]

Viertens sind es die Zweifel der Kaiserin an der Lehre der katholischen Kirche und der Existenz eines guten Gottes, der den Menschen als vernunftbegabtes Wesen geschaffen hat.

> »Verschiedene Äußerungen Elisabeths lassen darauf schließen, daß sie den Schopenhauerschen Dualismus von Willensgier und Langeweile – den beiden Grundübeln der menschlichen Existenz – auf die eigene Erfahrung und auf die Situation der umgebenden Gesellschaft bezog.«[45]

Fünftens schließlich die illusionslose Ansicht der Kaiserin vom Verlauf der Geschichte und gesellschaftlich überkommener Wertordnungen, in der sich Schopenhauers Philosophie widerspiegelt. »Denn in 60 Jahren so wenig wie heute«, so ihre feste Überzeugung, »werden Glück und Friede, das heißt Freiheit auf unserem kleinen Sterne heimisch sein.«[46] Elisabeth glaubte an den baldigen Untergang der marode gewordenen österreichischen Monarchie und der Alten Welt. »Das Alte erschien ihr nicht bewahrenswerter als das Neue, das Neue nur als eine letztlich ebenso dem Niedergang anheimfallende Variante des Alten: Jedes Engagement sei falsch, politische Inaktivität die dem geistigen Menschen angemessene Haltung.«[47]

Elisabeth – religiöses Vorbild für andere?

In ihrer Funktion als Kaiserin wäre Elisabeth durchaus aufgerufen gewesen, für andere auch ein Vorbild im christlichen Glauben zu sein, gemäß dem Wort des Heiligen Petrus: »[S]eid ein Vorbild für die Herde.«[1] Doch war sie dazu mit ihren doch recht diffusen Ansichten über Gott, Kirche, Glaube und Religion in der Lage? War sie eine Person, die den Wunsch weckte, sich mit ihren religiösen Vorstellungen zu identifizieren und sie in ihrem Glaubensleben nachzuahmen? Gelang es ihr, anderen mit ihren liberalen und kritischen Ansichten neue Horizonte zu eröffnen und ihnen Grundlagen zu einer umfassenden Auseinandersetzung mit religiösen Themen zu ermöglichen?

Einflüsse auf Kaiser Franz Joseph und den Hofstaat

Die religiösen Einstellungen der Kaiserin blieben auch ihrem Ehemann und dem Hofstaat nicht verborgen. Doch eine diesbezügliche Einflussnahme beim täglichen Umgang mit diesem Kreis erfolgte stets indirekt und diskret.

Auch wenn Franz Joseph in einem sehr bigotten familiären Umfeld aufwuchs und durch seine Mutter und religiösen Erzieher, allen voran Kardinal Rauscher, von einer strengen Glaubensauffassung geprägt war, so darf Elisabeths Einfluss auf sein religiöses Leben und Handeln zwar nicht über-, aber auch nicht unterschätzt werden. Richtig ist, dass Franz Joseph einen ichbezogenen Regierungsstil pflegte, wonach selbst seine Minister nur die Funktion von Ratgebern hatten. Auch seiner Frau gestand er offiziell keine politischen Funktionen zu und eine diesbezügliche offenkundige Einflussnahme auf ihn war undenkbar. Aber sie, die mehr als 40 Jahre an seiner Seite lebte und seine Gesprächspartnerin war, die er über alles liebte, einfach aus seinen politischen Entscheidungen und religiösen Aktivitäten völlig auszuklammern, ist sicher nicht vorstellbar.

Zweifellos ist es zum Teil ihr zu verdanken, dass Franz Josefs Frömmigkeit relativ nüchtern blieb und er keine auffallende Neigung zu einer schwärmerischen Frömmelei oder einem ideologischen Sendungsbewusstsein entwickelte. Wie ihm, so lag auch der Kaiserin die Gleichstellung der Religionen am Herzen, was insbesondere für die Juden positive Effekte hatte. Dem von ihm eingeführten Staatsgrundgesetz von 1867, das in Österreich volle Religionsfreiheit erbrachte, stimmte auch sie zu. Ebenso unterstützte sie seine Distanz gegenüber dem kämpferischen ultramontanen Katholizismus. Als der Kaiser das von ihm unterzeichnete Konkordat von 1855, das der Kirche viele Rechte zugestand, in den Maigesetzen 1868 und 1874 auf Einfluss der Liberalen wieder zurücknahm und nach dem Ersten Vatikanischen Konzil zudem der Kündigung des Konkordats zustimmte, wurde dies auch von Elisabeth lebhaft begrüßt. Wäre Franz Joseph allein den ultramontanen Ansichten seiner Mutter und Kardinal Rauschers – beide entschiedene Befürworter des Konkordats – ausgesetzt gewesen, wären manche der von ihm getroffenen Entscheidungen womöglich ganz anders ausgefallen. Demgegenüber stellte Kaiserin Elisabeth mit ihrer liberalen und kirchenkritischen Einstellung ein durchaus nennenswertes Gegengewicht dar.

Einfluss in religiöser Hinsicht nahm Elisabeth auch auf ihren Hofstaat, zu dem über die Jahre hinweg unter anderem vier Obersthofmeisterinnen und sechs Obersthofmeister gehörten, außerdem 13 Hofdamen, darunter die Lieblingshofdame Marie Festetics, die ihr befreundete Vorleserin Ida von Ferenczy und die unentbehrliche Friseurin Fanny Feifalik. Auch bei den Kontakten zu ihren diversen Griechischlehrern und Vorlesern tat sie ihre Gedanken über Gott, Kirche, Glaube und Religion immer wieder in Gesprächen durchaus kund. In den hinterlassenen Erinnerungen und Tagebüchern dieser ihr vertrauten Personen finden sich zahlreiche Äußerungen dazu. »So erschuf sie sich selbst – vor meinen Augen – durch die leisen Regungen ihrer Seele, das ideale und wahre Bild ihres Wesens«, äußerte ihr Vorleser Christomanos nach einer Unterhaltung mit der

Kaiserin. »Sie lehrte mich das Bild meiner selbst in mir erkennen und der Musik meiner Gedanken zu lauschen.«[2]

Ihr persönliches Umfeld nahm auch deutlich wahr, dass es ihr nicht gelang, körperliche Beschwerden und seelische Krisen im Vertrauen auf Gott ergeben zu erdulden. Aufgrund ihrer mangelnden Lebenszufriedenheit strahlte sie vielmehr eine fortwährende Niedergeschlagenheit und innere Unruhe aus. Häufig räsonierte sie über den Sinn von Leid und Tod, nannte das Leben eine Krankheit, die es zu überwinden gilt, befasste sich mit der Existenz der Seele und dem Fortleben nach dem Tod, versuchte zu verstorbenen Personen in spiritistischen Sitzungen Kontakt aufzunehmen. Sie kritisierte das Sakrament der Ehe, zweifelte am Sinn kirchlicher Rituale, fragte sich, ob es ein Fortleben nach dem Tod gibt, und beeinflusste mit all ihren oft überraschenden und wechselnden Ansichten den sie umgebenden Personenkreis auf die eine oder andere Weise.

Auffallend war ihre tiefe Verbundenheit zur Natur, in der sie Gott stets aufs Neue erlebte. Sie zog sich gerne in die Berge zurück und nannte das Meer ihren Beichtvater. Wie sich ihre Hofdame Irma Sztáray erinnerte, »blickte sie in meine Seele« und bei einem Sturm auf dem Meer »sprach sie die köstlichsten Worte, sie sprach als geweihte Priesterin der Natur, die mit durchgeistigtem Antlitz in Sturm und Gefahr ihrer Meisterin seelenbewegendes Evangelium verkündet. ›Wenden Sie sich nur ihr zu, erkennen Sie die erhabene große Vermittlerin! Sie allein spricht mir würdig von Gott. Sie allein ist meine einzige Fürsprecherin bei ihm!‹ Und der Sturm tobte fort, gleichsam als eine erhabene würdige Begleitung dieser herrlichen Offenbarung.«[3]

Während auf viele Personen keine Auswirkungen von Elisabeths religiösen Äußerungen nachweisbar sind, übernahmen andere einige ihrer Ansichten zumindest teilweise oder stimmten ihnen sogar unterwürfig zu. Nur wenige stellten sich ihren Vorstellungen entgegen und leisteten Widerspruch, so ihre Schwiegermutter und die klerikale Hofkamarilla um Fürsterzbischof Rauscher, aber auch ihre fromme Tochter Marie Valerie.

Wurde Rudolf von seiner Mutter beeinflusst?

Bekanntlich identifizierte sich Kronprinz Rudolf mit etlichen Vorlieben und Abneigungen seiner Mutter, etwa hinsichtlich ihrer Liebe zu großen Hunden und zu Tieren ganz allgemein, wie er mit seiner Leidenschaft für Ornithologie bewies. Literarische Neigungen zeigte er durch das Verfassen von naturwissenschaftlichen und politischen Schriften. Wie für Elisabeth war auch für ihn der liberale Andrássy die politische Idealgestalt, während er Ministerpräsident Graf Eduard Taaffe und Außerminister Kálnoky ebenso ablehnte, wie es seine Mutter tat. Auch bezüglich des negativen Urteils über Russland und den Dreibund-Partner Italien war er sich mit ihr einig und wie sie sah er in der Republik die Zukunft Österreichs.

Bemerkenswert sind aber Rudolfs Ansichten zu den Themen Glaube, Kirche und Religion, die der Mutter erstaunlich ähnlich sind, sodass sich die Frage stellt, ob Rudolf auch diesbezüglich möglicherweise von seiner Mutter beeinflusst wurde. Natürlich geschah dies sicher nicht unmittelbar, also etwa in Gesprächen zwischen Mutter und Sohn, dazu war ihr sporadischer Kontakt nicht eng genug, aber sie veranlasste immerhin, nachdem auf ihr Drängen der sadistische Erzieher Graf Gondrecourt entfernt worden war, dass der liberal eingestellte Erzieher Joseph Graf Latour von Thurmburg berufen wurde. Als dieser Elisabeth berichtete, sein Schützling Kronprinz Rudolf »tue religiöse Dinge leicht ab«, zeigte die Kaiserin dafür volles Verständnis:

> »Von einem so lebhaften Kind könne man nicht erwarten, daß es die langweiligen Predigten von Kardinal Rauscher und das ständige Niederknien der bigotten Erzherzogin ernstnehme; wenn Rudolf zu kritisch sei, dann habe er diesen Fehler von ihr geerbt, denn ihr Vater [Herzog Max in Bayern] habe seine Kinder stets ermutigt, über alles und jedes frank und frei ihre Meinung zu sagen.«[4]

Graf Latour sorgte auf Elisabeths Anweisung dafür, dass fortschrittliche Lehrer und liberale Schulreformer an den Hof kamen, die großenteils aus einem ärmlichen, bürgerlichen Milieu stammten. Sie vermittelten dem intelligenten und wissbegierigen Kronprinzen eine antiklerikale, demokratische und republikanische Weltanschauung und bildeten ihn zu einer weltoffenen Persönlichkeit. Der gegen Aristokratie und Klerus kritisch eingestellte, liberale Professor Josef Zhisman erteilte Rudolf Geschichtsunterricht. Als Religionslehrer bestimmte Elisabeth den ungarischen Benediktiner Hyazinth Rónay, der ein Anhänger der liberalen Partei Ungarns und im Londoner Exil dem Freimaurerorden beigetreten war. Auf Anordnung der Kaiserin hatte er ihrem Sohn Unterricht in ungarischer Sprache zu erteilen und unbedingte Toleranz in Glaubenssachen zu vermitteln. Er freute sich »über die mehr als freiheitlichen, wohl noch unverdauten und jugendlich unreifen, aber jedenfalls überraschenden Ansichten des 15-jährigen Kronprinzen, der zum Beispiel seinem Erzieher auseinandersetzt, der Mensch sei nichts als ein veredeltes Tier, Aristokraten und Geistliche arbeiteten von jeher Hand in Hand, um das übrige Volk recht dumm zu erhalten und dann bequem gemeinsam darüber zu herrschen. Die erste Gesellschaft, wie sie sich nenne, sei mit sehr wenigen Ausnahmen bloß eine faule Eiterbeule am Staatskörper usw.«[5]

Anton Gindely, der Rudolf in böhmische Geschichte unterrichtete, plädierte für nationale Toleranz und ein zentralistisch geführtes Reich, in dem alle Völker gleich gut behandelt und Minderheiten geschützt werden. Auch Dionysius Grün, der Geografielehrer des Kronprinzen, forcierte dessen Toleranz gegenüber allen Völkern der Monarchie. Eine liberale Einstellung vermittelten auch prominente Schulreformer wie Matthias Wretschko. Josef Krist brachte ihm die Naturgeschichte nahe, Carl Menger Nationalökonomie und der berühmte Darwinist Ferdinand Hochstetter Geologie.

Auch Rudolf glaubte an Charles Darwins Lehre, der mit Blick auf die sich ständig vermehrenden Nachkommen von Lebewesen auf der Erde von einem Kampf ums Dasein spricht, bei dem nur die Stärksten überleben. Der deutsche Tierforscher Alfred Brehm förderte Rudolfs Interesse an der Tier- und Pflanzenwelt und begeisterte ihn für Ornithologie. Franz Joseph scheint nicht mitbekommen zu haben, welch liberale und die Monarchie und die Kirche kritisierende Ansichten seinem Sohn da nach und nach nahegebracht wurden, sonst hätte er dies sicher unterbunden. Ihm war nur Rudolfs militärische Ausbildung wichtig und dass er sich zu einem guten Jäger entwickelte. Ein Studium an der Universität Wien verwehrte ihm der Vater allerdings. Die liberalen Gedanken des Kronprinzen zu den für ihn unerträglichen Zuständen seiner Zeit, der in seinen Augen reaktionären Monarchie und den Missständen in der Kirche äußerte Rudolf unverblümt in vielen Aufsätzen und Briefen und später auch in Zeitungsartikeln und politischen Broschüren. Immer mehr hasste er es, nichts gegen die Politik seines Vaters und das bestehende Regierungssystem ausrichten zu können, was ihn schließlich resignieren ließ.

Auch wenn bezweifelt wird, dass Rudolf seine liberalen, antimonarchistischen und republikanischen Ansichten unmittelbar von seiner von ihm bewunderten Mutter übernahm, zu der nur eine lose Verbindung bestand, so lässt sich doch eine Ähnlichkeit der kritischen Auffassungen beider gegenüber Adel und Kirche nicht leugnen. Dass die liberalen Lehrer unter dem Patronat der Mutter standen, die von der Hofgesellschaft dafür kritisiert wurde, ist unbestritten, sodass sie auf diese Weise auf ihren Sohn Rudolf indirekt einwirkte.

Inwiefern er die Gedanken der Mutter allerdings im Einzelnen kannte oder gar übernahm, lässt sich nicht nachweisen. Sicher aber beobachtete er ihre eingeschränkte Teilnahme an kirchlichen Hochfesten und ihre Flucht vor protokollarischen Zwängen. Es verwundert nicht, dass auch er an den Festen des Kirchenjahres und den damit verbundenen Gottesdienstbesuchen, die er innerlich ablehnte, nur gezwungenermaßen teilnahm. Er hasste den »reaktionären Aas- und Weihrauchgestank, der jetzt über unserer armen Heimath weht«[6], wie er lästerte. An der »Charwoche [in Wien] mit allen ihren frommen Scherzen«[7], wie er die Zeremonien der Karwoche abfällig nannte, nahm er ähnlich wie seine Mutter nur widerstrebend teil.

Seine Kritik bezog sich auch auf die selbst ernannten Vertreter Gottes auf Erden, die von ihnen verkündeten Lehren sowie deren Verbindung zum Adel und damit zur Macht. Später äußerte er über die Kleriker:

> »Sie, die die Religion immer auf den Lippen statt im Herzen tragen, den Tag über in feiner Gesellschaft, in die nur Wesen hineinkommen dürfen, welche wenigstens ein Bataillon Ahnen aufweisen und feine Titel besitzen [...] dort wird über die schlechten Zeiten geschimpft, Leute, gescheidte, Leute der Menschheit nützliche, [werden] ausgerichtet, weil sie keine Grafen sind [...] dann etwas gebethet, dann ins Theater gegangen und sie vergeßen, daß sie durch Jahrhunderte ein festes Bollwerk gegen jeden Aufschwung und Bildung

errichtet haben, den Menschen mit Feuer und Schwert thierisch erhalten, geknechtet, für ihren eigenen Vortheil, doch endlich brausten die Wogen zu heftig an das Bollwerk an, es brach, und die Wogen der neuen Zeit brausten über die Verächter der Menschheit.«[8]

Zu den Geistlichen, denen Rudolf besonders ablehnend gegenüberstand, gehörte der Prager Kardinal Friedrich Fürst zu Schwarzenberg, über den er 1883 in einem Brief an Latour spöttisch äußerte: »Ich habe grosse Eile, um gleich in den Dom zu gehen, wo der Kardinal seinen ganzen Hokuspokus mit der ihm eigenen wundervollen Langsamkeit vom Stappel lässt.«[9] Schwarzenberg sei vorrangig Aristokrat und an seinem fürstlichen Ansehen und Ruhm interessiert und dann erst Priester.

Es war aber nicht das Christentum als solches, das Kronprinz Rudolf pauschal verurteilte, denn »das Christenthum ideal aufgefaßt«, so seine Ansicht, »ist eine Lehre voll höchster Philosophie und der edelsten Principien«.[10] Es verwundert nicht, dass er sich für die Gründung des wohltätigen »Vereins zur Heranbildung von Pflegerinnen für Kranke und Verwundete« engagierte, der 1875 unter seinem Protektorat ins Leben gerufen wurde und den Namen »Rudolfiner-Verein« erhielt. Dieser Verein, dem man antikatholische und antikirchliche Tendenzen zuschrieb, hatte allerdings keinen sonderlich guten Ruf. 1878 wurde auf Anregung Elisabeths unter ihrem Protektorat der »Ungarische Verein vom Rothen Kreuz« gegründet. Fast scheint es, als hätte Rudolf diesbezüglich seine Mutter inspiriert.

1878 antworte der 19-Jährige dem von ihm verehrten König Ludwig II. von Bayern auf dessen Frage, welche Bücher denn seine religiösen Ansichten beeinflusst hätten:

»Ich muß gestehen, daß ich sehr ungern mit meinem Glaubensbekenntniße herausrücke, da ich nie weiß, ob ich nicht Andere damit in ihren verletze, doch Dir sage ich Alles, was ich denke und fühle, da ich Deine überaus gnädige Freundschaft für mich kenne und da ich weiß, daß Du in Deinen Ansichten auch sehr aufgeklärt und nicht von einem, alle höhere geistige Entwicklung hemmenden, religiösen Wahn, beherrscht bist. Ich achte die Religion, wo sie in wirklich segensreicher Weise zur Erzieherin des Volkes wurde, und dem gemeinen Mann die ersten Anfänge eines moralischen Gefühles einpflanzte; doch ich fürchte sie, wenn sie zur Waffe und zum Mittel zur Erreichung der Zwecke einzelner Stände und Parteien wurde, wo sie dann den blinden Glauben und den Aberglauben, anstatt wahre Bildung unter das Volk sät. Für den gebildeten Menschen, der auf jenem Punkte geistiger Entwickelung steht, daß er sich von dem alltäglichen Leben emporhebt und zu forschen und geregelt zu denken beginnt, für den wie gesagt, halte ich den christlichen Glauben in den engen Schranken, wie ihn unsere Kirche verlangt, ganz unmöglich. Er wird seine Religion, oder beßer gesagt, seine Gesetze der Moral haben, die er sich selbst stellt, und nach denen er sein geistiges Leben richtet, doch das werden keine Schranken sein, wie sie die Kirche uns durch das Verlangen nach dem Himmel, oder durch die Furcht vor der Hölle auferlegen will; sondern bloß die Ketten, durch welche das geistige Leben des Menschen, das physische des Körpers beherrscht ... nur noch das muß ich hinzufügen, daß das Buch des David Strauss ›Der alte und neue Glaube‹[11] auf mich einen großen Eindruck gemacht hat.«[12]

Ludwig schien mit Rudolfs Äußerungen über die Religion durchaus einverstanden zu sein und antwortete ihm:

»Das Volk soll nur seinem guten katholischen Glauben treu bleiben mit den wohlthuenden Vertröstungen auf ein Jenseits, seinen Wundern und Sakramenten, dem Gebildeten aber können, wie Du so richtig sagtest, diese veralteten Anschauungen unmöglich genügen. Ich hänge an Niemanden so fest und treu wie an Dir, und so ist es mein großer Wunsch, daß Du nach meinem Tode dereinst Bayern erhältst.«[13]

Dieser »große Wunsch« Ludwigs, der seiner Abneigung gegen Preußen und die Hohenzollern entsprang, war jedoch illusionär.

Religiöses Vorbild für ihre Töchter und ihr Enkelkind?

Ihre beiden anderen Kinder Gisela und Marie Valerie in religiöser Hinsicht zu beeinflussen, gelang Elisabeth nicht. Im Gegenteil, die beiden hatten diesbezüglich völlig konträre Ansichten zu ihrer Mutter. Wie Marie Valerie, so entwickelte sich auch ihre Schwester Gisela zu einer ruhigen und angepassten Frau. Sie entsprach hinsichtlich ihrer Meinung über Gott und die Religion ebenfalls den von der Kirche vorgegebenen Lehren und folgte darin dem Gottesglauben ihrer Großmutter Erzherzogin Sophie und ihres Vaters Franz Joseph, dem sie auch in ihrem Wesen recht ähnlich war, während ihre Mutter zu ihr ein recht distanziertes Verhältnis hatte. Wie Marie Valerie kümmerte sich auch Gisela nach ihrer Verheiratung mit Prinz Leopold von Bayern in München nicht nur um ihre Familie mit vier Kindern, sondern ebenso um Notleidende. Sie organisierte Spendenaktionen und unterstützte die Gründung von Hilfsvereinen. Während des Ersten Weltkriegs stellte sie im Palais Leopold für die Verwundeten Räume zur Verfügung und besuchte Lazarette. War ihre Schwester »der Engel von Wallsee«, so schätzten die Münchner die stets bescheiden auftretende Gisela als »den guten Engel aus Wien«[14].

Gelegentlich sprach Gisela mit ihrer Mutter über religiöse Fragen, so etwa am 6. Mai 1886. Da gab es zwischen den beiden »eine lange Heine-Konversation«, so notierte Marie Valerie in ihr Tagebuch, »deren résumé war: warum müssen die Menschen wegen der einen Sünde Evas so viel leiden, ja eigentlich nur zum Leiden geboren werden?«[15] Und wie kam eigentlich das Böse in die Welt? Nach zwei biblischen Erzählungen spielt dabei die Schlange eine Rolle, jenes Tier, gegen das Elisabeth wie so viele Menschen eine Abneigung empfand. Aber weshalb benötigt die Theologie überhaupt die Schlange und wer hat sie und damit das Böse erschaffen?

In der biblischen Erzählung vom Engelssturz erhebt sich Luzifer, der strahlendste und höchste Engel, noch vor Erschaffung der Welt aus Hochmut gegen Gott und will ihm ebenbürtig sein. Zur Strafe lässt ihn Gott durch Erzengel Michael aus dem Himmel in die Hölle verbannen. Von dort schleicht sich Luzifer nach Erschaffung Adams und Evas in Gestalt der Schlange ins Paradies, um Eva zum Bösen zu verführen. Wenn sie trotz Gottes Verbot von der Frucht vom Baum der Erkenntnis esse, könne sie gottgleich werden. Eva folgt der Schlange und zieht Adam mit ins Verderben. Zur Strafe dafür, dass beide der Verlockung des Teufels nachgeben, also sündigen, werden sie aus dem Paradies vertrieben und ihre Nachkommen sind seither dem Leiden und dem Tod ausgeliefert. Dass Gott das Böse jedoch nicht erschaffen habe, versucht die Theologie wie folgt zu erklären. Luzifer und alle Engel, aber auch die Menschen seien von Gott mit einem freien Willen ausgestattet worden, wonach sie sich seither für oder gegen Gott, also für das Gute oder Böse entscheiden können. Gleichwohl, so fragte sich Elisabeth, hat Gott nicht allein dadurch, dass er die Möglichkeit schuf, sich für das Böse zu entscheiden, letztlich auch das Böse erschaffen und damit Leid und Tod in der Welt? Gisela konnte mit den kritischen Überlegungen ihrer Mutter sicher nicht viel anfangen. Nach ihrem Glauben liebte Gott die Menschen und verkörperte ausschließlich das Gute. Nach einem Leben ohne Skandale starb Gisela 1932 im Alter von 76 Jahren. Fast scheint es, dass das, worum Kaiserin Elisabeth ein Leben lang vergeblich rang, nämlich ein gläubiges, frommes Leben zu führen, in ihren beiden Töchtern Gisela und Marie Valerie in Erfüllung ging.

Kronprinz Rudolf schien seine liberalen Ansichten auf sein einziges Kind Elisabeth Marie (1883–1963), genannt »Erzsi« – die ungarische Koseform von Elisabeth –, vererbt zu haben. Während Stephanie nach Rudolfs Selbstmord ihre erst sechsjährige Tochter vernachlässigte und ständig auf Reisen war, wurde die tiefreligiöse Gräfin Coudenhove zu ihrer engsten Bezugsperson. Kaiserin Elisabeth pflegte zu ihrer Enkelin Erzsi keinen besonderen Kontakt, doch Großvater Franz Joseph verhielt sich liebevoll zu ihr, obwohl sie dessen konservative Ansichten ablehnte. Vielmehr folgte sie den liberalen Vorstellungen des von ihr verehrten Vaters Rudolf und, ohne sich dessen bewusst zu sein, auch denen ihrer Großmutter Elisabeth. Wie die beiden hielt sie nichts vom strengen Hofzeremoniell, gab ihrer Mutter Stephanie eine Mitschuld an der Tragödie von Mayerling, war vom Untergang der Monarchie überzeugt, ehelichte im Alter von 18 Jahren den nicht ebenbürtigen Otto zu Windisch-Graetz, der sie und den sie betrog und von dem sie sich trennte. Nach dem Untergang der Monarchie 1918 wurde aus der Kaiserenkelin – welche Schande! – eine Sozialdemokratin, die überzeugt war, dass die Zukunft dem Sozialismus gehört. Als »rote Erzherzogin« setzte sie sich ab 1921 für bessere Lebensbedingungen des arbeitenden Volkes ein. Das ihr bekannte Lied »Brüder, zur Sonne, zur Freiheit«, eine Nachdichtung des russischen Arbeiterliedes »Tapfer, Genossen, im Gleichschritt«, das erstmals 1898, im Todesjahr der Kaiserin, von politischen Gefangenen auf dem Marsch in die sibirische Verbannung gesungen wurde, hätte sicher auch ihrer Großmutter Elisabeth gefallen. Die erste Strophe lautet:

> »Brüder, zur Sonne, zur Freiheit, / Brüder zum Lichte empor, / Hell aus dem dunklen Vergangnen / leuchtet die Zukunft hervor.«

Zu ihren Tanten Marie Valerie und Gisela hatte »Erzsi« wegen ihres politischen Engagements keinen Kontakt. Mit dem Erbe ihrer Großmutter, von deren Vermögen sie ein stolzes Fünftel erhalten hatte, konnte sie einen nach wie vor hochherrschaftlichen Lebensstil pflegen. Nach Ende des Zweiten Weltkriegs, von der Roten Armee aus ihrer feudalen Villa vertrieben, landete sie mittellos in einem Kloster und heiratete 1948 den sozialdemokratischen Funktionär Leopold Petznek, der krank aus dem KZ heimgekehrt war. Die letzten Lebensjahre verbrachte die »rote Erzherzogin« beiderseitig gelähmt im Bett. 1963 starb sie völlig vereinsamt mit 79 Jahren. Die Grabplatte ihrer Gruft auf dem Hütteldorfer Friedhof in Wien ziert kein Name.

Elisabeths Kritik an der Kirche

Als 1866 das katholische Österreich und 1870 das katholische Frankreich von Preußen niedergerungen waren, rüstete Bismarck zum »innenpolitischen Präventivkrieg« gegen die Katholiken, deren Zahl durch die Reichseinigung im evangelischen Preußen stark angewachsen war. Die sogenannten »Ultramontanen« – gemeint waren alle, die von »jenseits der Berge«, also vom Vatikan in Rom aus, gelenkt wurden – bezeichnete Bismarck schlicht als »Reichsfeinde«. Bismarck hingegen galt im Vatikan als »Inkarnation des Satans«.

Schon 1864 veröffentlichte Papst Pius IX. einen Katalog von Irrtümern der Zeit. Danach versündigte sich jeder an der Lehre der Kirche, der die Meinung vertrat, jeder Mensch dürfe seine Religion frei wählen, die Kirche dürfe keine Gewaltmittel anwenden, Kirche und Staat seien zu trennen, das weltliche Recht gehe dem kirchlichen vor, Ehesachen seien von weltlichen Gerichten zu entscheiden und Schulen der Aufsicht des Staates zu unterstellen. Dass nur die Ansichten der Kirche Geltung haben, wurde 1870 von der Kirche mit der Doktrin der päpstlichen Unfehlbarkeit verkündet, wogegen wiederum Preußen aufbegehrte. Und so kam es ab 1871 zum sogenannten Kulturkampf, womit ein Kampf der Kultur des Bismarckreiches gegen den durch die Kirche drohenden Rückschritt gemeint war.

Zwischen 1871 und 1876 wurde eine Reihe von Gesetzen erlassen, in denen sich der Staat von der Unterordnung unter die Kirche zu befreien suchte und mit denen er weitere Übergriffe der Kirche verhindern wollte. So verbot der »Kanzelparagraf« 1871 den Priestern, ihre Predigten für politische Zwecke zu missbrauchen. Ein Jahr später folgte die Austreibung des Jesuitenordens aus Deutschland. Die Zivilehe wurde für üblich erklärt und nachdem die öffentlichen Schulen der Aufsicht der Kirche entrissen worden waren, wurde 1873 mit den »Maigesetzen« versucht, die Ausbildung und Ernennung von Priestern unter staatliche Kontrolle zu bringen. Als sich die Kirche dagegen wehrte, wurden 1874/75 Gesetze erlassen, die es erlaubten, überall dort das Kircheneigentum zu beschlagnahmen, wo Priester gesetzeswidrig, also ohne staatliche Genehmigung, ernannt worden waren. Außerdem wurden die unrechtmäßig ernannten Geistlichen ausgewiesen.

In der österreichisch-ungarischen Monarchie gestaltete sich der »Kulturkampf« etwas moderater. Große Teile der herrschenden Aristokratie, allen voran das Kaiserhaus mit Erzherzogin Sophie an der Spitze ihrer klerikalen Anhängerschaft, waren der katholischen Kirche im Einklang mit der Bevölkerung eng verbunden. Kaiser Franz Joseph galt wegen seiner praktizierten Religiosität als Vorbild für die Gläubigen und er sah in der katholischen Kirche eine wichtige Stütze seiner Politik. Dennoch wurde auch in Österreich von vielen Seiten Kritik an der Kirche geübt und dies auch von Kaiserin Elisabeth, deren antiklerikale Haltung vor allem durch die Feindschaft zu ihrer bigotten, reaktionären Schwiegermutter massiv verstärkt wurde.

Die Kaiserin und die Päpste in Rom

Kaiserin Elisabeth erlebte drei Päpste. Während des Pontifikats Papst Gregors XVI. (1831–1846) war sie allerdings noch ein Kind und bei seinem Tod erst neun Jahre alt. In der Ägide Papst Pius' IX. (1846–1878) fand das »Erste Vatikanische Konzil« (1869–1870) mit Verkündigung des »Unfehlbarkeit-Dogmas« statt. Auf Pius IX. folgte Papst Leo XIII. (1878–1903).

Pius IX. war ein unberechenbarer Charakter, zum einen charmant und witzig, sanftmütig und heiter, dann wieder launenhaft, impulsiv und despotisch, der in seinem Kampf gegen den Liberalismus, Sozialismus und Kommunismus extrem herrisch und größenwahnsinnig reagieren konnte. Anfänglich noch gemäßigt und liberal, wandelte er sich nach 1848, als er vor den italienischen Revolutionären aus seinem Kirchenstaat in Rom fliehen musste, zu einer Person mit streng konservativer Haltung. Er vertrat nun eine reaktionäre Linie und wandte sich gegen alle Strömungen der modernen Zeit, in denen er eine Gefahr für Papsttum und Kirche sah. 31 Jahre und siebeneinhalb Monate saß Pius IX. auf dem Stuhl Petri, länger als je ein Papst vor oder nach ihm. Franz Joseph unterzeichnete seine Briefe an den Stellvertreter Gottes auf Erden zwar mit »Eurer Heiligkeit gehorsamster Sohn«, aber wenn der Heilige Vater sich zu sehr in seine Politik einmischte, reagierte er mit kühler Konsequenz, was der Papst seinerseits natürlich »verabscheuungswürdig« empfand. Elisabeth, die zwar offiziell ebenfalls »Eurer Heiligkeit gehorsamste Tochter« war, unterstrich mit ihrer Rom-Distanz und ihrer liberalen Einstellung vor allem ihre Ablehnung der Rom hörigen Schwiegermutter und des papsttreuen Kardinals Rauscher.

Die Beziehung zwischen Pius IX. und dem österreichischen Kaiserpaar war von einem Wechselbad der Gefühle bestimmt. Dankbar reagierte Franz Joseph, als ihm der Heilige Vater 1853 nach dem auf ihn verübten, aber glimpflich verlaufenen Attentat ein prachtvolles Ostensorium, also ein Schaugefäß für Reliquien, mit einem Zahn des Heiligen Petrus zu seinem künftigen Schutz sandte. Ein Jahr später musste der Papst vor der Hochzeit Elisabeths mit Franz Joseph wegen der nahen Verwandtschaftsverhältnisse der Brautleute – als Cousin und Cousine ersten Grades! – Dispens erteilen, was er auch tat, ohne die beiden auf die bereits damals bekannten Gefahren der Inzucht hinzuweisen.

In Elisabeths Hochzeitsjahr, also schon 1854, strebte Pius IX. an, dass seinen der Christenheit verkündeten Lehren kein Widerspruch entgegengebracht werde. Fast scheint es, als habe er das am 8. Dezember 1854 testen wollen, als er allen Katholiken als unumstößliche Wahrheit verkündete, die Gottesmutter Maria sei ohne Erbsünde auf die Welt gekommen und deshalb auch nach ihrem Tod von einer Läuterung im Fegefeuer befreit gewesen. Die Lehre von »Mariens unbefleckter Empfängnis« wurde schon früher von Theologen wie etwa von Bernhard von Clairvaux, Thomas von Aquin und anderen kritisiert, dennoch verkündete Pius IX. sie nun als unumstößlichen Glaubenssatz, dem niemand widersprechen dürfe. Vorstellbar ist, dass sich Elisabeth trotz ihrer Marienverehrung Gedanken machte, warum in der Bibel kein ausdrücklicher Hinweis auf eine unbefleckte Empfängnis Mariens enthalten ist, wenn diese Aussage angeblich doch so wichtig sei.

Mehrfach suchte Pius IX. auf die Mächtigen der Welt Einfluss zu nehmen, so auch auf das österreichische Kaiserhaus, indem er ihnen sein Wohlwollen zeigte. Elisabeth begrüßte es, dass Pius IX. ihrer Schwerster Marie von Neapel und deren frommen Mann, König Franz von Neapel, 1861 nach dem Fall der Festung Gaeta Zuflucht im Vatikan gewährte. Andrerseits erlebte sie 1867, wie wenig Hilfe von Rom zu erwarten war, als ihre Schwägerin Charlotte, Gemahlin Kaiser Maximilians von Mexiko, angesichts der drohenden Entmachtung ihres Mannes persönlich nach Europa reiste, um Pius IX. um finanzielle und militärische Unterstützung anzuflehen. Doch vergebens, weder der Papst noch Kaiser Napoleon III., aber auch nicht Maximilians Bruder, Kaiser Franz Joseph, boten ihr Hilfe an. Pius IX. versprach Charlotte lediglich, für sie und ihren Mann zu beten, was aber nichts nützte. Maximilian wurde entmachtet und am 19. Juni 1867 hingerichtet. Charlotte erlitt einen Nervenzusammenbruch, verlor den Verstand und verbrachte bis 1927 die restlichen Jahre ihres noch sehr langen Lebens geistig umnachtet in einem Schloss in Belgien.

Im Februar 1868 schrieb die hochschwangere Elisabeth auf Schloss Buda in Ungarn an Papst Pius IX. einen Brief, in dem sie sich für ein Geschenk bedankte – vielleicht war es ein Rosenkranz –, das ihr das Kirchenoberhaupt zusammen mit seinem päpstlichen Segen für einen guten Verlauf ihrer Schwangerschaft hatte zukommen lassen. Zwei Monate später kam ihr Lieblingskind Marie Valerie zur Welt. Als Taufpatin fungierte Elisabeths Schwester Marie von Neapel, die von Pius IX. in einem Glassturz ein »Jesuskindlein« mitbrachte, das in der Schlosskirche von Gödöllő seine Aufstellung fand.

Zehn Jahre nach Verkündigung des Dogmas von der »Unbefleckten Empfängnis Mariens« erlaubte sich Pius IX. gleichsam einen zweiten Test für die von ihm angestrebte absolute Macht über die Christenheit. Am 8. Dezember 1864 veröffentlichte er eine Liste von 80 angeblichen Irrtümern gegen die Strömungen der modernen Zeit. In dem sogenannten »Syllabus errorum« – einem »Verzeichnis der Irrtümer« – verurteilte er unter anderem Atheismus und Pantheismus, Kommunismus und Liberalismus, Demokratie, Menschenrechte, Glaubens- und Meinungsfreiheit sowie die Vorstellung, der Protestantismus sei wie die katholische eine christliche Konfession. Diese 80 von ihm erkannten Irrtümer, so die Forderung des Papstes, seien künftig von jedem Katholiken abzulehnen. Die Liberalen, zu denen sich auch Elisabeth zugehörig fühlte, empfanden diese Liste allerdings als ungeheuerliche Bevormundung.

Nach den beiden für ihn erfolgreichen Tests kündigte Pius IX. drei Jahre später, am 29. Juni 1867, eine im Vatikan tagende Versammlung an: das »Erste Vatikanische Konzil«, bei dem er der Christenheit einen unerhörten Glaubenslehrsatz verkündigen wollte. Als am 8. Dezember 1869 das Konzil eröffnet wurde, war auch Kaiserin Elisabeth zugegen, die nach Rom gereist war, um ihrer Schwester Marie bei deren kurz bevorstehender Entbindung beizustehen. Quartier nahm sie im Palazzo Farnese, wo Marie und ihr Gemahl Franz II., Ex-König von Neapel, mittlerweile wohnten. Bei der Konzilseröffnung erhielt sie, so berichtete die Augsburger Allgemeine Zeitung, unter den etwa 700 anwesenden Kardinälen und Bischöfen aus aller Welt einen Ehrenplatz direkt neben Papst Pius IX. und verfolgte eine Stunde lang die Feierlichkeiten, die sieben Stunden dauerten. »Als dann laut aufbrausend das Gotteslob erklang, war es den Menschen, als säße die Gottesmutter unter den heiligen Vätern.«[1]

Doch Elisabeth kommentierte in Briefen an Franz Joseph diese »schrecklichen Zeremonien« amüsiert und respektlos. »Man blickte über ein Meer von Bischofsmützen«, schrieb sie ihm, »aber *ein* Besuch war mehr als genug.« Kurz darauf kam es auch zu einem weiteren Treffen mit Papst Pius IX., der sich liebenswürdig und gesprächig zeigte, wobei sie jedoch kaum etwas verstand, da er nur italienisch sprach. »Recht spaßig« fand sie das ständige »auf-den-Knien-Herumrutschen«. Als der Heilige Vater zu einem Gegenbesuch im Palazzo Farnese erschien, versammelten sich alle am Fuß der Palast-Treppen, um kniend das Kommen des Papstes abzuwarten. »Neben der Stiege«, spöttelte Elisabeth in einem Brief an ihren Mann, »zog der Papst eine Scharlachmütze über die Ohren und nahm einen Hermelinscharlachmantel um, da erinnerte er mich an die Kaiserin Karoline Augusta.«[2]

Nicht mehr erleben musste sie, was sich dann ein halbes Jahr später, am 18. Juli 1870, im Petersdom ereignete. An diesem Tag tobte ein furchtbarer Gewittersturm. Um die Mittagszeit verlautbarte Pius IX. nicht nur, dass die Kirche – und er selbst sei die Kirche! – mächtiger sei als der Himmel, sondern verkündete auch das Dogma seiner eigenen Unfehlbarkeit. Dabei saß er auf dem Papstthron, gekrönt von der Tiara, der päpstlichen Dreifachkrone, abgeleitet von »triregnum«[3]. Diese Tiara hatte er schon 1846 bei seiner Krönung zum Papst getragen. Mit dieser mit drei Kronreifen geschmückten Haube brachte er zum Ausdruck, dass er zum einen Stellvertreter Jesu Christi auf Erden ist, zum anderen der König aller weltlichen Könige und Fürsten und drittens der Lenker des ganzen Erdkreises. Auch die göttliche Dreifaltigkeit spiegelt die Tiara wider und das oberste Lehr-, Priester- und Hirtenamt. Nach dem Dogma der Unfehlbarkeit sind er und künftig auch alle seine Nachfolger, wenn sie »ex Cathedra Petri« – »vom Stuhl des Petrus herab« – sprechen, also kraft ihres päpstlichen Lehramtes den Glauben oder das sittliche Leben betreffende Lehren verkünden, unfehlbar. Diesbezüglich könne sich der Papst künftig also nicht mehr irren und alle Gläubigen hätten seine Wahrheiten zu glauben. Wer sich weigere, versündige sich gegen Papst und Kirche und werde exkommuniziert, also von der Kirche ausgeschlossen. Blitze zuckten auf den Petersdom hernieder und Donnerschläge krachten. Während einige dies als Zeichen ansahen, dass der Himmel diesem Dogma zustimme, waren sich die Gegner der Unfehlbarkeitserklärung sicher, dass selbst der Himmel über diese anmaßende Fehlentscheidung entsetzt war. Weder in der Bibel noch in den Schriften der Kirchenlehrer gäbe es Belege für ein solches Dogma. Darauf antwortete der Papst mit dem »Jurisdiktionsprimat«, wonach alle Gläubigen, auch Kardinäle und Bischöfe, ihm gegenüber künftig zu widerspruchslosem Gehorsam verpflichtet seien. Was er sage und anordne, sei Gesetz. Jede Auflehnung dagegen werde mit dem Kirchenbann belegt.

Auf diese päpstliche Hybris folgte, wie manche glaubten, Gottes Strafe auf den Fuß. Am Tag nach der Abstimmung und dem großen Gewitter erklärte Frankreichs Kaiser Napoleon III. Preußen den Krieg. In der Folge zogen aus Rom die französischen Soldaten ab, die bislang den Papst und seinen Kirchenstaat vor den italienischen »Risorgimento«-Truppen geschützt hatten, die auf Pius IX. gar nicht gut zu sprechen waren, da er die Realisierung des italienischen Einheitsstaates boykottierte. Am 20. September 1870 konnten die »Risorgimento«-Truppen endlich ungehindert in Rom einmarschieren. Vergeblich hoffte Pius IX. auf Gottes Beistand. Rom wurde eingenommen und Zentrum des neuen Königreichs Italien. Die weltliche Herrschaft des Papstes war damit beendet. Pius IX. war empört, waren die Päpste doch immerhin 1116 Jahre auch politische Herrscher über Mittelitalien gewesen. Das sollte nun vorbei sein. Nachdem er über die Kirchenstaatsbesetzer den Bann verhängt hatte, zog er sich schmollend in den ihm noch verbliebenen Palast zurück, den er bis zu seinem Tod als »Gefangener des Vatikan« nicht mehr verließ. Mehr als der Machtverlust Pius' IX. beschäftigte Elisabeth das Schicksal ihrer Schwester Marie, der Ex-Königin von Neapel, die 1870 mit ihrem Mann Franz II. fluchtartig Rom verlassen musste, wo sie nach ihrer Vertreibung aus Neapel neun Jahre – erst im Vatikan, dann im Palazzo Farnese – im Exil gelebt hatten. Sie fanden in Paris eine neue Bleibe.

Das Dogma der Unfehlbarkeit des Papstes stieß vielfach auf Unverständnis. Der Papst mache sich selbst zum Gott. Selbst Rom treue Bischöfe fügten sich nur widerwillig. Wer sich weigerte, wie der bayrische Kirchenhistoriker Ignaz von Döllinger, wurde zur Strafe exkommuniziert. Sogar König Ludwig II., der das Dogma kritisierte und sich in seiner Machtbefugnis eingeschränkt sah, war von der Exkommunikation bedroht, lenkte aber schließlich ein. Doch unterstützte er den von ihm hochgeschätzten Döllinger, der in der Folge jene Katholiken, die das Unfehlbarkeitsdogma nicht anerkannten, in der »Altkatholischen Kirche« um sich sammelte, mit der auch Ludwig II. sympathisierte. Wie ihr Königsvetter konnte auch Elisabeth das »Unfehlbarkeits-Dogma« nicht ernst nehmen. Dies seien, wie sie später andeutete, doch nur »Phantasien von alten Männern«. Auch Franz Joseph erboste sich über »die unseligen Beschlüsse Roms«[4] und dass der Papst den geistlichen Absolutismus auf die Spitze getrieben habe. Zwischen den »Klerikalen« und den »Liberalen« wuchsen die Auseinandersetzungen nicht nur wegen der päpstlichen Anmaßung, unfehlbar zu sein. Die Kaiserin positionierte sich aufseiten der Liberalen und damit gegen ihre Schwiegermutter Erzherzogin Sophie, die nach wie vor aufseiten Roms und der Klerikalen stand.

Recht eigenartig ist deshalb die Information, Elisabeth sei von Pius IX. mit der legendären »Rosa aurea«, der »Tugendrose«, ausgezeichnet worden, die ihr der päpstliche Gesandte 1868 überbracht habe. Üblicherweise wurde diese Ehrung jedes Jahr am 4. Fastensonntag »Laetare«, der deshalb auch »Rosensonntag« hieß, einer hochstehenden Persönlichkeit überreicht. Voraussetzung dafür war, dass diese Person sich um die katholische Kirche besonders verdient gemacht hatte und zudem sehr fromm war. Bei der »Rosa aurea« handelte es sich um einen aus vergoldetem Silber geschmiedeten Rosenstrauß in einer goldenen Vase. Jede der sechs Blüten ist mit wohlriechenden Essenzen wie Balsam, Moschus, Weihrauch oder Myrrhe gefüllt und soll an den Wohlgeruch der christlichen Tugenden erinnern. Außerdem ist die Rose ein Symbol für Jesus Christus. Die Dornen erinnern an sein Leiden am Kreuz und das Gold an seine Auferstehung.

Alborough De Burgh, einer der ersten Elisabeth-Biografen, der die Kaiserin noch persönlich kannte, schreibt in seinen Erinnerungen, dass »die von Papst Pius IX. der Kaiserin gespendete Tugendrose [nach ihrem Tod] an die Erben der kaiserlichen Familie überging«[5]. Da sich Elisabeth aber weder besonders um die katholische Kirche verdient gemacht hatte und, wie dies Kardinal Rauscher formulierte, außerdem auch »nicht gut katholisch«[6] war noch als sonderlich fromm galt, bekam sie die Rose allenfalls als Ansporn, mehr als bisher nach den Vorstellungen der Kirche zu leben und aktiv zu werden.

Der Tod Pius' IX. am 7. Februar 1878 schien Elisabeth nicht sonderlich nahegegangen zu sein, nutzte sie dieses Ereignis doch als willkommenes Alibi dafür, dass sie nach einem Streit mit ihrer Schwester Marie just zu dieser Zeit kurzfristig die Lust auf Reitjagden verlor und sich ins Bett verkroch, was Aufsehen erregte. Aber, wie sie ihrem Mann schrieb: »Da ich nun einige Tage nicht jage, werden die Leute sagen, das sei wegen dem Papst. Das macht sich sehr gut.«[7]

Pius' IX. Nachfolger, Papst Leo XIII., suchte die Kirche aus ihrer selbstgewählten Isolation gegenüber neuzeitlichen gesellschaftlichen und politischen Entwicklungen zu befreien. Sicher beeindruckte es Kaiserin Elisabeth, dass er die Ausbeutung der Arbeiter anprangerte und auf deren Verelendung infolge der Industrialisierung hinwies, was ihm den Titel »Arbeiterpapst« eintrug. Er wandte sich gegen den Sozialismus, der kein Ausweg aus der Misere sei. Ebenso verurteilte er die Freimaurerei als antichristliche Lehre. Bekannt wurde er auch durch seinen Einsatz für die Marienverehrung und seine Empfehlung, sich mit allen Anliegen an die Gottesmutter zu wenden, die sie an Gott weiterleitet. Auch Kaiserin Elisabeth lag, wie schon erwähnt, die Marienverehrung sehr am Herzen. Doch wie Rom auf den Selbstmord ihres Sohnes Rudolf reagierte, dem wegen dieser Todsünde zunächst das kirchliche Begräbnis verweigert wurde, schmerzte die Kaiserin sehr. Erst als die Ärzte erklärten, Rudolf hätte den Suizid in geistiger Umnachtung begangen, wurde ihm von Papst Leo XIII. gnädigerweise die kirchliche Bestattung doch noch bewilligt.

Ablehnung der Vormachtstellung der Kirche

Eine besonders konfliktträchtige Episode zwischen Rom und dem österreichischen Kaiserhaus begann am 18. August 1855. An diesem Tag wurde zwischen der katholischen Kirche – Papst Pius IX. – und Österreich – Kaiser Franz Joseph I. – eine völkerrechtliche Vereinbarung, ein sogenanntes »Konkordat«, über Fragen getroffen, die sowohl für die Kirche wie für den Staat Österreich von großer Bedeutung waren. War durch Maria Theresias Sohn, Kaiser Joseph II., die Vormachtstellung der Kirche in den Jahren 1781 bis 1790 abgeschafft und das »Staatskirchentum«, also die Herrschaft des Staates über die Kirche, eingeführt worden, sollten durch dieses Konkordat unbegreiflicherweise der Einfluss der katholischen Kirche in Österreich wieder gestärkt und die Rechte und Privilegien des Staates reduziert werden. Mit dem Konkordat gab Franz Joseph I. somit der Kirche zur großen Freude Papst Pius' IX. das zurück, was ihr Josef II. genommen hatte. So wurden das Eherecht, das Schulwesen und der Klerus dem staatlichen Machtbereich wieder völlig entzogen und der Kirche unterstellt. Viele schüttelten entsetzt den Kopf, dass Kaiser Franz Joseph I. einer derart rückschrittlichen Vereinbarung zustimmte und damit die Vormachtstellung der Kirche erneut stärkte.

Es wurde vermutet, dass dies vor allem das Werk seiner Rom treuen Mutter war. Beeinflusst habe sie dabei ihr Beichtvater und Ratgeber, der Fürsterzbischof

Joseph von Rauscher, der nach Abschluss des Konkordats von Pius IX. mit dem Kardinalshut belohnt wurde. Die klerikale Partei drängte Franz Joseph, dass seine Zustimmung zu diesem Vertrag für ihn geradezu eine Pflicht sei, da er in seinem Titel doch das Attribut »Seine kaiserliche und königliche apostolische Majestät« führe. In Österreich und Europa empfand man das Konkordat hingegen mehrheitlich als höchst reaktionär, ja geradezu als Rückkehr ins finstere Mittelalter. Vor allem die Liberalen waren entsetzt, da diese Entscheidung für sie und für Nichtkatholiken eine Zunahme der Ausgrenzung bedeutete.

Auch die damals erst 17-jährige, jungvermählte Sisi bemerkte, welch großen, auch politischen Einfluss der Klerus auf ihre Schwiegermutter ausübte und dass besonders Erzbischof Rauscher am Hofe erhebliches Mitspracherecht hatte. Sie fand es unerträglich, dass sie von Erzherzogin Sophie und dem Erzbischof mehrfach über ihren Glauben und ihre Einstellung zur Kirche regelrecht ausgefragt wurde und dass sie nach Rauschers Ansicht nicht »gut katholisch«[8] war.

Durch den Abschluss des Konkordats wurden der Kirche in Österreich wichtige Rechte und Gewalten zurückgegeben, die vorher der österreichische Staat innehatte. Ihr Ehegemahl Franz Joseph verlor dadurch nicht nur bedeutende Herrscherrechte, was Elisabeth ganz und gar nicht gefiel, sondern es erweiterte sich dadurch auch die Einflussnahme Kardinal Rauschers am Hofe.

»In der jungen Kaiserin – deren Konflikte mit Erzherzogin Sophie nicht mehr zu verheimlichen waren – glaubten die Gegner des Konkordates ein Sympathisantin zu finden, was wohl auch bis zu einem gewissen Grad zutraf«[9], vor allem, als sie 1856 ein deutliches Zeichen setzte. In diesem Jahr beabsichtigte der Pastor der kleinen evangelischen Gemeinde Attersee, an seine Kirche einen Turm anbauen zu lassen. Wegen finanzieller Unterstützung dieses Vorhabens wollte er sich an den Kaiser wenden, traf aber auf die junge Kaiserin. Elisabeth reagierte erstaunt, dass die Protestanten erst jetzt Türme bei ihren Kirchen errichten:

> »In meinem Vaterlande genossen Ihre Glaubensgenossen schon, wie ich weiß, seit fünfzig Jahren diese Rechte. Mein seliger Großvater [König Maximilian I. Joseph von Bayern] ließ den Protestanten aus Staatsmitteln die schöne Kirche auf dem Karlsplatz in München bauen. Die Königin von Bayern [Marie, die Gattin Maximilians II.] ist auch eine Protestantin und auch meine Großmutter mütterlicherseits war evangelisch. Bayern ist ein erzkatholisches Land, aber die Protestanten haben sich bei uns gewiß nicht über Zurücksetzung oder Schmälerung zu beklagen.«[10]

Nach diesen Worten erhielt der Pastor von ihr eine großzügige Spende, die in klerikalen Kreisen allerdings für Aufregung sorgte. Der Linzer Bischof Rudigier erbat entrüstet Aufklärung des Sachverhalts und ließ sich erst beruhigen, als er erfuhr, dass die Kaiserin »über den eigentlichen Zweck der Spende nicht genau informiert gewesen sei und als ob man ihr nur dargestellt hätte, dass es sich nur um eine arme Gemeinde überhaupt, nicht aber um eine protestantische handle. Der Pastor jedoch wehrte sich mit einer ›Richtigstellung‹ in der amtlichen Linzer Zeitung.«[11]

Der katholischen Kirche war nun die tolerante Haltung der Kaiserin gegenüber Protestanten gar nicht genehm. Ihre finanzielle Unterstützung der evangelischen Kirche wurde als selbstherrliche Einmischung in Belange der katholischen Kirche kritisiert, was Elisabeth aber wenig interessierte. Sie war froh, als Franz Joseph 1861 mit dem Protestantenpatent den Evangelischen endlich die volle Freiheit des Bekenntnisses und der öffentlichen Religionsausübung zusicherte.

Noch erleichterter war sie, als Bestimmungen des unseligen Konkordats von 1855, allerdings erst 13 Jahre später, durch die drei »Maigesetze vom 25. Mai 1868« eingeengt bzw. aufgehoben wurden. Damit waren endlich wieder weltliche Gerichte für die Ehegerichtsbarkeit zuständig. Auch das Unterrichts- und Erziehungswesen wurde wieder unter staatliche Leitung gestellt und jeder Bürger durfte ab dem 14. Lebensjahr seine Religion frei wählen oder sich gegen ein religiöses Bekenntnis entscheiden, also de facto sogar aus der Kirche austreten. Papst Pius IX. nannte die Maigesetze »schamlos, abscheulich und unselig«[12] und auch der Wiener Erzbischof Rauscher verdammte sie. Der Linzer Bischof Franz Rudigier, der sogar zum Widerstand dagegen aufrief, wurde dafür zu 14 Tagen Kerkerhaft verurteilt, vom Kaiser aber sofort begnadigt, da ihm dies dann doch ein wenig zu weit ging.

Nach Verlautbarung des päpstlichen Unfehlbarkeitsdogmas durch Pius IX. wurde das Konkordat schließlich – per kaiserlichem Handschreiben vom 30. Juli 1870 – von Österreich einseitig auch formell aufkündigt, was in klerikalen Kreisen für weiteren Aufruhr sorgte. Ganz besonders protestierte das erzkonservative Lager in Tirol, das dem Kaiser eigentlich treu ergeben war. Doch seine Zustimmung zur Schulreform und zum weltlichen Eherecht enttäuschte die frommen Tiroler massiv. Bischöfe verfassten aufwiegelnde Hirtenbriefe und mit dem Klerus sympathisierende Abgeordnete zogen aus dem Innsbrucker Landtag aus. Tiroler Pfarrer wetterten von der Kanzel herab gegen die Reform und boykottierten die staatlichen Schulkontrolleure. Besonders aggressiv reagierte der Pfarrer der bei Meran gelegenen Ortschaft Schenna, Josef Sellemond. Er traktierte eintreffende Schulinspektoren mit Knüppeln, wofür ihm wie auch anderen Rebellen der Prozess gemacht wurde.

Dies heizte die Empörung weiter an, aber Franz Joseph blieb nun endlich auf der Seite der Reformer. Der Pfarrer von Schenna weigerte sich, den Kaiser bei Gottesdiensten ins Gebet einzuschließen, und drehte das Kaiserbild mit dem Gesicht zur Wand. Bei Elisabeths Meran-Aufenthalt ab Oktober 1870 wollten die Schützen von Schenna zwölf Bauernburschen nach Trauttmansdorff zur Namenstagsfeier der Kaiserin am 19. November entsenden. Doch der Pfarrer von Schenna verbot ihnen die Teilnahme an diesem »Narrenzug«. Nach der Meran-Reise lenkte der Kaiser schließlich ein und begnadigte etliche Tiroler Rebellen, nicht aber den Pfarrer von Schenna, der das Kaiserbild weiterhin mit dem Gesicht zur Wand gedreht ließ. Erst am Weihnachtstag 1870 schloss der

Geistliche wohl um des lieben Friedens willen den Kaiser wieder in seine Gebete ein. Zur Aufhebung des Konkordats wurde Franz Joseph nicht nur durch den Reichsrat gezwungen, sondern auch von Elisabeth beeinflusst, deren voller Zustimmung er sich sicher sein konnte, errang sie auf diese Weise doch zugleich einen Sieg gegen ihre bigotte Schwiegermutter und den ungeliebten Kardinal Rauscher.

Im 14. September 1894 suchte Elisabeths fromme Tochter Marie Valerie ihren Vater Kaiser Franz Joseph zu überreden, die geplante Reform der Ehegesetze in Ungarn nicht zuzulassen. Die Einführung der Zivilehe sei doch gegen die katholische Kirche gerichtet und bedeute, dass die einst kirchliche Ehe nunmehr vor einem Standesbeamten geschlossen werden könne und auch die Auflösung der Ehe möglich sei. Für Katholiken sei die Untrennbarkeit der Ehe – »... bis dass der Tod euch scheidet!« – hingegen eisernes Gesetz. Deshalb sei ein ziviles Ehegesetz, so empörte sich Marie Valerie, »doch direkt gegen die Religion. Die Konstitution könne ihn [den Kaiser] doch unmöglich zwingen, gegen seinen eigenen Willen und seine Überzeugung zu handeln.«[13]

Valerie hoffte, dass sich auch ihre Mutter gegen die Einführung der Zivilehe, die Kardinal Rauscher als »sündhaftes Konkubinat« verurteilte, aussprechen würde, was diese jedoch aufgrund ihrer liberalen Einstellung nicht tat. Ihr Anliegen war vielmehr, »daß sie die klerikalen Einflüsse bei Hofe eindämmte und sie vom Kaiser nach Möglichkeit fernhielt. Darin war sie doch eine wichtige Bundesgenossin«, so das Urteil des liberalen Parlamentariers Johann von Chlumecký, der auch der Ansicht war, sie sei »überhaupt eine viel bedeutendere Frau, als man gewöhnlich glaubt«[14].

Kritik an »Gottes Bodenpersonal«

Zog Heine mit beißendem Spott und scharf geschliffenen Worten gegen Priester und Theologen zu Felde, die »Hundedemut« und »Engelsgeduld« predigten, so folgte ihm Elisabeth auch hierin. »Ach Ärzte und Priester sind ja solche Esel«[15], sagte sie am 15. August 1891 zu ihrer Tochter Marie Valerie. Dieser Äußerung ging eine über die Jahre hinweg anwachsende Abneigung der Kaiserin gegen die katholischen Kirchenfürsten, die Erzbischöfe, Kardinäle und Bischöfe, aber auch gegen Priester voraus, von denen ihrer Ansicht nach viele nur Frömmigkeit heucheln. Sie predigen den Gläubigen Wasser und trinken selbst Wein und seien nur an ihrer Macht und an Geld interessiert.

Am 25. Februar 1873 verdammte beispielsweise Erzbischof Rauscher in seiner Fastenpredigt die Geldsucht der Menschen. Es sei schon seltsam, dass der Ablasshandel weniger Einkünfte erziele als die Börse und die Eisenbahn-Konzessionen. Doch der Ablasshandel, den schon Martin Luther heftig kritisiert hatte, war ein höchst fragwürdiges Unternehmen der katholischen Kirche, von der den Menschen sogenannte Ablassbriefe verkauft wurden. Es hieß, wenn man einen Ablassbrief kaufte, wäre man von seinen Sünden befreit. Aus Angst, dass man keine Vergebung finden würde und nach dem Tod ins Fegefeuer käme, erstanden die Leute für viel Geld Ablassbriefe, wodurch sich die Kassen der Kirche füllten. Die Münchner Neuesten Nachrichten reagierten auf Rauschers Fastenpredigt wie folgt:

> »Kardinal Rauscher, der das kleine Einkommen von mindestens 60000 Gulden hat, warnt seine Gläubigen vor den Gefahren des Reichthums mit einem Hinweis nicht auf den Fürstbischof von Olmütz, der seine irdischen Güter nach Millionen schätzt, sondern auf die Paläste der Ringstraße, die wahrscheinlich nur deshalb keine Gnade vor den Augen Roms finden, weil sie der Mutterkirche noch nicht zur Verdauung übergeben worden sind.«[16]

Mit seiner Fastenpredigt machten sich der Erzbischof und seine Priesterschar auch bei Elisabeth nicht gerade beliebter.

Schon bei ihrer Hochzeit mit Franz Joseph hatte dieser Kardinal Rauscher, dessen Gedanken sich anscheinend nur um Geld drehten, in seiner Ansprache dieses Thema mit folgenden Worten angesprochen:

> »Der Hl. Augustinus sagt: ›Wenn das Weib seinen Mann liebt, weil er reich ist, so sind seine Gedanken unrein; denn dann liebt es nicht den Ehegenossen, sondern des Ehegenossen Reichtum. Wenn es ihn wirklich liebt, so liebt es ihn, selbst wenn er arm und aller Güter entblößt ist.‹«[17]

Nicht nur Elisabeth empörte diese Äußerung Rauschers. Was hatte diese taktlose Anmerkung in einer Hochzeitsansprache verloren? Wollte ihr Rauscher damit unterstellen, sie heirate den Kaiser nur aus finanziellen Interessen? Oder hatte ihn ihre Schwiegermutter auf den Gedanken gebracht, dieses Augustinus-Zitat in seine Ansprache einzufügen? Wie dem auch sei, die Kaiserin erkannte mit den Jahren, wie versessen etliche Vertreter der Kirche auf Geld und Macht waren, was sie anwiderte.

Argwohn erregte bei ihr auch der Jesuitenpater Löffler, der sich häufig zu Gesprächen bei ihrer älteren verwitweten Schwester Nené in Regenburg aufhielt. Gerüchte, dass sich die Beziehung der beiden nicht nur auf Gebete, religiöse Gespräche und gemeinsame Urlaubsaufenthalte, etwa in Lindau am Bodensee, bezog, sind allerdings wenig glaubwürdig, da Nené sehr fromm und zurückhaltend war. Sie hatte sich neben ihrem Schlafzimmer eine Hauskapelle einrichten lassen und besuchte täglich die heilige Messe. Dass sie, die mit Gütern reich gesegnet war, Löffler aber finanziell kräftig unterstützte, was sich dieser gerne gefallen ließ, ist durchaus vorstellbar. Nur zu jenen Bischöfen und Priestern fasste die Kaiserin Vertrauen, die auch liberalen Ansichten gegenüber aufgeschlossen waren und ihr Amt als Dienst am Menschen empfanden.

1871 erschien die Kaiserin zur Einführung der neuen liberalen Regierung in Ungarn. Bei der Thronrede nahm sie zur allgemeinen Überraschung klare politische Stellung und positionierte sich demonstrativ auf die Seite der Liberalen.

Sie zweifelte mehrfach an der Berechtigung der Monarchie, die in ihren Augen überholt und in absehbarer Zeit dem Untergang geweiht sei. Gegenüber vertrauten Personen zeigte sie auch ganz offen ihre republikanische Gesinnung, die sie in ihrem Gedicht »Mein Traum«, in dem sie sich als »Kaiser« sieht, deutlich zum Ausdruck bringt:

»Drum aus den Republiken / Der grossen, weiten Welt / Die Schädel all, die dicken, / hab' ich mir herbestellt.

Die müssen conferieren / Von Früh bis in die Nacht / Und mir dann referieren, / Was Volker glücklich macht.

Und sollten sie entscheiden, / Die Republik muss sein, / So willige mit Freuden / In ihren Wunsch ich ein.«[18]

Eine liberale, republikanische Einstellung war auch der Kirche ein Dorn im Auge, die ihre Machtposition beim Untergang der Monarchie gefährdet sah.

Die »Affäre Ubryk«

1869 erschütterte die »Affäre Ubryk« die Öffentlichkeit. Auch Kaiserin Elisabeth sei angeblich in diesen Fall involviert gewesen. Im Mittelpunkt des Skandals stand die 1817 in Warschau geborene Barbara Ubryk. Sie lebte seit ihrem 22. Lebensjahr in einem Kloster der »Unbeschuhten Karmelitinnen« in Krakau und wurde dort, wie Zeitungsberichte meldeten, 21 Jahre lang von 1848 bis zum 21. Juli 1869 in ihrer Klosterzelle gefangen gehalten.

»Auf eine anonyme Anzeige hin, dass bei den Karmelitinnen seit 21 Jahren ein Nonne ›lebendig vermauert‹ sei, war das Kloster mit bischöflicher Genehmigung von der Polizei untersucht worden.«[19]

Anderen Schilderungen zufolge sei es ein Krakauer Pater gewesen, der den Hinweis gegeben habe. Auch Barbaras Bruder wurde genannt, der im Ausland lebte und nach dem Tod der Eltern seine Schwester im Kloster besuchen wollte. Er sei jedoch von der Äbtissin mit der Bemerkung abgewiesen worden, seine Schwester befände sich »nicht mehr auf der Liste der Lebenden«[20]. Der Erzbischof von Krakau, an den sich der Bruder gewandt habe, habe ebenfalls keine Auskunft erhalten, worauf Barbaras Bruder angeblich »eine Bittschrift an die Kaiserin Elisabeth« gesandt habe, »von der er gehört hatte, daß sie ein Herz für aus der Gesellschaft verstoßene Personen hatte«[21]. Von ihr seien die österreichisch-ungarischen Behörden informiert worden. Daraufhin habe sich »eine Kompanie von Gendarmen unter dem Kommando des Grafen Spaur« trotz des Widerstands der Äbtissin Zugang zum Kloster erzwungen. Die Gendarmerie entdeckte Barbara Ubryk vollständig nackt in einer kleinen verdreckten Zelle. Die Angelegenheit kam vor ein österreichisches Gericht. Nach Aussagen der untersuchenden Ärzte seien bei der Nonne »Symptome einer geistigen Krankheit« feststellbar, eine Art von »Erotomanie«, die wohl schon seit der Pubertät bestanden und sich mit den Jahren verschlimmert habe. Als Barbara 1848 im Kloster randalierte und sich die Kleider vom Leibe riss, habe man sie nackt in eine Zelle gesperrt und notdürftig mit Wasser und Brot versorgt. Die 21 Jahre Gefangenschaft dort habe sie mit Gebeten und dem Zählen ihrer Kopfhaare zugebracht. Die Einweisung in eine Heilanstalt sei 1860 von einem päpstlichen Generalsekretär untersagt worden. Auf die Frage, warum man sie eingesperrt habe, äußerte die Ubryk: »Ich habe das Keuschheitsgelübde gebrochen. Aber diese da«, dabei zeigte sie auf die Nonnen, »sind auch nicht rein, sind auch keine Engel.« Und den Beichtvater beschimpfte sie als »Bestie«.[22]

Die liberale Presse konstruierte daraus kurzerhand eine Liebesgeschichte zwischen Barbara und einem Studenten oder Ulanenoffizier. Doch die Eltern hätten ihr die Heirat verboten und sie ins Kloster gesteckt, aus dem sie fliehen wollte, woran sie gehindert wurde und in der Folge wahnsinnig geworden sei. Deshalb habe man sie in eine Zelle sperren müssen.

»Die Äbtissin und ihre Mittäterin wurden zu einer mehrjährigen Freiheitsstrafe verurteilt.«[23] Barbara Ubryk kam in eine Irrenanstalt, »wo ein Kanarienvogel ihre liebste Gesellschaft bildete«[24]. Angeblich sandte ihr die Kaiserin ein besonders schönes Exemplar eines solchen Vogels. Ob die geschilderten Aktivitäten der Kaiserin der Wahrheit entsprechen, ist nicht sicher. Gewiss aber hat sie von diesem in der Presse viel diskutierten Skandal gehört.

Die Krakauer Bevölkerung war über die Misshandlung Barbara Ubryks empört. Einige Bürger drangen ins Kloster ein und zerstörten Fenster und Teile des Innenhofes. Gendarmerie und Militär konnten nicht verhindern, dass sich auch in anderen Klöstern Übergriffe ereigneten. Die liberale Presse berichtete in der Folge über angeblich ähnliche Fälle. So habe sich in Prag eine eingesperrte Nonne aus Verzweiflung erhängt. Andernorts hätten schwangere Ordensfrauen Selbstmord begangen oder seien irrsinnig geworden, und in anderen Klöstern habe man die Skelette lebendig eingemauerter Nonnen entdeckt. Ein Dominikanerpater in Düsseldorf, so ein weiterer Bericht, habe sich an einem minderjährigen Mädchen vergriffen. Vieles wurde von katholischer Seite, meist erfolglos, dementiert.

Im Hinblick auf den zunehmenden Kulturkampf sorgten der Skandal »Barbara Ubryk« und die anderen – erfundenen – Fälle jedenfalls für eine wachsende antikatholische Stimmung im deutschsprachigen Europa. Und auch die Kaiserin dürfte vom »Fall Ubryk« erschüttert gewesen sein, wodurch sicher ihre Vorstellung von Klöstern als die individuelle Freiheit unterdrückenden Institutionen geprägt wurde.

Streit um das Dekolleté der Kaiserin

1880 ereignete sich ein höchst kurioser Vorfall, bei dem das Dekolleté von Kaiserin Elisabeth im Mittelpunkt stand. In einigen Schulen in Vorarlberg wurden, wie es in den Akten heißt, »vom daigen Ortsschulrathe in 5 Klassen der daigen Volksschulen (Markt, Hatlerdorf, Haselstauden, Oberdorf und Watzenegg) Bilder Ihrer Majestäten des Kaisers und der Kaiserin anzubringen beschloßen und auch wirklich angebracht«[25]. Doch der Stadtpfarrer von Dornbirn, Gebhard Fink, protestierte gegen die Aufhängung des Porträts der Kaiserin Elisabeth, da etliche Katecheten [Religionslehrer] die Moral der Schüler in Gefahr sahen. Die Kaiserin sei auf dem Bild mit einem zu tiefen Dekolleté abgebildet, weshalb das Bild »für die Kinder ärgernißerregend sei und sie [die Katecheten] entfernten zum Theil diese Bilder mit Einwilligung der bezüglichen Lehrer«. Es gehe nicht an, dass der Anblick von Elisabeths Dekolleté in den Schülern unkeusche und damit sündhafte Gedanken erzeuge. Damit sei die Kaiserin indirekt eine Verführerin pubertierender Burschen. Die Religionslehrer erhielten »einen kleinen Verweis, weil sie eigenmächtig, ohne dem Ortsschulrath eine Anzeige zu machen, die Bilder entfernt hatten. Ich entschuldigte dieselben damit«, so erklärte Pfarrer Fink, »daß periculum in mora [Gefahr im Verzug] gewesen sey«. Es habe also aus Gründen der Moral schnell gehandelt werden müssen. »Darauf wurde die Sache im Ortsschulrath verhandelt und die Mehrzahl der Mitglieder des Ortsschulrathes wollten das Ärgerliche der Bilder nicht erkennen und beschloßen daher, diesen Vorfall dem Bezirksschulrath zur Entscheidung vorzulegen; dieser entschied, daß die Bilder wieder aufgehängt werden sollten, was dann auch geschah bis auf Oberdorf, wo auch der Lehrer mit der Nicht-Aufstellung bis Austrag der Sache einverstanden war.« Darauf, so Pfarrer Fink, »recurrirten wir an den Landesschulrath und dieser oder vielmehr sein Vorsitzender Herr Graf Enzenberg erklärte zwar, daß er persönlich gar nichts Anstößiges an dem Bild finde, er wolle aber dort der guten Absicht der Katecheten Rechnung tragen und ihnen erlauben, ein anderes, anständiges Bild der Kaiserin nach Entfernung der früheren aufzuhängen. Freilich auf unsere Kosten, was dann auch von unserer Seite angenommen wurde, weil dadurch das Ärgerniß gehoben und uns Recht gegeben wurde, was wir ja eben bezweckten. Herr Graf Enzenberg erklärte zugleich, er wolle mehr auf privatem Wege mit dem Bezirks- und Ortsschulrathe die Sache in Ordnung bringen.«

Ob Kaiserin Elisabeth von diesem Streit um ihr angeblich anstößiges Dekolleté Kenntnis erhielt, wird in den Akten allerdings nicht mitgeteilt. Doch nicht nur ihr Dekolleté war in ultramontanen Kreisen untragbar, sondern vor allem sie selbst, da sie sich mehrfach kirchenkritisch geäußert und 1870 auch der Beseitigung der Vormachtstellung der Kirche durch kaiserliches Dekret zugestimmt hatte.

Elisabeths Frauenbild konträr zur Kirche

Im 19. Jahrhundert war die Frau ein dem Mann nachgeordnetes Geschöpf, auch wenn sich Frauen gegen das Patriarchat und die Ausbeutung immer mehr zu wehren und sich in der Umbruchsstimmung vor 1848 die Frage nach ihren Rechten verstärkt zu stellen begannen. In adeligen Kreisen hielten sich Männer die Frauen jedoch weiterhin gleichsam als Luxusartikel, deren Aufgabe es vorrangig war, Kinder zu gebären, und in den Unterschichten war das Leben der Frauen großenteils auf die »Drei K« – Kirche, Küche, Kinder – reduziert, »wobei im Falle der Gemahlin eines Regenten eher von den ›Drei R‹ zu sprechen wäre, nämlich von Religion, Repräsentation und Reproduktion.«[26] Allen drei Bereichen stand Elisabeth kritisch gegenüber.

Die Bildung der Mädchen war vor allem auf Förderung ihrer häuslichen Tugenden beschränkt. Im Mittelpunkt der Allgemeinbildung stand die Vermittlung von Grundkenntnissen des Haushaltens. In sogenannten Höheren Töchterschulen wurden sie ab 1820 auf das Eheleben vorbereitet. Als Kind war das Weib vom Vater abhängig, später vom Ehemann und als Ehefrau auf enge Beziehungen zu Familie und den Kindern fixiert. Die Kirche unterstützte diese patriarchalischen Strukturen entschieden: Die Frau sollte Kinder gebären, für diese und ihren Mann leben und dessen Wünsche erfüllen. Zu Recht hätten Frauen weder das Wahlrecht noch ein Recht auf Bildung, denn Zweck der weiblichen Erziehung sei nicht die Entwicklung der Intelligenz, sondern des Gemüts. Der Bildungsweg der Mädchen war deshalb vergleichsweise kurz. Er endete im Alter von etwa 15 oder 16 Jahren. Noch Ende des 19. Jahrhunderts bezeichnete Papst Leo XIII. die Arbeitsteilung von Männern und Frauen im Erwerbsleben und am heimischen Herd als natürliche Ordnung. Emanzipatorische Bestrebungen wurden als Entartung des weiblichen Empfindens gebrandmarkt.

Die Kirche wurde in ihren Ansichten von wissenschaftlicher Seite unterstützt, wie dies 1873 Luise von Kobell, die Gattin von Ludwigs II. Kabinettsekretär August von Eisenhart in ihren Erinnerungen beschrieb:

> »Mein Mann war gegen alle Frauenemanzipation, da die Grenzen so schwer zu ziehen seien und das Zeug zum wissenschaftlichen Beruf doch den Frauen fehle, und so erörterten wir [1873] vielfach diesen Gegenstand, unter anderem auch die Schrift: ›Das Studium und die Ausübung der Medizin durch Frauen‹ von einem gewissen Professor Bischoff. Darin hieß es, ›daß bei Frauen der Mangel an genügend Selbsterkenntnis gerade einen Teil ihrer eigentümlichen Natur ausmache. [...] Es hat sich durch die unparteiischeste [sic!] und gewissenhafteste anatomische und physiologische Forschung herausgestellt, daß das Weib entschieden ungleich schwächer ist, in seiner ganzen Organisation einen minderhohen Entwicklungsgrad erreicht hat, und in allen Beziehungen dem Kinde näher steht, als der Mann [und] daß in allen Völkern und Racen das absolute Gewicht des ganzen Hirns bei den Männern immer größer sei, als bei den Frauen. Es beträgt nach diesem Gelehrten der Unterschied 130 – nach

einem anderen 160 Gramm, nach Bischoffs Wägungen bayerischer Gehirne durchschnittlich 134 Gramm, so daß hieraus unwiderleglich hervorgeht, daß das weibliche Geschlecht für das Studium und die Pflege der Wissenschaften und insbesondere der Medizin ungeeignet ist.‹«[27]

Kaiserin Elisabeth widersetzte sich solchen Vorstellungen und Erwartungen und sorgte am Hof, vor allem aber auch bei den kirchlichen Vertretern für Empörung. Sie nähme sich zu viele Freiheiten heraus, die selbst einer Kaiserin nicht zustünden, warf man ihr vor. Unerhört war auch, dass sie Kritik an der Kirche und an der Monarchie übte. Nicht nur ihr Geist war ständig in Bewegung, sondern auch ihr Körper. Sie befand sich fortwährend allein auf Reisen, unternahm Gewaltmärsche, kletterte auf Berge und setzte bei oft stürmischen Meerfahrten sogar ihr Leben aufs Spiel. Sie trieb in eigens für sie eingerichteten Turnzimmern begeistert Sport, scheute sich auch nicht, zu fechten, schwamm im Meer und begeisterte als hervorragende Reiterin die Männerwelt. Sie war ihrem Mann, der ihre Eskapaden großzügig unterstützte, keinesfalls untertan und brach ständig aus der Ehe aus. All das trug ihr den Ruf ein, eine Vorkämpferin der Frauenbewegung zu sein. Ein Engagement für die zu ihrer Zeit in Österreich liberal eingestellten Frauengruppen, die sich für die Gleichberechtigung der Geschlechter, die Beseitigung von Standesunterschieden und Standesprivilegien ebenso einsetzten wie für den Zugang von Frauen zur Bildung und zu besseren Berufschancen, ist bedauerlicherweise allerdings nicht feststellbar. Schon 1848 war von der Adeligen Karoline von Perin der »Wiener Demokratische Frauenverein« gegründet worden und 1866 der »Wiener Frauenerwerb Verein«, dann 1888 der »Verein für erweiterte Frauenbildung« und 1893 der »Allgemeine Österreichische Frauenverein«. 1873 wurde das erste sechsklassige »Mädchenlyzeum« in Graz noch ohne Zulassung zur Reifeprüfung eingerichtet. 1892 gab es dann ein Mädchengymnasium und ab 1897 wurde jungen Frauen auch der Zugang zur Universität ermöglicht.

Bekannt wurde Seraphine Puchleitner (1870–1952), Tochter eines Buchhändlers, die nach dem Besuch der Grazer Lehrerinnenbildungsanstalt als Volksschullehrerin arbeitete, 1898 als erste Frau am Grazer Staatsgymnasium die Matura ablegte und danach an der Grazer Universität studierte und dort 1902 als erste Frau zur Doktorin promovierte. Wurden von der Kaiserin diese emanzipatorischen Entwicklungen in Österreich nicht wahrgenommen oder hatte sie doch Kenntnis davon? Am 11. November 1893 besuchte sie immerhin das Institut des »Wiener Frauenerwerb Vereins« und »lobte die Vorsteherin, daß die Anstalt Außerordentliches leiste«[28]. Lobende Worte fand sie auch bei ihren Besuchen von Frauen-Hilfsvereinen, »Offizierstöchter-Erziehungsinstituten« oder des unter ihrem Schutz stehenden »Wiener Civil Mädchenpensionats«.

Zu ihrem griechischen Vorleser Christomanos äußerte sie einmal: »Frei sollen die Frauen sein; sie sind oft würdiger, es zu sein, als die Männer. Als bestes Beispiel haben wir die George Sand.«[29] Diese französische Schriftstellerin (1804–1876), die Elisabeth sehr schätzte, verfasste neben Romanen zahlreiche gesellschaftskritische Beiträge. Als Feministin trug sie Männerkleider, rauchte Pfeifen und Zigarren, machte ihre Liebschaften öffentlich und protestierte gegen die Einengung der Frauen durch die Institution der Ehe. Sie kritisierte den klerikalen Katholizismus und war christliche Deistin. Zunächst Republikanerin, bekannte sie sich später zum Sozialismus und dann zum Kommunismus.

Nicht nur George Sand war ein Vorbild Elisabeths, fast scheint es, als habe sie den »Revolutionären Katechismus«[30] von Michail Bakunin (1814–1876) gekannt, in dem der russische Revolutionär und Anarchist für eine klassenlose Gesellschaft eintrat, in der weder Staat noch Religion den Menschen an seiner Selbstbestimmung hindern. Er forderte die Abschaffung von Religion, Monarchie und aller Klassenunterschiede und stattdessen die individuelle und kollektive Freiheit der Menschen in allen politischen und sozialen Bereichen:

> »Die Freiheit ist das absolute Recht aller erwachsenen Männer und Frauen, für ihre Handlungen keine andere Bewilligung zu suchen, als die ihres eigenen Gewissens und ihrer eigenen Vernunft, nur durch ihren eigenen Willen zu ihren Handlungen bestimmt zu werden, und folglich nur verantwortlich zu sein ihnen selbst gegenüber dann gegenüber der Gesellschaft, der sie angehören, aber nur insoweit, als sie ihre freie Zustimmung dazu geben, ihr anzugehören. [...] Die Freiheit jedes mündigen Individuums [...] muß absolut und vollständig sein; Freiheit zu gehen und zu kommen, laut jede Meinung auszusprechen [...]. Über die eigene Person [...] nach Belieben zu verfügen, ohne jemandem Rechenschaft abzulegen.«[31]

Bakunins »Revolutionärer Katechismus« erschien 1865. Im selben Jahr formulierte Elisabeth ihr »Ultimatum« an Franz Joseph. Darin forderte sie, wie bereits erwähnt, »absolute Freiheit« und »unumschränkte Vollmacht« in allen die Kinder und sie selbst betreffenden Angelegenheiten.[32] Franz Joseph erhob dagegen keinen Einspruch und gestand seiner Frau in allen Dingen nunmehr Unabhängigkeit zu.

Was nach Christomanos' Aussage Elisabeth aber noch geäußert haben soll, klingt höchst unglaubwürdig und scheint eher der Fantasie ihres Vorlesers entsprungen zu sein:

> »Aber was die sogenannte Bildung betrifft, so bin ich dagegen. Je weniger die Frauen lernen, desto wertvoller sind sie, dann wissen sie alles aus sich selbst heraus. Was sie lernen, lenkt eigentlich nur ab auf einen Abweg ihres Inneren, sie verlernen dadurch ein Stück ihrer selbst, um anstatt dessen Grammatik oder Logik unvollkommen sich anzueignen. In jenen Ländern, wo die Frauen wenig lernen, sind sich viel tiefere Wesen als unsere Blaustrümpfe. Es ist eine Täuschung, wenn die Freunde der Emanzipation zugunsten der Bewegung vorbringen, daß gebildete Mütter geistig begabtere Söhne der Menschheit schenken würden. [...] Die Frauen sollen nicht da sein, um den Männern in ihren Geschäften zu helfen, indem sie ihnen Gedanken und Ratschläge souff-

lieren, sondern sie sollen durch ihre bloße Nähe Gedanken und Entschlüsse in den Männern wachrufen und reifen lassen, die diese dann selbst aus sich selbst zu schöpfen haben.«[33]

Hat dies Elisabeth wirklich gesagt, sie, die einen Satz zuvor als Vorbild für die Frauen die gebildete George Sand nennt? Dann hätte sie sich selbst widersprochen. Auch wenn in ihrer Kindheit die Bildung etwas vernachlässigt wurde, so erhielt sie doch Unterricht in Latein, Italienisch, Französisch und Englisch. Als feststand, dass sie Kaiserin werden sollte, absolvierte sie Crashkurse in Geschichte und Politik. Der bereits erwähnte ungarische Historiker Graf Johann Mailáth von Székhely führte sie in die österreichische und ungarische Geschichte und Literatur ein. Sie selbst lernte später aus eigenem Antrieb und mithilfe ihrer griechischen Hofdamen und Vorleser perfekt Ungarisch sowie Alt- und Neugriechisch, besaß zudem Kenntnisse in der polnischen Sprache und konnte sich auch auf Böhmisch und Rumänisch verständigen.

Sie war äußerst belesen und verschlang nicht nur die Werke ihres Idols Heinrich Heine, von dem sie sich auch zum Schreiben von Gedichten anregen ließ. Ebenso studierte sie die Werke Paul Heyses sowie Shakespeares Dramen und genoss selbst auf Spaziergängen und Wanderungen literarische Lesungen durch ihre Vorleser. Ein weiterer Autor, den sie schätzte, war Lord Byron, von dem sie sogar einige Gedichte ins Deutsche übersetzte. Ebenso gehörten englische Autoren wie P.B. Shelly und Longfellow zu ihrer Lektüre. Auch Bücher ungarischer Schriftsteller waren ihr nicht fremd, so die Werke von »Petöfi, Eötvös, Arany, Jókai usw.«, die sie »mit tieferem Interesse las«, als dies die Ungarn selbst taten.[34] Nicht einmal vor verbotenen und verfolgten Werken schreckte sie zurück, las etwa die verbotene Revolutionsschrift Széchényis »Blick auf den anonymen Rückblick« und Mihály Horváts »Geschichte des Freiheitskampfes der Ungarn«. Selbst die in Österreich streng verbotene radikale Broschüre »Der Zerfall Österreichs«, 1867 anonym in Leipzig erschienen, zählte zu ihrer Lektüre. »Wenn der Tag nur noch einmal so lang wäre«, seufzte sie einmal, »ich kann nicht so viel lernen und lesen, wie ich es gerne möchte.«[35]

Zu ihrer Lektüre gehörten auch wissenschaftliche und philosophische Werke, darunter Schopenhauers Schriften, aus denen sie sich vorlesen ließ. »Ich lese sehr viel, ganz ohne System, wie ja mein ganzes Leben auch ohne System ist – von heut auf morgen«, schrieb sie im April 1874 an Friedrich Pacher von Theinburg.[36]

Es scheint so, dass Christomanos bei dem oben erwähnten angeblichen Ausspruch der Kaiserin über die Ablehnung der Bildung von Frauen ihr wohl seine eigene Meinung unterschob, die ganz jener Ansicht entsprach, die im 19. Jahrhundert in der Öffentlichkeit und insbesondere der Männerwelt herrschte und wonach Frauen keine Bildung benötigten. Auch die Hofdamen schätzten die geistigen Aktivitäten der Kaiserin nicht besonders, waren der Ansicht, dass sie »die ganze Zeit eigentlich mit Grübeleien vertändelt«[37]. Selbst Franz Joseph schien seiner Frau nicht viel zugetraut zu haben. Als sie sich 1867 politisch engagierte und erfolgreich für den Ausgleich mit Ungarn einsetzte, studierte sie

»täglich die Berichte des Reichstages, die Reden, die gehalten werden« und fand »ihre Ansichten, zu denen sie auch ihren Gemahl zu bekehren versuchte, bestätigt«[38]. Der Kaiser beobachtete die geistige Regsamkeit seiner Frau mit Argwohn, weshalb sie ihm selbstironisch schrieb: »Immer mehr sehe ich ein, daß ich außerordentlich klug bin, trotzdem Du meinen vorzüglichen Verstand nicht genug würdigst.«[39]

Elisabeth war also mit Sicherheit nicht gegen die Bildung der Frauen. Gewiss blieb es ihr auch nicht verborgen, dass ab 1860 drei größere Bewegungen für die Rechte der Frauen eintraten: die bürgerlich gemäßigte, die bürgerlich radikale und die sozialistische Frauenbewegung. Sie unterstützte diese Bewegungen ideell durch ihr eigenwilliges Verhalten auf ganz unkonventionelle Weise. Aber dadurch, dass sie ihr persönliches emanzipatorisches Verhalten in großer Zurückgezogenheit und nur auf sich bezogen praktizierte, gelang es ihr bedauerlicherweise nicht, von der Frauenwelt ihrer Zeit als nachahmenswertes Vorbild wahrgenommen zu werden und auf diese Weise zu einer Veränderung der Rolle der Frau im 19. Jahrhundert öffentlich erkennbar ihren Beitrag zu leisten. Indem sie die Grundforderungen der Emanzipation für ihr eigenes Leben nutzte, wurde sie erst für bürgerliche Frauen des 20./21. Jahrhunderts, die sie zu einer Ikone der Frauenemanzipation stilisierten, zu einer Trendsetterin in Sachen feministischer Liberation.

Das Gottesbild der Kaiserin

Wie schon im Abschnitt »Natur und Tiere« erwähnt, huldigte die Kaiserin dem »Pantheismus« und glaubte, dass alle Lebewesen göttliche Bausteine in sich tragen und alles Geschaffene somit ein Teil Gottes ist. Sie war überzeugt, dass ihr durch die Zuwendung zu Gottes Schöpfung, vor allem zur Natur und zur Tierwelt, eine Begegnung mit Gott ermöglicht würde. Daneben aber glaubte sie auch an einen persönlichen Gott, für den sie wie der von ihr verehrte Meister Heinrich Heine den Namen »Jehova« verwendete, der in der Bibel rund 7000-mal vorkommt. Der Name Jehova – er bedeutet etwa: »Er lässt werden« – entspricht der Aussage der Offenbarung (4:11) des Alten Testaments, nach der Jehova derjenige ist, der alles erschaffen hat und dem auch die Propheten Abraham, Moses und Jesus dienten. Jehova ist nicht nur der Gott eines einzigen Volkes, sondern der Gott aller Menschen.

Für das christliche Mysterium der Dreifaltigkeit – Gott Vater, Gott Sohn und Gott Heiliger Geist – zeigte Heinrich Heine völliges Unverständnis, wie das auch in seiner Denkschrift »Ludwig Börne« zum Ausdruck kommt, wo es heißt:

»Wir disputierten gestern über die Dreieinigkeit. Mit dem Vater ging es noch gut; das ist ja der Weltschöpfer, und jedes Ding muß seine Ursache haben. Es hapert schon bedeutend mit dem Glauben an den Sohn, den sich der kluge Mann gern verbitten möchte, aber jedoch am Ende mit fast ironischer Gutmütigkeit annahm. Jedoch die dritte Person der Dreieinigkeit, der heilige Geist, fand den unbedingten Widerspruch. Was der heilige Geist ist, konnte er durchaus nicht begreifen, und plötzlich auflachend rief er aus: Mit dem heiligen Geist hat es wohl am Ende dieselbe Bewandtnis wie mit dem dritten Pferde, wenn man Extrapost reist; man muß immer dafür bezahlen und bekommt es doch nie zu sehen, dieses dritte Pferd.«[1]

Elisabeths Glaube an Jehova

Wie aber stand Kaiserin Elisabeth, die Jehova, den Gott des Alten Testaments, anbetete, zur Trinität Gottes – auch als Dreieinigkeit oder Dreifaltigkeit bezeichnet –, wie sie von der katholischen Kirche gelehrt wird? Jede dieser drei göttlichen Personen – Gott Vater, Gott Sohn und Gott Heiliger Geist – ist Gott und doch sind sie, so die Lehre der Kirche, zusammen nur ein Gott, also keine voneinander getrennten und selbstständigen Individuen, sondern drei Erscheinungsformen, in denen das göttliche Wesen existiert. Die Lehre von der Dreieinigkeit nahm erst gegen Ende des 4. Jahrhunderts in etwa jene Form an, die sie bis heute bewahrt und die sowohl in der katholischen als auch in der evangelischen Kirche eine zentrale Rolle spielt. Im Grunde genommen ist die Gleichung 1 + 1 + 1 = 1 unlogisch und nicht zu begreifen, wie schon der Kirchenvater Augustinus bemerkte: »Wenn du es begriffen hast, ist es nicht Gott.«

Die Kaiserin aber erklärte sich diese Gleichung so, dass es einen Gott gibt, in dem dessen Geist agiert. Dieser göttliche Geist, also Gott, bewirkte in der Gottesmutter Maria seine eigene Menschwerdung in der Gestalt Jesu, sodass Jesus zu Recht behaupten konnte: »Der Vater und ich sind eins.« Da aber auch Gottes Geist Teil des einen Gottes ist, sind auch Gottes Geist und Jesus eins. Gott, der ihm innewohnende Geist, und Jesus, der Mensch gewordene Teil seiner selbst, können auch, da sie eins sind, nie gegeneinander handeln. Deshalb war sich Elisabeth sicher, dass sie den dreieinigen Gott mit dem einen Namen Jehova bezeichnen durfte. Für sie waren es nur versponnene Theologen, die mit der Trinitätslehre den einen Gott verkomplizieren und die Gläubigen damit verwirren. Obwohl sie von Jehova sprach, betete sie beim Besuch der heiligen Messe dennoch das für einen Katholiken verpflichtende »Apostolische Glaubensbekenntnis«, das den folgenden Wortlaut hat:

> »Ich glaube an Gott, den Vater, den Allmächtigen, den Schöpfer des Himmels und der Erde, und an Jesus Christus, seinen eingeborenen Sohn, unsern Herrn, empfangen durch den Heiligen Geist, geboren von der Jungfrau Maria, gelitten unter Pontius Pilatus, gekreuzigt, gestorben und begraben, hinabgestiegen in das Reich des Todes, am dritten Tage auferstanden von den Toten, aufgefahren in den Himmel; er sitzt zur Rechten Gottes, des allmächtigen Vaters; von dort wird er kommen, zu richten die Lebenden und die Toten. Ich glaube an den Heiligen Geist, die heilige katholische Kirche, Gemeinschaft der Heiligen, Vergebung der Sünden, Auferstehung der Toten und das ewige Leben. Amen.«

Doch Elisabeths Glaubensbekenntnis hätte dagegen in etwa lauten müssen:

> »Ich glaube an Jehova, den einzigen Gott aller Menschen, den Gott der Gnade und der Weisheit, aber auch der Rache und Vergeltung, in dessen Hand wir ein Nichts sind und dessen Willkür wir hilflos ausgeliefert sind. Ich glaube an Jehovas vernichtende Kraft und Größe und daran, dass das Schicksal des Menschen vorherbestimmt ist, weshalb er nichts dagegen tun kann. Ich verehre die Jungfrau Maria als eine Helferin in der Not. Ich zweifle an den Lehren der katholischen Kirche, die ich nicht verstehe und lehne jene Rituale der Kirche ab, in denen deren irdische Vertreter vorrangig nur ihre eigene Macht und Bedeutung demonstrieren. Ich hoffe auf ein Weiterleben der Seele nach dem Tod und fürchte Gottes strafendes Gericht im Jenseits, glaube aber auch an die Möglichkeit, dass die Seele in anderer Gestalt weiterhin Zugang zur irdischen Welt erhält. Amen.«

Doch ihr Glaubensbekenntnis kam ihr allenfalls in Gedanken in den Sinn. Hätte sie es offen geäußert, wäre sie dafür exkommuniziert, also aus der Gemeinschaft der Christgläubigen ausgeschlossen wurden. Die katholische Kirche hatte übrigens stets Scheu, den alttestamentlichen hebräischen Gottesnamen »Jehova« oder »Jahwe« auszusprechen. Die jüdische Tradition habe diesen heiligsten Namens immer schon aus Respekt vor der unendlichen Größe und Erhabenheit Gottes als unaussprechbar betrachtet und vermieden. Erst jüngst im Jahre 2008 verkündete der Vatikan, dass diese beiden Namen aus Respekt vor der jüdisch-christlichen Tradition in der katholischen Liturgie nicht mehr ausgesprochen werden sollen. Als alternative Namen seien hingegen das hebräische »Adonai«, das griechische »Kyrios« und das lateinisch »Dominus« erlaubt, das so viel wie »Herr« bedeutet. Elisabeth verwendete jedoch in etlichen ihrer Gedichte ausschließlich den Namen »Jehova«.

Neurotischer Gottesglaube

Kaiserin Elisabeth litt bekanntlich unter etlichen psychischen Störungen wie Ängsten und Hemmungen, depressiven Verstimmungen und emotionaler Labilität, unter Obsessionen und Zwangshandlungen wie den Ritualen der Haarpflege oder einer Kaufsucht, unter Hyperaktivität, aber auch Antriebslosigkeit sowie unter der Abhängigkeit ihres Selbstwertgefühls in Zusammenhang mit ihrem Körpergewicht, dies alles verbunden mit körperlichen Symptomen wie Hypochondrie, Husten, Kopfschmerzen, Schlaf- und Appetitlosigkeit, Anämie, Herzrasen und Verdauungsstörungen.

Sie war zweifellos eine neurotische Persönlichkeit mit Phobien, wie etwa ihre Angst zeigt, nachts allein durch einen dunklen Flur zu gehen, aber auch ihre Sozialphobie, also ihre Angst vor dem Kontakt zu Mitmenschen. Verursacht werden Neurosen durch den Konflikt zwischen eigenen Wünschen und Trieben einerseits und der Realität, aber auch durch Erziehung, Umwelteinflüsse und Vererbung andererseits. Darüber hinaus zeigte sich bei ihr auch eine Tendenz zur Psychose, worauf Halluzinationen mit Realitätsverlust, Schwankungen im Gefühlsleben und in der Gestaltung ihrer Beziehungen hinwiesen. Zweifellos bestanden zudem vielschichtige Wechselbeziehungen zwischen ihren Neurosen und ihrem Glaubensleben, zwischen ihrem seelischen Erleben und Religion. Wurde ihre psychische Verfassung womöglich durch ihre Einstellung zu Kirche, Gott, Glaube und Religion beeinflusst oder wirkte sich diese auf ihre Psyche aus? Hing ihr Gottesglaube eventuell mit ihren Psychoneurosen zusammen und, wenn dies der Fall war, auf welche Weise? War ihre Religiosität also womöglich eine krankmachende?

Sigmund Freud (1856–1939) nannte die »Neurose eine individuelle Religiosität« und die »Religion eine universelle Zwangsneurose«. »Ich bin gewiß nicht der erste«, schrieb er, »dem die Ähnlichkeit der sogenannten Zwangshandlungen Nervöser mit den Verrichtungen aufgefallen ist, durch welche der Gläubige seine Frömmigkeit bezeugt. Der Name ›Zeremoniell‹ bürgt mir dafür, mit dem man gewisse dieser Zwangshandlungen belegt hat.«[2]

Freud verglich also das neurotische Zeremoniell mit dem religiösen Ritual. Seine Lehre mit den Aspekten »Trieb, Verdrängung, Neurose; Es, Ich, Über-Ich; Überkompensation, Fehlleistung, Komplex« war der Kaiserin sicher nicht bekannt, da Freud erst um 1886 an die breitere Öffentlichkeit trat. Sie wusste auch nicht, dass Freud Religion sogar als Geisteskrankheit bezeichnete.

Zur Entstehung der Neurose entwickelte er das Strukturmodell der Psyche, bestehend aus »Ich«, »Es« und »Über-Ich«. Das »Ich« steht für bewusstes Denken und das Selbstbewusstsein, während das »Es« eigene Wünsche, Triebe und Bedürfnisse repräsentiert und das »Über-Ich« gesellschaftliche Norm- und Wertvorstellungen symbolisiert, die ein Mensch im Lauf seines Lebens mehr oder weniger gut integriert und damit zum Teil des eigenen Selbst macht. Bei Neurotikern entwickelt sich der Freudschen Theorie zufolge ein Konflikt zwischen eigenen Wünschen und Trieben und der Realität oder den Forderungen des »Über-Ich«, das aufgrund besonderer Entwicklungsbedingungen mitunter sehr dominant angelegt sein kann.

Freud sah auch einen Zusammenhang zwischen dem Vaterkomplex und der Gottesgläubigkeit, wonach Gott nichts anderes sei als ein erhöhter Vater. Das Gottesbild, das »Über-Ich«, war nach Freud also Ausdruck des Bildes vom Vater. »Das Über-Ich«, so äußerte er, »wird den Charakter des Vaters bewahren, und je stärker der Ödipuskomplex[3] war, je beschleunigter (unter dem Einfluss von Autorität, Religionslehre, Unterricht, Lektüre) seine Verdrängung erfolgte, desto strenger wird später das Über-Ich als Gewissen, vielleicht als unbewusstes Schuldgefühl über das Ich herrschen [...].«[4]

Mit ihrem Vater setzte sich Elisabeth lebenslang auseinander. Ihr Verhältnis zu ihm wandelte sich von anfänglicher Bewunderung, aber auch Enttäuschung über seine eheliche Beziehung und seine häufige Abwesenheit hin zu einer kritischen Distanz. Eine Häufung von Neurosen fanden Forscher bei Kindern von alleinerziehenden Müttern. Elisabeths Mutter Ludovika war so eine Frau. Wenn Freud meint, dass Menschen den religiösen Glauben verlieren, sobald die Autorität des Vaters bei ihnen zusammenbricht, konnte Elisabeth nicht damit dienen. Des Vaters Autorität existierte für sie über dessen Tod hinaus weiter. Auch die Autorität Jehovas, unter dessen Allgegenwart sie litt, war ständig präsent. Fortwährend sah sie sich von Gott, diesem transzendenten Überwacher, von außen und innen durchleuchtet, wobei sich ihr Glaube mit den Jahren gleichsam zu einer Art metaphysischem Verfolgungswahn entwickelte. In der Folge sah sie sich genötigt, ihrem Gott wie eine Schauspielerin gegenüberzutreten, ihm das eine Mal Liebe und Dankbarkeit zu versichern, dann nach Vorwürfen gegen ihn wieder Unterwerfung vorzugaukeln, indem sie sich mitunter sogar auf den Boden warf. Mit solchen Verstellungen suchte sie Jehova stets aufs Neue für sich wohlgesonnen zu machen. In der Folge litt sie unter ekklesiogenen, also religiös bzw. kirchlich verursachten psychosomatischen Störungen, war sie doch von einem Angst machenden Gottesbild beherrscht. Fortwährend peinigten sie Gewissensängste nicht nur beim Aufbegehren gegen Gott. Auch die Enge manch kirchlicher Regeln und Gebote empfand sie als bedrückend, litt auch unter kirchlichen Vorgesetzten, wie etwa dem Fürsterzbischof Rauscher und seinem Gefolge. Die Kirche als Institution mit Herrschaftsanspruch, vergleichbar dem Freudschen »Über-Ich«, machte auch sie durch das ständige »Du sollst ...!« und »Du darfst nicht ...!« klein und belud sie mit Schuldkomplexen.

Nach Ansicht des Philosophen Ludwig Feuerbach (1804–1872) ist »das göttliche Wesen [...] nichts anderes als das menschliche Wesen [...]. Alle Bestimmungen des göttlichen Wesens sind darum Bestimmungen des menschlichen Wesens [...]. Die Religion ist die Entzweiung des Menschen mit sich selbst: er setzt sich Gott als ein ihm entgegengesetztes Wesen gegenüber.«[5]

Elisabeths Auseinandersetzungen mit Gott waren so gesehen Auseinandersetzungen mit sich selbst. Sie verband alle Schicksalsschläge und Konflikte, die ihr widerfuhren, so eng mit ihrem Glauben, dass sie die sich daraus ergebenden

Enttäuschungen und Verletzungen nicht als Teil ihrer Persönlichkeit oder ihres Erlebens verarbeiten konnte, sondern auf Gott projizierte und ihm anlastete.

Ein Gott der Willkür und der Rache

Mit Grübeleien über Jehova war die Kaiserin fortwährend befasst und philosophierte recht widersprüchlich über Gott und die Welt. »Überhaupt«, so meinte sie einmal, »ist der Mensch viel zu klein und elend, um über das Wesen Gottes nachzugrübeln. Darauf habe ich längst verzichtet. Gott hat recht und ist stark. Der Mächtige hat immer recht«[6], auch wenn er willkürlich und widersinnig handelt. In diesen Phasen dachte sie daran, »ihren Glauben ganz über Bord zu werfen, dann aber wieder, und das ist der vorherrschende Gedanke, betet sie den gewaltigen Jehova an in seiner vernichtenden Kraft und Größe. Aber sie bezweifelt, dass er die Bitten seiner Geschöpfe erhört.«[7] Vielmehr ist sie überzeugt: »Wir sind ein Nichts in Gottes Hand! Jehova ist der größte Philosoph, wir können seine Beschlüsse nicht verstehen, aber wir müssen uns vor ihm beugen.«[8]

Dass Jehova auch ein »Gott der Rache« sein kann, erfuhr die Kaiserin mehrfach, so bereits im Mai 1857. Da reiste sie mit ihrem Mann nach Ungarn und bestand darauf, ihre beiden Kinder, die zweijährige Sophie und die knapp einjährige Gisela, mitzunehmen, obwohl ihre Schwiegermutter aus Sorge um die Gesundheit der Kleinen entschieden davon abriet. Doch Elisabeth setzte ihren Willen durch und nahm beide Kinder mit nach Ungarn. Dort erkrankte am 13. Mai Gisela an der Ruhr mit Durchfall und Fieber, kurz darauf auch Sophie. Während sich Gisela erholte, ging es Sophie ständig schlechter. Die Mutter wich nicht mehr von ihrem Bett, legte ihr unters Kopfkissen »das Kruzifix, das sie bei der Entbindung ihrer Töchter selbst unterm Kopfkissen gehabt hatte«[9] und betete verzweifelt um die Genesung Sophies. Doch das Kind starb am 29. Mai in Budapest »schreiend und weinend, dass es einem das Herz zerriss«[10], wie Franz Joseph seiner Mutter schrieb. »Unsere Kleine ist ein Engel im Himmel. Wir sind vernichtet. Sisi ist voll Ergebung in den Willen des Herrn.«[11]

Doch die Kaiserin weinte Tag und Nacht und erstickte förmlich an Selbstvorwürfen. Ihrer Schwägerin Margarethe, der ersten Gemahlin von Erzherzog Karl Ludwig, klagte sie Anfang Juni 1857:

> »Es ist ein recht entsetzliches Unglück [...] so sein erstes Kind sterben zu sehen, es ist ein Schmerz, der recht schwer und hart zu ertragen ist, und ich dachte nie, daß ich mich so unglücklich fühlen könnte wie jetzt. [...] Unsere Kleine freilich ist jetzt glücklich, und wird im Himmel gewiß für uns beten, daß uns Gott Kraft gibt, dieses Unglück zu ertragen, und dies kann auch unser einziger Trost sein.«[12]

Voller Verzweiflung beschuldigte Elisabeth sich und den Arzt Dr. Seeburger, der die Krankheit nicht rechtzeitig erkannt hätte. Aber war es letztlich nicht doch »der Gott der Rache«, so grübelte sie, der sie trotz aller Gebete wegen ihres Ungehorsams gegenüber der Schwiegermutter so hart mit dem Tod ihres Kindes bestrafte? »Sie war eine Natur, die kein Leid überwinden konnte. Es bleibt tief und ewig, wie in einem Brunnen«, urteilte ihre Dichterfreundin Carmen Sylva. »Das kleine Töchterchen, bei dessen Tod sie gefehlt, wie blieb der Schmerz so heiß und untröstlich, und wie schossen ihr Tränen in die Augen und Glut in die Wangen, wenn sie nur von fern daran rührte.«[13]

Nach dem Tod Ludwigs II. im Juni 1886 klagte sie: »Jehova, du bist groß! Du bist der Gott der Rache, du bist der Gott der Gnade, du bist der Gott der Weisheit!« Und weinend fügte sie hinzu: »Ich habe mir meinen Verstand wund gedacht über die unergründlichen Ratschlüsse Gottes, über Zeit, Ewigkeit und Vergeltung im Jenseits, und weiß nun, daß man demütig sein und auf den großen Jehova vertrauen muß.«[14]

30 Jahre nach dem Tod ihres ersten Kindes gab Elisabeth am 16. Dezember 1888 Valeries Verlobung Rudolf bekannt, der völlig unerwartet reagierte. Er, der zeitlebens eifersüchtig auf seine Schwester war, »umschloss und küsste mich«, notierte Valerie ins Tagebuch, »mit der ganzen Innigkeit wahrer Bruderliebe – und wieder und noch einmal zog er mich an sein Herz, und man fühlte, dass es ihm wohltat, dass ich ihm die Liebe zeigte, die solange fast erstickt war vor Angst und Scham. Mama bat ihn, immer gut für mich, für uns zu sein, wenn wir einmal von ihm abhängig sind, und er schwur und beteuerte es einfach und warm. Da machte sie ihm das Kreuz auf die Stirn und sagte, der liebe Gott werde ihn dafür segnen und er werde ihm Glück bringen – sie versicherte ihn ihrer Liebe und er küsste ihr heftig die Hand und tief ergriffen.«[15]

Acht Tage später, am Heiligen Abend 1888, kam es wahrscheinlich zur innigsten Szene zwischen Elisabeth und ihrem Sohn überhaupt, als Rudolf seiner Mutter plötzlich um den Hals fiel. Dabei brach er, wie sich Gräfin Festetics erinnerte, »in ein langes, nicht zu stillendes Schluchzen aus, durch das sie [Elisabeth] tief erschreckt wurde«[16]. So etwas war sie nicht gewohnt. Diese innige Szene spielte sich 37 Tage vor Rudolfs Suizid am 30. Januar 1889 ab. Sicher erinnerte sich Elisabeth nach dem Tod ihres Sohnes daran, dass sie ihm wenige Wochen vorher doch ein Kreuz auf die Stirn gezeichnet und den »lieben Gott« innig angefleht hatte, Rudolf zu segnen. Gott, dessen war sie sich sicher, werde ihm Glück bringen. Doch stattdessen, so musste sie es einmal mehr erleben, bescherte dieser unberechenbare Gott ihrem Sohn ein schreckliches Ende, indem er seinen Suizid zuließ, so jedenfalls empfand sie es.

Die Kaiserin erlebte immer wieder, dass der Mensch, der an Gott glaubt, die Widersprüche, Risse, Brüche und Abgründe in seiner Schöpfung schmerzlicher erfahren muss als jener, der die Existenz Gottes leugnet. Die nächsten Jahre grübelte sie darüber nach, warum der Schlechte auf der Welt oft mehr Glück hat als der Gute. Ihre Tochter Marie Valerie konnte das nicht verstehen. »Gerade das Anhören von Mamas trostloser Philosophie bringt« sie »so recht dem Gedanken nahe, wie doch eigentlich nur in christlicher, von Glaube und Liebe eingegebener Pflichterfüllung das einzig wahre Glück liegen kann – alle Wünsche werden wohl keinem erfüllt hinieden.«[17] Doch eben daran, im Glauben duldend ihre Pflicht zu erfüllen und sich vor Gottes Willen demütig zu beugen, mangelte es ihrer Mutter.

War die Kaiserin deistisch eingestellt?

Das behauptete jedenfalls ihre Tochter Marie Valerie. Im Gegensatz zum »Theismus«, nach dem Gott als Weltschöpfer ewig, allmächtig, vollkommen und gut ist und in das Weltgeschehen eingreift, tut dies der Gott des »Deismus« nicht. Er nimmt also nach seinem Schöpfungsakt keinen weiteren Einfluss mehr auf das, was in der Welt geschieht. Dies regeln allein nur noch die Naturgesetze, der Zufall und die Menschen mit ihrer gottgegebenen Vernunft. Da die Menschen einen freien Willen haben, können sie Gutes, aber auch Böses tun. Gott greift nicht mehr ein. Was der Mensch erkennt, kommt demnach aus eigener Einsicht. Göttliche Offenbarung kennt der Deismus ebenso wenig wie Wunder oder Prophezeiungen. Der Philosoph Gottfried Wilhelm Leibniz, ein Anhänger des Deismus, verglich Gott mit einem Uhrmacher, der die Welt so perfekt hergestellt und in Gang gesetzt hat, dass sein weiteres Eingreifen nicht mehr nötig ist und er sie ihrem Lauf überlassen kann. Demgegenüber hat der theistische Gott jedoch die Macht, alles zu verändern. Wenn dies so ist, weshalb gibt es dann aber noch Leid und Ungerechtigkeit in der Welt? Warum schafft der allmächtige theistische Gott sie nicht einfach ab?

Die Kaiserin schien mit dem philosophischen Denkmodell des »Deismus« eine Möglichkeit gefunden zu haben, sich das Böse und Leid auf der Welt einigermaßen zu erklären. Nicht Gottes Handeln ist im Deismus also unbegreiflich, sondern bisweilen allein das Tun der unvernünftigen Menschen. Elisabeths Tochter Marie Valerie bemerkte am 24. Mai 1889:

> »Gespräch mit Mama über religiöse Dinge. Mama ist eigentlich nur deistisch. Sie betet den gewaltigen Jehova an in Seiner vernichtenden Kraft und Grösse; dass Er aber Bitten Seiner Geschöpfe erhört, glaubt sie nicht, weil – sagt sie – von Anfang aller Zeiten her alles vorausbestimmt und der Mensch machtlos ist gegen diese ewige Predestination [sic!], deren Grund eben nur Jehovas unerforschlicher Wille ist. Vor Ihm ist ja der kleinsten Mücke gleich – wie konnte Ihm etwas an ihr liegen?«[18]

So wie Valerie in dieser Äußerung Deismus mit Theismus vermischte, so tat dies auch ihre Mutter. Trotz einer deistischen Einstellung, also der Überzeugung, dass Gott nicht mehr in das Weltgeschehen eingreift, sprechen beide davon, dass der Mensch machtlos sei gegen Jehovas unerforschlichen Willen und seine Vorherbestimmung, die im Deismus jedoch nicht angenommen wird.

Eigener Wille contra Gottes Willen

Das zentrale Gebet der Christenheit ist das »Vaterunser«, von dem es im Matthäus-Evangelium heißt, Jesus habe zu seinen Jüngern gesagt:

»Und wenn ihr betet, sollt ihr nicht viel plappern [...]. Euer Vater weiß, was ihr bedürfet, ehe ihr ihn bittet. Darum sollt ihr also beten: Unser Vater in dem Himmel! Dein Name werde geheiligt. Dein Reich komme. Dein Wille geschehe auf Erden wie im Himmel. Unser täglich Brot gib uns heute. Und vergib uns unsere Schuld, wie wir unseren Schuldigern vergeben. Und führe uns nicht in Versuchung, sondern erlöse uns von dem Übel. Denn dein ist das Reich und die Kraft und die Herrlichkeit in Ewigkeit. Amen.«[19]

Mit der Stelle »Dein Wille geschehe auf Erden wie im Himmel« schien die Kaiserin jedoch Probleme zu haben. Vielmehr stimmte sie dem von ihr vergötterten Helden Achilles zu: »Er war stark und trotzig und hat alle Könige und Traditionen verachtet [...]. Er hat nur seinen eigenen Willen heilig gehalten und seinen Träumen gelebt [...].«[20] Auch Elisabeth hielt wie ihr Vorbild Achill nur ihren eigenen Willen für heilig und lebte ihren Träumen nach. Schließlich gab Gott dem Menschen doch den freien Willen, davon war sie überzeugt, und damit die Möglichkeit, zu tun und zu lassen, was er für richtig hält. Deshalb sträubte sie sich innerlich, dass Gottes Wille über dem ihren stehen und sein Wille nicht nur im Himmel, sondern auch auf Erden geschehen solle. Trotz ihres Protestes unterwarf sie sich aufgrund ihrer Erfahrungen aber immer wieder dem Willen Jehovas, da sie erkannte, dass sie seine Entscheidungen hinzunehmen hatte, denn er war mächtiger als sie. In der Folge schwankte sie fortwährend zwischen dem Wunsch, ihren eigenen Willen durchzusetzen, dabei gegen Jehovas Entscheidungen aufzubegehren – und der demütigen Hinnahme des göttlichen Willens.

Außer an die »Prädestination« – »Vorherbestimmung« – glaubte die Kaiserin auch an die »göttliche Vorsehung«. Während die »Vorherbestimmung« dessen, was dem Menschen geschieht, eine freie Willensentscheidung nicht zulässt, gibt die göttliche »Vorsehung« dem freien Willen des Menschen durchaus Raum. »Vorsehung« im christlichen Sinn meint, dass Gott in seiner Allmacht und Allwissenheit den Verlauf des Welt- und Heilsgeschehens schon im Voraus weiß. Er kennt also alle künftigen Ereignisse, die eintreten werden, somit auch alle Entscheidungen eines jeden Menschen, die dieser mit freiem Willen trifft. Der menschliche Lebensweg wird im Islam mit der Reise eines Schiffs verglichen, das von einem Ort zum anderen fährt. Der Weg ist vorherbestimmt, der Mensch hat also keinen Einfluss darauf. Doch auf dem Schiff kann sich der Mensch frei bewegen und hat somit freien Willen, auch wenn Gott voraussieht, wie sich der Mensch entscheiden wird, seine Entscheidungen aber nicht beeinflusst.

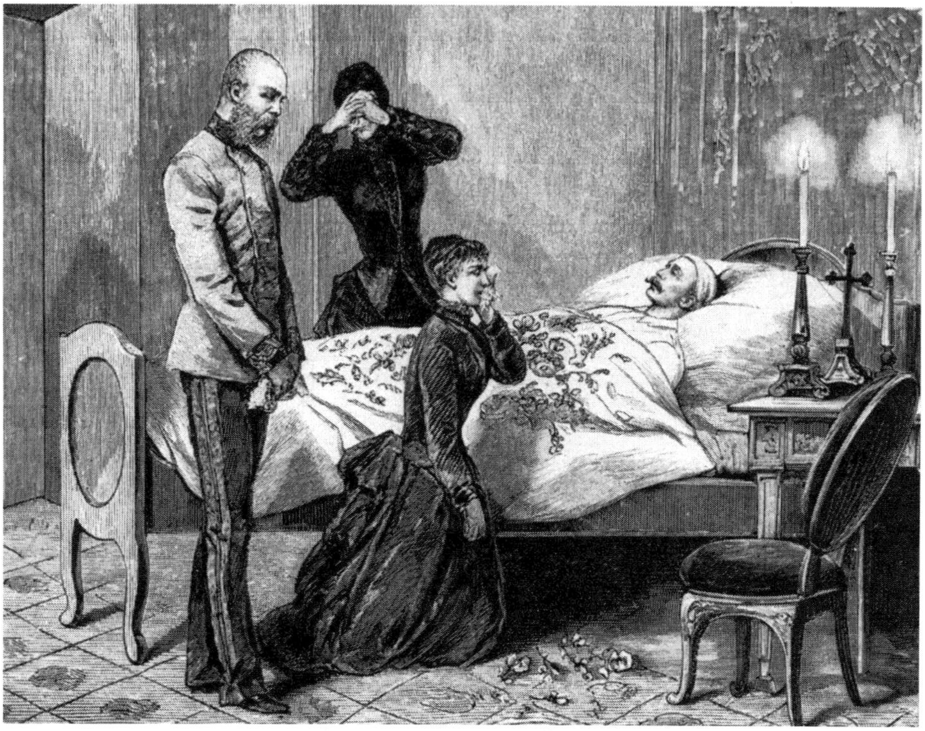

Elisabeths Glaubenszweifel

Solange Kaiserin Elisabeths Alltag frei von Sorgen war und in geordneten Bahnen verlief, plagten sie auch keine Glaubenszweifel. Doch wenn sie bemerkte, dass ihr Dasein auf die eine oder andere Weise Brüche erfuhr, in Unordnung geriet und sie von belastenden Ereignissen überrascht wurde, stellte sie sich die Frage, wie Jehova, den sie als gütigen Vater kannte, so etwas trotz aller ihrer Gebete zu ihm zulassen konnte. In solchen Phasen nagten Glaubenszweifel in ihr. Die Auslöser dafür waren vielfältiger Art.

Die Ursachen

Belastende Episoden in Elisabeths Leben, die sich in rascher Folge ereigneten, gab es eine ganze Reihe. Solche Ereignisse, um nur einige wichtige herauszugreifen, waren:

- Konflikte mit ihrer Schwiegermutter, Erzherzogin Sophie von Österreich
- Intrigen am Wiener Hof
- der Tod ihres ersten Kinds Sophie
- Ehekonflikte
- erste Erkrankungen
- Erfahrungen von Einsamkeit und Isolation
- der Tod ihr nahestehender Personen
- Nachlassen ihrer Schönheit
- der Tod König Ludwigs II.
- Ängste vor einer geistigen Erkrankung
- der Suizid ihres Sohns Rudolf
- die Ehe ihrer Tochter Marie Valerie
- Zunahme ihrer Erkrankungen
- ständige, oft wenig erfolgreiche Kuren
- Ende ihrer Reitleidenschaft
- Abnahme ihrer Mobilität
- Ängste vor dem Alter und dem Sterben

In diesen Situationen quälten die Kaiserin immer wieder heftige Glaubenszweifel, die ihre Tochter Marie Valerie als »furchtbaren Unglauben«[1] bezeichnete. Elisabeth fragte sich, ob ihr Vertrauen zu Jehova nicht nur leerer Wahn sei, da sie nicht verstehen konnte, wie er über die Menschen Konflikte, Schicksalsschläge, furchtbares Leid und schließlich den Tod kommen lassen kann und dass er als allmächtiger und angeblich die Menschen liebender Gott die unterschiedlichen Arten von Übeln nicht beseitigt. Als im Juli 1866 die Preußen die bayerisch-österreichische Armee bei Königgrätz besiegten und weitere Niederlagen folgten, stöhnte Elisabeth: »Ein Schlag nach dem anderen, bis endlich gestern abend die Nachricht von den letzten Entscheidungen kam. Und da soll man noch Gottvertrauen haben.«[2] Sie war der Ansicht, wer Gott vertraut, der sollte von ihm auch nicht enttäuscht werden.

Prädestination und Fatalismus

Alles, was einem Menschen in seinem Leben widerfährt, dessen war sich die Kaiserin sicher, sei vorherbestimmt. Der Mensch habe darauf keinen Einfluss. Sie glaubte an die Prädestination, also daran, dass der Mensch sein Schicksal nicht beeinflussen könne. Das ging nach Aussage der Kirche sogar so weit, dass Gott schon vor ewigen Zeiten vorherbestimmt habe, ob jemand die himmlische Seligkeit erreicht oder nicht. Aber hat Gott damit, so fragte sich Elisabeth, nicht die menschliche Entscheidungsfreiheit abgeschafft? Ganz gleich, wie sie lebe, ob sie in den Himmel komme oder nicht, sei von Gott ohnehin vorherbestimmt. Entweder ließe sie Gott im Leben so handeln, dass sie das von ihm vorherbestimmte Ziel erreiche, oder er sehe voraus, ob sie aufgrund ihrer Handlungen für den Himmel vorherbestimmt sei oder nicht. Als mögliche, aber nicht sichere Zeichen, an denen man erkennen könne, ob ein Mensch für den Himmel vorherbestimmt sei, nannte die Kirche: Liebe zu Gott und zur Kirche, häufiger Empfang der Sakramente – Beichte und Kommunion –, Nächstenliebe und Marienverehrung.

»Alles sei vorherbestimmt«, versicherte Elisabeth auch mehrfach ihrer Tochter Marie Valerie, »und der Mensch ist machtlos gegen diese ewige Predestination [sic!], deren Grund eben nur Jehovas unerforschlicher Wille ist. Vor Ihm ist ja der kleinsten Mücke gleich – wie konnte Ihm etwas an ihr liegen? ... Mama sagt, sie sei zu alt und zu müde zu kämpfen, ihre Flügel seien verbrannt und sie begehre nur Ruhe. Die edelste Tat wäre es, wenn alle Eltern jedes neugeborene Kind sogleich töten würden.«[3]

Nur so könne der Mensch dem vorherbestimmten Schicksal entgehen. »Das Leben«, so ihre Meinung, »ist schauerlich mit seinen Gefahren. Die Menschen sind nur zum Unglück geboren.«[4] Auch in einem ihrer Gedichte benennt sie, »was dunkel waltet über unserm Leben: / Die Prädestination wird es genannt«[5], und so schob sie auch Rudolfs Suizid, wie Valerie notierte, »der Prädestination«[6] zu. Valerie beklagte diesen »trostlosen Prädestinationsglauben«[7] ihrer Mutter sehr. Am 26. August 1889 sagte sie bei einem Spaziergang mit Valerie im Garten: »Ich liebe den großen Jehova und bete ihn im Staube an, ohne auf Lohn zu hoffen.« Nach diesen Worten warf sie sich der Länge nach zu Boden. »Nur so kann man zum großen Jehova beten und man kann ihn nur anbeten; denn was nützen Bitten, da ja doch alles vorausbestimmt ist.«[8] Zur Muttergottes als Fürsprecherin bei Gott richtete sie ihre Bitten aber dennoch und gelobte, nach Mariazell zu wandern, wenn ihre Wünsche erfüllt würden.

Auch Elisabeths Vorgängerin, Kaiserin Maria Theresia, kannte die Prädestinationslehre des Kirchenvaters Augustinus, die besagt, dass der Mensch infolge der aus dem Sündenfall erwachsenen Erbsünde unfähig ist, das Gute zu wollen. Nur Gott könne den auf die Gnade angewiesenen Menschen befreien und er bestimme auch allein die Anzahl der Seelen, die gerettet werden. Auch von den Jansenisten wurde angenommen, dass der sündige Mensch allein der göttlichen Gnade ausgeliefert sei und er sein Schicksal deshalb nicht mitbestimmen könne.

Elisabeth entwickelte mit den Jahren eine fatalistische Weltsicht. 1890 erklärte sie: »Ich bin wie ein Klotz und fatalistischer als einst.«[9] Sie ging davon aus, dass alles, was sich in der Natur und menschlichen Gesellschaft ereignet, durch das Schicksal – lateinisch »fatum« – unabänderlich vorherbestimmt sei. Die Fügungen des Schicksals hielt sie für unausweichlich und war sich sicher: Der menschliche Wille könne dem nichts entgegensetzen, auch wenn menschliche Entscheidungen und Handlungen deshalb nicht zwangsläufig sinnlos seien. Als überzeugte Fatalistin akzeptierte sie die Unvermeidlichkeit des Schicksalsablaufs und schwankte dabei zwischen der resignierten Hinnahme des Unabänderlichen und einer Verherrlichung der dafür verantwortlichen Gottheit. Diese Instanz war für sie Jehova, dessen Vorsehung die Welt lenkt.

»Jehova ist der größte Philosoph«, äußerte sie einmal, »wir können seine Beschlüsse nicht verstehen, aber wir müssen uns ihnen beugen.«[10] Und zu ihrem griechischen Vorleser Christomanos sagte sie: »Man muß sich seinem Schicksal nicht entgegenstellen. Sonst schlägt es frühzeitiger d'rein und zu noch größerem Unheile.«[11] Als Irma Sztáray der Kaiserin berichtete, »mit welch christlicher Ergebenheit« ihre Mutter »ihr Schicksal trage«, meinte Elisabeth: »Ja, darauf ruht Gottes Segen. Hundertmal unglücklicher ist, hundertmal mehr leidet, wer sich auflehnt.«[12] Auch Ereignisse in der Politik hielt sie daher für vorherbestimmt, weshalb ihr in späteren Jahren ein politisches Engagement in die eine oder andere Richtung sinnlos erschien. Das Schicksal der Herrscher und der Völker sei letztlich ebenfalls vorherbestimmt und ließe sich durch noch so durchdachte Aktivitäten daher nicht mehr ändern.

Am 18. Mai 1887 notierte Marie Valerie ins Tagebuch, dass sich das Vertrauen ihrer Mutter nach dem Tod Ludwigs II. zu Jehova, dem sie sich »in die Arme geworfen [hat], um Ruhe zu finden, vor den Qualen, die sie verfolgten, unbedingt ist; alles führt sie auf seine Fügung und Leitung zurück, alles stellt sie ihm anheim. Noch nie habe ich Mama so fromm gekannt als seit jener Zeit – es macht mich glauben, dass ihr seelischer Umgang mit Heine und dem König von Gott zugelassen ist ... Mamas Frömmigkeit ist aber anders als die der anderen Menschen ... schwärmerisch und abstrakt wie ihr Totenkultus.«[13] Elisabeths Vertrauen zu Gott war trügerisch und stellte mehr eine resignative Hinnahme seiner vorherbestimmten und daher unabänderlichen Entscheidungen dar.

Im 19. Jahrhundert erschütterten zahlreiche Attentate ganz Europa. An die 70 Monarchen, Staatsoberhäupter, Minister und Beamte kamen durch Revolverschüsse, Messerstiche oder Bomben ums Leben. Zählt man die missglückten Versuche dazu, liegt die Zahl der Gewalttaten weitaus höher. Damit kamen im 19. Jahrhundert so viele Menschen durch Anschläge ums Leben wie in keiner Zeit zuvor und danach. Kaiserin Elisabeth wäre also gut beraten gewesen, sich von Bodyguards bewachen und schützen zu lassen. Doch sie lehnte das ab, da sie überzeugt war, dass man seinem Schicksal auch durch Leibwächter nicht entgehen könne. Mit der Bemerkung »Wir alle sind nicht mehr als ein Mohnblumenblatt oder eine kleine Kräuselwelle auf dem Wasser«[14] lehnte sie bei einem Frankreichbesuch die Bewachung durch den Geheimpolizisten Xavier Paoli ab. Mit den Jahren ließ sie der Gedanke an ihr vielleicht nahe bevorstehendes Ende nicht mehr los:

> »Ich bin immer bereit, meinem Schicksal zu begegnen, nichts kann mich davor bewahren an dem Tag, an dem es mich treffen soll. Oft macht das Schicksal seine Augen zu, aber früher oder später öffnet es sie wieder und schaut uns an. Die Schritte, welche man vermeiden müßte, um dem Schicksal zu entgehen, sind immer solche, die man gerade unvermeidlich macht. Ich bin mir voll bewußt, daß jeder Schritt an jedem Tag meines Lebens ein solcher Schritt sein kann.«[15]

Wie wenig man seinem Schicksal entkommt, erfuhr Elisabeth 1898. Zunächst wollte der Anarchist Luigi Lucheni bei seinem Aufenthalt in Genf den italienischen König Umberto I. (1844–1900) töten, hatte aber kein Geld für die Heimfahrt nach Italien. So entkam Umberto dem Anschlag, wurde aber knapp zwei Jahre später, am 29. Juli 1900, in Monza von einem Anarchisten erschossen. Dann wollte Lucheni den französischen Thronprätendenten Henri Philippe Marie d'Orléans (1867–1901) töten. Doch weil der Prinz im September 1898 eine geplante Reise nach Genf verschob, entschied sich Lucheni für den Mord an Kaiserin Elisabeth, die in Genf weilte. Prinz Henri von Orléans, der mehrere Forschungsreisen unternahm, so Expeditionen nach Zentralasien, Afrika und Äthiopien, erlag 1901 im Alter von 33 Jahren einem Leberleiden.

Der Sinn des Lebens

Wenn für die Kaiserin das eigene Leben durch tiefgreifende Ereignisse zweifelhaft oder fragwürdig wurde, stellte sie sich angesichts ihrer Überzeugung, alles sei vorherbestimmt, die Frage nach dem Sinn des Lebens. Wurde sie von existenziellen Krisen aus der Bahn geworfen, so etwa durch etliche bittere Enttäuschungen, mehrere Unglücks- und Todesfälle oder durch Eintritt in einen neuen Lebensabschnitt, der an sie oft unerfüllbare Anforderungen stellte, überlegte sie ebenfalls, was ihr Leben denn eigentlich für einen Sinn habe. Zudem machte ihr die zunehmende Nähe des Todes mit den Jahren die eigene noch verbleibende Lebenszeit ständig fragwürdiger:

> »Wenn diese ganze Existenz nur provisorisch ist wozu braucht man dann die Beständigkeit zu suchen? Man muß Gleiches durch Gleiches unschädlich machen. So überwindet man auch diese Krankheit. Das Leben hat nur den einen Zweck, in seiner jeweiligen Form überwunden zu werden, wie eine Krankheit. Und wenn man es überwinden will, darf man sich vor nichts fürchten, soll man alles wünschen, gegen alles gleichgültig sein. Dann erst wird man reif zur Metamorphose.«[16]

Es ist eine höchst resignative und pessimistische Ansicht der Kaiserin, wenn sie ihr Leben nur lebt, um es zu überwinden. Einen Sinn hätte sie wohl nur dann finden können, wenn die kritischen Ereignisse, die zu einem Sinnverlust führten, von ihr bewältigt worden wären. In späteren Jahren klagte sie: »Warum bin ich geboren? Mein Leben ist unnütz und ich stehe nur zwischen dem Kaiser und Frau Schratt. Ich spiele doch da eine fast lächerliche Rolle.«[17]

Auch mit Blick auf die Natur kamen ihr Zweifel am Sinn des Lebens. Am 11. Dezember 1886 besuchte sie die Landesirrenanstalt am Bründelfeld in Wien.

> »Besonders beindruckt ist sie von dem phantastischen Ölgemälde des geisteskranken Malers Kratky, der in wohl krauser, aber dabei nicht ganz unwahrer Form nach Art der beiden Pieter Brueghel den Kernpunkt der Natur darstellte, nämlich, daß ein Wesen nur vom Tode eines anderen leben kann.«[18]

Elisabeth erzählte auch ihrer Dichterfreundin Carmen Sylva, wie sehr »jenes Bild des wahnsinnigen Malers Eindruck auf sie gemacht hat. Es ist wirklich wahr, findet sie, alles Lebende ist grausam. Der Stärkere frißt den Schwächeren, der Klügere schlägt den Dümmeren ohne Mitleid, ohne Recht und Gesetz, bloß weil er der Mächtigere ist. Das ist bittere Wahrheit.«[19]

In der Natur dominiert also das Gesetz des Fressens und Gefressenwerdens, wovon auch der Mensch betroffen ist. Ist das etwa der Sinn des Lebens, fragte sich die Kaiserin. Und dominiert nicht auch Jehova als der Stärkere den von ihm geschaffenen schwachen Menschen? Ebenso ergibt sich das Böse, das in der Schöpfung in Form von Naturkatastrophen, Epidemien, daraus folgenden Existenznöten und dadurch provozierten Gewaltexzessen vorzufinden ist und von Gott zugelassen wird, als unvermeidbare Konsequenz aus den von Gott geschaffenen Naturgesetzen, in die Gott nicht eingreift und die allenfalls durch Wunder veränderbar wären. Warum aber, so fragte die Kaiserin, konnte oder wollte der allmächtige Gott die Naturgesetze nicht mit ausschließlich positiven Konsequenzen für alle Lebewesen schaffen? Gottfried Wilhelm Leibniz' These »Wir leben in der besten aller möglichen Welten« hätte Elisabeth sicher nicht zugestimmt.

Elisabeths Reue über ihre Glaubenszweifel

Elisabeth kannte Heinrich Heines schaurige Ballade »Belsazar«, in der König Belsazar bei einem wüsten Zechgelage in Babylon den Judengott Jehova verhöhnt. Er trinkt aus einem heiligen Becher, der aus dem Tempel Jehova geraubt wurde, und ruft:

> »Jehovah! dir künd ich auf ewig Hohn / Ich bin der König von Babylon!«

Da erscheint an der Wand eine Flammenschrift und löst helles Entsetzen aus.

> »Belsazar ward aber in selbiger Nacht / Von seinen Knechten umgebracht.«

So endet die Ballade, die auf einer Bibelstelle des Alten Testamentes, im Buch Daniel Kapitel 5, beruht, in der Belsazar, dem König von Babylon, der Gott lästert, von der plötzlich an der Wand erscheinenden geheimnisvollen Schrift »Mene mene tekel u-pharsin« der Untergang seines Reiches vorhergesagt wird. Im Folgenden die Bedeutung der Worte:

> Mene: »Gezählt hat Gott die Tage deiner Herrschaft und macht ihr ein Ende.« / tekel: »Gewogen wurdest du auf der Waage und zu leicht befunden.« / upharsin: »Geteilt wird dein Reich und den Medern und Persern gegeben.«

Belsazar wird noch in derselben Nacht getötet und sein Reich zerfällt. Elisabeth war sich sicher: Gotteslästerung, aber auch nur Vorwürfe oder Zweifel gegenüber Gott ziehen dessen Strafe und Rache nach sich. Immer dann, wenn sie an Gott gezweifelt und ihm Unbarmherzigkeit und Willkür vorgeworfen hatte oder ihm unterstellte, er spiele mit dem Leid der Menschen, reute es sie, sich auf diese Weise gegen Gott versündigt zu haben. Sie warf sich mitunter sogar auf den Boden und bat um Vergebung ihrer Schuld:

> »Jehova! Ich habe verzweifelt / An deiner Barmherzigkeit! / Drum lieg ich, im Staube das Antlitz, / Zur Buss' und Sühnung heut'; / ›Jehova ist gross und mächtig, / Doch grausam ist die Natur!‹«[20]

Sie nahm also die Vorwürfe gegen Gott zurück, nannte ihn groß und mächtig und schob die Schuld für das Leid der Welt auf die Grausamkeit der Natur, aber auch auf das Schicksal, dem keiner zu entrinnen vermag. Elisabeths Leben vor allem in den letzten Jahren war geprägt von diesem ständigen Wechsel – einerseits Entrüstung gegen Gott, wenn Not und Unglück in ihr Leben einbrachen, und andererseits der unmittelbar anschließenden demütigen Reue und Zerknirschung wegen des Aufbegehrens gegen Jehova. Sie befürchtete, dass der Gott der Rache, würde sie ihn nicht um Verzeihung bitten, sie für ihre Auflehnung gegen seinen heiligen Willen empfindlich bestrafen könnte. Dadurch wurde Gott für sie zu einem Schuldgefühle-Gott, einem Sünde- und einem Rache-Gott. Wurden nicht auch Krankheiten und Seuchen wie etwa die Cholera im Volk immer noch als Prüfung oder gar als Strafe Gottes gedeutet, weshalb die Geistlichen in solchen Situationen die Gläubigen in der Kirche zu Gottesdienst, Gebet und Andacht versammelten?

Es ist nicht sicher, ob Elisabeth wusste, dass Glaubenszweifel seit dem Mittelalter den Gebildeten als Gipfel der Dummheit galten. Nur einfache Menschen würden an Gott und den Lehren der Kirche zweifeln. In der Bibel heißt es dazu: »Die Toren sagen in ihrem Herzen: ›Es gibt keinen Gott‹.«[21] Noch im 19. Jahrhundert wurden Glaubens- und Gotteszweifel deshalb als krankhafte Dummheit und als Gipfel der Narretei abgetan, aber nicht als schwere Sünde oder gar als Todsünde verurteilt. Lediglich in Giottos Fresken in Padua taucht der Unglaube als Laster auf.

»Infidelitas« steht über der um 1305 gemalten Figur eines großen Mannes, den eine antike Göttin, die er auf Händen trägt, am Gängelband führt. Der Gotteszweifler ist eine Gestalt, die man belächelte, denn man ging davon aus, dass den Menschen die Kenntnis von Gott von Natur aus eingegeben sei, er also gegen seine Natur handelt, wenn er an Gott zweifelt. Wer das dennoch tue, mache dies aus Dummheit, Gedankenlosigkeit oder Hochmut oder in belastenden Situationen von Armut und Krankheit. Glaubenszweifel galten nach dem Urteil der Kirche deshalb nicht als Häresie oder Irrlehre, für die man früher bekanntlich meist auf den Scheiterhaufen landete, sondern wurden eher als ein Leiden der Seele angesehen, das durch bußfertiges Verhalten oder durch Fasten behandelt werden könne.

Bedauerlicherweise sah die Kaiserin ihre Zweifel an Gott nur unter dem Aspekt der Sünde. Sie bemühte sich deshalb, diese Krisen, in die sie immer wieder geriet, möglichst rasch zu überwinden, auch wenn ihr das mit zunehmendem Alter immer weniger gelang. Im Chinesischen setzt sich das Wort Krise aus zwei Schriftzeichen zusammen: einem Zeichen mit der Bedeutung »Risiko« und einem Zeichen mit der Bedeutung »Chance«. Elisabeth nahm in Glaubenskrisen nie die Chancen wahr, die sie enthielten. Selbst Heilige hatten Ängste und Charakterschwächen und kannten Skrupel oder Zweifel und das häufig in extrem massiver oder gar in krankhaft-pathologischer Weise. Ihre Stärke lag aber in ihren Schwächen, die sie gekannt, unter denen sie gelitten, die sie aber nicht verleugnet, sondern in Demut ausgehalten und dabei die Chancen zu deren Überwindung wahrgenommen haben.

Wenn schon die Lebenswirklichkeit von Heiligen gebrochen, fragmentarisch und unvollkommen und ihr Glaube an Gott von Zweifeln belastet sein konnte, sie also keinesfalls Übermenschen waren, dann musste das doch auch dem Menschen Elisabeth erlaubt sein. Doch das gönnte sich die Kaiserin nicht, ihr bereiteten die Gotteszweifel, von denen sie regelmäßig geplagt wurde, ausschließlich tiefe Schuldgefühle.

In ihrem Bemühen um Gottes- und Selbsterkenntnis, um Selbstbehauptung und Selbstverwirklichung spielte die Kaiserin fortwährend verschiedene Rollen: die der Gläubigen und der Zweiflerin, die der Aufbegehrenden und der Demütigen, die der Provokateurin und der Ängstlichen, die der Mutigen und der Resignierenden, ohne je zu einer zuverlässigen Einstellung gegenüber Gott und der Welt zu gelangen. »In dieser Frau wohnt Gott und ein Dämon zugleich«[22], urteilte ihre Nichte Marie Louise Wallersee-Larisch.

Das Religionsverständnis der Kaiserin

War das Kaiserreich der Deutschen protestantisch-preußisch und das Weltreich Großbritannien von der anglikanischen Kirche dominiert, so herrschten im russischen Zarenreich die orthodoxe Kirche und der Islam im Osmanischen Reich. Österreich-Ungarn galt aber seit jeher als Europas »katholische Großmacht«. Doch die Donaumonarchie war nicht nur ein Vielvölkerstaat, sondern auch ein multireligiöses Reich, in dem es auch Protestanten, Orthodoxe, Juden und Muslime gab. In den Augen der Habsburger war der Katholizismus jedoch der einzig »wahre Glaube«. Andersgläubige oder Abweichler wurden verfolgt oder an den Rand gedrängt. Erst die Aufklärung ließ nach und nach den Gedanken der religiösen Toleranz erstarken. Doch als Hausreligion der Habsburger galt weiterhin der römisch-katholische Glaube und die Herrscher sahen sich als »von Gottes Gnaden« erwählte Kaiser und als Regenten des »Heiligen Römische Reiches«, die der römisch-katholischen Kirche und dem Papst als Schirmherrn verpflichtet waren.

Lange Zeit wurde vorrangig Glaubenseinheit zur Sicherung des inneren Friedens angestrebt, aber Glaubensfreiheit abgelehnt. Kaiserin Maria Theresia wurde bereits in der Kindheit von den Jesuitenpatres zu religiöser Intoleranz erzogen. Sie prägten ihr ein, »daß man Andersgläubige, welche dem Satan und dem ewigen Tod unterworfen sind, wenn sie sich nicht belehren lassen, wie eine ansteckende Pest fliehen und meiden soll«[1]. Sie war daher überzeugt, dass die römisch-katholische die »allein seligmachende« Religion sei, und ordnete deshalb Zwangsumsiedlungen von Protestanten vor allem nach Siebenbürgen an. Auch Juden standen in ihrer Zeit wie auch schon davor unter dem Verdacht, sie würden die wahre Religion herabwürdigen und den Christen schaden wollen. In der Folge kam es zur Vertreibung der großen jüdischen Gemeinde aus Prag. Wie sehr Maria Theresia den Jesuiten vertraute, zeigte sich, als 1773 Papst Clemens XIV. den Jesuitenorden aufhob. Da sie vonseiten der Jesuiten »immer nur Erbauliches gesehen«[2] hatte, bedauerte sie diese Maßnahme aufs Höchste.

Einsatz für Religionsfreiheit

Kaiserin Elisabeth wie auch ihr Ehemann Franz Joseph setzten sich bis zu einem gewissen Grad hingegen zeitlebens für die Gleichstellung der Religionen und Religionsfreiheit ein, war doch schon von Franz Josephs Vorgänger Kaiser Joseph II. 1781 das Toleranzpatent erlassen worden, mit dem den Protestanten und den Griechisch-Orthodoxen die Religionsausübung im privaten Rahmen gestattet wurde, was angesichts der damaligen Dominanz des Katholizismus ein durchaus revolutionärer Schritt war. Zwar durften die Tolerierten jetzt ihre Religion praktizieren, aber nicht öffentlich, und die Gebetshäuser durften nicht von außen als solche erkennbar sein. In der Schule durfte man kein positives Wort über die Protestanten sagen oder Darwin behandeln.

Als mit den liberalen Gesetzen der 1860er-Jahre unter Franz Joseph I. auch die jüdischen und evangelischen Gemeinden spürbar aufgewertet wurden, waren viele dagegen, allen voran der katholische Wiener Bürgermeister Karl Lueger, ein radikaler Antisemit, der die Judengesetzgebung verschärfen wollte. Franz Joseph war jedoch der Ansicht, der Antisemitismus sei eine Schande für Österreich. Volle Religionsfreiheit brachte in Österreich erst das unter ihm eingeführte Staatsgrundgesetz von 1867, in dem die Religionsfreiheit in die Verfassung geschrieben wurde und wodurch die Juden zu gleichberechtigten Bürgern des Landes wurden. Das hatte es zuvor in Europa in dieser Form noch nicht gegeben. Die Juden waren dem Kaiser dankbar, auch dafür, dass er jüdische Bildungseinrichtungen und Krankenhäuser sowie den Bau der Rabbinerschule in Budapest finanziell unterstützte. Bei seinem Aufenthalt 1869 zur Eröffnung des Suezkanals in Ägypten traf der Kaiser auch mit galizischen Juden zusammen und spendete ihnen für den Bau der Tiferet-Israel-Synagoge eine beträchtliche Summe.

Elisabeth unterstützte ihren Mann diesbezüglich. Nicht nur, dass sie Heinrich Heine – er war Jude – vergötterte, sie verehrte auch den hebräischen Dichter Jehuda ben Halevy, den Heine im »Romanzero« rühmte. Religionsfreiheit und eine prosemitische Einstellung waren ihr ein Herzensanliegen. In einem Brief an seine Frau schrieb Franz Joseph 1895: »Der Antisemitismus ist eine bis in die höchsten Kreise ungemein verbreitete Krankheit, die Auswüchse sind entsetzlich.«[3] Und mehrfach betonte er: »Ich dulde keine Judenhetze in meinem Reiche.«[4]

An jedem Schabbat beteten die Juden in der Synagoge das »Hanoten Teschua«, das im Judentum übliche Gebet für den Herrscher des Landes, in dem sie auch den Segen für Kaiserin Elisabeth erflehten. Militante Antisemiten und Rassisten warfen dem österreichischen Kaiser, seinem Sohn Rudolf und insbesondere der verhassten Kaiserin vor, »Judenknechte«[5] zu sein. Sie empfanden es als unerhört, dass Elisabeth 1887 die Errichtung eines Heinrich-Heine-Denkmals in Düsseldorf finanziell unterstützen wollte. Nach einer öffentlichen antisemitisch und nationalistisch geprägten Debatte sahen sich die Kaiserin und andere Unterstützer gezwungen, sich 1888 aus dem Projekt zurückzuziehen, das wenig später scheiterte.

Der jüdische Dichter und Essayist Melech Ravitch notierte in seinen Erinnerungen über die Liebe der Juden zu Kaiserin Elisabeth: »Dass wir, galizische Juden, unseren Kaiser [Franz Joseph] liebten – das weiß die Welt. Aber noch mehr liebten wir unsere Kaiserin Elisabeth, weil wir wussten dass Elisabeth einen Streit mit Kaiser Wilhelm II. von Preußen führte – und Kaiser Wilhelm war kein Judenfreund« und »weil es bekannt war, dass sich – so wie ein frommer Jude ohne seinen Psalter – unsere Kaiserin nie aus dem Hause begab, wenn ihr nicht ihre Kammerdiener Heinrich Heines ›Buch der Lieder‹ nachtrugen.« Von seinem Großvater hörte Melech Ravitch, »dass zuerst Gott kommt und dann der Kaiser und die Kaiserin und dann erst Vater und Mutter und danach der Großvater und die Großmutter. Zwischen Gott und meiner Mutter war also die Kaiserin. Das Bild der Kaiserin [...] hing an einem Ehrenplatz in unserem Haus. Die Kaiserin ähnelte sogar ein wenig meiner Mutter.«[6]

Österreich war auch das erste nicht-muslimische Land in Europa, das den Islam staatlich als Religionsgemeinschaft anerkannte. Nach dem Okkupationsfeldzug von 1878, bei dem Österreich-Ungarn Bosnien und die Herzegowina erobert hatte, kam auch der Islam ins Reich, denn ein Drittel der Bevölkerung der eroberten Gebiete war muslimisch. Innerhalb der K.-u.-k.-Armee waren nun auch Imame zur Betreuung muslimischer Soldaten tätig, ebenso wie Rabbiner für Juden und orthodoxe und protestantische Geistliche für deren Gläubige. Das Islamgesetz, das den Islam als Religionsgesellschaft anerkannte und den Muslimen Selbstbestimmung zusicherte, wurde allerdings erst 1912 erlassen. In den Jahren von 1878 bis 1918 wurden jedoch von der österreichisch-ungarischen Verwaltung Architekten beauftragt, in Bosnien Verwaltungsgebäude und repräsentative Bauten zu errichten, bei denen das islamische Erbe Bosniens berücksichtigt werden sollte. Die Architektur orientierte sich zwar an typischen Wiener Ringstraßen-Gebäuden, erhielt aber eine orientalische Note, wodurch der islamischen Gemeinschaft verdeutlicht werden sollte, dass ihre Traditionen unter Franz Josephs Herrschaft ernst genommen wurden. Zu diesen mehr als hundert monumentalen austro-islamischen Bauten gehörten etwa die 1889 eröffnete »Scheriatsrichterschule« für die Ausbildung einer kaisertreuen muslimische Elite und das 1892 errichtete ehemalige Rathaus von Sarajevo. Franz Joseph unterstützte auch den Bau einer Moschee in Wien mit 250000 Goldkronen, auch wenn der Bau durch den Ausbruch des Ersten Weltkriegs nicht zustande kam. 1869 kam der Kaiser während seiner Orientreise zur Eröffnung des Suezkanals und auch als Pilger nach Jerusalem und besuchte dort nicht nur die Heiligtümer und Stätten der christlichen Institutionen, sondern auch die der anderen Konfessionen, so jene der Juden und Muslime. So beehrte er neben verschiedenen Kirchen auch eine Synagoge und das muslimische Heiligtum am Tempelberg mit seinem Besuch. Da er an alle großzügige Spenden verteilte, erntete er von allen Seiten Sympathie.

Bei einem Aufenthalt in Buda besichtigte Elisabeth auch die Moschee Gül Babas, eines türkischen Dichters des 16. Jahrhunderts, der als Heiliger verehrt wird und auf dem Rosenhügel in Buda bestattet ist. Seine Grabstätte ist das nördlichste Heiligtum im Islam. »Wo liegt Gül Baba begraben«, erkundigte sie sich »und ließ sich die Stelle zeigen, wo der türkische Heilige, der ›Vater der Rosen‹ den ewigen Schlaf schläft«[7]. Mit diesem Besuch zeigte sie, dass sie gegenüber Andersgläubigen keine Vorurteile hatte und andere Religionsgemeinschaften achtete, auch wenn dies am Wiener Hof und vom Wiener Episkopat nicht gern gesehen wurde.

In ihrer Heimat Bayern waren drei der vier Königinnen evangelisch, so Königin Karoline, die zweite Gattin von König Maximilian I. Joseph, dann Königin Therese, Gemahlin König Ludwigs I., und nach ihr Königin Marie, die Mutter des Märchenkönigs, verheiratet mit König Max II., nach dessen Tod sie allerdings katholisch wurde, da sie im Paradies von ihrem Mann nicht getrennt sein wollte. Zu ihrer evangelischen Großmutter Karoline und zu Protestanten hatte Elisabeth in ihrer Kindheit Kontakt. Schon König Ludwig I. hielt mit voller Überzeugung am sogenannten Toleranzedikt von 1813 seines Vorgängers Maximilian I. Joseph fest, das den Juden die Ausübung ihrer Religion erlaubte und aus Bayern einen aufgeklärten Staat machte. Auch wenn Ludwig I. die Aufklärung unter Wahrung der Religiosität und eines positiven christkatholischen Glaubens ein Herzensanliegen war, so betonte er: »Keine Bigotten mag ich, keine Kopfhänger, die Jugend soll sich des Lebens freuen.«

Ein Satz, den Elisabeth sicher unterschrieben hätte. Sein Nachfolger König Maximilian II. war trotz seiner treuen Ergebenheit zur katholischen Kirche ein Gegner des kurialistischen Systems, das die Staaten von Rom aus zu dominieren suchte. Er wünschte sich die Harmonie von Religion, Wissenschaft und Kunst. Auch Maximilians II. Sohn, König Ludwig II., der sich zwar als Herrscher von Gottes Gnaden sah, versuchte dennoch mit aller Macht, den Einfluss der Kirche zurückzudrängen. Er hielt am Staatskirchentum fest, also an seiner und Bayerns Dominanz über die Kirche. Seine monarchische Souveränität wollte er sich nie von Rom infrage stellen lassen. Elisabeth war von dieser bayerischen Tradition geprägt und auch von ihren Eltern zu religiöser Toleranz erzogen worden.

Freimaurer in der Habsburgermonarchie

Liberal denkende Menschen fühlten sich seit jeher zu Freimaurern hingezogen, die Ideen der Aufklärung mit esoterischen Elementen zu einem Gedankengebäude verbinden, dessen Prinzipien Humanität, Liberalität und Toleranz sind. Die Freimaurer, die auf Steinmetzgilden in den Dombauhütten des Mittelalters zurückgehen, orientieren sich in ihren Riten und Symbolen an antiken Mysterienbünden und alttestamentarischen Inhalten. Um die geheimen, weltumspannenden und rein männlichen Bruderschaften ranken sich viele Mythen. Als »geschlossene« Gesellschaft bewahren sie Verschwiegenheit über ihre Logenangehörige und ihre Gebräuche.

Das Grundgesetz der Freimaurerei formulierte der presbyterianische Geistliche James Anderson 1723 für die Großloge von England: Die Mitglieder sollen treue, ehrenhafte und ehrliche Männer sein, deren nationale, gesellschaftliche, religiöse und politische Unterschiede keine Rolle spielen. Diese Einstellung gefiel Kaiserin Maria Theresias Ehemann Franz Stephan von Lothringen, der bereits 1731 noch als Prinz bei einer Studienreise durch Westeuropa von englischen Freimaurern aufgenommen wurde. Die katholische Kirche plädierte hingegen schon bald für ein Verbot der Freimaurer wegen deren angeblich anarchistischen und antimonarchistischen Einstellungen. Sie störte sich am indifferenten Gottesbild und an den sakramentsähnlichen Handlungen und Ritualen der Freimaurer, die wie eine Persiflage auf die heilige Messe wirken. Außerdem missbilligte sie die religiöse Toleranz des Bundes, der Männer aller Religionen aufnahm. 1738 beschuldigte Papst Clemens XII. die Freimaurer der Häresie, also der Irrlehre. Gläubige, die freimaurerischen Vereinigungen angehörten, beging eine schwere Sünde, weshalb eine Mitgliedschaft mit Exkommunikation bestraft wurde.

Nichtsdestotrotz wurde in Österreich am 17. September 1742 die erste Wiener Freimaurereloge, »Aux Trois Canons« – »Zu den drei Regeln«, gegründet, zu deren Mitgliedern Hocharistokraten, ausländische Diplomaten, ja sogar geistliche Würdenträger gehörten. Doch schon ein Dreivierteljahr später, am 7. März 1743, wurde die Loge von Kaiserin Maria Theresia wieder aufgelöst. Sie vermutete hinter der Gründung nämlich den Einfluss des preußischen Königs Friedrich II., der selbst ein aktiver Freimaurer war. Auch dass sich in Freimaurerlogen nur Männer und dazu von unterschiedlicher Herkunft trafen und Frauen keinen Zutritt hatten, irritierte die Kaiserin. Logen waren nun verboten. Doch mit der Zeit erkannte Maria Theresia, dass viele Freimaurer hohe geistige Qualitäten besaßen und im Grunde eine Modernisierungsbewegung darstellten, weshalb sie Freimaurer als führende Mitarbeiter akzeptierte. Unter ihrem Sohn Kaiser Joseph II. begann 1781 mit Gründung der Loge »Zur wahren Eintracht« in Österreich sogar eine kurze Blütezeit der Freimaurerei. 1783 wurde in Klagenfurt die Loge »Zur wohltätigen Marianna« gegründet, so benannt nach der ältesten Tochter Maria Theresias, Erzherzogin Maria Anna, die den Freimaurern wohlgesonnen war und den Logennamen akzeptierte.

Doch schon 1785 schob Joseph II. dem raschen Wachstum der Freimaurerei wieder einen Riegel vor. Er verbot Geheimbünde und stellte Freimaurerlogen unter staatliche Kontrolle. Nachdem Freimaurer verdächtigt wurden, Drahtzieher für den Ausbruch der Französischen Revolution 1789 zu sein, wurden sie von Franz II. in den 1790er-Jahren ganz verboten, was vom katholischem Klerus und den konservativen Wiener Machteliten aus Aristokratie, reaktionärem Beamten- und Bürgertum begrüßt wurde. In der Folge missbilligten auch die von der katholischen Kirche dominierten habsburgischen Kaiser die Freimaurerei wegen ihrer politischen und religiösen Toleranz und Liberalität.

Als Kaiser Franz II. 1835 starb, folgte ihm sein ältester Sohn Ferdinand trotz offensichtlicher Regierungsunfähigkeit. Im Revolutionsjahr 1848, als die österreichische Monarchie in eine Krise geriet, war der Thronverzicht Kaiser Ferdinands I. unumgänglich. Seinen ebenfalls regierungsunfähigen Bruder Franz Karl konnte dessen Frau, Erzherzogin Sophie, überreden, zugunsten ihres gemeinsamen Sohnes Franz Joseph zurückzustehen, und so wurde der erst 18-Jährige, ohne zuvor Thronfolger gewesen zu sein, am 2. Dezember 1848 Kaiser. Dominiert von seiner erzkatholischen Mutter hielt auch er am Verbot der Freimaurerei in Österreich fest. Auf sein Drängen wurde 1867 im Rahmen der Dezemberverfassung das Vereinsrecht in Österreich so abgefasst, dass sich keine Freimaurerlogen bilden konnten.

1873 richtete Papst Pius IX. eine Bulle gegen die Freimaurer und auch Papst Leo XIII. sprach sich 1884 entschieden gegen sie aus. Nur in Ungarn musste Franz Joseph I. den Magyaren ein liberaleres Vereinsgesetz zugestehen, das auch die Freimaurerei zuließ, sodass sich dort 16 sogenannte »Grenzlogen« gründen konnten, die in Wien humanitäre Vereine, darunter die »Freie Schule«, Knabenhorte, Wöchnerinnen- und Findlingsheime einrichteten.

Das bis heute kursierende Gerücht, Franz Josephs Sohn, Kronprinz Rudolf, sei ein heimlicher Freimaurer gewesen oder habe unter dem unheilvollen Einfluss der »bösen« Freimaurer gestanden, ist nicht bewiesen. Als österreichischer Offizier war er an den Eid gebunden, keiner Geheimgesellschaft im In- und Ausland anzugehören. Rudolf wurde auch nicht, wie Kaiserin Zita behauptete, von den Freimaurern hinterrücks ermordet. Richtig ist jedoch, dass der Kronprinz enge, freundschaftliche Verbindungen zu Freimaurern pflegte, die sein liberales Weltbild erweiterten, was seine antiliberalen und reaktionär-klerikalen Feinde sehr erboste. Zu seinen freimaurerischen Freunden gehörten u.a. sein Lehrer Hyazinth Rónay, der Maler Hans Canon, der Tierforscher Alfred Brehm, der Ägyptologe Heinrich Brugsch und Graf Andrássy. Sie vermittelten ihm Toleranz und eine ausgeprägte Abneigung gegen Deutschtümelei, Antisemitismus und Engstirnigkeit, sodass er weltoffen und fortschrittlich-liberal wurde.

Kaiserin Elisabeth, die sich einsetzte, dass Rudolf von liberalen Lehren unterrichtet wurde, stand, ohne es vermutlich zu wissen, den liberalen Ansichten der Freimaurer dadurch auffallend nahe. Bemerkenswert ist, dass auch ihr Meister Heinrich Heine Freimaurer war. Wie Heine selbst in seiner »Börne-Denkschrift« berichtet, besuchte sein Vater Samson Heine mit ihm im Jahre 1815 die Freimaurerloge »Zur aufgehenden Morgenröte« in Frankfurt am Main, bei der Samson Heine ab 1816 dann selbst Mitglied wurde. In Freimaurer-Kreisen wurde nämlich auch Juden die ihnen sonst verwehrte Anerkennung zuteil. Er habe in der Frankfurter Freimaurerloge, so Heine, den Dichter Ludwig Börne und viele andere bedeutende Männer kennengelernt und vieles über Ideen und Symbole des Bundes erfahren. In seinem Exil in Paris ab 1831 vertiefte er seine Verbindung zu Freimaurern, wurde aber erst 1844 Mitglied der angesehenen Pariser Loge »Les Trinosophes«, deren Wahlspruch lautete: »Bien penser, bien dire, bien faire« – »Gut denken, gut reden, gut machen«.

In dieser Bruderschaft fand Heine all jene Werte verwirklicht, von denen er überzeugt war, darunter Gleichheit, Brüderlichkeit, Freiheit, Weltbürgertum und Humanismus. Bis 1847 wurde er im Mitgliederverzeichnis der Loge geführt, aus der er sich krankheitsbedingt dann zunehmend zurückzog. Selbst wenn Elisabeth von Heines Mitgliedschaft in einer Freimaurerloge nichts wusste, so wäre sie davon durchaus angetan gewesen, vertrat doch auch sie die dort hochgehaltenen Werte.

Als Kaiser Franz Joseph 1888 das Maria-Theresien-Denkmal errichten ließ, platzierte man zu Füßen des Monuments die Skulpturen von vierundzwanzig wichtigen Männern ihrer Zeit, darunter erstaunlicherweise auch sieben Freimaurer, obwohl die Freimaurerei im habsburgischen Österreich nach wie vor verboten war. Ob Franz Joseph und die bei der Denkmalseinweihung reichlich anwesende hohe Geistlichkeit davon Kenntnis hatte, darf daher bezweifelt werden. Kaiserin Elisabeth schrieb auf die Enthüllung des Denkmals jedenfalls ein spöttisches Gedicht mit dem Titel »Das Fest des 13. Mai 1888«, in dem sie auch Maria Theresia zu Wort kommen lässt, die »befremdet schier / auf dieses Treiben nieder blickt, / Als wär'n solch Ovationen ihr / Im Grund sogar zuwider.«

> »Jetzo hebt sie zu reden an / Und spricht die hohen Worte: / ›Noch einmal mich der Welt zu nah'n, / Verliess ich schön're Orte.
>
> Ihr riefet mich herab zu Euch, / Doch was muss ich gewahren? / Der alte Zopf, er blieb sich gleich / Seit hundert und acht Jahren!
>
> Ihr seid so stolz noch und borniert, / Wie zu den besten Zeiten / Wo ich gepudert, hoch frisiert / Im Reifrock pflegt zu schreiten.‹«[8]

Unter dem »alten Zopf« versteckte sich nach wie vor noch immer das Verbot der Freimaurerei. Erst 1918, nach dem Ende der Monarchie und der Ausrufung der Republik, lebten die Freimaurer in Österreich wieder auf.

Elisabeths individuelle Patchwork-Religiosität

Aufgrund der diversen Einflüsse durch den oben erwähnten Personenkreis entwickelte sich in den Ansichten und Handlungen Kaiserin Elisabeths eine gewisse Tendenz zu einer individuellen Patchwork-Religiosität. Als spirituelle Sinnsucherin schien sie, wohl aufgrund ihrer antikonstitutionellen Einstellung in Sachen Religion, aus verschiedenen Quellen schöpfen zu wollen. Viele Gedanken entnahm sie als leidenschaftliche Leserin diversen Büchern und es entsteht der Eindruck, als hätte sie auch Elemente aus verschiedenen Philosophien und Religionen kombiniert, nicht nur aus dem Christentum und Judentum, sondern auch aus dem Buddhismus, Taoismus und Islam. Vieles davon fand unbewusst in ihre Gedankenwelt Eingang. Dies ist auch aus zahlreichen ihrer Äußerungen erkennbar. So erinnert ihre Aussage »Unser Ziel ist zugleich der Weg zum Ziel [...]«[9] an Buddhas Äußerung: »Es gibt keinen Weg zum Glück, Glücklichsein ist der Weg.«

Höchst individuell interpretierte sie die christlichen Lehren und das Wirken des jüdischen Gottes Jehova. Wie erwähnt, folgte sie auch dem aus dem Islam bekannten Glauben an das »Kismet«, dass also das Schicksal des Menschen von Gott vorherbestimmt ist, da nichts ohne Gottes Willen geschieht, weshalb das Schicksal auch nicht vom Menschen verändert werden kann. Wie die Muslime war sie sich bewusst, dass Reichtum ein Segen von Gott ist und die Wohlhabenden daher die Pflicht haben, den Armen und Bedürftigen zu helfen.

Der von Elisabeth verehrte Arthur Schopenhauer gab dem Buddhismus den Vorzug vor den anderen Religionen. »Wenn man den Buddhismus aus seinen Quellen studiert«, so seine Ansicht, »da wird Einem hell im Kopf.«[10] Bei einem ernsthaften Studium des Buddhismus wäre die Kaiserin sicher beeindruckt gewesen, dass es in dieser Religion nur wenige Vorschriften gibt und der Weg zur Erkenntnis allein über ein selbstständiges und eigenverantwortliches Handeln des Menschen führt.

In Buddhas Lehre spielt das Leid eine große Rolle, was die Kaiserin bei ihrer lebenslangen Auseinandersetzung damit durchaus hätte nachvollziehen können. Auch für sie bestand Leben, obwohl sie im Überfluss lebte, vorrangig aus Krankheit, Unglück, Schmerz und Leid. War nicht auch sie, wie der Buddhismus lehrt, durch Lebensdurst und durch ein Haften an den Dingen, durch ihren exzessiven Freiheitsdrang und so manche verblendete Ansichten ans Leiden gefesselt und von den drei Leid verursachenden Geistesgiften – der Gier, dem Hass und der Verblendung bzw. Unwissenheit – infiziert? Selbst der Tod bringt dem Menschen nach buddhistischer Lehre keine Erlösung davon, weshalb er in neuer menschlicher oder tierischer Gestalt oder als Geist wiedergeboren werden muss. Er lebt und stirbt ständig aufs Neue und entkommt diesem qualvollen Kreislauf nur, wenn er sich um eine entsagende Lebensweise bemüht, die zum Erlöschen aller Lebenstriebe führt und schließlich in einen Zustand völliger Ruhe, ins »Nirvana« übergeht. Erreichbar ist dieser Zustand durch eigene Anstrengung, durch richtiges Tun und rechtes Denken. Dabei sind Askese oder Meditation wichtige Hilfsmittel und führen zu einem allmählichen Loslassen von allen Anhaftungen an die Realität. Askese und Meditation waren auch für Elisabeth wesentliche Bestandteile ihres Geisteslebens. »Sie ist die Einsamste aller Einsamen«, so das Urteil ihres Begleiters Christomanos. »Eine Notwendigkeit ist es ihr, fast eine Lebensfunktion, von Zeit zu Zeit, ja zu gewissen wiederkehrenden Zeiträumen sich auch äußerlich zu vereinsamen. Sie hat den fast schmerzhaften Wunsch, allein zu sein und angesichts ihrer Geheimnisse zu träumen. Dann begibt sie sich in Oasen des Alleinseins, zu denen niemand Zutritt hat. Um fünf Uhr morgens durchstreift sie schon die Gärten des Achillesschlosses – alle Welt schläft, nur sie wacht und wandelt in der Stille herum.«[11]

Elisabeths Auffassung, »man muß auf die Tat verzichten. Nur das Ungeschehene ist das Ewige«[12], erinnert an Aussagen des legendären chinesischen Philosophen Lao-tse, der im 6. Jahrhundert v. Chr. gelebt haben soll und später als Hochgott des von ihm begründeten Taoismus verehrt wurde. Sein Werk »Tao-Te-King« gilt als Hauptwerk des Taoismus und wird auch als »Buch vom Weg des Lebens« bezeichnet. »Herrlicher als jede Tat«, so sagte die Kaiserin zu Christomanos, »ist das Ungeschehene. Es ist der Zustand der Wahrheit im Paradies des ewigen Bestehens, während die Tat die Vertreibung daraus in die Vergänglichkeit [ist].«[13]

Diese Worte erinnern an Sprüche des Lao-tse wie: »Bleib ohne Tun – Nichts das dann ungetan bliebe. Nimmst du das Reich, sei ständig ohne Geschäft! Denn wer beschäftigt ist, ist unzulänglich, das Reich zu nehmen.«[14] »Tatsächlich«, äußert die Historikerin Lisa Fischer, »macht die Faszination Elisabeths über die Zeiten eben die extreme und oft paradoxe Mischung von Engagement und ungelebten Potentialen aus. Tun und Nichttun, Widersprüchlichkeiten und Ambivalenzen kennzeichnen ihr Leben.«[15]

Die Kaiserin glaubte auch an die Reinkarnation der menschlichen Seele und träumte davon, nach dem Tod als Möwe, vielleicht auch als Delfin wiedergeboren zu werden. Wie im Taoismus beschrieben, konnte sich Elisabeth eine gebärende, alles durchdringende Urkraft vorstellen, die bereits vor Erschaffung des Universums existierte und mit der sich der Mensch im Einklang befinden soll, indem er den Lauf der Natur respektiert und sich bemüht, mit dem universalen Lebensgesetz eins werden.

Elisabeths religiöse Sinnsuche verlief allerdings eher spontan und unbewusst. Nur eine wirklich differenzierte Auseinandersetzung mit den Kernaussagen der Weltreligionen hätte bei ihr dazu führen können, Elemente aus den unterschiedlichen Religionen bewusst in ihre Glaubensvorstellung einfließen zu lassen.

Nur eine Religion – Garantie für den Weltfrieden?

In einem selbst verfassten Gebet brachte Rudolf seine Nähe zu dem von den Freimaurern verehrten »Großen Baumeister aller Welten« – »G.B.A.W.« – deutlich zum Ausdruck. Das Gebet lautet:

> »Du mächtiger Lenker der Gestirne, Du Schöpfer und Herr, / Dich wollen wir preisen und erkennen immerdar; [...] / Gebieter des Weltalls; Jahrtausende, von Deinen Werken verehrt; / Du olympischer Zeus der Hellenen; segenspendende

Isis der Ägypter, / Brahma der Inder, Sonnengott der Perser, mächtiger Allah! des Islams, / versöhnender Gott der Liebe Jesus, als Mensch am Kreuz gestorben. / Immer dieselbe Kraft, auf verschiedene Weise verehrt; nach Volk, Sitte / und Bildung stets das nämliche Streben; die ewige, unfaßliche Macht / des Schaffens und Seins in faßliche Formen zu zwängen. / Du Schöpfer des menschlichen Geistes, lasse uns fortschreiten / in wahrer Erkenntnis, in der Arbeit der Veredelung des Denkens. / In gleicher Liebe wechselseitig vereint, mögen Deine Völker / preisen immerdar: Den Herrn des Weltalls!«[16]

Ob Elisabeth dieses von Rudolf handschriftlich verfasste eindrucksvolle Gebet, wahrscheinlich aus der Zeit um 1885, das sich in dessen Nachlass befand und offensichtlich nicht für die Öffentlichkeit bestimmt war, kannte, ist fraglich. Doch dem Inhalt hätte sie sicher zugestimmt, denn von der in diesem Gebet betonten Gleichwertigkeit aller Religionen und Völker war auch die deistisch und kosmopolitisch orientierte Kaiserin überzeugt, die alle Religionen anerkannte und achtete sowie Toleranz in Glaubensfragen lebte. Auch für sie gab es nur einen Gott, von ihr Jehova genannt, der in den verschiedenen Völkern der Erde und den dort praktizierten Religionen lediglich jeweils unter einem anderen Namen und unterschiedlichen Ritualen verehrt wird, einmal Jehova oder Allah heißt, während die Christen ihren Gott in den drei Personen Gott Vater, Sohn und Heiliger Geist verehren. Dass Christen, Juden und Muslime gemeinsame Wurzeln, aber dennoch oft recht gegensätzliche Ansichten über Gott haben, irritierte sie.

»Nur eine Sprache, nur eine Religion brächte den Weltfrieden unendlich näher«, davon war sie überzeugt. »Aber die Kultur würde in ihrem Fortschritte durch diese überall gleichen Bedingungen merklichen Schaden erleiden«[17], so eine interessante Äußerung Kaiserin Elisabeths, die mit dieser Bemerkung auf die Religionskriege in der Weltgeschichte Bezug nimmt. So stritten Christen und Muslime im Mittelalter um die Vorherrschaft in Jerusalem, ein Streit, der bis heute noch nicht beigelegt ist. Auch zwischen katholischen und protestantischen Christen kam es in Europa zu kriegerischen Auseinandersetzungen, wozu die acht Hugenottenkriege von 1562 bis 1598 und der Dreißigjährige Krieg von 1618 bis 1648 gehörten. Auch bei progressiver Missionierung zeigten Religionen immer wieder eine unfriedliche Seite, indem jede Glaubensrichtung für sich den Anspruch erhob, durch sie allein sei der Weg zur Seligkeit zu finden.

Religionskriege signalisieren meist, dass der Grund für den Konflikt ein heiliger sei. Die Verteufelung des Gegners erscheint dadurch legitim. Der Kampf sei gottgewollt und wird zur heiligen Pflicht und zu einer Form von Gottesdienst. Religion dient aber oft auch nur als Maske, um den wahren Grund für Gewalt und Krieg zu verbergen, wozu etwa der Streit um politische Vormachtstellung oder um Ressourcen gehört. Nur eine Religion und nur eine Sprache würde mit Sicherheit eine Reduzierung der kulturellen Vielfalt bedeuten, wie dies die Kaiserin zu Recht anmerkt. Ob dadurch aber auch der Weltfrieden gesichert würde, ist recht fraglich. Was würde Elisabeth mit Blick auf die im 20. und 21. Jh. noch immer existierenden Bluttaten zwischen Religionen äußern? Der verbissene, jahrzehntelange Konflikt zwischen Protestanten und Katholiken in Nordirland oder die Auseinandersetzungen zwischen islamischen Ländern und dem christlichen Westen sind präsent. Fast scheint es, dass die Zahl von Konflikten mit religiöser Dimension sogar etwas zugenommen hat. Mit Blick darauf gerät die friedensstiftende und gewalteindämmende Funktion von Religion leider rasch in den Hintergrund. Gleichwohl stand auch für Elisabeth fest, nicht die Vernichtung Andersgläubiger, sondern Gewaltlosigkeit, Toleranz und menschenfreundliches Verhalten sind die vorrangigen Aufgaben aller Religionen.

Der Tod als ständiger Begleiter

Elisabeth kam von klein auf regelmäßig mit dem Tod ihr nahestehender Menschen in Berührung. 1853 – sie war erst 15 Jahre alt – starben ihr Jungenfreund David Paumgarten und wenig später ein Offizier am herzoglichen Hof, in den sie verliebt war.

Einer der ersten Todesfälle, von dem Elisabeth wenige Monate nach ihrer Hochzeit mit Franz Joseph erschüttert wurde, ereignete sich am 8. August 1854. Ihr Lieblingsonkel, König Friedrich August II. von Sachsen, verunglückte bei einer botanischen Exkursion in Tirol. Sein Pferdewagen überschlug sich und der König stürzte aus dem Wagen. Er erhielt von einem Pferd einen Tritt gegen den Kopf und starb einen Tag später. Elisabeth weinte so bitterlich, dass sich die Ärzte wegen ihres Zustandes – sie war schwanger – um ihre Gesundheit Sorgen machten. König Friedrich August II. von Sachsen war ein freundlicher, intelligenter Mann und beim Volk sehr beliebt. Für das Militär zeigte er wenig Interesse. Er befreite die Bauern vom Frondienst, berief während der Märzrevolution 1848/49 liberale Minister in die Regierung, hob die Zensur auf und erließ ein liberales Wahlgesetz für den Landtag. Er trug auch eine bedeutende Kunstsammlung mit Druckgrafik und Handzeichnungen zusammen.

Besonders schwer traf die 20-jährige Elisabeth im Mai 1857 der Tod ihrer Tochter Sophie, deren Sterben sie hilflos mitansehen musste. Gleich mehrfach erlebte sie den Tod nach der Schlacht von Solferino zwei Jahre später. Bei dieser Entscheidungsschlacht im Sardinischen Krieg zwischen Österreich und dem Königreich Sardinien sowie dessen Verbündetem Frankreich im Juni 1859 gab es Tausende verletzte Soldaten. Sie ließ in Laxenburg, dem Schloss ihrer Flitterwochen, ein Lazarett einrichten. Viele Soldaten waren so schwer verwundet, dass sie starben. Hilflos stand die Kaiserin an so manchem Lager eines Sterbenden und versuchte zu trösten. Am 2. April 1864 erlebte sie in Wien das Ende ihrer Cousine Erzherzogin Hildegard, der Schwester König Maximilians II. von Bayern, die mit Erzherzog Albrecht von Österreich verheiratet war.

Jedes Jahr gab es Todesfälle zu beklagen, oft sogar mehrere in einem Jahr, wie die folgende kleine Auswahl zeigt. 1867 starb ihre Nichte Erzherzogin Mathilde, die bei lebendigem Leib verbannte, im selben Jahr wurde ihr Schwager Kaiser Maximilian von Mexiko von den Kugeln eines Erschießungskommandos getötet, worauf seine Frau Charlotte dem Wahnsinn verfiel. 1867 starben Maximilian von Thurn und Taxis an einer Lungenlähmung und ihre Schwägerin Sophie von Sachsen mit kaum 22 Jahren an einer Grippe. Weitere Todesfälle waren ihr Schwager Ferdinand Max (1867), ihre Schwiegermutter Erzherzogin Sophie (1872), der von ihr geachtete ungarische Politiker Franz Deák (1876) und ihr Schwager Graf Trani (1886), der sich in einem Hotelzimmer erschoss. Ihr Vater Herzog Max starb 1888 und ihr verehrter Reisebegleiter Alexander von Warsberg 1889. Im selben Jahr verübte ihr Sohn Rudolf Selbstmord. Später begleitete sie andere Personen in den Tod wie ihre geliebte Schwester Nene (1890). Nach deren Ableben äußerte sie: »Ich begreife nun, daß man aus bloßer Angst vor solch einem siechen Ende Selbstmord begehen kann.«[1]

Ihr engster Freund Graf Gyula Andrássy starb 1890 an Krebs und im selben Jahr kam Johann Salvator von Toskana wohl bei einem Seesturm ums Leben und galt als verschollen. Ihre Mutter Ludovika starb 1892 und im selben Jahr auch ihr liebster Reitpilot Bay Middleton, der sich bei einem Sturz vom Pferd das Genick brach. Ein Jahr später schied dann ihr Bruder Max Emanuel mit 43 Jahren aus dem Leben, 1894 ihre Schwägerin Amalie von Sachsen-Coburg und 1896 ihr Schwager Karl Ludwig. Besonders erschütterte sie ein Jahr vor ihrem eigenen Ende der Tod ihrer Schwester Sophie (1897), die bei einem Brand in Paris in den Flammen umkam.

Es verwundert nicht, dass sie bereits 1882 über den Tod äußerte: »Seine dunkle Majestät ist mein ständiger Begleiter.«[2] Ihre fortwährende Beschäftigung mit dem Tod, vor allem in späteren Jahren, und das Bewusstsein, dass auch ihr eigenes Ende Tag für Tag näher rückte, hinderten sie letztlich daran, ungetrübte Freude am Leben zu empfinden.

Drei gravierende Ereignisse – zwei Todesfälle und eine Hochzeit

In Feldafing begaben sich am Pfingstmontagmorgen, den 14. Juni 1886, Kaiserin Elisabeth und ihre Tochter Marie Valerie in Feldafing im »Hotel Strauch« soeben zum Frühstück, als Prinzessin Gisela verstört ins Zimmer kam, ihre Mutter beiseitezog und ihr mitteilte, dass der König von Bayern sich in den See gestürzt habe und tot sei. Elisabeth brach in Tränen aus. Sie konnte nicht glauben, dass Ludwig Selbstmord begangen hatte, und war sich sicher, dass Prinzregent Luitpold und die Regierung daran die Schuld trugen. Das tragische Ende ihres Seelenfreundes konnte sie nie verwinden.

In ihrem Gedicht »Ich habe verzweifelt« beklagt sie bitter den Tod des Schwanenkönigs Ludwig II. und äußert ihre Verzweiflung an Gottes Barmherzigkeit, der mit dem Leid des Menschen nur spielt. Doch gleich darauf wirft sie sich zerknirscht vor dem großen, mächtigen, aber auch grausamen Jehova in den Staub.

> »[...] Jehova! Ich habe verzweifelt / An deiner Barmherzigkeit, / Da ich den Frevel gesehen, / Der jüngst einen Schwan entweiht.
>
> Verzweifelt lief ich am Ufer / Und schrie hinaus in den See: / »Jehova hat uns verlassen, / Er spielt nur mit unserm Weh!«
>
> [...] Jehova! Ich habe verzweifelt / An deiner Barmherzigkeit! / Drum lieg ich, im Staube das Antlitz, / Zur Buss' und Sühnung heut'; / ›Jehova ist gross und mächtig, / Doch grausam ist die Natur!‹«[3]

Im Juni 1887 verfasste Elisabeth ein Gedicht voller Resignation mit dem Titel »An die Zukunfts-Seelen«, in dem sie ihren depressiven Seelenzustand bloßlegte. Es stellte so etwas wie ein Vermächtnis dar und enthielt Geständnisse wie diese:

> »Ich wandle einsam hin auf dieser Erde, / Der Lust, dem Leben längst schon abgewandt; / Es theilt mein Seelenleben kein Gefährte. / Die Seele gab es nie, die mich verstand.
>
> [...] Ich fliehe vor der Welt und ihren Freuden, / Und ihre Menschen stehen mir heut' fern; / Es sind ihr Glück mir fremd und ihre Leiden; / Ich wandle einsam, wie auf anderm Stern.
>
> [...] Was einst mich schmerzte, wurde mir nun theuer, / Zum Paradies ward die Verlassenheit; / Entfalten kann mein Geist die Schwingen freier, / Fremd sind ihm alle Erdenseelen heut'!
>
> [...] Und voll ist meine Seele zum Zerspringen, / Das stumme Sinnen ist ihr recht genug, / Was sie bewegt, muß sie in Lieder bringen, / Und diese senke ich nun in mein Buch. [...]«[4]

Mit »mein Buch« meinte die Kaiserin ihr »Poetisches Tagebuch«, in dem sie in nur vier Jahren, von Januar 1885 bis Ende 1888, über 350 Gedichte niederschrieb.

Schon drei Jahre nach dem Tod Ludwigs II. erfolgten 1889 und 1890 dann zwei besonders gravierende Einschnitte im Leben der Kaiserin. 1889 nahm sich ihr Sohn Rudolf das Leben und 1890 heiratete ihre Lieblingstochter Marie Valerie Erzherzog Franz Salvator. Beide Ereignisse ließen ihre Todesgedanken und -wünsche erheblich anwachsen. »Der große Jehova ist furchtbar, wenn er vernichtend einhergeht wie der Sturm«[5], äußerte die Kaiserin nach Rudolfs Tod. Und am 8. Dezember 1889 gestand sie ihrer Tochter Marie Valerie: »Rudolf hat meinen Glauben totgeschossen – ich bete den grossen Jehova an, aber sonst – [...].«[6]

Doch Rudolf schoss nicht nur sich und seine Geliebte tot, und auch nicht nur den Glauben seiner Mutter, sondern löschte ihren Lebenswillen aus. Den Gnadenschuss erhielt sie wenig später von ihrer Lieblingstochter Marie Valerie, die ihr bei deren Hochzeit im Juli 1890 entrissen wurde. »Ihr Herz sei gestorben«, versicherte sie später ihrer Tochter, »und sie sei eine andere geworden.«[7]

Elisabeths Seele war damit tot und der Körper nur noch zum Dahinvegetieren verurteilt. Hellsichtig äußerte sie: »Jeder Mensch erlebt einen Tag, an dem seine Seele stirbt; man lebt weiter, aber nur körperlich.«[8]

»Ich könnte verrückt werden«, beteuerte sie, »wenn ich vorausdenke, und noch jahrelang das Leben vor mir sehe.«[9] Die Kaiserin war im wahrsten Sinne des Wortes »lebensmüde«. »Wie beneide ich Rudolf«, klagte sie, »aber man weiß halt nicht, was nachkommt. Wüßte man es, dann wäre es freilich leicht.«[10]

»Sie neidet Rudolf den Tod und ersehnt ihn Tag und Nacht«[11], stellte Marie Valerie betroffen fest und die Mutter sagte zu ihr: »Ich liebe doch eigentlich nur Dich, wenn Du mich verläßt, so ist mein Lieben [und auch Leben] aus.«[12] Als äußeres Zeichen ihres zunehmenden Lebensüberdrusses verschenkte sie an verschiedene Personen ihren gesamten Schmuck mit der Bemerkung: »Es ist ein Andenken an die Zeit, wo ich gelebt habe.«[13] Außerdem trug sie von da an nur noch schwarze Kleider und dachte oft an den Tod.

»Der Todesgedanke reinigt wie ein Gärtner, der das Unkraut jätet«, sagte sie zu ihrem Griechischlehrer Constantin Christomanos. »Aber dieser Gärtner will immer allein sein, und ärgert sich, wenn Neugierige in seinen Garten schauen. Deswegen halte ich den Schirm und den Fächer vor meinem Gesicht, damit er ungestört arbeiten kann.«[14] Ab Ende 1888 hatte die Kaiserin auch keine Kraft mehr, weiterhin Gedichte zu schreiben, und verstummte.

1893 erlebte Lady Paget, die Gattin des englischen Botschafters, Elisabeth anlässlich einer Audienz:

> »Die Kaiserin stand im gleichen Raum, an der gleichen Stelle, an der sie vor neuneinhalb Jahren [1884] gestanden hatte. Damals war sie eine noch schöne und offenbar junge Frau gewesen, hatte ein weißes, mit Gold und Silber besticktes Kleid getragen, und die Juwelen in ihrem Haar hatten im Licht zahlloser Kerzen gefunkelt. Diesmal war das Licht matt, sie trug durchsichtiges,

aber tiefstes Schwarz, eine Krone schwarzer Flaumfedern auf dem kastanienbraunen Haar, und eine Rüsche aus schwarzer Gaze verbarg ihren dünnen Hals, so gut es ging. Das Gesicht sah wie eine Maske aus, Lippen und Wangen waren unnatürlich rot.«[15]

Christomanos, der 1894 aus ihren Diensten entlassen wurde, war beunruhigt:

> »Je länger ich in ihrer Nähe weile, desto mehr belebt sich in mir der Gedanke, daß sie zwischen zwei Welten steht. Wenn wir stundenlang am homerischen Strand wandern, sie wie ein verkörperter Schatten gleitend an der lichten Küste des Lebens, und die ewigen Wellen uns anschreien, da habe ich immer die Empfindung, als ob sie etwas versinnbildliche, das zwischen Leben und Tod liegt oder in beiden zugleich [...], dass sie in das reale Leben nicht hineingehört. Ihre Lebensatmosphäre ist eine andere als diejenige, worin wir atmen. Von unserem Standpunkt aus ist ihr Leben eigentlich ein Nichtleben: man könnte sagen, sie befindet sich noch als Lebende in einem Zustand, der das Leben ausschließt.«[16]

Elisabeth hielt sich im letzten Lebensjahrzehnt also gleichsam als lebende Tote an einem Ort zwischen Leben und Tod auf. »Es war, als ob man mit einem Gespenst zusammenfuhr«, erinnerte sich Ex-Kaiserin Eugénie von Frankreich, »denn ihr Geist schien in einer anderen Welt zu weilen. Selten sah sie, was um sie herum vorging [...].«[17]

Auch der Bildhauer Antonio Chiattone, Gestalter des Rudolfs-Denkmals im Schloss Achilleion, der Anfang März 1895 eine Begegnung mit der Kaiserin hatte, erinnerte sich später:

> »Das Gesicht trug den Stempel heftiger und andauernder Leiden, ihm waren die deutlichen Zeichen großen Schmerzes aufgeprägt, jene tiefen Linien, die ihm ein sich immer um denselben Punkt drehender, schmerzlicher Gedanke eingräbt. Sie sprach zu mir mit sehr leiser Stimme und mit großer Langsamkeit, mir schien es die Stimme eines Schattens aus einer anderen Welt, dem nichts Materielles mehr anhängt.«[18]

Mit zunehmendem Alter entfernte sich Elisabeth aus dem Reich der Lebenden immer mehr, empfand ihr Leben nur noch als zunehmende Mumifizierung von Tag zu Tag: »Es gibt nichts ›Grauslicheres‹, als so nach und nach zur Mumie zu werden und nicht Abschied nehmen zu wollen vom Jungsein. Wenn man dann als geschminkte Larve herumlaufen muß – Pfui! Vielleicht werde ich später immer verschleiert gehen, und nicht einmal meine nächste Umgebung soll mein Gesicht mehr erblicken«[19], notierte sie laut ihrer Nichte Marie Louise bereits Ende der Achtzigerjahre und verbarg sich wenig später tatsächlich hinter schwarzen Fächern und weißen Schirmen, die »fast zu Bestandteilen ihrer körperlichen Erscheinung«[20] wurden, wie Constantin Christomanos treffend bemerkte. Es ist ein jahrelang andauerndes langsames Verlöschen. Der letzte Funke musste schließlich im September 1898 von ihrem »Erlöser«, dem Anarchisten Luigi Lucheni, nur noch erstickt werden.

In vielem erinnern Elisabeths Verhaltensweisen nach den erwähnten Schicksalsschlägen an ihre Vorgängerin Kaiserin Maria Theresia. Als deren von ihr geliebter Gemahl Franz Stephan am 18. August 1765 nach einem schweren Schlaganfall überraschend starb, brach für sie eine Welt zusammen. Über Nacht verwandelte sich auch Maria Theresia bis zu ihrem Tod in eine tief trauernde Witwe, die sich nur noch schwarz kleidete. »Ich kann keine Freude mehr empfinden; selbst die Sonne erscheint mir finster«[21], klagte sie.

Wie viele andere Habsburgerinnen vor ihr verbrachte sie den Witwenstand in klösterlicher Askese. Die ihr noch verbleibenden Lebensjahre sah sie als eine Zeit, sich auf den eigenen Tod vorzubereiten, Buße zu tun und häufig zu beichten, täglich die Messe zu besuchen und die heilige Kommunion zu empfangen, zu beten und geistliche Bücher zu lesen.

Wie Elisabeth verteilte auch sie ihren Schmuck und ihre Garderobe unter ihren Hofdamen. Das eheliche Schlafzimmer ließ sie schwarz auskleiden und in den übrigen Gemächern wurde tristes Grau der vorherrschende Farbton. Ein Raum mit Porträts ihres Gatten wurde zum Totenkabinett, in das sie sich häufig zur Meditation zurückzog. Sie notierte, dass sie mit ihrem Mann 10781 Tage – das sind 258744 Stunden – verleben durfte. Den Prunksarkophag in der Kapuzinergruft ließ Maria Theresia mit zwei Statuen krönen, die ihren Mann und sie selbst darstellen, wie sie einander zugewandt für ewige Zeiten ihre Blicke ineinander versenken. Beide scheinen in dieser Darstellung nebeneinanderzuliegen, sodass Betrachter stets an ein Liebeslager denken, wie dieses Denkmal von ihr ja wohl auch gemeint war. Nicht nur am Todestag stieg sie jährlich in die Kapuzinergruft hinab, um mit dem Toten geistige Zwiesprache zu halten. An den Grafen Tarouca schrieb sie zu Beginn des Jahres 1766:

> »Ich kenne mich nicht mehr, denn ich lebe wie ein Tier, ohne Seele und ohne Verstand. Ich vergesse alles. Ich stehe um fünf Uhr auf ich gehe spät zu Bett, und ich tue den ganzen Tag über nichts. Ich denke nicht einmal mehr. Meine Lage ist grausam.«[22]

Aus dem Hofleben und der Öffentlichkeit zog sie sich völlig zurück, ließ kirchliche und private Festtage reduzieren, was ihrem Sohn Joseph, dem sie infolge ihrer Trauer immer mehr Handlungsfreiheit einräumte, durchaus passte. Er führte eine ausgeprägte Sparpolitik ein, um auf diese Weise die Staatsschulden, die sich auf 300 Millionen Gulden beliefen, nach und nach zu verringern. Noch zehn Jahre später schrieb Maria Theresia an ihre Vertraute Gräfin Enzenberg:

> »Ich verbringe die Jahre, die Monate, die Wochen, die Tage in der gleichen Einfalt, der gleichen Bitterkeit wie am ersten Tag, und oft bin ich froh, dass die

Tage, die vergangen sind, nicht wiederkommen, und dass ich mich mit jedem Augenblick mehr meinem Ende nähere.«[23]

Dies könnte auch Kaiserin Elisabeth so geäußert haben.

Elisabeths Ängste, geistig zu erkranken

Nachdem Elisabeth Kaiserin geworden war, besuchte sie immer wieder Kranken- und Waisenhäuser. Auffallend großes Interesse zeigte sie aber für Menschen, die die Grenze zwischen Normalität und Irrsinn überschritten hatten. Auf ihren Reisen überraschte sie deshalb im In- und Ausland regelmäßig sogenannte »Irrenanstalten« mit ihrem Besuch und erkundigte sich eingehend nach den Schicksalen und der Pflege der Insassen. Entsetzt über die oft schlimmen Zustände in diesen Einrichtungen, spendete sie aus ihrer Privatschatulle Geld für deren Sanierung. Besonders fasziniert war sie von der »Irrenanstalt Bedlam« in London, die neben dem »Narrenturm in Wien« zu den ältesten und größten Einrichtungen für Menschen mit geistigen und psychischen Störungen gehörte. Dabei interessierten sie auch neue Therapiemethoden und einmal nahm sie sogar an der Demonstration einer Hypnose teil. Solche Besuche erschütterten sie immer sehr: »Marie«, sagte sie zu Gräfin Festetics nach einem Besuch der Kreisirrenanstalt in München, »Marie, das hat furchtbar auf mich gewirkt. Ich habe es mir nicht so traurig vorgestellt.«[24] Ergriffen hört sie »die armen Kranken bald gräßlich lachen, wüten, schreien, bald bitterlich weinen und hell singen«[25]. Wenige Monate nach dem Tod Ludwigs II. erschien sie am 11. November 1886 völlig unerwartet in der staatlichen Irrenanstalt in Budapest.

Bereits 1871 irritierte Elisabeth im Alter von erst 34 Jahren ihren Gemahl Franz Joseph, der sie fragte, was sie sich denn zu ihrem Namenstag am 19. November wünsche. Sie antwortete: »Nachdem Du mich fragst, was mich freuen würde, so bitte ich Dich entweder um einen jungen Königstiger (zoologischer Garten in Berlin, drei Junge) oder ein Medaillon. Am allerliebsten aber wäre mir ein vollständig eingerichtetes Narrenhaus. Nun hast Du Auswahl genug.«[26] Franz Joseph schenkte ihr ein Medaillon.

Elisabeths Interesse für Irrenanstalten, das allenthalben Verwunderung erregte, war durchaus verständlich. In der Familie Wittelsbach waren diverse Fälle von Geisteskrankheiten bekannt. So war »Elisabeths Großvater, Herzog Pius in Bayern geistesgestört und verlebte seine letzten Lebensjahre in völliger Abgeschiedenheit von der menschlichen Gesellschaft als Einsiedler. Auch ihr Vater, Herzog Max wurde im Alter eigenbrötlerisch und lebte auffallend zurückgezogen. Einige von Elisabeths Geschwistern waren zumindest labil, zeigten jedenfalls starke melancholische Züge. Schwester Helene zum Beispiel hatte nach dem Tod eines Sohnes 1885 schwere geistige Störungen und war laut Erzherzogin Valerie ›in ihrer furchtbaren Leidenschaftlichkeit oft wie wahnsinnig‹«[27], ganz ähnlich wie die jüngste Schwester Sophie. Sie wurde, wie erwähnt, 1887 wegen vorübergehender Nervenschwäche – in Wahrheit jedoch wegen Ehebruchs – in Prof. Krafft-Ebings private Irrenanstalt Mariagrün bei Graz eingeliefert. Auch Elisabeths »›italienische‹ Schwestern, Marie und Mathilde, waren im Alter melancholisch«.[28] Ebenso hatte sie die geistigen Zustände von König Ludwig II. von Bayern und von dessen Bruder Otto, der an einer »paranoid-halluzinatorischen Psychose aus dem schizophrenen Formenkreis«[29] litt, ständig vor Augen. Fürstin Nora Fugger, die der Kaiserin persönlich begegnete, war sich sicher, »dass die geistige Veranlagung der Kaiserin doch keine normale sein könne. Allgemein sprach man davon, dass das Wittelsbacher Blut daran die Schuld trage. Richtiger schiene es mir, die anormale Veranlagung auf die Blutströme der Landgrafen von Hessen zurückzuführen, die allerdings in den Adern der Wittelsbacher fließen. Es ist eigentümlich, dass gerade bei den Landgrafen von Hessen auch vielfach die Manie bestand, sich den Blicken der Menschen zu entziehen. [...] Das Blut dieses hessischen Geschlechts floss infolge von Verwandtenehen in zwei Strömen durch die Adern sowohl der Kaiserin Elisabeth als auch ihres Vetters und Gemahls, des Kaisers Franz Joseph. Im Kronprinzen Rudolf vereinigten sich daher viermal die Blutströme dieses geistig ganz anormalen Geschlechts.«[30]

Doch nicht nur die familiäre Veranlagung beunruhigte Elisabeth zutiefst. Sie, die Jehova auch als Gott der Rache sah, also als strafenden Gott, dem der Mensch hilflos ausgeliefert ist, konnte sich nicht von der mittelalterlichen Vorstellung lösen, nach der Krankheit als eine gottgewollte Strafe für begangene Sünden gesehen wurde. Schon bei den Naturvölkern wurde der Grund für eine geistige Erkrankung oft in einem schuldhaften Verhalten des Menschen gegen die Gottheit gesehen, etwa im Nachlassen der Verehrung oder im Versäumnis eines Opfers. Indem der Kranke sein Fehlverhalten einsah und Abbitte leistete, konnte er von seinem Leiden befreit werden. Die Vorstellung, dass eine Krankheit von Gott geschickt wird, findet sich auch im Alten Testament der Bibel, wo sich Gott der Krankheit als Erziehungsmittel bedient. Ein Beispiel: Der erkrankte syrische König Naaman besucht den Propheten Elisa und wird nach einem Tauchbad im Jordan und seiner Bekehrung zum Gott Israels durch Gott von seinem Leiden befreit.[31]

Elisabeths Angst, womöglich geistig zu erkranken, entstand also auch infolge ihrer Überzeugung, dem Schicksal und dem übermächtigen Gott hilflos ausgeliefert zu sein. Ob sie ein solches Unheil träfe, sei vorherbestimmt. Nur ein vorzeitiger Tod konnte den eventuellen Ausbruch der Krankheit verhindern.

Bei ihren Besuchen von Irrenanstalten begegnete die Kaiserin häufig Patienten mit einer dissoziativen Identitätsstörung, auch multiple Persönlichkeitsstörung genannt. Diese Kranken glaubten, eine andere Person in sich zu tragen. So versicherte ihr ein Patient, der heilige Petrus zu sein. Eine andere Kranke hielt sich für Ophelia aus Shakespeares Drama »Hamlet«, die an der Liebe zu Hamlet verzweifelte und Selbstmord beging. Bei einem Besuch der Königin Marie von Bayern im Frühjahr 1874 traf sie auch auf den geistig erkrankten Prinzen Otto, der sie nach Beendigung des Besuchs zu ihrem Wagen geleitete. Elisabeth bat ihre Hofdame Marie Festetics auf Ungarisch, damit es Otto nicht verstehen konnte: »Bitte geben Sie auf ihn acht, ich hab das Gefühl, daß er mich die Treppe herunterreißt.«

Dies zeigt, dass die Kaiserin Kenntnis davon hatte, dass Geisteskranke motorisch ungeschickt und zu spontanen Handlungen fähig sind, wie auch bei ihrem Besuch der Landesirrenanstalt Bründlfeld am 11. Dezember 1886. Da stürzte sich eine Patientin auf Elisabeth und riss ihr den Hut vom Kopf. Die Kranke, die sich selbst als österreichische Kaiserin fühlte, war über das Erscheinen der wirklichen Kaiserin empört und konnte nur mühsam beruhigt werden. Danach jedoch warf sich die Frau vor Elisabeth auf die Knie und bat flehentlich um Verzeihung, was Elisabeth zu Tränen rührte. Wie alle Menschen erlebte übrigens auch Elisabeth Dissoziation gelegentlich an sich selbst, so etwa, wenn sie sich mit allen Sinnen in die Werke Heinrich Heines vertiefte und überzeugt war, mit dem Dichter »in Seelenverkehr« zu stehen. Auch in ihren Tagträumen geriet sie in Trancezustände. Das Bewusstsein schien dann auf Stand-by zu stehen. In Stressmomenten neigte sie ebenfalls dazu, zu dissoziieren. Infolge ihrer Essstörungen, ihrer Depressionen und Ängste erlebte sie bisweilen eine Abspaltung des Bewusstseins. Sie sah sich dann, wie sie dies in etlichen Gedichten beschrieb, in der Rolle der Feenkönigin Titania oder als Möwe, die übers Meer segelt »mit langem Schweif / Und weissen, gespenstischen Swingen«[32].

In den Achtzigerjahren nahmen ihre eigenartigen Verhaltensweisen zu, darunter eine ausgeprägte Melancholie, der Hang zur Einsamkeit und das Misstrauen gegenüber Menschen. Manche vermuteten, dass ihr ausgeprägtes Nervenleiden früher oder später in eine geistige Erkrankung münden würde. Bald nach Rudolfs Tod 1889 kursierten in der europäischen Presse Vermutungen, bei der österreichischen Kaiserin sei der Wahnsinn ausgebrochen. Das »Berliner Tagblatt« wählte dafür die Umschreibung »hochgradiges Nervenleiden« und äußerte:

> »Für diejenigen, welche mit den Verhältnissen am österreichischen Hofe vertraut sind, hat diese Nachricht nichts Überraschendes. Die Extravaganzen der unglücklichen Kaiserin, ihre immer stärker sich kundgebende Scheu vor allem öffentlichen Auftreten, ihr menschenscheues Wesen, welches dem des unglücklichen Baiern-Königs Ludwig so sehr ähnlich ist, ließ längst befürchten, daß es früher oder später einmal zu einer Katastrophe kommen würde. Es wäre demnach ein Irrtum, wollte man das entsetzliche Ende des Kronprinzen Rudolf als die Ursache des Leidens hinstellen; dasselbe hat längst bestanden und griff langsam und stetig um sich.«[33]

Wie rasch sich das Urteil über die Kaiserin jedoch ändern konnte, zeigt Alexander von Warsbergs Begegnung mit ihr. Der Griechenlandkenner hatte beim ersten Kontakt, wie er in sein Tagebuch notierte, »den Eindruck, nicht eine Närrin, sondern eine Wahnsinnige vor mir zu haben, so daß ich förmlich traurig wurde.« Doch kurze Zeit später änderte er seine Meinung völlig, nannte die Kaiserin »gescheidt [...] eine geistig sehr hochstehende Natur, die mich im höchsten Grade interessiert«.[34]

In den letzten neun Lebensjahren der Kaiserin kam in der internationalen Presse der Verdacht einer Geisteskrankheit Elisabeths vermehrt zur Sprache, so, wie erwähnt, in der Mailänder Zeitung »Secolo«, in der es im März 1893 hieß: »Die Kaiserin und Königin Elisabeth leidet am beginnenden Irrsinn. Allabendlich quälen sie Halluzinationen.«[35]

Zwar wurde die Meldung widerrufen, aber die Leser trauten der Kaiserin aufgrund ihrer sonstigen eigenartigen Verhaltensweisen auf ihren Reisen so manches zu. Marie von Redwitz, Hofdame von Carl Theodors Tochter, Herzogin Amalie in Bayern, urteilte:

> »Elisabeth war von jeher merkwürdig und folgte ganz ihren Grillen und Wünschen, jetzt kam noch Menschenscheu und Melancholie dazu. Wer von begabten Menschen, die eingeschränkt jede Freiheit genießen, ist ganz normal? Die Kaiserin war, wie wir alle, das Produkt der Verhältnisse.«[36]

Auch Franz Joseph äußerte sich besorgt über Sisis überreizte Nerven, ihren Hang zur Einsamkeit, ihre Angst vor Menschen und ihre Depressionen. Elisabeths Tochter Marie Valerie erschrak mehrfach über die immer wieder geäußerte Todessehnsucht ihrer Mutter. Selbst ihr Lieblingsbruder Carl Theodor sprach im Familienkreis, wie seine Tochter Amelie berichtet, recht ungeniert davon, dass Sisi zwar »gescheit sei, aber einen entschiedenen Sporn habe«[37]. Damit meinte er, dass sie sich auffallend verrückt benehme. Er warnte Sisi, »sich zu intensiv in die überspannten Ideen zu bohren«. Dadurch »könne sie ihre Nerven so überreizen, dass sie am Ende noch ›umschnappe‹«[38].

Gräfin Ernestine Crenneville erzählte der Schriftstellerin und Pazifistin Bertha von Suttner:

> »Ich weiß noch wie wir eines Tages nach einem kleinen Diner bei der Kaiserin beisammen saßen, ein ganz kleiner Kreis. Erzherzogin Valerie, der Herzog von Cumberland und ich. Ein paar Hofdamen abseits. Die Kaiserin war sehr schweigsam und traurig. Plötzlich ruft sie: ›Ach, hinaus! Hinaus ins Grüne, in die Ferne ...‹ Erzherzogin Valerie springt auf: ›Um Gottes Willen, Mama ...‹ Der Herzog von Cumberland fällt begütigend ein: ›Sie haben recht, Majestät!‹ und leise zur Tochter: ›Nur nie allein lassen, nie allein!‹«[39]

War Kaiserin Elisabeth nun aber wirklich verrückt oder geisteskrank? Dies war sie sicher nicht, auch wenn manche der Ansicht sind, dass der Ausbruch dieser Krankheit nur durch ihren relativ frühen Tod mit 61 Jahren verhindert worden sei. Wer weiß, so die Mutmaßungen, wie sich ihr geistiger Zustand noch verändert hätte, hätte sie noch zehn oder 20 Jahre länger gelebt. Heute geht man davon aus, dass Elisabeth nicht verrückt oder geisteskrank war, mit Sicherheit aber »anormal«.

Während man heutzutage Menschen, die anormal auffallen, lediglich einen Spleen oder eine exzentrische Lebensweise bescheinigt, wurde im 19. Jahrhundert »normal« mit »geistig gesund« und »anormal« mit »geistig krank« gleichgesetzt. Gesund war damals, was dem bürgerlichen Moralkodex entsprach. Je nachdem, wie sehr man davon abwich, wurde man entweder als »geistig verwirrt« oder »geistig krank« beurteilt.

Elisabeths Verhalten war außerhalb der Konventionen, die für eine österreichische Kaiserin Mitte bis Ende des 19. Jahrhunderts galten. Sie entsprach in den Augen ihrer Zeitgenossen keinesfalls der »Normalität ihrer Zeit«. Gemessen an den Erwartungen, die man an eine Kaiserin hatte, war ihr Verhalten sicher nicht normal. Sie mied Kontakte zum Wiener Hof und zur Wiener Bevölkerung, kam ihren Repräsentationsverpflichtungen nicht nach, hatte eigenartige Vorlieben, war ständig auf Reisen, zog sich in die Einsamkeit auf Inseln zurück, verschwendete Unsummen für ihre Reitjagden in Irland und England, negierte das vorgesehene Rollenkonzept als Ehefrau eines Kaisers sowie als Mutter und entsprach damit auch in sexualmoralischer Hinsicht nicht den Vorstellungen und dem Geist ihrer Epoche. Sie rückte sich mit den Jahren aus der »Normalität« förmlich heraus. Damit »verrückte« sie die Vorschriften des gültigen Moralkodexes ihrer Zeit und wurde in der Folge als »verrückt« bezeichnet. Es war also nicht nur eine »Anormalität«, sondern ein ganzes Bündel von anormalen Verhaltensweisen, die ihr vorgehalten wurden und ihr den Ruf, »verrückt« zu sein, eintrugen.

Auch die Bevölkerung kam zu einem derartigen Urteil, da sich das einfache Volk der sogenannten »Normalität der Zeit« willig unterordnete, also dem, was in der Gesellschaft als »normal« angesehen wurde. Für alle Menschen, die im 19. Jahrhundert ein arbeitsames, pflichtbewusstes, christlich orientiertes und damit ordentliches Leben führten und sich deshalb hinsichtlich der Beurteilung von Sitte und Anstand auch für kompetent hielten, war die Kaiserin eine Person, die all dem widersprach, was »normal« war. Natürlich dementierten die österreichischen Zeitungen vehement die in den großen europäischen Zeitungen geäußerten Vermutungen über eine sich anbahnende geistige Erkrankung der Kaiserin. Es handle sich lediglich um neuralgische Schmerzen. Zwar wurde der Nervenarzt Prof. Krafft-Ebing, der Elisabeths Schwester Sophie wegen Ehebruchs in sein Irrenhaus Mariagrün aufgenommen hatte, nicht konsultiert. Was aber wäre gewesen, wenn man das getan hätte? Wäre der Psychiater dann womöglich zu einem ähnlichen Resultat gekommen, wie sein Kollege Dr. Bernhard von Gudden, der König Ludwig II. in seinem psychiatrischen Gutachten abschließend folgendermaßen beurteilte:

> »Eines Commentars bedarf die ganze gegenwärtige Stellung Seiner Majestät gegenüber dem Lande nicht. Die geistigen Kräfte Seiner Majestät sind bereits dermaßen zerrüttet, daß alle und jede Einsicht fehlt, das Denken mit der Wirklichkeit im vollen Widerspruche sich befindet, das Handeln ein unfreies ist und Allerhöchstdieselben im Wahne absoluter Machtfülle ver-

einsamt durch eigene Isolirung – wie ein Blinder ohne Führer am Rande des Abgrundes stehen.«[40]

Die Kaiserin, die von den Vorwürfen gegen sie natürlich erfuhr, antwortete darauf mit ihrem Rückzug, wie sie in einem Gedicht schrieb:

> »Nicht soll Titania [Elisabeth] unter Menschen gehen. / In dieser Welt, wo niemand sie versteht, / Wo hunderttausend Gaffer sie umstehen, / Neugierig flüsternd: ›Seht die Närrin, seht!‹«[41]

In der Folge redete sie sich die Geisteskrankheit nun einfach schön. Zu ihrem Vorleser Christomanos sagte sie:

> »Haben Sie nicht bemerkt, daß bei Shakespeare die Wahnsinnigen die einzigen Verständigen sind? So weiß man auch im Leben nicht, wo die Vernunft und wo der Wahnsinn sich findet, sowie man auch nicht weiß, ob die Realität der Traum oder der Traum die Wirklichkeit ist. Ich neige dazu, jene Leute für vernünftig zu halten, die man wahnsinnig nennt. Die eigentliche Vernunft halt man für ›gefährliche Verrücktheit‹.«[42]

Stand womöglich auch Elisabeths bereits erwähnte Affinität zu Einsiedeleien und Klöstern in Zusammenhang mit ihrer Angst vor einer geistigen Erkrankung? Von der Antike bis ins späte 18. Jahrhundert wurden Menschen, die an der »Schwarzen Krankheit« litten, wie man die Geisteskrankheit damals nannte, auf Anordnung weltlicher oder kirchlicher Behörden oft in ein Kloster gesteckt. Reiche und Gebildete mit einer geistigen Erkrankung erfuhren dort eine besonders zuvorkommende Betreuung, da die wohlhabenden Verwandten die Klöster finanziell unterstützten. Manche Geisteskranke wurden sogar als »Heilige Narren« verehrt und genossen hohes Ansehen. Ihr verrücktes Verhalten beurteilte man nicht als Folge einer geistigen Verwirrung, sondern als göttlich inspiriert. Berühmt wurde etwa »Basilius der Selige, der Wundertäter von Moskau«, der 1588 heiliggesprochen wurde. Heilige Narren konnten auch nicht wegen Gotteslästerung oder Beleidigung des Kaisers oder Zaren zur Rechenschaft gezogen und bestraft werden. Sie waren oft sogar Ehrengäste bei Hof und auch die Landbevölkerung bewunderte diese göttlich inspirierten Verrückten.

»Heiligen Narren« begegnete die Kaiserin auf der Insel Korfu, so bei einer Wanderung mit Christomanos auf den 579 Meter hohen Gipfel des »Aji Deka«, des »Bergs der Heiligen Zehn«, auf dem ein gutmütiger Einsiedler hauste. »Die Leute in Korfu sagen, er sei ein Narr«, so Elisabeth, »und spräche mit den Bienen und Wolken und verkehre nur mit Hexen. Vielleicht hat er selbst die Leute in Korfu für Narren gehalten.«[43] Am 27. März 1892 begegnete sie dann vor der Kirche des kleinen Dorfes Benizze auf Korfu einem weiteren Heiligen Narren, »vor dem alle Umstehenden zurückwichen [...] er hielt ein brennendes gelbes Wachskerzlein in der Hand und starrte wie verklärt lächelnd vor sich hin [...] sein Antlitz und sein weißer Kopf waren von einem Lichtstrahl umgeben, der anscheinend gar nicht von der Kerze kam. Alle Leute blickten ihm nach, einige Kinder und Frauen bückten sich und küßten ihm beim Vorübergehen die Hände. Der Kaiserin fiel das auf.« Sie bat ihren Begleiter Christomanos, sich bei einer alten Bäuerin zu erkundigen, wer das sei: »Das ist der alte Spyros Aulonitis, sagte sie, so ist dem seine Art, aber er ist ein heiliger Mann. Der hat den ›Haros‹ [den Tod] von Angesicht zu Angesicht gesehen.« Er habe, so die Bäuerin, zwei Tage lang tot im Sarg gelegen und sei dann »plötzlich lebendig geworden und aus dem Sarg gestiegen«. Seither »geht er still herum und lacht, wie wenn er den Himmel sähe«.[44] Elisabeth war fasziniert. Wünschte sie sich womöglich deshalb mehrfach den Rückzug in Einsiedeleien, um eine eventuell auftretende geistige Verwirrung nicht nur vor der Öffentlichkeit zu verbergen, sondern von den Menschen sogar als »Heilige« verehrt zu werden?

Ebenso hat es den Anschein, als ob Elisabeth bei ihren Besuchen von Irrenanstalten den Stand bei der Behandlung und Pflege der Kranken vor allem für den Fall überprüfte, dass sie doch einmal selbst geistig erkranken und eine psychiatrische Betreuung benötigen würde. Dass sie dies für durchaus möglich hielt, registrierte auch ihre Tochter Marie Valerie: »Mir wird wirklich oft bang für Mama, wenn sie vor lauter Aufregung zu lachen anfängt, vom Narrenhaus spricht usf.«[45]

Sollte einmal auch bei ihr wie schon bei anderen ihrer Verwandten eine Internierung in einer Anstalt erforderlich werden, ersehnte sie zumindest eine sorgfältige Pflege nach den neuesten Erkenntnissen der Psychiatrie und natürlich stünde ihr als Kaiserin auch ein eigenes »vollständig eingerichtetes Narrenhaus« zu. Ihr war bekannt, dass der geisteskranke Bruder Ludwigs II. ab 1883 in dem nahe bei München gelegenen Schloss Fürstenried interniert und dieses Haus zu seinem Privatsanatorium umgestaltet worden war. Otto verfügte dort über »seine eigene Hofhaltung, einen Hofmarschall, zwei Kavaliere, zwei Assistenzärzte [Dr. Bernhard von Guddens] und eine von einem Offizier befehligte Leibwache, sowie zahlreiche Dienerschaft«[46].

Erst durch ihren tragischen Tod wurde die Kaiserin wieder in die Normalität zurückgeholt. Alle ihre Verhaltensauffälligkeiten wurden in der Folge in einem neuen Licht gesehen und mit den Jahren gleichsam von allen Schlacken gereinigt und sogar veredelt. Was zu ihren Lebzeiten als »verrückt« galt, wurde und wird bis heute als Ausdruck ihrer extravaganten, genialen Persönlichkeit gesehen. Wohl deshalb sind auch die Reaktionen der Sisi-Verehrerinnen und Verehrer so heftig, wenn Historiker oder Psychiater es heute wagen, hinter dieser bald 125 Jahre modellierten und mittlerweile untadeligen, ja heiligmäßigen Gestalt der Kaiserin den Menschen Elisabeth mit all seinen menschlichen und tragischen Zügen zu sehen und sich nicht scheuen, eine mögliche geistige Erkrankung Elisabeths zu diskutieren.

Kontakt mit Toten in spiritistischen Sitzungen

Elisabeth nahm mehrfach an Séancen teil. Sie war fasziniert von Medien, die mit ekstatisch verdrehten Augen und fremder Stimme Botschaften aus dem Jenseits übermitteln und von Kerzen, die wie durch Geisteratem ausgeblasen werden. Damit stand sie nicht allein. Spiritismus und Geisterbeschwörungen waren zu ihrer Zeit in Europa und den USA modern. Auch die französische Kaiserin Eugénie glaubte, mit Toten in Verbindung treten zu können. Nach dem Tod ihres Vaters nahm sie mit Unterstützung eines Mediums Kontakt zu ihm auf. »Glaube nicht«, schrieb sie ihrer Schwester Paca, »daß das Einbildung ist. Das ist eine Wirklichkeit, und ich hoffe, daß ich auch Dich überzeugen kann.«[47]

Vorrangig waren es zwei Gründe, weshalb sich Kaiserin Elisabeth für Spiritismus, also für den Kontakt mit Verstorbenen, interessierte. Zum einen ist die Verbindung mit Toten ein Trost für die Hinterbliebenen, zum anderen könne durch einen erfolgreichen Kontakt mit Verstorbenen der Beweis für die Unsterblichkeit der Seele erbracht werden. Mehrfach suchte sie deshalb spiritistischen Kontakt zu Verstorbenen aufzubauen, nicht nur zu Heine, sondern auch zu dem verstorbenen Rudolf und anderen.

Marie Valerie notierte am 18. Juni 1887 ins Tagebuch:

> »Seit ihrem innigen seelischen Verkehr [mit Heinrich Heine und Ludwig II.] ist Mama wirklich … ruhiger und glücklicher und hat im Sinnen und Dichten […] eine befriedigende Lebensaufgabe gefunden.«[48]

Enttäuschung bereitete es der Kaiserin, wenn der erhoffte Kontakt nicht zustande kam wie beispielsweise nach dem Tod ihres Sohns. Dazu notierte Marie Valerie am 10. Februar 1889:

> »Heute erzählte mir Mama […] Sie war gestern Abend, nachdem sie sich vorher schon ganz zum Schlafengehen ausgezogen, gewaschen und uns weggeschickt – ganz allein zwischen 8 und 9 Uhr in der Kapuzinergruft. Die Gruft ist ihr unsympathisch und sie hatte gar keine Lust hinabzugehen, aber ihr war's, als riefe sie eine innere Stimme und sie tat es in der Hoffnung, Rudolf könne ihr erscheinen und ihr sagen, ob er dort noch begraben sein wolle. Darum schickte sie auch den Pater, der ihr geöffnet hatte, fort, schloss die eiserne Tür der Gruft, die nur durch einige Fackeln bei Rudolfs Sarg erhellt war und kniete bei demselben nieder. Der Wind stöhnte und die von welken Kränzen herabfallenden Blumen knisterten wie leise Schritte, sodass sie sich öfter umsah – aber es kam nichts. ›Sie dürfen ja nur kommen, wenn der grosse Jehova sie lässt.‹ Aber doch war ihr der Besuch Trost und Beruhigung. Als Gisela und ich sagten, wir hätten das nie und nimmer über uns gebracht, sagte Mama […] wenn man jemanden lieb gehabt hat, sollte man doch solche Scheu überwinden können und überglücklich sein, dem geliebten Wesen helfen zu können, wenn es einem erscheine […].«[49]

Vielleicht erinnerte sie sich bei diesem Aufenthalt auch an den Besuch vor 32 Jahren in der Krypta der Kapuzinerkirche, wo ihre 1857 verstorbene Tochter Sophie bestattet wurde.

> »Während jenes heißen Sommers fuhr sie damals Tag für Tag in einer geschlossenen Kutsche mit verhängten Fenstern von Laxenburg auf den Neuen Markt und stieg in die Krypta hinab, um am Sarkophag ihres Kindes zu weinen und zu beten.«[50]

Elisabeth nahm auch in München an spiritistischen Sitzungen teil. Dort suchte sie ihre Freundin aus Jugendtagen auf: die 1839 geborene und unverheiratet gebliebene Gräfin Irene Paumgarten, die derartige Sitzungen abhielt. Von ihr als Schreibmedium erhielt sie Mitteilungen aus dem Geisterreich. In Wien empfing die Kaiserin einmal einen Geisterseher aus Frankreich, um mit seiner Hilfe Verbindung zu Verstorbenen aufzunehmen. »Wenn die Menschen leugnen, daß es einen Kontakt mit Verstorbenen gibt«, so erklärte sie ihrer Nichte Marie Louise, »so tun sie dies aus Unverstand oder Unwissenheit. Allerdings ist es nicht jedem gegeben, hier auf Erden schon mit der Seele zu leben, zu denken und zu fühlen. Ich selbst bin imstande, mit allen Seelen zu verkehren, die meiner Seele verwandt sind, auf welche ich meine eigene Seelenkraft übertragen und konzentrieren kann [...] Diese Bilder kommen mir im wachen Zustand, ebenso wie die Erinnerung im Schlaf ›Traumgebilde‹ erweckt. Aber was ich in wachem Zustande sehe, sind keine Traumgebilde, keine Halluzinationen, wie gewisse Menschen, denen die Begriffe fehlen, behaupten und damit ein nichtssagendes Wort statt einer logischen Erklärung geben. Der Geist eines Toten erweckt das Bild jener Gestalt in uns, die er in seiner letzten Lebensstunde gehabt, in welcher ihn der geistig Schauende nicht einmal gesehen. [...] Mir gewährt es große Befriedigung und eine tiefe Beruhigung, in so mancher Stunde, daß ich mit jenseitigen Geistern in Verbindung treten kann. Doch die Menschen, mit geringen Ausnahmen, verstehen das nicht. Und was unwissende Menschen nicht verstehen, das erklären sie für Unsinn.«[51]

Das tat auch ihr Sohn Rudolf, der als Vernunftmensch Spiritismus verurteilte und in anonymen Zeitungsartikeln gegen diesen Hokuspokus vorging, wie dies vor 100 Jahren auch schon Kaiserin Maria Theresia getan hatte. Gemeinsam mit Erzherzog Johann Salvator und mit Unterstützung des berühmten Zauberkünstlers George Holmes beschloss er eines Tages, das damals berühmteste amerikanische Medium Harry Bastian als Betrüger zu entlarven. Auch Georg Holmes konnte Geister erscheinen und Möbel schweben lassen, aber er führte dies nur als Zauberkunststücke vor. Nach entsprechender Einweisung durch Holmes besuchten Rudolf und Salvator 1884 eine Séance mit Bastian, die bei Baron von Hellenbach stattfand. Die beiden Erzherzöge mussten sich in einem abgedunkelten Zimmer zusammen mit anderen Gästen an den Händen halten. Bastian fiel in einem Nebenraum in Trance und rief die Geister. In diesem Augenblick stellten Rudolf und Salvator zur allgemeinen Heiterkeit Harry Bastian mit einem weißen Schleier vor dem Gesicht bloß, worauf der Hochstapler umgehend aus Wien verschwand. Elisabeth blieb aber ihrer Überzeugung, dass man mit Toten Kontakt aufnehmen könne, auch weiterhin treu.

Drei Monate nach ihrem Tod nahm ihr Griechischlehrer Frederic Barker zur Kaiserin Kontakt auf, wie Valerie in ihrem Tagebuch am 16. Januar 1899 vermerkte. Sie erhielt einen »Brief Barkers, der mir schreibt, wie er mittels Tischrücken etc. spiritistisch, aber durchaus wohltuenden Verkehr mit Mama gehabt«[52]. Valerie reagiert darauf irritiert: »Wie kann der liebe Gott diese Art Offenbarungen zulassen? Pater Abel sagt, es sei jedenfalls nur teuflischer Spuk ... Maria und ich wollen auf den Brief des guten Barker schreiben, er möge sich an einen katholischen Priester wenden«[53], wohl deshalb, um sich diesen »teuflischen Spuk« ausreden zu lassen. Nach dem Urteil der katholischen Kirche begibt sich ein Mensch, der mit Verstorbenen in Verbindung treten will und durch sie Verborgenes zu erkunden sucht, unter den Einfluss dämonischer Mächte, weshalb dieses unerlaubte Forschen nach geheimem Wissen Sünde ist. Jede spiritistische Betätigung und Teilnahme daran lehnt die Kirche daher ab.

Todessehnsucht – Sehnsucht nach einer besseren Welt

Am Allerseelentag 1881 sagte Elisabeth zu Marie Festetics: »Es ist oft so traurig auf der Welt und ich bin überzeugt, wie schwer auch immer das Hinübergehen ist, zurückkommen möchte keiner, wenn er auch könnte.« [54]

Am 30. April 1889 notierte Marie Valerie ins Tagebuch:

> »Mama wird wohl nie mehr, die sie ehemals war; sie neidet Rudolf den Tod und ersehnt ihn Tag und Nacht. Dabei ist auch ihr Glaube tief erschüttert, und oft sagt sie, ewiger Schlaf wäre ihr lieber als Erwachen zu neuem Leben, denn sie begehre nur Ruhe. Sie hatte wohl recht, als sie am Abend der Vigil am 6.2. Tante Marie Therese sagte: ›Sag Marie Jose, ich liesse ihr sagen, die alte Sisi sei tot auf immer.‹«[55]

Marie Valerie beobachtete am 11. Mai 1898 bei ihrer Mutter eine »Furchtlosigkeit vor dem Tod«, wovon sie die Hoffnung ableitete, dass ihre Mutter »vor Gott nicht schuldig in ihrem furchtbaren Unglauben [ist], weil sie dessen schweres Unrecht nicht ahnt, nicht wissentlich Gott beleidigt, sonst müsste sie selbst erschrecken, vor den furchtbaren Dingen, die sie sagt. Ich frug sie – nach ihren Äußerungen, dass mit dem Tod alles aus sei – ob sie denn auch nicht mehr an Gott glaube? ›O ja, an Gott glaube ich – so viel Unglück und Leiden kann nicht durch blossen Zufall entstehen. Er ist mächtig, erschreckend mächtig und grausam – aber ich klage nicht mehr.‹ Wenn ich versuche einzuwenden, Gott werde wissen, warum Er Unglück zulässt, lautet ihre Antwort: ›Er hat recht, der Starke hat immer recht.‹ Also völliges Ableugnen von Gotten Barmherzigkeit – ein starres Anerkennen seiner Macht – mit Bitterkeit und Empörung im Herzen, wenn sie auch behauptet, sie klage nicht. – Ein Argument fiele mir ein für Gottes Barmherzigkeit. Mama gibt zu, dass wir Geschöpfe Gottes sind. Kann sie leugnen, dass Menschen Barmherzigkeit und Mitleid empfinden können? – Nein das leugnet sie nicht. Folglich schliesst ihre Behauptung, dass Gott bloss mächtig und grausam sei, jene ein, dass Menschen eine Tugend besitzen, die Gott fehlt? – Darauf konnte sie nur erwidern: ›Der Mensch sei viel zu klein und elend, um über das Wesen Gottes nachzugrübeln.‹ Sie verschliesst sich also vor der Wahrheit, als fürchte sie dieselbe, und doch ist sie furchtlos vor dem Tode.«[56]

»Die tiefe Traurigkeit«, so Marie Valerie, »die Mama früher doch noch zeitweilig umfing, verlässt sie jetzt nie mehr. Da gibt es keinen, auch nur vorübergehenden Sonnenblick mehr – alles ist düster, alles trostlos – Die beiden Worte: hoffen und sich freuen hat Mama für immer aus ihrem Leben gestrichen, sagt sie. Ihre physische Kraft war eben ihre grösste Freude – und diese Kraft hat sie verlassen.«[57]

Am 17. Juni 1898 notiert Marie Valerie in ihr Tagebuch:

> »Heute sagte Mama wieder, sie ersehne oft den Tod, Sie fürchte ihn nicht, ›denn das will ich nicht glauben, dass es eine Macht gibt, die so grausam wäre, nicht genug zu haben mit dem Leiden des Lebens, sondern auch noch die Seele herausreissen würde aus dem Körper, um sie weiterzufoltern.‹«[58]

Elisabeth – dreizehnmal vom Tod geküsst

Dem Zeitpunkt des eigenen Todes, so die fatalistische Überzeugung Elisabeths, könne man nicht entfliehen. Vom Schicksal sei es längst bestimmt, wann und wie man sterben würde. Der Tod ist deshalb täglicher Begleiter und könne einen jede Sekunde ereilen. In ihrem Schlafzimmer im Achilleion auf Korfu hingen zwei Gedichte, »die sie für sich eigenhändig niedergeschrieben und in einfache Holzrahmen hatte fassen lassen. Hier folgt das eine, von Friedrich Beck gedichtet:

> »Gerüstet sein, wie für die letzte Reise, / Allstündlich, ohne sorgendes Bedenken, / Das ist vielleicht die einzig rechte Weise, / Der Götter Segen auf ein Haupt zu lenken. / Was Du ersehnst, das wird Dich ewig fliehen, / Was Du beweinen kannst, verlierst Du auch; / Die Huld des Schicksals wird nur frei verliehen, / Und suchst Du sie, verweht sie Dir, ein Hauch! / Es liegt ein Fluch auf allem ird'schen Trachten. / Und was er hält, das ringt sich nicht mehr los. / Doch lernst Du lächelnd Glück und Glanz verachten, / Dann sinkt Dir ihre Fülle in den Schoß.«[59]

Das andere Gedicht von Albert Roderich zeigt uns, daß sie sich in der Kunst der Demut übte und sich keine Hoffnungen machte, daß die Erinnerung an sie unter den Menschen auf lange hinaus fortleben würde:

»Ob groß, ob klein erscheint, was wir gethan, / Wenn wir beschlossen uns're Erdenbahn, / Wie schnell ist ausgefüllt die leere Stelle! / Wie viel macht's Unterschied im Ocean, / Ein Tropfen wen'ger oder eine Welle.«[60]

Es ist erstaunlich, wie Elisabeth trotz ihrer ursprünglichen Lust an einem umtriebigen Leben keine Scheu hatte, sich immer wieder lebensbedrohlichen Situationen auszusetzen, und sich von Orten anziehen ließ, an denen eine derartige Erfahrung möglich erschien. Bereits mehrmals vor ihrer Ermordung durch den Anarchisten Luigi Lucheni am 10. September 1898 nahte sich ihr der Tod und fast wäre sie schon vorher auch einem Attentat zum Opfer gefallen. Vor ihrem wirklichen Ende wurde sie dreizehnmal vom Tod gleichsam geküsst, und zwar bei folgenden Situationen.

Fast ertrunken im Starnberger See

Am 21. Juni 1855, beim ersten Aufenthalt der jungen Kaiserin nach ihrer Hochzeit, ereignete sich nach Aufzeichnungen in der »Kistler-Chronik von Feldafing« Folgendes:

»Die Kaiserin wagte sich einmal im Kahn ohne Schiffer und sonstige Begleitung in den See hinaus. Unerwartet trat Wind ein und als die Kaiserin nahe der Mitte des Sees war, wuchsen die Wellen mit der zunehmenden Stärke des Windes. Ägidius Hirn, ein Fischer von Possenhofen, der am Ufer beschäftigt war, merkte, daß die Kaiserin mit dem Schiff nicht mehr zurechtkam. Rasch ruderte er sofort hinaus, nahm seinen Kahn ins Schlepptau und stieg dann in den Kahn der Kaiserin. Hirn mußte selbst alle seine Kräfte aufbringen, um das Boot dirigieren zu können. Doch glücklich erreichten beide das Ufer. Die Kaiserin war voll des Dankes, daß er als Retter erschienen sei und ließ ihm durch ihren Sekretär eine kaiserliche Belohnung zukommen. So oft sie zukünftig ihrem Retter begegnete, nannte sie ihn nur mit dem Taufnamen und erkundigte sich fleißig nach seinem Befinden und wie es ihm sonst gehe.«[61]

Vielleicht hätte Elisabeth also schon 30 Jahre vor dem Tod ihres Cousins Ludwig II. selbst den Tod im Starnberger See gefunden, wäre ihr nicht der Fischer Ägidius Hirn zur Hilfe gekommen. Der über 100 Meter tiefe See ist bekannt für seine Tücken und dafür, dass er Ertrunkene nicht mehr freigibt. Noch heute liegen 28 Wasserleichen in diesem See. Im Juli 1887 verfasste Elisabeth ein Gedicht, in dem sie schildert, wie sie beinahe einmal ertrunken wäre.

»Ich kann den Strand nicht mehr erreichen / Und bin schon müd'; / Ich fühle meine Kräfte weichen, / Mein Atem glüht; / Ich sinke mehr und mehr zur Tiefe, / Mein Arm erlahmt; / Wenn ich nur könnte jetzt, ich riefe, / Doch hat verdammt / Zum Schweigen mich das Salz im Munde; / Dumpf braust's im

Ohr; / Ich fühle schon, ich geh' zu Grunde – / Da zieht empor / Der Bootsmann mich noch mit dem Stricke / Und rudert mich zum Land zurücke.«[62]

Ob diese Schilderung auf einer wahren Begebenheit beruht, lässt sich allerdings nicht nachweisen.

Die durchgegangenen Pferde

»Einmal, am 14. Dezember 1855, erlebt die Kaiserin einen jähen Schreck. Elisabeth fährt an diesem Tage im Viererzug mit sonst sehr vertrauten Pferden hinaus nach Schönbrunn. Da, in der Mariahilferstraße, verstrickt sich eines der Vorauspferde in die Zügel, die Tiere werden scheu, reißen die rückwärtigen mit, der Kutscher wird vom Bock herabgeschleudert und herrenlos galoppieren die vier Pferde mit dem Wagen, in dem sich die Kaiserin und die Gräfin Bellegarde befinden, in wildem Tempo durch die Straßen. Schon will die Gräfin herausspringen, aber Elisabeth, die schon einmal in Possenhofen in solcher Lage war, hält sie zurück. Der Wagen rast in eine Seitengasse, dort aber stellt der Kutscher eines gerade vorbeifahrenden Bauernwagens sein Gefährt quer über den Weg, die Pferde der kaiserlichen Equipage stürzen, die Deichsel bricht, aber Elisabeth und ihre Dame bleiben unverletzt. Blaß und erschüttert entsteigen sie dem zertrümmerten Wagen und fahren in einem Fiaker in die Burg zurück. Noch unter dem Eindruck der Szene erzählt Elisabeth dem tieferschrockenen Kaiser den glücklichen Ausgang des Zwischenfalls«[63], der ihr durchaus den Tod hätte bringen können. »Des Himmels Schutz«, heißt es in der Wiener Zeitung, »hat Allerhöchste Frau vor einer […] offenbar drohenden Gefahr gnädig bewahrt und behütet!«[64]

Vom Volk fast zerquetscht

Am 2. Dezember 1873 hält sich Kaiserin Elisabeth anlässlich des 25. Regierungsjubiläums des Kaisers in Wien auf.

»Am Abend soll große Beleuchtung sein, vorher aber möchte die Kaiserin ein wenig frische Luft genießen und geht mit Marie Festetics über die Ringstraße, was sie schon so oft unbehelligt getan. Doch heute wird sie erkannt, umringt und umjubelt. Anfangs geht es, lächelnd dankt sie, dann aber strömen von allen Seiten Tausende von Menschen herzu. Bald gibt es kein Vor- und kein Rückwärts. Enger und enger wird es um Elisabeth und ihre Begleiterin, kleiner und kleiner wird der Kreis. Die Gräfin bittet, fleht, Elisabeth und ihr geht der Atem aus, der Angstschweiß steht Ihnen auf der Stirn, die Polizei kann nicht dazu. Da fängt die Gräfin plötzlich an zu schreien: ›Sie erdrücken ja die Kaiserin! Hilfe! Hilfe! Platz! Platz!‹ Endlich gelingt es einigen Herren, nach einer Stunde fast, eine schmale Gasse bis zu einem Wagen zu bahnen, schnell ist Elisabeth drinnen, halbtot vor Aufregung und ganz erschöpft. Als sie dann endlich in der Burg anlangt, nachdem sie mühselig im Schritt durch die Menschenmassen gefahren, dankt sie der Gräfin mit einem entzückenden Lächeln: ›Sie haben mich wirklich gerettet.‹«[65]

In dieser beengenden Situation hätte übrigens auch ein Attentäter leichtes Spiel gehabt.

Lebensgefährlicher Besuch im Choleraspital in München

Am 8. Januar 1874 bringt Elisabeths Tochter Gisela ihr erstes Kind Elisabeth Marie zur Welt und die Kaiserin reist zur Taufe der nach ihr benannten Enkelin nach München, obwohl dort Cholerafälle aufgetreten sind, die durch das Bakterium *Vibrio cholerae* ausgelöst werden. Die Ansteckung erfolgt durch Tröpfcheninfektion, Kontakt zu kontaminierten Kleidungsstücken, Ausscheidungen oder sanitären Einrichtungen, worauf es nach einer Inkubationszeit von ein bis fünf Tagen zum Ausbruch der Krankheit kommt, deren Symptome vor allem schwerer Durchfall und Erbrechen sind.

Am Tag nach der Taufe entschließt sich Kaiserin Elisabeth trotz der dringenden Warnung ihrer Hofdame Marie Festetics am 13. Januar spontan zum Besuch des Choleraspitals in München. Ohne auf die Ansteckungsgefahr zu achten, geht sie von Bett zu Bett und hat für die Kranken und mit dem Tod Ringenden tröstende Worte. Nach der Rückkehr wäscht sie sich, wechselt die Kleider und wirft die Handschuhe weg.

»Zwei Tage später, beim Aufstehen fühlt sie sich nicht wohl. Furchtbare Aufregung in der ganzen Umgebung. Aber es ist zum Glück nichts. Ganz München spricht nur von dem mutigen Besuch der Kaiserin.«[66]

Bei diesem Choleraausbruch starben etwa 1200 Menschen, wobei der Tod vor allem durch Herz- oder Nierenversagen aufgrund der Dehydration und des Verlusts wichtiger Elektrolyte erfolgte.

Vom Pferd gestürzt und fast ertrunken

Elisabeths englischer Reitlehrer Mr. Allen zeigte der Kaiserin bei ihrem Aufenthalt an der Alabasterküste der Normandie am 2. September 1875 waghalsige Kunststücke mit seinem Pferd, womit er sie zur Nachahmung anregen wollte. Als er sein Pferd in die aufschäumende Brandung trieb, stürzte das Tier und begrub Allen unter sich, der dabei fast ertrunken wäre.[67] Zum Glück unterließ es die Kaiserin, es ihm gleichzutun, sonst wären auch ihr die gefährlichen Strömungen im Atlantik womöglich zum Verhängnis geworden.

Eines steht jedenfalls fest: Die hohe Bereitschaft, sich bei gefährlichen Reiteskapaden in Lebensgefahr zu begeben, war bei der Kaiserin unverkennbar vorhanden. Ihre Hofdame Marie Festetics bangte immer wieder um das Leben ihrer Herrin:

»Es sind so hohe Drops, so tiefe Gräben, Doubles auch, und die Irish banks und Mauern und Gott weiß, was alles, zum Hand-, Fuß- und Halsbrechen. Ich höre nie so viel von gebrochenen Gliedern wie hier, und alle Tage sehe ich jemanden ›tragen‹. Bayzand ist recht böse gestürzt, Middleton hat sich überschlagen und auch Lord Longford, so geht das fort. Die Kaiserin hat herrliche Pferde. Domino ist das großartigste, ein prächtiger Rappe, der zu Lord Spencers Schrecken am ersten Tag mit der Herrin vom Fleck weg durchging. Das Feld war von scheußlichen Hindernissen begrenzt, allen standen die Haare zu Berge. Was würde sie wohl tun? Sie hatte die Geistesgegenwart, das Pferd laufen zu lassen, glücklich ging es über einige Gräben und dann hatte sie es wieder und galoppierte ruhig zurück. Es ist nur *ein* Urteil über sie, aber wirklich, mir stehen oft die Haare zu Berge.«[68]

Drohender Genickbruch beim Sturz vom Pferd in Sassetot-le-Mauconduit in der Normandie

Bei ihren waghalsigen Ausritten blieb die Kaiserin von Stürzen vom Pferd nicht verschont. Dreimal wäre sie dabei fast ums Leben gekommen. Ein besonders schwerer Unfall ereignete sich am 11. September 1875 bei einem Ritt in der französischen Normandie bei Schloss Sassetot. Elisabeth stürzte vom Pferd und war nicht ansprechbar. Man befürchtet schon, sie habe sich den Schädel gebrochen. Zum Glück wurden »nur« eine schwere Gehirnerschütterung und einige Prellungen diagnostiziert. Man hatte Angst, sie würde bleibende Schäden davontragen, und sie selbst erkundigte sich, ob sie nun »ein Trottli«[69] werden würde. Doch als alles gut ausging, bezeichnete sie diesen Unfall nur als einen »harmlosen Rumpler«[70]. Das Reiten gab sie deshalb nicht auf. 1880 erlitt ihr Reitpilot Bay Middleton bei einem ähnlich schweren Sturz einen Schädelbruch, den er nur um Haaresbreite überlebte, was auf die Kaiserin aber keine abschreckende Wirkung hatte. Schließlich beendet 1892 ein Genickbruch Bay Middletons Leben. Wie bereits erwähnt, ein nach Elisabeths Ansicht würdiges Ende für einen so leidenschaftlichen Reiter.

Sturz vom Pferd beim Bruch des Sattelknopfes

Ein Jahr später, 1876, im Pytchley-Revier in England jagte die Kaiserin erneut im Galopp über das Gelände und stützte abermals beim Bruch des Sattelknopfes mitsamt dem Pferd, was wiederum beinahe böse geendet hätte, doch zum Glück befreite sie ihr Begleiter Bay Middleton aus dem Sattel.[71] Wäre das nicht geschehen, hätte sie sich womöglich in ihrem Reitkostüm verheddert und ihr Pferd hätte sie über eine lange Strecke hinter sich her geschleift. Beim Aufprall mit dem Kopf an einem Baumstamm, einem Stein oder einem anderen Hindernis hätte das ihren Tod bedeuten können. Doch auch dieser gefährliche Sturz war ihr keine Warnung – im Gegenteil, die Bereitschaft zum Risiko wuchs dadurch nur umso mehr.

Gefahr eines Attentats in Triest bei der Ausfahrt am Vormittag des 17. September 1882

Im September 1882 reiste Kaiser Franz Joseph nach Triest und Elisabeth bestand trotz Attentatsdrohungen darauf, ihn zu begleiten. Sie schlug alle Warnhinweise in den Wind und spazierte, nur in Begleitung ihrer Hofdame Marie Festetics, von Miramar nach Triest und zurück. Zwei Attentäter, die anreisten, konnten zum Glück entlarvt und einer von ihnen – Guglielmo Oberdan – sogar verhaftet werden.

Nach der Ankunft in Triest entschloss sich Franz Joseph am 17. September allein zum Besuch einer Kaserne und eines Spitals. Seine Frau bestand jedoch darauf, ihn zu begleiten und verlangte, in der Kutsche auf dem rechten Platz zu sitzen, angeblich wegen ungünstiger Sonneneinstrahlung auf der linken Seite. Doch in Wahrheit wollte sie für den Fall eines Anschlags ihren Mann schützen und nahm dabei billigend den eigenen Tod in Kauf. Auf dem rechten Platz zur Landseite hin wäre nämlich sie als Erste dem Täter zum Opfer gefallen.

Obwohl sie schon mehrfach vor den ständig drohenden Attentaten gewarnt worden war, weigerte sie sich, die empfohlenen Vorkehrungen zu ihrem Schutz und die Begleitung von Sicherheitsbeamten zu akzeptieren. Immer wieder gelang es ihr, bei Spaziergängen die Geheimpolizei abzuhängen, die zu ihrem Schutz bestimmt war. Wenn sie sterben müsse, sei das eben ihr Schicksal und dem könne man nicht entfliehen, selbst wenn ein ganzes Heer von Bewachern um einen sein würde.

Drohender Tod im Meer bei Triest am Abend des 17. September 1882

Am Abend desselben Tages war trotz des stürmischen Wetters ein Ball auf dem Lloyddampfer »Berenice« geplant. Die Entscheidung des Ministerpräsidenten Taaffe, das Kaiserpaar in stürmischer Nacht auf einer Nussschale im Meer herumfahren zu lassen, war schlicht unverantwortlich. Franz Joseph und Elisabeth stiegen mit ihrem Gefolge die glitschige Marmortreppe von Schloss Miramar hinunter und der Regen peitschte allen ins Gesicht. Sie kletterten in die bedenklich schaukelnde Barke zu Füßen der Treppe und fuhren aus dem schützenden Hafen aufs stürmische Meer zum Kanonenboot »Luzifer«, dass sie zum

Dampfer bringen sollte. Als die Barke an der Landungstreppe der »Luzifer« anlegte, schaukelte das Boot derart heftig, dass das Kaiserpaar und das Gefolge nur mit riesigen Sprüngen und unter Lebensgefahr an Bord der »Luzifer« hechten konnten. Alle zitterten vor Kälte und Aufregung und ein Blitz mit furchtbarem Donnerschlag ließ jeden zusammenzucken. Als die »Luzifer« beim Lloyddampfer »Berenice« ankam, erreichte das Unwetter den Höhepunkt. Es war deshalb unmöglich, von einem Schiff aufs andere zu gelangen. Was sollte nun geschehen? Endlich kam der Statthalter irgendwie auf die »Luzifer« herübergeturnt und erklärte dem Kaiserpaar, es möge sich nicht weiter den Gefahren des Unwetters aussetzen. Dass auf der »Berenice« plötzlich ein Leck entdeckt wurde, weshalb alle Mann an den Pumpen schuften mussten, verschwieg man dem Kaiser lieber. Langsam kehrte das Kanonenboot in den Hafen von Miramar zurück. »Die Gräfin Festetics«, sagte Franz Joseph, »wird gleich speien, sie sieht so bläßlich aus.« Elisabeth aber war wütend, dass man ihren Mann und sie einer derartigen lebensgefährlichen Situation ausgesetzt hatte. Sie gab Ministerpräsident Taaffe die Schuld und fauchte ihn böse an: »Nur dem lieben Gott hat man es zu danken, daß alles gut abgelaufen ist!«[72]

Beinahe von der Brücke bei Mürzsteg in den Tod gestürzt

Am 26. August 1883 wäre die Kaiserin bei Mürzsteg fast in eine Schlucht und damit in den Tod gestürzt. Sie ritt »gegen das ›Tote Weib‹, einen herrlichen, aber steilen Weg. Da tritt ihr Pferd in ein Loch auf der Brücke, der über einen tief eingeschnittenen Wildbach führt. Schon fühlt sie sich sinken, und das Pferd neigt sich gegen den Abgrund, als ein zufällig dort weilender Arbeiter herbeistürzt, Pferd und Reiterin zurückreißt und sie glücklich hinüberbringt. Zu Tode erschrocken hört Elisabeths Lieblingskind Marie Valerie von der Gefahr, in der ihre Mutter schwebte, und verfasste ein Gedicht, das heute noch auf dem Denkstein jener Brücke zu lesen ist:

> »Heiliger Georg, Reitersmann, / Der vor Gefahr uns schützen kann, / Der meine Mutter oft beschützt! / Ich bitte dich mit Zuversicht, / Verweig're mir die Bitte nicht: / Beschütze stets das teure Leben, / Das mir das Licht der Welt gegeben!«[73]

Angriff eines Buckligen in Amsterdam

1884 begleitete Marie Louise in Amsterdam ihre Tante von einer Massagekur zurück ins Hotel.

> »Wir mußten auf dem Heimweg immer einen öffentlichen Platz [den auf dem Rembrandtplatz] überqueren, und zwar gerade um die Stunde, in welcher

Arbeiter die Mittagsrast hielten und es auf den Straßen von ihnen wimmelte. Wir wurden vielfach gemustert, denn daß wir Fremde waren, sah man uns jedenfalls an. Wenn auch ich sehr einfach gekleidet war, so fiel die Kaiserin umso mehr auf. Ein enges Kleid, das hohe Schnürstiefel sehen ließ, ein kleines Hütchen mit den darunter hervorquellenden Haaren, vor allem aber der helle Lederfächer, den sie sich vor das Gesicht hielt, erregten die Aufmerksamkeit der Passanten. Dann kam das Unheil in der Person eines Buckligen; von ihnen wird behauptet, sie brächten Glück, wenn man ihnen begegnet. Dieser Ansicht war auch die Kaiserin, ja noch mehr, sie wollte den Buckel berühren. Es war ein Arbeiter, der mit Kameraden daher kam. Mir waren diese Leute, die uns so dreist anschauten, schon längst unheimlich, und nun erst der Bucklige! Ich wollte die Kaiserin abhalten, aber sie war schon dicht bei dem Mann, da – ein Schlag und der Fächer flog zur Erde. Ich wußte nicht, wer die Hand gehoben hatte, aber ein drohendes Gemurmel versetzte mich in heillosen Schrecken. Es muß Augenblicke geben, wo lediglich der Instinkt den Menschen regiert, denn ich hatte die Geistesgegenwart, rasch den Fächer aufzuheben und meine Tante am Arm vom Trottoir herunterzuziehen und mit ihr über die Straße zu laufen. Das Schicksal sandte in diesem Moment eine Trambahn und willenlos ließ sie sich von mir hineinschieben. Wir waren gerettet. Ob sich die Kaiserin der Gefahr bewußt war? Wir hätten zum mindesten von den Arbeitern verprügelt werden können. Sie lachte hinterher über dieses Intermezzo und erzählte mir, daß ihr vor einigen Jahren Ähnliches in Begleitung von Maria Festetics passiert war. Baron Nopcsa war ebenso entsetzt wie ich, als wir es ihm erzählten, und die Folge war, daß uns in Zukunft ein Diener in Zivil beim Spaziergang unauffällig folgte.«[74]

Der Übeltäter wurde festgenommen und gab zu Protokoll, lediglich neugierig gewesen zu sein, wer da sein Gesicht so eigenartig verbirgt. Der niederländischen Regierung war dieser Vorfall höchst peinlich. Die Mahnung, künftig keine Spaziergänge mehr ohne männliche Begleitung zu unternehmen, nahm die Kaiserin jedoch nicht ernst.

Todesgefahr bei einem Eisenbahnunglück

Am 12. Mai 1890, so wird berichtet, »ist Ihre Majestät einer großen Gefahr entronnen. Der Hofzug, welcher die hohe Frau, die Erzherzogin Valerie und deren Bräutigam von Wiesbaden nach Wien bringen sollte, entgleiste in der Nähe des Frankfurter Lagerhauses. Mehrere Wagen, die sich theils vor, theils nach dem Salonwagen, welchen die Monarchin benutzt, befanden, wurden umgestürzt, die Wände des drittletzten Waggons vollständig eingedrückt und alle Fenster zertrümmert. Wie durch eine höhere Fügung blieb der Wagen der Königin allein gänzlich unbeschädigt. Während die ganze Begleitung begreiflicherweise bestürzt war, behielt Ihre Majestät ihre gewöhnliche Ruhe. Gleich nachdem der Zug zum Stehen gebracht worden war, eilte die hohe Frau aus ihrem Coupè [sic!], besorgt Nachfrage haltend, ob Niemand zu Schaden gekommen sei. Erst nachdem sie sich die Überzeugung verschafft hatte, daß niemand verletzt worden sei, war sie durch ihre Tochter zu bewegen, sich im Salonwagen etwas Ruhe zu gönnen. Mit einstündiger Verspätung konnte der Zug die Fahrt fortsetzen. Nach der Ankunft im Lainzer Schlosse wurde in der Kapelle ein Dankgottesdienst abgehalten; Ihre Majestät verharrte während der ganzen heiligen Handlung knieend, in tiefste Andacht versunken.«[75]

Bedrohung durch einen Araber in Nordafrika

Im September 1892 hielt sich die Kaiserin in Algier auf. Ihr Begleiter, der Vorleser Frederic Barker, berichtet Folgendes:

> »Wir sind aus Bluzareah, einem Kabylendorfe hinter Mustapha-Superieur, der fashionablen Villenstadt auf den Hügeln südlich von Algier [Nordafrika, heutige Hauptstadt Algeriens], zurückgekommen. Im Walde hatten wir eine Begegnung, die mich erschreckt hatte. An einem Punkte, wo große Bäume mit gewundenen, bis oben bemoosten Stämmen, wie in den Bildern Watteau's sich umschlungen halten, sah ich plötzlich eine weiße Gestalt aus dem Dunkel heraushuschen. Ich machte die Kaiserin aufmerksam, aber als sie hinblicken wollte, war die Erscheinung schon verschwunden. Wir verfolgten unseren Weg, um nach den sogenannten Bois de Boulogne zu kommen. Auf einmal tauchte das Weiße wieder hinter einem Baumstamm auf: Es war ein dunkelbrauner Kabyle in einem langen weißen Hemd. Er verfolgte uns immer, sprunghaft hinter Baumstämmen sich verbergend. Ich rieth der Kaiserin, zurückzukehren, doch sie sagte: ›Nein, er würde glauben, wir fürchten uns. Vielleicht geben wir ihm dadurch einen schlechten Gedanken. Man darf sich seinem Schicksale nicht in den Weg stellen.‹ Ich war trotzdem außerordentlich besorgt und sagte: ›Wenn Euerer Majestät etwas zustößt, werde ich mir immer Vorwürfe machen; wenn Majestät erlauben, werde ich so thun, als ob ich Jemand rufen würde, der hinter uns käme.‹ Bevor ich noch eine Antwort erhielt, hatte sich der Kabyle uns entgegengestellt. Sein Mund schäumte und er rollte furchtbar die Augen, die Arme hielt er hoch empor und fuchtelte schreiend. Die Kaiserin verlor nicht einen Augenblick die Fassung. Sie sagte mir: ›Es ist ein Wahnsinniger. Wir müssen schnell weggehen; solche Leute sind gefährlicher als die Verbrecher.‹ Ich machte einige Schritte vor, um die Kaiserin mit meinem Körper zu schützen, und schrie: ›Par ici, par ici! au secour, Jean, Henry!‹ [Hier drüben, hier drüben! Hilfe, Jean, Henry!] Dabei drohte ich dem Kabylen mit der Hand. Er wurde stutzig und horchte in den Wald. Da kamen zufällig ein Officier mit einer Dame am Arm und der Kabyle verschwand in wilden Sätzen in das Waldesdunkel. Wir aber kamen wohlbehalten nach Hause.«[76]

13-mal vor ihrer Ermordung wurde Elisabeth zwischen 1855 und 1892 vom Tod geküsst. Immer wieder wäre in diesen Jahren auch ein Attentat auf sie möglich gewesen, da sie vom Schutz ihrer Person bekanntlich nichts hielt. Doch erst am 10. September 1898 beendete der Tod in Gestalt des Italieners Luigi Lucheni ihr Leben.

Suizidale Gedanken

Am 20. Dezember 1885 klagt Marie Valerie in ihrem Tagebuch über Elisabeths »unbeschreibliche Verzweiflung und Hoffnungslosigkeit. Sie sagt, es sei eine Qual zu leben und deutete an, sie möchte sich umbringen. ›Dann kommst Du in die Hölle‹, sagte Papa. Und Mama antwortete: ›Die Höll' hat man ja schon auf Erden.‹ Und dann sagte Papa, ich solle die P[istole] wegnehmen ... Dass sich Mama nie umbringen wird, dessen bin ich überzeugt, dass ihr das Leben zur Last ist und dass dies zu wissen Papa ebenso unglücklich macht wie mich, darüber könnte ich stundenlang weinen.«[77]

Vor allem seit dem Tod ihres Vetters Ludwig II. 1886 und dem Suizid ihres Sohns Rudolf 1889 verstärkten sich bei Elisabeth ihre Depressionen.

Selbst bei Unwetter und Gewitter ließ sie sich von Bergtouren nicht abschrecken, auch wenn die Leute das für einen »Sporn«, also für verrückt hielten. 1885 wagte sie eine Bergwanderung, bei der sie nachts um 1 Uhr 40 Uhr in Begleitung von Laternen tragenden Bergführern von Zell am See aus auf die Schmittenhöhe hochstieg, die sie um 6 Uhr früh erreichte. Dabei hetzte sie in einem Tempo dahin, das eine ihrer Hofdamen treffend als »Totgehen«[78] bezeichnete. Beim Blick in Felsschluchten und Abgründe wurde sie an die von ihr verehrte griechische Dichterin Sappho erinnert, die sich einst vom Leukadischen Felsen ins Meer stürzte. Beim Besuch dieser Stelle war Elisabeth zutiefst ergriffen. Ihre Tochter Marie Valerie war zunehmend besorgter, dass sich ihre Mutter in einer depressiven Phase das Leben nehmen könnte, das sie als unnütz empfand, wenn sie etwa »auf einem Spaziergang im Gebirge an einem Wasserfall stehenblieb, wenn sie von einer Ufermauer ins Meer hinabstarrte oder auch nur den Schritt verlangsamte, wenn sie an einem offenen Fenster vorbeiging«[79]. Als sie 1889 mit Valerie zu einem Aufenthalt nach Gastein aufbrach, bat Valeries Schwester Gisela sie aus Angst, die Mutter könne sich etwas antun: »Gib um Gotteswillen beim Wasserfall in Gastein acht auf Mama!«[80]

Bekanntlich wurde Elisabeth auch von lebensgefährlichen Überfahrten auf dem stürmischen Meer angezogen. Hierbei setzte sie sich aber nicht allein der Gefahr eines Schiffsuntergangs aus, sondern auch alle ihre Begleiter, die nicht selten Todesängste ausstanden. Infolge dieser Erfahrung meinte sie: »Es dürfen mich [...] auch nur Menschen begleiten, die entweder nichts mehr zu verlieren oder mit dem Leben überhaupt abgeschlossen haben.«[81] Und: »Am besten wäre für mich eine Schiffsmannschaft von lauter zum Tode Verurteilten. Da bräuchte ich mir kein Gewissen daraus zu machen, sie der Gefahr auszusetzen.«[82]

»Am liebsten wäre ihr gewesen«, schreibt ihre Nichte Amélie, »wenn ihr Schiff bei einem starken Sturm untergegangen wäre. [Sie] betete ›zum großen Jehova‹ er möge das ganze Schiff zugrunde gehen lassen.«[83]

Bei einer Fahrt mit dem englischen Segelkutter »Chazalie« von Dover aus am 13. August 1890 brach gleich zu Beginn ein furchtbarer Sturm los, der das kleine Schiff wie eine Nussschale hin- und herwarf. Hochauf schlugen die Wogen aufs Deck. Elisabeth ließ sich an einen Mast binden, um von den peitschenden Wellen nicht ins tosende Meer geschleudert zu werden. Völlig durchnässt schaute sie begeistert dem Wüten der entfesselten Elemente zu. Die Hofdamen der Kaiserin standen hingegen Todesängste aus. Marie Festetics schrieb am 27. August 1890 an Ida Ferenczy:

> »Über die Fahrt kann ich nur sagen, es war entsetzlich, ein Wunder, daß wir das Ufer erreichten. Niemand kann sich vorstellen, wie es war ... Was ich in den ersten achtzehn Stunden gelitten habe, ist unbeschreiblich ... Der Gedanke, wieder auf das Schiff zurückzukehren, ist entsetzlich. Ich bete, daß ich die Kraft nicht verliere; ... das alles ist auch mir zuviel.«[84]

Die Hofdamen wurden alle seekrank und erlitten einen Schock und die Passagiere waren »halbkrepiert«, wie Marie Festetics klagte. Die Kaiserin hingegen genoss das Schauspiel und schaute dem Tod lächelnd ins Gesicht. »Du willst mich wiegen schaukeln«, heißt es in einem ihrer Gedichte ans Meer, »Dein Arm ist ja so weich, / Bis endlich du mich dennoch, / Ziehst in dein nasses Reich.«[85]

Ebenso brachte sie die Furcht vor einem langen, schmerzhaften Sterben auf die Idee, dass es wohl besser sei, dieser Situation zu entgehen, indem sie vorher freiwillig aus dem Leben schied. Am 19. Mai 1890 »nachmittags beim Spaziergang« unterhielt sich Elisabeth mit Marie Valerie über ihre Schwester Nené. Deren »Tod habe sie neuerdings verbittert, sie begreife, dass man aus bloßer Angst vor so einem siechen Ende Selbstmord begehen könne. Es ist so furchtbar traurig«, so Marie Valeries Kommentar, »dass Mama so gar keinen Trost im Glauben hat.«[86]

Zu ihrer Nichte Amelie sagte Elisabeth im Hinblick auf Rudolfs Suizid, Selbstmord empfinde sie »als eine solche Schande, dass sie vor allen Menschen ihr Gesicht verbergen möchte«[87]. Vielleicht hinderte sie dieser Gedanke daran, Hand an sich zu legen.

Die letzten zehn Lebensjahre steigerten sich Elisabeths Depressionen bis zu konkreten Selbstmordplänen und Selbstmordfantasien, wie sie diese auch im folgenden Gedicht mit dem Titel »Versuchung« in makabren Einzelheiten ausbreitet. Vor allem das Wasser übte Anziehungskraft auf sie aus, ganz in der Nachfolge König Ludwigs II. von Bayern.

> »O, zürnt mir nicht ob dem, was ich getan, / Ich konnt' den Zweifel nicht ertragen, / Den Leib vertraut' dem kühlen Grund ich an, / Der Geist fleucht auf, die Zukunft zu erfragen.

Und wandelt euer Fuss am stillen See, / O sucht mich nimmermehr hier in der Tiefe, / Nein, blicket auf in jene blaue Höh', / Ist's nicht, als ob mein Geist von dort mich riefe?

Ich sass und sah zu lange am Gestad, / Berückend klang der grünen Wasser Rauschen, / Zu lockend hat Versuchung sich genaht, / Und zwang der Nyxenworte mich zu lauschen

Und jede Welle flüstert leis mir zu: / Vergönne doch in uns'rem grünen Grunde / Dem müden Körper endlich Rast und Ruh; / Der Seele Freiheit bringt dann diese Stunde.

Mir dünkt, dass selbst die Sonne schmeichelnd spricht: / Und steigst hinab du jetzo ohne Zagen, / Bedeckt dein grünes Grab mein goldnes Licht – / Dem Geiste aber wird ein hell'res tagen. / Die Stunde der Versuchung ist gewichen, / Ein feiger Hund bin ich nach Haus geschlichen.«[88]

Philosophie des Sterbens

Für Kaiserin Elisabeth bedeutete Leben nichts anderes als ein permanentes Sterben von Geburt an, also ein stetes, unaufhaltsames Zugehen auf den Tod. Der Philosoph Martin Heidegger bezeichnete dies später als ein »Sein zum Tode«. Sie bezeichnete das Leben auch als Krankheit, von der man erst durch den Tod gesundet. Ihre Biografie ging in späteren Jahren gleichsam in eine Thanatografie über. Ohne sich im Detail mit den Lehren griechischer und römischer Philosophen zum Thema Sterben und Tod auseinanderzusetzen, scheinen ihr doch deren Einstellungen keinesfalls fremd gewesen zu sein.

Sie kannte auch den Psalm des Propheten Mose, nach dem »tausend Jahre für Dich, o Gott, nur ein Tag ist, der gestern vergangen, und wie eine Nachtwache. Du lässest sie [die Menschen] dahinfahren wie einen Strom; sie sind wie ein Schlaf, gleichwie ein Gras, das da frühe blüht und bald welk wird und des Abends abgehauen wird und verdorrt. Das macht dein Zorn, daß wir so vergehen, und dein

Grimm, daß wir so plötzlich dahinmüssen. Denn unsere Missetaten stellst du vor dich, unsre unerkannte Sünde ins Licht vor deinem Angesicht. Darum fahren alle unsere Tage dahin durch deinen Zorn; wir bringen unsre Jahre zu wie ein Geschwätz. Unser Leben währet siebzig Jahre, und wenn's hoch kommt, so sind's achtzig Jahre, und wenn's köstlich gewesen ist, so ist es Mühe und Arbeit gewesen; denn es fährt schnell dahin, als flögen wir davon. [...] Lehre uns bedenken, daß wir sterben müssen, auf daß wir klug werden.«[1]

Fortwährend beschäftigte Elisabeth die Frage, ob nach dem Tod alles zu Ende ist oder ob die Seele dann noch weiterexistiert. Der Philosoph Sokrates ließ zwei Grundhaltungen gelten: Entweder ist der Tod ein Nichts-Sein, sodass der Tote auch keine Wahrnehmung mehr von irgendeiner Sache hat; oder er ist ein Übergang und eine Übersiedelung der Seele von dieser Stätte an eine andere. In beiden Fällen hat der Tod nichts Schreckliches an sich. Ist er ein Nichts-Sein, ist er ein traumloser Schlaf, ein Ausruhen von diesem Leben und damit angenehm. Ist er die Umsiedelung der Seele an einen anderen Ort, verheißt dies womöglich ewiges Glück und Seligkeit. In beiden Fällen war der Tod für Sokrates wünschenswert und gut.

Elisabeth glaubte wie der Philosoph Platon eher an die Unsterblichkeit der Seele, die ein für sich bestehendes, unkörperliches Wesen ist. Der Körper sei nur ein Gefängnis und Grab der Seele und wie eine unheilbare Krankheit lebenslang hinderlich. Mit dem Tod wird die Seele vom Köper getrennt und damit von ihm befreit. Auch das Christentum folgte dieser Auffassung Platons und milderte den Tod zum einen durch die Vorstellung eines Paradieses, eines ewigen Lebens und einer Auferstehung. Zum anderen dämonisierte es den Tod aber auch durch die Vorstellung, nach einem schlecht geführten Leben werde die Seele bestraft, womöglich sogar durch eine ewige Verdammnis in der Hölle. Mit diesem christlichen Gedankengut wurde Elisabeth erzogen.

Der Ansicht des Philosophen Epikur, dass der Tod das absolute Ende ist, wollte die Kaiserin nicht zustimmen. Der Tod, so Epikur, gehe uns deshalb nichts an, denn was sich aufgelöst hat, ist ohne Empfindung. Was aber ohne Empfindung ist, geht uns nichts an. Solange wir sind, ist der Tod nicht da, und sobald er da ist, sind wir nicht mehr. Die vom Tod Betroffenen befinden sich dann im gleichen Zustand wie vor der Geburt. Im Gegensatz zu jenen Philosophen, die den Tod weder fürchten noch ersehnen, sondern ihn als natürlichen Schlusspunkt des Lebens betrachten und ihn gelassen erwarten, dachte Elisabeth mit zunehmendem Alter ständig an den Tod. Doch nicht vor dem Totsein ängstigte sie sich, sondern vor dem zum Tode führenden und oft mit Schmerzen verbundenen Sterben. Es gelang ihr nicht, die Angst davor auf rationalem Weg zu bewältigen, und ebenso wenig, gegen die dadurch verursachte Melancholie und Resignation vorzugehen. Den Tod selbst aber sehnte sie mit zunehmendem Alter fortwährend herbei. Immer wieder auftretende Suizidabsichten realisierte sie jedoch nicht, da sie überzeugt war, dass der Tod nicht das Ende des Lebens darstellt. Sie hielt die Seele für unsterblich und den Tod damit für den Übergang in eine andere, womöglich bessere Daseinsform. Damit man diese erreichen könne, dürfe man sich nach Gottes Gebot aber nicht selbst töten. Um für diese Ansicht eine Bestätigung zu finden, suchte sie in spiritistischen Sitzungen Kontakt zu Verstorbenen aufzunehmen, um von ihnen zu erfahren, wie sich das Leben in der Anderwelt gestaltet.

Auch wenn sich die Kaiserin nicht dezidiert mit östlichen Religionen wie Taoismus, Hinduismus oder Buddhismus auseinandersetzte, so hielt doch auch sie nach dem Tod eine Reise der Seele für durchaus möglich. Bei dieser Seelenwanderung verlässt die Seele im Augenblick des Todes den irdischen Körper und kommt in eine Astralebene, bis sie durch eine Reinkarnation (Wiederfleischwerdung) in einem neuen Körper wiedergeboren wird.

Aufgrund ihrer engen Naturverbundenheit war es für Elisabeth außerdem vorstellbar, dass der Mensch nach seinem Tod in den Kreislauf der Natur zurückkehrt, sich also nicht in Nichts auflöst, sondern gleichsam in Pflanzen und Tieren weiterexistiert. Bei Zerfall des menschlichen Körpers gehen dessen Moleküle in die Natur über, bleiben dort also existent. Auch die in unserer Zeit so beliebte Idee, nach dem Tod in den ewigen Kreislauf des Lebens einzugehen, indem man sich etwa in einem Wald unter Bäumen bestatten und die Zerfallsprodukte des Körpers oder die Asche über die Wurzeln in die Kraft eines Baumes übergehen lässt, war für Elisabeth nicht neu. Sie wünschte sich, dass ihr Leichnam im Meer versenkt würde, dort zerfiele und eins mit dem Meer würde oder auch Meerestieren zur Nahrung diente.

Wie ihre Gedichte, gerichtet an die Adresse der Nachgeborenen, belegen, wusste sie auch, dass Gedanken und Träume weiterleben können, etwa in Briefen und Büchern, durch schöne Musik in Kompositionen und in Bildern und Gemälden, aber auch durch zu Lebzeiten zum Wohle der Nachwelt initiierte Projekte.

Elisabeths Illusion vom »schönen Sterben«

Beim Tod ihrer Cousine Erzherzogin Hildegard, der Schwester König Max II. von Bayern, am 2. April 1864, erlebte Elisabeth in Wien, was Sterben bedeutet. »Es war das erstemal«, schreibt sie, »daß ich einen erwachsenen Menschen sterben sah. Es machte mir einen furchtbaren Eindruck, ich hätte nie gedacht, daß es so schwierig ist, zu sterben, daß der Kampf mit dem Tode ein so fürchterlicher ist. Zu denken, daß jemand das mitmachen muß! Wie sind die zu beneiden, die in der Ahnungslosigkeit der Kindheit von dieser Erde der Trauer hinübergehen. Ja, Leben ist ein häßlich Ding, in dem nichts sicher ist, als der Tod.«[2] Vor einem solchen Ende ängstigte sich die Kaiserin, die lieber aus dem Leben scheiden wollte, wie dies der von ihr verehrte Lord Byron in seinem Gedicht »Euthanasia« schildert, in dem es heißt:

> »Wenn früher oder später Zeit / Den festen Todesschlaf mir sendet, / Dann wehe sanft, Vergessenheit, / Ob meinem Bette, wenn es endet.

[…] ›Ach sterben nur und gehn dahin,‹ / Wohin ja Alle einmal schreiten! / Nichts sein, wie ich gewesen bin, / Eh' ich zum Leben kam und Leiden!

Die Freuden zähl', die du erlebt, / Die Tage frei von Gram und Zähre, / Und fühle, was du auch erstrebt, / Daß Nichtsein doch noch besser wäre.«[3]

Zu ihrem griechischen Begleiter Rhoussos Rhoussopoulos sagte sie: »Ich fürchte mich nicht vor dem Tod. Ich bin bereit zu sterben, ich wünsche nur, nicht lange schmerzhaft leiden zu müssen.«[4] Und ein anders Mal äußerte sie: »Was ich wünsche, ist ein rascher, schmerzloser Tod. Ich möchte nicht in meinem Bette sterben.«[5] Vor allem aber will sie allein sterben und nicht wie das bei Hof üblich ist, wo sich alle »mit großer Hoftoilette und Uniform versammeln müssen, um zuzusehen, wie die arme Sterbende mit dem Tode ringt, und ihr selbst den Abschied von der Welt so schwer wie möglich zu machen«[6].

Am 25. April 1887 kam Elisabeth »merkwürdigerweise«, wie Marie Valerie in ihr Tagebuch notierte, »auf eine übermäßige Angst vor dem Tod zu sprechen, ein Erbteil unserer Familie, das besonders Papa [Kaiser Franz Joseph], Rudolf und mir [Marie Valerie] anhaftet«[7]. Dabei handelte es sich nicht um die Angst vor dem Tod als Zustand, sondern vor einem schmerzhaften Sterben, das Elisabeth durch ihr Leben begleitete. »Haben Sie jemals eine Leiche gesehen?«, fragte die Kaiserin einmal ihren Begleiter Christomanos. »Auf allen toten Gesichtern ruht ein Ausdruck von Schmerz und Hohn. Es ist der Hohn des Siegers über das Leben, das so viele Leiden mit sich gebracht und das man endlich überwunden hat.«[8]

Das Sterben ihrer Mutter Ludovica war für sie hingegen ein tröstliches Ereignis, auch wenn sie dabei nicht zugegen sein konnte. Doch von Herzogin Amélie erfuhr sie, dass ihre Mutter sanft einschlief.

»Sie lag wie schlafend, ein schöner Ausdruck auf ihrem lieben Gesichte, der Mund von einem seligen Lächeln umspielt, so schön habe ich sie nie gesehen. Sie glich den Bildern aus ihrer Jugend. Wir alle blieben lange versunken bei ihr und konnten uns kaum von diesem Anblick trennen, der so gar keinen Schrecken des Todes aufwies.«[9]

Ein solches, ein leichtes Ende sehnte auch Elisabeth herbei, ein sanftes Einschlafen und Verlöschen.

»Ich möchte dieser Welt entschwinden wie der Vogel, der auffliegt und im Äther verschwindet, oder wie der aufsteigende Rauch, der hier vor unseren Augen blaut und im nächsten Augenblicke nicht mehr ist.«[10]

Diesen Wunsch äußerte sie gegenüber ihrer Hofdame Gräfin Sztáray, in deren Begleitung sie im Frühherbst 1898 von Ischl nach Montreux fuhr und sich im Grandhotel in Caux einquartierte. Auf Einladung von Julie Rothschild besuchte sie am 9. September die Baronin in deren prachtvoller Villa in Pregny am Genfer See. Nach dem Diner erfolgte ein Rundgang durch die mit Kostbarkeiten und Kunstschätzen ausgestattete Villa. Besonders begeisterten Elisabeth das zauberhafte Blumenmeer in den Gewächshäusern und der Anblick der fremdartigen Vögel aus aller Welt in den Volieren, bei deren Anblick sie zu ihrer Gastgeberin sagte: »Je voudrais que mon âme s'envolât vers le ciel par une toute petite ouverture de mon cœur.« [»Ich wünschte, meine Seele könnte durch eine ganz kleine Öffnung in meinem Herzen in den Himmel entgleiten.«][11]

Gräfin Sztáray deutete dies später als Vorahnung Elisabeths auf ihren Tod am nächsten Tag, dem 10. September 1898. Da stürzte sich am Quai du Mont Blanc, der Uferpromenade am Genfer See, der italienische Anarchist Luigi Lucheni auf die Kaiserin und stieß ihr eine von ihm selbst zugespitzte Feile ins Herz. Elisabeth stürzte zu Boden, bemerkte die schwere, aber kaum sichtbare Wunde jedoch nicht, da der Einstich sehr klein war. Sie erhob sich und schleppte sich zum Dampfer »Genève«, der auf sie wartete. Dort brach sie zusammen und wurde sofort zurück ins Hotel gebracht. Ihre Hofdame Irma Sztáray berichtet:

> »Die Kaiserin trug ein kleines schwarzes Seidenfigaro, das ich, um ihr auch diese Erleichterung zu verschaffen, über der Brust öffnen wollte. [...] Das Hemd beiseite schiebend, entdeckte ich in der Herzgegend eine kleine, dreieckige Wunde, an der ein Tropfen gestockten Blutes klebte.«[12]

Der Arzt stellte fest, dass es keine Hoffnung mehr gebe, da der Stich die Herzkammer getroffen habe. Um 14.10 Uhr wurde Elisabeth offiziell für tot erklärt. Die Vorstellung von einem »schönen Sterben« erfüllte sich für die Kaiserin auf seltsame Weise. Sie entschwand von der Welt tatsächlich wie ein in den Wolken entschwindender Vogel oder wie ein sich auflösender Rauch. Und der Tod lachte und sang, wie eine Fotografie zeigt, auf der Lucheni lachend und angeblich summend von zwei Gendarmen abgeführt wird.

Die tote Elisabeth beschrieb Irma Sztáray so:

> »Kein Nerv zuckt mehr in ihr! Nur ein Blick unter halbgeöffneten Lidern, himmelwärts gerichtet und gebrochen, und ein sanftes Lächeln des Mundes erinnern noch an das Leben. Damit hatte sie die selig entschwindende Seele geleitet, damit von ihr Abschied genommen für immer.«[13]

Die Gräfin drückte der Kaiserin die Augen zu und schlang ihre Finger um einen Rosenkranz, faltete Hände zum Gebet und legte sie ihr auf die Brust.

Elisabeths Vorstellung von der Seele

Die Seele der höchst sensiblen Kaiserin erkrankte mehrmals in ihrem Leben, so unmittelbar nach der Heirat in der unterdrückenden Atmosphäre der Wiener Hofburg, infolge der von ihr so empfundenen Repressalien durch ihre Schwiegermutter und der Intrigen der Hofkamarilla sowie durch die Vernachlässigung vonseiten Franz Josephs. Ihr Körper reagierte unmittelbar darauf mit entsprechenden körperlichen Symptomen wie Schwächeanfällen, Fieberschüben, Magen-Darm-Beschwerden, Lungenaffektionen, Hustenanfällen, auch mit Nervenentzündungen, Gelenkschwellungen und Wassersucht bis hin zu Blutarmut, Herzbeschwerden, Rheuma und Ischias. Sie zeigte aber auch psychische Auffälligkeiten. Dazu gehörten Angstattacken und Weinkrämpfe, Ess- und Schlafstörungen, Hyperaktivität und apathische Phasen, Melancholie und Depression. Die ständige Beobachtung durch ihre Umgebung, die vielen offiziellen Verpflichtungen und der Druck, ständig funktionieren zu müssen, stressten sie derart, dass sie unter einer Sozialphobie zu leiden begann. Sie zitterte am ganzen Körper, wenn Menschen ihr zu nahe kamen.

Instinktiv verstand sie die Botschaften ihrer Seele und reagierte mit Maßnahmen zur Linderung der seelischen und damit körperlichen Leiden. Sie floh aus der krankmachenden Situation bei Fahrten auf dem sie beruhigenden Meer, dessen Stürme die seelischen Spannungen lösten und gleichsam von ihr nahmen. Sie zog sich in heilmachende Umgebungen zurück, auf eine ferne Insel, in die Stille der Natur und in die Ruhe der Berge. Sie kämpfte dagegen mit Reisen in alle Welt und auch mit sportlicher Betätigung in ihrem Fitnessstudio am Wiener Hof. Sie turnte, ritt und wanderte jeden Tag, teilweise bis zu acht Stunden in einem Tempo, bei dem ihre Hofdamen nicht mithalten konnten. Durch alle diese Maßnahmen trat zum Erstaunen ihrer Umgebung jeweils spontan eine überraschende Besserung oder gar Heilung ihrer physischen Leiden ein, die solange anhielt, bis sie sich wieder in die belastende Situation begab oder in sie hineingezwungen wurde. Indem sie ihre Taille immer enger schnürte, zeigte sie ihren Untertanen, die möglichst viele Nachkommen von ihrer Kaiserin erwarteten, dass sie nicht schwanger war und demnächst auch kein Kind erwarten wollte, und provozierte damit vor allem auch den Wiener Hof. Eine medikamentöse Therapie seelischer Nöte mit Antidepressiva gab es zu ihrer Zeit noch ebenso wenig wie eine professionelle psychotherapeutische Behandlung.

Elisabeth befasste sich also mit ihrer Seele und auch mit dem Körper-Geist-Seele-Problem. Dabei stellte sie fest: »Heute wissen die wahrhaft Gebildeten mehr. Sie wissen, daß ihr Leib, ihr Körper ein Produkt des schnell und stets wechselnden Stoffes ist, der, einem Flusse gleich, welcher an uns vorüberfließt, sich fast immer gleich zu bleiben scheint, aber dennoch nie dasselbe Wasser, die gleichen Tropfen enthält. So wechselt das Irdische und Erdische, was unsere äußere Erscheinung bildet.«[14] Neben dem sich im Laufe der Jahre verändernden und schließlich absterbenden und damit vergänglichen Körper hatte der menschliche Geist für die Kaiserin jedoch dauerhaften Bestand. »Aber der Geist, die Geisteskraft«, so ihre Ansicht, »bleibt in diesem Wechsel mit ihrer Erinnerung, mit der Bewahrung aller empfangenen Eindrücke. Da nach dem Gesetz der Erhaltung der Kraft keine Kraft verloren gehen kann, so ist es auch mit der Geistkraft; somit ist der Geist nicht sterblich.«[15]

Damit setzte Elisabeth Geist und Seele des Menschen auf eine Stufe. »Es ist wahr«, äußert sie weiter, »der Geist ist unsichtbar im Körper. Und deshalb ist er auch nach dem Tode unsichtbar. Doch ist dies der Weltäther nicht auch? Der Weltäther, der uns schwingend die Strahlen der Sonne herführt, der die Anziehungskraft von allen Fixsternen, Planeten und Weltkörpern zu uns trägt bis auf Fernen, von denen das Licht erst in fünf Millionen Jahren zu uns dringt?«

Mit dem »Weltäther« meinte sie eine im Weltall unsichtbar wirkende Kraft. »Und so ist es mit dem Geist, den wir nicht sehen, der aber nach seiner Beschaffenheit die Gesichter der Menschen prägt, je nachdem sie mit dem Geiste wirken. Er ist individuell und unsterblich.« Der Geist und ebenso die Seele sind für die Kaiserin nach dem Tod »losgerissen von jener elektrischen Batterie, die wir Gehirn nennen.« Der Geist kann sich dann »im Körper nicht mehr zum Ausdruck bringen, doch kann er immerhin auf andere lebende Menschen und ihre Gehirnfunktionen einwirken, eine gewisse Veranlagung vorausgesetzt. Mag der Geist des Verstorbenen nahe oder fern sein, das gilt gleichviel. [...] Und so wirken die Geister der Toten durch Inspiration, wie auch die Sonne ihre Strahlen schwingend durch den Äther wirken läßt. Der Blinde empfindet diese Strahlen nicht als Licht, und der geistig Blinde hat eben keine Empfindung für die Geistesstrahlen aus der anderen Welt. Ich gehöre nicht zu denen, deren geistige Sinne verschlossen sind. Und deshalb höre ich, besser gesagt, empfinde ich die Gedanken und das mich betreffende Wollen meines Geistes.«[16]

Elisabeth glaubte also an ein Weiterleben der Seele, die sie mit dem Geist gleichsetzte, und an die Möglichkeit, im Diesseits lebende Menschen aus dem Jenseits zu inspirieren. Ihr Sohn Rudolf hinterließ ihr nach seinem Tod einen Brief, in dem er vom Weiterleben seiner Seele spricht, wie dies Elisabeths Tochter Marie Valerie in ihrem Tagebuch notierte: »Auch in seinem Brief an Mama spricht er [Rudolf] von dem Weiterleben seiner Seele und betrachtet jene, die seinen Tod geteilt [Mary Vetsera] als einen sühnenden reinen ›Engel‹.«[17]

Am 12. Juli bestellte die Kaiserin in der Andechser Kirche »eine heilige Messe für Rudolf«[18] und am 16. Oktober bat sie beim Besuch des Franziskanerinnenklosters Lana bei Meran die Ordensschwestern unter Tränen: »Beten Sie für meinen Sohn.«[19] Sie war überzeugt, dass dessen Seele weiterlebte.

Die Kaiserin kannte die Schöpfungsgeschichte des Alten Testaments, in der Gott dem Menschen seinen Atem einbläst, wodurch er belebt und »beseelt« ist durch den Lufthauch Gottes. Im Markus-Evangelium des Neuen Testaments verkündet Jesus: »Was hülfe es dem Menschen, wenn er die ganze Welt gewönne und nähme doch Schaden an seiner Seele?«[20]

In ihrem Gedicht »Ich habe verzweifelt« klagt Elisabeth nach dem Tod König Ludwigs II. Gott an und fragt:

»Wo ist die Seele des Schwanes, / Den man im Wasser erwürgt? / Wo ist das ewige Leben, / Das man uns heilig verbürgt?

Und sieh', als die Nacht gekommen, / Da stieg ein Engel hervor / Aus weinenden Wasserfluten / Und flüstert' mir leise ins Ohr:

›Die Seele, die du verlangest, / Sie gleitet im grossen All; / Doch mit der deinen sich mengen, / Darf sie nun von Fall zu Fall.

Du sollst ihr Leiden teilen, / Musst opfern ihr deine Ruh', / Bis eure Seelen einst eilen / Vereint der Ewigkeit zu.‹«[21]

Marie Valerie notierte in ihr Tagebuch, dass im Sommer 1889 ihre Mutter »abends im Bett plötzlich deutlich und scharf gezeichnet das Profil des Dichters [Heinrich Heine] wie es ihr aus dem Bild bekannt war, vor sich sah, und dabei eine merkwürdige aber, wie sie sagt, angenehme Empfindung hatte, als wollte diese Seele die ihre losringen aus dem Körper. Dieser Kampf brauchte eine Sekunde, aber Jehova gestattete der Seele nicht, den Körper zu verlassen. Die Erscheinung verschwand und liess Mama trotz der Enttäuschung des Weiterlebens für lange Zeit eine beglückende Befestigung im Glauben, eine grössere Liebe zu Jehova und die Überzeugung, dass Heines Seele bei Ihm und ihr Umgang mit Mamas Seele von Ihm gestattet sei. Und Mama versichert noch heute und sagt, sie könne jeden Schwur leisten, dass dies wahr sei und sie die Erscheinung, vollkommen wachend mit ihren leiblichen Augen vor sich gesehen.«[22]

Schon am 5. März 1887 schilderte Elisabeth in einem Gedicht ihren seelisch-geistigen Verkehr mit Heine:

»Es schluchzt meine Seele, sie jauchzt und sie weint, / Sie war heute Nacht mit der Deinen vereint; / Sie hielt Dich umschlungen so innig und fest, / Du hast sie an Deine mit Inbrunst gepresst. / Du hast sie befruchtet, Du hast sie beglückt, / Sie schauert und bebt noch, doch ist sie erquickt. / O könnten nach Monden aus ihr auch erblüh'n / so wonnige Lieder, wie Dir einst gedieh'n! – / Wie würde sie hegen, die Du ihr schenkst, / Die Kinder, die Du, Deine Seele getränkt.«[23]

Von sogenannten außerkörperlichen Erfahrungen wurde und wird immer wieder berichtet. Dabei handelt es sich um Erlebnisse – oft bei Unfällen, Kreislaufversagen oder Wachträumen –, bei denen die Betroffenen nach eigenen Angaben die Empfindung haben, ihre Seele befinde sich kurzzeitig außerhalb des eigenen Körpers, bevor sie in diesen wieder zurückkehrt. In nahezu allen Weltreligionen wird geschildert, dass sich nach dem Tod eines Menschen dessen Seele aus dem Körper löst, was der Verstorbene selbst erlebt. Dies wurde mehrfach von Menschen berichtet, die ein Nahtoderlebnis hatten. Sie erzählten, nachdem sie von den Ärzten ins Leben zurückgeholt worden waren, wie sich ihre Seele im Augenblick des Todes aus dem Körper löste und über ihm schwebte, wobei sie alles, was sich im Raum ereignete, sehen und selbst Gespräche hören konnten, die von Anwesenden geführt wurden.

Es war Elisabeths Hofdame Irma Sztáray, die unmittelbar nach dem Tod der Kaiserin erlebte, wie sich die Seele ihrer Herrin aus deren Körper löste. Nachdem Elisabeth für tot erklärt worden war und sich alle aus dem Zimmer entfernt hatten, »setzte ich mich«, so Irma Sztáray in ihren Erinnerungen, »neben meine teuere Kaiserin hin. [...] Mit leerem Blick schaute ich in die Flammen [der Kerzen], die mit nervösem Geflacker die Bahre beleuchteten. [...] In diesem Augenblicke ging es wie ein Beben durch mein ganzes Wesen. Mir schien, als würde ich plötzlich beim Namen gerufen. Ich hörte eine Stimme – das in meiner Seele erklingende Echo eines aus Fernen kommenden süßen Wortes: ›Jenseits ist Friede und Glückseligkeit.‹ – Ich riß mich empor; der Halbschlummer wich aus meinen Augen und ich stand vor meiner teueren Kaiserin, wie so oft, dienstbereit das Wort von ihren Lippen erwartend. Doch ihre Lippen waren geschlossen. Nur meine Seele hatte den Widerhall ihrer Worte in der Grabesruhe des Sterbegemaches zurückgegeben. Und doch mußte diese Stimme als Offenbarung, als Bestätigung von oben gekommen sein. Jetzt mochte ihre Seele die heiligen Regionen der Erleuchtung erreicht haben. Über ihr Antlitz ergoß sich ein sieghafter Glanz, in ihrem Lächeln sah ich überirdische Glückseligkeit.«[24]

Glaube an ein Fortleben nach dem Tod und an Seelenwanderung

Am 30. April 1898 notierte Marie Valerie in ihr Tagebuch, ihre Mutter sage oft, »ewiger Schlaf wäre ihr lieber als Erwachen zu neuem Leben, denn sie begehre nur Ruhe«[25]. Dem Griechen Frederic Barker erzählte die Kaiserin einmal von ihrem Besuch in der Kapuzinerkirche nach Rudolfs Tod, bei der sie ihren toten Sohn gerufen, aber keine Antwort von ihm erhalten habe. Sie habe daraus »erkannt, daß es kein Leben nach dem Tode gebe«[26]. Dann wieder zweifelte die Kaiserin daran und schlug Barker »allen Ernstes vor, daß derjenige von ihnen, der zuerst stürbe, dem anderen ein Zeichen aus der Ewigkeit geben solle«[27].

Vielleicht faszinierte Elisabeth deshalb auch der Roman »She – A History of Adventure« (»Sie – eine Abenteuergeschichte«) des Engländers Henry Haggard, der von einer sagenhaften, nie alternden ägyptischen Königin handelt. Sie las das Buch mehrmals und schenkte auch ihrer Nichte Marie Louise »ein Exemplar«[28]. Elisabeth identifizierte sich mit »She«, die wie sie langes wallendes Haar hat, alterslos und überirdisch schön ist, stets ihr Gesicht verbirgt und Herrin des Meeres ist. Auch von ihren Weisheiten war die Kaiserin fasziniert:

> »Was lebt, kennt den Tod, und was tot ist, kann nie sterben, denn im Kreislauf der Seele existieren weder Leben noch Sterben. [...] Alle Dinge leben ewig, auch wenn sie zu Zeiten schlafen und vergessen sind. [...] Es gibt keinen Tod, nur den Wandel.«[29]

Am 24. Mai 1889 äußerte sie in einem Gespräch mit Kronprinzessin Stephanie ihre Besorgnis, ob Rudolf nach dem Tode im Himmel sei, und fragte: »Was ist der

Himmel? Wenn man den Gebetbüchern glaubt, kommen ja die grössten Heiligen kaum hinein – wie erst wir?«, worauf Stephanie allen Ernstes meinte: »Aber vielleicht haben wir grössere Verdienste als die Heiligen.«[30] Die Kronprinzessin glaubte dies wohl im Hinblick auf die hohe Stellung der Kaiserfamilie.

1898 sagte Irma Sztáray bei einem Gespräch über das Jenseits zur Kaiserin: »[...] mit dem unerschütterlichen Vertrauen der Gläubigen nichts weiter als: ›Jenseits ist Friede und Glückseligkeit.‹ – ›Woher wissen Sie das? Von dort ist ja noch kein Wanderer zurückgekehrt!‹«[31], entgegnete ihr Elisabeth. Auch wenn sie vor allem in den letzten Lebensjahren stets Zweifel plagten, ob es ein Fortleben nach dem Tode gibt und sie dieses Fortleben überhaupt wünsche, so spielte sie in Gedanken mehrfach durch, wie die Seele beim Tod aus dem Körper entweicht sowie frei und ungebunden überallhin fliegen kann, wohin sie möchte, so auch in ihrem Gedicht »Anno Domini«:

> »Ich bin schon längst gestorben, / Der Körper liegt in Ruh' / Im Sarg verwelkt, verdorben; / Der Deckel ist fest zu.
>
> Doch jede zwölfte Stunde, / Die stille Mitternacht / Gibt meiner Seele Kunde, / Sie sei nunmehr erwacht.
>
> Sie lässt den Körper liegen / Und stiehlt sich aus der Gruft. / Hurrah! Jetzt heisst es fliegen! / Die Nacht, die Freiheit ruft!
>
> Die Nebelschwingen breitet / Sie aus von Schlosses Rand, / Wo blond die Donau gleitet / Im tiefen Pusztasand.
>
> [...] Es huscht, ein Nebelstreife, / Die Seele her und hin, / Gleich einem Mövenschweife / Im dunkeln Fichtengrün.«[32]

Marie Valerie notierte über dieses Gedicht am 13. Juli 1886:

> »Mama las mir ein wunderschönes Gedicht vor, das sie als Einleitung fürs ›Jainzen-Stammbuch‹ [Jainzen war Elisabeths ›Zauberberg‹ in Ischl] gemacht hat. Es beginnt ›Ich bin schon längst gestorben‹ und schildert, wie Mama einst ihrem Grab entsteigen will, um auch als Geist den trauten Zauberberg zu besuchen und ›die Lieben drunt im Tal‹ zu segnen. Wie kann ich je genügend Mamas heisse Liebe vergelten!? Ihr Leben ist traurig, vielleicht ohne Grund, denn sie könnte glücklich sein – wer dürfte sie aber um ihr Los beneiden?«[33]

Die Frage, ob der Mensch nach dem Tode weiterlebt oder ob sich seine Spuren verlieren, beschäftigte auch Heinrich Heine: »Ob wir einst auferstehen! Sonderbar! meine Tagesgedanken verneinen diese Frage, und aus reinem Widerspruchsgeiste wird sie von meinen Nachtträumen bejaht.«[34] Und in seinem Nachwort zu »Romanzero«, seinem dritten und letzten Gedichtband, betonte er:

»Wie sträubt sich unsere Seele gegen den Gedanken des Aufhörens unserer Persönlichkeit, der ewigen Vernichtung! Der horror vacui, den man der Natur zuschreibt, ist vielmehr dem menschlichen Gemüte angeboren. Sei getrost, teurer Leser, es gibt eine Fortdauer nach dem Tode, und in der anderen Welt werden wir auch unsere Seehunde wiederfinden. – Und nun, lebe wohl, und wenn ich Dir etwas schuldig bin, so schicke mir Deine Rechnung. Geschrieben zu Paris, den 30. September 1851.«[35]

»Das Leben«, so äußerte die Kaiserin, »hat nur den einen Zweck, in seiner jeweiligen Form überwunden zu werden wie eine Krankheit. Und wenn man es überwinden will, darf man sich vor nichts fürchten, soll man alles wünschen, gegen alles gleichgültig sein. Dann erst wird man reif zur ›Metempsychose.‹«[36] Damit meinte Elisabeth den Übergang der menschlichen Seele nach dem Tod in ein anderes Geschöpf, sei es eine Pflanze, ein Tier oder in einen neuen Menschen. Sie glaubte also an die Möglichkeit einer Seelenwanderung. Besonders grotesk war ihr Wunsch, ihre Lebenskraft, ihr Wesen und damit ihre Seele mögen nach dem Tod in ihre Haare übergehen, wie sie dies in den folgenden »Wunsch« zum Ausdruck bringt:

»An meinen Haaren möchte' ich sterben, / Des Lebens ganze, volle Kraft, / Des Blutes reinsten, besten Saft / Den Flechten möchte' ich dies vererben.

O ginge doch mein Dasein über, / In lockig seidnes Wellengold, / Das immer reicher, tiefer rollt, / Bis ich entkräftet schlaf hinüber.«[37]

In diesen Versen erinnern ihre Haare gleichsam an Vampire, die aus ihr die Lebenskraft aussaugen, bis nur noch die leblose Hülle ihres Körpers zurückbleibt, und als Einzige überleben.

In einer anderen Vorstellung sah sie sich nach dem Tod als Möwe durchs Weltall fliegen, ihrem Vetter, König Ludwig II. von Bayern, dem »Adler«, folgend. Zu ihrer Nichte Marie Louise sagte sie einmal:

»Bisweilen, Marie, glaube ich, daß ich verzaubert bin, und daß ich nach meinem Tode in eine Möwe verwandelt werde und über die weiten Flächen des Ozeans schweben oder auf dem Gipfel einer ragenden Klippe nisten werde. Dann werde ich, die enggebundene Elisabeth, endlich frei sein, denn meine Seele wird den Weg aus der Gefangenschaft finden.«[38]

Für die Kaiserin bedeutete Seelenwanderung also den Austritt der Seele aus dem Körper nach dem physischen Tod, um anschließend in einem neuen wiedergeboren zu werden. Bei der nun folgenden erneuten Wanderschaft entwickelt sich die Seele spirituell weiter. Sie sammelt neue Erfahrungen und lernt bislang Unbekanntes hinzu. Sie überwindet Schwächen und trägt eventuelle Schuld des vorangegangenen Lebens ab. Nach und nach gelingt es der Seele, bei der

Seelenwanderung mit der universellen Seele zu verschmelzen. Ziel mehrerer aufeinanderfolgender Seelenreisen von Leben zu Leben ist schließlich der Einzug ins Nirwana und die Verschmelzung mit der kosmischen Seele. Die Befreiung von diesem Kreislauf – Seelenwanderung, Reinkarnation und Wiedergeburt – führt die geläuterte Seele zuletzt zum ewigen Frieden.

Elisabeths Griechischlehrer Constantin Christomanos berichtet in seinen Erinnerungen, wie die Kaiserin in seiner Begleitung beim Schloss Miramare einmal an einem kleinen Teich vorüberkam, »auf welchem Enten schwammen. [...] Eine nach der andern traten die Enten aus dem goldenen Wasser und blieben still am Ufer stehen, wie vom Nachdenken über traurige Rätsel erfüllt, und die Kaiserin sagte: ›Niemand bekümmert sich um ihre Gefühle. Man behandelt sie fast wie Köchinnen, weil man sie zu der Küche in Beziehung bringt. Wer weiß, ob sie nicht auch einmal Königinnen gewesen sind ... Wenn ich wieder auf die Erde komme –‹ aber da brach sie plötzlich ab.«[39] Vielleicht dachte Elisabeth in diesem Augenblick daran, dass sie am liebsten wohl als Möwe wiedergeboren werden würde.

Hielt Elisabeth eventuell auch Friedrich Nietzsches »Lehre von der ewigen Wiederkehr« für möglich, wonach das Leben einer Sanduhr gleicht, die kaum ausgelaufen wieder umgedreht wird, worauf man sein Leben unzählige Male immer wieder aufs Neue genauso leben muss wie das bisher gelebte Leben? Hielt sie auch einen solchen physikalischen Kreislauf der Dinge für denkbar, da das Weiterbestehen von Energie ja ewige Wiederkehr fordert?

Vom Vergessenwerden nach dem Tod

Elisabeth wusste sehr wohl, dass sie in der Bevölkerung Wiens nicht sonderlich beliebt war. Sogar dem Schah von Persien kam dies zu Ohren, als er sich anlässlich der Weltausstellung 1873 in Wien aufhielt. Er notierte in sein Reisetagebuch:

> »Wie ich höre, liebt sie das Volk nicht und wird auch nicht von ihm geliebt. Sie machen ihr ganz ungerechtfertigte Vorwürfe. Angeblich ist ihnen diese Frau zu stolz. Sie soll nicht genügend Anteil an den Freuden und Leiden des Volkes nehmen. Sie ziehe sich zu sehr zurück, zeige sich nicht oft genug bei öffentlichen Festlichkeiten und kümmere sich zu wenig um ihre Aufgaben als Kaiserin.«[40]

Elisabeth war sich deshalb sicher, dass man sie nach ihrem Tod rasch vergessen würde, vor allem auch deshalb, weil nach Rudolfs Suizid eine andere habsburgische Linie den Thron erben würde. »Jetzt haben doch all diese Menschen, die von der ersten Stunde meines Herkommens so viel Böses über mich gesagt, die Beruhigung, dass ich vorübergehen werde, ohne eine Spur in Österreich zu hinterlassen«[41], sagte sie zu Marie Valerie. Auch in einem Gedicht von 1886 äußerte sie diese Vorstellung:

»Keine Thränen wird man weinen, / Wird nicht seufzen, wird nicht klagen; / Fröhlich wird die Sonne scheinen / Auch an meinen Sterbetagen.

Die mir alles hier gewesen[42], / Meine Sonne und mein Leben, / Ach! die hat mich längst vergessen, / Eh' ein Jahr sich hinbegeben!

Darum weise, wer hienieden / Seine Bahnen einsam wandelt, / Der die Liebe stets gemieden, / Wahrlich! Der hat klug gehandelt!«[43]

Bemerkenswert ist, dass Elisabeth als Vorlage für dieses Gedicht wieder einmal ein Poem ihres Meisters Heinrich Heine nutzte, das so beginnt:

»Keine Messe wird man singen, / Keinen Kadosch wird man sagen, / Nichts gesagt und nichts gesungen / Wird an meinen Sterbetagen.«[44]

Mit ihrer Vorahnung, man würde ihren Tod nicht betrauern, sollte Elisabeth in gewisser Weise sogar recht behalten. In Wien hielt sich die Trauer der Bevölkerung nach ihrem Tod tatsächlich in Grenzen. »Es wurden ihr nur wenige Tränen nachgeweint«[45], notierte Graf Erich Kielmannsegg. »Nicht um die Kaiserin trauerte man, sondern um den neuerlichen Schicksalsschlag, der den inzwischen 68jährigen Kaiser getroffen hatte.«[46]

Selbst Elisabeths Lieblingskind, Erzherzogin Marie Valerie, reagierte erstaunlich sachlich, als sie elf Tage nach dem Tod der Mutter ins Tagebuch notierte:

»Nun ist es so gekommen, wie sie es immer wünschte, rasch, schmerzlos, ohne ärztliche Beratungen, ohne lange, bange Sorgentage für die Ihren [...] ich wünschte, sie möge nun gefunden haben, was sie so bitter bezweifelte – die liebende Barmherzigkeit Gottes.«[47]

Und auch Franz Josephs Erschütterung war, nachdem er den ersten Schock überwunden hatte, »weniger dramatisch«[48], wie Marie Valerie beobachtete. Er habe zwar geweint, »aber fassungslos war er auch da nicht, und bald darauf wieder ruhig wie damals nach Rudolfs Tod«[49]. Und bereits »wenige Tag nach der Beisetzung seiner Frau nahm der Kaiser die gewohnten Spaziergänge mit Katharina Schratt wieder auf«[50]. Mit seiner Bemerkung, niemand wisse, »wie ich diese Frau geliebt habe«, schien er eher seiner Trauer darüber Ausdruck verleihen zu wollen, dass seine lebenslange Liebe zu ihr nicht mit derselben Leidenschaft von ihr erwidert wurde. Bei einem der letzten Spaziergänge mit dem Kaiser kam Elisabeth auf ihren Tod zu sprechen und äußerte, wie die Schratt überlieferte: »Ach, da wäre niemand so, als der Ritter Blaubart froh.« Auf diesen scheinbar spaßigen Vers reagierte der Kaiser verärgert: »Geh, red' nicht so.«[51]

Doch Elisabeth brachte damit zum Ausdruck, sie sei überzeugt, auch Franz Joseph würde ihr keine Träne nachweinen. In der Bevölkerung war man hauptsächlich deshalb entsetzt, weil es sich um ein Attentat auf eine wehrlose Frau handelte. Und so richtete sich der unvorstellbare Hass der Frauen und Mädchen von Wien auch gegen Luigi Lucheni. 16000 Unterschriften umfasst der Wut-Brief an den Attentäter, in dem es heißt:

»Mörder, Bestie, Ungeheuer, reißendes Tier, die Frauen und Mädchen Wiens seufzen danach, Dein furchtbares Verbrechen, das Du an unserer geliebten Kaiserin begangen hast, zu rächen. Weißt Du, reißendes Tier, was Du verdienst?! Höre, Ungeheuer: Wir wollten Dich auf einen Tisch legen – wir, die wir ein gutes Herz haben, wir könnten mit Vergnügen zuschauen, wie man Dir die beiden Arme und Füße abschnitte. Um Deine Schmerzen zu versüßen, würden wir Deine Wunden mit Essig waschen und sie dann mit Salz trocknen. Wenn Du das überlebst und wieder gesundest, so könnte man etwas Ähnliches von neuem beginnen. Oder wir machen Dir einen anderen Vorschlag: Laß Dir dasselbe Instrument ebenso ins Herz stoßen, wie Du es unserer geliebten Kaiserin getan, nur langsam! Willst Du das nicht einmal versuchen? Sei verflucht während Deines ganzen Lebens, Elender, grausames Ungeheuer. Was Du ißt, das bekomme Dir nicht. Dein Körper möge Dir nur Schmerzen bereiten, und Deine Augen geblendet werden. Und Du sollst leben in ewiger Finsternis. Das ist der heißeste Wunsch der Frauen und Mädchen von Wien für einen so verruchten Elenden, wie Du es bist.«[52]

Überliefert ist nicht, ob die Kirche zu diesem höchst unchristlichen Racheaufruf der Mädchen und Frauen von Wien, die sich sonst »ein gutes Herz« bescheinigten, Stellung bezog.

Höchst erstaunlich ist allerdings der Gesinnungswandel der Bevölkerung, von der die ungeliebte Kaiserin nach ihrem Tod relativ rasch über die Maßen heroisiert und geradezu vergöttert wurde.

»Staub bist du und kehrst wieder zum Staub zurück!«

Im Alten Testament der Bibel finden sich die Zeilen: »Im Schweiße deines Angesichtes sollst du dein Brot essen, bis daß du wieder zur Erde kehrst, von der du genommen bist; denn du bist Staub und kehrst wieder zum Staub zurück!«[53]

Elisabeth kannte dieses Zitat. In dem Gedicht »Nemesis« – gemeint ist die griechische Göttin der ausgleichenden und strafenden Gerechtigkeit – schrieb sie:

»Vom eignen Körper äsen / Die Würmer jeder muss, / Bis er einst ganz verwesen / Zu seiner Straf' und Buss'.«[54]

Den Bestattungsfeierlichkeiten ihr nahestehender Personen entzog sich Elisabeth so gut es ging. So nahm sie auf Franz Josephs Rat nicht an der Bestattung ihres Sohns Rudolfs teil, die am 5. Februar 1889 ab 16 Uhr stattfand. Stattdessen zog sie sich mit ihrer Tochter Marie Valerie in die Josefikapelle zurück, um den Trauerzug über den Hof nicht sehen zu müssen. Dort beteten dann beide, bis Franz Joseph und seine Tochter Gisela nach 16.30 Uhr zurückkamen.[55] An der Bestattung ihres Vaters Herzog Max, der am 15. November 1888 zweieinhalb Monate vor Rudolf verstorben war, nahm sie »wegen Verkühlungsgefahr bei der jetzigen Kälte«[56] und wegen »der Wirkungen dieses Ereignisses auf ihr depressives Gemüt«[57] nicht teil. Auch zur Bestattung ihrer Mutter Ludovika, die am 26. Januar 1892 starb, erschien sie nicht, da am 27. Januar ihre Tochter Valerie ihr erstes Kind Elisabeth Franziska zur Welt brachte.

In den letzten Jahren befasste sich Elisabeth mit dem zunehmenden Zerfall ihres eigenen Körpers, den sie schon ab dem 50. Lebensjahr fortwährend heftiger beklagte, und sah sich selbst als »Mumie […] als geschminkte Larve«[58]. Dementsprechend begann sie sich förmlich einzugraben und verbarg ihr »faltiges, wettergegerbtes, mageres Gesicht«[59] hinter Fächern, Schleiern und unter Sonnen- und Regenschirmen. Den Gegensatz ihres einst schönen und des nunmehr langsam zerfallenden Körpers hielt sie kaum aus. Es verwundert nicht, dass sie sich mit dem eigenen Verwesungsprozess in der Tiefe des Meeres auseinandersetzte und ihn sogar lakonisch bedichtete.

> »[…] Nun liegt mein Körper unten / Im tiefsten Meeresgrund, / Die Riffe dort, die bunten, / Die rissen ihn noch wund.
>
> In meinen Zöpfen betten / Die Seespinnen sich ein; / Ein schleimig Heer Maneten / Besetzt mir schon die Bein'.
>
> Auf meinem Herzen kriechet / Ein Tier, halb Wurm, halb Aal; / Die Fersen mir beriechet / Ein Lobster-Kardinal.
>
> Es haben mir umschlungen / Medusen Hals und Arm; / Und Fische, alte, junge, / Die nähern sich im Schwarm.
>
> An meinen Fingern saugen / Blutegel, lang und grau, / In die verglasten Augen / Stiert mir der Kabeljau.
>
> Und zwischen meine Zähne / Klemmt sich ein Muscheltier. / Kommt wohl die letzte Thräne / Als Perle einst zu dir?«[60]

Im Februar 1898 schrieb Elisabeth an ihren Mann, »daß sie lebt und sich fühlt, als ob sie 80 Jahre alt wäre«[61]. Und am 13. Mai 1898 erkannte Marie Valerie:

> »Die tiefe Traurigkeit, die Mama früher doch nur zeitweilig umfing, verläßt sie jetzt nie mehr. Da gibt es keinen, auch nur vorübergehenden Sonnenblick mehr – alles ist düster und trostlos. Die beiden Worte: hoffen und sich freuen

hat Mama für immer aus ihrem Leben gestrichen, sagt sie. Ihre physische Kraft war eben ihre größte Freude – und diese Kraft hat sie verlassen.«[62]

Und damit zerbrach auch ihre psychische Kraft. Sie sehnte den Tod herbei und wünschte sich, Jehova möge sie bald von ihrem Leiden erlösen. Am 10. September 1898 begegnete sie schließlich ihrem »Erlöser«.

Die Auslöschung der Kaiserin

Dem Lebensende der Kaiserin ging nicht eine lange unheilbare Krankheit mit einer ausgedehnten Sterbephase voraus. Bis eine Stunde vor ihrem Tod war sie, abgesehen von altersbedingten Beeinträchtigungen und körperlichen Leiden, durchaus gesund. Doch Todesahnungen hatte sie mehrfach. Bei ihrem letzten Besuch im Achilleion soll sie vor dem großen ovalen Toilettenspiegel, der von zwei Greifen getragen wird, gestanden haben, der mit leisem Knall plötzlich einen Riss bekam, der noch heute zu sehen ist. Elisabeth erschrak und sagte zu ihrer Hofdame: »Ich glaube, ich werde das hier nicht wiedersehen.« Sie sollte tatsächlich nicht wiederkommen.

In den letzten Lebensmonaten erlebte Marie Valerie ihre Mutter als eine sterbensbereite Frau, wie sie dies in ihrem Tagebuch in den Monaten Mai bis September 1898 schildert. Da ist die Rede davon, dass »Mama furchtbar schlecht aussieht, dass sie ihr Leben arm und trostlos empfindet, noch gesteigert durch Alter und Kränklichkeit und ohne das tröstende Licht des Glaubens. Es gibt keinen Sonnenblick mehr für sie, nur noch Melancholie und Traurigkeit. Die Worte hoffen und freuen hat Mama aus ihrem Leben gestrichen. Ihr Gang ist langsam und müde und sie klagt, dass sie ihre physische Kraft verloren hat und ahnt, dass sie vor Papa sterben wird. An Gott glaubt sie noch, weil das viele Unglück und Leiden ihrer Ansicht nach kein Zufall sein kann. Gott sei nur mächtig und grausam und kenne keine Barmherzigkeit. Trotz ihres furchtbaren Unglaubens hat sie vor dem Tod nur deshalb keine Furcht, weil sie nicht glauben kann, dass Gott ihre Seele auch noch nach dem Tod herausreißt und weiterfoltert.«[1]

Im Grund war Elisabeths Ermordung gar nicht vorgesehen. Ursprünglich sollte Prinz Henri Philippe d'Orléans ermordet werden. Doch da dieser seine Reisepläne kurzfristig änderte und nicht in Genf eintraf, wählte Lucheni Elisabeth als sein Ersatzopfer, nachdem er von deren Anwesenheit zufällig in der Zeitung gelesen hatte. Am Tag vor ihrem Tod verbrachte sie beim Besuch der Baronin Julie Rothschild in Pregny nahe Genf einen heiteren Tag, genoss sogar das Essen und ein Glas Champagner. Doch ihre Lebensfreude hatte sich seit nahezu zehn Jahren immer mehr reduziert. Am letzten Lebenstag, am Samstag, den 10. September 1898, ging sie am Vormittag noch zum Einkaufen, erwarb eine Musikwalze und Platten für ihre Enkel und genehmigte sich ein Eis in einer Konditorei. Niemand dachte daran, dass nur noch ein Lebensfunke in ihr war. Um 13.45 Uhr erfolgte dann durch einen Stich in ihr Herz in wenigen Augenblicken die Auslöschung ihres Lebens, das nach nicht ganz einer Stunde um 14.40 Uhr endete.

Elisabeths Tod

Eine enge Freundin Kaiserin Elisabeths, Königin Elisabeth von Rumänien, die unter dem Pseudonym »Carmen Sylva« schriftstellerisch tätig war, glaubte, die Kaiserin habe ihr Ende nicht nur vorausgeahnt, sondern auch ersehnt. Eine Ergreifung und Bestrafung ihres Mörders, der doch nur ein Instrument des Schicksals gewesen sei, hätte sie abgelehnt. Ihre Ermordung sei lediglich in den Augen der Öffentlichkeit grausam. Sie habe dieses Ende jedoch als »schön, still, schmerzlos und friedlich« empfunden. Im Einzelnen stellte Carmen Sylva über Elisabeths Ermordung folgende Überlegungen an:

> »Ich habe die tiefste Überzeugung, daß sie den Tod gefühlt hat, aber nichts gesagt, damit der Arme [Luigi Lucheni] entkäme, der sie getroffen. Er sollte nicht gefangen und mißhandelt werden, denn ihr war der Tod so sehr willkommen! Nie hätte sie gestattet, daß man den verfolgt hätte, der ihn ihr so leicht und schmerzlos gegeben! Sie hatte sich ja immer gewünscht, plötzlich zu sterben. Nichts wird es mir aus dem Kopfe nehmen, daß sie ganz gut gewußt hat, was sie traf, und daß das Mitleid, das ihr ganzes Leben verschönt hat, noch in der Todesstunde die Oberhand behalten hat. Wenn man nicht glaubte, daß Gott auch die Mörderhand führt, wenn er einem seiner Kinder die Bitterkeit des Todes ersparen will, dann müßte man verzweifeln! Aber hier ist es zu offenbar, wie gut es Gott gemeint hat, und wie leise der Tod an sie heran-

getreten, fast unsichtbar, unscheinbar, und sie vor all dem schrecklichen Pomp und der Qual bewahrt hat, in der die heutigen Ärzte soviel Kunst gefunden zu haben glauben, in der Verlängerung der Agonie. Sie mußte so einfach sterben, wie sie gelebt, auch da keine Schaustellung, keine Vorbereitungen, kein Kopfschütteln und Harren gedankenloser, teilnahmsloser Menschen, für die das Ableben der Großen nur ein Verändern ihrer eigenen Lage bedeutet. Es war lauter Einfachheit und Ruhe dabei, man konnte ihr ihre Sterbestunde nicht vergiften, es kam so still und sanft, wie ihre Stimme, wie ihr ganzes Wesen! Nur für die Welt schien es grausam und entsetzlich, für sie nicht, für sie war es schön und still und groß, im Anblick geliebter, großer Natur, schmerzlos und friedlich. Sie gab uns Frauen auf den Thronen der Welt das herrliche Gefühl, daß wir die Gefahr teilen dürfen und nicht ausgeschlossen sind, sondern ebenso beherzt sein dürfen als unsere Männer. Es war sehr schön. Das haben die Menschen gar nicht verstehen wollen. Ich aber, ich wußte, wie dankbar sie für ein solches Ende gewesen ist und wie sie deshalb den armen Teufel [Luigi Lucheni] hat entschlüpfen lassen wollen, statt ihn ewiger Kerkerhaft zu überantworten. Sie war viel zu klar und viel zu sehr bewandert in Naturkunde und Medizin, um nicht zu wissen, daß sie tödlich getroffen war. Aber für sie war kein Schrecken dabei, für sie schlug die Erlösungsstunde mit Feierklang. Es ist nicht allen Menschen angenehm, im Kreise zahlreicher Leidtragender den Geist aufzugeben und von allen möglichen Zeremonien noch im Sterben umgeben zu sein. Manche sterben gern noch schön für die Welt, das hätte ihr gar nicht ähnlich gesehen. Sie wollte gar nichts sein für die Welt, auch im Sterben nicht. Sie wollte einsam sein und auch ebenso unbemerkt die Welt verlassen, durch die sie so oft dahingeschritten war, Ruhe suchend, in ihrem rastlosen Drängen nach Höherem und Vollkommenerem.«[2]

Das Sterbesakrament

In einem ihrer letzten Gespräche am 9. September 1898 über Glauben und Tod mit Gräfin Sztáray äußerte Elisabeth: »›Ich bin gläubig, wenn auch vielleicht nicht so gläubig wie Sie, doch ich kenne meine Natur, es ist gar nicht ausgeschlossen, daß Sie mich noch extrem religiös sehen werden. Den Tod, der Sie nicht schreckt, fürchte ich nun doch, obwohl ich ihn oft ersehne; der Übergang, die Ungewissheit lassen mich erzittern und besonders der furchtbare Kampf, den man bestehen muß, ehe man dahin gelangt.‹«[3]

Schon zu Kaiserin Maria Theresias Zeit gehörte zu einem christlichen Sterben, sich sorgfältig darauf vorzubereiten, das heißt »zu beichten und Buße zu tun, die Eucharistie und die Letzte Ölung zu empfangen, um so gestärkt den Weg ins jenseitige Leben anzutreten. Beim Übergang war die Seele des Sünders gefährdet und anfällig für teuflische Einflüsse. Ohne Buße und spirituelle Stärkung war unsicher, ob der Sterbende das ewige Seelenheil erlangen würde.«[4] Dass 1889 Kronprinz Rudolf ohne geistlichen Beistand und durch eigene Hand starb, war deshalb eine beängstigende Vorstellung, zumal er der Kirche auch noch äußerst ablehnend gegenüberstand.

Kaiserin Elisabeth hatte in ihrem Leben alle christ-katholischen Sakramente empfangen, in ihrer Kindheit die Taufe, in der Jugend die Sakramente der Beichte, Kommunion und Firmung und als junge Frau das Sakrament der Ehe. Auch das Letzte, das Sterbesakrament, wurde ihr beim Übergang in das ewige Leben gespendet. Gräfin Sztáray berichtet, was im Hotel »Beau-Rivage« in Genf geschah, wohin man die sterbende Kaiserin gebracht hatte. In ihrem Appartement im Hotel wurde sie auf das Bett gelegt. Die Gräfin hängte ihr eine Marienmedaille um den Hals. »Sie lebte noch, doch atmete sie kaum mehr. Jetzt kam der Priester und gab die Generalabsolution. War da noch Leben in ihr? Oder hatte sich ihre erhabene Seele zum Himmel emporgeschwungen, ohne den Segen abzuwarten, sicher, daß an der Himmelspforte der Segen dessen sie erwartete, der unser aller Herr ist?«[5]

Die erwähnte »Generalabsolution«, also die Freisprechung von allen Sünden, ohne vorausgehendes individuelles Sündenbekenntnis darf nach kirchlichem Recht nur in Todesgefahr erteilt werden, wenn der Sterbende nicht mehr die Kraft hat, seine Sünden zu bekennen oder wenn er nicht mehr bei Besinnung ist. Dies war bei Elisabeth der Fall. »Um 2 Uhr 40 Minuten sprach der Arzt das furchtbare Wort aus: tot!«[6] Nach einiger Zeit erschienen Klosterfrauen und katholische Geistliche, angeführt vom Bischof von Fribourg, um an der Leiche Gebete zu verrichten. Gräfin Irma Sztáray drückte der Toten ein Kreuz aus Perlmutt und einen Rosenkranz in die Hände, die sie, zum Gebet gefaltet, auf ihre Brust legte. Auf dem Tisch neben dem Totenbett stellte sie zwischen vier brennenden Kerzen ein Kruzifix.

Das letzte Gesicht der Kaiserin

Unmittelbar nachdem Elisabeth für tot erklärt worden war, blickte Gräfin Sztáray, ihre Hofdame, der Verstorbenen ins Gesicht. In ihr Tagebuch notierte sie:

> »Ihr Antlitz strahlte im blendenden Weiß des himmlischen Friedens. [...] Kein Nerv zuckte mehr in ihr! Nur ein Blick unter halbgeöffneten Lidern, himmelwärts gerichtet und gebrochen, und ein sanftes Lächeln des Mundes erinnern noch an das Leben.«[7]

Frederic Barker, ihr letzter Reisebegleiter, beschrieb das Gesicht der Toten so:

> »Sie sieht aus wie eine Frau von dreißig Jahren. Weiß wie Marmor ist die vom Tode geglättete Haut, leichte Röthe überzieht die Wangen; ein Lächeln umspielt die Lippen, so fein, so anmuthig, wie es im Leben gewesen. Ich mußte bei diesem Anblicke an die Sappho-Statue denken, welche Ihre Majestät in Lainz besaß und die sie so sehr liebte. Sie sieht der Sappho gleich.«[8]

Wie es heißt, wirken Gesichter von Toten entspannt, da alles, was ihnen im Leben Schmerz bereitet hat, nun ausgestanden ist. In Wahrheit verlieren aber nur die Muskeln alle Spannung, wodurch dieses eigenartige Lächeln entsteht. Selbst unter Qualen gestorbene Menschen zeigen daher häufig einen lächelnden Gesichtsausdruck. Vier Jahre vor ihrem Tod fragte die Kaiserin einmal ihren Griechischlehrer Christomanos: »Haben Sie jemals einen Toten gesehen? [...] Auf allen toten Gesichtern drückt sich Weh und Hohn aus. Es ist der Hohn des Sieges über das Leben, das so weh getan hat.«[9]

Am Sonntag, den 11. September, wurde die Autopsie des Leichnams vorgenommen und anschließend die Einbalsamierung. Da nur eine Teilautopsie erlaubt war, wurde Elisabeths Herz nicht eröffnet und die bei den Habsburgern bis 1878 vorgenommene Herzbestattung bei ihr nicht durchgeführt. Dazu hätte ihr das Herz entnommen und in einer Herzurne in der Herzgruft der Lorettokapelle in der Augustinerkirche eigens bestattet werden müssen, wo bereits 54 dieser Urnen aufgestellt waren. Unklar ist, wann die Totenmaske abgenommen wurde – noch vor oder unmittelbar nach der Autopsie oder erst nach der darauffolgenden Einbalsamierung? Da es zwei unterschiedlich aussehende Totenmasken gibt, wurde die erste, realistisch aussehende höchstwahrscheinlich vor oder unmittelbar nach der Autopsie abgenommen, die zweite aber erst nach der Einbalsamierung. Die erste, authentische Totenmaske zeigt das Gesicht der 60-jährigen Kaiserin mit eingefallener Wangenpartie und geschlossenem Mund. Der Ausdruck ist ernst. Wie es heißt, kam diese Maske nach Ungarn, ging dort aber verloren und ist deshalb nur noch auf einer Fotografie überliefert. Die zweite Totenmaske wurde wohl nach der Einbalsamierung abgenommen, da sie ein vermutlich durch die Chemikalien der Einbalsamierung leicht angeschwollenes Gesicht zeigt.

Unklarheit herrscht auch hinsichtlich der Personen, die die Totenmasken abgenommen haben. Nach dem Bericht einer ungarischen Zeitung[10] habe die österreichische Erzherzogin Marie Therese den polnischen Bildhauer Alfred Mostig mit der Fertigung der Totenmaske beauftragt. Mostig habe noch im Hotel »Beau-Rivage« das Gesicht der toten Kaiserin zuerst gezeichnet und danach zwei (?) unterschiedliche Masken modelliert. Anderen Berichten zufolge wurde die heute noch existierende Maske jedoch vom Hofmaler Franz Matsch geformt. Sie zeigt ein idealisiertes Gesicht mit weichen, vollen Zügen und einem angedeuteten Lächeln. Diese geschönte Maske wurde vom Kaiserhaus freigegeben und befindet sich heute im Sisi Museum in Wien, während die verschollene Totenmaske mit den strengen Zügen der Bevölkerung nicht gezeigt werden sollte, um die Vorstellung der schönen Märchenkaiserin nicht zu zerstören.

Den Gesichtsausdruck zum Zeitpunkt des Todes zeigen aber beide Totenmasken nicht. Ihn sahen nur Gräfin Sztáray und Frederic Barker. Betrachtet man aber die Fotografie der verschollenen originalen Totenmaske, so ist weder »ein sanftes Lächeln des Mundes« (Sztáray) noch »ein Lächeln, so fein, so anmutig, wie im Leben« (Barker) zu sehen, sondern eher »Weh und Hohn, der Hohn des Sieges über das Leben, das so weh getan hat«, wie Elisabeth dies zu Lebzeiten noch selbst formulierte.

Die letzte Ruhestätte

Ihrem Sohn Rudolf wäre ein kirchliches Begräbnis fast verweigert worden, denn nach kirchlichem Recht kann ein Selbstmörder und dazu Mörder (von Mary Vetsera) nicht mit dem Segen der Kirche bestattet werden. Erst durch ein ärztliches Gutachten, das Rudolf eine Geisteskrankheit bescheinigte, wurde das kirchliche Begräbnis dann doch möglich. Elisabeth fand diese Einstellung der Kirche erbärmlich. Immer wieder machte sie sich selbst Gedanken, wo sie nach dem Tod einmal die letzte Ruhestätte finden könnte. Vor dem Eingesperrtsein in der Kapuzinergruft schien sie sich zu ängstigen.

Beim Besuch des Mausoleums des Hauses Savoyen in der Turiner Basilica, der Superga, bewunderte sie die lichte Halle: »Diese ist nicht so finster wie die unsere in Wien. Hier dringt der Sonnenstrahl ein und der lachende Himmel. Hier wird man nicht ergriffen von den Schauern des Todes.«[11] Lieber wäre es ihr aber, am Meeresstrand[12] bestattet zu werden, »so daß die Wellen sich an meinem Grab brächen, dann würden alle Sterne des Himmels auf mich herabscheinen und die Zypressen würden viel länger als die Menschen um mich trauern«[13].

Auch in ihrem Testament, das sie am 14. Juni 1896 neu verfasste, drückte sie den Wunsch aus, ganz ohne Prunk in Korfu begraben zu werden. Unter den dunklen Bäumen, vom Meer umspült und mit Blumen umgeben, wollte sie in antiker Erde ruhen. Auch eine Grabstätte auf dem einsamen Berg Aja Kyriaki in Korfu erschien ihr wünschenswert:

> »Hier werde ich über mir nur die Sterne haben, und die Cypressen werden genügend seufzen über mich, mehr als die Menschen je tun möchten: in ihren Klagen werde ich ewiger leben als im Gedächtnis meiner Untertanen.«[14]

In einem ihrer Gedichte äußerte sie den Wunsch:

> »Und wenn ich einmal sterben muss, / Dann legt mich an den Strand, / Dass auch mein letzter Blick noch sei / auf's teuere Meer gewandt.
>
> [...] Und wo am tiefsten ist das Meer, / Dort senkt mich dann hinein; / Mag's oben stürmen noch so sehr – / Da unt' wird Ruhe sein.«[15]

Diesen Zeilen zufolge forderte sie, dass ihr Leichnam ins Meer versenkt oder ihre Asche ins Meer gestreut werden soll. Als sie aber an der Decke der Kapuzinergruft eine kleine Öffnung entdeckte, »dort, wo gerade oberhalb das Fenster liegt« und wo »doch ein wenig Luft und Grün in die Gruft hereinblickt und man die Spatzen zwitschern hört«[16], sei ihr die Bestattung dort nicht mehr ganz so unangenehm gewesen. Und, so äußerte sie später ihrer Tochter gegenüber, sie wolle im Tode doch lieber bei Rudolf sein. In einem »guten, großen Sarg«[17] sehnte sie sich danach, Ruhe zu finden in jener Gruft, wo auch er Ruhe vor dem

Leben gefunden hat. Fast schien es, als glaubte die Kaiserin, dass man nach dem Tod das alles noch wahrnehmen und erleben könne.

Nicht einmal nach ihrem Tod entkam Elisabeth dem ihr so sehr verhassten Hofzeremoniell. Am Sonntag, den 11. September, erfolgte um 14 Uhr die vom Kaiser genehmigte partielle Obduktion des Leichnams mit anschließender Einbalsamierung. Am Montag, den 12. September, wurde der Leichnam von ihrer Hofdame Irma Sztáray eingekleidet und in einen provisorischen Sarg gebettet. Am Dienstag, den 13. September, erfolgten die Vorbereitungen für die die allerletzte Reise der Kaiserin von Genf nach Wien. Nach der Einsegnung wurden die im eisgefüllten Sarg gebetteten, sterblichen Überreste am Mittwoch, den 14. September, mit einem Trauerwagen vom Hotel »Beau-Rivage« zum Genfer Bahnhof gefahren und mit dem Extrazug nach Wien überführt, wo sie am Donnerstag, den 15. September, gegen 22 Uhr in der Stadt eintrafen, die sie während ihres Lebens so oft mied und nun niemals mehr verlassen würde. In der Hofburg nahmen der Kaiser und seine Familie die Verstorbene in Empfang. Dann erfolgte die Aufbahrung in der Burgkapelle, wo am Freitag, den 16. September, Scharen von Menschen am geschlossenen Sarg der Kaiserin vorbeidefilierten und von ihr Abschied nahmen. Bei einer Totenmesse in der Burgkapelle sang der Chor das »Miserere mei Deus« – »Erbarme dich meiner, o Herr!« Mehrere Tage lang läuteten in allen Kirchen Wiens die Glocken. Am Samstag, den 17. September, wurde der in schwarzem Samt gehüllte Sarg um 16 Uhr an einer tausendköpfigen Menschenmenge vorbei aus der Hofburgkapelle in die Kapuzinerkirche am Neuen Markt überführt. Achtzig Erzbischöfe und Bischöfe und zahlreiche Monarchen und ihre Vertreter begleiteten den Trauerzug.

In seiner bekannten Elisabeth-Biografie schreibt Egon C. C. Corti:

> »Der Leichenzug langt vor der Kapuzinergruft an. Die Krypta ist geschlossen. Dreimal pocht der Obersthofmeister an die Tür. Da erschallt aus der Tiefe der Gruft die Stimme des Pater Guardian: ›Wer ist da?‹ – ›Kaiserin und Königin Elisabeth begehrt Einlass.‹ Schluchzend stehen der Kaiser und die Kinder vor Elisabeths Sarg.«[18]

Doch die von Corti erwähnte »Anklopf-Zeremonie« erfolgte bei Elisabeths Bestattung nachweislich nicht, auch wenn sie gerade bei ihr sicher besonders eindrucksvoll gewesen wäre. Bei dieser Zeremonie wird dreimal an die verschlossene Kirchenpforte geklopft. »Wer begehrt Einlass?«, ertönte aus dem Kircheninnern die Stimme des Kapuzinerpaters. Beim ersten Mal zählt der Zeremonienmeister alle Titel des/der Verstorbenen auf, aber mit dem Ruf »Wir kennen ihn/sie nicht« bleibt die Tür verschlossen, so auch beim zweiten Mal, nachdem alle Ehrenämter aufgezählt wurden. Erst beim dritten Mal, wenn auf die Frage »Wer begehrt Einlass?« mit den Worten »ein sterblicher sündiger Mensch« geantwortet wird, heißt es: »So komme er/sie herein« und der Sarg darf in die Kirche getragen werden.

Mit diesem Ritus hätte die von Elisabeth so oft kritisierte Kirche eindrucksvoll verdeutlichen können, dass auch die weltliche Macht einer Kaiserin vergänglich ist. Kein Mensch tritt mit ererbten Titeln und Würden vor Gottes Richterstuhl, auch nicht mit zu Lebzeiten verliehenen Ehrungen und Auszeichnungen, sondern allein als einfacher »sterblicher, sündiger Mensch«, angewiesen auf Gottes Barmherzigkeit, an der Elisabeth zeitlebens zweifelte. Vor ihm zählen nur der Glaube und die guten Taten, die der Mensch in seinem Leben erbracht hat. Erste Hinweise auf die »Anklopf-Zeremonie« sind zwar schon aus der Barockzeit um 1760/70 überliefert, in der Verstorbene auf Grabinschriften als »sündige Menschen« bezeichnet wurden. Doch die »Anklopf-Zeremonie« in der bekannten Form erfolgte erstmals bei der Bestattung von Kaiserin Zita 1989, also mehr als 90 Jahre nach Elisabeths Tod.

Bei Elisabeths Bestattung wurde der Sarg in die Kapuzinerkirche gebracht und nach der Einsegnung »von Kammerdienern und Leiblakaien [...] in die Gruft hinabgetragen«[19]. Wie es heißt, hatte »der Sarg zwei Glasfenster, und durch zwei verschließbare Türen lässt sich der Sargdeckel oberhalb der Fenster öffnen, so dass es möglich bleibt, in das Innere des Sarges zu schauen. Ein Schlüssel wird Berzeviczy, der andere dem Zeremonienmeister übergeben.«[20]

Im Sarg der Kaiserin befanden sich folgende Beigaben: »der Ehering, den sie nie am Finger, sondern an einer Kette unter dem Kleid getragen hatte, der Lederfächer, ihre Uhr, auf der in griechischen Buchstaben der Name ›ACHILLEUS‹ eingraviert war, ein Armband mit Totenkopf, eine Fatima-Hand und zwei Medaillons, eines mit Totenhaaren von Rudolf und eines mit dem eingerollten Psalm 90: ›Du lässt die Sterblichen wiederkehren zum Staub.‹«[21]

Als letzte Person wollte am Sonntag, den 18. September, Elisabeths jüngere Schwester Mathilde noch einmal das Gesicht der Toten sehen. Sie ließ sich vom Kapuziner Pater Guardian, obwohl er ihr davon abriet, in der Gruft das Sargfenster öffnen. Beim Anblick des schon ziemlich entstellten Gesichts der Kaiserin war sie zutiefst erschüttert.

Die definitive Bestattung der Kaiserin fand am 29. Oktober 1898 statt, also erst sieben Wochen nach ihrer Ermordung, wobei nur Kapuziner und Hofbedienstete zugegen waren. Dabei wurde der einfache Holzsarg zum endgültigen Standort in der Gruft neben den Sarkophag ihres Sohns Rudolf gebracht und dort in zwei weitere Särge gebettet. Der Holzsarg kam in einen massiven Eichensarg und dieser dann in den Sarkophag, einen versilberten Kupfersarg. Nach Franz Josephs Tod 1916 wurde Elisabeths Sarkophag links von dem ihres Mannes platziert. Rechts davon befindet sich der des Kronprinzen Rudolf.

Hätte Elisabeths Ermordung verhindert werden können?

Joan Haslip berichtet in ihrer Elisabeth-Biografie von einer Begegnung der Kaiserin mit Luigi Lucheni, die sich angeblich zwei Tage vor ihrer Ermordung zugetragen habe. »Der einzige Hinweis auf diese Begegnung zwischen der Kaiserin und ihrem späteren Mörder«, schreibt Haslip, »findet sich in den bislang unveröffentlichten Tagebüchern von Frederic Barker.«[22] Diesen Mann lernte Elisabeth bei ihrem Aufenthalt in Kairo im November 1891 kennen. Barker war »der Sproß einer bekannten englisch hellenistischen Familie in Alexandrien. Das blendende Aussehen des jungen Mannes und seine Sprachbegabung machten großen Eindruck auf sie.«[23] Sie stellte Barker als neuen Vorleser und Griechischlehrer an, obwohl Constantin Christomanos noch bis 1894 in ihren Diensten stand.

Wie Barker in seinem Tagebuch berichtet, begleitete er Elisabeth am Donnerstag, den 8. September 1898, auf einem Spaziergang in den Wäldern von Caux. Dabei, so Barker, »las ich der Kaiserin ein Buch vor, das sie sehr interessierte«. Es handelte sich um »Corleone« von Marie Crawford. »Dieser Roman hat Sizilien zum Schauplatz. Er schildert in anschaulicher Weise das Treiben und die Organisation der Mafia. Die Kaiserin war von diesen Schilderungen sehr ergriffen.«[24] Da »näherte sich ihnen ein junger italienischer Arbeiter und bat um eine milde Gabe. Ärgerlich über die Unterbrechung, verwies Elisabeth ihn an Berzeviczy, der ihnen folgte. Dem General aber waren die Bettler und Hausierer, von denen die Kaiserin immer wieder belästigt wurde, ein Greuel, und er wies den verdächtig aussehenden dreisten Italiener, der Geld forderte, als ob er einen Anspruch darauf hätte, barsch ab.«[25] Und dieser Bettler, so Barkers Vermutung, sei Luigi Lucheni gewesen, jener junge italienische Anarchist, der zwei Tage später Elisabeth ermordete. »Wäre das Verhängnis von Elisabeth abgewendet worden«, fragt Joan Haslip, »wenn sich ihr Obersthofmeister freigebiger gezeigt hätte? Hätte Dankbarkeit Lucheni vielleicht zurückgehalten?«[26] Ob es sich bei dem abgewiesenen Bettler wirklich um Lucheni handelte, ist allerdings umstritten.

Nach dem Tod der Kaiserin verstummte jede Kritik. Die Nachrufe gerieten allesamt zu Lobeshymnen auf die Ermordete und verurteilen die schändliche Tat des Anarchisten Lucheni. Doch ein Nachruf weicht davon erstaunlicherweise ab. Ende September 1898 verfasste ihn die österreichische Schriftstellerin Berta von Suttner (1843–1914), Autorin des vielgelesenen 1889 erschienenen Antikriegs-Buchs »Die Waffen nieder!«, das auch die Kaiserin gelesen hatte. Berta von Suttner engagierte sich in der modernen Friedensbewegung und wurde 1905 mit dem Friedensnobelpreis ausgezeichnet.

Der Titel ihres eindrucksvollen Nachrufs trägt den ungewöhnlichen Titel »Zeitschau«. Im ersten Abschnitt beklagt auch Bertha von Suttner den »verruchten Dolchstoß eines fanatischen Irren« und verurteilt dessen »hassenswerthe That«, doch dann wechselt sie gegen Ende den Ton und schreibt:

> »Der die Unthat begangen, hat sich ›Anarchist‹ genannt. Damit ist von neuem jene Furcht erwacht, welche nach Gewaltmaßregeln, nach Hetzjagd und Ausrottung aller möglicherweise Böses Planenden schreit. Gewiß ist Jeder, der morden will, und zu Mordthaten auffordert, verdammenswerth. Gewiß soll man sich schützen, und wachen und etwaige Complotte vereiteln. Aber vor Allem soll man aufhören, die ganze Gesellschaftsordnung auf das Recht – vielmehr auf die Pflicht des Todtschlags aufzubauen. Den Satz muß man umstoßen, daß irgendein Zweck ein unreines Mittel rechtfertigen könne, und den

Satz muß man aufstellen: *Unverletzlich ist das Menschenleben.* – Wenn wir von Frieden und von Waffenniederlegen reden, so antwortet man uns: ›die Herren Anarchisten sollen anfangen.‹ Warum sollen denn die Verkommenen, die Verzweifelten, die vom Elend Gehetzten anfangen? Warum nicht die Glücklichen und Hohen? Man versuche den Vorschlag Nicolaus II. auszuführen und die reichen Mittel, die jetzt zur Vorbereitung des großen Zukunftsmordens vergeudet werden, zur Entelendigung der Massen zu verwenden, und es wird – wohl noch immer einzelne Schurken und Mörder geben, gegen die man sich schützen muß – aber keine Gruppe von Menschen mehr, die die Gesellschaft zerstören wollen.«[27]

Während Luchenis Tat in allen anderen Nachrufen nur als verwerflich verurteilt wurde, wofür es keine Rechtfertigung gäbe, erfolgte im Nachruf Bertha von Suttners zumindest ein Erklärungsversuch für dessen Mordtat, auch wenn sie diese keinesfalls billigt. »Wenn wir von Frieden und von Waffenniederlegen reden«, so die Autorin, so darf man nicht fordern, dass damit »die Herren Anarchisten anfangen sollen«. Viel leichter als »die Verkommenen, die Verzweifelten, die vom Elend Gehetzten«, also das notleidende einfache Volk, wären dazu doch »die Glücklichen und Hohen«, das heißt die herrschende Klasse, dazu in der Lage und aufgerufen. Und als nachahmenswertes Beispiel führt Suttner den Vorschlag Nicolaus' II. an, man solle die Unsummen, die zum kriegerischen Morden vergeudet werden – aber auch jene Millionenbeträge, die diese Leute für ihr Wohlleben verschwenden –, doch besser »zur Entelendigung der Massen verwenden«. Nur so könne das riesige Heer der »Verzweifelten und vom Elend Gehetzten« davon abgebracht werden, in ihrer Hilflosigkeit und Wut Attentate auf die in Saus und Braus lebende und sie ausbeutende Kaste der Herrschenden zu planen und zu begehen. Eine ungerechte Gesellschaftsordnung, in der die einen von der Arbeit der anderen leben, müsse endlich zerstört werden. Nicht anders dachte Elisabeth. Wie lange noch, so fragte sie immer wieder, lässt sich das Volk die schamlose Ausbeutung und Unterdrückung durch die Kaste der Herrschenden, zu der sie selbst gehörte, gefallen? Wie lange noch »nährt mit ihrem Schweiße und Blut« das unterdrückte Volk »gutmütig dieses verkommene Brut?«[28] Wann löst die Republik denn endlich die auf Kosten des Volkes lebende Monarchie ab? Wann befehlen die Herrschenden dem Militär, die Waffen niederzulegen, um auf diese Weise das Hinschlachten der Untertanen auf den Kriegsfeldern zu beenden?

Diese und ähnliche Fragen stellte sich auch Elisabeths Mörder Lucheni, der im April 1873 als Sohn einer armen Arbeiterin italienischer Abstammung unehelich in Paris zur Welt kam, bei armen Pflegeeltern und in einem Waisenhaus aufwuchs und seit seinem zehnten Lebensjahr hart arbeiten musste. Er erlebte als 20-Jähriger während des Abessinien-Feldzugs, an dem er als Soldat teilnahm, die Kriegsgräuel und danach als Angestellter beim Fürsten von Aragon das Wohlleben der Adeligen, während er selbst als Wanderarbeiter sich mehr schlecht als recht durchschlagen musste. Mit den Jahren wuchs sein Hass gegen die Aristokratie fortwährend, bis er beschloss, seiner Wut durch ein Attentat Ausdruck zu verleihen. Dabei wurde Kaiserin Elisabeth zum Zufallsopfer, denn eigentlich wollte Lucheni den italienischen König Umberto in Rom ermorden, doch ihm fehlte das Geld, um nach Rom zu fahren. Als er erfuhr, Prinz Philippe, Herzog von Orléans, würde in Genf eintreffen, wollte er ihn töten. Da der aber nicht kam, hörte er, Kaiserin Elisabeth halte sich in Genf auf. Nun fokussierte er sich auf sie. Welcher Adelige es war, war ihm letztlich gleichgültig. Es sollte nur eine möglichst angesehene Person sein, ein König, ein Herzog oder noch besser eine Kaiserin. Da sich Lucheni kein Messer leisten konnte, besorgte er sich eine Feile, die er selbst zuspitzte. Nach dem Attentat wünschte er, dass seine Tat bekannt würde. Er widersetzte sich deshalb nicht seiner Festnahme, ja forderte für sich sogar die Todesstrafe, um als politischer Märtyrer Gleichgesinnte zu ähnlichen Taten zu motivieren, um auf diese Weise die herrschende Klasse endlich zum Umdenken zu bewegen.

Elisabeths Mörder kannte die revolutionären Überlegungen und Wünsche Elisabeths nicht, wusste nicht, dass sie mit seinen Ansichten eigentlich übereinstimmte, dass der Adel nichtsnutzig sei, die Herrscher das Volk nur ausbeuten, Kriege Mord an den Untertanen darstelle und die beste Regierungsform eine soziale Republik sei. Er beseitigte also unbewusst eine Gesinnungsgenossin, wie dies auch der italienische Schriftsteller Giovanni Pascoli in seinem Erzählgedicht »Nel carcere di Ginevra« – »Im Kerker zu Genf« – beschreibt, in dem er Elisabeth und Lucheni gleichsam als Geistesverwandte sieht. Lucheni habe in Elisabeth keine Feindin getötet, sondern eine Schwester. Hätte die Kaiserin ihre revolutionären Ansichten publik gemacht und selbst danach gelebt, was in ihrer herausgehobenen Position natürlich absolut unmöglich war, hätte Lucheni gewiss nicht sie als Opfer ausgewählt. Aber Elisabeth hat ihre Gedanken, die sie nur in ihren Gedichten äußerte, »keinem erzählt / sonst sperren sie mich sachte / Noch gar in Bründlfeld«[29], also ins Irrenhaus, wie sie befürchtete. Sie starb stellvertretend für die »verkommene Brut« der adeligen herrschenden Kaste, die sie einerseits scharf verurteilte und abgeschafft wissen wollte, zu der sie andererseits aber auch selbst gehörte, ohne dass es ihr je gelang, sich davon zu lösen.

Die »wahren Schuldigen« am Tod der Kaiserin?

Nach dem Tod der Kaiserin wurde mehrfach darüber spekuliert, wer denn nun die Schuld an ihrem Tod trüge. Drei besonders kuriose Mutmaßungen seien hier angeführt.

Bei ihrem letzten Aufenthalt im Achilleion auf Korfu am 11. März 1904 erinnerte sich Elisabeths Hofdame Gräfin Festetics an die Ermordung der Kaiserin vor sechs Jahren. Wie sie ihrem Tagebuch anvertraute, kam ihr plötzlich in den Sinn, wie die Kaiserin »hinsank auf den harten Boden, verlaßen in Einsamkeit, bis eines armen Kutscher's rauhe Hand das Weib, das Hülflose, das Östreich's Kaiserin und der Ungarn Königin war, aufrichtete? Oh ewige Schmach! Und die mit ihr ging [gemeint ist die Hofdame Irma Sztáray], wo war sie?? Eine gräßliche Frage für die, die Sie begleitete! Wo sie war? Das weiß nicht nur sie. Daß es aber eine Ungarin war, ist eine Schmach!!! Und daß sie Sie morden ließ, ohne einen Finger zu rühren, ohne es zu merken, wie sie sagte, das ist eine furchtbare Anklage!!«[30] Marie Festetics warf also Elisabeths letzter Hofdame Irma Sztáray allen Ernstes eine schwere Verletzung ihrer Pflichten vor und schob ihr damit die Schuld an der Ermordung der Kaiserin zu. Irma Sztáray gestand tatsächlich, dass ihr »ein Kutscher half«[31], die Kaiserin wieder aufzurichten, die nach dem Stich des Attentäters auf den Boden gesunken war. Daraus folgerte die Festetics, dass Irma auf ihre Herrin nicht ausreichend aufgepasst hatte und »sie morden ließ, ohne einen Finger zu rühren«.[32]

Die wohl groteskeste »Schuld-Theorie« stammt jedoch von Eugen Dühring, Mitbegründer des Rassenantisemitismus im Deutschen Kaiserreich, der einen Zusammenhang zwischen der Ermordung der Kaiserin und ihrem judenfreundlichen Verhältnis zu dem »Literaturjuden« Heinrich Heine konstruierte, den die liberale »Danziger Zeitung« folgendermaßen darstellte: »Also Herr Dühring argumentiert so: Die Kaiserin war eine unbekannte Persönlichkeit; da sie die ›Judenrasse‹ begünstigte und Heine liebte, wurde sie von der Judenrasse bekannt gemacht; Anarchisten morden, um Propaganda zu machen, nur bekannte Leute: folglich tötete Luccheni [sic!] Kaiserin Elisabeth. Ergo: die Juden haben die Dulderin umgebracht!«[33]

Am 25. September 1898 äußerte ein Journalist A. P. in der Zeitschrift »Katholischer Wahrheitsfreund« seine ebenfalls recht eigenartige »Schuld-Theorie« in dem Beitrag »Gedanken an der Bahre einer gemordeten Kaiserin«. Nach einer einleitenden Lobenshymne auf Elisabeth, »deren Leben nur Liebe war«, benennt er als Motiv des Mörders Lucheni »Hass gegen die Reichen und Bessergestellten; Hass gegen die bestehende Weltordnung, Unzufriedenheit mit dem eigenen Sein« und befasst sich mit » den Quellen dieses Hasses«, die viel tiefer liegen würden.

Lucheni sei »das Resultat jenes verderblichen Systems, das über die ganze Welt sich ausbreitet und die ganze Weltordnung bekämpft: des Classenhasses, der seinerseits auf der Gottentfremdung wieder fußt. Und hier beginnt«, so betont der Verfasser des Beitrags, »die Verantwortlichkeit der modernen Gesellschaft, welche in letzter Instanz für den Mord die Schuld hat.

Ungläubige Philosophen und Dichter und nach diesen ungläubige Politiker und Agitatoren haben den Boden bereitet, auf dem die Unkrautpflanze der Propaganda der That von den Anarchisten üppig gedeiht. Man hat den ärmeren Classen der menschlichen Gesellschaft – unter der Fahne der Aufklärung und Volksbeglückung – mit den Schlagwörtern der Freiheit und Gleichheit – das alles genommen, was diese Leute mit ihrem Lose zufrieden machte, mit ihrer Lage aussöhnte: die christliche Religion mit ihren ewigen Wahrheiten; man nahm ihnen den Glauben an ein Jenseits und an ein dortiges Wägen der Thaten; man nahm ihnen den Glauben an den Herrgott, der jeden belohnt nach Verdienst, straft nach Gebür. – An die Stelle der heiligen Grundwahrheiten traten hohle Phrasen, die nie beglücken können und in ihrer Gehaltlosigkeit den Menschen die ganze Öde eines gottlosen Daseins fühlen lassen.« Und weiter heißt es in diesem Beitrag: »Was die Väter des Unglaubens wollten: den Menschen von seinem Schöpfer trennen, ihn losreißen von seinem Ursprung und Endziel – das haben sie erreicht. Aber als die Lawine im Rollen war, wuchs sie an Wucht, und nach Zertrümmerung des Altars gieng sie weiter gegen die Throne. Und heute rüttelt der Umsturzgedanke an den Säulen derselben und macht sie zittern. In verbissener oder offener Wuth, angetrieben von gewissenlosen Hetzern, aufgestachelt durch die tägliche Predigt des Classenhasses, bekämpft eine große Menge die Existenzberechtigung jeglicher Autorität und nur die praktische Übung der theoretischen Maxime ist es, wenn ein verkommener Fanatiker den Mordstahl zückt gegen ein gekröntes Haupt. Unsere Zeit ist schwer krank an der Gottlosigkeit, und es ist nur ein Symptom dieser Krankheit, wenn ein Ereignis vorfällt wie das in Genf; gerade wie eine Eiterbeule das Anzeichen einer tiefen Säftestörung im Körper ist.

Unsere Zeit ist schwer krank an der Gottlosigkeit, und es ist nur ein Symptom. In Erkenntnis dessen aber, woran unsere Gesellschaft krankt, gilt es, alle Hebel einzusetzen, um Heilung zu bringen. Die Heilmethode hat unser Heiliger Vater angegeben in seiner Encyklika über die sociale Frage. Die Menschheit muss wieder anfangen zu glauben und zu ihrem Herrgott zu beten; anfangen die Liebe Christi zu üben; dann wird das Verhältnis wieder, wie es bei den ersten Christen war: kein Nothleidender war unter ihnen. – Dann wird der Hass verschwinden und die That des Hasses mit ihm! Mit der Anerkennung der göttlichen Autorität wird auch die Achtung vor der menschlichen wieder erstehen nach der Lehre Christi: omnis homo sub potestate constitutus est. [Jeder Mensch untersteht einer übergeordneten Gewalt.]«[34]

Lag nach Eugen Dürings Ansicht die Schuld am Tod der Kaiserin bei den Juden, so schob der »Wahrheitsfreund« A. P. in seinem Beitrag die Schuld unverfroren liberalen Philosophen, Dichtern und Politikern zu, also ausgerechnet jenen Personen, die von der Kaiserin besonders geschätzt wurden, wie etwa der Dichter Heinrich Heine oder der Philosoph Arthur Schopenhauer. Diese seien, so wird betont, »die Väter des Unglaubens und Prediger des Classenhasses«. Als Anhänger der unseligen Aufklärung und eines von ihnen unterstützten Freiheitstrebens hätten sie den Glauben zerstört und dazu aufgefordert, Altäre und Throne zu zertrümmern, also Attentäter wie Lucheni zu ihren Mordtaten verführt, weshalb sie die eigentlich Schuldigen auch am Tod Elisabeths seien. Ob der Verfasser des Beitrags wusste, dass die Kaiserin selbst Anhängerin des Liberalismus war, ist fraglich, da er sie sonst selbst in den Kreis der Verantwortlichen für ihren Tod einbezogen hätte.

Als Heilmethode empfiehlt der Autor übrigens das, was in der Sozial-Enzyklika »Rerum Novarum« vom 15. Mai 1891 empfohlen wird, in der Papst Leo XIII. einen von Liberalismus und Sozialismus unabhängigen Weg aufzuzeigen versucht. Er verwirft darin die sozialistische Eigentumslehre, da es Gleichheit unter den Menschen nie geben würde und geben dürfe, denn Unterschiede seien naturgegeben. Die Klassen der Arbeiter und der Kapitalisten, also der Armen und Reichen, werden von ihm aufgefordert, in Eintracht und Frieden miteinander auszukommen, wobei die Reichen im Sinn der Nächstenliebe die Armen unterstützen sollen, in dem Bewusstsein, dass die irdischen Güter für das Jenseits bedeutungslos sind.

Doch gerade daran zweifelte Elisabeth zumindest in Phasen der Selbsterkenntnis immer wieder, dass die »verkommende Brut« der Reichen bereit ist, die von ihnen ausgebeutete Klasse der Armen wirklich zu unterstützen. Sie glaubte vielmehr, dass die Religion, statt die Menschen zu ermuntern, gegen die wirklichen Ursachen ihrer Not anzukämpfen, vielmehr als »Opium des Volkes«[35] wirken wolle, wie dies Karl Marx formulierte, und die Menschen auf ein besseres Leben im Jenseits vertröste.

Auferstehung und Erhöhung in eine religiöse Aura

Elisabeth sonnte sich in jungen Jahren in dem Gefühl, die schönste Monarchin Europas zu sein. Ihre Hofdame Marie Festetics konnte sich angesichts ihrer schillernden Ausstrahlung kaum entscheiden, womit sie verglichen werden könne:

> »Sie sei wie eine Lilie, ein Schwan, eine Gazelle. Sie habe etwas von der Melusine, der schönen Meerfee, an sich, und sei doch so ganz Frau. Selbst ihre schlimmsten Feinde geben neidlos zu, daß sie unvergleichlich aussieht.«[1]

Eine geradezu überirdische Aura verbreitete sich in ihrer Nähe. Nicht nur von Männern, auch von Frauen, so von ihren Hofdamen, wurde sie regelrecht angebetet.

Ihre Mutter Ludovica schrieb ihr in einem Brief:

»Du gehörst einer anderen Zeit an als der unsrigen, einer Zeit, wo es noch Heilige und Märtyrer gab. Ziehe die Blicke der Welt nicht dadurch auf Dich, daß Du allzusehr eine Heilige bist, aber laß Dir Dein Herz auch nicht dadurch brechen, daß Du Dir einbildest, eine Märtyrerin zu sein.«[2]

Und auch Professor Skoda, einer ihrer Ärzte, urteilte über die Kaiserin: »Sie ist wie eine Heilige.«[3] Unmittelbar nach dem Tod der Kaiserin wurde sie zu einer Märtyrerin stilisiert und es erfolgten ihre Auferstehung und die Erhöhung in eine religiöse Aura.

Idealisierung während des Lebens

Bereits 1855/56 ließ der Großhändler und Schlossbesitzer Johann Carl Sothen zum Andenken an die Vermählung des Kaiserpaars eine »Elisabeth-Votivkapelle am Himmel« errichten. Diese »Sisi-Kapelle am Himmel«, die wohl schönste Adresse in Wien, ist im 19. Wiener Gemeindebezirk mitten im Wienerwald am Pfaffenberg zwischen Gspöttgraben und Baumkreis zu finden. Auf dem Altarbild sind vor der Madonna die Namenspatrone Elisabeth und Franz Joseph zu sehen. Nach dem Attentat 1853 auf Franz Joseph wurde eine Votivkirche gestiftet, für die Elisabeth 1878 das sogenannte »Kaiserin-Fenster« spendete. Darauf kniet das Kaiserpaar vor Jesus Christus und dokumentiert damit seine unmittelbare Gottesnähe als Herrscher von Gottes Gnaden.

Eine weitere Gedächtniskirche, die »Elisabeth-Postalmkapelle«, befindet sich auf der Postalm, nahe Abtenau, wo Elisabeth mehrfach ihre Sommerfrische verbrachte. Errichtet wurde sie vom Ischler Postwirt unweit der Postalmhütte 1865 anlässlich des Besuchs der Kaiserin.

Schon ab 1860 entstanden immer mehr Elisabeth-Statuen und Marmorbüsten. Besonderes Aufsehen erregte ein vom Bildhauer Franz Hampel 1873 ausgeführtes Kuriosum, auch wenn das Riesenhaupt bedauerlicherweise auf der Wiener Weltausstellung 1873 nicht aufgestellt werden durfte. Es handelte sich dabei um eine Kolossalbüste der Kaiserin als Schutzgöttin »Vindobona«. Im Inneren des Kopfes führte eine Treppe zur Bank in der Mauerkrone, die zwölf Personen Platz bot. Unter dem Namen Vindobona wurde Wien im 1. Jahrhundert nach Christus als römische Garnison gegründet und diente dem Schutz und der Überwachung der römischen Reichsgrenze.

»Was lebt, kennt den Tod, und was tot ist, kann nie sterben, denn im Kreislauf der Seele existieren weder Leben noch Sterben. [...] Alle Dinge leben ewig, auch wenn sie zu Zeiten schlafen und vergessen sind. [...] Es gibt keinen Tod, nur den Wandel.«[4]

Von diesen Weisheiten war Elisabeth fasziniert. Sie entdeckte sie in dem Roman »She – A History of Adventure«, den der Engländer Henry Haggard 1886 veröffentlichte und der sofort ein Bestseller wurde. Mit mehr als 80 Millionen Exemplaren in über 44 Sprachen gehörte diese Abenteuergeschichte zu den meistverkauften Büchern aller Zeiten. Elisabeth war von der Geschichte derart begeistert, dass sie das Buch in der englischen Originalfassung mehrmals las.[5] Sie identifizierte sich mit der Hauptfigur »She« und fühlte sich als Wiedergeburt dieser Königin, die seit Hunderten von Jahren jenseits der Berge und Sümpfe in einem geheimnisvollen Reich lebt, in dem den Frauen als dem Quell des Lebens besondere Verehrung entgegengebracht wird. Wie Sisi hat sie langes Haar, ist alterslos, wunderschön und herrscht über das Meer. Verborgen hinter einem Vorhang entzieht sich »She« den Blicken der Männer. Wer sie unverschleiert sieht, ist ihr sofort rettungslos verfallen oder muss den Anblick mit dem Tod bezahlen. »›She‹, das war die große Göttin, die Vorgängerin von Jesus und Mohammed. Sie stand jenseits der Religion.«[6] Seit mehr als 2000 Jahren lebt dieses Wesen in unveränderter Schönheit, was sie einem Bad in einer wundersamen Flamme verdankt.

Nicht nur Elisabeth selbst fühlte sich schon Lebzeiten als Göttin, sondern auch andere hielten sie dafür. So etwa der Münchner kuriose Sprachkünstler und Mysterienforscher Alfred Schuler, der ihr zusammen mit einem aufwendig gestalteten Tabularium einen flehentlichen Bittbrief um eine Audienz »von Seele zu Seele« sandte. Beides legte er, wie er der Kaiserin schrieb, »in die Goldfalten einer sitzenden / schützenden Gottheit [...] und knieend vor dieser Sella [gewaltigen Frau] fühle ich kaum Verantwortung für das Ungeheuere meines Unterfangens«[7]. Doch Elisabeths Tod am 10. September 1898 verhinderte die erflehte Audienz. Der Himmel aber sandte ein höchst wundersames Zeichen.

Wer in der Nacht vom 9. auf den 10. September 1898 zum Himmel aufblickte, dem bot sich folgendes Schauspiel, wie es ein Astronom des Meteorologischen Observatoriums auf dem Brocken minutiös festgehalten hat:

> »Man bemerkte am nördlichen Horizont über der dunklen Dunstschicht, die schon seit einigen Tagen die Ferne verhüllt hatte, einen weiß-grünlichen Schimmer, der bogenförmig in flacher Krümmung von WNW nach NO reichte. Die Helligkeit des flachen Lichtbogens nahm während der nächsten halben Stunde langsam zu, gleichzeitig hob er sich langsam über den Horizont, so daß seine Scheitelhöhe um 9¾ Uhr etwa 12 Grad betrug Die bedeutendste Lichtentfaltung begann aber erst um 9 Uhr 40, als von fast allen Teilen der Lichtbogen Strahlen aufschossen, die zunächst im NO, dann auch im N und NW eine prachtvolle satte dunkelpurpurne Farbe annahmen. Einzelne Strahlen gingen bis über den Polarstern hinaus. Etwa zehn Minuten hielt sich diese lebhafte, in ihrer Struktur langsam, aber stetig wechselnde Lichterscheinung auf ihrem Höhepunkt, dann verblaßte das reizvolle Bild.«[8]

Der Himmel, so hieß es später, feierte in dieser Nacht die Ankunft eines neuen Sterns.

Kaiserin-Elisabeth-Reliquien

Die Reliquienverehrung, eine der ältesten Formen der Heiligenverehrung, ist seit Mitte des 2. Jahrhunderts nachweisbar. Üblicherweise handelt es sich bei Reliquien um Überreste vom Körper eines Heiligen, aber auch um Gegenstände, die mit ihm in Berührung gekommen waren oder in Zusammenhang mit ihm standen und deshalb verehrt werden.

Es gibt auch zahlreiche Reliquien, die an Elisabeth erinnern. Sie stammen aus ihrem Nachlass oder den Nachlässen ihrer Töchter. Im Sisi Museum in der Wiener Hofburg sind mehr als 300 Objekte ausgestellt, darunter Sisis Taufkleid, ihr Milchzahn, Kleider, Handschuhe, Schirme und Fächer, eine Spielesammlung und eine Waschgarnitur, eine Reiseapotheke mit Kokainspritze und vieles mehr. Elisabeth-Reliquien werden ebenso in anderen Museen und Ausstellungsorten gezeigt, so etwa ihre Wohnräume in der Kaiservilla in Bad Ischl mit diversen Erinnerungsstücken. Besucher pilgern auch in die Hermesvilla am westlichen Stadtrand von Wien und Touristen reisen zu ihrem Achilleion auf Korfu und berühren dort ehrfürchtig manches Exponat. Immer wieder werden von ihr zu Lebzeiten verschenkte oder vom Personal legal oder heimlich an sich gebrachte Gegenstände bei Auktionen versteigert. So erzielte die Reitgerte der Kaiserin bei einer Aktion den Preis von 37000 Euro und ihr Hutkoffer erbrachte 40000 Euro. Ein Gemälde der 15-jährigen Sisi vor Schloss Possenhofen erzielte sogar die Rekordsumme von 1,4 Millionen Euro.

Den Reliquienkult inszenierten schon kurz nach ihrem Tod Angehörige der Kaiserin. Am 26. April 1899 notierte Marie Valerie in ihr Tagebuch:

> »Wir haben einen gotischen Reliquienschrein machen lassen, um Mamas Hemd vom 10.9., das die Spuren des Dolches und des Herzbluts trägt, darin in der Kapelle aufzuheben. Heute Abend legten Franz und ich das kostbare Andenken hinein, auch die Bürste und Kämme, mit welchen Mama nach dem Tod gekämmt worden war, sollen dort aufbewahrt bleiben. Danach beteten wir das De Profundis[9], und ich fühlte Mama uns nahe wie lange nicht.«[10]

Einige Tage nach Elisabeths Tod sandten Frauen aus Ägypten Jerichorosen und Lotusblumen nach Wien »mit einem Zweig des alten Feigenbaums, unter dem sich – der Legende nach – Maria auf der Flucht vor Herodes ausgeruht haben soll. Die Schleife des Gebindes trug die Inschrift: ›Flores etiam miseri desertorum te salutant.‹ [Die armen Wüstenblumen grüßen dich.]«[11] Damit setzten diese Frauen die Kaiserin in Beziehung zur Gottesmutter Maria.

Eine interessante Beziehung zu Maria gibt es auch bezüglich des Brautkleids und des Brautkranzes von Elisabeth. Ihr Brautkleid, aus schwerer, reiner Seide gefertigt und reich mit Gold und Silber durchwirkt, trug die Kaiserin nochmals zum 25. Hochzeitstag 1879.[12] Danach wurde es zehn Jahre lang aufbewahrt, bis sie es um 1890 weggab, da sie nach Rudolfs Tod bekanntlich nur mehr schwarze Kleidung tragen wollte. Alborough De Burgh, der die Kaiserin noch persönlich kannte, schreibt in seinen Erinnerungen, dass Elisabeth, als sie nur mehr schwarz trug, »ihre Hofroben und hellen Kleider unter ihren Freundinnen [verteilte], wobei sie in rührender Weise äußerte, dass sie sich nie mehr froh genug fühlen würde, um wieder lichte Kleidung zu tragen. Ihr Brautkleid (weißer Brokat mit Silberfäden durchzogen) ließ sie zertrennen und daraus Messgewänder für eine Budapester Kirche arbeiten. Ihr Brautkranz umgibt ein gesticktes Bild der Heiligen Jungfrau in der Loretto-Kapelle [sic!], wo die hohe Frau häufig der Messe beiwohnte.«[13]

Bei der von De Burgh erwähnten Budapester Kirche handelt es sich um die Matthiaskirche, offiziell »Liebfrauenkirche« genannt und ungarisch »Mátyás-templom«. In dieser Kirche ereigneten sich übrigens auch die Krönungszeremonien von Franz Joseph und Elisabeth, weshalb sie auch als »Krönungskirche« bezeichnet wird. Hier fanden Teile des Hochzeitskleids für Messgewänder Verwendung. Die Loreto-Kapelle, die De Burgh nennt und den Brautkranz der Kaiserin erhielt, befindet sich im Innenhof des Kreuzgangs in der Basilika Maria Loreto im Burgenland. Sie ist der »Unbefleckten Empfängnis« gewidmet, womit die Muttergottes gemeint ist. Teile des Hochzeitskleids erhielt auch die Basilika Maria Taferl, eine bekannte Wallfahrtskirche in Niederösterreich, die der »Schmerzhaften Muttergottes« oder der »Mater dolorosa« geweiht ist. Sie wurden zu einem liturgischen Messgewand, einem Vespermantel, auch Pluviale genannt, umgearbeitet. Die aufwendig gestaltete Stickerei besteht aus einem dichten Blatt- und Blütenwerk, aus dem Zweige mit Früchten und Spiralenden herauswachsen. 1895 wurde der halbkreisförmige, ärmellose, mantelähnliche und vorne mit einer Schnalle verschlossene Vespermantel erstmals der Öffentlichkeit präsentiert und viele Jahre von den Priestern der Basilika Maria Taferl bei Andachten (Vespern) und Prozessionen getragen. Aufbewahrt wurde er in der Schatzkammer von Maria Taferl, später aber als Leihgabe dem Sisi Museum in der Hofburg zur Verfügung gestellt, wo er in der »Hochzeitssammlung« ausgestellt ist. Wie Elisabeths Brautkleid wirklich aussah, ist nach der Verteilung des Kleids bis heute unbekannt.

Elisabeths Brautkranz, ein üppiger Blütenkranz aus Goldgespinst, dazu eine Brustschließe sowie zwei Kämme, die hinter dem Ohr ins Haar gesteckt wurden und zugleich als Ohrschmuck dienten, wurden übrigens später von Prinz Konrad von Bayern, dem jüngsten Sohn von Elisabeths Tochter Gisela, der berühmten Marienwallfahrtskapelle Altötting gestiftet und sind heute dort im »Haus Papst Benedikt XVI. – Neue Schatzkammer und Wallfahrtsmuseum« ausgestellt.

Literarische Lobeshymnen

Etliche Dichter formten nach dem Tod der Kaiserin in ihren Gedichten und Prosatexten Elisabeth zu einer überirdischen, engelhaften, ja göttlichen Gestalt. Sie wurde zur »Rose des Bayerlandes«, zur »Königin der Herzen«, zur »Hohen Priesterin der Natur«, aber auch zur »Mater dolorosa«, zur Schmerzensmutter. »Erregen wir also an Elisabeth unsere Vorstellungskraft«, schrieb der Franzose Maurice Barrès, »ergreifen wir sie wie eine poetische Speise und eine Hostie der Schönheit.«[14] Mit »Hostie« bezeichnet die katholische Kirche üblicherweise die vom Priester konsekrierte Oblate, die bei der heiligen Kommunion den Leib Christi darstellt.

»Unsere geliebte Königin Elisabeth«, schrieb der ungarische Dichter Maurus Jókai in der Tageszeitung »Magyar Hirlap«, »thut aus ihrem Himmel Wunder an uns; sie trocknet die letzte Thräne aus dem Antlitze des Volkes. Sie heilt unsere letzte Wunde, von der wir sagen können, daß sie aufgehört hat zu schmerzen, die aber noch blutete.«[15]

Der ungarische Literaturhistoriker und Ästhetiker Zsolt Beöthy setzte Elisabeths Leben mit dem der Heiligen Elisabeth gleich, wenn er an das »Rosenwunder« erinnert:

> »In der Schürze der heiligen Frau [Elisabeth von Thüringen] wurden die für die Armen bestimmten Brote zu Rosen; die Rosen der von uns beweinten Königin wurden für eine unterdrückte und leidende Nation zu Brot, welches der Nation neue Kräfte, neues Leben gewährte.«[16]

Und Felix Salten ist sich im Essay »Elisabeth« sicher, »daß sie als eine lichte Gestalt unserem Gedächtnis bleiben müßte, auch wenn sie nicht die Kaiserin gewesen wäre«[17]. Im Gedicht »Die Rose von Possenhofen im Wiener Volksgarten« vom 4. Juni 1907 wird Elisabeth als »allgeliebte, hohe Dulderin [...] als schönstes Kleinod [...] als hehre gebenedeite Frau [...] als vom Himmel erkorene Märtyrin«[18] gerühmt und mit solchen Titeln in die Nähe der Mutter Gottes gerückt.

Noch einen Schritt weiter geht die mährische Schriftstellerin Jenny Dirnböck-Schulz, die 1899 unter dem Pseudonym »ein vaterländischer Dichter« den Gedichtzyklus »Ein Totentanz« publizierte. Darin vergleicht sie den Lebensweg der Kaiserin mit dem Jesu Christi, den sie in Anspielung auf Elisabeths Geburt am 24. Dezember sagen lässt: »Es beginnt sein Erdenwalten dieses Kind zu meiner Stund.« Auch Elisabeths Leben stellt die Dichterin als Passionsgeschichte dar, das wie das Leben Jesu gewaltsam endet:

> »Selbst am Kreuze duldend tragen, / Mit dem Dornenreis am Herz / Noch der Menschen Leiden mildern / Hebt die Seele sternenwärts!
>
> Trag, Elisabeth, die Schmerzen, / Wie sie trug einst Gottes Sohn, / Wenn am eig'nen Haupt Dir blutet / Des Erlösers Dornenkron.«[19]

Nach ihrem Tod erfolgt dann Elisabeths Apotheose:

> »Da öffnet sich des Himmels gold'nes Thor, / Die Kaiserin führt ein der Engel Chor. / Sie schmückt der Christusblüte Himmelsduft, / Die Stimme Gottes sie zum Throne ruft: / ›Hier sollst Du weilen, nun an ew'gen Freuden reich / Als waltend Schutzgeist Deinem theuren Oesterreich!‹«[20]

Damit wird der Kaiserin bescheinigt, dass sie nun Gott zur Seite thront.

Kultbilder für die Nachwelt

Schon zur Hochzeit der Kaiserin 1854 gab es bildliche Darstellungen, auf denen sie in eine höhere Sphäre entrückt wurde, so etwa auf dem Hochzeitsgedenkblatt »Virtutibus unitis Coelestibus« der Gebrüder Hanfstaengl – auf dem sie von einem Dutzend weiblicher Schutzheiliger umgeben ist und über ihr die sie segnende Muttergottes thront. Nach dem Tod ihres Sohnes wurde sie mehrfach als muttergottesgleiche »Mater dolorosa« abgebildet, so etwa auf dem Gemälde von R. Hirsch-Nell. Er »stellt sie mit Krone dar, umgeben von einer Lichtaureole und in einem gotischen Spitzbogen eingelassen, der um die neuzeitliche Kaiserin eine mittelalterliche Atmosphäre zaubert«[21]. Ebenso porträtierte sie Rudolf Hausleitner als »Mater dolorosa« in schwarzer Nonnentracht mit einem Palmwedel, dem christlichen Symbol der Märtyrer.

Nach Elisabeths Tod nahmen bildliche Porträts zu, die an Heiligen-Ikonen erinnern. Auf der von E. Doelker jun. gestalteten Trauerkarte »Elisabeths Himmelfahrt« tragen drei Engel das Bild der verstorbenen Kaiserin in den Himmel und auf dem volkstümlichen Gemälde von Gustav von Redlich-Veszeg »Kronprinz Rudolf empfängt im Himmel seine Mutter« wird die Kaiserin von einem Engel ins Paradies geleitet, wo sie ihr Sohn mit offenen Armen willkommen heißt. 1899 schuf der Künstler Fülöp László sein idealisiertes Porträt »Königin Elisabeth«, auf dem die Kaiserin mit tiefernstem Blick geradezu geisterhaft aus dem dunklen Hintergrund hervortritt. Auf einem Außenrelief der Elisabeth-Gedächtniskapelle zeigte der Bildhauer Theodor Charlemont, wie die auf einer Wolke schwebende Heilige Elisabeth von Thüringen der vor ihr knieenden Kaiserin eine ihrer legendären »Wunderrosen« überreicht und sie damit im Kreis der Heiligen willkommen heißt. 1910 schuf Charlemont auch noch für die Lueger Kirche auf dem Zentralfriedhof das Marmorrelief »Der Genius leitet die Kaiserin ins Jenseits«. Der Engel und die Kaiserin sind in wallende Gewänder gehüllt, in denen Elisabeth gleichsam von ihrem erdrückenden Erdendasein ins Paradies enthoben wird, womit ebenfalls ihre Himmelfahrt angedeutet wird. Auf einer Postkarte zum 60-jährigen Thronjubiläum Franz Josephs ist die Kaiserin in Engelsgestalt dargestellt, wie sie die Arme schützend über ihren vom Volk umjubelten Gemahl ausbreitet.

Auf einem Denkmalsentwurf von Otto Wagner ruht die Kaiserin auf einer

Liegestatt, über die ein Engel einen Lorbeerkranz hält und damit ihre Aufnahme in die ewige Seligkeit signalisiert. In der berühmten Gipsplastik »Elisabeth in Wolken« von Robert Weigl ist das Haupt der Kaiserin in eine himmlische Wolke gebettet. Es ist zur Seite geneigt und die geschlossenen Augen weisen auf ihren Abschied aus dem Diesseits und ihren Eingang ins Jenseits hin. Das auf dem Sockel dargestellte Schiff mit gebrochenem Mast, das bei Sonnenuntergang im Meer versinkt, erinnert sowohl an das persönliche Schicksal Elisabeths als auch an den von ihr vorhergesagten nahenden Untergang des Habsburgerreichs.

Vergötterung in Gedenkmonumenten

Die Apotheose der Kaiserin fand auch in zahlreichen Denkmälern, Gedenktafeln und -säulen, -steinen und -brunnen ihren Ausdruck. Allein in ihrem geliebten Ungarn finden sich 40 Denkmäler, außerdem 100 Parks und Wäldchen. Sogar Brücken, Schiffe und Eisenbahnen wurden nach ihr benannt, ganz zu schweigen von den Straßen, Plätzen, Hotels und verschiedenen Institutionen, die ihren Namen tragen. Zahllos sind die Statuen, von denen einige von Unkundigen gelegentlich sogar mit Madonnen-Statuen verwechselt wurden.

Edmund Hellmers berühmtes Kaiserin-Elisabeth-Denkmal in Salzburg, das die Kaiserin als hehre, madonnenähnliche Gestalt zeigt, wurde 1901 nahe dem Salzburger Hauptbahnhof aufgestellt und befindet sich heute an der Ecke Rainerstraße-Südtirolerplatz. Die auf dem Sockel eingravierten Verszeilen von Marie von Ebner-Eschenbach erinnern an die beiden Aufenthalte Elisabeths in Salzburg – als 16-jährige Braut 1853 und 1898 bei der Durchfahrt des Wagens mit ihrem Leichnam. Sowohl der Jubel wie auch die Tränen wurden dem Volk zum Gebet für sie.

> »Dein Österreich, Du hast es hier betreten, / als Kaiserbraut in holder Majestät / und alle Herzen flogen Dir entgegen. / Ihr Jubelgruß war Segen, war Gebet.
>
> Dein Österreich, Du hast es hier betreten, / im Scheiden auch, geliebte Majestät; / und wieder folgt Dir nach des Volkes Segen / und seine Tränen werden zum Gebet.«[22]

György Zala errichtete 1899 im Auftrag ungarischer Verehrerinnen Elisabeths ein Denkmal, das in der Kapuzinergruft seinen Platz finden sollte. Es stellte einen Betschemel vor einer auf einem Marmorsockel stehenden Madonnenstatue dar. Maria stützt mit ihren ausgebreiteten Armen ein Kreuz, auf dessen Querbalken die Inschrift zu lesen war: »In memoriam sempiterna« – »Zur ewigen Erinnerung«. Derjenige, der hier ein Gebet verrichtete, betete sicher nicht nur zur Gottesmutter, sondern auch zur Kaiserin. Von diesem Denkmal blieb allerdings nur die bronzene Marienfigur erhalten.

Am 4. Juni 1907 wurde im »Heiligen Hain« des Wiener Volksgartens in Anwesenheit des Kaisers ein ausladendes Elisabeth-Denkmal eingeweiht. Griechisch gekleidete Mädchen streuten bei der Feier Rosen. Dieses Marmor-Denkmal besitzt in seiner semisakralen Inszenierung eine geradezu religiöse Ausstrahlung. »Die ungarische Geistlichkeit«, schrieb Clara Tschudi, »hat sie zur Heiligen erhöht; die Liebe des Volkes hat ihr den Namen ›die heilige Elisabeth‹ geschenkt. Es thut den Ungarn wohl, zu glauben, daß ihre gute Königin, die im Leben so warm für sie fühlte, die mit ihnen trauerte und mit ihnen weinte, noch im Tode ihr schützender Engel ist.«[23]

Verehrung in Kirchen und Kapellen

Üblicherweise sind Kirchen und Kapellen nach der Heiligen Dreifaltigkeit (z.B. Herz-Jesu-Kirche, Heiliggeist-Kirche), nach Maria (z.B. Kirche Mariä Geburt) und nach Aposteln und anderen Heiligen (Dom St. Peter, Kirche St. Ursula) benannt, aber nicht nach Normalsterblichen. Doch dem Gedächtnis Kaiserin Elisabeths wurden schon etliche Kirchen und Kapellen gewidmet. Am 19. November 1899 wurde in der Stadtpfarrkirche St. Andrä auf dem Salzburger Mirabellplatz sogar ein »Kaiserin-Elisabeth-Altar« eingeweiht. »Bis zur Zerstörung des Gotteshauses im Jahr 1945 war die Kirche ein beliebtes Ziel betender Frauen, welche die Fürsprache der Kaiserin beim himmlischen Thron erhofften«[24], auch wenn sich Wunder auf Elisabeths Fürsprache nicht nachweisen lassen.

In der zum 50. Thronjubiläum Franz Josephs errichteten »Kaiser-Franz-Josef-Jubiläumskirche zum Heiligen Franz von Assisi« auf dem Wiener Mexikoplatz wurde in den Jahren von 1900 bis 1908 eine »Kaiserin Elisabeth-Gedächtniskapelle« eingefügt, finanziert mit Spenden des Roten Kreuzes, deren erste Protektorin Elisabeth war. Die Kapelle ist mit Goldmosaiken und Marmor prunkvoll ausgestattet, sodass ein Jugendstil-Juwel erster Güte entstand. An der Westseite der Fassade befindet sich das erwähnte Relief, das die Kaiserin mit ihrer Namenspatronin, der Heiligen Elisabeth von Thüringen, zeigt.

Das »Elisabethkirchlein auf dem Hochschneeberg« in Niederösterreich nahe der Bergstation der Schneebergbahn ist die höchstgelegene Kirche der Erzdiözese Wien in einer Höhe von 1796 Metern. Kaiser Franz Joseph ließ diese Kirche 1901 im Gedenken an seine Frau errichten. Gegenüber dem Bronzemedaillon mit dem Bildnis der Kaiserin befindet sich im Vorraum dieser Kapelle auf einer Marmortafel der Vers des Dichters Peter Rosegger: »Sei mir gegrüßt, du schönes reines, auf einsamer Höhe erblühendes Edelweiß, erhaben trauerndes Sinnbild du der herrlichen Frau!«

1903 stiftete der Wiener Silberwarenfabrikant Edmund Bachmann in der Nähe seines Anwesens auf dem Kreuzberg der Gemeinde Payerbach die neugotische kleine Elisabethkapelle mit einem schönen Fresko der Heiligen Dreifaltigkeit. Auf Glasgemälden sind der Heilige Wenzel und der Heilige Leopold dargestellt.

Eine eigene himmelnahe »Kaiserin-Elisabeth-Kapelle« entstand auf der fast

2000 Meter hoch aufragenden Schmittenhöhe bei Zell am See im Pinzgau. Der Bau wurde 1904 begonnen, aber erst 1908, zum zehnten Todestag Elisabeths, eingeweiht. Am 9. August 1885 war die Kaiserin um ein Uhr nachts in Begleitung des Bergführers Anton Ulmann auf die Schmittenhöhe gestiegen, um den Sonnenaufgang zu erleben. Den Aufstieg, der normalerweise drei Stunden dauerte, bewältigte sie in nur 2 Stunden und 16 Minuten. »Die Elisabethkapelle in Rosenburg« nordwestlich von Wien im Waldviertel, 1908 errichtet, zeigt im Portal eine Reliefbüste mit dem Porträt der Kaiserin. In der kleinen Privatkapelle in der Kaiservilla in Ischl im ersten Stock des Mitteltraktes neben dem Empfangszimmer Kaiser Franz Josephs ist in einer Vitrine das »Sterbekissen« Elisabeths ausgestellt.

Beim Besuch all dieser der Kaiserin gewidmeten sakralen Orte wird bis heute nicht nur das einfache Volk immer wieder angeregt, bei allerlei Nöten zu ihr zu beten und Hilfe von ihr zu erflehen.

Elisabeths Aufstieg zur Heiligen

Nach ihrem tragischen Ende wurde Elisabeth zu einem mythischen und bis heute unvergänglichen, übermenschlichen Wesen. Jede Kritik an ihr verstummte. Rasch überlagerten zahllose Legenden ihr wirkliches Bild. Der kaiserliche Leibkammerdiener Franz Josephs, Eugen Ketterl, erlebte die Entstehung dieses Kults:

> »Mit einem Mal hatte sich um Kaiserin Elisabeth ein ganzer Legendenkranz gewunden: aus der Kaiserin wurde eine Märtyrerin, und schließlich sah das Volk in dieser wunderschönen Herrscherin eine einsame Herrscherin, umstrahlt vom Heiligenschein einer unglücklichen Duldnerin.«[25]

Verglichen wird sie dabei mit Figuren aus der griechischen, altnordischen und christlichen Mythologie. »Die Skala der entworfenen Bilder [Kaiserin Elisabeths]«, so betont Carolin Maikler, »reicht vom Märchenkind und ›Rosenwunder‹ bis zur exzentrischen Philosophin, von der keuschen Madonna bis zur morbiden Göttin der Schönheit, von der wilden Walküre und verführerischen Nixe bis zur asketischen Heiligen und ehrwürdigen ›Mater dolorosa‹, von der letzten Griechin bis zur romantischen Dichterin, von der ›schwarzen Kaiserin‹ und Halbgöttin des Traumes bis zum Stern.«[26]

Eine ähnliche Verehrung wie Elisabeth wurde auch dem ihr nahestehenden König Ludwig II. zuteil. Friedrich Prinz spricht in diesem Zusammenhang vom »Aufstieg Ludwigs II. zum Objekt einer ›säkularisierten Hagiographie‹«. So wie in religiösen Heiligenkulten Menschen aufgrund ihres Lebenswandels – selbst wenn dieser gar nicht so untadelig war, wie behauptet wird – nach ihrem Tod zu heiligen Legenden stilisiert werden, so scheint dies auch mit Ludwig II. und ebenso mit Kaiserin Elisabeth geschehen zu sein. Nach ihrem Tod wurden beide

»in den Glorienschein von Wallfahrt und Wunder« entrückt. Die kultische Verwandlung einer jeden dieser beiden Personen überstrahlt »die reale Biographie so stark und nachhaltig [...], dass die Individualität des Heiligen, sein konkretes Menschsein in seiner Zeit, oft völlig in den Hintergrund tritt oder beinahe bis zur verklärten Unkenntlichkeit verändert wird. Der Kult [...] prägt ein neues und zumeist sehr dauerhaftes Bild, hinter dessen säkularisierten Zügen manchmal nur noch der Geschichtsforscher die bislang recht schütteren Rückbezüge zur biographisch fassbaren Person des Heiligen zu erkennen vermag.«[27]

Kaiserin Elisabeth – fromm, kritisch, distanziert

Ein Resümee

Mitte des 18. Jahrhunderts waren Religion und Glaube für die Menschen noch wichtige Orientierungssysteme, die ihnen halfen, die Welt und sich selbst zu verstehen. Doch mit der Aufklärung und der Französischen Revolution begann der Glaube an die menschliche Vernunft den Glauben an Gott zu verdrängen. Verzweifelt versuchte die Kirche in den geistigen und politischen Wirren des 19. Jahrhunderts durch Zentralisierung und Verurteilung moderner Strömungen ihre Bedeutung zu sichern, erreichte aber meist das genaue Gegenteil. Sie konnte den Menschen immer weniger überzeugende Antworten auf ihre zentralen Lebensfragen geben. Gleichwohl forderte sie von den Gläubigen nach wie vor Vertrauen zur Kirche, bedingungslose Liebe zu Gott und den Glauben daran, dass dieser Gott gerecht und gütig ist und nur das Gute für den Menschen will. Ein guter Christ hatte auf die Erfüllung aller göttlichen Gebote, aber auch der kirchlichen Vorschriften zu achten, die von Rom und den Vertretern Gottes auf Erden vorgegeben wurden. Zweifel an Gott und seinen Lehren geschähen nur aus purer Unvernunft. Wer seinen Verstand benutzt, so die Ansicht der Kirche, der könne an Gott nicht zweifeln.

Kaiserin Elisabeth war hin- und hergerissen zwischen dem Glauben an den großen Jehova und dem Zweifel daran, ob dieser Gott wirklich gütig und liebenswert ist. Ihre Glaubenszweifel nahmen mit zunehmendem Alter derartige Ausmaße an, dass sie vom Glauben an Gott abzufallen drohte, was sie unmittelbar danach aber wieder tief bereute. Auch an der Kirche und ihren Vertretern übte sie oft harsche Kritik und stellte etliche »ex cathedra« verkündete Lehren und Gebote infrage.

Elisabeths Kirchen-Distanz

Elisabeth hatte insgeheim Probleme mit der Behauptung, dass die Kirche so, wie sie sich in der Welt darstellte, wirklich von Jesus eingesetzt worden war. Vor allem ihre Vertreter schienen ihr mehr auf Ruhm, Macht und Geld versessen zu sein als darauf, selbstlos den Menschen zu dienen, demütig das Wort Gottes zu verkünden und sich ehrlich um die Ärmsten der Armen zu kümmern. Als Negativbeispiele standen ihr gleich, nachdem sie die Position der Kaiserin eingenommen hatte, ihre erzkatholische Schwiegermutter mit ihren bigotten Anhängern am Wiener Hof und dem sie beeinflussenden Kardinal Rauscher vor Augen. Sie misstraute der Institution Kirche und den von deren Vertretern verkündeten Lehren, so auch der von ihnen vorgeschriebenen Moral und Ethik. Die von Rom, den Kardinälen, Bischöfen und Priestern verkündeten Gebote schienen ihr nur Allwissenheit vorzutäuschen, wobei deren Sinnhaftigkeit einer Überprüfung vielfach nicht standhielt.

Vor allem empörte sich Elisabeth über die Herrschaft der Kirche über den Staat, die jahrhundertelang Geltung hatte, bis sie von Kaiser Joseph II., dem Sohn der Kaiserin Maria Theresia, 1781/82 beendet worden war. Sie verstand es deshalb nicht, das 73 Jahre später ihr Herr Gemahl Franz Joseph, wohl beeinflusst von seiner Mutter und deren Adlatus Kardinal Rauscher, der Kirche durch das Konkordat von 1855 erneut Macht über den Staat einräumte, u.a. die Ehegerichtskompetenz und die Schulaufsicht. Elisabeth stimmte den Liberalen zu, die sich die Auflösung des längst nicht mehr zeitgemäßen Staatskirchenvertrags und der damit zusammenhängenden kirchlichen Privilegien wünschten. Auf ihren Seiten unterstützte sie den zunehmenden Druck auf Franz Joseph, sodass er das unzeitgemäße Konkordat zwölf Jahre später, Ende 1867, wieder aufhob. Dadurch verlor die Kirche endlich ihre Macht über den Staat, was den Papst und die Bischöfe maßlos erboste, die Liberalen und die 30-jährige Kaiserin aber höchst erfreute.

Auch den Beschlüssen des Ersten Vatikanischen Konzils, das Ende 1869 eröffnet wurde, stand Elisabeth kritisch gegenüber, vor allem dem verkündeten

Unfehlbarkeitsdogma des Papstes. Sie mochte nicht daran glauben, dass ein Mensch, und sei es auch der Papst, für sich in Anspruch nehmen darf, unfehlbar zu sein, da ihm angeblich Gott höchstpersönlich regelmäßig alle zu verkündeten Wahrheiten einflüstert. Und ebenso wenig war sie überzeugt, dass ihr Mann wirklich ein »Kaiser von Gottes Gnaden« war, sondern eher ein »Herrscher von des Volkes Gnaden«. Und dieses Volk, so ahnte sie hellsichtig voraus, würde dem Kaiser seine Gnade wohl in absehbarer Zeit entziehen.

Die »Patchwork-Religiosität« der Kaiserin

Die Kaiserin verstand unter Religion nicht das unreflektierte Beachten ritueller Vorschriften, kultischer Regeln und Überlieferungen im Sinn von »relegere«, sondern eher eine Rückbindung an ein ihr unbegreifliches höheres Wesen oder einen göttlichen Urgrund, zu dem eine Verbindung besteht im Sinn von »religare«. Ihre kritische Einstellung bezog sich auf die tradierte römisch-katholische christliche Religion, die sie als fundamentalistisch empfand. Sie wünschte sich jedoch einen aufgeklärten, das heißt liberalen Umgang mit der religiösen Tradition. Deshalb lehnte sie Dogmen, kirchlich zementierte Traditionen mit streng vorgeschriebenen Feiern und Ritualen sowie einen über Jahrhunderte weitergegebenen religiösen Kultzwang größtenteils ab, auch wenn für sie religiöse Passage-Rituale bei Lebensübergängen wie Kommunion, Firmung und Hochzeit attraktiv blieben.

Sie plädierte für eine Gleichbehandlung aller Religionsgemeinschaften – Katholiken, Protestanten, Juden etc. – durch den Staat und trat für Religionsfreiheit ein. Sie wünschte sich den Gebrauch des eigenen Verstandes bei der kritischen Würdigung von Traditionen und Toleranz gegenüber Andersdenkenden. Für sie existierte nicht nur eine Wahrheit, vielmehr gab es mehrere Wahrheiten, die ständig überprüft werden sollten.

Sie übte Kritik an der überlieferten Theologie der katholischen Kirche, so an zentralen Elementen des traditionellen Christentums wie der Dreifaltigkeitslehre. Sie verehrte Mutter Natur und war vom Pantheismus fasziniert, dem Ineinanderfließen der Welt bzw. der Natur und der Gottheit. Besonders vertraute sie der Gottesmutter und verschiedenen Heiligen, befasste sich aber ebenso mit griechischen und heidnischen Gottheiten, die sie verehrte. Ebenso huldigte sie toten, von ihr abgöttisch verehrten Personen im Übermaß. Zu bestimmten Wesen – Pferden, Hunden – stand sie in einer geradezu magisch-mystischen Verbindung (Totemismus). Weitere bei ihr beobachtbare Phänomene waren eine Affinität zum »Agnostizismus«, also zu der Überzeugung von der Unerkennbarkeit des Transzendenten, und zum »Animismus«, das heißt zur Vermutung, dass die Dinge der Natur beseelt und womöglich Wohnsitz von Geistern sind. Ihre Tochter Marie Valerie bescheinigte ihr »Deismus«, also den Glauben an einen Gott, der die Welt zwar erschaffen hat, danach aber nicht mehr auf Natur und Geschichte einwirkt.

Auf der Grundlage all dieser unterschiedlichen und zum Teil konträren Vorstellungen zimmerte sich Elisabeth ihre Religion und ihren Glauben aus verschiedenen gleichwertig nebeneinanderstehenden Versatzstücken sowie psychologischen und naturwissenschaftlichen Weltdeutungen selbst zusammen, wodurch gleichsam eine individuell geprägte »Patchwork-Religiosität« entstand, die sie bis zu ihrem Tod begleitete. Keinesfalls aber konnte und wollte sie sich ein Leben ohne Religion vorstellen. »Derjenige, welcher dem Volke die Religion nehmen will«, äußerte sie einmal, »soll bedenken, daß er damit die Zufriedenheit nimmt.«[1]

Eine »Bricolage« des Glaubens

Elisabeth gestaltete sich ihren eigenen Glauben, indem sie alte christliche Vorstellungen mit Symbolen und kultischen Praktiken anderer Religionen verband und heterogene Sinnelemente zu einer neuen, humanistischen Glaubenshaltung zusammenzufügen suchte. Sie betätigte sich gleichsam als »Bricoleuse« – franz. für »Bastlerin« –, die bei ihrer »Bricolage« des Glaubens unterschiedliche Elemente miteinander verband. Vor allem praktizierte sie ihren Glauben in der Natur – den Bergen und auf dem Meer –, und jede ihrer Reisen ermöglichte ihr eine neue religiöse Individualisierung.

Elisabeth war aus familiärer Tradition Mitglied der römisch-katholischen Kirche, pflegte aber einen liberalen Glauben, obwohl sie wusste, dass die katholische Kirche allen liberalen Tendenzen heftigen Widerstand entgegensetzte. Geprägt vom liberalen Glauben ihrer Eltern, vor allem dem des Vaters, und abgestoßen vom bigotten Gottesglauben am Wiener Hof konnte sie mit den fertigen Antworten kirchlicher Lehren wenig anfangen, da sie überzeugt war, dass es auf die Glaubensfragen keine fertigen Antworten gibt. Sie widersetzte sich der autoritären Religiosität, wie sie von Rom und dem Episkopat gelebt wurde, und neigte deutlich zu einer liberalen Religiosität. Statt formale Glaubensinhalte zu beachten, forderte sie für sich die Freiheit, ihren Glauben so zu leben, wie sie das für richtig hielt, und daraus dann die Konsequenzen für ihre Lebenspraxis zu ziehen. Sie benahm sich in religiöser Hinsicht als Freigeist, übte Kritik an Gott, der Kirche und ihren Vertretern, baute sich ihren privaten Glauben und suchte nach ihrer religiösen Fasson selig zu werden. Sie stellte eine transzendente Sinnerfüllung infrage und erkundete immer wieder Möglichkeiten zu einer individuellen irdischen Glückserfüllung. Zuflucht suchte sie deshalb auch in weltlichen Sinnangeboten. An oberster Stelle rangierten für sie das Streben nach schrankenloser Freiheit und Selbstverwirklichung. Wohlstand, Konsum und Erfolg betrachtete sie als Selbstverständlichkeit. Sie predigte Schönheit und Gesundheit als zentrale Werte des Lebens und sah in ihren Diäten heilige Speisen.

Sie war nicht mehr christkatholisch im klassischen Sinn, aber sicher auch nicht areligiös oder gar antireligiös. Solange man sie in Ruhe ließ, hatte sie nichts gegen das christliche Religionsmonopol. Für sich bevorzugte sie jedoch einen Glauben ohne Institution und versuchte, ihre religiösen Überzeugungen mehr und mehr vom Christentum abzukoppeln, auch wenn ihr das nie so recht gelingen sollte. Sie war dem Glauben an die absolute Macht des Schicksals verfallen und huldigte einer extrem fatalistischen Einstellung. Daneben fand sich bei ihr der Aberglaube als Glaube an die Wirkungen naturgesetzlicher, unerklärlicher Kräfte verbunden mit einer Art Fetischismus, also der Verehrung lebloser Dinge, die entweder als besonders krafterfüllt oder als Träger eines Geistes gelten, sowie dem Glauben an die Macht der Magie. Gebete verstand sie als private Meditationsübungen.

Elisabeth war sich zwar der Vergänglichkeit alles Seienden voll bewusst und erlebte, dass mit zunehmendem Alter sowohl ihre Schönheit als auch ihre körperliche Fitness nachließen und letztlich zerstört wurden. Sie wusste, dass sich mit ihrem Tod auch alle sorgsam gehüteten Privilegien in nichts auflösten, dennoch gab sie sich über die Maßen und mit eiserner Selbstdisziplin der Pflege dieser fragilen Äußerlichkeiten hin, wachte narzisstisch über ihren Körper und reagierte mit Melancholie und Depressionen, als der Alterungsprozess unaufhaltsam fortschritt. Die einst schönste Frau Europas, als die sie sich auch selbst empfand, versteckte sich nun resigniert hinter Schleiern, Fächern, Sonnenschirmen und in abgelegenen Unterkünften und Häusern, die oftmals von Mauern umgeben waren und deren Zugang von Hofbediensteten bewacht wurde. Sie hing zwar am Leben, wünschte sich aber oft den Tod herbei und erwog mehrfach sogar die Möglichkeit der Selbsttötung. In Séancen suchte sie die Grenzen der Erfahrung des Bewusstseins und des Diesseits zu überschreiten. Sie glaubte an ein Fortleben der Seele in einer Anderwelt, aber auch an die Möglichkeit einer Seelenwanderung oder Wiedergeburt. Andrerseits konnte sie nur glauben, was sich wissenschaftlich-experimentell beweisen ließ.

Sie fühlte sich ständig geplagt von Sorgen, Fragen und Problemen und war fortwährend Belastungen und Überbeanspruchungen ausgesetzt. Dadurch war sie letztlich völlig überfordert und fand auch keinen Ausweg aus dieser Sackgasse. Hinter allem verbarg sie ihren »Charakter voller faszinierender Widersprüche«, den ihr Biograf Johannes Thiele so beschreibt. Sie war »rastlos und verträumt, leidenschaftlich und ermüdet, selbstquälerisch und rücksichtslos, pflichtvergessen und überbeschäftigt, gebildet und unklug, himmelhoch jauchzend und zu Tode betrübt, empfindsam und verletzend, liebevoll und abweisend, nervös und launenhaft, hochherzig und kleinlich, emanzipiert und frustriert, erregbar und gequält, angehimmelt und unbeliebt, hochgelobt und kritisiert, angestarrt und übersehen«[2].

Elisabeths Gottes-Kaleidoskop

Zeitlebens war die Kaiserin randvoll mit unterschiedlichen und sich zum Teil widersprechenden Ansichten und Urteilen, Vorstellungen und Bildern von Gott und mit Ansprüchen und Erwartungen an ihn befasst. Vor ihrem geistigen Auge flimmerte fortwährend ein Kaleidoskop des Schreckens, das ein sich ständig aufs Neue verzerrendes Gottesbild zeigte.

Elisabeth betete zu Jehova, dem Gott der Rache, anstatt zum dreieinigen Gott der Liebe, erhoffte sich göttlichen Schutz, war zugleich aber dem Glauben an die absolute Macht des Schicksals verfallen. Nach Lehre der Kirche war jemand, der ein eigenes Gottesbild vertrat und an den Lehren der Kirche zweifelte, kein ordentlicher Christ. Die Kaiserin versuchte aber, beides miteinander zu verbinden, an ihren Gott zu glauben, aber auch an ihm zu zweifeln. Sie stimmte der berühmten Formel zu: »credo, quia absurdum est« – »Ich glaube, weil es absurd ist«.

Vielleicht kannte sie auch Tertullians Aussage in seinem »Liber de carne Christi«, dem »Buch über die Fleischwerdung Christi«, in dem es heißt: »crucifixus est dei filius … et mortuus est dei filius; prorsus credibile est, quia ineptum est; et sepultus resurrexit; certum est, quia impossibile est«, zu deutsch: »Gottes Sohn ist gekreuzigt … Und sterblich ist Gottes Sohn; völlig glaubhaft ist das, weil es unpassend – abgeschmackt, töricht – ist. Und der Leichnam ist auferstanden; das ist wahr, weil es unmöglich ist«.

Ob Gott wirklich existiert – das war ihr klar –, das könne kein Mensch wissen, auch nicht der Papst. Man kann Gott also nicht mit dem Verstand beweisen, man kann nur an ihn glauben. Doch der Glaube an diesen Gott, der Leid in der Welt zulässt – Krankheiten, Kriege und Grausamkeiten aller Art durch von ihm geschaffene Menschen – fiel ihr unendlich schwer. Sie erkannte, dass die Frage der Theodizee – das heißt die Frage nach der Gerechtigkeit Gottes auf Erden, also wie zum Beispiel das unendliche tägliche Leid und alles Unglück in der Welt vereinbart werden kann mit der Vorstellung von einem gütigen und liebenden Gott, der als allmächtiges Wesen über jeden einzelnen Menschen persönlich wacht – von keiner Theologie und keiner Philosophie beantwortet werden könne. Sie empfand das Gottesbild, das die christlichen Kirchen vorstellten, geradezu als blasphemisch. Denn da wurde ein Gott propagiert, der trotz aller Widersprüche bedingungslos geliebt werden will, obwohl letztlich er als Schöpfer es war, der den Menschen in die Lage versetzte, die schlimmsten Verbrechen zu begehen. In seiner Allmacht hätte dies Gott doch verhindern können. Wenn Gott dem Menschen aber schon den freien Willen gegeben hat, widersprach die Forderung der Kirche nach bedingungsloser Gottesliebe in ihren Augen dem freien Willen, den der Mensch von Gott erhalten hat. Danach muss er aber auch die Möglichkeit haben, Gott nicht zu lieben und an ihm zu zweifeln, ohne dafür bestraft zu werden.

Außerdem leuchtete es ihr nicht ein, dass die Kirche verlangte, dass sich der Mensch für das Unglück und Elend auf dieser Erde auch noch zu rechtfertigen habe. Eigentlich müsste doch der Mensch, wenn es Gott gibt, von ihm verlangen dürfen, dass er sich rechtfertigt, weshalb alles Leid auf der von ihm geschaffenen Welt vorhanden ist. Doch die Vertreter der Kirche waren da anderer Ansicht. Dass Gott die Welt liebt, beweise doch schon allein die Tatsache, dass er, um die

Menschen vom Bösen zu erlösen, sich selbst in Gestalt seines eigenen Sohnes auf die Welt gesandt habe, um sich mit den Menschen solidarisch zu zeigen. Er habe Leid, Schmerz und sogar den Tod am Kreuz auf sich genommen, um die Menschen zu erlösen und ihnen seine enge Verbundenheit zu beweisen. Doch für Elisabeth blieb die Frage unbeantwortet, warum Gott eine solche Welt geschaffen hat und damit auch das Böse, um sie hinterher durch ein höchst kompliziertes Verfahren wieder erlösen zu können, durch eine Jungfrauengeburt, durch die Menschwerdung des Gottessohns, durch dessen unbegreiflichen Tod am Kreuz, dessen Auferstehung von den Toten und vieles andere, was man glauben sollte. Und dennoch habe sich nach all diesen göttlichen Rettungsaktionen auf der Welt nichts geändert, eine Erlösung von allem Übel bis heute nie stattgefunden. Das alles passte in ihrer Vorstellung nicht zusammen.

Demzufolge konnte die Kaiserin Gott nur als unbegreifliche Macht sehen, der willkürlich handelt, dessen Entscheidungen unberechenbar sind, der Gutes ebenso wie Böses das eine Mal zu belohnen, ein anderes Mal aber zu bestrafen scheint. Dadurch fühlte sie sich Gott hilflos ausgeliefert und nach jansenistischer Vorstellung allein von seiner Gnade abhängig. In der Folge entwickelte sie die Ansicht, das Leben eines jeden sei durch eine universell wirkende Instanz, die man Gott nennt, von vornherein durch ein ihm zugedachtes Schicksal vorausbestimmt, dem keiner entgehen könne. Widersinnig schien ihr auch die biblische Aussage: »Denn wen der Herr lieb hat, den züchtigt er, und er schlägt jeden Sohn, den er annimmt.«[3]

Wie aber kann ein liebender Gott, so fragte sie, dem Menschen Schicksalsschläge zumuten, die dieser auch noch in fatalistischer Ergebenheit einfach hinnehmen muss? Kann alles, was sich in ihrem Leben bisher an Schlimmem ereignet habe und noch ereignen werde, wirklich Ausdruck der Liebe Gottes sein? Oder ist alles nicht doch nur unabänderliches Schicksal, dem der Mensch hilflos ausgesetzt ist? Auch das Ende sei ihr bereits vorherbestimmt, weshalb etwa der Schutz vor möglichen Attentaten sinnlos sei. Was schicksalsbestimmt geschehen muss, werde geschehen.

Elisabeth, die Gemälde ihrer 24 Lieblingspferde in einem Raum versammelt hatte, den sie »Reiterkapelle« nannte, hätte auch eine »Gotteskapelle« mit ihren persönlichen Gottesbildern einrichten können, auf denen sich ihr neurotischer Gottesglaube widergespiegelt hätte. Auf den Gemälden wären ein mächtiger und absolutistisch herrschender Schöpfergott zu sehen gewesen und ein Gehorsam fordernder und parteiischer himmlischer Übervater, außerdem das Bild eines zornigen und strafenden Gottes und das eines unbarmherzigen Rachegottes, dann das Bild eines am Menschen desinteressierten und das eines ungerechten und launischen Gottes sowie ein Porträt des gestrengen Weltenrichters und eines dem Menschen unbegreiflichen und widersprüchlichen Despoten. Auf den Gemälden in der »Gotteskapelle« der Kaiserin wären also vorrangig die dunklen, bedrohlichen Seiten des alttestamentarischen Gottes dargestellt worden, ohne dessen lichte und freundliche Wesenszüge zu zeigen. Für den Gott der Liebe des Neuen Testaments wäre in ihrer düsteren »Gotteskapelle« kein Platz gewesen.

Wichtig ist Menschlichkeit, nicht Religion

Eines erkannte die Kaiserin: Dass man, auch wenn man an Gott und seiner Kirche in vielfacher Hinsicht zweifelt, dem Leben dennoch Sinn verleihen könne, indem man jenen Menschen, die in Not sind, durch karitative Aktivitäten hilft. Auf diese Weise erhält der Mensch die Möglichkeit, Stück für Stück die Unordnung auszuräumen, die in der Schöpfung unübersehbar ist. Jeder, der sich dafür einsetzt, tut genau das, was Jesus in seiner Botschaft vorgeschlagen hat. Selbst wenn jemand an Gott nicht glaubt, kann er zumindest die Forderungen Jesu, den Nächsten zu lieben, erfüllen. Denn Jesus hat nachweislich existiert. Und deswegen kann das, was er gesagt hat, auch eine Richtschnur für das persönliche Leben und für die Sinnhaftigkeit des eigenen Tuns sein.

Elisabeth lebte in einer Welt, die immer weniger von christlichen Werten, sondern mehr und mehr von unchristlichen, von materiellen Werten beherrscht wurde. Auch im österreichischen Kaiserreich bestimmten trotz christlicher Religion Geld, Gier, Ichsucht und das Streben nach Macht die Menschen, und dies war bedauerlicherweise auch in ihrem eigenen Leben der Fall. Dies führte in der Gesellschaft zu mangelnder Solidarität mit den Ärmsten der Armen und zu entsetzlichen Kriegen und Gräueltaten, also zu dem genauen Gegenteil dessen, was Jesus gefordert hatte. Statt die politische Dimension des Evangeliums zu erkennen und danach ihren Beitrag für eine friedliche, freiheitliche und sozial gerechte Weltordnung zu leisten, zogen sich die Herrschenden, aber auch die christlichen Kirchen viel zu sehr in sich zurück und lebten nur nach dem von ihnen kreierten Gottesbild und den von ihnen eingeführten Ritualen. Das erkannte die Kaiserin, übte daran auch immer wieder Kritik, ohne aber einen wesentlichen öffentlichen Beitrag zu einer Änderung dieser Einstellungen zu leisten.

Immer wieder brach sie aus den religiösen Zwängen aus, denen sie in der habsburgischen Familie unterworfen war, war politisch liberal eingestellt und vertrat ein modernes Frauenbild. Allerdings nutzte sie ihre Stellung vorrangig nur für ihre eigene Emanzipation und forderte für sich ein selbstbestimmtes Leben, denn sie wollte unabhängig von männlicher Aufsicht und nur ihrem Gewissen verpflichtet sein. Andererseits wurden ihre religiösen Vorstellungen und Praktiken von ihr weder ernsthaft durchdacht, noch führten sie in der Folge zu nachhaltigen Konsequenzen. Zu einer wirklichen Auseinandersetzung mit Religion und dem Glauben an Gott kam es daher nicht. Es waren lediglich spontane Entschlüsse, die sich im Verborgenen ereigneten und in der breiten Öffentlichkeit unbekannt blieben. Ihre Vorstellungen vertraute sie in Gesprächen lediglich ihrer Lieblingstochter Marie Valerie und ihrer Nichte Marie Louise an, außerdem einigen Hofdamen – u. a. Ida von Ferenczy, Marie Festetics, Irma Sztáray – sowie einigen Griechischlehrern und Vorlesern, wie etwa Constantin Christomanos. Diesem relativ kleinen Personenkreis waren ihre liberale Anschauung und ihre selbstbewusste Haltung in Kirchen- und Glaubensfragen zum Teil bekannt, so auch dem deutschen Botschafter in Rom, der nach einem Gespräch mit ihr von »der Klarheit des Urtheils« tief beeindruckt war.

Davon erhielt auch Kaiser Wilhelm II. Nachricht: »Namentlich in Bezug auf das Verhältnis der katholischen Kirche zum Österreichisch-Ungarischen Staate soll die Kaiserin in ihrem Urtheile eine Objektivität und Schärfe bekunden, die den Botschafter in Erstaunen gesetzt hat. Er beklagte, daß die hohe Frau mit Ihren Ansichten in Wien nur dann hervortrete, wenn Sie darum befragt werde; Sie treffe dann aber auch stets den Nagel auf den Kopf.« Wilhelm II. bemerkte dazu: »Sie ist eine der politisch am klarsten und objectivsten denkenden Fürstinnen des Jahrhunderts«.[4]

Bedauerlich war jedoch, dass sich Elisabeth öffentlich viel zu wenig zu Wort meldete und ihre liberalen Ansichten auch in religiösen Fragen viel zu selten lautstark äußerte, dies sicher auch aus Angst vor der habsburgischen Zensur. So blieben auch ihre kirchen- und religionskritischen Überlegungen während ihres Lebens vor der Öffentlichkeit verborgen. In Erscheinung trat sie eben immer nur »beinahe«: als fast eine Philosophin und Freidenkerin, fast eine Dichterin und Feministin, fast eine Gesellschafts- und Kirchenkritikerin, fast eine Pazifistin und Republikanerin, fast eine Revolutionärin und eine Sozialistin. Was würde die Kaiserin wohl zur katholischen Frauenbewegung der Gegenwart sagen, die energisch dazu aufruft, die althergebrachten Machtstrukturen in der Kirche zu reformieren, Frauen und Männer endlich gleich zu behandeln und das Evangelium so zu leben, wie es Christus gemeint hat?

Ihre kritischen Gedanken in die Welt hinauszuschreien und hinauszuschreiben gelang Elisabeth nicht. Doch wie für Heine, für den »Gott immer der Anfang und das Ende all meiner Gedanken«[5] war, waren auch Elisabeths Gedanken ständig davon durchdrungen. Ob sie Thomas von Aquins schlichte Ansicht »Das Böse ist das Fehlen des Guten« kannte, ist fraglich.

86 Jahre nach ihrem Tod öffnete die Kaiserin zur Überraschung aller ihr Herz für hilfsbedürftige Menschen auf recht ungewöhnliche Weise. In den Jahren 1885 bis Oktober 1888 hatte sie über 300 zum Teil recht kritische Gedichte verfasst, die sie aber zu Lebzeiten nicht veröffentlichte, da sie darin ihre persönlichsten Gedanken und oft auch provozierenden Ansichten offenbarte, die erst den »Zukunftsseelen« zugänglich gemacht werden dürften, so ihre testamentarische Verfügung, und zwar erst 60 Jahre nach 1890, also 1950.

Die Einnahmen aus dem Verkauf sollen, so ihr Wunsch, »zum Besten politisch Verurteilter und deren hilfsbedürftigen Angehörigen« verwendet werden. »Denn in 60 Jahren so wenig wie heute«, so betonte die Kaiserin hellsichtig, »werden Glück und Friede, das heißt Freiheit auf unserem kleinen Sterne heimisch sein. Vielleicht auf einem Anderen.«[6] Sie vertraute ihr dichterisches Vermächtnis, verschlossen in einer Kassette, zunächst ihrem Lieblingsbruder Karl Theodor zur Aufbewahrung an. 1950 solle das Konvolut dann dem Bundespräsidenten der Schweiz ausgehändigt werden, also dem Staatsoberhaupt jenes Landes, in dem ihr Freiheit und Demokratie beheimatet schienen. Dies erledigte Karl Theodors Sohn Ludwig. Doch 1950 erfolgte noch keine Veröffentlichung. Erst 20 Jahre später, 1980, wurden die Gedichte von der Schweizer Regierung an das UN-Flüchtlingshilfswerk UNHCR in Österreich weitergegeben, wo sie 1983 von der Historikerin Brigitte Hamann aufgespürt wurden. Das von ihr herausgegebene, fast 400-seitige »Poetische Tagebuch der Kaiserin Elisabeth« erschien dann 1984 in erster Auflage im Verlag der Österreichischen Akademie der Wissenschaften (ÖAW), wodurch die »Zukunftsseelen« Einblick in die höchst komplizierte Gedanken- und Seelenwelt Elisabeths erhielten. Die Gedichte, inspiriert von ihrem Meister Heine, erschienen in drei Abschnitten mit den Titeln »Nordseelieder«, »Winterlieder« und einem unbenannten »Dritten Buch«. Sieben Auflagen mit 21 000 verkauften Exemplaren wurden bis 2019 gemeldet. Insgesamt 30 000 Euro wurden von der ÖAW gemäß der Verfügung der Kaiserin für verschiedene UNHCR-Projekte verwendet und auch weiterhin werden Flüchtlinge und Notleidende von ihrem letzten Willen profitieren.

War die Kaiserin in religiöser Hinsicht ihrer Zeit voraus?

In den Jahrzehnten nach Elisabeths Tod waren die Religionen in einer zunehmend globalisierenden Welt tiefgreifenden Transformationsprozessen ausgesetzt, was zu deren veränderter Bedeutung führte. Es kam zu einer Befreiung von klerikaler Bevormundung, zur Entmonopolisierung von Religionssystemen und zu einem zunehmend gleichrangigen Nebeneinander von Christentum, Islam, Hinduismus, Buddhismus und Judentum. Aber auch neue, von den Kirchen unabhängige Religionsformen entstanden. Der persönliche Glaube wurde nicht mehr zwingend über Religion bzw. Kirche vermittelt, sondern als etwas Veränderbares und Individuelles verstanden. Religionszugehörigkeit wurde zu einer Frage der individuellen Wahl mit vielen Entscheidungsmöglichkeiten und war nicht mehr durch Herkunft, Tradition oder sozialen Status bestimmt. Eine individualisierte Frömmigkeit entstand. Die Zahl der Menschen, die sich nicht mehr ein Leben lang an eine Religionsgemeinschaft binden wollten und die sich keiner zugehörig fühlten, nahm zu.

Angesicht dessen scheint die Kaiserin in religiöser Hinsicht ihrer Zeit durchaus voraus gewesen zu sein. Ihre Ansichten passen ins 21. Jahrhundert, in dem für einen Großteil der Menschen der absolute Bezugspunkt nicht mehr Religion ist, sondern vorrangig das Ego, das es sich ohne Schuldgefühle erlaubt, an Gott und der Kirche zu zweifeln und Kritik daran zu üben. Den Vorstellungen der Kaiserin entspräche es auch, dass die religiöse Landschaft bunter geworden ist, dass klassische Christen Elemente aus anderen Weltanschauungen und spirituellen Traditionen in ihre religiösen Vorstellungen und in die überlieferten Lehren der Kirche einbeziehen, auch wenn dadurch ein »Patchwork-Glaube« entsteht. Sie würde die Sehnsucht des modernen Menschen nachvollziehen können, sein endliches Leben, das gegenwärtig mit 80 oder 90 Jahren endet, durch die Hoffnung auf Wiedergeburt zu erweitern, um auf diese Weise Zeit zu gewinnen. Dass sich in der Moderne immer mehr Bereiche gleichsam mit religiösen Elementen aufplustern, so etwa die Bereiche Konsum, Wirtschaft, Sport und Kunst, könnte sie durchaus nachvollziehen, da diese und andere materiellen Bereiche auch in ihrem Leben eine nicht unwesentliche Bedeutung hatten.

»War Sisi eine Frau von morgen in der Welt von gestern?«, fragte die Historikerin Sigrid-Maria Größing und meinte: »Vieles, womit sie sich ein Leben lang beschäftigte, war revolutionär. Sie lehnte sich gegen fast alles auf, was man ihr vorschreiben wollte, und lebte ihr Leben nach der eigenen Fasson [...]. Es war nur schade, daß Sisi ihre modernen Ideen nicht der Allgemeinheit zukommen ließ.«[7] Dies betraf auch ihre Ansichten über Gott, Glaube, Religion und Kirche, die man, wie so vieles in ihrem Leben, ebenfalls für einen Skandal gehalten hätte, wenn sie offenkundig geworden wären.

Anhang

Anmerkungen

Kaiserin Elisabeth – Glaube und Kirche in ihrer Zeit

1 Schwaiger, Georg: König Ludwig II. Glaube und Kirche in seiner Zeit. In: Gregor-Dellin, Martin, et al.: Ludwig II. Die Tragik des »Märchenkönigs«, Regensburg 1986, S. 103.
2 Stollberg-Rilinger, Barbara: Maria Theresia. Die Kaiserin in ihrer Zeit. Eine Biographie, München 2017, S. 595 (künftig: Stollberg-Rilinger).
3 Stollberg-Rilinger, S. 588.

Sisis Glaube und Gottesbild in der Kindheit und Jugend

1 Schweitzer, Friedrich: Lebensgeschichte und Religion. Religiöse Entwicklung im Kindes- und Jugendalter, Gütersloh 2007.
2 Dreyer, Alois: Herzog Maximilian in Bayern, der erlauchte Freund und Förderer des Zitherspiels und der Gebirgspoesie, München 1909, S. 14 (künftig: Dreyer).
3 Maximilian, Herzog in Bayern: Wanderung nach dem Orient im Jahre 1838, unternommen und skizziert von dem Herzoge Maximilian in Bayern. 1839; Reprint: Pfaffenhofen 1978, S. 116 (künftig: Wanderung nach dem Orient).
4 Ebd., S. 116 f.
5 In den Aufzeichnungen von Herzog Max finden sich noch die heute nicht mehr gebräuchlichen Begriffe »Mohrenknaben«, »Mohr« und »Neger«, die hier deshalb zitiert werden.
6 Dreyer, S. 24.
7 Brief Ludovikas an Königin Marie von Sachsen vom 15. April 1857 – Bayerische Staatsbibliothek, München, Nachlass Sexau, Ana 346 B I, 5e.
8 Hammond, Beate: Jugendjahre großer Kaiserinnen. Maria Theresia – Elisabeth – Zita. Wien 2002, S. 77 (künftig: Hammond).
9 Amtmann, Karin: Elisabeth von Österreich. Die politischen Geschäfte der Kaiserin, Regensburg 1998, S. 21 (künftig: Amtmann).
10 Hamann, Brigitte (Hrsg.): Kaiserin Elisabeth. Das poetische Tagebuch, Wien 1984, S. 312 (künftig: Hamann – Poet. Tagebuch).
11 Holmsten, Georg: Elisabeth von Österreich, München 1952, S. 34.
12 Wallersee-Larisch, Marie Louise von: Kaiserin Elisabeth und ich, Leipzig 1935, S. 162 ff. (künftig: Wallersee – Elisabeth und ich).
13 Graf, Bernhard: Sisis Geschwister. München 2017, S. 18 f. (künftig: Graf).
14 In: Amélie von Urach: »Erinnerungen an Herzogin Ludowika« (Manuskript); Exner, Lisbeth: Elisabeth von Österreich, Reinbek 2004, S. 17 (künftig: Exner); Graf, S. 14.
15 Rödhammer, Hans: Elisabeth, Kaiserin von Österreich und Königin von Ungarn, 1837–1898, Katalog zur Ausstellung des Kulturvereins Schloss Ebelsberg vom 21.Mai bis 30. Oktober 1983 im Schloss Ebelsberg, Schlossweg 7, Linz, Elbelsberg – Linz 1983, S. 14.
16 Corti – Die seltsame Frau, S. 206.
17 Ebd. S. 207.
18 Hamann, Brigitte: Elisabeth. Kaiserin wider Willen, Wien – München 2005, S. 342 (künftig: Hamann – Kaiserin wider Willen).
19 Ludovikas Brief von 1846 an Gräfin Théodolinde von Württemberg; Exner, S. 17.
20 Hausarchiv Kronprinz Rudolf K 1, im Wiener Haus-, Hof- und Staatsarchiv; Bibl, Viktor: Kronprinz Rudolf von Österreich. Die Tragödie eines sinkenden Reiches, Leipzig 1938, S. 187.
21 Kommunionbüchlein Elisabeths von 1851.
22 Graf, S. 20.

23 Corti – Die seltsame Frau, S. 18.
24 Exner, S. 25.
25 Hammond, S. 78.
26 Rödhammer, S. 14.
27 Schad Martha/Schad, Horst (Hrsg.): Marie Valerie. Das Tagebuch der Lieblingstochter von Kaiserin Elisabeth von Österreich. 2007, S. 155 (künftig: Valerie-Tagebuch).
28 Thiele, Johannes: Elisabeth. Das Buch ihres Lebens, München 1996, S. 46 (künftig: Thiele – Das Buch ihres Lebens).
29 Thiele – Das Buch ihres Lebens, S. 15.
30 Thiele – Das Buch ihres Lebens, S. 53.
31 Holland, Hyazinth: Lebenserinnerungen eines 90jährigen Altmünchners, hrsg. von A. Dreyer, München 1921, S. 108.
32 Sepp, Christian: Ludovika. Sisis Mutter und ihr Jahrhundert, München 2019, S. 269 (künftig: Sepp – Ludovika).
33 Walterskirchen, Gudula/Meyer, Beatrix: Das Tagebuch der Gräfin Marie Festetics. Kaiserin Elisabeths intimste Freundin, St. Pölten – Salzburg – Wien 2014, S. 133 (künftig: Festetics-Tagebuch).

Pflichten Elisabeths als Kaiserin

1 Stollberg-Rilinger, S. 836.
2 Hamann – Kaiserin wider Willen, S. 29.
3 Hamann – Kaiserin wider Willen, S. 30.
4 Corti – Die seltsame Frau, S. 27.
5 Thiele – Das Buch ihres Lebens, S. 210.
6 Rödhammer, S. 109.
7 Thiele – Das Buch ihres Lebens, S. 211.
8 Hamann – Kaiserin wider Willen, S. 169.
9 Stollberg-Rilinger, S. 595.
10 Ebd.
11 Hamann, Brigitte: Rudolf. Kronprinz und Rebell, Wien – München 1978, S. 33 f. (künftig: Hamann – Rudolf).
12 Valerie-Tagebuch, Eintrag vom 3. Juni 1887; Hamann – Kaiserin wider Willen, S. 531.
13 Valerie-Tagebuch, S. 207.
14 Ebd., S. 210.
15 Hamann – Kaiserin wider Willen, S. 515.
16 Langer, Anton: Dies Buch gehört der Kaiserin. Eine Volksstimme aus Österreich, Wien 1854, S. 8; Hamann – Kaiserin wider Willen, S. 56.
17 Langer, S. 11; Hamann – Kaiserin wider Willen, S. 56.
18 Langer, S. 21; Hamann, S. 56.
19 Hammond, S. 31.
20 Stollberg-Rilinger, S. 59.
21 Thiele – Das Buch ihres Lebens, S. 210.
22 Corti – Die seltsame Frau, S. 66.
23 Corti – Die seltsame Frau, S. 147.
24 Corti – Die seltsame Frau, S. 156; »un...lich« – Diese unleserliche Stelle heißt eventuell »un(verantwort)lich«.
25 Elisabeth an Franz Joseph, 15. Juli 1866; Corti, S. 155 f.
26 Stollberg-Rilinger, S. 458.
27 Corti – Die seltsame Frau, S. 210.
28 Ebd., S. 211.
29 Hamann – Poet. Tagebuch, S. 144.
30 Hamann – Kaiserin wider Willen, S. 270.
31 Festetics-Tagebuch, Eintrag vom 2. Juni 1872, S. 112.
32 Festetics-Tagebuch, S. 111.
33 Festetics-Tagebuch, Eintrag vom 3. März 1874; Hamann – Kaiserin wider Willen, S. 313 f.
34 Corti – Die seltsame Frau, S. 290; Elisabeth an Franz Joseph, Wien, 29. Mai 1876.
35 Hamann – Kaiserin wider Willen, S. 462; nach Aufzeichnungen von Marinaky.
36 Heyden-Rynsch, Verena von der (Hrsg.): Elisabeth von Österreich. Tagebuchblätter von Constantin Christomanos, München 1983, S. 55 f. (künftig: Christomanos).
37 Rudolf an Joseph Latour, Prag, 2.12. 1881; Hamann – Kaiserin wider Willen, S. 529.
38 Heydenreuter, Reinhard: Spuren der Wehmut. Kaiserin Elisabeths Reisen durch das alte Europa, Regensburg 1998, S. 45 (künftig: Heydenreuter).
39 Heydenreuter, S. 45.
40 Kraus, Karl: Die Fackel, Heft Nr. 551, Aug. 1920, S. 14.
41 Dickinger, Christian: Ha-Ha-Habsburg. Eine wirklich wahre Familiengeschichte, Wien 2001, S. 145 (künftig: Dickinger – Ha-Ha-Habsburg).
42 Festetics-Tagebuch, Eintrag vom 17. März 1872; Corti – Die seltsame Frau, S. 223.
43 Festetics-Tagebuch, Eintrag vom 15. Oktober 1872; Corti – Die seltsame Frau, S. 236.
44 Valerie-Tagebuch, Eintrag vom 4. August 1894, S. 274.
45 Bibel: NT, Matthäus-Evangelium, 25:14–30.
46 Georg Ritter von Schönerer war ein Gegner des österreichischen Patriotismus, der katholischen Kirche und des Liberalismus. Seine Anhänger, die Schönerianer, waren vor allem Burschenschafter und Sudetendeutsche.
47 Redlich, Josef: Kaiser Franz Joseph von Österreich. Eine Biographie, Berlin 1928, S. 32.

48 Baumann, Daniel: Der Sissi-Almanach, Frankfurt am Main 1998, S. 20.

Kaiserin Elisabeths öffentlich gelebte Frömmigkeit

1 Hamann – Poet. Tagebuch, S. 259.
2 Festetics-Tagebuch, Eintrag vom 3. März 1874; Hamann – Kaiserin wider Willen, S. 314.
3 Hamann – Kaiserin wider Willen, S. 270.
4 Corti – Die seltsame Frau, S. 30.
5 Corti – Die seltsame Frau, S. 63.
6 Praschl-Bichler, Gabriele / Cachee, J.: » ... von dem müden Haupte nehm' die Krone ich herab«, Wien – München 1995, S. 106 f. (künftig: Praschl-Bichler – Von dem müden Haupte).
7 Wallersee – Elisabeth und ich, S. 97.
8 Festetics-Tagebuch, Eintrag vom 26. April 1879, S. 92 f.
9 Wallersee – Elisabeth und ich, S. 170.
10 Thiele – Das Buch ihres Lebens, S. 547.
11 Hamann – Kaiserin wider Willen, S. 342.
12 Mayr, Josef Karl: Das Tagebuch des Polizeiministers Kempen von 1848–1859, Wien 1931, S. 404.
13 Bibel: NT, Matthäus-Evangelium, 16:18–19.
14 Valerie-Tagebuch, S. 79.
15 Elisabeth an Franz Joseph, Rom, 11. Dezember 1869; Corti – Die seltsame Frau, S. 209.
16 Elisabeth an Franz Joseph, Rom, 16. Dezember 1869.
17 Hamann – Kaiserin wider Willen, S. 284.
18 Festetics-Tagebuch, 20. März 1879, S. 203 f.
19 Valerie-Tagebuch, S. 104.
20 Valerie-Tagebuch, S. 136.
21 Valerie-Tagebuch, S. 210.
22 Valerie-Tagebuch, S. 244.
23 Valerie-Tagebuch, S. 244 f.
24 Corti – Die seltsame Frau, S. 465.
25 Bibel: NT, Lukas-Evangelium, 2:14.
26 Haslip, Joan: Elisabeth von Österreich, Köln 2001, S. 452 (künftig: Haslip).
27 Corti – Die seltsame Frau, S. 237.
28 Thiele – Das Buch ihres Lebens, S. 405.
29 Hamann – Kaiserin wider Willen, S. 279.
30 Corti – Die seltsame Frau, S. 237.
31 Meraner Zeitung vom 8. April 1871.
32 Thiele – Das Buch ihres Lebens, S. 493; Holzstich nach Katzler, um 1877.
33 Hamann – Kaiserin wider Willen, S. 279.
34 Valerie-Tagebuch, S. 205.
35 Erzählungen des Hofkaplans Dr. Hasel in Wiener Tagblatt vom 15. 09. 1898; Hamann – Kaiserin wider Willen, S. 85.
36 Hamann – Kaiserin wider Willen, S. 85.
37 Corti – Die seltsame Frau, S. 237.
38 Hamann – Kaiserin wider Willen, S. 379; Thiele – Das Buch ihres Lebens, S. 431.
39 Corti – Die seltsame Frau, S. 237.

Kaiserin Elisabeths privat gelebte Frömmigkeit

1 Valerie-Tagebuch, S. 222.
2 Valerie-Tagebuch, S. 222.
3 De Burgh, Alborough: Elisabeth. Blätter der Erinnerung. Nachdruck der Ausgabe von 1901, Innsbruck o. J., S. 80 (künftig: De Burgh).
4 Stollber-Rilinger, S. 590.
5 Brief Elisabeths an ihren Sohn Rudolf vom 31. März 1865; Hamann – Kaiserin wider Willen, S. 275.
6 Welcome, John: Die Kaiserin hinter der Meute. Elisabeth von Österreich und Bay Middleton, Wien – Berlin 1975, S. 201 (künftig: Welcome).
7 Münchner Neueste Nachrichten, 25. Mai 1887.
8 Almstein, August von: Ein flüchtiger Zug nach dem Orient. Reise der allerdurchlauchtigsten Frau Gräfin von Hohenembs im Herbst des Jahres 1885 an Bord der kaiserlichen Yacht »Miramar«. Mit 43 Original-Illustrationen und einer Karte in Farbendruck, Wien 1887, S. 80 (künftig: Almstein).
9 Elisabeth an ihre Mutter, Ischl 26. Juni 1866; Corti – Die seltsame Frau, S. 148.
10 Landgräfin Therese Fürstenberg, 20. August 1869; Hamann – Kaiserin wider Willen, S. 267.
11 Meyer, Beatrix: Kaiserin Elisabeth ganz privat. Briefe an ihre intimste Vertraute Ida Ferenczy, München 2020, S. 62 (künftig: Meyer – Elisabeth privat).
12 Nolston, L. K.: Ein Andenken an die Kaiserin und Königin Elisabeth, Wien 1899 (Nachdruck), S. 68 f. (künftig: Nolston).
13 Corti – Die seltsame Frau, S. 369.
14 Valerie-Tagebuch, S. 202.
15 Wallersee – Elisabeth und ich, S. 134 f.
16 Wallersee – Elisabeth und ich, S. 137 ff.
17 Christomanos, S. 142.
18 Bibel: NT, Johannes-Evangelium, 16:23.
19 Bibel: NT, Matthäus-Evangelium, 7:7–12.
20 Corti – Die seltsame Frau, S. 86.
21 Elisabeth an ihre Mutter, Schönbrunn,

2. Juni 1866; Corti – Die seltsame Frau, S. 147.

22 Elisabeth an ihre Mutter, Wien, 5. Juli, 1866; Corti – Die seltsame Frau150.

23 Hamann – Poet. Tagebuch, S. 228.

24 Hamann – Poet. Tagebuch, S. 188.

25 Sztáray, Irma Gräfin: Aus den letzten Jahren der Kaiserin Elisabeth. Mit einem Vorwort von Brigitte Hamann, Wien, 2004, S. 185 f. (künftig: Sztáray – Aus den letzten Jahren).

26 Haslip, S. 368.

27 Sztáray – Aus den letzten Jahren, S. 194 f.

28 Hamann – Poet. Tagebuch, S. 255.

29 Corti – Die seltsame Frau, S. 454; Brief Elisabeths an Valerie, Gasturi auf Korfu, am 22. April 1891.

30 Meyer – Elisabeth privat, S. 28 f.

31 Hamann – Kaiserin wider Willen, S. 418.

32 Thiele – Das Buch ihres Lebens, S. 475 f.

33 Valerie-Tagebuch, S. 157.

34 Valerie-Tagebuch, S. 206.

35 Elisabeths Brief an ihre Schwägerin Margarethe, Juni 1857; Thiele – Das Buch ihres Lebens, S. 219; Praschl-Bichler: Kaiserin Elisabeth. Mythos und Wahrheit. Mit Kommentaren von Gerti Senger und Walter Hoffmann, Wien 1996, S. 160 (künftig: Praschl-Bichler – Mythos und Wahrheit).

36 Heine, Heinrich: Über Deutschland. Erster Theil. Zur Geschichte der Religion und Philosophie in Deutschland, Hamburg 1861, S. 25.

37 Rödhammer, S. 110.

38 Corti – Die seltsame Frau, S. 525, nennt den Psalm 91, Brigitte Hamann den Psalm 90, in: Hamann – Kaiserin wider Willen, S. 328. Dies rührt daher, dass der Psalm 91 nach griechischer Zählung der Psalm 90 ist.

39 Bibel: AT, Psalm 91.

40 Hamann – Kaiserin wider Willen, S. 328.

41 Valerie-Tagebuch, S. 233.

42 Wallersee – Elisabeth und ich, S. 258.

43 Bibel: AT, Jesaja, 41:10.

44 Festetics-Tagebuch, S. 155.

45 Sztáray – Aus den letzten Jahren, S. 166 f.

46 Sztáray – Aus den letzten Jahren, S. 98 f.

47 Hamann – Poet. Tagebuch, S. 120.

48 Corti – Die seltsame Frau, S. 462.

49 Hamann, Brigitte / Hassmann, Elisabeth (Hrsg.): Elisabeth. Stationen ihres Lebens. Katalog zur Ausstellung »Elisabeth – Schönheit für die Ewigkeit« in Wien, Hermesvilla, Hofburg, Schloss Schönbrunn vom 2. April 1998 bis 16. Februar 1999, Wien – München 1998, S. 33 (künftig: Hamann / Hassmann).

50 Festetics-Tagebuch, S. 104; Corti – Die seltsame Frau, S. 222; Thiele – Das Buch ihres Lebens, S. 448 f.

51 Corti – Die seltsame Frau, S. 222; Festetics-Tagebuch, S. 105.

52 Thiele – Das Buch ihres Lebens, S. 753.

53 Valerie-Tagebuch, S. 193 und 203.

54 Christomanos, S. 171.

55 Hamann – Poet. Tagebuch, S. 381.

56 Hamann – Poet. Tagebuch, S. 79.

57 Haslip, S. 452.

58 Bibel: NT, Markus-Evangelium, 10:21.

59 Hamann – Poet. Tagebuch, S. 379.

Elisabeths Heiligenverehrung

1 Stollberg-Rilinger, S. 592.

2 Marienfest im Kirchenjahr waren: 1. Januar: Hochfest der Gottesmutter Maria; 2. Februar: Mariä Lichtmess; 25. März: Mariä Verkündigung; Marienmonat Mai; 2. Juli: Mariä Heimsuchung; 15. August: Mariä Himmelfahrt; 8. September: Mariä Geburt; 12. September: Mariä Namen (Schutzmantelmadonna); 15. September: Sieben Schmerzen Mariens; 7. Oktober: Rosenkranzfest; 8. Dezember: Mariens unbefleckte Empfängnis.

3 Bibel: NT, Offenbarung 12:1.

4 Hamann – Poet. Tagebuch, S. 344.

5 Bibel: NT, Lukas-Evangelium, 1:46–55.

6 Heydenreuter, Reinhard: Spuren der Wehmut. Kaiserin Elisabeths Reisen durch das alte Europa, Regensburg 1998, S. 54 (künftig: Heydenreuther)

7 Corti – Die seltsame Frau, S. 147.

8 Corti – Die seltsame Frau, S. 343.

9 Corti – Die seltsame Frau, S. 370.

10 Valerie-Tagebuch, S. 86.

11 Hamann – Poet. Tagebuch, S. 61.

12 Valerie-Tagebuch, S. 66.

13 Hamann – Poet. Tagebuch, S. 284.

14 Christomanos, S. 103 f.

15 Christomanos, S. 120.

16 Sztáray – Aus den letzten Jahren, S. 13.

17 Sztáray – Aus den letzten Jahren, S. 177 f.

18 Hamann – Poet. Tagebuch, S. 64.

19 Rödhammer, S. 316.

20 Hamann – Kaiserin wider Willen, S. 282; Corti – Die seltsame Frau, S. 217.

21 Tschudi, Klara: Elisabeth, Kaiserin von Österreich und Königin von Ungarn. Leipzig o.J. (um 1901), S. 85 (künftig: Tschudi).

Heidnische und weltliche Göttinnen und Götter

1 Corti – Die seltsame Frau, S. 245.
2 Hamann – Poet. Tagebuch, S. 312.
3 Hamann – Poet. Tagebuch, S. 309.
4 Hamann – Poet. Tagebuch, S. 346.
5 Corti, S. 459.
6 Thiele, S. 55.
7 Wallersee-Larisch, Marie Louise: Meine Vergangenheit, Leipzig, 1935, S. 29 (künftig: Wallersee – Meine Vergangenheit)
8 Christomanos, S. 104.
9 Christomanos, S. 104.
10 Sztáray – Aus den letzten Jahren, S. 62.
11 Hamann – Poet. Tagebuch. S. 42.
12 Hamann – Poet. Tagebuch, S. 84 ff.
13 Heine, Heinrich: Epilog. In: Gedichte 1853 und 1854, Lyrischer Nachlass, Berlin 2014
14 Christomanos, S. 107.
15 Christomanos, S. 87.
16 Hamann – Poet. Tagebuch, S. 13.
17 Corti – Die seltsame Frau, S. 373; Elisabeth an Valerie, Gödöllö, 11. September 1886.
18 Hamann – Poet. Tagebuch, S. 152.
19 Hamann – Poet. Tagebuch, S. 153.
20 Hamann – Poet. Tagebuch, S. 160.
21 Hamann – Poet. Tagebuch.

22 Christomanos, S. 69.
23 Christomanos, S. 69.
24 Hamann – Kaiserin wider Willen, S. 94.
25 Christomanos, S. 70.
26 Hamann – Poet. Tagebuch, S. 359.
27 Welcome, S. 37.
28 Poet. Tagebuch, S. 89.
29 Thiele, S. 579.
30 Poet. Tagebuch, S. 84 ff.
31 Sylva, Carmen: Sappho. In: Stürme, 4. Aufl. 1903, S. 1.
32 Hamann – Poet. Tagebuch, S. 196 ff.
33 Hamann – Poet. Tagebuch, S. 204.
34 Thiele – Das Buch ihres Lebens, S. 614 ff.
35 Rödhammer, S. 229.
36 Dirrigl, Michael: Herzog Max in Bayern (1808–1888). In: Ders: Maximilian II. König von Bayern (1848–1864). Teil II, München 1984, S. 1377 (künftig: Dirrigl).
37 Richard Wagner: Brief vom 1. Februar 1863 an Mathilde Maier.
38 Amelie-Tagebuch, 23.08. 1888.
39 Amelie-Tagebuch, 21.03. 1889.
40 Sztáray – Aus den letzten Jahren, S. 224.
41 Christomanos, S. 171.
42 Valerie-Tagebuch, S. 115.
43 Hamann – Poet. Tagebuch, S. 41.
44 Wallersee – Elisabeth und ich, S. 30.
45 Eichendorf, Joseph von: Werke, Bd. 1, München 1970 ff., S. 315.
46 Hamann – Poet. Tagebuch, S. 134 f.
47 Schad, Martha: Kaiserin Elisabeth und ihre Töchter, München 1997, S. 80 (künftig: Schad – Elisabeth und ihre Töchter).
48 Nolston, S. 29.
49 Rödhammer, S. 286.
50 Christomanos, S. 171 f.

Vergötterung von Natur und Tieren

1 Nolston, S. 81.
2 Hamann – Poet. Tagebuch, S. 188.
3 Sztáray – Aus den letzten Jahren, S. 24.
4 Valerie-Tagebuch, S. 125.
5 Corti – Die seltsame Frau, S. 378; Nolston, S. 64. Nach dem Bericht von Josefine von Széchy-Lorenz im »Pester Lloyd«.
6 Thiele – Das Buch ihres Lebens, S. 780.
7 Wolbe, Eugen: Carmen Sylva. Der Lebensweg einer einsamen Königin, Leipzig 1933, S. 87.
8 Sztáray – Aus den letzten Jahren, S. 196.
9 Hamann – Poet. Tagebuch, S. 223.
10 Hamann – Poet. Tagebuch, S. 215.
11 Hamann – Poet. Tagebuch, s. 224.
12 Heine, Heinrich: Reisebilder und Reisebriefe, darin: Reisebilder 2. Teil: Die Nordsee, Berlin 1981, S. 102.
13 Hamann – Poet. Tagebuch, S. 69.
14 Christomanos, S. 135.
15 Heine, Heinrich: Buch der Lieder, Die Nordsee – Zweiter Zyklus VII.
16 Hamann – Poet. Tagebuch, S. 45.
17 Hamann – Poet. Tagebuch, S. 41.
18 Hamann – Poet. Tagebuch, S. 49.
19 Heine, Heinrich: Werke und Briefe in zehn Bänden. Band 1, Berlin und Weimar 1972, S. 241 f.
20 Heine, Heinrich: Reisebilder und Reisebriefe. Erster Teil. Buch der Lieder, Prolog aus: Die Harzreise, 1824.
21 Hamann – Poet. Tagebuch, S. 255.
22 Hamann – Poet. Tagebuch, S. 117.
23 Hamann – Poet. Tagebuch, S. 71 f.
24 Thiele – Das Buch ihres Lebens, S. 780 ff.
Thiele – Das Buch ihres Lebens, S. 780.
Ziegler, Peter: Die ruhelose Kaiserin. Elisabeth von Österreich auf Reisen, St. Michael 1981, S. 133 (künftig: Ziegler).
Sztáray – Aus den letzten Jahren, S. 196.
Hamann – Poet. Tagebuch, S. 126.
25 Christomanos, S. 133 f.
26 Christomanos, S. 93.

27 Hamann – Poet. Tagebuch, S. 126.
28 Hamann – Poet. Tagebuch, S. 215.
29 Thiele – Das Buch ihres Lebens, S. 395.
30 Praschl-Bichler – Mythos und Wahrheit, S. 17.
31 Sexau, Richard: Fürst und Arzt. Dr. med. Herzog Carl Theodor in Bayern. Schicksal zwischen Wittelsbach und Habsburg, Graz – Wien – Köln 1963, S. 92.
32 Almstein, S. 65.
33 Haslip, S. 244.
34 Haslip, S. 244.
35 Haslip, S. 332.
36 Corti –Die seltsame Frau, S. 203; Meyer – Elisabeth privat: S. 61.
37 Meyer – Elisabeth privat: S. 50, 53, 56
38 Thiele – Das Buch ihres Lebens, S. 397.
39 Christomanos, S. 70 f.
40 Bibel: NT, Johannes-Evangelium, 15:13.
41 Nachlass Conte Corti, zitiert nach Smolle, Leo: Elisabeth – Kaiserin von Österreich und Königin von Ungarn, Wien 1904.
42 Fischer, Lisa: Schattenwürfe in die Zukunft. Kaiserin Elisabeth und die Frauen ihrer Zeit, Wien – Köln – Weimar 1998, S. 52.
43 Welcome, S. 3012.
44 Corti – Die seltsame Frau, S. 186.
45 Festetics-Tagebuch, S. 144.
46 Festetics-Tagebuch, S. 186 f.
47 Festetics-Tagebuch, S. 130.
48 Elisabeth an Ida Ferenczy, 1. November, o.J.; Hamann – Kaiserin wider Willen, S. 580.
49 Neues Wiener Tagblatt, 11. September 1898, S. 7.
50 Christomanos, S. 164.
51 Sztáray – Aus den letzten Jahren, S. 226.
52 Rödhammer, S. 286.
53 Christomanos, S. 100f.
54 Poet. Tagebuch, S. 48.
55 Poet. Tagebuch, S. 44.
56 Hamann – Poet. Tagebuch, S. 69.
57 Hamann – Poet. Tagebuch, S. 112.
58 Hamann – Poet. Tagebuch, S. 247.
59 Christomanos, S. 88.
60 Hamann – Poet. Tagebuch, S. 105.
61 Hamann – Poet. Tagebuch, S. 317.
62 Hamann – Poet. Tagebuch, S. 119 f.
63 Reiser, Rudolf: Kaiserin Elisabeth. Das andere Bild von Sisi, München 2009, S. 109 (künftig: Reiser).
64 Wallersee – Elisabeth und ich, S. 77 f.
65 Hamann – Poet. Tagebuch, S. 179 f.
66 Hamann – Poet. Tagebuch, S. 179 f.

Sisis Aberglaube

1 Corti – Die seltsame Frau, S. 81.
2 Stollberg-Rilinger, S. 614.
3 Stollberg-Rilinger, S. 619.
4 Hamann – Poet. Tagebuch, S. 177.
5 Corti – Die seltsame Frau, S. 496.
6 Corti – Die seltsame Frau, S. 438.
7 Corti – Die seltsame Frau, S. 401; Valerie-Tagebuch, S. 145.
8 Valerie-Tagebuch, S. 145.
9 Sztáray – Aus den letzten Jahren, S. 127.
10 Wallersee – Meine Vergangenheit, S. 82.
11 Wallersee – Meine Vergangenheit, S. 82.
12 Valerie-Tagebuch, S. 156.
13 Bibel: AT, Drittes Buch Mose (Levitikus), 19:27–28.
14 Siehe Abbildung in: Corti, S. 512 ff.
15 ital. »gehörnte Hand«.
16 arab. »fünf«.
17 Praschl-Bichler – Mythos und Wahrheit, S. 110.
18 Thiele – Das Buch ihres Lebens, S. 387 f.
19 Wallersee-Larisch, Marie Louise: Meine Vergangenheit, Leipzig 1935, S. 82 (künftig: Wallersee – Meine Vergangenheit).
20 Wallersee – Elisabeth und ich, S. 206 f.
21 Wallersee – Meine Vergangenheit, S. 62.
22 Wallersee – Meine Vergangenheit, S. 37.
23 Wallersee – Meine Vergangenheit, S. 82.
24 Heine, Heinrich: Elementargeister, In: Werke und Briefe in zehn Bänden. Band 1, Berlin und Weimar 1972.
25 Rödhammer, S. 228.
26 Wallersee – Elisabeth und ich, S. 162 ff.
27 Wallersee – Elisabeth und ich, S. 162 ff.
28 Wallersee – Elisabeth und ich, S. 162 ff.
29 Hamann – Kaiserin wider Willen, S. 19.
30 Kaiser Franz I. war als Franz II. von 1792 bis 1806 der letzte Kaiser des Heiligen Römischen Reiches. 1804 begründete er als Kaiser Franz I. das Kaisertum Österreich, das er bis zu seinem Tod 1835 regierte.
31 Valerie-Tagebuch, S. 199.
32 Valerie-Tagebuch, S. 200.
33 Valerie-Tagebuch, S. 249.
34 De Burgh, S. 70.
35 Paléologue, Maurice: Elisabeth, Kaiserin von Österreich. Das unheimliche Erbe Wittelsbach, Bern 1946; Erstausgabe: Élisabeth, impératrice d'Autriche. L'hérédité sinistre des Wittelsbach (1939), S. 226–228.
36 Hasmann, Gabriele: Die spukenden Habsburger. Blaublütigen Geistern auf der Spur, Wien 2015, S. 115 (künftig: Hasmann).
37 Wallersee – Meine Vergangenheit, S. 123 ff.

38 Wallersee – Meine Vergangenheit, S. 123 ff.
39 Wallersee – Elisabeth und ich, S. 312.
40 Hamann – Kaiserin wider Willen, S. 548.
41 Hamann – Kaiserin wider Willen, S. 547.

Elisabeths materialistische Weltsicht

1 Bibel: NT, Matthäus-Evangelium, 6:19 ff.
2 Heine, Heinrich: Neue Gedichte (aus dem Zyklus Seraphine Nr. 7), Hamburg 1844, S. 66 f.
3 Hamann – Kaiserin wider Willen, S. 195, 326, 349 und 596.
4 Historischer Währungsumrechner – https://www.eurologisch.at/docroot/waehrungsrechner/#/:
1 Gulden österr. Währung im Jahr 1854 entspricht in etwa der heutigen Kaufkraft (2020) von 13,02 Euro,
1 Gulden österr. Währung im Jahr 1874 entspricht in etwa der heutigen Kaufkraft (2020) von 11,77 Euro und 1 Gulden österr. Währung im Jahr 1898 entspricht in etwa der heutigen Kaufkraft (2020) von 14,58 Euro.
5 Hamann – Kaiserin wider Willen, S. 50.
6 Thiele – Das Buch ihres Lebens, S. 487.
7 Hamann – Kaiserin wider Willen, S. 349.
8 Thiele – Das Buch ihres Lebens, S. 560.
9 Corti – Die seltsame Frau, S. 462 und 467.
10 Historischer Währungsumrechner – https://www.eurologisch.at/docroot/waehrungsrechner/#/.
11 Corti – Die seltsame Frau, S. 234.
12 Haslip, S. 250; Christomanos, S. 60.
13 Christomanos, S. 153.
14 Thiele – Das Buch ihres Lebens, S. 772.
15 Elisabeth an Valerie, Gibraltar, 23. Jänner 1893, Farkas-Archiv.; Corti – Die seltsame Frau, S. 466.
16 Nopcsa an Ida Ferenczy, Gibraltar, 21. Jänner 1893, Farkas-Archiv.; Corti – Die seltsame Frau, S. 466.
17 Corti – Die seltsame Frau, S. 165 f.
18 Haslip, S. 280.
19 Festetics-Tagebuch, 21. Mai 1873; Hamann – Kaiserin wider Willen, S. 303.
20 Hamann – Kaiserin wider Willen, S. 557.
21 Sztáray – Aus den letzten Jahren, S. 129.
22 Wallersee – Meine Vergangenheit, S. 27.
23 Elisabeth an Erzherzog Ludwig Viktor, 21. März 1862; Corti – Die seltsame Frau, S. 111 f.
24 Hamann – Kaiserin wider Willen, S. 274 f.
25 Wallersee – Meine Vergangenheit, S. 54.
26 Hamann – Kaiserin wider Willen, S. 197.
27 Christomanos, S. 49.
28 Wallersee – Meine Vergangenheit, S. 27 f.
29 Wallersee – Meine Vergangenheit, S. 84.
30 Thiele – Das Buch ihres Lebens, S. 500.
31 Amélie, 30. Juli 1890; Hamann – Kaiserin wider Willen, S. 553.
32 Hamann – Poet. Tagebuch, S. 130.
33 Hamann – Poet. Tagebuch, S. 135.
34 Hamann – Poet. Tagebuch, S. 137.
35 Wallersee – Meine Vergangenheit, S. 93.
36 Marie Festetics an Ida Ferenczy, 23. September1896; Corti – Die seltsame Frau, S. 451.
37 Eigenhändige Bleistifteintragung Elisabeths in den ungarischen Bauernkalender »István Bácsi Naptára«, März 1875. Farkas-Archiv; Corti – Die seltsame Frau, S. 273.
38 Eigenhändiger Eintrag der Kaiserin in den ungarischen Bauernkalender »István Bácsi Naptára« von 1875; Corti – Die seltsame Frau, S. 274.
39 Festetics-Tagebuch, S. 148; Corti – Die seltsame Frau, S. 309.
40 Corti – Die seltsame Frau, S. 32.
41 Hamann – Poet. Tagebuch, S. 143.
42 Thiele – Das Buch ihres Lebens, S. 162.
43 Hamann – Kaiserin wider Willen, S. 183.
44 Heine, Heinrich: Neue Gedichte. Zeitgedichte, Hamburg 1844, S. 228.
45 Schnell, Ralf: Heinrich Heine, Hamburg 1996, S. 105 (künftig: Schnell).
46 Corti – Die seltsame Frau, S. 458.
47 Hamann – Poet. Tagebuch, S. 250.
48 Christomanos, S. 47.
49 Festetics-Tagebuch, 17. März 1872, S. 106; Corti – Die seltsame Frau, S. 223.

Elisabeths unerfülltes Liebesleben

1 Christomanos, S. 90.
2 Hamann – Poet. Tagebuch, S. 78.
3 Fischer, S. 31; Kronprinzessin Stephanie: Memoiren. Manuskript, S. 199 und 202. In: Nachlass Conte Corti, Konvolut 34, Haus-, Hof- und Staatsarchiv Wien. Der zweite Teil dieser Passage wurde interessanterweise in den 1935 erschienen Memoiren weggelassen. Vgl. dazu: Lonvay, Stephanie: Ich sollte Kaiserin werden, Leipzig 1935.
4 Festetics-Tagebuch, 15. Oktober 1872, S. 120.
5 Sophie an August, am 21. Mai 1854. In: Bayr. Hauptstaatsarchiv, GHA NL Auguste. GHA Nr. 52.
6 Thiele – Das Buch ihres Lebens, S. 162.
7 Hamann – Poet. Tagebuch, S. 210.

8 Hamann – Poet. Tagebuch, S. 135.
9 Praschl-Bichler – Mythos und Wahrheit, S. 207.
10 Festetics-Tagebuch, 2. Juni 1872, S. 112.
11 Thiele, S. 568.
12 Wallersee – Meine Vergangenheit, S. 32.
13 Schad – Elisabeth und ihre Töchter, S. 68.
14 Haslip, S. 142.
15 Hamann – Kaiserin wider Willen, S. 183.
16 Franz Joseph an Elisabeth, Elysée Napoleon, 31. Oktober 1867; Corti – Die seltsame Frau, S. 190 f.
17 Hamann – Kaiserin wider Willen, S. 367.
18 Hamann – Kaiserin wider Willen, S. 265.
19 Corti – Die seltsame Frau, S. 201.
20 Corti – Die seltsame Frau, S. 201; Elisabeth an Franz Joseph, Ofen, 14. April 1869.
21 Franz Joseph an Elisabeth, Schönbrunn, 4. August 1866; Corti – Die seltsame Frau, S. 163.
22 Franz Joseph an Elisabeth, Schönbrunn, 25. August 1866; Corti – Die seltsame Frau, S. 167.
23 Elisabeth an Franz Joseph, Ventor, 13. September 1874; Corti – Die seltsame Frau, S. 270.
24 Corti – Die seltsame Frau, S. 437.
25 Praschl-Bichler – Mythos und Wahrheit, S. 114.
26 Hamann – Kaiserin wider Willen, S. 169.
27 Hamann – Kaiserin wider Willen, S. 594.
28 Markus, Georg: Katharina Schratt. Die zweite Frau des Kaisers, Wien – München 1982, S. 210.
29 Thiele – Das Buch ihres Lebens, S. 160.
30 Valerie-Tagebuch, S. 195.
31 später: Louise von Belgien.
32 Hamann – Rudolf, S. 425.
33 Hamann – Kaiserin wider Willen, S. 85.
34 Wallersee-Larisch, Marie Louise: Die Heldin von Gaëta. Leipzig 1936, S. 184 (künftig: Wallersee – Heldin von Gaëta).
35 Valerie-Tagebuch, 24. Februar 1889, S. 194.
36 Valerie-Tagebuch, 21. Juli 1889, S. 203.
37 Wallersee – Meine Vergangenheit, S. 57.
38 Wallersee – Meine Vergangenheit, S. 93.
39 Wallersee – Elisabeth und ich, S. 47.
40 Fischer, S. 52.
41 Hamann – Poet. Tagebuch, S. 287 f., »There's Somebody coming upstairs.«
42 Meyer – Elisabeth privat, S. 114; Corti – Die seltsame Frau, S. 307: Elisabeth an Franz Joseph, Summerhill, 16. März 1879.
43 Meyer – Elisabeth privat, S. 121.
44 Corti – Die seltsame Frau, S. 348; Hamann – Poet. Tagebuch, S. 50.
45 Corti – Die seltsame Frau, S. 347 f.; Hamann – Poet. Tagebuch, S. 50.
46 Hamann – Poet. Tagebuch, S. 362.
47 Hamann – Poet. Tagebuch, S. 362 f.
48 Thiele, S. 588.
49 Elisabeth zu ihrer Nichte Amélie (Marie Valerie, 3..9.1908); Hamann, S. 372.

Nächsten- und Gottesliebe der Kaiserin

1 Bibel: NT, Matthäus-Evangelium, 22:34–40.
2 Bibel: NT, Matthäus-Evangelium, 25:34–46.
3 Größing, Sigrid-Maria: Sisi – eine moderne Frau, Wien 2007, S. 16 (künftig: Größing – Eine moderne Frau).
4 Größing – Eine moderne Frau, S. 139; Hamann – Kaiserin wider Willen, S. 281.
5 Katalog zur Ausstellung »Elisabeth von Österreich. Einsamkeit, Macht und Freiheit«, Hermesvilla, 22. März 1986 bis 22. Marz 1987, Historisches Museum der Stadt Wien, 1986, S. 271.
6 Sztáray – Aus den letzten Jahren, S. 138 f.
7 Fischer, S. 110 f.
8 Hamann – Kaiserin wider Willen, S. 477.
9 Hamann – Poet. Tagebuch, S. 231; Die letzten beiden Zeilen sind ein Heine-Zitat.
10 Hamann – Poet. Tagebuch, S. 251.
11 De Burgh, S. 52.
12 Graf Coronini an Graf Grenneville; Hamann – Kaiserin wider Willen, S. 346.
13 Tschudi, S. 101.
14 Festetics-Tagebuch, 13. Januar 1874, S. 138.
15 Corti – Die seltsame Frau, S. 119.
16 Corti – Die seltsame Frau, S. 120.
17 Corti – Die seltsame Frau, S. 120; Brief Kaiserin Elisabeth an John Collett, 27. November 1863. Konzept E. A.S.W.
18 Haslip, S. 253.
19 Valerie-Tagebuch, S. 148.
20 Thiele – Das Buch ihres Lebens, S. 451.
21 Praschl-Bichler –Mythos und Wahrheit, S. 7.
22 Thiele – Das Buch ihres Lebens, S. 477.
23 Christomanos, S. 147.
24 Elisabeth an Ida von Ferenczy, Starnberg 11. August 1868; Corti – Die seltsame Frau, S. 196.
25 Haslip, S. 252.
26 Bibel: NT, Erstes Buch Johannes, 4:20.
27 Christomanos, S. 147.
28 Thiele – Das Buch ihres Lebens, S. 496.
29 Hamann – Poet. Tagebuch, S. 148.

30 Hamann – Poet. Tagebuch, S. 149.
31 Hamann – Kaiserin wider Willen, S. 515.
32 Hamann – Poet. Tagebuch, S. 262.
33 Hamann – Poet. Tagebuch, S. 262.
34 Hamann – Poet. Tagebuch, S. 127.
35 Hamann – Poet. Tagebuch, S. 318.
36 Hamann – Poet. Tagebuch, S. 265.
37 Hamann – Poet. Tagebuch, S. 261; Lindinger, Michaela: »Mein Herz ist aus Stein«. Die dunkle Seite der Kaiserin Elisabeth, Wien 2014, S. 109 (künftig: Lindinger).
38 Haslip, S. 373.
39 Hamann – Poet. Tagebuch, S. 252.
40 Hamann – Poet. Tagebuch, S. 253.
41 Hamann – Poet. Tagebuch, S. 76 f.
42 Bibel: AT, Buch Sprichwörter, 18:21.

Elisabeth und die Gebote Gottes

1 Bibel: AT, Zweites Buch Mose, 19:1–25; 20:1–21; 24:12–18; 31:18 und Fünftes Buch Mose, 6:4–6.
2 Thiele, S. 165.
3 Hamann – Poet. Tagebuch, S. 123.
4 Festetics-Tagebuch, 21. April 1873; Hamann – Kaiserin wider Willen, S. 301.
5 Festetics-Tagebuch, 23. April 1873; Hamann – Kaiserin wider Willen, S. 301.
6 Valerie-Tagebuch, S. 303 f.; Eintrag vom 11. und 12. Mai 1898.
7 Festetics-Tagebuch, S. 133.
8 Nolston, S. 12; De Burgh, S. 24 f.
9 De Burgh, S. 30.
10 De Burgh, S. 29f.
11 Hamann – Kaiserin wider Willen, S. 358.
12 Hamann – Kaiserin wider Willen, S. 358.
13 Hamann – Poet. Tagebuch, S. 145.
14 Hamann – Kaiserin wider Willen, S. 359 f.
15 Hamann – Poet. Tagebuch, S. 343.
16 Hamann – Poet. Tagebuch, S. 187.
17 Hamann – Poet. Tagebuch, S. 214.
18 Hamann – Poet. Tagebuch, S. 187.
19 Hamann – Poet. Tagebuch, S. 214.
20 Wallersee – Meine Vergangenheit, S. 84.
21 Elisabeth – Einsamkeit, Macht und Freiheit, S. 334.
22 Ketterl, Eugen: Der alte Kaiser, wie nur Einer ihn sah. Der wahrheitsgetreue Bericht des Leibkammerdieners Kaiser Franz Joseph I., Wien – München – Zürich – Innsbruck 1980 (1929) (künftig: Ketterl), S. 36.
23 Wallersee – Elisabeth und ich, S. 253.
24 Hamann – Poet. Tagebuch, S. 163.
25 Festetics-Tagebuch, Ischl, 29. Juni 1872; Corti – Die seltsame Frau, S. 226.
26 Hamann – Poet. Tagebuch, S. 148.
27 Corti – Die seltsame Frau, S. 251.
28 Corti – Die seltsame Frau, S. 251.
29 Corti – Die seltsame Frau, S. 272.
30 Wallersee – Elisabeth und ich, S. 161.
31 Hamann – Poet. Tagebuch, S. 137.
32 Hamann – Kaiserin wider Willen, S. 163.
33 Petacco, Arrigo: Die Heldin von Gaëta. Kaiserin Elisabeths Schwester im Kampf gegen Garibaldi, Graz – Wien – Köln 1994, S. 223.
34 Hamann – Poet. Tagebuch, S. 80.
35 Christomanos, S. 58.
36 Wallersee – Elsiabeth und ich, S. 36.
37 Hamann – Kaiserin wider Willen, S. 562.
38 Corti – Die seltsame Frau, S. 473 f.
39 Festetics-Tagebuch, 15. Oktober 1872; Hamann – Kaiserin wider Willen, S. 365.
40 Festetics-Tagebuch, 6. Januar 1883; Hamann – Kaiserin wider Willen, S. 435.
41 Hamann – Poet. Tagebuch S. 342.
42 Hamann – Poet. Tagebuch S. 342.
43 Tschudi, S. 144.
44 Hamann – Kaiserin wider Willen, S. 464.
45 Festetics-Tagebuch, 17. März 1872; Hamann – Kaiserin wider Willen, S. 288.
46 Festetics-Tagebuch, 15. Oktober 1872; Hamann – Kaiserin wider Willen, S. 298.
47 Valerie-Tagebuch, S. 303 f., Eintrag vom 11. und 12. Mai 1898.
48 Valerie-Tagebuch, S. 308, Eintrag vom 25. August 1898.
49 Hamann – Kaiserin wider Willen, S. 552.
50 Haslip, S. 439.
51 Corti – Die seltsame Frau, S. 358.
52 Christomanos, S. 52.
53 Christomanos, S. 90.
54 Wallersee – Meine Vergangenheit, S. 85.
55 Bibel: NT, Matthäus-Evangelium, 6:14.
56 Bibel: NT, Lukas-Evangelium, 6:37.
57 Bibel: NT, Matthäus-Evangelium, 5:42–45.
58 Sztáray – Aus den letzten Jahren, S. 58.
59 Valerie-Tagebuch, S. 304.
60 Festetics-Tagebuch, 3. November 1872, in: Hamann – Kaiserin wider Willen, S. 151; Festetics-Tagebuch, 4. Mai 1873, S. 129:
61 Hamann – Kaiserin wider Willen, S. 545.
62 Hamann – Kaiserin wider Willen, S. 544.
63 Hamann – Kaiserin wider Willen, S. 546.
64 Hamann – Kaiserin wider Willen, S. 550.
65 Hamann – Kaiserin wider Willen, S. 576.

Elisabeths Reisesucht – Flucht vor Gott und zu Gott

1 Schad, Martha: Elisabeth von Österreich. München 1998, S. 51.
2 Thiele – Das Buch ihres Lebens, S. 165.
3 Valerie-Tagebuch, S. 259.
4 Thiele – Das Buch ihres Lebens, S. 254.
5 Tschudi, S. 57.
6 Hamann – Poet. Tagebuch, S. 159.
7 Elisabeth an Graf Grünne, Funchal (Madeira), 16. Dezember 1860; Hamann – Kaiserin wider Willen, S. 147.
8 Valerie-Tagebuch, S. 308.
9 Valerie-Tagebuch, S. 306.

Elisabeths »Alter Ego« – ihre Tochter Marie Valerie

1 Valerie-Tagebuch, S. 243.
2 Corti – Die seltsame Frau, S. 395; Valerie-Tagebuch, 9. Dezember 1887.
3 Haslip, S. 390.
4 Valerie-Tagebuch, S. 270.
5 Nolston, S. 41, Tschudi, S. 80.
6 Hamann – Kaiserin wider Willen, S. 533.
7 Schad – Elisabeth und ihre Töchter, S. 83.
8 Tschudi, S. 80 f.
9 Valerie-Tagebuch, S. 258.
10 Corti – Die seltsame Frau, S. 398.
11 Valerie-Tagebuch, S. 258.
12 Valerie-Tagebuch, S. 303 f.; Eintrag vom 11. und 12. Mai 1898.
13 Valerie-Tagebuch, 11. November 1884; Hamann – Kaiserin wider Willen, S. 532.
14 Hamann – Kaiserin wider Willen, S. 556.
15 Valerie-Tagebuch, 16. September 1887, S. 129.
16 Valerie-Tagebuch, 16. September 1887, S. 129.
17 Valerie-Tagebuch, 6. September 1888, S. 152.
18 Valerie-Tagebuch, 16. Dezember 1888, S. 158.
19 Valerie-Tagebuch, S. 226.
20 Valerie-Tagebuch, 30. Juli 1890, S. 233 f.
21 Thiele – Das Buch ihres Lebens, S. 730.
22 Wallersee – Meine Vergangenheit, S. 28.
23 Brief Elisabeths an ihre Mutter, Zürich, 1. Februar 1867.
24 Wallersee – Meine Vergangenheit, S. 83; Thiele, S. 501.
25 Corti – Die seltsame Frau, S. 457; Valerie-Tagebuch, S. 259.
26 Valerie-Tagebuch, S. 198.
27 Corti – Die seltsame Frau, S. 457 f.; Valerie-Tagebuch, S. 257.
28 Bibel: AT, Buch Genesis, 22:1–13.
29 Schad – Elisabeth und ihre Töchter, S. 137.

Religiöse Einflüsse auf Elisabeth

1 Witzleben, Hermann von / Vignau, Ilka von: Die Herzöge in Bayern. Von der Pfalz zum Tegernsee, München 1976 (künftig: Witzleben / Vignau).
2 Phantasus (Herzog Max in Bayern): Jakobina, Novelle, München 1835, S. 5 ff.
3 Dreyer, S. 66.
4 Fürst Thurn und Taxis vom 27./28. Juli 1938, Bayerische Staatsbibliothek, München, Nachlass Sexau, Ana 346
5 Redwitz, Marie Freiin von: Hofchronik 1888–1921, München 1924, S. 56.
6 Fürst Thurn und Taxis vom 27./28. Juli 1938, Bayerische Staatsbibliothek, München, Nachlass Sexau, Ana 346
7 Siehe dazu: Religiöse Ansichten von William Shakespeare, https://en.wikipedia.org/wiki/Religious_views_of_William_Shakespeare&prev=search&pto=aue.
8 Religiöse Ansichten von William Shakespeare, https://en.wikipedia.org/wiki/Religious_views_of_William_Shakespeare&prev=search&pto=aue.
9 Rhoussos Rhoussopoulos: Erinnerungen, in: Der ungarischen Nationalzeitung Országos hirlap; zitiert bei Nolston, S. 75; Hamann – Kaiserin wider Willen, S. 469.
10 Hamann – Poet. Tagebuch, S. 152.
11 Schnell, S. 165.
12 Peters, Eckehard / Kirsch, Eberhard: »Religionskritik bei Heinrich Heine«, Leipzig 1977, S. 42 (künftig: Eckehard / Eberhard).
13 Heine, Heinrich: Sämtliche Schriften, hrsg. von Klaus Briegleb, München 1985, Bd. VI / 2, S. 221.
14 Valerie-Tagebuch, S. 147.
15 Heine, Heinrich: Deutschland. Ein Wintermärchen (Caput I), Frankfurt am Main 2013, S. 13 f.
16 Briegleb, Klaus (Hrsg.): Heinrich Heine. Sämtliche Schriften. Bd. 1 – Bd. 6 / II, München 2005, Bd. VI / 1, S. 621.
17 Heine, Heinrich: Vermischte Schriften. Bd. 1, Hamburg 1854, S. 148.
18 Valerie-Tagebuch, S. 79.
19 Valerie-Tagebuch, S. 223.
20 Valerie-Tagebuch, S. 224 f.
21 Valerie-Tagebuch, S. 258.

22 Valerie-Tagebuch, S. 304.
23 Heine, Heinrich: Romanzero, Berliner Ausgabe, Berlin 2013 (künftig: Heine – Romanzero), darin: Drittes Buch, Hebräische Melodien, S. 108 f.
24 Hamann – Kaiserin wider Willen, S. 440.
25 Heine, Heinrich: Werke und Briefe in zehn Bänden. Bd. 2, Berlin – Weimar [2]1972, S. 178.
26 Eckstein, Friedrich: Alte unnennbare Tage. Erinnerungen aus siebzig Lehr und Wanderjahren, Hamburg 2013, S. 118 f.
27 Fischer, S. 110.
28 Sylva, Carmen: Die Kaiserin Elisabeth in Sinaia, in: Baumann, Daniel: Der Sissi Almanach, Frankfurt am Main 1998, S. 127.
29 Corti – Die seltsame Frau, S. 231 f.
30 Festetics-Tagebuch, 23. November 1872; Corti – Die seltsame Frau, S. 232.
31 Meyers Großes Konversations-Lexikon, Bd. 7, Leipzig 1907, S. 616.
32 Hacker, Rupert (Hrsg.): Ludwig II. von Bayern in Augenzeugenberichten, Düsseldorf 1966, S. 361 (künftig: Hacker – Augenzeugenberichte)
33 Christomanos. S. 146.
34 Christomanos. S. 146.
35 Hamann – Kaiserin wider Willen, S. 401.
36 Christomanos, Constantin: Aufzeichnungen über die Kaiserin. In: Die Waage, 17.9.1898; Hamann – Kaiserin wider Willen, S. 171 f.
37 Hamann – Kaiserin wider Willen, S. 448.
38 Schopenhauer, Arthur: Senilia. Gedanken im Alter, hrsg. von: Volpi, Franco/Ziegler, Ernst, München 2010.
39 Hamann – Kaiserin wider Willen, S. 469.
40 Adamy, Bernhard: Kaiserin Elisabeth und Schopenhauer, in: Malter, Rudolf et al. (Hrsg.): Schopenhauer-Jahrbuch, Bd. 67, Frankfurt am Main 1986, S. 187–191, hier: S. 187 (künftig: Adamy).
41 Christomanos, S. 40.
42 Adamy, S. 189.
43 Adamy, S. 189.
44 Hamann – Kaiserin wider Willen, S. 465.
45 Adamy, S. 190.
46 Hamann – Kaiserin wider Willen, S. 432.
47 Adamy, S. 190.

Elisabeth – religiöses Vorbild für andere?

1 Bibel: NT, Erster Brief des Petrus, 5:3.
2 Christomanos, S. 172 f.
3 Sztáray – Aus den letzten Jahren, S. 23 f.
4 Haslip, S. 244.
5 Aufsätze des Kronprinzen Rudolf, seinem Erzieher, dem Grafen Latour, im Dezember 1872 zu Weihnachten überreicht. Wien, Staatsarchiv. Siehe auch: Oskar, Freiherr von Mitis: Das Leben des Kronprinzen Rudolf, Leipzig 1928, S. 28 f. Corti – Die seltsame Frau, S. 227.
6 Haslinger, Ingrid: »Rudolf war immer ein guter Sohn«. Mayerling war ganz anders, Wien 2009, S. 176 (künftig: Haslinger).
7 Kronprinz Rudolf an Latour, 4. April 1879; Haslinger, S. 174.
8 Kronprinz Rudolf am 4. Januar 1875; Haslinger, S. 175 f.
9 Kronprinz Rudolf an Latour, Prag, 23. März 1883; Haslinger, S. 174.
10 Haslinger, S. 175.
11 In seinem 1872 in Leipzig erschienenen Buch »Der alte und der neue Glaube. Ein Bekenntniß!« kritisiert der Philosoph und Theologe David Friedrich Strauß den Kirchenglauben der Vergangenheit und Gegenwart, der die Lehre Jesu völlig verzerre und versucht, Grundsätze einer neuen Ethik zu entwickeln.
12 Kronprinz Rudolf an Ludwig II., London, Jänner/Februar 1878, GHA Ludwig 55; Haslinger, S. 174.
13 Ludwig II. an Kronprinz Rudolf, München, 9. März 1878; Haslinger, S. 174.
14 Schad – Elisabeth und ihre Töchter, S. 40.
15 Valerie-Tagebuch, S. 75.

Elisabeths Kritik an der Kirche

1 Reiser, S. 44 f.
2 Corti – Die seltsame Frau, S. 208 f.
3 lat. »drei Königreiche«
4 Schmetterer, Christoph: Kaiser Franz Joseph I., Wien – Köln – Weimar 2016, S. 116.
5 De Burgh, S. 180.
6 Thiele – Das Buch ihres Lebens, S. 165.
7 Hamann – Kaiserin wider Willen, S. 339.
8 Thiele – Das Buch ihres Lebens, S. 165.
9 Hamann – Kaiserin wider Willen, S. 103.
10 Hamann – Kaiserin wider Willen, S. 103.
11 Hamann – Kaiserin wider Willen, S. 104.
12 Amtmann, S. 57.
13 Valerie-Tagebuch, S. 275.
14 Friedjung, Heinrich: Geschichte in Gesprächen, Wien 1997, I. S. 425 (9.12.1901); Hamann – Kaiserin wider Willen, S. 270.
15 Valerie-Tagebuch, S. 259.
16 Reiser, S. 48.
17 Tschudi, S. 34.
18 Hamann – Poet. Tagebuch, S. 145.

19 Borutta, Manuel: Antikatholizismus. Deutschland und Italien im Zeitalter der europäischen Kulturkämpfe, Göttingen 2010, S. 244 ff. (künftig: Borutta).
20 Praschl-Bichler – Von dem müden Haupte, S. 166 f. Auch die folgenden Zitate.
21 Praschl-Bichler – Von dem müden Haupte, S. 166 f.; Borutta, S. 244.
22 Borutta, S. 244.
23 Praschl-Bichler – Von dem müden Haupte, S. 166 f.
24 Praschl-Bichler – Von dem müden Haupte, S. 166 f.
25 Archiv der Diözese Feldkirch »Pfarramt Dornbirn berichtet über die Austragung des Streites bezüglich der Anbringung unanständiger Bildnisse Sr. Majestät der Kaiserin«, AT-ADF 1.13. GP Dornbirn – St. Martin 5.3.2.6. – auch die folgenden Zitate aus diesem Archiv.
26 Katalog zur Ausstellung »Keine Thränen wird man weinen …« des Historischen Museums der Stadt Wien, in der Hermesvilla, 2. April 1998 bis 18. Februar 1999, Wien und München 1998, S. 36.
27 Kobell, Louise von: Unter den vier ersten Königen Bayerns, München 1894, S. 190.
28 Nolston, S. 59.
29 Christomanos, S. 50.
30 Bakunin, Michail: Revolutionärer Katechismus, Reprint, übersetzt von Max Nettlau, Osnabrück, o. J.
31 Bakunin, Michail: Prinzipien und Organisation einer internationalen revolutionär-sozialistischen Geheimgesellschaft, in: Stuke, Horst (Hrsg.): Michail Bakunin Staatlichkeit und Anarchie und andere Schriften, Frankfurt am Main – Berlin – Wien 1972, S. 3 ff.
32 Hamann – Kaiserin wider Willen, S. 183.
33 Christomanos, S. 50 f.
34 Corti – Die seltsame Frau, S. 199.
35 Hamann – Kaiserin wider Willen, S. 469.
36 Corti – Die seltsame Frau, S. 263.
37 Festetics-Tagebuch, Meran, 17. März 1872; Corti – Die seltsame Frau, S. 223.
38 Corti – Die seltsame Frau, S. 177.
39 Elisabeth an Franz Joseph, Ofen, 27. Mai 1867; Corti – Die seltsame Frau, S. 177.

Das Gottesbild der Kaiserin

1 Eckehard/Eberhard, S. 38.
2 Freud, Sigmund: Gesammelte Werke, Frankfurt am Main 1987, Bd. VII: »Zwangshandlungen und Religionsübungen«, S. 131 f.
3 »Ödipuskomplex« ist die psychoanalytische Bezeichnung für die frühkindlich, bei beiden Geschlechtern sich entwickelnde Beziehung zum gegengeschlechtlichen Elternteil.
4 Freud, Sigmund: Das Ich und das Es, in: Mitscherlich, Alexander/Richards, Angela/Strachey, James (Hrsg.): Sigmund Freud. Studienausgabe, Bd. III: Psychologie des Unbewußten, Frankfurt am Main 1923, S. 302 und 303.
5 Feuerbach, Ludwig: Das Wesen der Religion, hrsg. von A. Esser, Köln 1967, S. 97 f. und 128.
6 Corti – Die seltsame Frau, S. 495.
7 Corti – Die seltsame Frau, S. 434.
8 Corti – Die seltsame Frau, S. 398.
9 Größing, Sigrid-Maria: 99 Fragen zu Kaiserin Sisi, Wien 2015, S. 106 (künftig: Größing – Fragen).
10 Corti – Die seltsame Frau, S. 77.
11 Haslip, S. 127.
12 Das Buch ihres Lebens, S. 219.
13 Carmen Sylva: Die Kaiserin Elisabeth in Sinaia, In: Daniel Baumann: Der Sissi-Almanach, S. 127.
14 Valerie-Tagebuch, S. 79.
15 Valerie-Tagebuch, S. 157.
16 N. Friedjung: Gespräch mit M. Festetics am 23.03.1909, in: Hamann – Kaiserin wider Willen, S. 542.
17 Valerie-Tagebuch, S. 255.
18 Corti – Die seltsame Frau, S. 418.
19 Bibel: NT, Matthäus-Evangelium, 6:9–13.
20 Christomanos, S. 107.

Elisabeths Glaubenszweifel

1 Valerie-Tagebuch, S. 303 f.; Eintrag vom 11. und 12. Mai 1898.
2 Brief Elisabeths an ihre Mutter Ludovia, 5. Juli 1866; Graf, S. 65.
3 Valerie-Tagebuch, S. 198.
4 Corti – Die seltsame Frau, S. 434.
5 Hamann – Poet. Tagebuch, S. 163.
6 Valerie-Tagebuch, 8. Februar 1889; Hamann – Kaiserin wider Willen, S. 548.
7 Valerie-Tagebuch, S. 220.
8 Corti – Die seltsame Frau, S. 437.
9 Corti – Die seltsame Frau, S. 452; Aus zwei Briefen Elisabeths an Valerie, der eine undatiert, der andere vom 17. Dezember 1890. E. A. S. W.

10 Valerie-Tagebuch, S. 140.
11 Christomanos, S. 63.
12 Sztáray – Aus den letzten Jahren, S. 146.
13 Valerie-Tagebuch, S. 115.
14 Haslip, S. 466.
15 Thiele – Das Buch ihres Lebens, S. 800; Christomanos, S. 169.
16 Christomanos, S. 67; Thiele – Das Buch ihres Lebens, S. 758.
17 Corti – Die seltsame Frau, S. 437.
18 Corti – Die seltsame Frau, S. 374.
19 Corti – Die seltsame Frau, S. 381.
20 Hamann – Poet. Tagebuch, S. 120.
21 Bibel: AT, Psalter, 14:1.
22 Wallersee – Elisabeth und ich, S. 190.

Das Religionsverständnis der Kaiserin

1 Mertz, Georg: Die Pädagogik der Jesuiten nach den Quellen von der ältesten bis in die neueste Zeit, Heidelberg 1898, S. 35.
2 Hammond, S. 33.
3 Kühn, Tobias: Kaiser Franz Joseph von Österreich. Wohltäter und Schutzpatron der Juden, in: Deutschlandfunk vom 09. November 2016. URL: http://www.deutschlandfunk.de/kaiser-franz-joseph-von-oesterreich-wohltaeter-und.2540.de.html?dram%3aarticle_id=370796 (künftig: Kühn – Franz Joseph).
4 Kühn – Franz Joseph.
5 Hamann – Kaiserin wider Willen, S. 477.
6 Eidherr, Armin: Sonnenuntergang auf eisig-blauen Wegen. Zur Thematisierung von Diaspora und Sprache in der jiddischen Literatur des 20. Jahrhunderts, Göttingen 2012, S. 125; Ravitch, Melech: Dos mayse-bukh fun mayn lebn, Bd. I. (1962), S. 62 f.
7 Nolston, S. 35 f.
8 Hamann – Poet. Tagebuch, S. 342.
9 Christomanos, S. 155.
10 Schopenhauer, Arthur: Gespräche, hrsg. v. Arthur Hübscher, Stuttgart-Bad Cannstatt 1971, S. 104.
11 Christomanos, S. 140.
12 Christomanos, S. 77.
13 Christomanos, S. 136.
14 Lao-tse: Tao-Te-King, Stuttgart 1979, S. 58; Eine beliebte Ausgabe von Tao-Te-King erschien 1870 in Leipzig.
15 Fischer, S. 51.
16 Hamann – Rudolf, S. 274 f.
17 Rödhammer, S. 173.

Der Tod als ständiger Begleiter

1 Haslip, S. 447.
2 Welcome, S. 307.
3 Hamann – Poet. Tagebuch, S. 119 f.
4 Hamann – Poet. Tagebuch, S. 214 ff.
5 Valerie-Tagebuch, 8. Februar 1889; Hamann – Kaiserin wider Willen, S. 546.
6 Valerie-Tagebuch, S. 209.
7 Valerie-Tagebuch, S. 245.
8 Haslip, S. 405.
9 Haslip, S. 445; Corti – Die seltsame Frau, S. 440.
10 Haslip, S. 444; Valerie-Tagebuch, 15. Juli 1889, S. 203.
11 Hamann – Kaiserin wider Willen, S. 555.
12 Haslip, S. 380.
13 Hamann – Kaiserin wider Willen, S. 556.
14 Christomanos, S. 74.
15 Haslip, S. 463.
16 Haslip, S. 143 f.
17 Hamann – Kaiserin wider Willen, S. 564.
18 De Burgh, S. 88.
19 Wallersee – Elisabeth und ich, S. 45.
20 Christomanos, S. 74.
21 Stollberg-Rilinger, S. 520.
22 Stollberg-Rilinger, S. 520.
23 Stollberg-Rilinger, S. 520.
24 Festetics-Tagebuch, Eintrag vom 17. Jänner 1874, S. 259.
25 Festetics-Tagebuch, Eintrag von 18. Jänner 1874; Corti – Die seltsame Frau, S. 252.
26 Hamann – Kaiserin wider Willen, S. 282; Corti – Die seltsame Frau, S. 217.
27 Hamann – Kaiserin wider Willen, S. 410.
28 Hamann – Kaiserin wider Willen, S. 410.
29 Schweiggert, Alfons: Bayerns unglücklichster König. Otto I. der Bruder Ludwigs II., München 2016, S. 243 (künftig: Schweiggert – Otto I.).
30 Fugger, Nora: Im Glanz der Kaiserzeit, Wien – München 1980, S. 322 (Erstveröffentlichung 1932).
31 Bibel: AT, Zweites Buch der Könige, 5:1–27.
32 Hamann – Poet. Tagebuch, S. 309.
33 Berliner Tagblatt, 21. April 1889; Hamann – Kaiserin wider Willen, S. 576.
34 Hamann – Kaiserin wider Willen, S. 442 f.; Tagebucheintrag Alexander von Warsbergs vom 4. November 1885.
35 Hamann – Kaiserin wider Willen, S. 576.
36 Hamann – Kaiserin wider Willen, S. 577f.
37 Amelie-Tagebuch vom 27. Juni 1887, in: Hamann – Kaiserin wider Willen, S. 436.
38 Valerie-Tagebuch, S. 126.
39 Suttner, Bertha von: Memoiren, Stuttgart – Leipzig 1909, S. 343.
40 Schweiggert, Alfons: Der Mann, der mit

Ludwig II. starb. Dr. Bernhard von Gudden, der Gutachter des bayerischen Königs, Husum 2014, S. 205 (künftig: Schweiggert – Gudden).
41 Hamann – Poet. Tagebuch, S. 359.
42 Christomanos, S. 69.
43 Christomanos, S. 129.
44 Christomanos, S. 149 f.
45 Christomanos, S. 553.
46 Schweiggert – Otto I., S. 144.
47 Eugénie an ihre Schwester Paca, 3. Mai 1857; Fischer, S. 155.
48 Valerie-Tagebuch, S. 121.
49 Valerie-Tagebuch, S. 176.
50 Haslip, S. 128.
51 Wallersee – Kaiserin Elisabeth und ich, S. 250 ff.
52 Valerie Tagebuch, S. 319.
53 Valerie-Tagebuch, S. 319.
54 Festetics, Marie: Tagebücher 1871–1884, Handschriftensammlung der Ungarischen Nationalbibliothek, Budapest.
55 Valerie-Tagebuch, S. 197.
56 Valerie-Tagebuch, S. 303f.
57 Valerie-Tagebuch, S. 304.
58 Valerie-Tagebuch, S. 306.
59 Tschudi, S. 166; Unter dem Titel »Verzicht« wurde dieses Gedicht in »Über Land und Meer« 1890 veröffentlicht; Nolston, S. 39.
60 Tschudi, S. 178; Nolston, S. 39.
61 Kistler-Chronik, Feldafing; Kistler, Ferdinand: Heimatbuch für Feldafing. Unkorrigierte Abschrift des handschriftlichen Manuskriptes von 1929 (mit Ergänzungen bis 1940). Gemeinde Feldafing 1990.
62 Hamann – Poet. Tagebuch, S. 230.
63 Corti – Die seltsame Frau, S. 61.
64 Rödhammer, S. 108.
65 Corti – Die seltsame Frau, S. 247.
66 Corti – Die seltsame Frau, S. 249 f.
67 Corti – Die seltsame Frau, S. 279.
68 Festetics-Tagebuch, 27. Februar 1879, Schloß Meath in Irland; Corti – Die seltsame Frau, S. 304.
69 Corti – Die seltsame Frau, S. 281.
70 Corti – Die seltsame Frau, S. 282.
71 Welcome, S. 94.
72 Corti – Die seltsame Frau, S. 333 f.; Haslip, S. 367.
73 Corti – Die seltsame Frau, S. 338.
74 Wallersee – Elisabeth und ich, S. 206 f.
75 Nolston, S. 68 f.; Aus dem »Pester Lloyd«, einer deutschsprachigen Zeitung aus Budapest, erschien von 1854 bis 1945 zweimal täglich als Morgen- und Abendblatt; Corti – Die seltsame Frau, S. 433.
76 Nolston, S. 86; De Burg, S. 118.
77 Valerie-Tagebuch, S. 69.
78 Unterreiner, Katrin: Sisi. Mythos und Wahrheit, Wien 2005, S. 85 (künftig: Unterreiner – Mythos und Wahrheit).
79 Haslip, S. 446.
80 Corti – Die seltsame Frau, S. 435.
81 Müller, Peter / Kabelka, Viktor: Auf Reisen mit Sisi, Wien 2002, S. 28 (künftig: Müller / Kabelka).
82 Müller / Kabelka, S. 28.
83 Hamann – Kaiserin wider Willen, S. 569 (Amélie, Herzogin von Urach: Tagebuch, 4. Dezember 1890. Nachlass Sexau).
84 Marie Festetics an Ida Ferenczy, Paris, 27. August 1890; Corti – Die seltsame Frau, S. 448.
85 Hamann – Poet. Tagebuch, S. 45.
86 Valerie-Tagebuch, S. 222.
87 Äußerung Elisabeths zu ihrer Nichte Amélie am 4. Dezember 1890; Hamann – Kaiserin wider Willen, S. 553.
88 Hamann – Poet. Tagebuch, S. 366.

Philosophie des Sterbens

1 Bibel: AT, Psalm 90 bzw. 91.
2 Brief Kaiserin Elisabeths an ihren gelähmten englischen Freund John Collett, Wien, 16. April 1864; Corti – Die seltsame Frau, S. 122.
3 Byron, Lord: Lord Byrons Sämmtliche Werke in drei Bänden. Frei übersetzt von Adolf Seubert, Leipzig 1900, Kapitel 1808–1809.
4 Corti – Die seltsame Frau, S. 450.
5 Rödhammer, S. 170.
6 Thiele – Das Buch ihres Lebens, S. 450.
7 Valerie-Tagebuch, S. 114.
8 Christomanos, S. 156; Thiele – Das Buch ihres Lebens, S. 611.
9 Amélie von Urach: Erinnerungen an Herzogin Ludovica, 26. Januar 1892, in: Nachlaß Sexau, Bayerische Staatsbibliothek München, Handschriftensammlung; Fischer, S. 178.
10 Sztáray – Aus den letzten Jahren, S. 264.
11 Vocelka, Michaela und Karl: Sisi. Leben und Legende einer Kaiserin, München 2014, S. 96 (künftig: Vocelka).
12 Sztáray – Aus den letzten Jahren, S. 242 ff.
13 Vocelka, S. 96.
14 Wallersee – Elisabeth und ich, S. 251.
15 Wallersee – Elisabeth und ich, S. 251.

16 Wallersee – Elisabeth und ich, S. 252.
17 Valerie-Tagebuch, S. 200 f.
18 Valerie-Tagebuch, S. 202.
19 Valerie-Tagebuch, S. 206.
20 Bibel: NT, Markus-Evangelium, 16:26.
21 Hamann – Poet. Tagebuch, S. 120.
22 Valerie-Tagebuch, S. 204 f.
23 Hamann – Poet. Tagebuch, S. 173.
24 Sztáray – Aus den letzten Jahren, S. 244 f.
25 Valerie-Tagebuch, S. 197.
26 Corti – Die seltsame Frau, S. 506.
27 Haslip, S. 472 f.
28 Wallersee-Larisch – Elisabeth und ich, S. 202.
29 Haggard, Henry: She. A history of adventure, London 1887, Bd. I, S. 176, 242 (künftig: Haggard – She, Bd. I); Fischer, S. 169.
30 Valerie-Tagebuch, S. 198.
31 Sztáray – Aus den letzten Jahren, S. 203.
32 Hamann – Poet. Tagebuch, S. 110.
33 Valerie-Tagebuch, S. 84.
34 Karpeles, Gustav (Hg.): Heinrich Heine's Autobiographie. Nach seinen Werken, Briefen und Gesprächen, Berlin 1888, S. 419.
35 Heine – Romanzero, S. 24.
36 Christomanos, S. 67.
37 Hamann – Poet. Tagebuch, S. 303.
38 Wallersee – Meine Vergangenheit, S. 84.
39 Christomanos, S. 82 f.
40 Leicht, Hans (Hg.): Ein Harem in Bismarcks Reich. Das ergötzliche Reisetagebuch des Nasreddin Schah, Stuttgart 1983, S. 289–293.
41 Valerie-Tagebuch, 18. Februar 1889; Hamann – Kaiserin wider Willen, S. 550.
42 Gemeint ist hier ihr Lieblingskind Valerie.
43 Hamann – Poet. Tagebuch, S. 128.
44 Heine, Heinrich: Romanzero. Letzte Gedichte. (Zweites Buch Lazarus – XII. Gedächtnisfeier), Hamburg 1851.
45 Kielmannsegg, Erich Graf: Kaiserhaus, Staatsmänner und Politiker. Aufzeichnungen des k.k. Statthalters, Wien 1966, S. 106.
46 Hamann – Kaiserin wider Willen, S. 594.
47 Valerie-Tagebuch, S. 309 und S. 312.
48 Hamann – Kaiserin wider Willen, S. 593.
49 Valerie-Tagebuch, S. 310.
50 Hamann – Kaiserin wider Willen, S. 597.
51 Eulenburg-Hertefeld, Fürst Philipp zu: Erlebnisse an deutschen und fremden Höfen, Leipzig 1934, S. 199.
52 Haßbrief (Rolle) der Frauen und Mädchen Wiens vom 13. September 1898; Corti – Die seltsame Frau, S. 522 f.
53 Bibel: AT, Erstes Buch Mose, 3:19.
54 Hamann – Poet. Tagebuch, S. 119.
55 Valerie-Tagebuch, S. 174.
56 Valerie-Tagebuch, S. 155.
57 Corti – Die seltsame Frau, S. 406.
58 Hamann – Kaiserin wider Willen, S. 571.
59 Hamann – Kaiserin wider Willen, S. 571.
60 Hamann – Poet. Tagebuch: »Au Clair de la lune«, S. 131 f.
61 Hamann – Kaiserin wider Willen, S. 595.
62 Valerie-Tagebuch, S. 304.

Die Auslöschung der Kaiserin

1 Valerie-Tagebuch, Monate Mai bis September 1898, S. 300–308.
2 Sylva, Carmen: Die Kaiserin Elisabeth in Sinaia. In: Neue Freie Presse Wien, 25. Dezember 1906; Baumann, Daniel: Der Sissi-Almanach, S. 125 f.
3 Corti – Die seltsame Frau, S. 509; Sztáray – Aus den letzten Jahren, S. 202 f.
4 Stollberg-Rilinger, S. 520.
5 Sztáray – Aus den letzten Jahren, S. 253 f.
6 Sztáray – Aus den letzten Jahren, S. 253 f.
7 Sztáray – Aus den letzten Jahren, S. 239 f.
8 Lindinger, S. 238.
9 Christomanos, S. 156.
10 Lindinger, S. 239.
11 Ziegler, S. 266.
12 Hamann – Poet. Tagebuch, S. 47.
13 Thiele – Das Buch ihres Lebens, S. 833.
14 Hamann/Hassmann, S. 33.
15 Hamann – Poet. Tagebuch, S. 47 f.
16 Ziegler, S. 249.
17 Corti – Die seltsame Frau, S. 486.
18 Corti – Die seltsame Frau, S. 525.
19 Rödhammer S. 261.
20 Thiele – Das Buch ihres Lebens, S. 833.
21 Lindinger, S. 217.
22 Haslip, S. 465; Tagebücher von Frederic Barker aus dem Besitz von Herrn Calogeropoulos, Korfu.
23 Haslip, S. 450.
24 Reiser, S. 109.
25 Haslip, S. 464 f.
26 Haslip, S. 464.
27 Suttner, Bertha von: Die Waffen nieder! Monatszeitschrift zur Förderung der Friedensbewegung, hrsg. von Baronin Bertha von Suttner, Wien, VII. Jg., Nr. 10/11, 1898, S. 379–380.
28 Hamann – Poet. Tagebuch, S. 163.
29 Hamann – Poet. Tagebuch, S. 146.
30 Festetics-Tagebuch, S. 275.
31 Sztáray – Aus den letzten Jahren, S. 229.
32 Festetics-Tagebuch, S. 275.

33 Kaiserin Elisabeth von Österreich. In: Danziger Zeitung, 24. Dezember 1898; zit. nach Kröger, Ute: Der Streit um Heine in der deutschen Presse 1887–1914. Ein Beitrag zur Heine-Rezeption in Deutschland, Aachen 1989, S. 123 f.
34 Zeitschrift »Katholischer Wahrheitsfreund« Nr. 27 (Graz) vom 25. September 1898; Rödhammer, S. 270 f.
35 Marx, Karl: Zur Kritik der Hegelschen Rechtsphilosophie, in: Deutsch-Französische Jahrbücher, hrsg. von Arnold Ruge und Karl Marx, Paris 1844.

Auferstehung und Erhöhung in eine religiöse Aura

1 Thiele – Das Buch ihres Lebens, S. 457.
2 Thiele – Das Buch ihres Lebens, S. 212.
3 Thiele – Das Buch ihres Lebens, S. 212.
4 Haggard – She, Bd. I, S. 176 und S. 242; Fischer, S. 169.
5 Wallersee – Elisabeth und ich, S. 202.
6 Haggard, Henry: She. A history of adventure. London 1887, Bd. II., S. 47; Fischer, S. 168.
7 Maikler, Carolin: Kaiserin Elisabeth von Österreich. Die Entstehung eines literarischen Mythos 1854–1918, (Klassische Moderne, Bd. 17), Würzburg 2011, S. 383 (künftig: Maikler).
8 Lindinger, S. 216; http://www.berliner-zeitung.de/elisabeth-von-oesterreich ©2017.
9 »De Profundis« – »Aus der Tiefe rufe ich, Herr, zu dir« ist der Psalm 130, der zu den Totengebeten der kath. Kirche gehört.
10 Valerie-Tagebuch, S. 321.
11 Thiele – Das Buch ihres Lebens, S. 845.
12 Erwähnung im Prager Tagblatt vom 27. April 1879.
13 De Burgh, S. 139 f.
14 Barrès, Maurice: Kaiserin der Einsamkeit. In: Baumann, Daniel: Der Sissi-Almanach. Frankfurt am Main 1998, S. 115 ff.
15 Tschudi, S. 181.
16 Maikler, S. 402.
17 Maikler, S. 449.
18 Elisabeth – Einsamkeit, Macht und Freiheit, S. 120.
19 Dirnböck-Schulz, Jenny: Ein Totenkranz. Den Manen unserer Kaiserin Elisabeth am ersten Gedenktag ihres Todes am 10. September 1899 geweiht von einem vaterländischen Dichter, Wien 1899 (künftig: Dirnböck-Schulz); Maikler, S. 436 f.
20 Dirnböck-Schulz, S. 436 f.
21 Maikler, S. 430.
22 Verse von Marie von Ebner-Eschenbachs auf dem Sockel des Kaiserin-Elisabeth-Denkmals in Salzburg.
23 Tschudi, S. 181.
24 Elisabeth – Einsamkeit, Macht und Freiheit, S. 120.
25 Ketterl, S. 35.
26 Maikler, S. 457.
27 Prinz, Friedrich: König Ludwig II. Entstehung einer Kultfigur, in: Gregor-Dellin, Martin, et al.: Ludwig II. Die Tragik des »Märchenkönigs«. Regensburg 1986, S. 131 f.

Kaiserin Elisabeth – fromm, kritisch, distanziert

1 Rödhammer, S. 173.
2 Thiele – Das Buch ihres Lebens, S. 13.
3 Bibel: NT, Hebräer 12:6.
4 Hamann – Kaiserin wider Willen, S. 560 f.
5 Heine Heinrich: Vorbericht zur »Romantischen Schule« vom 2. April 1833.
6 Hamann – Poet. Tagebuch, S. 18.
7 Größing – Fragen, S. 156.

Literatur

Adamy, Bernhard: Kaiserin Elisabeth und Schopenhauer, in: Malter, Rudolf, et al. (Hrsg.): Schopenhauer-Jahrbuch, Bd. 67, Frankfurt am Main 1986, S. 187–191

Almstein, August von: Ein flüchtiger Zug nach dem Orient. Reise der allerdurchlauchtigsten Frau Gräfin von Hohenembs im Herbst des Jahres 1885 an Bord der kaiserlichen Yacht »Miramar«. Mit 43 Original-Illustrationen und einer Karte in Farbendruck, Wien 1887

Amtmann, Karin: Elisabeth von Österreich. Die politischen Geschäfte der Kaiserin, Regensburg 1998

Bakunin, Michail: Revolutionärer Katechismus, Reprint, übersetzt von Max Nettlau, Osnabrück o.J.

Bankl, Hans: Die kranken Habsburger, München 2005

Baumann, Daniel: Der Sissi-Almanach, Frankfurt am Main 1998_18 – Baumann

Bestenreiner, Erika: Sisi und ihre Geschwister, München 2004

Bibl, Viktor: Kronprinz Rudolf von Österreich. Die Tragödie eines sinkenden Reiches, Leipzig 1938

Böhm, Gottfried von: Ludwig II. König von Bayern. Sein Leben und seine Zeit. Berlin 1924

Ders.: Ludwig II. König von Bayern. Sein Leben und seine Zeit, 2. Aufl. Berlin 1924

Böhmer, Otto A.: Heinrich Heine. Sein Leben, Zürich 2005

Bokelberg, Werner (Hrsg.): Sisis Familienalbum. Private Fotografien aus dem Besitz der Kaiserin Elisabeth mit Erläuterungen und einer Einleitung von Brigitte Hamann, Dortmund 1980

Ders. (Hrsg.): Sisis Schönheitenalbum. Private Fotografien aus dem Besitz der Kaiserin Elisabeth mit Erläuterungen und einer Einleitung von Brigitte Hamann, Dortmund 1980

Ders. (Hrsg.): Sisis Fürsten-Album. Private Fotografien aus dem Besitz der Kaiserin Elisabeth mit Erläuterungen und einer Einleitung von Brigitte Hamann, Dortmund 1981

Borutta, Manuel: Antikatholizismus. Deutschland und Italien im Zeitalter der europäischen Kulturkämpfe, Göttingen 2010

Briegleb, Klaus (Hrsg.): Heinrich Heine. Sämtliche Schriften. Bd. 1 – Bd. 6/II, München 2005

Byron, Lord: Lord Byrons Sämmtliche Werke in drei Bänden. Frei übersetzt von Adolf Seubert, Leipzig 1900

Cappon, Santo (Hrsg.): »Ich bereue nichts!«. Die Aufzeichnungen des Sisi-Mörders, München 2000

Chevrier, Raymond / Waleffe, Pierre: Sissi. Das Leben der Kaiserin Elisabeth von Österreich, Stuttgart 1987

Christl, Karl: Herzog Max und Sisi in Unterwittelsbach. Aichacher Geschichten, Bd. 11, Aichach 1998

Christomanos, Constantin: Aufzeichnungen über die Kaiserin. In: Die Waage, 17.9.1898

Christomanos, Constantin: Tagebuchblätter [1899], Wien 2007

Corti, Egon Caesar Conte / Sokol, Hans Hugo: Kaiser Franz Joseph, Graz 1972

Corti, Egon Caesar Conte: Elisabeth. Die seltsame Frau, 9. Aufl. Salzburg 1935

Ders.: Elisabeth von Österreich. Tragik einer Unpolitischen, München 1996

Daimler, Renate (Hrsg.): »Frei sollen die Frauen sein …« Gedanken der Kaiserin Elisabeth von Österreich, Wien – München 1998

De Burgh, Alborough: Elisabeth. Blätter der Erinnerung. Nachdruck der Ausgabe von 1901, Innsbruck o.J.

Dickinger, Christian: Ha-Ha-Habsburg. Eine wirklich wahre Familiengeschichte, Wien 2001

Dirnböck-Schulz, Jenny: Ein Totenkranz. Den Manen unserer Kaiserin Elisabeth am ersten Gedenktag ihres Todes am 10. September 1899 geweiht von einem vaterländischen Dichter, Wien 1899

Dirrigl, Michael: Herzog Max in Bayern (1808–1888). In: Dirrigl, Michael: Maximilian II. König von Bayern (1848–1864). Teil II, München 1984

Dreyer, Alois: Herzog Maximilian in Bayern, der erlauchte Freund und Förderer des Zitherspiels und der Gebirgspoesie, München 1909

Eckstein, Friedrich: Alte unnennbare Tage. Erinnerungen aus siebzig Lehr- und Wanderjahren, Hamburg 2013

Eidherr, Armin: Sonnenuntergang auf eisigblauen Wegen. Zur Thematisierung von Diaspora und Sprache in der jiddischen Literatur des 20. Jahrhunderts, Göttingen 2012_23

Eulenburg-Hertefeld, Fürst Philipp zu: Erleb-

nisse an deutschen und fremden Höfen, Leipzig 1934
Exner, Lisbeth: Elisabeth von Österreich, Reinbek 2004
Falkenau, Doris: Auf Sisis Spuren in Madeira. Eine Reiselektüre, Wien 1996
Festetics, Marie: Tagebücher 1871–1884, Handschriftensammlung der Ungarischen Nationalbibliothek, Budapest
Feuerbach, Ludwig: Das Wesen der Religion, hrsg. von A. Esser, Köln 1967
Fischer, Lisa: Schattenwürfe in die Zukunft. Kaiserin Elisabeth und die Frauen ihrer Zeit, Wien – Köln – Weimar 1998
Freud, Sigmund: Gesammelte Werke, Frankfurt am Main 1987
Freud, Sigmund: Das Ich und das Es, in: Mitscherlich, Alexander / Richards, Angela / Strachey, James (Hrsg.): Sigmund Freud. Studienausgabe, Bd. III: Psychologie des Unbewußten, Frankfurt am Main 1923
Friedjung, Heinrich: Geschichte in Gesprächen, Wien 1997
Fugger, Nora: Im Glanz der Kaiserzeit, Wien – München 1980
Gleichenstein, Tino von: Menüs à la Kaiserin Elisabeth. Kulinarisches und Lyrisches. Aufgekocht von Uwe Bertus und Dieter Ulrich, Starnberg 1998
Grab, Walter: Heinrich Heine als politischer Dichter, Frankfurt am Main 1992
Graf, Bernhard: Sisis Geschwister. München 2017
Gregor-Dellin, Martin, et al.: Ludwig II. Die Tragik des »Märchenkönigs«, Regensburg 1986
Größing, Sigrid-Maria: Sisi – eine moderne Frau, Wien 2007
Dies.: Sisi und ihre Familie, Wien 2005
Dies.: Kaiserin Elisabeth und ihre Männer, München 2000
Dies.: 99 Fragen zu Kaiserin Sisi, Wien 2015
Hacker, Rupert (Hrsg.): Ludwig II. von Bayern in Augenzeugenberichten, Düsseldorf 1966
Hädecke, Wolfgang: Heinrich Heine. Eine Biographie, München 1985
Haggard, Henry: She. A history of adventure. Harpers, New York 1886
Ders.: She. A history of adventure, Bd. II., London 1887
Hain, Walter und Renate: Kaiserin Elisabeth und die historische Wahrheit, Norderstedt 2015
Hamann, Brigitte: Elisabeth. Kaiserin wider Willen, Wien – München 2005
Dies.: Rudolf. Kronprinz und Rebell, Wien – München 1978
Dies. (Hrsg.): Kaiserin Elisabeth. Das poetische Tagebuch, Wien 1984
Dies. (Hrsg.): Elisabeth. Bilder einer Kaiserin, Wien – München 1982
Dies. (Hrsg.): Meine liebe gute Freundin. Die Briefe Kaiser Franz Josephs an Katharina Schratt, Wien 1992
Dies. (Hrsg.): Sissi. Kaiserin Elisabeth von Österreich. Elisabeth. Empress of Austria. L'Imperatrice Elisabeth d'Autriche, Köln 1997
Dies. / Hassmann, Elisabeth (Hrsg.): Elisabeth. Stationen ihres Lebens. Katalog zur Ausstellung »Elisabeth – Schönheit für die Ewigkeit« in Wien, Hermesvilla, Hofburg, Schloss Schönbrunn vom 2. April 1998 bis 16. Februar 1999, Wien – München 1998
Hammond, Beate: Jugendjahre großer Kaiserinnen. Maria Theresia – Elisabeth – Zita, Wien 2002
Haslinger, Ingrid: »Rudolf war immer ein guter Sohn«. Mayerling war ganz anders, Wien 2009
Haslip, Joan: Elisabeth von Österreich, Köln 2001
Hasmann, Gabriele: Die spukenden Habsburger. Blaublütigen Geistern auf der Spur, Wien 2015
Heine, Heinrich: Neue Gedichte, Hamburg 1844
Ders.: Romanzero. Letzte Gedichte. (2. Buch Lazarus – XII. Gedächtnisfeier), Hamburg 1851
Ders.: Vermischte Schriften. Erster Band, Hamburg 1854
Ders.: Über Deutschland. Erster Theil. Zur Geschichte der Religion und Philosophie in Deutschland, Hamburg 1861
Ders.: Werke und Briefe in zehn Bänden. Band 2, Berlin – Weimar ²1972
Ders.: Reisebilder und Reisebriefe, Berlin 1981
Ders.: Sämtliche Schriften. Bd. 1 – Bd. 6/II (Hrsg. Klaus Briegleb), München 2005
Ders.: » … und grüßen Sie mir die Welt.« Ein Leben in Briefen, Hamburg 2005
Ders.: Deutschland. Ein Wintermärchen (Caput I), Frankfurt am Main 2013
Ders.: Romanzero, Berliner Ausgabe, Berlin 2013
Heyden-Rynsch, Verena von der (Hrsg.): Elisabeth von Österreich. Tagebuchblätter von Constantin Christomanos, München 1983
Heydenreuter, Reinhard: Spuren der Wehmut. Kaiserin Elisabeths Reisen durch das alte Europa, Regensburg 1998
Holland, Hyazinth: Lebenserinnerungen eines 90jährigen Altmünchners. hrsg. von A. Dreyer, München 1921
Holler, Gerd: Sophie. Die heimliche Kaiserin. Mutter Kaiser Franz Joseph I., Wien – München 1993

Holmsten, Georg: Elisabeth von Österreich, München 1952
Homann, Ursula: Heinrich Heines »Religionsgespräche« sind aktueller denn je. Heinrich Heine und die Religion ein eigenwilliger Theologe. In: literaturkritik.de Nr. 2 Februar 2006 8. Jahrgang (gekürzte Fassung) und in: http://www.ursulahomann.de/ HeinrichHeines ReligionsgespraecheSindAktuellerDennJe/komplett.html
Karpeles, Gustav (Hg.): Heinrich Heine's Autobiographie. Nach seinen Werken, Briefen und Gesprächen, Berlin 1888
Katalog zur Ausstellung »Elisabeth von Österreich. Einsamkeit, Macht und Freiheit«, Hermesvilla, 22. März 1986 bis 22. Marz 1987, Historisches Museum der Stadt Wien, 1986
Katalog zur Ausstellung »Keine Thränen wird man weinen …« des Historischen Museums der Stadt Wien, in der Hermesvilla, 2. April 1998 bis 18. Februar 1999, Wien und München 1998
Katalog zur Ausstellung »Elisabeth / Erzsebet. Majestät, Mensch und Mythos«, Schloss Hof und Schloss Niederweiden im Marchfeld, vom 4. April bis 31. Oktober 1993, Ganserndorf 1993
Katalog zur Ausstellung »Elisabeth. Königin von Ungarn, Erzsebet. A Magyarok Kiralynea«, Eisenstadt 1991, Wien – Köln – Weimar 1991
Katalog zur Ausstellung »Sisi auf der Spur, Kutschen, Kleider, Kultobjekte der Kaiserin Elisabeth von Österreich«, Kunsthistorisches Museum Wien, 2008
Katalog Kaiserin Elisabeth Museum, Possenhofen, Pöcking 2013
Ketterl, Eugen: Der alte Kaiser, wie nur Einer ihn sah. Der wahrheitsgetreue Bericht des Leibkammerdieners Kaiser Franz Joseph I., Wien – München – Zürich – Innsbruck 1980
Kielmannsegg, Erich Graf: Kaiserhaus, Staatsmänner und Politiker. Aufzeichnungen des k. k. Statthalters, Wien 1966
Kobell, Louise von: Unter den vier ersten Königen Bayerns, München 1894
Kortländer, Bernd: Heinrich Heine, Stuttgart 2003
Kraus, Karl: Die Fackel, Heft Nr. 551, Aug. 1920
Kröger, Ute: Der Streit um Heine in der deutschen Presse 1887–1914. Ein Beitrag zur Heine-Rezeption in Deutschland, Aachen 1989
Kruse, Joseph A.: Denk ich an Heine. Biographisch-literarische Facetten, Düsseldorf 1986
Kühn, Tobias: Kaiser Franz Joseph von Österreich. Wohltäter und Schutzpatron der Juden, in: Deutschlandfunk vom 09. November 2016. URL: http://www.deutschlandfunk.de/kaiser-franz-joseph-von-oesterreich-wohltaeter-und.2540.de.html?dram%3aarticle_id=370796
Kugler, Georg: Elisabeth. Kaiserin von Österreich. Königin von Ungarn, Graz – Florenz 1998
Ders.: Franz Joseph und Elisabeth, Graz – Florenz, 1994
Kurz-Lunkenbein, Marilis: Die Sisi-Straße. Lebensweg der Kaiserin Elisabeth, Berlin 2013
Kuschel, Karl-Josef: Gottes grausamer Spaß. Heinrich Heines Leben mit der Katastrophe, Düsseldorf 2002
Langer, Anton: Dies Buch gehört der Kaiserin. Eine Volksstimme aus Österreich, Wien 1854
Lao-tse: Tao-Te-King, Stuttgart 1979
Leitner, Thea: Habsburgs verkaufte Töchter, Wien 1987
Leicht, Hans (Hrsg.): Ein Harem in Bismarcks Reich. Das ergötzliche Reisetagebuch des Nasreddin Schah, Stuttgart 1983
Lindinger, Michaela: »Mein Herz ist aus Stein«. Die dunkle Seite der Kaiserin Elisabeth, Wien 2014
Lonvay, Stephanie: Ich sollte Kaiserin werden, Leipzig 1935
Maikler, Carolin: Kaiserin Elisabeth von Österreich. Die Entstehung eines literarischen Mythos 1854–1918, (Klassische Moderne, Bd. 17), Würzburg 2011
Markus, Georg: Katharina Schratt. Die zweite Frau des Kaisers. Wien – München, 1982
Marx, Karl: Zur Kritik der Hegelschen Rechtsphilosophie. In: Deutsch-Französische Jahrbücher, hrsg. von Arnold Ruge und Karl Marx, Paris 1844
Matray, Maria / Krüger, Answald: Das Attentat. Der Tod der Kaiserin Elisabeth und die Tat des Anarchisten Lucheni, München 2000
Maurer, Lutz: Mein Zauberberg. Kaiserin Elisabeths Bergwanderungen zwischen Ischl und Aussee, Grundlsee 1998
Maximilian, Herzog in Bayern: Wanderung nach dem Orient im Jahre 1838, unternommen und skizziert von dem Herzoge Maximilian in Bayern. 1839; Reprint: Pfaffenhofen 1978
Mayr, Josef Karl: Das Tagebuch des Polizeiministers Kempen von 1848–1859, Wien 1931
Memminger, Anton: Der Bayernkönig Ludwig II., Würzburg 1919
Merkle, Ludwig: Sissi. Die schöne Kaiserin, München 1996

Mertz, Georg: Die Pädagogik der Jesuiten nach den Quellen von der ältesten bis in die neueste Zeit, Heidelberg 1898
Meyer, Beatrix: Kaiserin Elisabeth ganz privat. Briefe an ihre intimste Vertraute Ida Ferenczy, München 2020
Meyers Großes Konversations-Lexikon, Band 7, Leipzig 1907
Müller, Peter (Hrsg.): Das Land der Griechen. Aus dem Reisetagebuch des Alexander von Warsberg. Ästhetischer Reisemarschall der Kaiserin Elisabeth, St. Pölten – Wien 1984
Müller, Peter / Kabelka, Viktor: Auf Reisen mit Sisi, Wien 2002
Müller, Wolfgang: »Ein ewig Rätsel bleiben will ich …« Wittelsbacher Schicksale. Ludwig II., Otto I. und Sisi, München 1999
Nolston, L. K.: Ein Andenken an die Kaiserin und Königin Elisabeth, Wien 1899 (Nachdruck)_06 – Nolston
Nostitz-Rieneck, Georg (Hrsg.): Briefe Kaiser Franz Josephs an Kaiserin Elisabeth 1859–1898, 2 Bände, Wien – München 1966
Oskar, Freiherr von Mitis: Das Leben des Kron¬prinzen Rudolf, Leipzig 1928
Paléologue, Maurice: Elisabeth, Kaiserin von Österreich. Das unheimliche Erbe Wittelsbach, Bern 1946; Erstausgabe: Élisabeth, impératrice d'Autriche. L'hérédité sinistre des Wittelsbach (1939)
Petacco, Arrigo: Die Heldin von *Gaëta*. Kaiserin Elisabeths Schwester im Kampf gegen Garibaldi, Graz – Wien – Köln 1994
Peters, Eckehard / Kirsch, Eberhard: Religionskritik bei Heinrich Heine, Leipzig 1977
Phantasus (Maximilian, Herzog in Bayern): Jakobina, Novelle, München 1835
Praschl-Bichler, Gabriele / Cachee, J.: »… von dem müden Haupte nehm die Krone ich herab«, Wien – München 1995_05 – Praschl-Bichler – Von dem müden Haupte
Praschl-Bichler, Gabriele: Das Familienalbum von Kaiser Franz Josef und Elisabeth, Wien 1995
Dies.: Kaiserin Elisabeth. Mythos und Wahrheit. Mit Kommentaren von Gerti Senger und Walter Hoffmann, Wien 1996_06 – Praschl-Bichler – Mythos und Wahrheit
Dies.: Unsere liebe Sisi. Die Wahrheit über Erzherzogin Sophie und Kaiserin Elisabeth aus bislang unveröffentlichten Briefen, Wien 2008
Ravitch, Melech: Dos mayse-bukh fun mayn lebn, Bd. I. (1962)
Redlich, Josef: Kaiser Franz Joseph von Österreich. Eine Biographie, Berlin 1928
Redwitz, Marie Frein von: Hofchronik 1888–1921, München 1924
Reiser, Rudolf: Kaiserin Elisabeth. Das andere Bild von Sisi, München 2009
Rödhammer, Hans: Elisabeth, Kaiserin von Österreich und Königin von Ungarn, 1837–1898, Katalog zur Ausstellung des Kulturvereins Schloss Ebelsberg vom 21. Mai bis 30. Oktober 1983 im Schloss Ebelsberg, Schlossweg 7, Linz, Elbelsberg – Linz 1983
Schad, Martha: Kaiserin Elisabeth und ihre Töchter, München 1997
Dies.: Elisabeth von Österreich, München 1998
Dies. / Schad, Horst (Hrsg.): Marie Valerie. Das Tagebuch der Lieblingstochter von Kaiserin Elisabeth von Österreich, München 2007
Schlingensiepen, Ferdinand / Windfuhr, Manfred (Hrsg.): Heinrich Heine und die Religion, ein kritischer Rückblick, Düsseldorf 1998
Ders.: Heinrich Heine als Theologe. Ein Textbuch, München 1981
Schmetterer, Christoph: Kaiser Franz Joseph I., Wien – Köln – Weimar 2016
Schnell, Ralf: Heinrich Heine, Hamburg 1996
Schnürer, Franz: Briefe Kaiser Franz Josephs I. an seine Mutter 1838–1872, München 1930
Schopenhauer, Arthur: Gespräche, hrsg. v. Arthur Hübscher, Stuttgart-Bad Cannstatt 1971
Schopenhauer, Arthur: Senilia. Gedanken im Alter, hrsg. von Volpi, Franco / Ziegler, Ernst, München 2010
Schwaiger, Georg: König Ludwig II.-Glaube und Kirche in seiner Zeit. In: Gregor-Dellin, Martin, et al.: Ludwig II. Die Tragik des »Märchenkönigs«, Regensburg 1986
Schweiggert, Alfons / Adami, Erich: Ludwig II. Die letzten Tage des Königs von Bayern, München 2014
Schweiggert, Alfons: Der Mann, der mit Ludwig II. starb. Dr. Bernhard von Gudden, der Gutachter des bayerischen Königs, Husum 2014
Ders.: Bayerns unglücklichster König. Otto I. der Bruder Ludwigs II., 2. Aufl. München 2016
Ders.: Herzog Max in Bayern. Sisis wilder Vater, München 2016
Ders.: Ludwig II. und die Frauen. München, 2016
Ders.: Ludwig II. und sein Paradies am Starnberger See. Schloss Berg – Possenhofen – Roseninsel, München 2017
Schweitzer, Friedrich: Lebensgeschichte und Religion. Religiöse Entwicklung im Kindes- und Jugendalter, Gütersloh 2007
Sepp, Christian: Sophie Charlotte. Sisis leidenschaftliche Schwester, München 2014

Ders.: Ludovika. Sisis Mutter und ihr Jahrhundert, München 2019
Sexau, Richard: Fürst und Arzt. Dr. med. Herzog Carl Theodor in Bayern. Schicksal zwischen Wittelsbach und Habsburg, Graz – Wien – Köln 1963
Smolle, Leo: Elisabeth – Kaiserin von Österreich und Königin von Ungarn, Wien 1904
Sokop, Brigitte: Jene Gräfin Larisch. Marie Louise Gräfin Larisch-Wallersee. Vertraute der Kaiserin. Verfemte nach Mayerling, Wien – Köln – Weimar 1985
Sternberger, Dolf: Heinrich Heine und die Abschaffung der Sünde, Frankfurt am Main 1976
Stollberg-Rilinger, Barbara: Maria Theresia. Die Kaiserin in ihrer Zeit. Eine Biographie, München 2017
Stuke, Horst (Hrsg.): Michail Bakunin Staatlichkeit und Anarchie und andere Schriften, Frankfurt am Main – Berlin – Wien 1972
Suttner, Bertha von: Die Waffen nieder! 2 Bände, Dresden und Leipzig 1889
Dies.: Die Waffen nieder! Monatszeitschrift zur Förderung der Friedensbewegung, hrsg. von Baronin Bertha von Suttner, Wien, VII. Jg., Nr. 10/11, 1898Dies.: Memoiren, Stuttgart – Leipzig 1909Sylva, Carmen: Die Kaiserin Elisabeth in Sinaia. In: Neue Freie Presse Wien, 25. Dezember 1906
Sztáray, Irma Gräfin: Aus den letzten Jahren der Kaiserin Elisabeth, Wien 1909
Dies.: Aus den letzten Jahren der Kaiserin Elisabeth. Mit einem Vorwort von Brigitte Hamann, Wien 2004Thiele, Johannes: Elisabeth. Das Buch ihres Lebens, München 1996
Ders.: Elisabeth. Bilder ihres Lebens, Wien 1998
Ders.: Elisabeth. Ihr Leben. Ihre Seele. Ihre Welt, Wien 2011
Tschudi, Klara: Elisabeth, Kaiserin von Österreich und Königin von Ungarn. Leipzig o.J. (um 1901)
Tschuppik, Karl: Elisabeth. Kaiserin von Österreich, Prag 2009
Unterreiner, Katrin: Sisi. Mythos und Wahrheit, Wien 2005
Dies. / Gredler, Wilfried: Die Hofburg. Sehenswürdigkeiten, Museen, Kunstschätze, Wien – Graz – Klagenfurt 2009
Dies.: Sisi. Kaiserin Elisabeth von Österreich. Ein biographisches Porträt, Freiburg im Breisgau 2010
Dies.: Sisi. Kaiserin Elisabeth von Österreich. Bildband, Wien – Graz – Klagenfurt 2012
Vocelka, Michaela und Karl: Sisi. Leben und Legende einer Kaiserin, München 2014
Wallersee-Larisch, Marie Louise: Meine Vergangenheit, Leipzig 1935
Dies.: Kaiserin Elisabeth und ich, Leipzig 1935
Dies.: Die Heldin von Gaëta, Leipzig 1936
Walterskirchen, Gudula / Meyer, Beatrix: Das Tagebuch der Gräfin Marie Festetics. Kaiserin Elisabeths intimste Freundin, St. Pölten – Salzburg – Wien 2014
Weiss, Sabine: Die Österreicherin. Die Rolle der Frau in 1000 Jahren Geschichte, Graz u.a. 1996
Weissensteiner, Friedrich: Die rote Erzherzogin. Das ungewöhnliche Leben der Tochter des Kronprinzen Rudolf, Wien 1983
Ders.: Lieber Rudolf. Briefe von Kaiser Franz Joseph und Elisabeth an ihren Sohn, Wien 1991
Welcome, John: Die Kaiserin hinter der Meute. Elisabeth von Österreich und Bay Middleton, Wien – Berlin 1975
Wittelsbacher Ausgleichfond / Wagner, Winifred / Strobel, Otto (Hrsg): König Ludwig II. und Richard Wagner, Briefwechsel, Bd. III., Karlsruhe 1936
Witzleben, Hermann von / Vignau, Ilka von: Die Herzöge in Bayern. Von der Pfalz zum Tegernsee, München 1976
Wolbe, Eugen: Carmen Sylva. Der Lebensweg einer einsamen Königin, Leipzig 1933
Zatorski, Tadeusz: Ein widerspenstiges Kind der Aufklärung. Heinrich Heine und der Fluch des Zweifelns; In: Aufklärung und Kritik 1 / 1998 (S. 103 ff.)
Ziegler, Peter: Die ruhelose Kaiserin. Elisabeth von Österreich auf Reisen, St. Michael 1981

Bildnachweis

S. 12 Hochzeitsgedenkblatt: Elisabeth als Braut unter dem Schutz der Gottesmutter und heiliger Schutzpatrone, Lithografie der Gebrüder Hanfstaengl, München 1854

S. 18 Sisi mit Kreuz-Kette im Alter von 12 Jahren, Zeichnung von A. Schweiggert, München

S. 37 Kaiserinfenster in der Votivkirche Wien: Das Kaiserpaar kniet betend vor Christus, 1878/79

S. 62 Kaiserin Elisabeth bei der Fußwaschung am Gründonnerstag

S. 75 Kaiserin Elisabeth, kniend im Gebet für den verstorbenen Politiker Franz Deak, zeitgenössischer Holzstich

S. 92 Kaiserin Elisabeth im Gebet vor einem Marien-Bildstock bei St. Maria im Wald in Karlsbad, 1882, Holzstich unbekannt

S. 102 Der sterbende Held Achilles, Skulptur im Achilleion auf Korfu

S. 125 Kaiser Elisabeth zu Pferd im Park von Biberach bei Wiesbaden, zeitgenössischer Holzstich

S. 144 Kaiserin Eugénie und die Wahrsagerin in den Pyrenäen, Xylographie nach einer Zeichnung von Karl v. Haeberlin

S. 159 Elisabeth empfängt in der Burg von Ofen ungarische Magnatenfrauen, Holzstich von 1865

S. 174 Elisabeth und ihr Sohn Rudolf bei der Abreise des Kaisers nach Dalmatien, Zeitungsholzstich vom 4. April 1875

S. 194 Krankenbesuch der Kaiserin im Allgemeinen Krankenhaus in Wien, Holzstich nach Zeichnung von R. Hausleithner, 1885, Kaiserin Elisabeth lauscht einem historischen Vortrag von Mihaly Horvath

S. 207 Kaiserin Elisabeth lauscht dem Vortrag des Bischofs Mihály Horváth über den Freiheitskampf 1848/49 in der Burg zu Ofen im Beisein von Ida Ferenczy, Gyula Andrássy und ihrer Kinder Gisela und Rudolf

S. 229 Kaiserin Elisabeth an der Reling ihrer Yacht »Miramar« in die Ferne blickend, nach einem Aquarell von Leopoldine Ruckgaber

S. 233 Elisabeth mit ihrer Lieblingstochter Marie Valerie. zeitgenössische Illustration

S. 241 Das Kaiserpaar beim Marienfest 1855, zeitgenössische Illustration

S. 259 Spaziergang Kaiserin Elisabeths mit der verwitweten Kaiserin Eugenie und Franz Joseph in Cap Martin 1896, zeitgenössische Illustration

S. 268 Krönung Elisabeths zur ungarischen Königin durch den Fürstprimas am 8. Juni 1867 in Budapest. Zeitungsillstration 1898

S. 287 Apotheose: Kronprinz Rudolf empfängt im Himmel seine Mutter, nach einem Gemälde von Gustav von Redlich-Veszeg, Bildarchiv österreichische Nationalbibliothek

S. 296 Elisabeth vor dem Totenlager ihres Sohnes Rudolf, Zeichnung Th. Breidwiser, Zeitungsholzstich von 1889

S. 304 Die Kaiserin am Grab eines mohammedanischen Heiligen, zeitgenössische Illustration

S. 315 Beinahesturz der Kaiserin vom Pferd beim »Toten Weib« in der Nähe von Mürzsteg in der Steiermark im Sommer 1883, anonyme Xylographie

S. 343 Elisabeth als »Mater dolorosa«, zeitgenössische Illustration

S. 359 Die Aufbahrung der Kaiserin Elisabeth im Ecksalon des Hotel »Beau-Rivage« in Genf. Zeitungsholzstich in: Das interessante Blatt, Nr. 38, vom 22.9.1898

S. 373 Elisabeth in Wolken, (im Sockel: untergehendes Schiff in der Abendsonne), Relief von Robert Weigl 1902

S. 384 Elisabeth bei der Auferstehungsfeier am Karsamstag in der k. u. k. Hofburg in Wien, Zeichnung von V. Katzler

S. 394 Kaiserin Elisabeths verschollene Totenmaske, von der nur noch diese Fotografie existiert